教育部哲学社会科学系列发展报告

MOE Serial Reports on Developments in Humanities and Social Sciences

2018中国财政发展报告

政府间财政关系

Report on Chin's Fiscal Development 2018:
Research on Intergovernmental Fiscal Relations

上海财经大学中国公共财政研究院
主编 付文林

北京大学出版社
PEKING UNIVERSITY PRESS

图书在版编目(CIP)数据

2018 中国财政发展报告/付文林主编. —北京:北京大学出版社,2019.3
(教育部哲学社会科学系列发展报告)
ISBN 978-7-301-30261-3

Ⅰ. ①2… Ⅱ. ①付… Ⅲ. ①财政政策—研究报告—中国—2018 Ⅳ. ①F812.0

中国版本图书馆 CIP 数据核字(2019)第 033982 号

书　　名	2018 中国财政发展报告——政府间财政关系 2018 ZHONGGUO CAIZHENG FAZHAN BAOGAO
著作责任者	付文林　主编
责 任 编 辑	赵学秀　付海霞
标 准 书 号	ISBN 978-7-301-30261-3
出 版 发 行	北京大学出版社
地　　址	北京市海淀区成府路 205 号　100871
网　　址	http://www.pup.cn
微信公众号	北京大学经管书苑（pupembook）
电 子 信 箱	em@pup.cn　　QQ:552063295
电　　话	邮购部 010-62752015　发行部 010-62750672　编辑部 010-62752926
印 刷 者	北京虎彩文化传播有限公司
经 销 者	新华书店
	730 毫米×980 毫米　16 开本　34 印张　629 千字 2019 年 3 月第 1 版　2019 年 3 月第 1 次印刷
定　　价	99.00 元

未经许可，不得以任何方式复制或抄袭本书之部分或全部内容。
版权所有，侵权必究
举报电话: 010-62752024　电子信箱: fd@pup.pku.edu.cn
图书如有印装质量问题，请与出版部联系，电话: 010-62756370

本报告是国家社会科学基金重大招标项目"中国的政府间事权与支出责任划分研究"（16ZDA065）的阶段性研究成果。

学术委员会

主　任　丛树海
委　员　胡怡建　蒋　洪　刘小兵
　　　　刘小川　付文林　朱为群

编写组名单

主　编　付文林
副主编　刘　伟　刘小川　陶　勇
　　　　徐曙娜　汪　冲　邓淑莲
　　　　单飞跃

课题组成员

（以姓氏拼音为序）

邓淑莲　付文林　高　琳　高蒙蒙　何　煊
刘　伟　刘小川　陆之洲　吕　鑫　单飞跃
沈言言　陶　勇　汪　冲　王　超　王雪蕊
武嘉盟　徐　静　徐曙娜　杨晓哲　岳宏举
曾军平　郑春荣

总　　序

　　哲学社会科学的发展水平,体现着一个国家与民族的思维能力、精神状态和文明素质,反映了一个国家的综合国力和国际竞争力。在社会发展历史进程中,哲学社会科学往往是社会变革、制度创新的理论先导,特别是在社会发展的关键时期,哲学社会科学的地位和作用就更加突出。在我国从大国走向强国的过程中,繁荣发展哲学社会科学,不仅关系到我国经济、政治、文化、社会建设以及生态文明建设的全面协调发展,而且关系到社会主义核心价值体系的构建,关系到全民族的思想道德素质和科学文化素质的提高,关系到国家文化软实力的增强。

　　党的十六大以来,以胡锦涛同志为总书记的党中央高度重视哲学社会科学,从中国特色社会主义发展全局的战略高度,把繁荣发展哲学社会科学作为重大而紧迫的任务进行谋划部署。2004 年,中共中央下发《关于进一步繁荣发展哲学社会科学的意见》,明确了新世纪繁荣发展哲学社会科学的指导方针、总体目标和主要任务。党的十七大报告明确指出:"繁荣发展哲学社会科学,推进学科体系、学术观点、科研方法创新,鼓励哲学社会科学界为党和人民事业发挥思想库作用,推动我国哲学社会科学优秀成果和优秀人才走向世界。"2011 年,党的十七届六中全会审议通过的《中共中央关于深化文化体制改革、推动社会主义文化大发展大繁荣若干重大问题的决定》,把繁荣发展哲学社会科学作为推动社会主义文化大发展大繁荣、建设社会主义文化强国的一项重要内容,深刻阐述了繁荣发展哲学社会科学一系列带有方向性、根本性、战略性的问题。这些重要思想和论断,集中体现了我们党对哲学社会科学工作的高度重视,为哲学社会科学繁荣发展指明了方向,提供了根本保证和强大动力。

　　为学习贯彻党的十七届六中全会精神,教育部于 2011 年 11 月 17 日在北京召开全国高等学校哲学社会科学工作会议。中共中央办公厅、国务院办公厅转发《教育部关于深入推进高等学校哲学社会科学繁荣发展的意见》,明确提出到 2020 年基本建成高校哲学社会科学创新体系的奋斗目标。教育部、财政部联合印发《高等学校哲学社会科学繁荣计划(2011—2020 年)》,教育部下发《关于进一步改进高等学校哲学社会科学研究评价的意见》《高等学校哲学社会科学"走出去"计划》《高等学校人文社会科学重点研究基地建设计划》等系列文件,启动了新一轮"高校哲学社会科学繁荣计划"。未来十年,高校哲学社会科学将着力构建八大体系,即学科和教材体系、创新平台体系、科研项目体系、社会服务体系、条件支撑体系、人才队伍体系、现代科研管理体系和学风建设工作体系等,同时,大力实施高校哲学社会科学"走出去"计划,提升国际学术影响力和话语权。

当今世界正处在大发展大变革大调整时期,我国已进入全面建设小康社会的关键时期和深化改革开放、加快转变经济发展方式的攻坚时期。站在新的历史起点上,高校哲学社会科学面临难得的发展机遇和有利的发展条件。高等学校作为我国哲学社会科学事业的主力军,必须充分发挥人才密集、力量雄厚、学科齐全等优势,坚持马克思主义立场观点方法,以重大理论和实际问题为主攻方向,立足中国特色社会主义伟大实践进行新的理论创造,形成中国方案和中国建议,为国家发展提供战略性、前瞻性、全局性的政策咨询、理论依据和精神动力。

自2010年始,教育部启动哲学社会科学研究发展报告资助项目。发展报告项目以服务国家战略、满足社会需求为导向,以数据库建设为支撑,以推进协同创新为手段,通过组建跨学科研究团队,与各级政府部门、企事业单位、校内外科研机构等建立学术战略联盟,围绕改革开放和社会主义现代化建设的重点领域和重大问题开展长期跟踪研究,努力推出一批具有重要咨询作用的对策性、前瞻性研究成果。发展报告必须扎根社会实践、立足实际问题,对所研究对象的发展状况、发展趋势等进行持续研究,强化数据采集分析,重视定量研究,力求有总结、有分析、有预测。发展报告按照"统一标识、统一封面、统一版式、统一标准"纳入"教育部哲学社会科学发展报告文库"集中出版。计划经过五年左右,最终稳定支持百余种发展报告项目,有力支撑"高校哲学社会科学社会服务体系"建设。

展望未来,夺取全面建设小康社会新胜利、谱写人民美好生活新篇章的宏伟目标和崇高使命,呼唤着每一位高校哲学社会科学工作者的热情和智慧。我们要不断增强使命感和责任感,立足新实践,适应新要求,以建设具有中国特色、中国风格、中国气派的哲学社会科学为根本任务,大力推进学科体系、学术观点、科研方法创新,加快建设高校哲学社会科学创新体系,更好地发挥哲学社会科学认识世界、传承文明、创新理论、咨政育人、服务社会的重要功能,为全面建设小康社会、推进社会主义现代化、实现中华民族伟大复兴作出新的更大的贡献。

教育部社会科学司

目 录

导论 现代财税体制建设中的政府间财政关系 …………………………（1）
    0.1 1994年以来政府间财政关系的主要特征 ……………………（1）
    0.2 理解政府间财政关系的演化逻辑 ………………………………（10）
    0.3 我国政府间财政关系改革的要义 ………………………………（16）

第一篇 中国财政税收运行

第1章 2017年宏观经济运行 ……………………………………（27）
    1.1 2017年生产活动运行状况 ……………………………………（27）
    1.2 2017年收入分配活动运行状况 ………………………………（37）
    1.3 2017年消费活动运行状况 ……………………………………（44）
    1.4 2017年积累活动运行状况 ……………………………………（55）
    1.5 2017年我国对外经济活动运行情况 …………………………（61）
    1.6 2018年宏观经济走势分析 ……………………………………（68）

第2章 2017年中国财政收入分析 ………………………………（74）
    2.1 2016年财政收入决算回顾 ……………………………………（74）
    2.2 2017年财政收入总量分析 ……………………………………（77）
    2.3 2017年财政收入结构分析 ……………………………………（79）
    2.4 2017年国债发行分析 …………………………………………（86）
    2.5 2017年地方政府债券发行分析 ………………………………（92）
    2.6 2018年财政收入预期分析 ……………………………………（95）

第3章 2017年中国财政支出分析 (98)
3.1 2016年财政支出决算回顾 (98)
3.2 2017年财政支出预算安排 (105)
3.3 2017年公共财政支出规模分析 (110)
3.4 2016年公共财政支出结构分析 (113)
3.5 2017年财政支出重点项目分析 (117)
3.6 财政支出总结与展望 (121)

第二篇 政府间财政关系的理论与实践

第4章 中国政府间财政关系的沿革 (127)
4.1 改革开放初期的政府间财政关系(1978—1993) (127)
4.2 分税制改革后的政府间财政关系(1994—2012) (132)
4.3 十八大以来的政府间财政关系(2013—2018) (141)

第5章 政府间财政关系若干基本理论 (149)
5.1 政体与财政体制的关系 (149)
5.2 界定财政体制的原则 (151)
5.3 财权与事权的关系 (156)
5.4 政府间财政关系的范畴、目标与手段 (159)

第6章 政府间财政关系的目标定位 (163)
6.1 基本公共服务均等化的政府间财政关系 (163)
6.2 基于区域均衡发展的政府间财政关系 (170)
6.3 基于公平与效率协调的政府间财政关系 (177)
6.4 政府间财政关系的目标权衡 (182)

第三篇 政府间纵向财政关系

第7章 政府间财政支出关系 (189)
7.1 事权和支出责任的内涵 (189)
7.2 政府间财政支出关系的历史演变 (190)
7.3 中央与地方(省)财政支出关系的问题与改革 (193)

第8章 政府间财政收入关系 (201)
8.1 政府间财政收入关系的历史演变 (201)
8.2 中央与地方(省)财政收入关系的基本框架与特征 (204)
8.3 中央与地方(省)财政收入关系的主要问题与改革 (213)

第 9 章 政府间财政转移支付制度 ……………………………………… (218)
- 9.1 中央与地方财政转移支付制度的演变 ……………………… (218)
- 9.2 现行政府间转移支付体系 …………………………………… (219)
- 9.3 中央与地方财政转移支付的问题与改革 …………………… (222)

第 10 章 省以下政府间财政关系 ………………………………………… (226)
- 10.1 省以下政府间事权和支出责任的划分 …………………… (226)
- 10.2 省以下政府间财政收入的划分 …………………………… (235)
- 10.3 省以下政府间转移支付 …………………………………… (240)
- 10.4 完善省以下财政体制的政策建议 ………………………… (250)

第四篇 政府间横向财政分配问题

第 11 章 地区间对口支援的财政问题 …………………………………… (261)
- 11.1 对口支援的概念界定及其分类 …………………………… (261)
- 11.2 我国对口支援政策的发展演变 …………………………… (267)
- 11.3 单向援助型对口支援实践及问题 ………………………… (271)
- 11.4 双向协作型对口支援实践及问题 ………………………… (289)
- 11.5 完善对口支援系列政策的对策建议 ……………………… (300)

第 12 章 地区间横向国有资产和资源的分配问题 ……………………… (312)
- 12.1 国有资产管理基本制度演化 ……………………………… (312)
- 12.2 国有资产管理的结构特征与突出问题 …………………… (321)
- 12.3 横向财政分配关系完善的建议 …………………………… (327)

第 13 章 省份社会保障的不均衡分配 …………………………………… (331)
- 13.1 基本制度演化 ……………………………………………… (331)
- 13.2 结构特征与突出问题 ……………………………………… (335)
- 13.3 横向财政分配关系完善的建议 …………………………… (361)

第五篇 财政竞争的经济影响

第 14 章 地区财政竞争与资本流动 ……………………………………… (367)
- 14.1 税收竞争与资本流动的相关理论 ………………………… (367)
- 14.2 税收竞争与资本流动的实证研究 ………………………… (371)
- 14.3 土地财政背景下的财政竞争与资本流动 ………………… (376)
- 14.4 土地财政背景下的财政竞争与资本流动实证研究 ……… (383)
- 14.5 本章小结 …………………………………………………… (390)

第15章　地区财政竞争与劳动力流动 …………………………………… (392)
　15.1　财政竞争与劳动力流动的相关理论 ……………………………… (392)
　15.2　地区财政竞争与劳动力流动的实证研究 ………………………… (395)
　15.3　本章小结 ……………………………………………………………… (404)

第16章　转移支付与地方财政行为 …………………………………… (405)
　16.1　相关文献回顾 ……………………………………………………… (405)
　16.2　制度环境与现实背景 ……………………………………………… (409)
　16.3　转移支付与地方财政收支的实证研究 …………………………… (412)
　16.4　本章小结 …………………………………………………………… (422)

第六篇　部分国家的政府间财政关系

第17章　美国的政府间财政关系 ……………………………………… (433)
　17.1　美国政府间财政关系的历史演进 ………………………………… (433)
　17.2　美国政府间财政关系的现状和特点 ……………………………… (437)

第18章　德国的政府间财政关系 ……………………………………… (448)
　18.1　德国政府间财政关系的历史演进 ………………………………… (448)
　18.2　德国政府间财政关系的现状和特点 ……………………………… (451)

第19章　日本的政府间财政关系 ……………………………………… (461)
　19.1　日本政府间财政关系的历史演进 ………………………………… (461)
　19.2　日本政府间财政关系的现状和特点 ……………………………… (465)

第七篇　政府间财政关系法治化建设

第20章　政府间财政关系的法律调整现状 ………………………… (483)
　20.1　政府间财政管理体制的法律调整 ………………………………… (483)
　20.2　政府间财政收入的法律调整 ……………………………………… (488)
　20.3　政府间财政事权的法律调整 ……………………………………… (499)
　20.4　政府间支出责任的法律调整 ……………………………………… (505)
　20.5　现行政府间财政关系法律调整中存在的问题 …………………… (508)

第21章　政府间财政关系的法治化进路 …………………………… (511)
　21.1　政府间财政关系调整的法律原则 ………………………………… (511)
　21.2　政府间财政关系调整的法律体系 ………………………………… (525)
　21.3　政府间财政关系调整的法治保障 ………………………………… (528)

导论　现代财税体制建设中的政府间财政关系

党的十八届三中全会通过了《中共中央关于全面深化改革若干重大问题的决定》，提出财政是国家治理的基础和重要支柱，2020年初步建立现代财政制度。党的十九大报告又进一步要求："加快建立现代财政制度，建立权责清晰、财力协调、区域均衡的中央和地方财政关系。"理顺政府间财政关系无疑是建立现代财政制度的关键。"中央财政收入规模的壮大，增强了中央政府的宏观调控能力，促进了国民经济的持续稳定快速发展和国家的长治久安。中国特色社会主义进入新时代，我国社会主要矛盾已经转化为人民日益增长的美好生活需要和不平衡不充分的发展之间的矛盾。"如何更好地利用政府间财政关系解决这个主要矛盾，政府的财政政策在近期的一个重点是要围绕着全面建成小康社会而努力，这意味着中央和地方政府的财政工作目标会更加一致，这种宏观经济发展的背景要求政府间财政关系应更加重视地区间财政能力的均衡发展。

毛泽东在《论十大关系》中曾提出"有中央和地方两个积极性，比只有一个积极性好得多"[①]。政府的财政活动最终的目的是提升全社会的福利，政府间财政关系的发展也必须要协调政府与市场、政府与社会的关系，也就是说把政府的职能范围、政府内部的财政关系进行全面系统的规划和设计，推进政府间事权、财权、财力与支出责任的科学配置、公平分配，依据公共物品的外溢性、信息复杂性和激励相容等原则，通过不断完善中央、地方层面的政府职能划分、财权财力关系的基本法律制度，为国家长治久安、国家治理体系和治理能力现代化奠定基础。

0.1　1994年以来政府间财政关系的主要特征

财政联邦制是为了适应政府机构、职能不断扩大的需要，交通通信等技术快速发展为财政联邦制顺利推行创造了必要条件。由于各国的历史文化传统、社会政治经济环境的不同，实行财政联邦制的国家，有松散式联邦制，也有集权式联邦制。当然，很多国家的联邦制也常常会在这两种间摇摆，取决于有影响力的政治家、国内的政治经济冲击等因素。作为一个统一的国家，中国的财政体制与政治

[①] 参见《毛泽东文集》第7卷，人民出版社，1999。

体制总是交织在一起,把握中国政府间财政关系的本质特征,不能仅仅孤立地看财政收入、财政支出的决策、执行层面,也要考察政府间的"隐性权力"的分配,如地方财政决策过程中的发言权、影响力等。

很多学者都基于地方政府在财政收支活动中的事实裁量权,认为中国的财政体制是事实上的财政联邦制[①]。威廉·赖克在《联邦制:起源、运作与意义》一书中对"事实上的联邦制"做了界定,他认为联邦制需要满足两个基本的条件:其一是分权,即中央与地方政府各有明确的事务范围,并且在各自范围内享有充分的自主权;其二是制衡,即地方政府有足够的制度保障或政治实力。一个国家如果满足这两个条件,无论是否以联邦制为名,就是事实上的联邦制。

尽管目前从我国地方政府在财政支出安排、对税收征管的影响力等方面看,地方政府确实对辖区内的财政活动有很大的影响力。不过,就此认为中国是事实上的财政联邦主义,我们认为可能存在很大偏颇。因为地方政府在其自主财力中能够根据需要进行筹集和支出,但如何理解财政体制的特征,需要根据地方财政独立性、财政关系调整中的参与权等进行综合分析。财政体制涉及的核心问题是政府职能边界、政府间的财政关系划分。中国的国体、政体的特殊性,使得上级政府对下级政府的决策实际有很大的"否决权"(即使实际上并不常用),决定了很难用一个单一制、联邦制的二维划分进行定义。笔者更倾向于冯兴元(2010)[②]的看法,将中国的政府间财政关系概括成一种交叉、混合的财政体制,在最终决定权上是一种单一制,而在操作层面或通常情况下,又是一种财政联邦制。因为中国是大国经济,垂直的条条、横向的块块关系都是财政治理的常设行政架构,很多事务纵向、横向都会参与,形成一种网格化治理模式。

中国财政体制的政治基础是中国共产党的领导、民主集中制,这使得中国的政府间纵向财政最终的决定权始终由中央政府拥有。当然由于现实经济的关系安排,地方政府在许多事务上也有重要的发言权。但必须认识到这是一种上下级的公共事务履行中的协商沟通,中央政府始终拥有最终的决定权,且一旦形成制度安排,地方政府必须切实落实执行。各级官员必须坚守的"四个意识"已不仅仅是中国共产党党内的政治准则,实际上也是各级政府、官员在履职中始终要坚持的行为要求。

---

① Weingast B R., "The Economic Role of Political Institutions: Market-Preserving Federalism and Economic Development", *Journal of Law Economics & Organization*, 1995, 11(1): 1—31;鲍尔、罗伊:《中国的财政政策税制与中央及地方的财政关系》,中国税务出版社,2000; Tsai K S., "Off balance: The unintended consequences of fiscal federalism in China", *Journal of Chinese Political Science*, 2004, 9(2): 1—26; Jin H, Qian Y, Weingast B R., "Regional decentralization and fiscal incentives: Federalism, Chinese style", *Journal of Public Economics*, 2005, 89(9—10): 1719—1742。

② 冯兴元:《地方政府竞争》,译林出版社,2010。

政府间财政关系内生于基本政治制度、社会发展水平,也是一种动态的不断改变的制度。中华人民共和国成立以来,财政体制始终是政治经济体制改革的重心,财税体制改革有很多的细节,内容也很多,这部分关于政府间财政关系特征的总结主要集中在1994年分税制改革以后。1994年分税制改革,中央最主要的目标是"两个比例"的提高,但随着我国社会主义市场经济的发展,中国的社会经济各项事业也取得了长足进步,政府间财政关系也在不断发展变化。1994年以来政府间财政关系的主要特征大致可以从以下四个方面进行阐述。

0.1.1 政府间财政关系的法制化有较大空间

在中国目前五级政府体系下,不同级别政府间事权与支出责任缺乏一部统一完整的法律法规,政府间财政关系的处理主要以"通知""决定"等党和政府的指导性文件形式出现,内容比较模糊和笼统、法律层次较低。如我国政府间最基本的财政制度《国务院关于实行分税制财政管理体制的决定》,就是以国务院的行政规章形式推出的。《宪法》和《地方各级人民代表大会和地方各级人民政府组织法》(以下简称《地方组织法》)虽在原则上对中央和地方政府职责范围做出了规定,但实际上各级政府间并没有明显区别,除了少数事权,如外交、国防等专属中央政府,地方政府拥有的事权与中央政府事权基本相似,形成了"上下对口,职责同构"的现象。我国现有18个税种,其中6个税种由法律规定,12个税种是在1985年第六届全国人民代表大会第三次会议由全国人大常务委员会授权的基础上,由国务院制定行政法规加以规定[①]。

事权划分不可避免地与财权、财力有着密切关系,它不仅仅是中央和地方政府职能的划分问题,也是规范政府间财政关系的一个中心问题[②]。中国的政府间关系、公共服务的决策权,无论是由政府还是由人大决定,都迫切需要在纵向、横向两个维度做出清晰的界定。《地方组织法》规定了中央与地方政府的职权范围,但总体来看,政府承担职能基本上是上下对口,各级政府共同承担管理经济、教育、科学、文化、卫生、体育事业、城乡建设事业和财政、民政、公安、民族事务、司法行政、计划生育等行政工作。为了理清政府间众多的共同事权,目前的财政管理体制依赖行政性制度安排,中央与地方政府之间支出责任、收入划分、财政平衡机制等多是通过行政手段完成的。虽然政策文件的实施具有灵活性、实验性的优

---

① 1985年4月,第六届全国人民代表大会第三次会议通过《关于授权国务院在经济体制改革和对外开放方面可以制定暂行的规定或者条例的决定》规定:"授权国务院对于有关经济体制改革和对外开放方面的问题,必要时可以根据宪法,在同有关法律和全国人民代表大会及其常务委员会的有关决定的基本原则不相抵触的前提下,制定暂行的规定或者条例,颁布实施,并报全国人民代表大会常务委员会备案。经过实践检验,条件成熟时由全国人民代表大会或者全国人民代表大会常务委员会制定法律。"

② 杨志勇:《分税制改革中的中央和地方事权划分研究》,《经济社会体制比较》,2015年第2期。

势,对于1994年财政管理体制改革后中央与地方财政发展具有积极作用。但长远来看,除通过预算约束之外,各级权力机关缺少对政府部门财政行为的外部监督和约束途经,因此基于宪法秩序建构的财税管理体制、法制化的政府间财政关系才是实现财政治理水平、治理能力现代化、国家长治久安的基础保障。

2016年8月,《国务院关于推进中央与地方财政事权和支出责任划分改革的指导意见》颁布,部分事权上收中央,环保执法部门垂直改革已经完成。2018年1月,国务院发布了《基本公共服务领域中央与地方共同财政事权和支出责任划分改革方案》,明确了中央与地方共同承担的八大类18项基本公共服务内容、中央与地方共同财政事权支出责任的分担方式等内容[①]。政府间财政关系首先建构在特定的历史背景下,也是特定的政治制度下的产物,今天的世界,经济体制和政治体制都发生了激烈的变化。随着各行各业的居民积累更多的财富,他们对政府提供的各类公共服务的需求也在不断增加,居民部门纳税更多、对政府的问责意识也更强。完善政府的财政制度和执行过程管理,需要对政府间财政关系进行全面审视、不断改进制度安排,特别是要在发挥行政部门规则适应性强的优势基础上,不断推进政府间财政关系划分的法治化进程。

0.1.2 政府间纵向财政关系的特征

1994年分税制改革只对中央与省级政府的税收收入划分做出规定,而政府间事权划分只是一个大致的原则性规定,省以下政府间财政关系基本上没有涉及。通过严格限制地方政府的减免税权力、深化市场化改革、增强中央政府宏观调控能力等举措,基本实现了财政收入的规范化和制度化,对打破地区间市场割据、推动社会主义市场经济发展、经济结构转型升级起到了积极作用。与此同时,分税制改革将税收收入立法权高度集中在中央,且随着2002年个人所得税和企业所得税分享比例改革、2016年"营改增"的全面实施,地方政府的独立税种带来的税收收入都比较低,导致政府间纵向财政不平衡问题越来越严重,地方政府对转移支付、非税收入、政府性债务等依赖度不断提高,不可避免地会在局部地区隐藏较大的财政风险。省级以下地方政府由于自有财力不足、地方政府债券发行指标不完全满足财政缺口的实际需要,很多地区在面临承担基础设施建设职责、促进当地经济增长、保障民生等多项事权支出时,仍然存在较大的资金缺口和融资需求。

在政府间纵向财政关系上,中央主要是通过分税制改革不断集中财力,而后又加大转移支付力度,促进地方之间的财力平衡。这种财政控制力的加强需要跳出"财政收支"本身的平衡关系进行理解,如中国的公务员队伍的中央国家机关人

[①] 倪红日:《改革开放以来中央与地方财政关系的演进与展望》,《经济纵横》,2008年第6期。

数占比较低,自然没有办法直接掌控过多的财政支出资金;作为一个地区间社会经济发展差异很大、边疆民族问题较为复杂的国家,客观上也需要提高地方政府对辖区内公共服务的参与度,同时又要保障中央政府的政令畅通,"收入集权、支出分权"显然更容易满足这种国家治理的需要。

不过,政府间财政关系的这种垂直非对称性安排,可能存在的问题是"鞭打快牛""财政的公共池"等负面影响。如何把财政关系分配和地方政府的积极性调动有机结合?中国目前的政治体制很大程度上弥补了财政体制的不足,因为中国的上级政府主要不是通过财政收入支出划分这个渠道激励约束官员,更重要的是通过纵向的官员晋升制度并根据对中央的各种战略目标的贯彻情况对地方的政府(官员)进行绩效考核,来调动各地区、各级官员的职能履行的积极性,一定程度上抵消了政府间财政体制的消极影响。这意味着在理解中国的政府间财政关系时,不能仅仅从财政收入、财政支出分配的经济激励效应这个一维视角进行分析,更不能把联邦制国家的所谓"经验"照搬到中国的现实经济中进行比较,更重要地是把政治激励与经济激励等多种中国特色的体制背景纳入分析框架,否则将很难解释中国政府间财政关系的实际社会经济效应。

由于各级政府事权同质化程度高,"上下对口",地方政府往往承担更多的执行和支出责任,与其本级财政收入水平和能力不匹配。2000年以后,中央本级财政支出占政府财政支出比重持续下降,已由2001年的30.5%下降到2017年的14.68%。分税制改革没有做到事权与财权的科学统一,中央政府税收比重过高,地方政府缺乏可持续发展的财政汲取能力。加上社会经济发展带来的各种新增事权在政府间缺乏明确的划分,造成事权和支出责任在政府间的划分缺乏稳定性,一些地区、基层政府面临着很大的财政支出压力,地方政府财政越来越依赖于转移支付、土地财政和地方政府债务等,地方政府一般公共预算收入不足一定程度上造成地方政府对社会保障、公共卫生、义务教育等基本公共服务的投入长期不足。我们认为当前的政府间财政关系完善最为重要的是改革政府间的支出责任,因为事权的履行在现实经济中涉及决策、执行、监督等多个层面,对在政治上高度集中、立法权也高度集中的国家,试图在纵向上把事权划分清晰可能与政治体制存在冲突,而以支出责任划分为主要路线图,至少可以在执行层面理清政府间的财政责任,而决策权、监督权属于上一级政府,可以与政治上的民主集中制度更好地保持内在运行的一致性。

在中国式分权体制下,受财政与政治晋升双重压力的影响,分税制改革后,地方政府不得不寻找预算外财源以应对"财权上移、支出责任下移"导致的被动型财政压力,以及经济分权和官员晋升竞争引致的经济建设支出压力。因为城市化快速推进,预算内财政收入越来越难以满足庞大的城市建设支出需求,1998年修改的《土地管理法》使地方政府成为土地供给的唯一垄断主体,之后的住房市场化改革以及土地招拍挂制度,促使"土地"迅速成为地方政府最重要的"金融资产"。尤其是2009年中国人民银行与中国银行业监督管理委员会联合发布《关于进一步加强信贷结构调整促进国民经济平稳较快发展的指导意见》提出,"支持有条件的地方政府组建投融资平台,发行企业债、中期票据等融资工具,拓宽中央政府投资项目的配套资金融资渠道",很多地方政府越来越倚重于地方融资平台筹集建设资金,通过土地抵押和担保获取银行贷款或发债筹集资金(刘煜辉、沈可挺,2011)。城市发展是建立在产业、人口集聚的基础之上的,如果超前的土地城市化率不能带来城市"规模收益递增"效果,城市的可持续发展就会面临挑战(中国经济增长前沿课题组,2011),各地区土地城市化、人口城市化发展的条件和水平方面的差异,必然带来部分地方的融资平台债务风险的不断加剧。

2015年新预算法实施后,正式赋予了地方政府发行债券的权利。但在这之前,我国已对地方政府发行债券有过多年的试点尝试。此后,财政部颁布多个意见、办法,对地方政府债务发行、预算管理提出规范性要求。总的要求是实行限额管理、分类管理,加强人大的监督和审批。这对防范地方政府债务风险、注重财政资金的效应和公开透明等都起到了积极作用,但通过中央、省政府对地方发债进行数量控制的集中化审批制度,可能会限制一些地区的赶超式发展对财政支出的实际需要。未来需要研究是否可以建立中国的地方政府破产制度,把发债权交给地方政府。

0.1.3 省以下财政体制改革的特征

由于分税制改革对省以下政府间财政关系基本上没有涉及,省以下的财政体制改革均由省级政府自主安排。1996年财政部颁布《关于完善省以下分税制财政管理体制意见的通知》,规定各地区要参照中央对省级分税制模式,结合本地区的实际情况,将分税制体制落实到市、县级,有条件的地区可落实到乡级。各省一般也把地市政府的财政税收收入上收,地市政府再将县乡财政税收上收,结果是越往基层政府财政压力越大。

当然,随着分税制改革的不断推进,特别是省以下政府的财政收支不平衡的矛盾日益突出,中央对省以下政府间财政关系改革也逐步从财政收入划分的规范化,向政府间事权和支出责任的合理界定转变。如2000年《改革和完善农村税费改革试点县、乡财政管理体制的指导性意见》明确提出:各地要根据农村税费改革后的新情况,按照有利于提高效率和便于管理的原则,明确划分县、乡政府的支出责任;县、乡财政收入要按税种划分,划分县、乡政府的支出责任。

2002年国务院转批《财政部关于完善省以下财政管理体制有关问题意见的通知》,也要求合理划分省级以下各级政府的事权范围、财政支出责任、财政收入,规范转移支付关系,根据乡经济状况合理确定乡财政管理体制。

2009年财政部颁布《关于推进省直接管理县财政改革的意见》提出:2012年年底前,力争全国除民族自治地区外全面推进省直接管理县财政改革。要求在政府间收支划分、转移支付等方面,建立省财政与市、县财政的直接联系,进一步理顺省与市、县财政各自的支出范围,市、县不得要求对方分担应属自身事权范围内的支出责任。

2016年《国务院关于推进中央与地方财政事权和支出责任划分改革的指导意见》提出了中央与地方财政事权和支出责任划分的基本框架,按照中央的部署,目前各省份也先后出台了省以下财政事权和支出责任划分改革工作的具体要求和实施方案。

总的来看,分税制改革以后,特别是所得税分享改革以来,中央通过省直管县、乡财县管、转移支付等多种改革措施,不断增加县乡政府的财政收入能力,把义务教育、乡级道路建设、农村卫生医疗事业补助等的支出责任逐步上收县级财政,使县乡政府的财力与事权关系所面临的一些突出矛盾有所缓解。但由于省以下财政体制无法从根本上解决税收收入上移、财政事权下移这个根本性的体制失衡问题,省以下财政关系也不可避免地陷入时松时紧的不稳定状态。基层政府的财政支出由于经济发展、社会福利等新增公共服务需求的双重压力,以及省以下政府的财政收支缺口、地方政府债务风险增加这个长期存在的问题,在省以下政府财政关系的体制建设上并没有取得实质性进步,也很难解决一直以来的基层政府财力薄弱、财政支出压力过大的财政不稳定风险。

有观点认为,我国行政体制改革的重点应放在"减少行政层级"上面,使政府间纵向事权划分清晰化、合理化[①]。我们认为在目前地区间社会经济发展差异还很大的情况下,通过减少政府的行政层级改善政府间的财政关系可能不会解决根本性问题。中国地域辽阔,各地要素禀赋、社会经济的发展又千差万别,地方政府的职能范围多且复杂,地区间的公共服务供给重点也不一样,有些地区行之有效的财政关系改革换一个地区就不一定能发挥很好的作用,再考虑目前我国的省管辖范围大多比较广,减少行政层级反而可能会弱化地方的公共服务履行。在现代国家,地方政府承担的公共服务种类越来越多,客观上需要有更强的行政执行力。

由于当前我国中央政府和地方政府财权与事权划分的缺陷,导致省以下政府财政困难,减弱了地方政府提供基本公共服务的能力。随着我国现代财税体制的逐步完善,税收体系、非税收入的规范化,政府间财政收入划分可以通过法制化建设,长期化、稳定化改革来实现。浙江等经济相对发达的地区,省以下财政关系多

---

① 李炜光:《分税制的完善在于财权与事权的统一》,《税务研究》,2008年第4期。

年以前就已经在事权、支出责任划分上做了很多制度性安排。如《浙江省人民政府关于完善财政体制的通知》对浙江省事权做了原则性规定,特别是提出要根据省与市、县共同财政事权清单,分别明确各自分担比例。虽然浙江的省与市、县之间主要是按照行政隶属关系划分政府间的事权和支出责任,政府间的共同事权过多的问题也并未取得太多的进展,但考虑到中国自下而上的相对集中的政治体制,很多公共事务的履行需要多级政府共同努力。从这个意义上省以下政府间共同事权也不一定需要完全进行切割,更主要是根据特定公共品外溢性特征、省以下政府间财力分配等因素,在省、市、县政府之间确定各自的财政支出责任承担比例可能更符合中国的实际。当然,从政府间财政关系长期稳定发展角度看,省以下财政关系改革的重心总是应随着社会经济发展,逐步清晰省、市、县政府间的财力分配、减少共同事权的范围,以降低政府间财政活动中的"公共池"问题,硬化地方政府的预算约束,调动各级政府的经济发展、改进公共福利、提高政府治理水平的积极性。

0.1.4 转移支付制度演化特征

我国的转移支付制度开始建立是 1995 年颁布了《过渡时期转移支付的办法》,2002 年又制定了《一般性转移支付办法》,从而构建了包括一般性转移支付、专项转移支付和税收返还的现行转移支付制度体系。随着我国经济快速发展、政府一般公共预算收入增长迅速,转移支付的规模也在持续增加,2017 年,中央对地方税收返还和转移支付 65 218.1 亿元,占地方一般公共预算收入的 41.62%[①]。转移支付制度有效地保证了各地区政府间财政制度的有效运转,但一般性转移支付占比较低和专项转移支付资金管理不透明、地方政府的财政配套压力加大等问题依然比较突出。

因为转移支付的分配往往基于地区间财政均衡目标,它与财政分权体制对地方政府的激励方向存在差异,有可能带来"鞭打快牛""预算软约束"的问题。为了调动中央地方政府的两级积极性,完善转移支付资金分配制度,近年来,中央出台了多项转移支付资金分配和管理的文件规章。2014 年 12 月,《关于改革和完善中央对地方转移支付制度的意见》提出:建立以均衡性转移支付为主体、以老少边穷地区转移支付为补充并辅以少量体制结算补助的一般性转移支付体系;增加一般性转移支付规模和比例,逐步将一般性转移支付占比提高到 60% 以上;严格控制新设专项,新设立的专项应有明确的政策依据、政策目标、资金需求、资金用途、主管部门和职责分工;尽快研究制定转移支付条例,条件成熟时推动上升为法律。2016 年,《国务院关于推进中央与地方财政事权和支出责任划分改革的指导意见》

---

① 中国国家统计局网站,http://www.stats.gov.cn/tjsj/。

提出,进一步完善中央对地方转移支付制度……严格控制引导类、救济类、应急类专项转移支付,对保留的专项转移支付进行甄别,属于地方财政事权的划入一般性转移支付。2017年,十九大报告提出要"加快建立现代财政制度,建立权责清晰、财力协调、区域均衡的中央和地方财政关系"。2018年,《基本公共服务领域中央与地方共同财政事权和支出责任划分改革方案》规定:坚持财政事权划分由中央决定;完善中央决策、地方落实的机制;在一般性转移支付下设立共同财政事权分类分档转移支付,切实履行中央承担的基本公共服务领域共同财政事权的支出责任。

中国的疆域广阔,各地区的自然地理环境及社会人文特征迥异,单纯依靠自主发展存在一些难以克服的障碍,欠发达地区在一定历史阶段上,很难依靠自身财力完全支撑其地方公共服务供给职能。转移支付很大程度上是为了中央政府治理的需要,实现地区间基本财政能力均等化,使每个地区的居民都能够享有大致相同的教育、卫生等基本公共服务水平,消除政府间公共服务水平差异对资源配置所带来的负外部性,但在地区间重新分配财力,也会对地方政府的征税努力行为带来多重影响(Buttner,1999)。地区政府的税收努力行为选择不仅会影响其当期的税收收入,还会通过资本和劳动要素的流动,引发地区间财政收入分配关系的动态调整,并对地区间的产业结构和经济集聚水平带来一系列影响,因此,转移支付对各地区税收努力的影响可能存在地区间策略外溢性问题。

转移支付的另外一个重要渠道是地区间横向财政转移。横向转移支付既源于《宪法》对公共服务均等化的法律原则性规定,又与《民族区域自治法》对少数民族地区的倾斜支持有关。目前我国并未建立地区间稳定的横向转移支付制度,实践中地区间横向财政转移常常是由中央文件行政法规和部门规章所提出的一系列要求加以约束的。作为社会主义国家,我国地区间横向财政协作有很长的历史,即使不考虑计划经济年代的政府间财政资源的统收统支体制,改革开放以来,我国也制定过多部重要的地区间横向财政协作的文件。例如,始于1979年的对口支援少数民族地区制度、1980年国务院发布的《关于推动经济联合的暂行规定》、1986年国务院发布的《关于进一步推动经济联合若干问题的规定》等。为落实这些地区间经济合作文件,1983年成立了上海经济区,1992年成立了华南、西南地区的经济合作区。1994年国务院出台《国家"八七"扶贫工作计划》,要求沿海发达省份实施对西部贫困省份的对口扶贫。2008年6月11日,国务院办公厅印发了《汶川地震灾后恢复重建对口支援方案》,进一步落实对口支援的具体政策,这次对口支援从规模上看应该是"中华人民共和国成立以来最大的横向转移支付服务"。

近年来的地区间横向财政转移一个新的形式是建立市场化、多元化生态补偿机制。例如,2011年,在财政部、环保部的推进下,我国在新安江流域开展了首个跨省流域生态补偿试点。2016年,国务院办公厅印发《关于健全生态保护补偿机制的意见》,提出完善重点生态区域补偿机制、推进横向生态保护补偿。水利部发布《水权交易管理暂行办法》,规定了可交易水权的范围和类型、交易主体和期限、交易价格形成机制、交易平台运作规则等。财政部、原环境保护部、国家发改委等出台了《关于加快建立流域上下游横向生态保护补偿机制的指导意见》,明确了流域上下游横向生态补偿的指导思想、基本原则和工作目标。

总体上看,我国目前的这些横向对口支援作为中央政府的重要战略,地方政府并没有太多的决策权,但执行权在地方政府,事后的监督考核也是中央政府实施,所以,我国现行的地区间横向转移支付主要体现在形式上,本质上依然是中央主导下的一种纵向转移支付制度。从常态制度建设角度,未来应通过建立政府转移支付法,将地区间各类对口支援规范化为横向转移支付,纳入各级政府的法定职责。

0.2 理解政府间财政关系的演化逻辑

财权、财力、事权三者间的关系毫无疑问是理顺政府间财政关系的最核心要素。分税制改革以来,中央文件对央、地财政关系的改革定位经历了"事权与财权相结合""财力与事权相匹配""事权与支出责任相适应"三种不同表述。不过,如何协调这三者之间的关系,依然还有很多理论问题需要澄清,尤其是政府间事权、财权的关系如何划分,目前并没有一个清晰的划分原则和模式。

《国务院关于实行分税制财政管理体制的决定》将"财权与事权相结合"作为分税制构建基本原则,在当时财政收入划分较为清晰的背景下这当然是一个恰当的提法,因为当时的垂直税收收入分配模式中,地方政府基本能够通过地方本级税收收入、共享税收收入获得足以匹配其事权的财权。但此后随着中国经济发展、产业结构的变化,地方政府的财权与事权履行中的支出责任之间的差距越来越大,地方政府的财权与事权不可能实现自主匹配。2006年党的十六届六中全会通过的《中共中央关于构建社会主义和谐社会若干重大问题的决定》、2007年十七大报告都将政府间财政关系的定位改为"健全中央和地方财力与事权相匹配的体制"。2013年十八届三中全会《中共中央关于全面深化改革若干重大问题的决定》提出要"建立事权和支出责任相适应的制度",这实际上把政府间财政关系从财政收入、支出两者的平衡关系,延伸到政府的职能履行中,我们认为这主要是从现代财政体制建设这个战略目标角度,对之前忽视政府间支出领域划分的基本制度建设做出的一个纠正。财权、财力和事权这三者间的关系目前主要还是要保障地方政府的公共服务供给责任履行,要给予每个地区基本的财力保障,在既定的中央地方财权分配制度下,每个地区会得到不同的财力保障水平,不足的部分在一般公共预算层面主要是通过中央的财政转移支付补充,其他财力则要依赖于非税收入、债务收入。

0.2.1 经济发展与政府间财政关系

政府间财政关系是财政体制的最基础的制度安排,它不仅决定了各级政府在财政收支中的权力责任关系、收支的规模结构,也会传导到企业和居民在初次分配再分配的地位,进而对区域间、居民间的行为产生重要影响。我们认为政府间财政体制安排总是内生于一国的社会、历史、政治和经济等基本的制度,也就是说我们对任何一国的政府间财政关系安排,要在特定国家的社会政治经济背景下进行把握和了解。经济因素、行为人的不完全理性、社会经济环境的变化,以及政治体制本身的运行规律和社会稳定需要,都会影响到政府间财政关系的制度选择。1978 年中国波澜壮阔的改革开放进程中,一个非常重要的宏观经济背景是工业化迅速发展,经济特区、沿海经济开发区等实行的以税收优惠为主要特征的招商引资政策,极大地推动了外商直接投资的发展,而对外贸易发展对基础设施、原材料和中间产品产生了很大的需求[①]。

1978—1993 年,我国纵向财政关系经历了多次变革,主要是围绕着财政承包体制修改中央与省的财政收支承包比例。承包制因其剩余索取权给地方和企业,具有积极作用,但也带来了重复建设、地区市场分割、资源配置扭曲等问题,20 世纪 80 年代末,国务院就在研究重构政府、企业和社会的财政分配关系。1990 年,《关于制定国民经济和社会发展十年规划和"八五"计划建议》提出,要在"八五"期间,有计划地实施分税制。同年,财政部提出了"分税包干"的体制方案。1992 年,十四大报告提出"要逐步实行税利分流和分税制",同年,中央还选择辽宁等九个省份进行分税制试点。

改革开放以来,我国地区间经济发展差异一直未得到有效缩小,地区间财力带来的基础设施差异,使得地区经济增长在地理、资源禀赋、财税优惠政策等基础上,又增加了劳动力、资本的集聚效应所带来的作用,而全面实现小康社会,需要中央增加财政再分配的力度。这自然需要加大财政转移支付的力度,在缺乏稳定的横向转移支付制度的条件下,中央必须要集中更多的财力。由于"财政两个比

---

① 1978 年 12 月党的十一届三中全会做出了实行改革开放的重大决策。中国需要适应国际市场的运行环境,重构对地方政府、企业和劳动者的激励制度,放权让利、承包制改革都是为了让地方、企业和居民获得剩余。为了配合对企业的放权让利,1981 年、1983 年中央推行了两次利改税。而在政府间财政支出划分改革相比税收收入划分改革要滞后很多,这种财政收入支出的不对称改革,按鲁建坤、李永友(2018)的看法,恰恰是中国特色社会主义制度下的一种自然的选择。正是这样的安排,才能够实现中央统一领导的国家治理体系的需要。

重不断下降",中央财政变得越来越紧张,"为更好地发挥国家财政的职能作用,增强中央的宏观调控能力"。1993年12月15日,国务院做出《关于实行分税制财政管理体制的决定》,确定从1994年1月1日起,对各省、自治区、直辖市以及计划单列市实行分税制财政管理体制。分税制改革主要的原则是"根据事权与财权相结合的原则",在划分中央和省的事权基础上,把各税种分成中央税、地方税和共享税,通过财政转移支付制度解决中央与地方以及地方之间财政的横向和纵向不平衡。

分税制改革对政府间的事权并没有进行实质性改革,中央与地方政府的事权基本上延续过去《宪法》及其他法律的规定。从顺利推进分税制改革角度来看,这种渐进式的增量改革模式会减少改革的复杂性,毕竟相比事权和支出责任划分,在中央和省之间进行分税的技术性难度要小得多。中央通过集中更多的税收收入,大大增强了宏观经济干预和管理的财政基础,对"理顺中央与地方的分配关系""调动(中央与地方政府)两个积极性"起到了积极作用。但突出的问题是对中央与地方政府的事权划分过于简略,而随着社会经济发展,政府的职能范围却在不断扩大,这其中很多的新增事权和支出责任都被下移到由地方政府承担,而中国这样的地区经济发展差异极大的国家,均等化转移支付规模显然还无法做到完全覆盖地方政府的事权和支出责任扩张,导致一些财力基础比较薄弱的地方的财政风险不断累积。

罗斯托认为,不同的发展阶段,政府的职能范围、财政支出结构有很大差别。在经济发展的早期阶段,由于私人部门的积累相对有限、金融市场配置资源的能力比较低,政府需要为经济发展提供社会基础设施,如交通、能源与教育等,因此这个阶段政府的基础设施支出的压力一般比较大。一旦经济达到成熟阶段,政府财政支出则会转向社会保障、环境治理等与居民福利联系更紧密的公共服务项目。而随着一国经济进入发达的福利社会阶段,创新驱动是经济发展的最核心动力,政府的财政支出更多地会用于医疗和收入再分配等项目。①

任何的制度要发展和巩固,都不会是自然而然的过程,需要的是制度的制定者、执行者和被执行者通过长期的斗争和合作。正因为如此,政府间财政关系的理解和改革,也是基于现实运行中的各种矛盾冲突的反映、基于对中国社会政治经济背景的科学把握、基于对国际财政体制最新发展成果的经验借鉴。例如,尽管美国1788年就制定联邦宪法,联邦宪法第四章第二节"每个州的公民均享有诸州公民的所有优惠与豁免权"。但因为当时人口稀少,剩余农地很多,社会的观点往往认为有劳动能力的穷人是自愿放弃了其公民权利,法院对公民也采取保守

---

① 罗斯托:《经济成长的阶段》,中国社会科学出版社,2010。

解释。地方政府有义务照顾自己的穷人,但他们可以不接受外来穷人,不论州内还是州外。直到19世纪下半叶为止,美国宪法一直不承认贫民的迁徙权。美国为了规避援助贫民的责任,在建国后的很长时间都未赋予贫民宪法权利,从而贫民一直受到各种歧视性待遇。实际上直到20世纪40年代,美国才开始在司法推动下承认流浪者的宪法权利。20世纪60年代后期,最高法院的判例建立了"福利联邦主义",使所有在美国合法居住的贫民都能享受选择居住地区的自由权利,才是完全意义上的公民。很显然,美国对流浪者的福利救济的政府责任是随着社会经济发展、文明进步而逐步发展的。公共服务不仅仅要看政府的财政能力,也要看社会的态度和法律制度的约束①。从第二次世界大战后德国政府间纵向财政改革的经验看,联邦政府为了应对战后重建支出、社会保障支出的财政压力,1956年《宪法修正案》通过建立了共享型税制,提高了联邦政府在税收收入中的分享比例,但由于缺乏纵向的转移支付体系,有些地方政府的财政压力越来越大,所以德国又在1969年对共享税制调整,搭建了联邦政府、州政府和地方政府的三级共享税体系,设立财政计划委员会协调政府间关系。

0.2.2 国家治理体系建设中的政府间纵向财政关系

财政作为国家治理的基础,政府间财政关系划分不仅是为了提高政府本身的治理能力和水平,更重要的是要改进基本公共服务的效率与公平,能够对居民企业的行为和经济发展带来正向促进作用。中国实施的渐进式改革具有不确定性,地方政府的先行先试成为中国制定政策的独特过程,而民主集中的政治体制下,上级政府可以把地方探索的成功经验在其他地区推广(Heilmann,2008;徐现祥等,2007)。这可以大大降低改革的成本,而且也可以把各种政府治理的成熟经验的外溢效应更好地发挥。

民主集中的政治体制虽然有助于激励地方政府致力于发展经济,但行政性、经济性分权必然带来的地区间财政竞争,导致地方治理绩效偏离总体最优,如低水平重复建设、"以邻为壑"的环境污染、民生性财政支出不足等问题。如何矫正地区间财政关系制度建设中的消极因素,需要把地区间的竞争合作关系在更高的层面进行制度安排。地区间财政关系中的竞争与合作的协调发展,不仅需要地区间财政收支分配的制度建设,还需要通过完善政治、社会治理模式,在地区间建立新型的财政经济关系,以实现国家总体福利的更大发展。因此,财政体制设置和政治组织功能之间的互动关系,对理解政府间财政关系的集权、分权的制度安排提供了重要的思路,财政体制总是要满足于国家治理面临的各种挑战,政府间财政关系的改革与发展常常是国家治理的工具选择。

---

① 张千帆:《从管制到自由——论美国贫困人口迁徙权的宪法演变》,《北大法律评论》,第6卷第2辑。

Hettich 和 Winer(1986)提出,对财政体制垂直不平衡的研究应该关注财政体制垂直关系及其背后的政治过程。曹正汉和周杰(2013)提出经济效率和社会风险两个原则主导着中国公共品供给中政府间集权分权的垂直关系,即使违反经济效率,中央政府也会将那些社会风险较高的公共品供给责任交给地方政府。鲁建坤和李永友(2018)从国家治理角度整体性地探讨财政体制垂直不平衡的内在逻辑及合理性,他们认为中国这样一个转型经济大国,为了更好地回应居民对政府治理、提供的各种公共服务的要求的不断变化,中央的财政收入集权可以更好地激励和约束地方政府的治理行为[①],实现中央统一领导的国家治理体系。

因为中央政府要通过财政收支安排体现国家意志,政府间财政关系中转移支付的作用无疑会越来越重要。转移支付虽然能矫正市场机制配置资源中存在的不平等问题,但分权体制下地区间财政收入再分配也可能引起激励结构的变化,尤其是导致地方政府税收努力和财政支出结构的变化(付文林和沈坤荣,2012),造成地方政府公共支出重基本建设、轻人力资本投资和公共服务的明显结构偏向(尹恒和朱虹,2011)。因此,要提升国家治理能力和水平,政府间的纵向财政关系安排就不能仅仅着眼于短期的财政收入再分配、基本公共服务均等化的层面,更重要的是要能够调动各地区的经济发展积极性,实现更高水平的地区间财力均等化。政府间财政关系划分首先要面临的一个问题是集权、分权的选择,这当然不是二选一的问题,现实中更多的是针对不同的情况在这两个极端间进行权衡,对生产、消费过程中信息比较简单,而且地区间外溢性比较大的公共服务,如养老保险等财政事权,实行财政集权可以更好地发挥规模效应,也能够将地区间的外部性内部化;而对一些消费活动中信息比较复杂的公共服务,如社会救济、住房保障等,财政事权应该主要由基层政府承担,上级政府当然要通过转移支付手段帮助经济欠发达地区提高供应能力。

但政府间事权划分无论是在纵向还是横向,由于公共服务的外溢性、信息不对称性等原因,总是存在很多的复杂性。我们认为事权的划分应追求划分指导性原则和导向性原则的平衡,具体地说对常规性事权,要在政府间做清晰的划分,且对各类事权的决策、执行和监督等都做出明确的规定;但同时必须有一些"例外",有些共同事权难以在政府间明确划分比例、有些事权是随着社会发展涌现、退出政府的职能范围,因此需要有一些指导性原则,以保障社会的公共需要既能得到满足,同时也减少不必要的扯皮推诿,提高政府的公共服务意识。当然,政府间职能划分不是一劳永逸的,部分事权随着时间、环境变化,可能需要重新调整在政府

[①] 鲁建坤、李永友:《超越财税问题:从国家治理的角度看中国财政体制垂直不平衡》,《社会学研究》,2018年第2期。

间的划分,这类事权划分的新安排,需要在相关政府间进行协商。

0.2.3 地区财政竞争与政府间财政关系

改革以来的财政体制变迁对中国社会经济发展产生了重要的激励作用,通过财政分权体制改革,不但会改进地区公共产品的供给绩效,提高本地居民的社会福利水平,而且通过使地方政府拥有独立的经济利益,也能够更大限度地调动地方官员推进本地经济发展的积极性。地方政府为了更好地履职,无论是主动的还是被动的,都需要针对跨地区资本、劳动力等要素流动,规划本地区的税收和公共服务政策,这可以促使地方政府以最有效的方式提供地方性公共物品(Tiebout,1956)。中国改革开放以来在政府间财政关系安排上"用对了激励",通过向地方政府进行财政分权,大大调动了地方政府促进经济发展的积极性,使我国交通等基础设施快速发展,是我国保持经济高速增长的重要制度创新。这表明在不出现外溢性的损失条件下,公共服务的生产和提供应该尽可能交给基层政府实施,相应地,财政支出分配也要多向基层倾斜。

分税制改革前我国地区间财政竞争主要表现为模仿性策略行为,而分税制改革之后更多地呈现出差异化竞争特征。从竞争手段看,分税制改革前各地区主要是通过税率优惠方式进行竞争,分税制改革后东部沿海省份有向公共支出竞争方式转变的趋势(付文林,2011)。中国目前地区间税收竞争和公共服务竞争并存的现状,可能会导致地区间经济发展差距进一步拉大。为了防止出现地区间税收竞争中的囚徒困境局面,中央政府需要在政府间财政关系改革中,更加重视区域经济协调发展,加大地区间财政资金的再分配。在现行以追求本地区经济利益最大化为目标的财政分权体制下,地区间均等化转移支付显然会带来地方财政行为激励机制的变化,无偿地转移支付资金很可能被用作地区征税成本的替代(Smart,1998),从而抑制地方征税的积极性(Litvack et al.,1998),即诱发地方征税过程中的道德风险——地方政府不是充分挖掘本地区税收增长潜力,转而加大对上级转移支付的依赖。分税制所带来的纵向财政分配关系失衡和预算软约束也是造成地方政府债务膨胀的重要原因(Singh & Plekhanov,2006;付文林、冀云阳,2018)。如何防止落后地区形成对转移支付的过度依赖,滋生等靠要的思想,在不伤害东南部沿海地区发展积极性的前提下,调动中西部地区经济主体发展经济的自主性和创造性,同时又能保持东南部沿海地区经济发展活力不受损害,当然是财政体制改革方案规划中必须要面对的重大课题。

强化地方政府财政行为的预算硬约束,规范政府间财政事权和支出责任划分,构建相对稳定的纵向和横向的财政分配制度非常重要。正是从这个意义上,我们认为需要更多地研究一个具有前瞻性的中央与地方政府的收入分配比例(当然不同地区可以不同),通过规范科学的政府间财政收支责任分配方法,给予各级政府一个相对稳定的财政收支责任预期,以控制地方政府财政收支行为中的道德风险和逆向选择问题。现代财税体制改革应该围绕着调动中央政府和地方政府两级的财政积极性;规范转移支付资金分配制度,加强对地方政府的预算控制;提高预算的民主决策参与水平,使之更好地反映本地区居民的实际需要,而不是成为地方官员追求个人利益的手段。

从当前中国经济发展现状考虑,建立一个多重的地方官员工作业绩评价体系是必需的。尽管地方财政收入、地区经济增长仍然应作为考核地方官员工作的主要指标,但同时必须纳入居民就业、环境质量、社会和谐发展水平等能够体现社会综合发展状况的指标。防止地区间经济发展差距拉大的省际以邻为壑的财政竞争。由于一直以来,我国的政府间纵向财政分权改革将关注的焦点过于集中在政府间财政收入的划分上,而对政府间财政责任没有做到合理而明确的划分;政府间的纵向财政决策与协调机制,更是没有被提上日程。因而导致地方将教育、卫生和社会保障方面的困境倒推向中央政府,这样不仅会增加中央政府的财政支出压力,而且也会形成地方财政对中央的过度依赖,降低地方政府增收减支的积极性。

政府间纵向财政关系与地区间横向财政关系始终是相互作用的,中央政府要基于国家统一、社会协调发展和长治久安等,通过宏观调控、收入分配等职能改变地区间、企业间和居民间的社会发展基础,这需要和地区间横向财政关系相互配合。党的十八大提出"要加大财政对民生改善的投入力度,合理调整地区间财政再分配格局,加快推进新型城镇化",而推进新型城镇化进程的核心则是不同户籍人口间基本公共服务的公平分享,流动人口的基本公共服务供给成本压力无疑会对地区间财政再分配关系提出新挑战。如何构建新型城镇化战略实施中的激励与约束兼容?这需要针对地区间人口流动的不均衡特征,对社会保障体系、建设用地的平衡机制等进行完善。随着中国经济进入新常态,经济增长越来越依赖于技术创新、内源性消费和投资,地区间经济竞争越来越转向国内的资本和人才竞争,这无疑会对地区间财政收入、财政支出的分配结构产生全新的影响,如何从地区间有序竞争角度,提升我国整体经济发展的活力、推进经济结构的升级和经济创造的活力,是政府间财政分配关系的发展完善需解决的问题。

0.3 我国政府间财政关系改革的要义

党的十九大报告提出,当前我国的社会主要矛盾已经转化为人民日益增长的美好生活需要和不平衡不充分的发展之间的矛盾。这意味着我们应从基本公共服务角度界定各级政府的财政事权和支出责任,并结合特定公共服务,体现区域性和差异性。一方面,需要制定基本公共服务保障的国家基础标准,合理划分不同政府在基本公共服务领域共同财政事权的范围,规范中央与地方支出责任分担方式;另一方面,需要以法律法规或者地方性法规的形式将基本公共服务供给的政府职责予以明确,便于各级政府在基本公共服务的基础上提供特定公共服务,满足人民日益增长的美好生活需要。

针对基本公共服务在政府间的合理划分,国务院办公厅在《国务院关于推进中央与地方财政事权和支出责任划分改革的指导意见》的基础上,颁布了《关于印发基本公共服务领域中央与地方共同财政事权和支出责任划分改革方案的通知》,大致划分了基本公共服务领域共同财政事权范围。值得注意的是,该意见要求"将中央与地方财政事权和支出责任划分基本规范以法律和行政法规的形式规定""将地方各级政府间的财政事权和支出责任划分相关制度以地方性法规、政府规章的形式规定"。

现代政府间财政关系本身就反映了政府与市场的行为边界,政府间财政关系划分首先是要理清政府的职能边界。社会主义市场经济的基本要求是经济的市场化,这必然引发财政收入来源的多元性,进而推进并决定财政支出的公共化,财政的公共化必然要求现代财政成为公共财政。①

0.3.1　中央统一领导、权责清晰的新型政府间财政关系

中国现行政府间财政关系划分最为重要的原则是《宪法》第三条:"中华人民共和国的国家机构实行民主集中制的原则""中央和地方的国家机构职权的划分,遵循在中央的统一领导下,充分发挥地方的主动性、积极性的原则"。这清楚地阐明政府间纵向财政关系划分首先是实行民主集中制,即在保证中央的统一领导下,对中央和地方政府的职权进行划分,在这个前提下才能调动地方政府的主动性、积极性。中央财政主要承担国家安全、外交和中央国家机关运转所需经费,调整国民经济结构、协调地区发展、实施宏观调控所必需的支出以及由中央直接管理的事业发展支出;地方财政主要承担本地区政权机关运转所需支出以及本地区经济、事业发展所需支出。十八大以来的一系列财税体制改革文件都将中央统一领导作为最基本的原则,而在操作层面依然要明确的是地方政府拥有的先行先试的改革权,发挥地方政府在职能履行中的主动性、创造性,地方政府和官员的绩效考核制度上要鼓励探索、允许失败。

政府的职能范围和社会经济发展紧密相连,现代财政制度改革需要与政府职能转变密切配合,建立权责清晰的政府间职能划分制度,某种程度上也决定着现代财政体制改革的效果。中国的民主集中政治体制决定了中央政府在税收收入

---

① 高培勇:《中国财税改革40年:基本轨迹、基本经验和基本规律》,《经济研究》,2018年第3期。

方面的决定权会更为集中,因此政府间纵向财权与事权的不一致性通常比实行联邦制的国家要高。如何协调政府间这种纵向财政收入、财政支出的失衡问题,也是我国政府间财政关系改革与完善的核心任务。因为我国的地区间经济发展不平衡,为了提高中央政府的宏观调控能力,财力上要适当向中央政府集中;但地方政府更接近居民,在了解本地居民的消费偏好方面更具有信息优势,事权的执行则应根据公共品的性质不同,尽可能往地方政府下沉,中央统一领导主要体现在中央政府保留在必要时的事权最终决策权、监督权等。

各国的中央与地方的财政关系划分往往有其历史传统,也和其基本的国家体制、法律体系直接相关。政府间财政关系调整本质上是一个政治治理问题,经济效率与政治责任的综合始终是政府间财政关系的重要考量因素。任何财政制度改革都要着眼于改善社会福利、促进经济增长、改善公共品供给,也要有助于制度的创新(Bahl,2011)[1]。日本的"三位一体"财政改革之所以和最初的目标存在差距,很大程度上还是改革的政治过程中不断协调各方面利益诉求的问题。美国联邦宪法第一章第八节的"洲际贸易条款"、第四章的"优惠与豁免权条款"等都保障了公民的基本权利,都可以被认为赋予贫困人口迁徙的权利,对乞丐、流浪者等穷人的社会救济,开始也是作为地方政府的责任,这既有经济效率的原因,也出于政治治理的考虑。

当地方政府利益与中央和全国利益相矛盾时,地方政府首先考虑的是自身利益而非国家利益,这会导致公共物品供给的"囚徒困境"[2]。中国目前地区间经济发展水平差异很大,在这种不对称地区间财政竞争环境中,中央政府的税收协调机制实际上有着天然的政治经济体制优势,中央政府通过集中税收立法权,使得各地区的要素竞争难以通过税收优惠手段开展。为了避免地区间财政竞争所带来的基本公共服务供给不足,中央政府需要通过财政转移支付手段矫正地区间财政能力的不均衡,推动地区间基础教育、医疗卫生服务和公共交通基础设施等的均衡发展。坚持政府间财政关系安排中的中央统一领导,当然有助于解决潜在的地区和层级间的利益冲突。但要把行政性分权、经济性分权带来的政府间纵向、横向利益统一到中央政府的既定目标上来,不仅要提高中央政府对各地区的公共服务偏好的把握能力,还应该强化地方官员对国家利益的追求,后者依赖于对地方政府和官员的绩效考核体系建设的完善。在完善"中央决策、地方执行"的机制基础上,应结合我国现有中央与地方政府职能配置和机构设置,通过有效授权、合

---

[1] Bahl R., "The Fiscal Health of State and Local Governments: 1982 and Beyond", *Public Budgeting & Finance*, 2010, 2(4):5—22.

[2] 〔美〕曼瑟尔·奥尔森:《集体行动的逻辑》,陈郁译,格致出版社、上海三联书店、上海人民出版社,1995。

理配置地方财政事权,更好地发挥地方政府在职能履行中的信息优势,激励地方政府尽力做好辖区范围内基本公共服务的提供和保障。

0.3.2 化解"公共池问题"、提升政府财政效率

政府间财政关系划分的基本逻辑是按公共物品的外溢性,把财政活动的受益范围作为财政收入、财政支出的具体划分原则。例如,中央政府应负责国防、外交,城市维护、医疗服务则应由地方政府负责提供等。现代政府提供的许多公共服务是地区性的准公共品,对于那些关于地方经济发展的事权,地方政府明显拥有信息优势,因此在事权履行中地方政府应该承担更大的责任。在信息不对称因素的制约下,中央政府就难以对地方政府进行有效监督。这需要提高政府财政职能履行中的社会参与和监督。

政治经济的关系往往是在一个长期历史演化中取得的复杂平衡,政府间财政关系改革进程取决于整个社会经济系统的运行需要、决策者对改革本身的规划,以及社会各界对改革目标的诉求等。为了促进民族边疆地区的稳定,中央给予边疆地区更大的财力倾斜;为了全面建成小康社会,中央对贫困发生率较高的地区进行财力倾斜等。财政体制的纵向关系安排,虽然从直观数据上体现为税收收入分配关系的调整,但其调整的政治经济动因无疑还是出于特定的宏观战略目标,也就是说从中央、地方两级政府的整体角度考量,存在着集权、分权水平的变化,但在这样的财政制度演变中,各地区的财政利益的既定关系也会打破,总会出现一些新的获益、受损地区,而这样的财政分配格局改变,需要对政策效果进行考量,尤其是中国地区经济发展水平、文化传统、生活习俗都差异很大,各地区对地方公共服务需求的结构存在很大不同。任何试图简单地照搬其他国家的模式改造政治经济制度的尝试,都可能带来制度改革的水土不服。

上级政府适当集中财力有应对地区间发展不平衡、提高国家协调区域均衡发展能力的作用。但这种提升"国家治理"能力的目标本身实施的效果,依然要从地方政府的行为激励效应角度进行一般均衡分析。也就是说从应对社会风险的政府治理角度考量,财政收入应该相对集中,以增强中央政府进行跨地区财政资源调度的能力,使得落后地区也有足够的财力增加地区的基本公共服务供给。但这种财政收入集权、支出分权下的财政垂直不对称对相关地区的经济效率、财政效率的提升作用,必须建立在对地方政府的财政行为的正向激励基础上。只有当地区间财政再分配政策能够使得区域公共服务均等化的社会福利增加超过"公共池问题"带来的效率损失时,地区间财政均等化制度才是一种帕累托改进。而要在实践中澄清这种社会总福利的变化并不容易,因此,现实中的政府间财政关系改革往往适用的是"拇指规则",通过定量与定性分析相结合,设计政府间纵向、横向财政关系的政策改革方案。但这不一定意味着对政治经济制度的改革都必须是

渐进式的,更主要的还是取决于整个社会经济系统的运行需要,以及最高决策者对改革路径本身的规划、社会各界对改革目标的追求的诉求等。但我们认为不论是系统化的改革还是小范围的渐进式财政分配关系调整,调动中央、地方政府两个积极性始终是改革无法回避的核心要素之一。

中国特色社会主义的政治体制决定了一旦地方政府发生财政危机,中央或上一级政府往往要承担"兜底责任"。中央政府会救助面临财政困难的地方政府,那么后者总是有充分的动机过度支出,引发中央政府税收收入的"公共池问题",致使政府间财政问题暴露于道德风险之中(Rodden,2003)。鉴于中国的省级政府规模通常比较大,跨区域的经济调度能力往往较强,为了维护国家统一、长治久安,建议中央政府适当集中财政收入,增强宏观调控、收入再分配的能力,即在各省层面,中央财政实行财政"集权",这更多地是为了实现公平和谐发展目标,通过全国统一市场假设,基本社会保障的公平,发挥好规模经济和范围经济。强化省级政府统筹推进区域内基本公共服务均等化职责,而市、县政府要强化执行职责。在财政职能上,可以赋予省级政府更大的支出责任,把市、县、乡政府从预算软约束中释放出来。在省内主要是实行分权,地方政府在公共品提供、招商引资等方面展开竞争,应该允许经济发展更快的地区有更高质量的公共服务。总之,政府间财政关系改革应该兼顾集权、分权的激励作用,避免地区间过度竞争带来的产品要素市场割据,地区间、城乡间、居民间收入差距过大的问题。

为了防止地方政府间的过度财政竞争,优化区域间竞争环境,在向政府分配税收权力过程中,必须遵循的基本原则有[①]:对流动性要素的征税权,应赋予中央政府;出于公平目的的累进制再分配税收应当赋予中央;税收应分配到最有能力监控相关估价的政府部门。当然在税收权力分配中,最主要的还是地方政府从自有税源中汲取财政收益的能力应尽可能与支出需求相匹配,而对一些经济欠发达地区,中央政府通过转移支付方式对其提供相应的财政资金支持,以满足其基本公共产品和服务的均等化供给要求。虽然分税制改革以来,在对落后地区倾斜方面,中央政府已经做出了很大努力,也使西部省份的财力状况有了较大的提高,但要从根本上解决区域统筹发展问题,不仅要建立区域统筹发展的基本财政体制,更重要的是要在思想观念上营造一个区域协调发展的社会环境,形成区域统筹发展的良好社会舆论氛围,构建各地方政府对区域统筹发展的稳定政策预期,最大限度地提升各类地区的财政收支行为效率,形成地区间良性有序的竞争关系,实现地区经济社会的协调发展目标。

---

① Shah, A., "Fiscal Decentralization in Developing and Transition Economies: Progress, Problems, and the Promise", World Bank Policy Research Working Paper, 2004.

0.3.3 完善转移支付制度、实现更高水平的财政公平

党的十六届六中全会通过的《中共中央关于构建社会主义和谐社会若干重大问题的决定》提出"完善公共财政制度,逐步实现基本公共服务均等化"。政府间财政关系划分的基本目标是公平和效率,基本公共服务均等化是和谐社会发展的要求。但财政政策不仅仅是维护社会公平正义,做好宏观调控。促进社会总福利增加也是政府的基本职能之一,因此,在追求基本公共服务均等化目标过程中,政府间财政关系还有一个主要的目标是促进经济发展,创造更多的可分配资源。要保证一国的不同地区居民获得大致相同的公共产品或服务,可以通过对公共产品或服务的差异化提供,缩小地区差距、促进社会公平、发挥收入再分配的功能来实现。

当前,我国区域、城乡间经济发展极为不平衡,导致基本公共服务供给不平衡不充分的问题比较普遍。地区的空气、水域等自然环境的公共治理问题的重要性日益突出,行政区的地理空间相互分割的藩篱需要打破。这就需要中央政府出台政策或提供转移支付等进行支持。地区间财政关系也要兼顾竞争与合作,特别是防止以邻为壑的损人利己的发展。而要真正实现地区间有效合作,必须建立能够调动各地区参与协调发展的积极性,这需要地区间有足够的经济依赖。美国特朗普政府之所以要以美国优先来重构和各国的军事、经济和政治关系,很大程度上是美国认为失去既有的关系,对美国的影响没有那么大,换言之,美国认为其关闭经济贸易交往的大门,对其他国家的影响要远大于对美国自身的影响。但一个统一国家,地区间的经济关系一般不能仅仅依赖地区间自发的参与激励机制[①],还要通过中央政府适度的政治经济集权,也即绕开地方政府的主动参与,直接通过税收、支出、转移支付等手段,影响地区间的财政收支分配、行为选择等,化解政府间财政关系领域中存在的各种潜在冲突,实现效率与公平的协调与兼顾。

2017年,党的十九大报告中指出"实施区域协调发展战略……建立更加有效的区域协调发展新机制""加快建立现代财政制度,建立权责清晰、财力协调、区域均衡的中央和地方财政关系"。因为财政缺口较大的地区一般会获得更多的转移支付资金,地方政府为争夺更多的转移支付资金,有可能不断扩大财政支出、降低征税努力(Koethenbuerger,2011)。在转移支付制度建设中要尽可能发挥各级政府的积极性,实现更高水平的财政公平,比如,考虑要素资本在地区间流动的横向政府间受益补偿性转移支付制度,不仅相对较为公平,而且也能避免纵向转移支付对落后地区的负向激励效应;而对于辖区间外溢性公共服务,则可以在财政事

---

① 参与激励当然很重要,但在地区间差距很大时,可能很难得到一个稳定的区域横向关系,双方总是希望对方承担更多的义务。

权与支出责任划分的基础上,对地区间外溢性公共服务受益的大小进行评定,以此来划分横向政府间共同事权的分担比例,受益地区的政府可以按照受益分担比例通过横向转移支付向公共服务提供地区的政府进行补偿。

大国经济面临复杂的社会政治经济问题,常常会有许多复杂的特定任务需要完成,政府间财政关系制度安排也应该是多元的。如目前正在不断推进的社会保障制度改革,虽然目前绝大多数省份已经实现了社会保障的预算管理层面上的省级统筹,但从社会保障基金收支现状看,大多数省份实际仍局限于市级、县级统筹层次。我国正处在城镇化进程中,人口流动性较大,同时又面临人口老龄化、就业多元化、经济波动日益频繁等挑战,省级统筹难以实现养老保险的公平性、流动性和可持续性等多重目标。养老金事权履行虽然比较简单,一般认为应上收社会保障的事权或支出责任。但地区间经济差距、生活成本不一样,全国统筹不可避免地要处理各地区的发放水平的协调问题。2018年5月,中央全面深化改革委员会第二次会议审议通过《企业职工基本养老保险基金中央调剂制度方案》;2018年6月,国务院发布《关于建立企业职工基本养老保险基金中央调剂制度的通知》,对中央调剂基金筹集、拨付以及中央调剂基金管理等问题做出明确规定。这显然是通过纵向养老保险基金集中的方式进行的地区间社会保障资金的横向调度,从制度的长期稳定性角度来看,政府间社会保障领域的财政关系改革的最大挑战是综合地区间居民收入差距、养老负担、社保基金积累等多方面因素,全面设计适应中国特色社会主义新时代要求的制度体系。

政府间财政关系要放在政府与市场、社会的关系这样的更大背景中进行把握,也即任何的政府间纵向、横向关系的构建,都需要放在社会系统这个大背景中进行设计,如政府间的税收收入分配本身大致可以通过税收收入进行纵向划分、横向划分,但是无论是哪个层面的划分,都要依赖于财政再分配的力度。中央集中、地方分权两种政府间财政制度安排,都可能促进地区间收入分配公平(当然有可能加大不公平)。但公平的内涵是多元的,财政学虽然强调的是结果公平,也就是通过收入转移、社会保障体系的建设,使地区间、居民间实际收入差距缩小。不过,公平的另外两个层面(起点公平、过程公平)也要在政府间财政关系改革中足够重视。我们认为任何的政府间财政分配制度安排,最终目标都是要兼顾短期和长期的公平,通过完善财政转移支付制度,保持发达地区的经济发展积极性,同时也要能够实现落后地区、低收入居民的更快发展,在更高水平上实现区域经济的协调发展。

0.3.4 加快财政法治化进程、建设现代政府间财政关系

中国目前无论是在税收、财政支出还是在财政管理方面,都存在着很多行政规章。十八大提出2020年初步建立现代财税体系,十八届四中全会提出全面依

法治国。《中华人民共和国立法法》第 8 条规定，基本经济制度以及财政、海关、金融和外贸的基本制度只能制定法律。政府间财政关系这样一个重要的财政基础体系，无疑只有通过全面的法治化，用《财政法》划分中央、地方政府间的财政关系，才能真正实现财税体系的现代化。当前正在快速推进的现代财政体制建设，出台了很多涉及政府间财政关系的文件和规定，但要把政府间财政关系改革放到新时代中国特色社会主义的主要矛盾中进行理解，事权划分改革的科学性依然缺乏比较清晰的理论基础，在操作层面也缺乏具体的政策方案。地方的财权要求从法律层面给予地方政府足够的财政自主权，即要么构建稳定的地方独立税制或共享税收权力、要么给予地方政府较大的财政收入或税收立法权。由于目前地区经济发展差距很大，这必然会给中央政府带来很大的立法困难，而赋予地方政府税收立法权和我国的民主集中政治体制又存在矛盾。当然，实行民主集中制绝不意味着中央政府将包揽一切事务，这对中国这样一个地区间差异很大的发展中大国是不可想象的。就某项特定政府事权而言，它一般包含决策权、执行权和监督权，即使在事权划分中完全由地方政府单独承担的一些事权，中央实际也保留有决策的调整权、监督检查的权力。也就是说，划分政府间事权不能机械、绝对地进行理解，而是作为财政关系划分的基础。即使中央政府在事后根据社会政治经济等因素，改变了地方政府的某项事务的决策，其支出责任依然应由地方政府承担。

政府间财政关系划分的法律规范缺失，是造成政府间支出责任下移、"土地财政"、地方政府债务扩张等问题屡禁不止的主要原因。我国应借鉴国际经验，加快财政法治建设，从财政法治化发展的现实可能性出发，目前我国政府间财政关系划分的法律体系应包括宪法、法律、行政法规，以及国务院和有关部门的规范性文件。特别是应以《宪法》为根本，加快制定《财政法》《政府财政关系法》等基本法律制度，以确定政府间事权和支出责任划分规则，明确各级政府的收支范围和财政管理权限，以减少事权和支出责任调整的随意性，保证政府间财政关系的稳定性。

鉴于中国特色社会主义体制与西方政治制度的根本区别，我国的政府间财政关系基本法律体系立法的基础不应过分强调对政府的监督问责，而应在人民民主专政制度下，既监督政府的财政行为，也体现政府与社会的合作。当然，政府间事权、财政关系划分不会一成不变，随着政府职能的转变、技术的进步和社会经济的发展，政府间财政关系划分也要随着客观条件的变化进行动态调整。在过渡期，政府间发生的财政收入、支出责任等争议也应体现党的集中统一领导这个基本原则，建立由各级党委领导的深化改革委员会加以协调，而此后再随着政府间财政关系的实践发展，建立由政府跨部门的协调机制解决各种政府间财政争议。

主要参考文献

[1] 曹正汉、周杰:《社会风险与地方分权——中国食品安全监管实行地方分级管理的原因》,《社会学研究》,2013年第1期。

[2] 付文林、耿强:《税收竞争、经济集聚与地区投资行为》,《经济学》(季刊),2011年第4期。

[3] 付文林、沈坤荣:《均等化转移支付与地方财政支出结构》,《经济研究》,2012年第5期。

[4] 刘煜辉、沈可挺:《是一级市场抑价,还是二级市场溢价——关于我国新股高抑价的一种检验和一个解释》,《金融研究》,2011年第11期。

[5] 徐现祥、李郇和王美今:《区域一体化、经济增长与政治晋升》,《经济学》(季刊),2007年第4期。

[6] 尹恒、朱虹:《县级财政生产性支出偏向研究》,《中国社会科学》,2011年第1期。

[7] 张平、刘霞辉:《城市化、财政扩张与经济增长》,《经济研究》,2011年第11期。

[8] Büttner, T., "Determinants of Tax Rates in Local Capital Income Taxation: A Theoretical Model and Evidence from Germany", *FinanzArchiv / Public Finance Analysis*, 1999, 56(3/4), pp. 363—388.

[9] Hettich, W., & Winer, S., "Vertical Imbalance in the Fiscal Systems of Federal States", *The Canadian Journal of Economics*, 1986, 19(4), pp. 745—765.

[10] Heilmann, S., "From Local Experiments to National Policy: The Origins of China's Distinctive Policy Process", *The China Journal*, 2008, (59), pp. 1—30.

[11] Koethenbuerger M., "How do local governments decide on public policy in fiscal federalis: Tax vs. expenditure optimization", *Journal of Public Economics*, 2011, 95(11), pp. 1516—1522.

[12] Plekhanov, A., & Singh, R., "How Should Subnational Government Borrowing Be Regulated? Some Cross-Country Empirical Evidence", *IMF Staff Papers*, 2006, 53(3), pp. 426—452.

[13] Rodden, J., "Reviving Leviathan: Fiscal Federalism and the Growth of Government", *International Organization*, 2003, 57(4), pp. 695—729.

[14] Smart, M., "Taxation and Deadweight Loss in a System of Intergovernmental Transfers", *The Canadian Journal of Economics*, 1998, 31(1), pp. 189—206.

[15] Tiebout, C., "A Pure Theory of Local Expenditures", *Journal of Political Economy*, 1956, 64(5), pp. 416—424.

第一篇
中国财政税收运行

第1章 2017年宏观经济运行

1.1 2017年生产活动运行状况

1.1.1 2017年开局良好,经济有回稳态势

十九大以来,供给侧改革继续深化,结构调整不断推进,经济发展进入重视增长质量、推进平衡、充分发展的新时期。从外部环境来看,全球经济继续呈现复苏态势,总体好于预期;从国内经济金融形势看,经济稳中向好,结构持续改善,总供求更加平衡,制造业产能出清。行业集中度提升以及企业利润改善较为明显,总体实体经济相对2016年有好转。在国内外经济风险充分释放前,经济整体仍将面临增长阻力。只有把握政策良机,迅速提高生产效率,才能在浪潮中立稳脚跟。

2017年经济开局良好,全年国内生产总值达到827 121.7亿元。按可比价格计算,季度GDP(国内生产总值)同比增长率维持在6.9%。从GDP的季度累计同比增长数据来看,我国GDP增长率在2010年的第一季度达到了12.2%的高峰,之后就明显下降,从2012年起季度GDP累计同比处于持续下降的状态,并在2015年累计同比增长率降为7%左右,在提出供给侧改革、"三去一补"之后有持续小幅下降的趋势,尽管经济增速有所减缓,但结构调整在稳步推进,转型升级势头良好,这种增速回落一定程度上有利于调结构和转方式。2017年GDP季度累计同比有小幅回升,保持在6.90%的增速,可以看出经济有复苏的迹象,改革的效果在逐渐显现出来(见图1-1)。

1.1.2 最终消费在GDP构成中稳步上升,成为拉动经济增长的第一动力

在支出法GDP总量的构成中,最终消费支出和资本形成对GDP的贡献有着绝对优势,基本上维持着各占半壁江山的态势。但占比最大的项目已从资本形成总额逐渐转变为最终消费支出,2017年最终消费占比达到53.6%,相较2016年增长1.8%;资本形成占比减少至44.2%,相较2016年减少0.6%;2016年受人民币贬值等因素影响,净出口额占比有所回升,但2017年受全球经济萎靡的影响,占比又下降至2.2%,较2016年下降1.2%。GDP组成结构的走势变化反映了我国经济增长模式的变化:随着人口红利的逐渐消失,靠投资和出口拉动GDP的增长模式不具有可持续性,消费升级势在必行。从数据上来看,最终消费支出占比在稳健提升,而资本形成占比逐渐下滑,但两者对GDP的贡献率加总始终超过

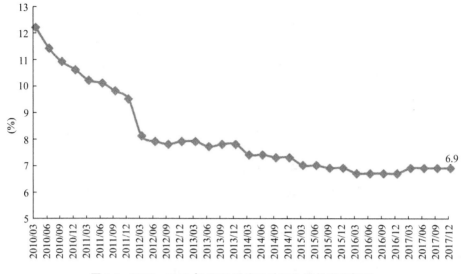

图 1-1　2010—2017 年 GDP 季度累计同比增长率趋势图

资料来源：国家统计局。

95%，说明在扩大内需战略的带动下，经济在新常态中逐渐实现从投资驱动向消费驱动、创新驱动的转变（见图 1-2）。

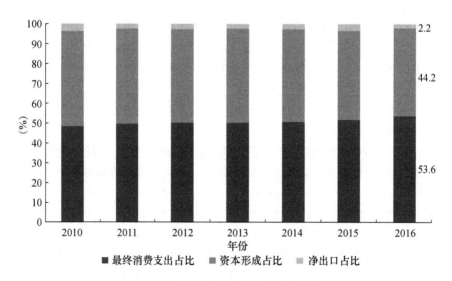

图 1-2　支出法 GDP 各项目占比变化

资料来源：国家统计局。

从各构成项目对 GDP 增长的贡献来看，资本形成总额对经济增长贡献率在

2010年达到66.30%,之后逐渐下降,占比小于50%,只是在2013年稍有回升,达到55.30%,在2017年贡献率下降至32.10%;最终消费支出对经济增长贡献率稳中有升,在2016年达到64.60%,在2017年稍有下降,但仍对GDP的增长做出了绝对的贡献,贡献率达到58.80%;此外,2017年全球经济复苏,国外需求回暖,净出口对经济增长的贡献由负转正,2017年贡献率达到9.10%。整体来看,结构化调整的效果在逐渐显现(见图1-3)。

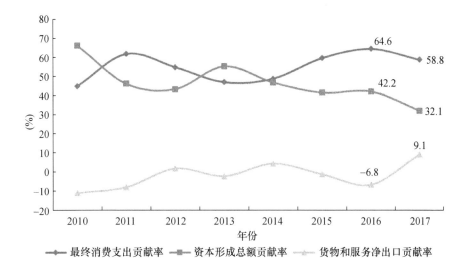

图1-3 支出法GDP各项目对GDP增长的贡献

资料来源:国家统计局。

1.1.3 第三产业增加值总额及增速继续保持领先地位,产业结构调整稳步进行

2017年第一产业增加值为65 332.3亿元,环比增速为3.9%,相较2016年回升了0.6%,在GDP内部结构中占比也最低,但相对2016年有小幅上升,在8.3%左右;第二产业增加值为318 008.9亿元,环比增长6.1%,占GDP的比重比较稳定,约为40.5%;第三产业增加值为402 428.8亿元,环比增速最高,为8.0%,占GDP的比重稳中有升,维持在50%以上。自2015年提出供给侧改革以来,第三产业季度累计占比稳步提升,且一直保持在50%以上的水平,而第二产业季度累计占比逐渐下降,2017年占比降至40.5%。总体来看,在第一产业与第二产业构成的基石之上,第三产业已经成为我国经济发展的核心和关键点(见图1-4和图1-5)。

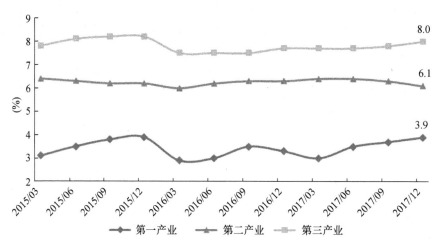

图 1-4 三次产业季度累计增加值同比增长率(不变价)

资料来源:国家统计局。

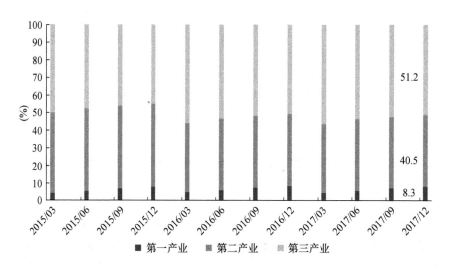

图 1-5 三次产业累计增加值占 GDP 的比率

资料来源:国家统计局。

1.1.4 工业企业经营绩效整体回升,不同类型企业增长率分化明显

根据图 1-6 中按经济类型划分的工业企业增加值累计增速数据,国企、外企和股份制企业增速处于领先水平,在 2017 年年末增速均在 6.5% 以上,集体企业增加值与上年基本持平,增幅不到 1%,私营企业增速为 5.9%,较 2016 年下降 1.6%。

纵向来看,不同成分企业增加值的增长率走势不太相同,这与我国当前改革中工业尚未调整到位,产能过剩问题没完全解决,国企和集体企业改革进一步深化的现状基本相符。具体来看,股份合作企业增速在2017年降幅最大,从2016年的6.2%的增速跌至负值。股份合作企业是企业职工劳动联合和资本联合的企业组织形式,是集体经济的有效形式,主要适用于中小型企业,随着改革的深化和结构的调整,股份合作企业也在面临整改,随着社会市场经济的发展,股份合作制终将退出历史舞台;私营企业年增速自2015年以来逐渐下降,从2015年的8.6%降至2017年的5.9%,但仍是我国目前最有活力和成长潜力的成分;股份制企业的相对活跃度和贡献保持稳定,累计增加值增长率基本保持在7%左右的水平;外资及港澳台投资企业累计增加值增速稳健上升,从2015年3.7%的增速增至2017年6.9%的增速,增速首次领先,反映国内投资环境逐渐改善;集体企业累计增加值增速下滑明显,在2016年甚至跌至负增长,但在2017年有所回升;国有企业累计增加值增长率有大幅上升,从2016年的2%上升至2017年的6.5%,国企增加值大幅上升的原因一是受益于改革红利的释放,二是采矿、煤炭、金属采选及冶炼加工、石油、化工等产品价格明显上涨,其中,采掘业和原材料工业12月累计同比分别增加20.7%和11.5%,使这些传统产能过剩的国有企业利润大幅增长。

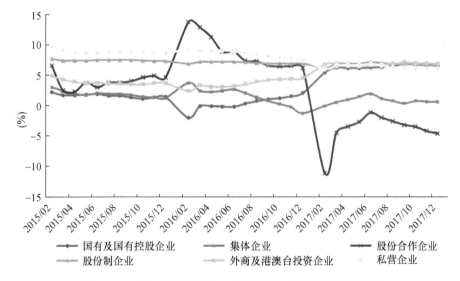

图1-6 按经济类型划分的工业企业增加值同比增速(累计)
资料来源:国家统计局。

从工业企业经营绩效来看,2017年年底亏损企业数为45 454家,相较2016年同期增加了446家,但同期工业亏损额大幅下降,2017年年底亏损额累计为6 848.8亿元,同比下降18.1%;利润总额和主营业务的增幅也呈现大幅上涨,其中利润总额在2017年达到75 187.1亿元,同比累计增速从2015年2月的－4.2%上升至2017年12月的21%,2017年全年利润同比累计增速保持在20%以上,较2016年提升了10%以上,主营业务收入增速进一步提升,从2016年全年的4.9%提高到2017年的11.1%。这些数据说明2017年工业生产扩张主要由利润改善带来,企业经营环境进一步好转,实体经济运行质量总体上比2016年有进一步好转(见图1-7)。

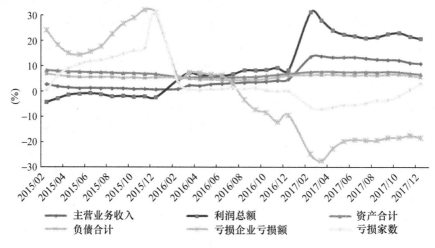

图1-7　工业企业主要经营指标变化(累计增长)

资料来源:国家统计局。

与此同时,我们还观察到2017年的资产和负债的增速分别保持在7%和6%,表明企业在经济状况回暖的情况下开始逐步增产、扩大经营。具体而言,2017年年底资产合计1 123 000亿元,负债合计622 963.4亿元。总体而言,企业经营绩效改善在不同行业具有不平衡的特点,比如国企受益于改革红利和PPI价格的上涨,增幅最快。值得注意的是,随着PPI的回落,企业利润增幅也逐渐减小,可见当前经济增长受价格因素的影响较大。

1.1.5　生产资料价格上涨,PPI大幅上升

PPI是一个用来衡量制造商出厂价平均变化的指数,它是统计部门收集和整理的若干个物价指数中的一个,市场敏感度较高。PPI反映了一个厂商获得原材料的价格波动情况,如果厂商获得原材料价格上涨,厂商可以通过产品价格转移,带来通货膨胀压力。从2017年数据来看,我国的PPI指数大幅上升,且一直呈增长的态势,在12月达到峰值107.8(见图1-8),PPI连续16个月同比增速为正,2017年2月同比增速达到峰值,同比增长7.8%。2017年同比增速大幅上升的原因主要是:一方面,2016年同期价格相对较低造成基础效应;另一方面,由于国际

大环境复苏良好,相应增加了对原油的需求,导致部分国际大宗价格的反弹;再一方面,由于去产能、去库存等限产措施和环保力度加强导致一些企业关停带来的供给紧张,使得上游产业的价格大幅回升,促使如煤炭、化工、石油、金属等原材料的价格同比增速在 2017 年保持高位。

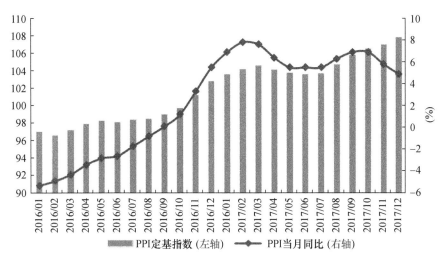

图 1-8　月度 PPI 定基指数(2010 年为基期)及同比

资料来源:国家统计局。

1.1.6 采购经理人指数(PMI)呈上升态势

采购经理人指数是衡量一个国家制造业的"体检表",是经济先行指标中的一项非常重要的附属指标。2017 年,我国制造业采购经理指数和非制造业采购经理指数都保持在 50 以上的水平,相比上年同期均有所提升,进入平稳扩张态势,表明制造业和非制造业继续保持平稳增长,市场信心稳定。这反映出经理人对未来经济增长仍有客观预期,随着整体经济状况的转好,预期逐渐转好(见图 1-9)。

从我国制造业 PMI 分类指数数据来看(见表 1-1),2017 年生产指数和新订单指数均高于临界点 50,较 2016 年同期上升,原材料库存指数、从业人员指数低于临界点,供应商配送时间指数位于临界点。

• 生产指数 2017 年年底为 54%,表明制造业生产继续保持扩张态势,且扩张态势有所加大;

• 新订单指数 2017 年年底为 53.4%,同比 2016 年基本持平,表明制造业市场需求增速继续保持较快增长;

• 原材料库存指数 2017 年年底为 48%,持续低于临界点,表明制造业生产用原材料库存持续回落,去库存效果显现;

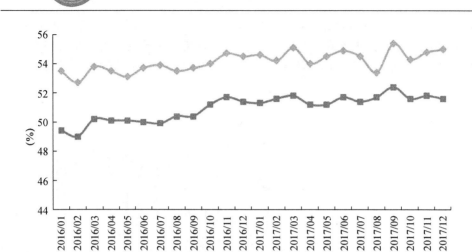

图 1-9 制造业和非制造业 PMI 指数走势

资料来源：国家统计局。

表 1-1 中国制造业 PMI 分类指数　　　　　　　　　单位：%

日期	PMI	分类指数				
		生产	新订单	原材料库存	从业人员	供应商配送时间
2016-01	49.4	51.4	49.5	46.8	47.8	50.5
2016-02	49.0	50.2	48.6	48.0	47.6	49.8
2016-03	50.2	52.3	51.4	48.2	48.1	51.3
2016-04	50.1	52.2	51.0	47.4	47.8	50.1
2016-05	50.1	52.3	50.7	47.6	48.2	50.4
2016-06	50.0	52.5	50.5	47.0	47.9	50.7
2016-07	49.9	52.1	50.4	47.3	48.2	50.5
2016-08	50.4	52.6	51.3	47.6	48.4	50.6
2016-09	50.4	52.8	50.9	47.4	48.6	49.9
2016-10	51.2	53.3	52.8	48.1	48.8	50.2
2016-11	51.7	53.9	53.2	48.4	49.2	49.7
2016-12	51.4	53.3	53.2	48.0	48.9	50.0
2017-01	51.3	53.1	52.8	48.0	49.2	49.8
2017-02	51.6	53.7	53.0	48.6	49.7	50.5
2017-03	51.8	54.2	53.3	48.3	50.0	50.3
2017-04	51.2	53.8	52.3	48.3	49.2	50.5
2017-05	51.2	53.4	52.3	48.5	49.4	50.2

(续表)

日期	PMI	分类指数				
		生产	新订单	原材料库存	从业人员	供应商配送时间
2017-06	51.7	54.4	53.1	48.6	49.0	49.9
2017-07	51.4	53.5	52.8	48.5	49.2	50.1
2017-08	51.7	54.1	53.1	48.3	49.1	49.3
2017-09	52.4	54.7	54.8	48.9	49.0	49.3
2017-10	51.6	53.4	52.9	48.6	49.0	48.7
2017-11	51.8	54.3	53.6	48.4	48.8	49.5
2017-12	51.6	54.0	53.4	48.0	48.5	49.3

资料来源：国家统计局。

- 从业人员在2017年3月达到临界值，之后持续位于临界点以下，表明制造业企业用工量有所减少；
- 供应商配送时间指数基本在临界点左右，2017年年底为49.3%，相比2016年有所下降，表明制造业原材料供应商交货时间略有加快。

从我国非制造业PMI分类指数数据来看（见表1-2），2017年新订单指数、业务活动预期指数、投入品价格指数、供应商配送时间指数均高于临界点50，较2016年同期上升，从业人员指数、在手订单指数、存货指数低于临界点。

表1-2 中国非制造业PMI分类指数　　　　　　　　　单位：%

日期	商务活动PMI	分类指标								
		新订单	新出口订单	业务活动预期	投入品价格	销售价格	从业人员	在手订单	存货	供应商配送时间
2016-01	53.5	49.6	47.3	58.4	49.9	47.7	48.8	43.9	45.8	51.9
2016-02	52.7	48.7	47.7	59.5	50.5	48.3	48.9	42.9	45.4	51.6
2016-03	53.8	50.8	47.8	59.0	51.4	49.5	48.2	43.4	45.9	51.4
2016-04	53.5	48.7	45.7	59.1	52.1	49.1	49.2	43.6	45.4	51.8
2016-05	53.1	49.2	49.5	57.8	51.6	49.8	49.1	43.6	45.6	51.4
2016-06	53.7	50.8	48.6	58.6	51.6	50.6	48.7	43.1	46.0	52.3
2016-07	53.9	49.9	47.5	59.5	51.3	49.5	48.5	42.8	46.3	51.9
2016-08	53.5	49.8	48.8	59.4	52.6	50.4	49.1	43.0	45.5	51.7
2016-09	53.7	51.4	48.3	61.1	51.7	50.1	49.7	43.6	45.9	52.0
2016-10	54.0	50.9	51.4	60.6	53.3	51.5	50.0	44.0	45.3	51.4
2016-11	54.7	51.8	50.9	60.7	53.5	51.4	50.6	44.2	45.8	51.5
2016-12	54.5	52.1	48.9	59.5	56.2	51.9	50.0	44.0	47.2	51.6

(续表)

日期	商务活动PMI	分类指标								
		新订单	新出口订单	业务活动预期	投入品价格	销售价格	从业人员	在手订单	存货	供应商配送时间
2017-01	54.6	51.3	46.4	58.9	55.1	51.0	49.8	44.6	46.2	51.4
2017-02	54.2	51.2	50.1	62.4	53.7	51.4	49.7	43.5	45.8	52.1
2017-03	55.1	51.9	48.8	61.3	52.3	49.7	49.1	44.7	45.8	51.4
2017-04	54.0	50.5	47.1	59.7	51.7	50.2	49.5	44.0	46.2	52.0
2017-05	54.5	50.9	48.5	60.2	51.1	48.8	49.0	43.7	46.1	51.8
2017-06	54.9	51.4	49.8	61.3	51.2	49.3	49.6	44.6	45.9	51.8
2017-07	54.5	51.1	52.1	61.1	53.1	50.9	49.7	43.9	45.9	51.7
2017-08	53.4	50.9	49.0	61.0	54.4	51.5	49.5	44.0	45.5	51.1
2017-09	55.4	52.3	49.7	61.7	56.1	51.2	49.7	44.2	47.0	51.6
2017-10	54.3	51.1	50.7	60.6	54.3	51.6	49.4	43.9	46.4	51.1
2017-11	54.8	51.8	50.9	61.6	56.2	52.8	49.2	44.1	46.5	51.3
2017-12	55.0	52.0	51.5	60.9	54.8	52.6	49.3	43.8	46.3	51.3

资料来源：国家统计局。

• 新订单指数 2017 年年底为 52％，与上年年底仅相差 0.1 个百分点，表明制造业生产继续保持稳定扩张的态势；

• 新出口订单指数 2017 年年底为 51.5％，同比 2016 年增长 2.6 个百分点，说明随着"一带一路"的推进，国际合作交流日益频繁，海外需求有望持续释放；

• 业务活动预期指数 2017 年年底为 60.9％，同比 2016 年增长 1.4 个百分点，反映出企业对 2018 年市场预期趋于乐观；

• 投入品价格指数 2017 年年底为 54.8％，在年中有小幅回落，之后又有所回升，相比 2016 年回落 1.4 个百分点，可能会给非制造业市场带来通胀压力；

• 销售价格指数 2017 年年底为 52.6％，相比 2016 年增长 0.7 个百分点，说明产品竞争力在稳步提升；

• 从业人员指数 2017 年持续下降，年底降至 49.3％，低于临界点，表明制造业企业用工量有所减少；

• 存货指数 2017 年年底为 46.3％，相比上年回落 0.9 个百分点，表明制造业生产用原材料库存持续回落，去库存效果显现；

• 供应商配送时间指数 2017 年年底与 2016 年相比回落 0.3 个百分比，在 51—52 摆动，表明制造业原材料供应商交货时间略有加快。

1.1.7 宏观经济景气指数稳步上升，改革红利缓慢释放

宏观经济景气指数，是利用一系列经济指标建立起来的宏观经济"晴雨表"。纵观 2017 年我国经济景气的先行指数走势和滞后指数走势，都处于稳步上升的

态势。说明在经济新常态的背景下,随着供给侧改革的推进,经济波动的态势逐渐转好,且经济景气仍然处于上升趋势当中。而值得注意的是,2017年的一致景气指数与2016年差异不大,在94左右波动,可见改革红利的释放是缓慢进行的(见图1-10)。

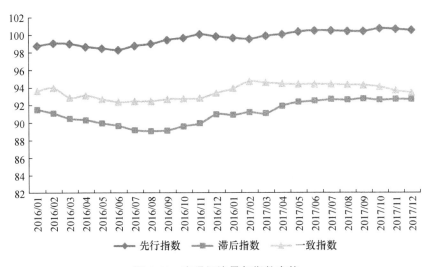

图 1-10 宏观经济景气指数走势

资料来源:国家统计局。

1.2 2017年收入分配活动运行状况

1.2.1 居民收入增长加快,城乡居民收入倍差缩小到2.71

2017年,全国居民人均可支配收入为25 974元,比上年名义增长9.0%,扣除价格因素,实际增长7.3%,比上年加快了1.0个百分点,居民收入增速扭转近年回落态势。2017年GDP的增速为6.9%,居民人均收入的实际增长比GDP增速高0.4个百分点。

农村居民收入实际增速继续高于城镇居民。按常住地分,城镇居民人均可支配收入为36 396元,同比增长8.3%(以下如无特别说明,均为同比名义增长),扣除价格因素,实际增长6.5%,比上年加快0.9个百分点;农村居民人均可支配收入为13 432元,增长8.6%,扣除价格因素,实际增长7.3%,比上年加快1.1个百分点,比城镇居民人均可支配收入实际增速高0.8个百分点。城镇居民人均可支配收入是农村居民的2.71倍,比上年降低0.01。近五年来,农村居民人均纯收入同比增速均高于城镇居民(见图1-11和图1-12)。

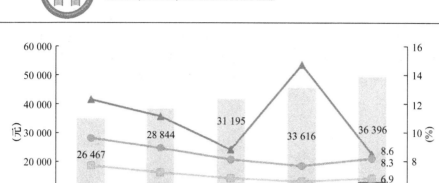

图 1-11　2013—2017 年城乡居民收入变化趋势图

资料来源：国家统计局。

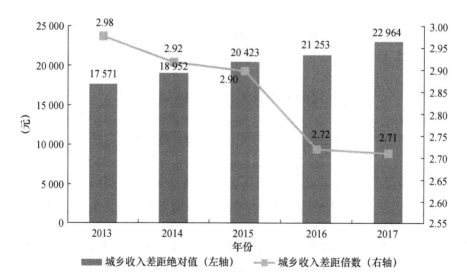

图 1-12　2013—2017 年城乡居民收入差距变化趋势图

资料来源：国家统计局。

1.2.2　基尼系数自 2016 年起再次上升，2017 年仍处于上升趋势中

基尼系数是用来反映社会财富分配悬殊程度的指标。我国基尼系数在 2003—2008 年一直呈上升趋势，但伴随着农产品价格的提高，农村居民收入增加，

从 2009 年开始,基尼系数逐渐在下降。2008 年全国基尼系数为 0.491,2015 年时为 0.462。而从 2016 年开始,基尼系数再次上升,2017 年其仍然处于上升的趋势中,为 0.467(见图 1-13)。2016 年以来基尼系数上涨的原因可能主要是城市一部分低收入者养老金的收入增速略有放缓,此外农村部分只靠粮食生产收入为主的农民由于粮价下跌,收入略有减少,两个原因叠加使得收入差距恶化。随着 2018 年养老金上调,城市和农村老人养老金有望提高,基尼系数可能会降低。

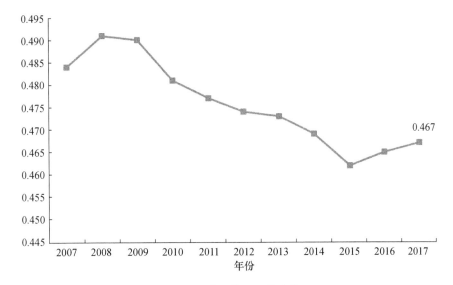

图 1-13 我国基尼系数走势

资料来源:国家统计局。

1.2.3 收入结构持续优化,经济稳中向好助推工资水平提高,扶贫力度继续加大

按收入来源分,2017 年全国居民人均工资净收入为 14 620 元,增长 8.7%,占可支配收入的比重为 56.3%;人均经营净收入为 4 502 元,增长 6.7%,占可支配收入的比重为 17.3%;人均财产净收入为 2 107 元,增长 11.6%,占可支配收入的比重为 8.1%;人均转移净收入为 4 744 元,增长 11.4%,占可支配收入的比重为 18.3%(见图 1-14)。

工资、经营、财产三项收入均加快增长(见图 1-15 和图 1-16)。2017 年,全国居民人均工资净收入为 14 620 元,增长 8.7%,增速比上年加快 0.7 个百分点。其中,城镇居民人均工资净收入为 22 201 元,增长 7.4%。主要是经济稳中向好,带动职工工资收入稳定增长所致。同时,行政事业单位的工资改革、最低工资标准和企业工资指导线的上调,也助推了职工工资水平的提高。农村居民人均工资净收入为 5 498 元,增长 9.5%。主要是在本地农民工就业人数增长 2.0% 的基础

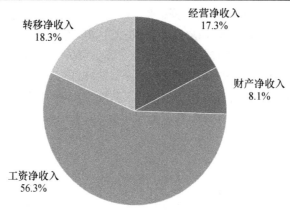

图 1-14 2017 年全国居民收入结构

资料来源：国家统计局。

上，农民工人均月收入增长了 6.4%，使农村居民工资净收入保持较快增长。全国居民人均经营净收入 4 502 元，增长 6.7%，增速比上年加快 0.1 个百分点。其中，人均三产经营净收入增长 9.8%。全国居民人均财产净收入为 2 107 元，增长 11.6%，增速比上年加快 3.0 个百分点。其中，出租房屋净收入增长 13.1%，转让承包土地经营权租金净收入增长 9.1%。

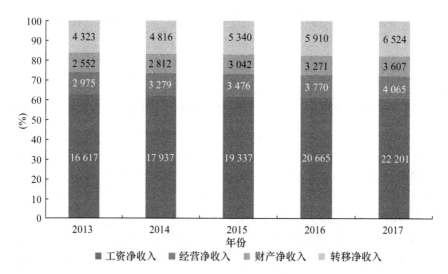

图 1-15 城镇居民可支配收入结构及其变化

资料来源：国家统计局。

转移净收入继续保持两位数增长。2017 年，全国居民人均转移净收入为 4 744 元，增长 11.4%。主要是各地全面落实中央关于改善民生和打赢脱贫攻坚战的要求,扶贫力度继续加大,低保标准陆续提高,城乡居民医保制度加快整合,企业和机关事业单位退休人员基本养老金继续上调所致。全国居民人均社会救济和补助收入增长16.5%,其中农村居民人均获得的直接到户扶贫款增长79.6%。全国居民人均报销医疗费增长11.8%,人均养老金和离退休金增长11.2%。

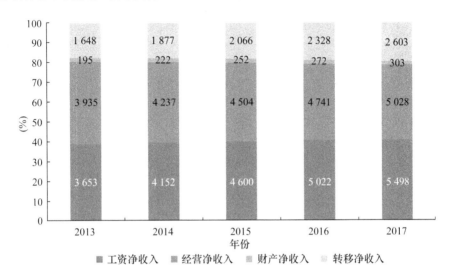

图1-16 农村居民可支配收入结构及其变化

资料来源:国家统计局。

2017年,全国各地稳步开展各项精准扶贫工作,大力支持脱贫攻坚。全国一般公共预算支出中,扶贫支出为3171亿元,增长38.7%。其中,中央财政专项扶贫资金为861亿元,增长30.3%,农业、教育、医疗、交通等领域资金同步加大对贫困地区投入力度,支持精准扶贫、精准脱贫。按照每人每年2300元(2010年不变价)的农村贫困标准计算,2017年年末农村贫困人口为3046万人,比上年年末减少1289万人(见图1-17);贫困发生率为3.1%,比上年下降1.4个百分点;贫困地区农村居民人均可支配收入为9377元,比上年增长10.5%,扣除价格因素,实际增长9.1%。

1.2.4 整体就业形势稳中有进,失业率降至3.9%,新就业形态成为新动能

2017年全国就业人口继续增长。2017年年末全国就业人员为77640万人,其中城镇就业人员为42462万人。而2016年这两个数据分别为77603万人、41428万人。农村就业人员为35178万人。

2017年整体就业形势稳中有进,全国城镇新增就业1351万人,同比增加了37万人,是一个历史新高。第四季度末,全国城镇登记失业率为3.9%,比2016年低0.12个百分点,为2002年以来的最低水平(见图1-18)。2017年年末城镇调查

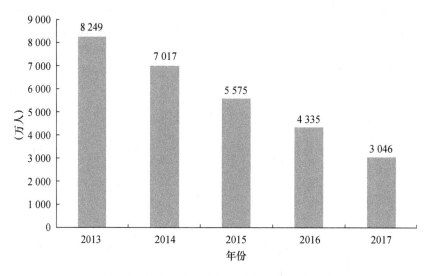

图 1-17 2013—2017 年年末全国农村贫困人口

资料来源:国家统计局。

失业率为 4.98%,该指标涵盖了进城务工的非城镇户籍人口,以及未到人社部自愿登记失业的城镇人口。2017 年新增就业的一大动力来自交通出行、餐饮、快递等领域的新就业形态。无论是分享经济、共享经济还是数字经济、平台经济,都在迅速成长,也成为新动能。

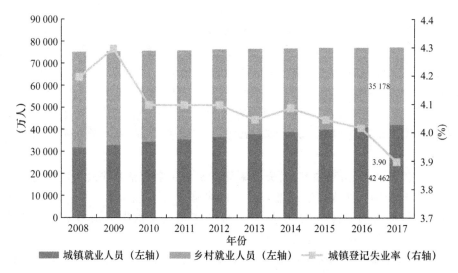

图 1-18 城乡就业人员数量和城镇登记失业率

资料来源:国家统计局。

从就业人群结构来看,重点群体就业表现稳定。2017届高校毕业生就业水平继续保持在高位,钢铁煤炭行业去产能职工安置平稳有序,全年分流安置当年和结转的职工共38万人,两年累计安置职工110万人。从失业人员和困难群体就业看,就业人数也再度实现同比增长,超额完成年度任务。600万建档立卡贫困劳动力实现了就业增收。

1.2.5 全国财政收入同比增速在2011年后首次上升,经济稳中向好推动税收收入实现较快增长

2017年全国一般公共财政收入为172 567亿元,比上年增加12 962亿元,同比增长7.4%。全国财政收入同比增速自2011年持续下降后,首次上升。在2017年全国一般公共预算收入中,中央一般公共预算收入为81 119亿元,同比增长7.1%;地方一般公共预算本级收入为91 448亿元,同比增长7.7%(见图1-19)。全国一般公共预算收入中的税收收入为144 360亿元,同比增长10.7%,非税收入为28 207亿元,同比下降6.9%。

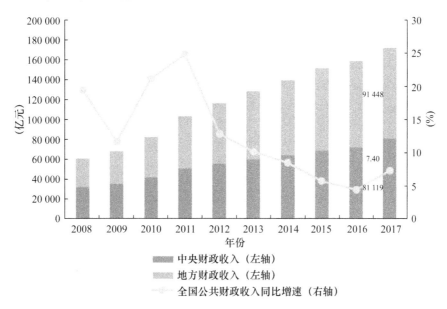

图1-19 国家财政收入总量及同比增速

资料来源:国家统计局。

2017年,国家大力实施减税降费政策,全年减税降费超过1万亿元。营改增试点全面推开以来,实现了所有行业税负只减不增的预期目标,其中,2017年1—11月,累计减税7 162亿元。分行业看,改征增值税行业受益于试点政策安排,与缴纳营业税相比累计减税4 711亿元。制造业等原增值税行业受益于可抵扣进项税增加,与试点全面推开前相比,累计减税2 451亿元。

在实施减税降费政策的情况下,2016年我国财政收入增长较快,主要是由于我国经济持续稳中向好,发展质量和效益提升,也是供给侧改革、"双创"和"放管服"改革等政策效应持续显现、国内外需求回暖等多种因素共同作用的结果。财政收入中,税收收入和主要税种收入占比回升。从税收结构上看,受《中国制造2025》深入实施,装备制造业和高技术产业持续快速发展等带动,通用设备制造业、专用设备制造业、计算机通信和其他电子设备制造业税收分别增长23.5%、20.9%、21.6%;受新旧动能转换加快、减税降费政策提振经济主体活力,以及居民文化、旅游、信息等新兴消费需求旺盛等带动,文化体育和娱乐业、互联网和相关服务业、软件和信息技术服务业税收分别增长17.4%、55.1%、36%。

1.3 2017年消费活动运行状况

1.3.1 消费增速继续下行,整体消费升级仍然任重道远

2017年社会消费品零售总额名义和实际增速放缓,全年社会消费品零售总额为366 262亿元,比上年增长10.2%,净增长3.4万亿元。名义同比增速相较2016年下降0.2个百分点,实际同比增速下降0.58个百分点(见图1-20)。其中,限额以上企业商品零售额为17 409亿元,同比增长6.8%(见图1-21)。最终消费

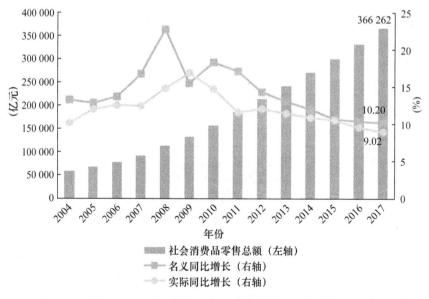

图1-20 社会消费品零售总额及增长率变化趋势

资料来源:国家统计局。

对经济增长的贡献率为58.8%,比5年前提高了近4个百分点,消费连续第4年成为拉动经济增长的第一驱动力,继续发挥着对经济增长的基础性作用。

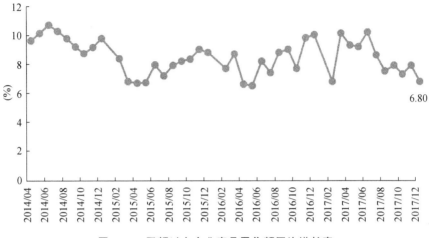

图1-21 限额以上企业商品零售额同比增长率
资料来源:国家统计局。

虽然居民消费在某些方面出现消费升级的迹象,但社会消费品下行压力犹存(见图1-22)。在限额以上社会消费品中,非传统行业的化妆品类增速尤为明显。全年中,11月名义同比增速为21.4%,比2016年同期提高13.3个百分点。12月累计同比增速达到13.5%,高于2016年同期5.2个百分点,这得益于近年来日用品市场的消费结构升级,必需品的消费增速逐渐放缓,化妆品成为新的消费增长点。根据部分2017年的行业研报成果,新的消费动力来自男性化妆品消费的普及,以及美妆购物在线上电商的持续渗透。

相比较而言,传统行业在消费结构升级的带动下,其同比增速的表现略为逊色,如石油及其制品的名义同比增速呈现先下降后增加的趋势,名义增速的变化主要来自价格因素。2017年以来,国际原油价格基本呈现V字形,变化相对剧烈,因此在价格的带动下石油及制品的名义增速也呈现先降后增的趋势。传统行业内增速下滑最为显著的是建筑及装潢材料类,11月的名义增速仅为3.6%,为2009年以来的最低点,12月略有上升,为5.2%。这是由于商品房需求量下滑明显,叠加各地出台的"限购升级""严查消费贷"和"首套房贷款利率上浮"等多重"暴击",房地产销售增长出现大额下滑。

因此,虽然新兴产业的某些行业出现结构性改善,但整体消费升级的态势依然缓慢。进一步从外部国际环境来看,迅速发展海外购物与海外旅游对国内消费市场产生很大影响,导致社会消费品零售总额增速进一步放缓。总体来看,消费的结构性升级还任重道远。

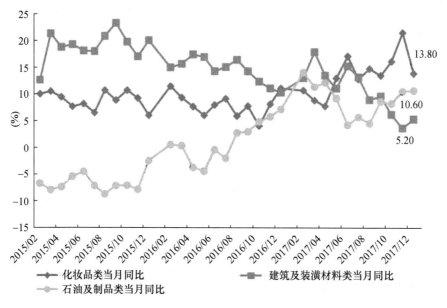

图 1-22　行业限额以上企业商品零售额当月同比增长率
资料来源：国家统计局。

1.3.2　CPI 涨幅回落，食品价格自 2003 年以来首次下降

消费者价格指数（CPI）是反映居民家庭一般所购买的消费商品和服务价格水平变动情况的宏观经济指标。它是度量一组代表性消费商品及服务项目的价格水平随时间而变动的相对数，用来反映居民家庭购买消费商品及服务的价格水平的变动情况。

居民消费价格统计调查的是社会产品和服务项目的最终价格，近 10 年来，我国居民消费价格指数一般都处于 100 以上，只有 2009 年下降到 100 以下，说明我国物价基本处于不断通货膨胀的状态，对居民的消费产生了一定的影响。2012 年以来，CPI 指数每年保持基本平稳。2017 年 CPI 指数为 101.6，略低于 2016 年（见图 1-23）。

2017 年 12 月，CPI 环比上涨 0.3%，同比上涨 1.8%，全年 CPI 上涨 1.6%，涨幅比上年回落了 0.4 个百分点（见图 1-25）。从环比看，CPI 上涨主要受食品价格上涨影响。食品价格环比上涨 1.1%，影响 CPI 环比上涨约 0.22 个百分点（见图 1-26）。12 月天气转冷，鲜活食品价格明显上涨，鲜果和鸡蛋延续 11 月涨势，涨幅均超过 5%，猪肉、水产品和鲜菜价格由 11 月的下降转为上涨，涨幅均在 1% 左右，

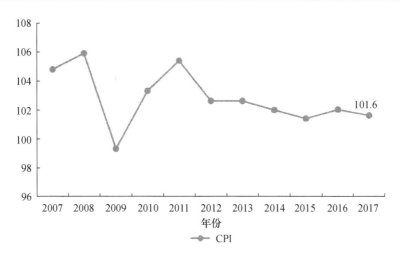

图 1-23 居民消费价格指数历史数据

资料来源:国家统计局。

五项合计影响 CPI 上涨约 0.19 个百分点,占食品价格上涨影响程度的八成以上。非食品价格环比上涨 0.1%(见图 1-27)。其中,能源价格连续 5 个月上涨,汽油、柴油和液化石油气价格分别上涨 1.9%、2.1% 和 1.6%。三项合计影响 CPI 上涨约 0.05 个百分点。从同比看,CPI 同比涨幅比 11 月扩大 0.1 个百分点。食品价格下降 0.4%,影响 CPI 下降约 0.08 个百分点。其中,受对比基数较高影响,鲜菜和猪肉价格分别下降 8.6% 和 8.3%,合计影响 CPI 下降约 0.46 个百分点;鸡蛋、羊肉、鲜果和水产品价格同比涨幅比 11 月均有所扩大,合计影响 CPI 上涨约 0.28 个百分点。非食品价格上涨 2.4%,涨幅比 11 月回落 0.1 个百分点,影响 CPI 上涨约 1.93 个百分点。其中,医疗保健、居住、教育文化和娱乐价格分别上涨 6.6%、2.8% 和 2.1%,合计影响 CPI 上涨 1.37 个百分点,占非食品价格上涨影响程度的七成以上(见图 1-24)。

2017 年全年,CPI 涨幅比上年的 2.0% 回落了 0.4 个百分点。食品价格下降 1.4%,是自 2003 年以来首次出现下降,主要受猪肉和鲜菜价格下降较多影响。非食品价格上涨 2.3%,涨幅比上年扩大 0.9 个百分点,其中,工业消费品价格上涨 1.7%,服务价格上涨 3.0%。

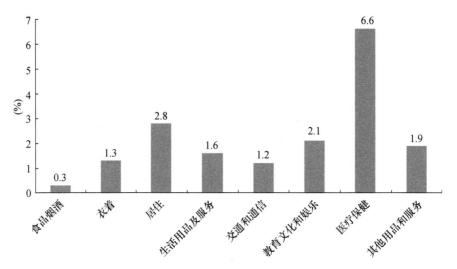

图 1-24 12 月居民消费价格分类别同比涨跌幅
资料来源：国家统计局。

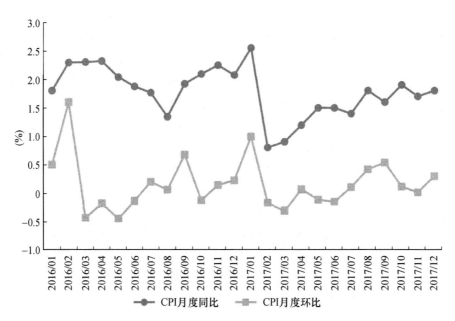

图 1-25 居民消费价格指数月度环比和同比
资料来源：国家统计局。

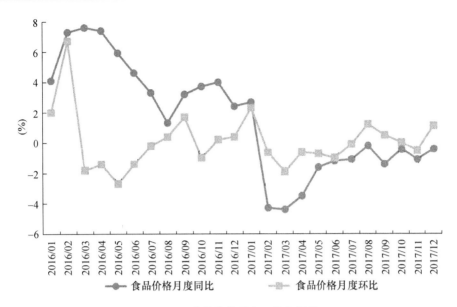

图 1-26　食品价格月度环比和同比

资料来源：国家统计局。

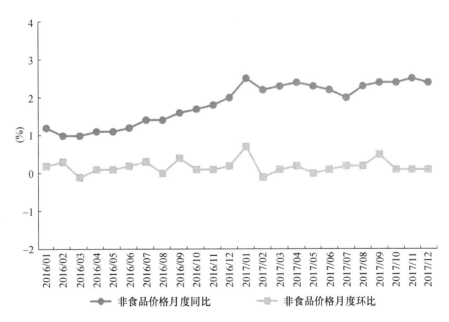

图 1-27　非食品价格月度环比和同比

资料来源：国家统计局。

1.3.3 消费升级步伐加快,城乡居民恩格尔系数持续走低

恩格尔系数是食品支出总额占个人消费支出总额的比重。19世纪德国统计学家恩格尔根据统计资料,对消费结构的变化得出一个规律:一个家庭收入越少,家庭收入中(或总支出中)用来购买食物的支出所占的比例就越大,随着家庭收入的增加,家庭收入中(或总支出中)用来购买食物的支出比例则会下降。推而广之,一个国家越穷,每个国民的平均收入中(或平均支出中)用于购买食物的支出所占比例就越大,随着国家的富裕,这个比例呈下降趋势。恩格尔系数达59%以上为贫困,50%—59%为温饱,40%—50%为小康,30%—40%为富裕,低于30%为最富裕。联合国根据恩格尔系数的大小,对世界各国的生活水平有一个划分标准,即一个国家平均家庭恩格尔系数大于60%为贫穷,50%—60%为温饱,40%—50%为小康,30%—40%属于相对富裕,20%—30%为富裕,20%以下为极其富裕。

2017年全国居民恩格尔系数为29.3%,进入了联合国划分的20%—30%的富足区间,其中城镇居民恩格尔系数为28.6%,农村居民恩格尔系数为31.2%。随着消费升级的步伐加快,城乡居民生活差距的进一步缩小,2017年的农村居民恩格尔系数比十年前低了11.9个百分点,城镇居民恩格尔系数比十年前低了7.7个百分点(见图1-28)。

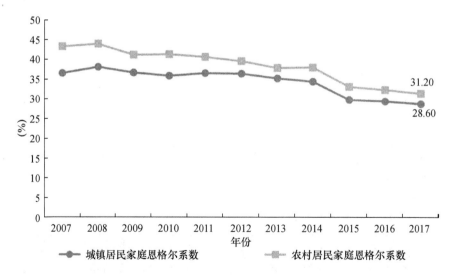

图1-28 城镇居民家庭与农村居民家庭恩格尔系数变化

资料来源:国家统计局。

1.3.4 人均消费支出总额保持上升态势,消费升级下食品烟酒消费支出比重较往年进一步降低,服务性消费支出增长较快

2017年,全国居民人均消费支出为18 322元,比上年名义增长7.1%,扣除价格因素,实际增长5.4%。其中,城镇居民人均消费支出为24 445元,增长5.9%,扣除价格因素,实际增长4.1%;农村居民人均消费支出为10 955元,增长8.1%,扣除价格因素,实际增长6.8%。人均消费支出总额保持上升态势(见图1-29)。

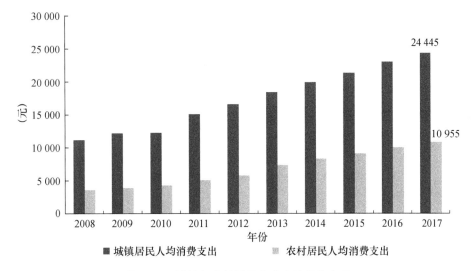

图1-29 城镇与农村居民家庭人均消费支出

资料来源:国家统计局。

2017年,全国居民人均食品烟酒消费支出为5 374元,增长4.3%,占人均消费支出的比重为29.3%;人均衣着消费支出为1 238元,增长2.9%,占人均消费支出的比重为6.8%;人均居住消费支出为4 107元,增长9.6%,占人均消费支出的比重为22.4%;人均生活用品及服务消费支出为1 121元,增长7.4%,占人均消费支出的比重为6.1%;人均交通通信消费支出为2 499元,增长6.9%,占人均消费支出的比重为13.6%;人均教育文化娱乐消费支出为2 086元,增长8.9%,占人均消费支出的比重为11.4%;人均医疗保健消费支出为1 451元,增长11.0%,占人均消费支出的比重为7.9%;人均其他用品及服务消费支出为447元,增长10.0%,占人均消费支出的比重为2.4%(见图1-30)。

中国居民2017年全年人均消费支出中,食品烟酒消费最多,其次是居住消费。虽然食品烟酒消费支出比重最高,但其比重较往年进一步降低,同时服务性消费支出增长较快,凸显居民生活品质不断改善、消费升级进一步加快。全国居民人均家政服务支出增长11%,旅馆住宿支出增长18.1%,美容美发洗浴支出增

长8.8%。与之形成对比,居民在食品烟酒、衣着等基本需求上消费支出增长较慢,增速分别为4.3%和2.9%。其中,食品烟酒消费比重比上年下降0.8个百分点。

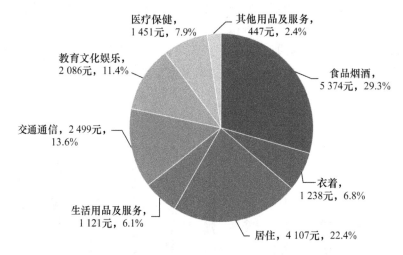

图1-30 2017年全国居民人均消费支出及构成
资料来源:国家统计局。

对比城镇和农村居民的消费结构可以看出,二者的食品烟酒支出的绝对额比重都最高,但比重较往年都进一步降低,同比增长率较低。农村居民人均消费增长最快的一项支出是医疗保健,比上年增长13.9%,达到人均消费支出1 059元。此外,居住、交通通信和教育文化娱乐的支出增长也都较快。城镇居民人均消费增长较快的包括居住、教育文化娱乐、医疗保健和其他用品及服务,增长率分别为8.8%、7.9%、9.0%、9.6%。服务性消费支出在城镇和农村居民消费中均增长较快(见图1-31)。

1.3.5 网络消费继续保持高速增长,增速回暖

2017年网上商品和服务零售额累计值为71 751亿元,累计同比增速为32.2%,较2016年增速提高6个百分点,增速回暖(见图1-32)。

2017年是线上线下融合的实践年,线上对线下的数据赋能以及线下对线上的导流作用初见成效,稳定发展的网络购物迎来新的发展活力。在中国网络购物市场规模结构中,2017年中国B2C(Business to Customer)市场交易规模预计为3.6万亿元,在中国整体网络购物市场交易规模中的占比达到60.0%,较2015年提高4.8个百分点;从增速来看,2017年B2C网络购物市场增长40.9%,远超C2C (Customer to Customer)市场15.7%的增速。

2017年过后,B2C市场占比仍将持续增加。随着网购市场的成熟,产品品质及服务水平逐渐成为影响用户网购决策的重要因素,未来这一诉求将推动B2C市

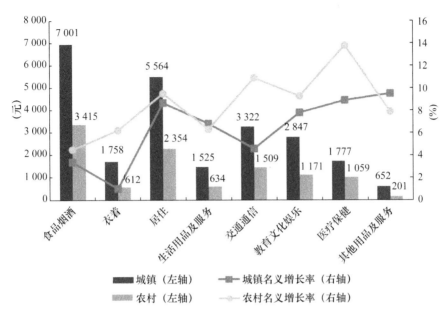

图 1-31 2017年城镇与农村居民人均消费支出情况表

资料来源：国家统计局。

场继续高速发展，成为网购行业的主要推动力。而C2C市场具有体量大、品类齐全的特征，满足长尾市场的需求，未来规模也会持续增长。

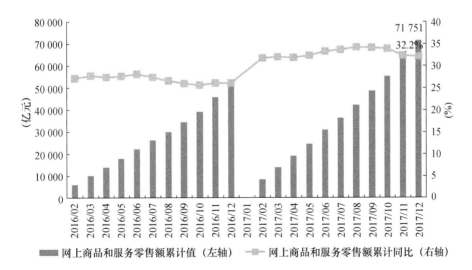

图 1-32 2017年网上商品和服务零售额累计值及同比增速

资料来源：国家统计局。

1.3.6 全国一般公共预算支出首次突破20万亿元,重点支出得到有效保障

2017年,各级财政部门按照有保有压、突出重点的原则,积极调整优化财政支出结构,大力压减一般性支出,重点支持推进供给侧结构性改革和兜牢基本民生底线,保障国家重大发展战略实施和重点领域改革,财政资金投向更加精准高效,全国一般公共预算支出首次突破20万亿元,各项重点支出得到较好保障。

全年全国一般公共预算支出203 330亿元,同比增长7.7%(见图1-33)。其中,中央一般公共预算本级支出29 859亿元,同比增长7.5%;地方一般公共预算支出173 471亿元,同比增长7.7%。

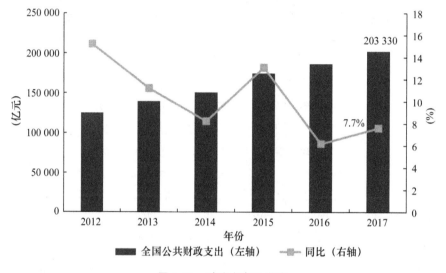

图1-33 财政支出及增速

资料来源:国家财政部。

从主要支出科目情况看,科学技术支出7 286亿元,增长11%,培育壮大经济发展新动能。工业企业结构调整专项奖补资金222亿元,支持钢铁、煤炭行业化解过剩产能。全国节能环保支出5 672亿元,增长19.8%,主要是支持"打好"大气、水、土壤污染防治三大"战役",加大生态系统保护力度。同时,财政支出强化民生领域经费保障,提高保障和改善民生水平。全国一般性公共预算支出中,扶贫支出3 171亿元,增长38.7%。全国教育支出30 259亿元,增长7.8%。全国社会保障和就业支出24 812亿元,增长16%,支持按5.5%左右的幅度提高退休人员基本养老金标准,以及提高低保补助标准,解决特困人员救助供养问题(见图1-34)。

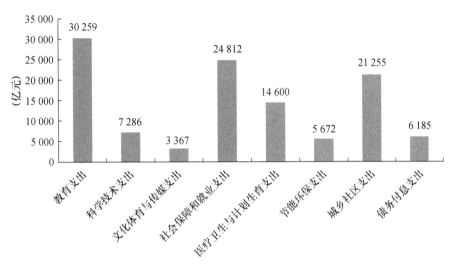

图 1-34 财政主要支出科目

资料来源：国家财政部。

1.4 2017年积累活动运行状况

1.4.1 固定资产投资增速放缓,整体房地产投资增速下滑

2017年,全国固定资产投资(不含农户)631 684亿元,比上年增长7.2%,增速与1—11月持平,全年投资增速有所下行,比2016年下降0.9个百分点(见图1-35)。制造业利润大幅上涨带动制造业投资在上半年有所回升,但下半年制造业投资又开始转弱。受房地产调控政策的影响,虽然房地产开发投资有所上涨,但整体房地产业投资增速比2016年略有下滑。金融去杠杆、企业去杠杆、金融协调监管政策收紧等因素都影响了2017年固定资产投资的资金来源。

1.4.2 第一产业固定资产投资增速下滑较多,第二、三产业固定资产投资增速略有下滑

分产业看,2017年第一、二、三产业固定资产投资名义累计增长率均比2016年下滑,其中第一产业下滑较多,第二产业上半年有所增长,下半年开始下降,第三产业也略有下滑。

具体来看,第一产业固定资产投资20 892亿元,比上年增长11.8%;第二产业固定资产投资235 751亿元,增长3.2%;第三产业固定资产投资375 040元,增长9.5%(见图1-36)。第二产业中的采矿业投资增速仍为负值,但比2016年已大幅好转,截至2017年11月,其增速已从2016年的-20.4%上升至-10.2%;制造业

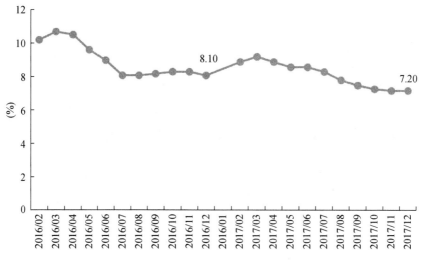

图 1-35 2016—2017 年月度固定资产投资完成额_累计增长
资料来源：国家统计局。

累计投资增速与 2016 年基本持平，但电力、热力、燃气及水的生产和供应业以及建筑业则大幅下滑，截至 11 月分别下降了 10.2 和 16.2 个百分点。第三产业增速与 2016 年基本持平，第三产业中的基础设施投资部分继续高增长，而房地产投资增速则有所下滑。

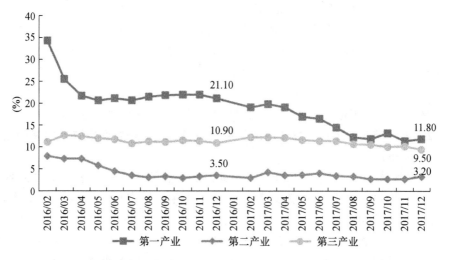

图 1-36 2016—2017 年三大产业月度固定资产投资完成额_累计增长
资料来源：国家统计局。

1.4.3 受企业利润回暖和出口好转影响,以及基建投资增长,民间投资增速回升明显

受企业利润回暖和出口好转影响,以及民间投资在基建投资中大幅增长,民间固定资产投资增长率回升明显。2017年民间固定资产投资381 510亿元,比上年名义增长5.98%,增速提高2.81个百分点(见图1-37),民间固定资产投资占全国固定资产投资(不含农户)的比重为60.4%。

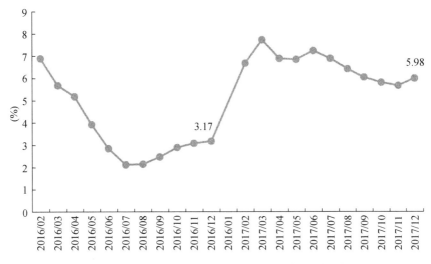

图1-37 2016—2017年民间固定资产投资_累计增长

资料来源:国家统计局。

1.4.4 中、东、西部地区固定资产投资增速均有所回落,东北地区从负增长转正

分区域来看,中、东、西部地区固定资产投资增速均有所回落。2017年,东部地区固定资产累计同比增长8.3%,比2016年下降了0.8个百分点。同期中部和西部地区则下滑较大,分别下滑5.1个百分点和3.7个百分点。东北地区从负增长转正,累计增长2.8%,比2016年全年好转26.3个百分点(见图1-38)。

1.4.5 制造业投资仍处于低位,基建设施投资仍维持高位增长,但增速略有下滑

从投资的三大组成部分制造业、房地产业和基建设施投资增速来看,2017年制造业投资增速上半年有所回升,下半年开始下滑,房地产投资有所下滑。全年基础设施投资增长14.93%,但受地方政府融资和PPP项目监管影响,年内单月同比增速稳中有降,12月增速回落至6.8%。全年房地产业固定资产投资完成额增长3.6%,比上年减少3.2个百分点,但受金融监管强化和调控政策影响,年内单月同比增速亦逐步下滑,12月增速回落至1.9%。制造业投资全年增长4.8%,较上年提高2.4个百分点,且年内单月同比呈现稳中有升趋势,12月增长12.5%,这

主要得益于制造业整体盈利能力改善和经济结构调整推动的技改投资(见图1-39)。

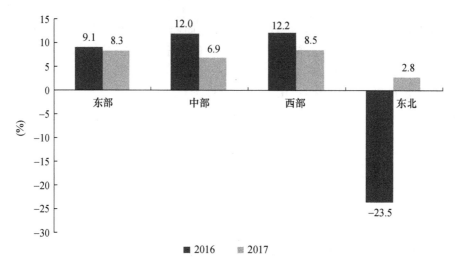

图1-38 2016—2017分区域固定资产投资累计同比
资料来源：国家统计局。

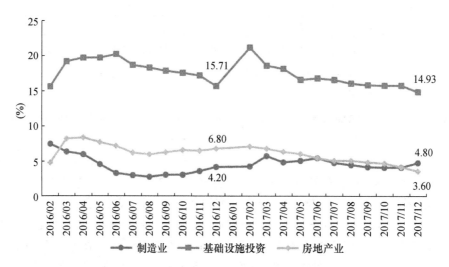

图1-39 2016—2017年全国三大类固定资产投资累计同比
资料来源：国家统计局。

1.4.6 证券市场总体规模扩大，改革红利逐渐释放

2017年证券市场总体规模显著上升，增长率为14.99%。从结构上看，各种金融工具的市场规模都在增加，其中增长幅度最大的是私募基金，达到40.67%；

而股票和债券的增长幅度最低,为12%左右(见表1-3)。随着国内供给侧改革、国企混合所有制改革深化及IPO提速等诸多红利释放,中国证券行业抓住机遇,取得了不错的业绩。证券公司在加强风险管理的同时,也在积极探索着业务创新与战略转型。

表1-3 我国证券市场结构

金融工具	2017年12月		2016年12月		2017比2016年	
	规模总额(亿元)	规模占比(%)	规模总额(亿元)	规模占比(%)	规模变化(%)	规模占比变化(%)
私募基金	111 003.40	8.60	78 911.86	7.03	40.67	−32.07
公募基金	115 996.86	8.99	91 593.05	8.16	26.64	−17.65
债券	495 895.08	38.43	443 379.50	39.51	11.84	26.59
股票	567 475.37	43.98	508 245.11	45.29	11.65	32.33
合计	1 290 370.71	100.00	1 122 129.52	100.00	14.99	85.01

资料来源:Wind数据库。

从股市上来看,2017年沪深指数从3 310点涨至4 081点,涨幅达到23.3%。周期股、白马股、科创股轮番走强,竞相创出新高,政策的红利和技术的革新都预示着优质公司基本面的持续改善。同时,在供给侧结构性改革以及环保限产的大环境下,以煤炭、钢铁等为代表的周期类行业产品价格大幅上涨,上市公司业绩持续改善。在时代的背景下,传统行业的产业升级不仅为上市公司自身带来新的机遇,同时也将更好地为解决我国新矛盾做出贡献,并让价值投资理念进一步深入A股市场中,持续为投资者释放改革的红利。

1.4.7 M2增速放缓,继续实施稳健中性的货币政策

2017年,面对复杂多变的外部环境,央行实施稳健中性的货币政策,取得了较好的政策效果,在金融体系稳步去杠杆的同时,有力促进了我国经济平稳健康发展。具体措施包括使用常备借贷便利(SLF)、中期借贷便利(MLF)等工具提供不同期限流动性;启用了2个月期逆回购操作,并在关键时点提前供应跨年资金,提高资金面稳定性;指导全国银行间同业拆借中心推出了银银间回购定盘利率(FDR,包括隔夜、7天、14天三个期限)和以7天银银间回购定盘利率(FDR007)为参考利率的利率互换产品,完善银行间市场基准利率体系;指导外汇市场自律机制将篮子货币参考时段由24小时调整为上日16:30至当日7:30,有助于消除美元日间变化在次日中间价中可能出现的重复反应等。通过这些措施抬升利率走廊中短期利率中枢,挤压金融机构高杠杆和期限错配模式的套利空间。

2017年,全年人民币贷款新增13.53万亿元,同比多增8 782亿元,12月末余

额同比增速为12.7%。2017年年末,M2同比增长8.2%,环比回落0.9个百分点。M2增速放缓的主要原因是去杠杆和金融监管逐步加强背景下银行资金运用更加规范,金融部门内部资金循环和嵌套减少。金融去杠杆成效初显。当前我国经济保持平稳增长,内生增长动力增强,M2增速慢一些还有利于从宏观上实现稳杠杆。2017年,社会融资规模增量为19.44万亿元,同比多增1.63万亿元,12月末存量同比增长12.0%,符合年初预期水平。随着去杠杆深化和金融进一步回归为实体经济服务,未来M2增速比过去低一些将成为常态。

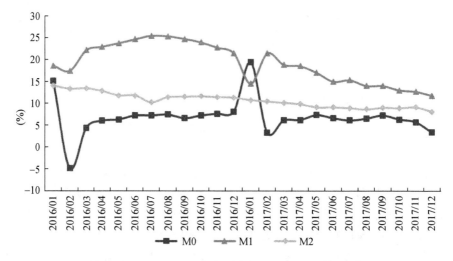

图1-40 2016—2017年货币供应量月度同比增速变化

资料来源:国家统计局。

1.4.8 融资规模稳步增加,企业融资仍以间接融资为主

2017年社会融资规模增量为19.44万亿元,同比提高了9.2%,其中,对实体经济发放的人民币贷款增量为13.84万亿元,同比增长11.3%;对实体经济发放的外币贷款折合人民币增量为18亿元,增量转负为正,同比增加5 658亿元,这主要是受到人民币汇率在2017年稳中有升的影响;委托贷款增量为0.78万亿元,同比减少64.5%;信托贷款增量为2.26万亿元,同比增长162.5%;未贴现的银行承兑汇票增量为0.54万亿元,转负为正,同比增加127.46%;企业债券增量为0.45万亿元,同比减少85.0%;非金融企业境内股票增量为0.87万亿元,同比减少29.7%。其中,委托贷款、信托贷款、未贴现银行承兑汇票这三项表外融资总量增速回升,2017年增量达到3.67万亿元,同比增加226.9%。但在金融去杠杆的大背景下,2018年表外融资或将受限,企业融资或将由表外向表内转移。而企业债券增量和非金融企业境内股票增量的增速均回落,反映出直接融资在社会融资中

发挥的作用仍然有限。

应当注意到的是，2017年金融系统内部去杠杆，M2增速持续下降，但社会融资总量依然保持较高水平，它反映的是金融市场对实体经济的支持。这两者之间的背离说明了没有满足实体经济融资需求的货币创造正逐步被挤出，这对我国金融系统的长期健康发展将起到积极作用。

从结构看，2017年对实体经济发放的人民币贷款增量占同期社会融资规模增量的71.2%，同比上升1.3个百分点；对实体经济发放的外币贷款增量占比0.01%，同比降低3.2个百分点；委托贷款增量占比4.0%，同比降低8.3个百分点；信托贷款增量占比11.6%，同比上升6.8个百分点；未贴现的银行承兑汇票增量占比2.8%，同比上升13.8个百分点；企业债券增量占比2.3%，同比降低14.6个百分点；非金融企业境内股票增量占比4.5%，同比降低2.5个百分点。从社会融资规模结构可以看出，通过银行系统的信贷仍然是我国企业最重要的融资方式，且占比还在进一步提高。这也说明了银行在我国金融系统中的主导地位短期内难以改变，直接融资渠道还不够完善，银行系统的稳定对于我国金融系统的稳定至关重要。

1.5 2017年我国对外经济活动运行情况

1.5.1 进出口增速双双回暖，进出口量价齐升，贸易差额有所收窄

2017年，我国进出口总值41 044.75亿美元，比上年增加11.37%。其中，出口22 634.90亿美元，同比增加7.91%；进口18 409.85亿美元，同比增加13.2%，2017年全年贸易顺差4 225.05亿美元，相比2016年贸易顺差5 097.05亿美元，同比下降17.11%。从2015—2017年进出口月度同比数据折线图可以看出，2017年1—12月，全国进出口增速持续复苏，出口增速和进口增速均出现较大幅度增长，同时，在全球贸易复苏的背景下，国内消费量增长，进口增速快于出口增速，贸易顺差相比2016年同期有所收窄（见图1-41）。出口增速提高主要源于主要贸易伙伴（欧盟、美国等）经济的持续复苏，进口增速的大幅提高源于国内需求的持续回升和进口价格的影响。

进出口持续回暖主要得益于以下几个方面：

（1）外部需求回暖：2017年以来，全球经济回暖，2017年全球GDP同比增长3.76%，增速较2016年提高了0.53个百分点。国际市场需求回暖，为中国外贸增长提供了有利的外部条件。另一方面，2016年同期出口价格较低，2017年出口价格的明显回升也带动了出口的增长。

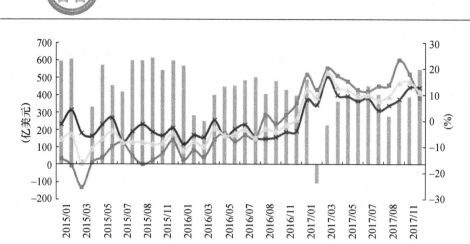

图 1-41　2015—2017 年我国贸易差额及进出口金额同比
资料来源：海关总署。

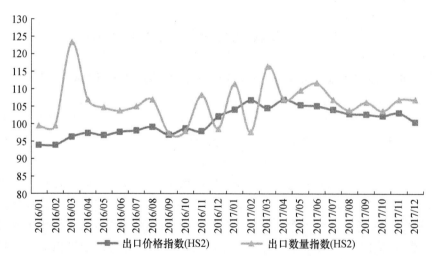

图 1-42　2016—2017 年中国出口价格指数和数量指数走势
资料来源：海关总署。

（2）国内需求平稳增长：进口量价齐升，尽管进口价格的提升增加了出口企业的成本，对中国经济不是利好因素，但在这种情况下，进口数量较 2017 年仍在大幅提升，说明进口需求在回暖。

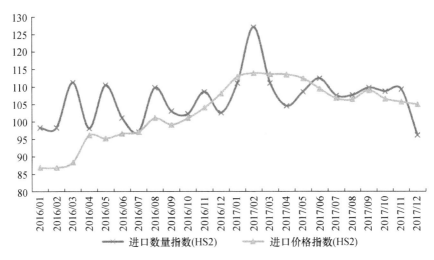

图 1-43　2016—2017 年中国进口价格指数和数量指数走势
资料来源:海关总署。

（3）政策效应持续显现。2013 年中国政府出台了一系列促进外贸稳增长、调结构的政策文件,商务部会同各地区、各有关部门狠抓政策落实,切实为企业减负助力。

（4）企业转动力、调结构步伐加快。跨境电商、市场采购贸易、外贸综合服务企业等新业态新模式快速发展,外贸新动力培育初显成效。

同时,在世界经济回暖的背景下,我国的进出口贸易的累计值平稳上升。2017 年月度累计进口增速连续 12 个月均为正值,且在 2 月达到峰值 26.82%,进口增速在 12 个月均快于出口增速,2017 年贸易顺差逐渐收窄(见图 1-44)。

1.5.2　出口中传统行业仍然占优势,进口结构优化

2017 年,我国出口最多的产品仍然是机械设备,占到出口总额的接近 17%,比 2016 年占比略有上升,其他占比较大的仍然是各种设备及其零部件、纺织服装等传统行业(见表 1-4)。同时,船舶、汽车零件、集成电路、电动机及发电机等高新技术产品出口分别同比增长 2.30%、8.90%、9.80%、3.20%。

在进口方面,中国积极主动扩大进口,优化进口结构,光学、医疗等仪器进口同比增长 5.10%,车辆、航空器、船舶及运输设备同比增长 10.30%(见表 1-4)。

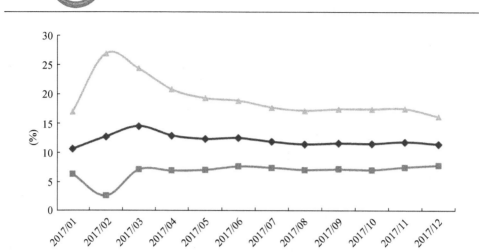

图 1-44　2017 年我国进出口金额月度累计增长同比

资料来源:海关总署。

表 1-4　2016—2017 我国出口前十类商品

指标	2016 年(万美元)	占比(%)	2017 年金额(万美元)	占比(%)
机械设备	34 379 426.60	16.39	38 360 524.70	16.95
自动数据处理设备及其部件	13 738 058.00	6.55	15 824 130.10	6.99
服装及衣着附件	15 781 902.70	7.52	15 720 109.90	6.95
电话机	11 708 902.50	5.58	12 744 483.00	5.63
手持或车载无线电话机	11 554 301.60	5.51	12 602 533.80	5.57
纺织纱线、织物及制品	10 504 666.20	5.01	10 977 060.60	4.85
农产品	7 261 218.10	3.46	7 513 646.60	3.32
集成电路	6 102 149.60	2.91	6 687 711.40	2.95
钢材	5 447 175.30	2.60	5 450 430.00	2.41
家具及其零件	4 777 773.20	2.28	4 992 231.90	2.21
汽车零件	4 559 882.70	2.17	4 966 076.40	2.19
鞋类	4 719 451.80	2.25	4 816 358.70	2.13

资料来源:海关总署。

1.5.3　服务贸易总额继续增长,结构进一步优化

2017 年,我国实现服务进出口总额 6 957 亿美元,按同口径比较,比上年增长 5.15%。其中服务出口 2 281 亿美元,同比增长 8.88%;进口 4 676 亿美元,同比增长 3.43%。2017 年服务贸易逆差 2 395 亿美元,同比下降 1.28%,主要是由于服务出口增速快于服务进口增速。纵向来看,从 2012 年以来,服务进出口总额平稳

上升,进口和出口每年均有所增加,贸易逆差不断扩大,但2017年有所收窄(见图1-45)。

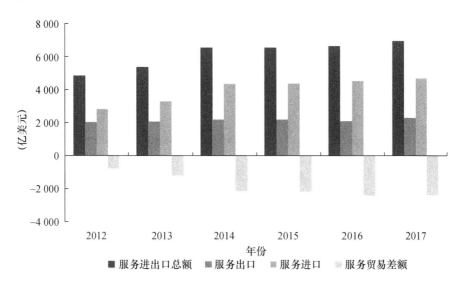

图 1-45 2012年以来中国服务进出口金额及贸易差额变化
资料来源:商务部。

2017年,我国高附加值服务出口规模进一步扩大,服务出口结构继续优化。电信、计算机和信息服务出口 278 亿美元,同比增长 4.91%;金融服务出口 37 亿美元,同比增长 1.88%,占服务出口金额的比重提高 0.1 个百分点。各项服务占服务出口的比重变化不大(见图1-46)。

我国服务贸易的逆差主要来自旅游、运输服务、专有权利使用费和特许费、保险服务,其中以旅游服务的逆差最大,2017年逆差金额达到2048亿美元,占整个服务贸易逆差的 90%,从侧面也反映了国民生活水平的提高和消费升级的趋势(见图1-47)。

1.5.4 我国实际利用外资直接投资规模稳步增长,主要来源于外资企业的贡献

2017年全国新设立外商投资企业35 652家,同比增长 27.8%,外商直接投资总额为1 310亿美元,同比增加 4.0%。可以看到除了 2016 年外商直接投资总金额有小幅度下降,其他时候几乎是逐年上升的,2017年在国际经济复苏的情况下,外商对中国经济也是较为看好的态度(见图1-48)。

从企业类型划分,我国实际利用外商直接投资包括合资经营企业、合作经营企业、外商投资股份制企业和外资企业四类。我国实际利用外商直接投资主要来自外资企业和合资经营企业,外资投资合作经营企业和股份制企业的比例一直比较小,但股份制企业比例在 2016 年得到了较快的上涨。从实际利用外资的结构

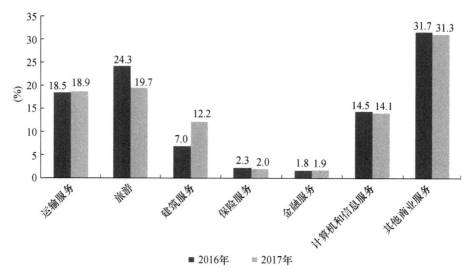

图1-46 2016年和2017年中国主要服务出口商品占比
资料来源：商务部。

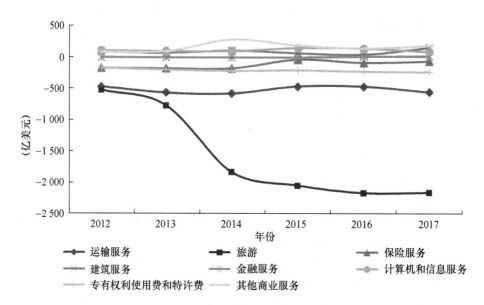

图1-47 2012年以来我国主要行业服务贸易差额变化
资料来源：商务部。

走势来看，从2014年起，占比最大的外资企业的占比在大幅下降，而合资经营企业和外商投资股份制企业的占比在大幅提升，2016年外商直接投资虽然仍然主要

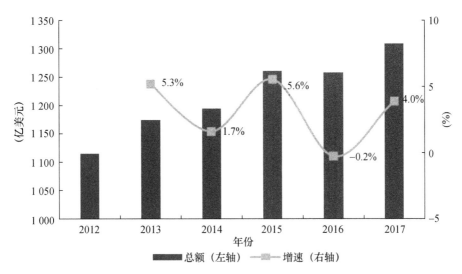

图 1-48　2012—2017 年我国实际利用外商直接投资的变化趋势
资料来源：国家统计局。

来自外资企业和合资经营企业，但外资企业的贡献率下降了 7% 左右，而合资经营企业和股份制企业的贡献率均有所上升，特别是股份制企业，贡献率上升了 4.5% 左右。这反映出外资投资意愿的改变，外商越来越倾向于股权式投资而非契约式投资，"绿地投资"虽然仍占绝对优势，但占比有下降的趋势。这可能也和中国劳动力成本上升、地价上涨迅速的经济状况有关（见图 1-49）。

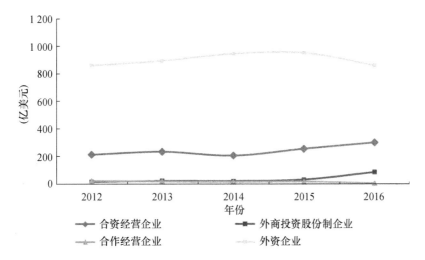

图 1-49　2012—2016 年我国外商直接投资分投资主体的走势变化
资料来源：国家统计局。

2017年全年吸引外资主要呈现以下特点：

(1) 外商投资环境持续优化。面对2017年较为严峻的吸引外资的形势,国务院先后推出了42条措施,确保放宽准入、财税支持、权益保护等具体措施落实到位,积极营造优良的招商环境,优化招商引资方式,有效地提振了外国投资者的信心。

(2) 外资产业结构持续优化。据商务部网站披露,高技术产业实际吸收外资同比增长61.7%,占比达28.6%,高技术制造业和高技术服务业实际使用外资分别为665.9亿元和1846.5亿元,同比增加11.3%和93.2%,电子及通信设备制造业、计算机及办公设备制造业、医疗仪器设备及仪器仪表制造业同比增长7.9%、71.1%和28%。

(3) 外资区域布局持续优化。中部地区实际使用外资561.3亿元,同比增长22.5%,增速领跑全国;西部地区新设立外商投资企业同比增长43.2%,市场主体活力进一步激发。

1.6　2018年宏观经济走势分析

2017年国内生产总值为827 122亿元,同比增长6.9%,高于普遍预期值6.8%和年初政府工作报告提出的增长目标6.5%,增速比上年提高0.2个百分点,为七年来首次反弹。在环保限产、房地产调控、金融去杠杆和地方政府债务监管多管齐下的政策环境下,2017年中国经济展现出较强的抗压能力,增长韧性超出预期。然而固定资产投资和消费增速依然下滑,同时,经济发展不平衡不充分的问题依然严峻。

1.6.1　继续深化结构性调整,GDP增速预期放缓至6.6%

2018年中央经济工作会议是要实现我国经济由"高速增长阶段"向"高质量发展阶段"转变,这意味着为达成提质增效的目标将允许经济增速出现一定程度的下行。从经济增长的"三驾马车"——消费、投资与净出口来看,继续增强消费对经济发展的基础性作用意味着消费可能稳中有升;对于投资,在"降杠杆、防风险"的大背景下,整体投资增速大概率是下行的,但其结构却需要优化升级,房地产投资在调控政策不动摇的背景下将继续下行,而制造业投资在"强化实体经济吸引力与竞争力"的要求下将有所回升,基建投资在"切实加强地方政府债务管理"的要求下将有所回落;对于净出口,"促进贸易平衡,积极扩大进口"的要求将令净出口对经济增长的贡献减弱。综合来看,由于我国经济增长主要还是依赖投资与净出口,消费对经济增长的稳定器作用仍有待加强,因此消费稳中有升、投资下行、净出口回落意味着2018年我国宏观经济走势大概率是小幅下行的,大幅下行或者上行的可能性比较小。但伴随供给侧改革红利的加速释放,国内经济供给出清接近尾声,产能利用率提升,新动能持续增强,中国经济还将继续稳定运行在中高速增长区间,预计 GDP 增速将小幅放缓至 6.6%。

1.6.2 投资增速将延续稳中趋缓,房地产基建回落,制造业投资预计略有回升

2018 年,从中央"降杠杆、防风险"的总体基调来看,整体投资增速大概率应该是稳中趋降的,增速回升的可能性比较小,因为那将令经济杠杆率不降反升。而另一方面,虽然整体投资增速稳中趋降,但结构优化升级才是更为重要的,对优化供给结构起到关键性的作用。

从房地产投资来看,政策的方向是"要发展住房租赁市场特别是长期租赁""保持房地产市场调控政策连续性和稳定性""实行差别化调控",这意味着 2018 年房地产调控将不会动摇,房地产投资大概率将继续下行,将面临商品房销售下滑、房企融资难度加大、棚改规模下调等压力。而另一方面,2018 年也要"重点防控金融风险",这意味着房价不能出现大幅下跌,叠加目前商品房库存处于低位,2017 年房企拿地热情不减,将对 2018 年房地产新开工量构成支撑。因此 2018 年房地产投资的下行是较为缓慢的。

从制造业投资来看,中央多次强调要"强化实体经济吸引力与竞争力",而实体经济的根本在于制造业,推动制造业优化升级还得靠投资,因此中央是期望制造业投资能够回升的。此外,2018 年市场准入负面清单制度将全面实施,赋予市场主体更多的主动权,有利于激发民间投资活力,进而带动制造业投资增长。而另一方面,尽管制造业投资增速回升,但并不意味着所有行业的投资都回升,优化升级要求其中部分行业减少投资而其他行业增加投资。改革的方向仍然是"大力破除无效供给,把处置'僵尸企业'作为重要抓手,推动化解过剩产能",因此产能过剩的制造业行业投资肯定是下降的;同时要"大力培育新动能,强化科技创新,推动传统产业优化升级,培育一批具有创新能力的排头兵企业",因此传统制造业行业的设备更新换代投资,以及中高端制造业行业的投资将出现回升。此外,终端需求不会明显扩大,企业去杠杆的压力较大。总体而言,预计 2018 年制造业投资增速略有加快。2018 年制造业投资可能有所改善。

从基建投资增速来看,由于地方政府债务管理进一步加强,加之提出经济增长要重质而非重量,政府财政扩张以刺激经济增长的意愿不强,因此 2019 年基建投资大概率是下行的。但其下行也是结构性的,仍要"确保对重点领域和项目的支持力度",这意味着民生工程相关的基建投资,例如三大攻坚战之二的"精准脱贫、污染防治"、公共设施管理、教育、卫生和社会工作、文化体育和娱乐、社会组织等相关的投资可能回升,但"铁公基"相关投资将下降。

综合来看,2018 年整体投资增速将是下降的,但其结构将得到优化,其中房地

产投资回落,制造业投资回升,基建投资回落。

1.6.3　消费平稳态势不变,对经济增长的基础性作用将进一步增强

2018年中央经济工作会议强调了"增强消费对经济发展的基础性作用",我国为达到这一目标,不断在提高收入分配的平等程度,具体而言包括三大攻坚战中的"精准扶贫"与八项重点工作中的"实施乡村振兴战略""实施区域协调发展战略""提高保障和改善民生水平"。2016年以来我国收入分配不平等程度有所加剧,全国居民收入基尼系数上升,这一定程度上导致2017年居民收入增速与居民支出增速出现背离,收入增速上升但支出增速下降,因此增进收入分配平等适逢其时。展望2018年,若从居民收入增速与收入平等程度这两方面来考虑,2018年消费将具有一定潜力。2017年居民收入增速回升主要归因于工资性收入、租金收入、转移净收入回升,2018年这一趋势大概率得以延续;而2018年我国经济工作的重点之一是要提高低收入者的收入水平,收入分配更加平等也有利于提振消费。

此外,消费结构升级和城镇化的推进也有力地支撑消费。同时,伴随房地产市场降温、居民加杠杆受限,房地产对消费的挤出效应将会减弱。但另一方面,2018年汽车购置税优惠将进一步减少,除非出台新的提振政策,否则汽车消费将较为疲软。由于汽车在社会消费品零售总额中所占权重较高,因此汽车消费疲软将会对这一指标的整体增速产生较大拖累。此外,2018年房地产相关的消费需求也将随着商品房销售负增长而延续下滑态势。综上所述,预计2018年我国消费增速将稳中有升。但由于投资增速将有所下滑,消费对经济增长的基础性作用将进一步增强。

1.6.4　服务业保持较快增长,工业增速预计将有所放缓

2018年服务业高增长势头将得到延续,其中,生产性服务业和体现消费结构升级的旅游、文化娱乐等服务业将保持较快增长,但严监管环境下,房地产业(中介服务)和金融业增速或将进一步下滑,保守预计,2018年第三产业GDP增速将降至7.7%。2018年工业生产增长将受到外需支撑,但同时也面临着更大的下行压力,内需趋弱、环保限产、清除低效产能和工业库存周期转入下行等因素均将制约工业生产扩张势头。预计2018年工业增加值增速将有所放缓。不过,随着供给侧改革红利加速释放,高新技术产业增速将继续加快,单位产值能耗进一步下降,工业内部结构优化特征将更为明显。

1.6.5　物价存在上涨压力,CPI中枢上移

2017年PPI涨幅大幅超出预期,主要是供给侧结构性改革、去产能改善了中上游工业品的供给质量。相比之下,生活资料PPI和CPI则相对保持温和,食品价格下降1.4%,是自2003年以来首次出现下降。预测2018年食品价格同比小

幅转正,上游价格向下游传导,CPI全年涨幅高于2017年。2018年随着供给侧结构性改革的深入,PPI环比仍然上涨,同比大概率在4%—5%。

2018年,预计国内经济企稳,供给侧结构性改革深入推进,并且环保标准空前提高,将对企业生产成本产生较大的压力;从周边环境来看,亚洲基础设施建设需求有着巨大潜力,新兴经济体与欧美发达经济体基础设施升级改造将带来更多机会,生产资料价格上涨逻辑可能将由供给侧的助推演变为需求消费端的推动。2018年PPI涨势将比2017年有所减弱,但仍将为上涨趋势,且向中下游传导的可能性增加。

2017年,国内稻米价格稳定,小麦价格年中下跌,下半年基本反弹到年初水平,玉米价格自3月开始反弹至今。2018年粮食价格变化仍主要看玉米价格走势。中央经济工作会议提出,2018年要深化粮食收储制度改革,让收储价格更好地反映市场供求,扩大轮作休耕制度试点。自2016年开始,玉米播种面积13年来首次下降,2017年全国玉米种植面积比上年减少131万公顷,下降3.6%,总产量下降1.7%。玉米需求则以每年800多万吨的增量递增。2017年玉米价格呈现探底回升趋势,预测2018年玉米价格将保持稳中上升趋势。2017年,生猪价格处于下跌周期中,生猪和能繁母猪存栏持续下降。虽然目前生猪和能繁母猪存栏处于低位,但以目前高于8的猪粮比价,养猪的利润较高,生猪存栏并非处于紧平衡中,2018年生猪和猪肉价格将保持2017年平均水平,生猪价格比较平稳。

非食品CPI的波动主要受原油等燃料价格影响。2017年上半年国际油价以震荡回落为主,下半年则呈整体上涨态势。从原油的供给来看,一方面OPEC与以俄罗斯为首的非OPEC产油国已达成延长减产协议至2018年,将可能使得石油供给处于紧平衡状态;另一方面,美国页岩油钻井数量随着油价回升而增加,现已处于稳定阶段,根据OPEC在12月报告中的预测,美国2018年页岩油将有200万桶的新增供应,可能打压油价上涨动力。在沙特阿美上市、全球原油库存仍较高等因素的可能影响下,预计2018年整体能源价格或将呈现温和上涨态势。

不同于2017年食品价格同比增速的持续下跌,服务价格对CPI形成了较强的支撑作用,且与房地产价格的相关性进一步减弱。2017年前11个月,CPI服务累计同比上涨为3%,其中医疗保健涨幅达到6%,主要来自2016年年底开始的挂号费涨价,这一政策改革带来的影响将于2018年减小,价格趋于稳定。另外,教育文化和娱乐、生活用品及服务分别上涨2.4%、1%。服务价格整体的上涨,一方面由于老龄人口比重持续上升、劳动力成本上升,另一方面由于消费支出更多投向教育、旅游、文化等方面,消费意愿有了一定的转变。预计这一趋势在2018年将持续下去。

综上所述,预计2018年CPI将与PPI重回整体同步的走势。

1.6.6 受制于美国贸易战，出口增速拟进一步减缓

中国目前正处于发展的重要阶段，经济正从投资拉动转向消费拉动、由高速增长转向高质量发展。随着中国 GDP 增长放缓，加上供给侧改革带来的产业结构型调整，全球经济以中国经济为驱动力的模式向以美国经济为驱动力转变，因此人民币上行的概率较低。但因为海外需求的扩张也将令中国制造回暖，给中国经济提供一定支撑。预计人民币明年"走单边"的概率较低。

从净出口来看，2018 年中央经济工作会议表示要"促进贸易平衡，更加注重提升出口质量和附加值，积极扩大进口，下调部分产品进口关税，大力发展服务贸易"，加上中国与美国的贸易摩擦带来的贸易保护压力，再加上面临的外部金融条件进一步收紧，我国 2018 年出口增速进一步回升的可能性较小，大概率将呈现缓慢回落的态势。另一方面，美、欧、日经济复苏共振，新兴市场国家在发达经济体的带动下步入复苏，外贸改善不仅带动了出口增速回升，也带动了内需复苏，制造业部门景气度持续上升。良好的外部环境为我国经济转型提供了难得的时间窗口，不用过于担心转型给经济增速造成过大的冲击。

1.6.7 降低金融风险是未来的政策重点，货币政策适当收紧

2017 年 M2 与名义 GDP 同比、社会融资同比出现明显背离的走势，这背后反映了金融系统中流动性已经开始收紧的态势。12 月央行发布了资产新规，推出一系列"组合拳"，目的是令市场资金面收紧，抬高资本成本，刺激金融机构自发去杠杆。经过 2017 年一年的调整后，我国经济中仍存在一些问题和隐患，内生增长动力仍待强化，债务和杠杆水平还处于高位，资产泡沫"堰塞湖"的警报尚不能完全解除，金融乱象仍然存在，金融监管构架还有待进一步完善。根据人民银行的报告，2018 年央行仍将贯彻保持货币政策的稳健中性，健全货币政策和宏观审慎政策双支柱调控框架，适当发挥货币信贷政策的结构引导作用，对一些金融机构定向降准，继续运用信贷政策支持再贷款、再贴现、PSL 等工具支持国民经济重点领域和薄弱环节，进一步深化利率的市场化改革，增强人民币的汇率弹性。

尽管 2018 年中国货币政策可能会出现定向降准、PSL 投放量加大等结构性货币政策宽松，但大规模宽松不太可行，这是因为：第一，全球主要经济体均处于复苏过程之中，货币政策也正由宽松向紧缩迈进。第二，中国的金融去杠杆化还将继续深化，这就意味着融资成本要上升，需要实行紧缩的货币政策。第三，CPI 在 2018 年有上行的趋势，全球经济复苏和大宗商品价格回暖可能会对国内物价形成一些压力，这就意味着不可能全面宽松。2018 年货币会继续脱虚，M2 增速依然难以回到 2016 年之前的水平，预计在 9%—9.5% 的区间运行。另一方面，社会融资同比增速由于强监管会出现回落，预计会较 2017 年走低，结构上表外进一步收缩，部分融资需求转向表内。

1.6.8 宏观经济政策重点由高速度向高质量发展转移

我国经济发展进入了新时代,推进高质量发展是当前和今后一个时期的发展思路,以及制定经济政策、实施宏观调控的根本要求。十九大报告中淡化了经济增速目标,而将重点放在进一步深化供给侧结构性改革,打赢化解重大风险、精准脱贫、污染防治三大攻坚战上。

具体而言,防控风险就是要继续深化去产能、去库存、去杠杆。中央提出了优化产能结构、加大船舶有色行业去产能力度;棚户区改造580万套;到2020年,央企的平均资产负债率再下降2%等目标。另一方面,通过加大力度治理"红顶中介"、改革收入分配制度和财税制度降成本。同时,加大对精准脱贫和防治污染的支持力度,促进经济向创新驱动转型,推动制造业转型升级、提质增效,解决三农、民生等问题。2018年高质量经济发展值得期待。

主要参考文献

[1]	中经网统计数据库,http://db.cei.gov.cn/。
[2]	中华人民共和国国家统计局,http://www.stats.gov.cn/。
[3]	Wind 资讯数据库,http://www.wind.com.cn/。
[4]	《中国宏观经济发展的即期特征与主要风险》,https://mp.weixin.qq.com/s/fqpZXCt60bLkJ6IbXPGb3Q。
[5]	《中国对外贸易形势报告》,http://zhs.mofcom.gov.cn/article/cbw/201711/20171102666142.shtml。
[6]	《中国宏观经济形势分析与预测年度报告(2017—2018)》,上海财经大学高等研究院,2017。
[7]	《第一创业:第一创业宏观点评报告:中央经济工作会议对2018年宏观经济走势意味着什么?》,https://www.firstcapital.com.cn/upload/20171227/20171227132112775.pdf。
[8]	《2017年股市行情分析总结:一系列新特征凸显》,www.zhicheng.com/n/20171225/188152_4.html。

第2章　2017年中国财政收入分析

2.1　2016年财政收入决算回顾

2016年，面对严峻复杂的国内外环境，在以习近平同志为核心的党中央的坚强领导下，各地区、各部门深入贯彻中央经济工作会议精神和《政府工作报告》部署，认真落实十二届全国人大四次会议有关决议要求以及全国人大财政经济委员会的审查意见，坚持稳中求进工作总基调，坚持新发展理念，按照宏观政策要稳、产业政策要准、微观政策要活、改革政策要实、社会政策要托底的总体思路，以推进供给侧结构性改革为主线，适度扩大总需求，经济社会保持平稳健康发展，实现了"十三五"良好开局。在此基础上，财政改革发展各项工作取得新成效，中央和地方决算情况总体较好。

2.1.1　2016年财政收入决算

2016年全国公共财政收入159 604.97亿元，比2015年同口径增长4.5%。其中，中央财政收入72 365.62亿元，完成预算的100.0%，比2015年同口径增长1.2%，加上年初从中央预算稳定调节基金以及中央政府性基金预算、中央国有资本经营预算调入1 315.06亿元，收入总量为73 680.68亿元。2016年年末中央财政国债余额为120 066.75亿元，控制在年度预算限额120 066.75亿元以内。地方本级收入87 239.35亿元，加上中央对地方税收返还和转移支付59 400.70亿元，地方一般公共预算收入总量为146 640.05亿元，增长5.7%（见表2-1）。

2016年全国政府性基金收入46 643.31亿元，增长了12.0%。其中，中央政府性基金收入为4 178.12亿元，为预算的97.8%，与上年相比增加了2.6%。加上地方上解收入7.59亿元，2016年中央政府性基金收入总量为4 185.71亿元；地方政府性基金本级收入为42 465.19亿元，增长13.0%。其中，国有土地使用权出让收入为35 639.69亿元，增长15.8%。加上中央政府性基金转移支付1 110.12亿元，地方政府性基金收入为43 575.31亿元。

2016年全国国有资本经营收入2 608.95亿元，比上年度增长2.3%。其中，中央国有资本经营收入1 430.17亿元，为预算的102.2%，较上一年度降低11.3%，加上2015年结转收入394.47亿元，收入总量为1 824.64亿元。地方国有资本经营收入1 178.78亿元，为预算收入的131.8%，较上一年度增加了25.7%，

表 2-1　2006—2016 年财政收入及增长状况

年份	财政收入（亿元）	增长率（%）	占GDP比重（%）	中央财政收入 收入（亿元）	增长率（%）	占收入比（%）	地方财政收入 收入（亿元）	增长率（%）	占收入比（%）	税收收入（亿元）	税收/财政收入（%）
2006	38 760	22.47	17.81	20 457	23.62	52.78	18 304	21.21	47.22	34 804	89.79
2007	51 304	32.36	19.15	27 739	35.60	54.07	23 565	28.75	45.93	45 622	88.92
2008	61 330	19.54	19.36	32 681	17.81	53.29	28 650	21.58	46.71	54 224	88.41
2009	68 518	11.72	19.82	35 916	9.90	52.42	32 603	13.80	47.58	59 522	86.87
2010	83 080	21.25	20.32	42 470	18.25	51.12	40 610	24.56	48.88	73 202	88.11
2011	103 740	24.87	21.46	51 306	20.81	49.46	52 434	29.12	50.54	89 720	86.49
2012	117 254	13.00	21.95	56 175	9.40	47.91	61 078	16.49	52.09	100 614	85.81
2013	129 143	10.14	21.70	60 174	7.10	46.59	68 969	12.90	53.41	110 531	85.59
2014	140 370	8.69	21.80	64 493	7.20	45.95	75 877	10.01	54.05	119 175	84.90
2015	152 269	5.80	22.10	69 267	7.10	45.49	83 002	4.80	54.51	124 922	82.04
2016	159 605	4.50	21.45	72 366	1.20	45.34	87 239	5.10	54.66	130 361	81.68

注：中央财政收入与地方财政收入均指本级政府收入，未包括中央对地方的税收返还和转移支付；为保证与当年财政收支状况统一口径，GDP名义增长率未经过价格指数调整，以当年价格计算。

资料来源：根据《中国统计年鉴 2017》和财政部网站相关资料汇总计算整理。

中央对地方国有资本经营转移支付 513.53 亿元，收入总量为 1 692.31 亿元，与上一年度相比增加了 58.9%。

2.1.2　2016 年财政收入特点

2016 年财政收入的完成情况，正如表 2-1 和图 2-1、图 2-2 所显示的，主要有以下特点：

（1）从收入总量来看，财政收入增长速度继续放缓。2016 年全国公共财政收入为 159 604.97 亿元，比 2015 年同口径增长 4.5%，增幅比上一年度降低了 1.3 个百分点，从表 2-1 看出，这一增幅低于 2006—2015 年的其他年份，处于十年内最低水平。从中央与地方财政收入的比重关系来看，自 2007 年以来中央财政收入占比连续降低，2016 年与 2007 年相比降低了 8.72 个百分点。

（2）财政收入增速继续低于 GDP 的增速。2006—2014 年，我国财政收入增幅连续高于 GDP 的增长率，但自 2011 年起，财政收入的增速显著下降，2015 年财政收入的增速首次低于 GDP 的增速，2016 年财政收入的增速继续低于 GDP 的增速，且二者的差距显著扩大了。

（3）从收入结构来看，来自税收收入的比例总体继续呈下降趋势。从财政收入的构成来看,税收收入从 2006 年的 34 804 亿元增加到了 2016 年的 130 361 亿元,增长了 3.75 倍;非税收入从 2006 年的 3 956 亿元增加到了 2016 年的 29 244 亿元,增长了 7.39 倍,占财政收入的相对比重依旧保持扩大的趋势。税收收入在财政收入中所占比重除 2010 年有所反弹之外,呈现出逐年下降趋势,2016 年下降到最低点 81.68%,反映出财政收入中非税收入的增长要快于税收收入的增长。

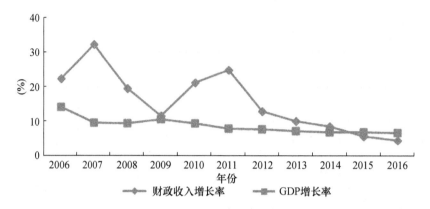

图 2-1　2005—2016 年财政收入增长率及 GDP 增长率比较
资料来源:根据《中国统计年鉴 2017》和财政部网站相关资料汇总计算整理。

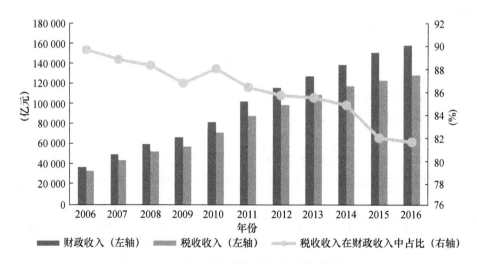

图 2-2　2006—2016 年税收收入在财政收入中占比
资料来源:根据《中国统计年鉴 2017》和财政部网站相关资料汇总计算整理。

2.2 2017年财政收入总量分析

2.2.1 2017年财政收入预算安排情况①

2017年我国经济发展新常态的特征更加明显,长期向好的基本面没有变,市场活力持续释放,新动能不断成长壮大。同时,世界经济不稳定、不确定因素明显增加,国内经济运行仍存在不少突出矛盾和问题。从财政看,收支矛盾仍然十分突出。2017年预算编制着重把握以下原则:第一,大力实施减税降费政策;第二,深入推进财税体制改革;第三,继续调整优化支出结构;第四,统筹盘活财政存量资金;第五,积极防范化解财政风险。在此原则下,我国2017年财政收入预算安排情况如下:

(1) 公共财政预算安排情况。全国一般公共预算收入为168 630亿元,增长5%。从中央财政预算来看,中央一般公共预算收入为78 612亿元,比2016年执行数同口径增长3.8%。加上从中央预算稳定调节基金调入1 350亿元,从中央政府性基金预算、中央国有资本经营预算调入283亿元,收入总量为80 245亿元。中央财政国债余额限额141 408.35亿元。中央预算稳定调节基金余额1 328.06亿元。从地方财政预算来看,地方一般公共预算本级收入为90 018亿元,增长6%。加上中央对地方税收返还和转移支付收入为65 650亿元、地方财政调入资金800亿元,地方一般公共预算收入总量为156 468亿元。地方财政赤字为8 300亿元,比2016年增加500亿元,通过发行地方政府一般债券弥补。地方政府一般债务余额限额115 489.22亿元。

2017年中央财政主要收入项目指标安排如下②:

国内增值税为26 850亿元,预算数为上年执行数的103.0%;国内消费税为10 270亿元,预算数为上年执行数的100.5%;进口货物增值税、消费税为13 220亿元,预算数为上年执行数的103.4%;企业所得税为19 565亿元,预算数为上年执行数的104.5%;个人所得税为6 460亿元,预算数为上年执行数的106.7%;出口货物退增值税、消费税为13 000亿元,预算数为上年执行数的107%;关税为2 660亿元,预算数为上年执行数的102.2%;非税收入为8 200亿元,预算数为上年执行数的112.7%。

中央对地方税收返还和转移支付安排情况:中央对地方转移支付56 512亿

---

① 《关于2016年中央和地方预算执行情况与2017年中央和地方预算草案的报告》,中央政府门户网站。

② 《2017年中央公共财政收入预算表》,中华人民共和国财政部网站。

元,增长7.0%。其中,一般性转移支付35 030亿元,增长9.5%;专项转移支付21 481.51亿元,增长3.1%。在一般性转移支付中,均衡性转移支付22 308.83亿元,增长8.0%,主要用于缓解地方减收增支压力;老少边穷地区转移支付1 832.90亿元,增长19.0%;基本养老金转移支付5 666.17亿元,增长13.9%;城乡居民医疗保险转移支付2 558.22亿元,增长8.3%。税收返还9 138亿元,比2016年执行数减少537.35亿元,下降5.6%。

(2)政府性基金预算安排情况。中央政府性基金收入为3 706.49亿元,增长3.2%。加上上年结转收入298.5亿元,中央政府性基金收入总量为4 004.99亿元。地方政府性基金本级收入为43 468.17亿元,增长3.6%。其中,国有土地使用权出让收入为38 568.62亿元,增长4.3%。加上中央政府性基金对地方转移支付收入为1 123.85亿元、地方政府专项债务收入为8 000亿元,地方政府性基金相关收入为52 592.02亿元。汇总中央和地方预算,全国政府性基金收入为47 174.66亿元,增长3.6%。加上上年结转收入298.5亿元和地方政府专项债务收入8 000亿元,全国政府性基金相关收入总量为55 473.16亿元。

(3)国有资本经营预算安排情况。2017年进一步健全国有资本经营预算制度,优化支出结构。中央企业国有资本收益收取比例暂保持不变,将中央国有资本经营预算调入一般公共预算统筹使用的比例由19%提高至22%。中央国有资本经营预算支出主要用于推进供给侧结构性改革、解决国有企业历史遗留问题、加快深化国企改革等方面。中央国有资本经营预算收入为1 290亿元,下降9.8%。加上上年结转收入为128.03亿元,中央国有资本经营预算收入总量为1 418.03亿元。地方国有资本经营预算本级收入1 048.3亿元,下降10.5%。加上中央国有资本经营预算对地方转移支付收入114亿元,地方国有资本经营预算收入1 162.3亿元。汇总中央和地方预算,全国国有资本经营预算收入为2 338.3亿元,下降10.1%。加上上年结转收入为128.03亿元,全国国有资本经营预算收入总量为2 466.33亿元。

(4)社会保险基金预算。全国社会保险基金收入为51 786.72亿元,增长7.3%。其中,保险费收入为36 907.98亿元,财政补贴收入为12 595.97亿元。全国社会保险基金支出48 450.5亿元,增长10.3%。本年收支结余3 336.22亿元,年末滚存结余66 630.89亿元。

2.2.2 2017年财政收入实际执行情况

(1)公共财政收入情况。2017年1—12月累计,全国一般公共预算收入为172 566.57亿元,为预算的102.3%,比2016年同口径增长7.4%。其中,中央一般公共预算收入为81 119.03亿元,为预算的103.2%,比2016年增长7.1%;地方一般公共预算本级收入为91 447.54亿元,比2016年同口径增长7.7%。

(2) 政府性基金收入情况。2017年1—12月累计,全国政府性基金收入为61 462.49亿元,增长34.8%。其中,中央政府性基金收入为3 824.77亿元,为预算的103.2%,增长6.4%。加上2016年结转收入为298.5亿元,中央政府性基金收入总量为4 123.27亿元。地方政府性基金本级收入为57 637.72亿元,增长37.3%,其中国有土地使用权出让收入为52 059.01亿元,增长40.7%。加上中央政府性基金对地方转移支付收入为985.59亿元和地方政府发行专项债券筹集收入8 000亿元,地方政府性基金相关收入为66 623.31亿元。

(3) 国有资本经营收入情况。2017年1—12月累计,全国国有资本经营预算收入为2 578.69亿元,下降1.2%。其中,中央国有资本经营预算收入为1 244.27亿元,为预算的96.5%,下降13%,主要是石油、电力等行业企业2016年经济效益下滑。加上中央国有资本经营预算对地方转移支付收入235.37亿元,收入总量为1 569.79亿元。

(4) 社会保险基金收入情况。2017年1—12月累计,全国社会保险基金收入为55 380.16亿元,为预算的106.9%,增长10.5%。其中,保险费收入为39 563.61亿元,财政补贴收入为12 264.49亿元。当年收支结余6 428.49亿元,年末滚存结余72 037.47亿元。

2.2.3 2017年财政收入总体趋势

2017年,各级财政部门深入贯彻落实党中央、国务院决策部署,坚持稳中求进工作总基调,牢固树立新发展理念,坚持以推进供给侧结构性改革为主线,实施更加积极有效的财政政策,降低企业税费负担,加大财政支出结构调整力度,提高财政资金效益,全年财政收支情况较好,有力促进了经济平稳健康发展和社会和谐稳定。

2017年,全国一般公共财政收入同口径增长7.4%,增幅显著回升,与2016年相比增加了2.9个百分点,扭转了6年来持续放缓的态势,政府性基金收入持续攀升。这主要受益于我国经济持续复苏,进出口及工业企业利润快速上涨、土地和房地产市场交易量上升等因素。

2.3 2017年财政收入结构分析

2.3.1 财政收入的月度结构分析

从总体上来看,2017年财政收入增幅比上年同期明显回升。2017年1—12月累计,全国财政收入为172 566.57亿元,为预算的102.3%,比2016年同口径增长7.4%。具体月度增长情况如表2-2和图2-3所示。

表 2-2　2017 年 1—12 月全国财政收入及其增长

	2017 年 全国财政收入 （亿元）	中央 财政收入 （亿元）	地方 财政收入 （亿元）	2016 年 全国财政收入 （亿元）	同期 增长额 （亿元）	同期 增长率 （％）
1	20 208.09	9 778.76	10 429.33	17 166.33	3 041.76	17.72
2	11 245.41	5 488.35	5 757.06	10 218.51	1 026.90	10.05
3	12 912.48	4 892.25	8 020.23	11 511.20	1 401.28	12.17
4	16 784.20	8 212.68	8 571.52	15 522.92	1 261.28	8.13
5	16 073.40	7 950.74	8 122.66	15 460.81	612.59	3.96
6	17 082.37	7 568.26	9 514.11	15 634.07	1 448.30	9.26
7	16 456.51	8 509.26	7 947.25	14 770.16	1 686.35	11.42
8	10 652.48	5 105.88	5 546.60	9 894.05	758.43	7.67
9	12 713.96	5 865.75	6 848.21	11 221.90	1 492.06	13.30
10	16 233.67	8 268.57	7 965.10	15 359.18	874.49	5.69
11	11 385.29	5 749.62	5 635.67	11 491.12	−105.83	−0.92
12	10 819.14	3 729.00	7 090.14	11 301.75	−482.61	−4.27
总计	172 567.00	81 119.12	91 447.88	159 552.00	13 015.00	8.16

注：2016 年 12 月和 2017 年 12 月的财政收入数据根据全年总额倒推计算得出。
资料来源：根据中经网数据中心和中国财政部网站有关数据整理编制。

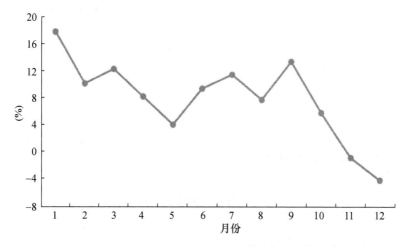

图 2-3　2017 年 1—12 月全国财政收入同比增长情况
资料来源：根据中经网数据中心和中国财政部网站有关数据整理编制。

在月度增长结构方面，2017 年财政收入增速呈现出先下降后上升再下降的趋势。整体波动幅度较大，其中 1 月、2 月、3 月、7 月和 9 月增长较快，超过 10％；5

月增速低于5%,11月和12月为负增长;其他月份的增速均为5%—10%。从财政收入的月度数据来看,有以下方面值得关注:

(1) 1—5月,除了3月略有上升,整体呈现增速下降的趋势,同期增长率从17.7%逐步下降到接近4%。其中1—3月财政收入较快增长的主要原因如下:一是价格上涨因素,上年年初PPI、大宗进口商品价格均处低位,而2017年年初则明显回升,价格上涨带动以现价计算的税收收入较快增长;二是经济运行显现向好态势,工业生产趋于活跃、企业盈利状况有所改善、一般贸易进口明显回升、居民消费稳定增长等,带动相关税收增收;三是2017年春节放假比2016年早,部分收入提前在前两个月入库体现增收。受部分经济指标增速回落、减税降费政策效应进一步显现、2016年同月部分收入基数高等影响,4—5月增幅呈放缓走势。

(2) 6—9月,除了8月有所下降,整体呈现增速回升趋势,9月增速上升至13.3%,主要是经济运行平稳向好、价格上涨等因素带动的。

(3) 10—12月,增速直线下降,最后两个月财政收入负增长。收入增幅回落,主要是非税收入、耕地占用税、城镇土地使用税等下降较多导致的。

2.3.2 财政收入的省际结构分析

2017年全国一般公共预算收入为172 566.57亿元,为预算的102.3%,比2016年同口径增长7.4%。其中,中央一般公共预算收入为81 119.03亿元,为预算的103.2%,比2016年增长7.1%;地方一般公共预算本级收入为91 447.54亿元,比2016年同口径增长7.7%。

从全国各地方政府的财政收入来看,2017年的增长情况要好于2016年,超过半数省份当年财政收入的增幅都较2016年的增长率有所提高。表2-3显示了各地区本级公共财政收入的完成情况和增长率。2017年各省份的公共预算收入完成情况有以下几个基本特点:(1)从各地方政府2017年公共预算收入的数量来看,规模最大的为广东,为11 315.2亿元,也是唯一超过万亿元的省份;规模最小的为西藏,185.8亿元。(2)公共预算收入超过5 000亿元的有6个省份,分别是广东、江苏、上海、山东、浙江和北京;公共预算收入不足千亿元的有5个省份,分别是西藏、青海、宁夏、海南和甘肃;其他地区的公共预算收入为1 000亿—5 000亿元。(3)从各地政府当年本级财政收入的增长率来看,山西和西藏增速最快,分别为19.9%和19.4%,其次是河北的13.4%和新疆的12.8%;内蒙古、天津、吉林为负增长,增速分别为-15.5%、-15.2%和-4.2%;其他省份的增长率为0—10%。(4)2017年本级一般公共预算收入增长速度与2016年相比提高最多的地区是山西、陕西、新疆和青海,分别提高了25.1、20.4、15.2和14.0个百分点;2017年本级一般公共预算收入增长速度与2016年相比降低了最多的省份是内蒙古、天津和上海,降幅分别为18.2、17.3和12.4个百分点(见表2-3)。

表 2-3 2017 年全国各省(区市)地方财政情况

序号	省份	本级公共财政收入（亿元）	2017 年增长率（%）	2016 年增长率（%）	占全国地方财政收入总额的比例（%）
1	北京	5 430.8	6.9	7.6	5.9
2	天津	2 310.1	−15.2	2.1	2.5
3	河北	3 233.3	13.4	7.6	3.5
4	山西	1 866.8	19.9	−5.2	2.0
5	内蒙古	1 703.4	−15.5	2.6	1.9
6	辽宁	2 390.2	8.7	3.4	2.6
7	吉林	1 210.8	−4.2	2.8	1.3
8	黑龙江	1 243.2	8.3	−1.5	1.4
9	上海	6 642.3	3.7	16.1	7.3
10	江苏	8 171.5	0.6	1.2	8.9
11	浙江	5 803.4	9.5	10.2	6.3
12	安徽	2 812.3	5.2	8.9	3.1
13	福建	2 808.7	5.8	4.3	3.1
14	江西	2 246.9	4.4	−0.7	2.5
15	山东	6 098.5	4.1	6.0	6.7
16	河南	3 397.0	7.7	4.6	3.7
17	湖北	3 248.4	4.7	3.2	3.6
18	湖南	2 756.8	2.2	7.3	3.0
19	广东	11 315.2	9.4	10.5	12.4
20	广西	1 615.0	3.8	2.7	1.8
21	海南	674.1	5.7	1.6	0.7
22	重庆	2 252.3	1.1	3.4	2.5
23	四川	3 579.8	5.6	1.0	3.9
24	贵州	1 613.6	3.3	3.9	1.8
25	云南	1 886.2	4.1	0.2	2.1
26	西藏	185.8	19.4	13.5	0.2
27	陕西	2 006.4	9.4	−11.0	2.2
28	甘肃	815.6	3.7	5.8	0.9
29	青海	246.1	3.2	−10.8	0.3
30	宁夏	417.5	7.7	3.8	0.5
31	新疆	1 465.5	12.8	−2.4	1.6
	全国	91 447.5	4.9	3.2	100.0

资料来源：中经网数据中心。

2.3.3 财政收入的类型结构分析

由于从 2011 年年初开始,我国正式按照改革后的预算管理制度实施,将原预算外资金(不含教育收费)全部纳入预算管理,但当年因为各省份的实际执行结果有所不同,只有部分省份做到了将预算外资金全部纳入预算管理。而从 2012 年开始全国范围都将要求做到全部财政收支纳入预算盘子中,预算外资金正式成为历史。

2.3.3.1 全口径财政收入中四类收入构成比例分析

2014 年 8 月,第十二届全国人大常委会第十次会议表决通过了全国人大常委会关于修改预算法的决定,新预算法于 2016 年 1 月 1 日起施行。新预算法第五条规定了预算包括一般公共预算、政府性基金预算、国有资本经营预算、社会保险基金预算。一般公共预算、政府性基金预算、国有资本经营预算、社会保险基金预算应当保持完整、独立。政府性基金预算、国有资本经营预算、社会保险基金预算应当与一般公共预算相衔接。

2017 年 3 月,财政部和中国人民银行发布《关于修订 2017 年政府收支分类科目的通知》,从 2017 年 1 月 1 日起,将新增建设用地土地有偿使用费、南水北调工程基金、烟草企业上缴专项收入等三项基金调整转列为一般公共预算并统筹使用。

2017 年四类财政收入的占比情况如图 2-4 所示。与上一年度相比,一般公共预算收入占比继续降低,由 2016 年的 62% 下降为 59%,同时政府性基金预算收入占比上升 3 个百分点。

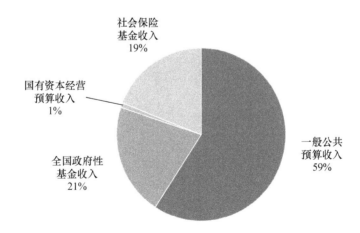

图 2-4 2017 年全口径财政收入中四类收入构成比例

资料来源:财政部网站。

2.3.3.2 公共财政收入中税收收入构成结构分析

2017 年全国公共财政预算收入为 172 567 亿元,其中,税收收入 144 360 亿元,占比为 83.65%;非税收入 28 207 亿元,占比为 16.35%。从收入增速上来看,2017 年 1—12 月累计,全国公共财政收入同比增长为 7.4%。其中,税收收入同比增长 10.7%,非税收入同比下降 6.9%,其中 3 项政府性基金收入纳入一般公共预算的影响已进行调整。

2017 年税收收入增长的主要特点有:

一是税收总收入增速自 2011 年后首次出现回升,在税收收入增长率连续六年持续降低的前提下,2017 年全国税收总收入增速上升至超过 2013 年但低于 2012 年的水平。2007—2017 年全国税收收入增长率示意图如图 2-5 所示。

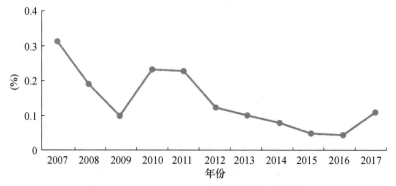

图 2-5　2007—2017 年全国税收收入增长率

资料来源:财政部网站。

二是分季度来看,税收收入的增长速度呈现先降低后增加再降低的趋势。

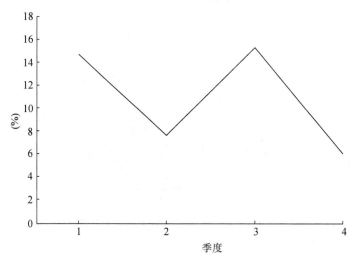

图 2-6　2017 年分季度全国税收收入增长率

资料来源:中经网数据库。

三是分税种看,2017年各税种的收入规模大多有所增加,增幅较高的税种为国内增值税、资源税、车辆购置税、进口货物增值税、消费税;收入规模有所下降的税种是证券交易印花税和耕地占用税(见表2-4)。另一方面,我国的税制结构依旧呈现出流转税占主体的税制结构模式。2017年商品(或劳务)占税收收入的比重约为55.1%,占主要地位;财产税占比为13.2%;所得税占比为31.6%。

表2-4 2017年1—11月全国税收总收入和主要税种收入

	税种	收入规模（亿元）	同期增长额（亿元）	同期增长率（%）	占总税额的比重（%）
商品（劳务）税	国内增值税	51 791.39	15 108.16	41.19	38.1
	国内消费税	9 928.83	345.11	3.60	7.3
	进口货物增值税、消费税	14 551.06	3 144.56	27.57	10.7
	出口货物退增值税、消费税	−12 363.20	−1 990.95	19.20	−9.1
	关税	2 737.64	400.89	17.16	2.0
	烟叶税	109.78	−10.59	−8.80	0.1
	城市维护建设税	3 989.60	280.84	7.57	2.9
	资源税	1 248.23	396.51	46.55	0.9
	船舶吨税	46.11	2.36	5.39	0.0
	车辆购置税	2 992.13	604.26	25.31	2.2
	合计	75 031.59	18 281.15	32.21	55.1
财产税	契税	4 428.33	581.09	15.10	3.3
	证券交易印花税	1 062.39	−136.14	−11.36	0.8
	印花税（证券交易印花税以外）	1 027.29	167.93	19.54	0.8
	耕地占用税	1 558.10	−133.83	−7.91	1.1
	房产税	2 429.95	371.58	18.05	1.8
	城镇土地使用税	2 202.27	147.37	7.17	1.6
	土地增值税	4 580.60	675.96	17.31	3.4
	车船税	703.93	77.1	12.30	0.5
	合计	17 992.86	1 751.06	10.78	13.2
所得税	企业所得税	31 946.19	3 413.96	11.97	23.5
	个人所得税	11 096.48	1 773.87	19.03	8.2
	合计	43 042.67	5 187.83	13.70	31.6
	其他税收	4.88	−1.30	−21.04	0.0
	税收总收入	136 072.00	13 746.13	11.24	100.0

资料来源:根据中经网统计数据库整理。

2.3.3.3 2017年全国税收收入特征分析

2017年,税务部门组织的税收收入增长8.7%,比2016年提高3.9个百分点,税收弹性系数也就是税收收入增幅与GDP现价增幅的比值接近0.8,处于合理区间。本年度税收收入的主要特征包括:

• 第三产业税收占比保持领先。2017年,第三产业税收收入增长9.9%,占税收收入的比重为56.1%,比第二产业高12.3个百分点。现代服务业税收保持快速增长势头,互联网和相关服务、软件和信息技术服务行业税收分别增长55.1%和36%。

• 高端制造业税收增势较强。2017年,通用设备、通信设备、专用设备等高端制造业税收分别增长23.5%、21.6%、20.9%。

2017年税务部门落实和完善全面推开营改增政策,共实现减税9 186亿元,比2016年增加3 450亿元。新增减税较多主要是由于以下几个因素:全面推开营改增试点从2016年5月1日起实施,2017年有四个月翘尾减税;2016年购进不动产进项税额当年抵扣60%,另外40%结转到2017年抵扣;增值税税率四档改三档政策从2017年7月1日起实施,7—12月减税147亿元;随着培训力度的加大和纳税人对政策的熟悉度增强,抵扣进一步增加。

同时,落实2017年出台的各类税收优惠政策也取得明显成效。2017年,税务部门实施小型微利企业所得税减半征收政策,共减税454亿元,其中小型微利企业所得税减半征收范围从年应纳税所得额30万元扩大到50万元,减税128亿元。提高科技型中小企业研发费用税前加计扣除比例、开展创业投资企业和天使投资个人有关税收政策试点、商业健康险税前扣除政策试点以及部分延续实施的税收优惠政策合计减税200多亿元。

2.4 2017年国债发行分析

2.4.1 2017年我国国债总量规模

根据2017年年初公布的本年财政预算数与2016年决算数的比较,可以看出,2017年中央财政总收入的增长率为8.6%,比上年度增加了6.7个百分点,而中央财政总支出的增长率是10.1%,比上年度增加了6.7个百分点;从财政赤字的角度来看,2017年的赤字较2016年增加了近2 600亿元,比上年增加了17.9%,增幅比上年降低了15.3个百分点;国债余额增长率为17.8%,增幅降低了0.3个百分点(见表2-5)。

表 2-5 2016 年和 2017 年财政收支及债务数据比较

项目	2016 年决算数（亿元）	2017 年预算数（亿元）	增长率（%）
中央财政总收入	72 357	78 612	3.8
中央财政总支出	86 890	95 745	6.1
中央财政赤字	14 533	17 133	17.9
中央财政国债余额	120 066.75	141 408.35	17.8

资料来源：财政部《关于 2016 年中央和地方预算执行情况与 2017 年中央和地方预算草案的报告》。

在国债余额管理制度下，经全国人民代表大会批准，2017 年年末国债余额限额为 125 908.35 亿元。而根据 2018 年年初公布的《2017 和 2018 年中央财政国债余额情况表》，2017 年年末中央财政债务余额实际数为 134 770.16 亿元，比预算数少 4.7%，与 2016 年决算数相比增长 12.2%。

2.4.2 2017 年国债余额结构分析

从国债余额内外债构成来看，2017 年年末中央财政债务余额中，内债为 133 447.44 亿元，外债为 1 322.72 亿元，分别占全部国债余额的 99.02% 和 0.98%。近五年内内债与外债占全部国债余额的比例如表 2-6 所示。

表 2-6 近五年我国国债余额中内债余额与外债余额所占比例   单位：%

	2013 年	2014 年	2015 年	2016 年	2017 年
内债	98.95	98.97	98.94	98.95	99.02
外债	1.05	1.03	1.06	1.05	0.98

资料来源：《2017 和 2018 年中央财政国债余额情况表》。

由表 2-6 看出，我国外债在全部债务余额中占 1% 左右，2017 年外债占比有所下降，近五年内首次低于 1%。

2.4.3 2017 年国债发行品种结构分析

2017 年国债发行品种结构分析如下：

（1）可流通国债品种。我国可流通国债的品种是记账式国债，其中包括了贴现债券和附息债券。我国财政部将记账式国债分为记账式贴现国债和记账式附息国债，分别独立编号，除此之外，为筹集财政资金，支持国民经济和社会事业发展，财政部决定发行 2017 年特别国债，均为固定利率附息债，可以上市交易。2017 年度共发行记账式贴现国债 61 期，计划发行量 6 660 亿元，实际发行量为

6 671.3亿元,发行次数比上年度增加3次,发行量增长4.3%,增幅与2016年相比降低了120个百分点;记账式附息债券共发行27期,其中除第11期和第26期外,均续期发行两次,实际发行期数为79期,计划发行量为23 100亿元,实际发行量为23 279.7亿元,发行次数比上年度增加7次,发行量增加了10.4%,增幅与2016年相比降低了34个百分点。2017年共发行特别国债3期,其中第三期特别国债续期两次,实际发行次数为5次,实际发行量6 964亿元。三项合计2017年共发行可流通国债36 915亿元,与2016年相比增加了34.4%。

综观2017年记账式国债的发行情况,有如下特点:记账式附息国债计划数量和记账式贴现国债的发行次数和规模均有小幅度增长,由于额外发行5次特别国债,我国可流通国债总额实际增长比例较高。

(2)非流通国债品种。我国非流通国债的品种有两种,一是凭证式国债,二是储蓄(电子式)国债。2017年凭证式国债共发行了8期,最大发行额为1 380亿元,与上年度相比增长15%;储蓄(电子式)国债共发行了10期,最大发行额2 300亿元,与上年度相比增长15%。

(3)国债发行品种情况归纳。我国的国债品种继续近年来的趋势,即可流通债券继续保持着国债市场主体的地位,并且其占比进一步提高。2017年可流通国债占总的国债发行量的91.2%,与2016年度相比增加了1.6个百分点,主要原因是特别国债的发行使得可流通国债的增幅大大超过了非流通国债。近五年我国国债发行情况如表2-7所示。

表2-7 近五年我国国债发行情况

	2013年	2014年	2015年	2016年	2017年
记账式贴现国债(亿元)	1 145.3	1 200.0	2 851.4	6 395.3	6 671.3
记账式附息国债(亿元)	12 229.1	14 523.3	14 599.7	21 077.8	23 279.7
特别国债(亿元)	—	—	—	—	6 964
储蓄国债(电子式)(亿元)	2 200	1 900	2 000	2 000	2 300
储蓄国债(凭证式)(亿元)	1 400	1 500	1 200	1 200	1 380
国债总额(亿元)	16 974.4	19 123.3	20 651.1	30 673.1	40 595.0
增长率(%)	16.8	12.7	8.0	48.5	32.3

资料来源:根据财政部公告整理得出。

2.4.4 2017年国债发行期限结构分析

通常,政府发行的债券会具有多种不同的期限,我国的国债也是如此。汇总全部国债类别,我国2017年共发行国债161期,发行总量为40 595亿元。2017年我国国债发行期限主要包括91天、182天、1年、2年、3年、5年、7年、10年、30年和 50 年。由表 2-8 可以看出,我国不同期限国债的发行次数上,91 天期限的国债发行次数最多,共发行 49 次,全部为记账式贴现国债。其次是 5 年期和 3 年期国债,发行次数分别为 24 次和 21 次,其中多数为储蓄国债。

从实际发行量的结构上看,7 年期国债的发行量占比最高,为 19.0%。5 年期、10 年期、3 年期和 91 天期限国债的占比也比较高,分别为 16.1%、14.1%、13.7% 和 13.5%。与 2016 年相比,7 年期国债发行量的增长率最高,为 108.2%,10 年期、30 年期和 2 年期国债的增长率也较高,分别为 58.6%、52.9% 和 44.2%。发行期限为 182 天的国债为负增长。

表 2-8 2017 年我国不同期限国债的发行量

发行期限	2017 年发行期数	2017 年实际发行量(亿元)	在全部国债中的占比(%)	增长率(%)
91 天	49	5 490.8	13.5	12.2
182 天	12	1 180.5	2.9	−21.4
1 年	12	3 706.6	9.1	15.0
2 年	6	1 685.8	4.2	44.2
3 年	21	5 546	13.7	7.8
5 年	24	6 542.2	16.1	23.0
7 年	13	7 717.3	19.0	108.2
10 年	13	5 718.3	14.1	58.6
30 年	9	2 422.3	6.0	52.9
50 年	2	585.2	1.4	11.2

资料来源:根据财政部公告整理得出。

从国际上看,国债期限的划分并无统一标准。我们在这里将发行期限不足 1 年的国债视为短期国债,而发行期限将达到 1 年或超过 1 年且不足 10 年的国债定义为中期国债,而将发行期限达到 10 年和超过 10 年期的国债看作长期国债。根据上面所定的标准,就可以从短期、中期和长期三个方面来分析 2017 年我国国债的期限结构(见图 2-7)。可以看到 2017 年我国的记账式国债以中期国债为主,其次是长期债券,短期债券占比最低。三者所占的比重分别为 62%、22% 和 16%。

2.4.5 2017 年国债发行利率结构分析

国债是由中央政府发行并以国家财力和国家信誉为保证的债券,是债券市场中信誉最高、安全性最好、风险最小的债券品种。按照市场上收益与风险对等的

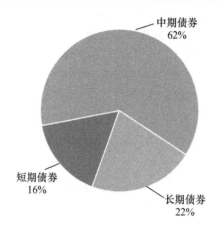

图 2-7　2017 年国债期限结构

资料来源:财政部网站。

原则,国债利率在市场利率体系中往往是较低的,并可以作为基准利率供市场参照。不过,目前我国国债主要分为可以上市交易的记账式国债和不可以上市交易的凭证式国债及储蓄国债。记账式国债通过招标方式发行,其利率已经市场化;凭证式国债和储蓄国债由于不流通,因此发行时票面利率由财政部比照银行同期限储蓄存款利率设计。

(1)记账式国债利率的变化情况。2017 年记账式贴现国债共发行了 61 期,其中 91 天国债 49 期,共计 5 490.8 亿元;182 天国债 12 期,共计 1 180.5 亿元。图 2-8 显示了各期记账式贴现国债的发行利率等信息。可以看出,不论发行期为 91 天还是 182 天,发行利率都呈现出升高—降低—再升高的变化趋势,1—3 月利率较低,略高于 2.5%;3—6 月利率水平直线上升,在波峰处超过 3.5%;其后利率水平出现回落,在 8 月达到波谷后再次上升,在 12 月利率水平已接近 4%。多数情况下 182 天期限债券的利率略高于同时期 91 天期限的债券利率。

2017 年记账式附息国债发行的次数为 77 期,期限有 8 种,包括 1 年、2 年、3 年、5 年、7 年、10 年、30 年和 50 年。图 2-9 选取了 1 年期、5 年期、10 年期和 30 年期债券,分别列出了其利率的变化趋势。首先可以看出整体利率为 2.7%—4.4%,利率水平明显高于 2016 年度 2%—3.5%的变化区间;其次与记账式贴现国债利率的变化趋势较为类似,整体呈现增加的趋势,在 5—8 月出现小幅回落,8 月之后继续回升,年末的利率水平显著高于年初;最后,与 2016 年度类似,期限越长的国债利率水平越高,但 2017 年 1 年期、5 年期和 10 年期债券的利率差距较小,甚至出现交叉,并未呈现出显著差异。

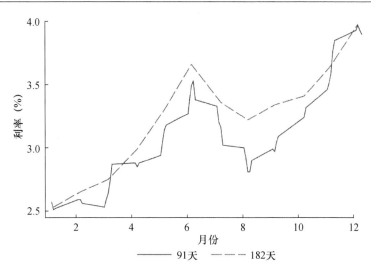

图 2-8 不同期限的记账式贴现国债利率变化

资料来源:根据财政部网站公告的数据整理。

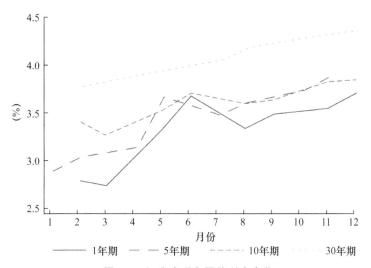

图 2-9 记账式附息国债利率变化

资料来源:财政部网站。

(2)凭证式国债和储蓄国债(电子式)利率的变化情况。2017 年凭证式国债共发行了 8 期,储蓄国债(电子式)共发行了 10 期。两个类型的国债都有 2 个期限——3 年期和 5 年期,利率水平如图 2-10 所示。由图可知,2017 年储蓄国债的利率呈现先低后高的趋势,这与 2016 年度的变化趋势正相反。

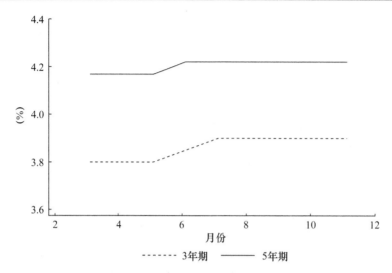

图 2-10　凭证式国债和储蓄国债利率变化

资料来源:财政部网站。

2.5　2017 年地方政府债券发行分析

2.5.1　我国地方政府债券改革历程

按照发行主体分类,公债可分为中央政府公债和地方政府公债。中央政府公债一般称为国债,其发行由中央政府决定,公债收入列入中央预算,由中央财政支配,还本付息由中央政府承担。地方政府公债一般称为地方债,由地方政府发行并偿还。考虑到财政风险因素,2015 年以前我国预算法规定禁止地方政府发债。2015 年新预算法实施后,正式赋予了地方政府发行债券的权力。但在这之前,我国已对地方政府发行债券有过多年的试点尝试。

2015 年 1 月,新《预算法》正式实施,其中第 35 条规定:经国务院批准的省、自治区、直辖市的预算中必需的建设投资的部分资金,可以在国务院确定的限额内,通过发行地方政府债券举借债务的方式筹措。举借债务的规模,由国务院报全国人民代表大会或者全国人民代表大会常务委员会批准。省、自治区、直辖市依照国务院下达的限额举借的债务,列入本级预算调整方案,报本级人民代表大会常务委员会批准。举借的债务应当有偿还计划和稳定的偿还资金来源,只能用于公益性资本支出,不得用于经常性支出。

2015 年 12 月,财政部发文《关于对地方政府债务实行限额管理的实施意见》,规定对地方政府债务余额实行限额管理。年度地方政府债务限额等于上年地方政府债务限额加上当年新增债务限额(或减去当年调减债务限额),具体分为一般债务限额和专项债务限额。地方政府债务总限额由国务院根据国家宏观经济形势等因素确定,并报全国人民代表大会批准。年度预算执行中,如出现下列特殊情况需要调整地方政府债务新增限额,由国务院提请全国人大常委会审批:当经济下行压力大、需要实施积极财政政策时,适当扩大当年新增债务限额;当经济形势好转、需要实施稳健财政政策或适度从紧财政政策时,适当削减当年新增债务限额或在上年债务限额基础上合理调减限额。

2016年11月9日,财政部印发《地方政府专项债务预算管理办法》和《地方政府一般债务预算管理办法》,对地方政府专向债务和一般债务的筹措方式、使用范围、债务限额和余额、预算编制、预算执行和决算等事项进行了规范。

2017年3月23日,财政部印发《新增地方政府债务限额分配管理暂行办法》,规定新增地方政府一般债务限额、新增地方政府专项债务限额(以下均简称新增限额)分别按照一般公共预算、政府性基金预算管理方式的不同,单独测算。新增限额分配管理应当遵循立足财力水平、防范债务风险、保障融资需求、注重资金效益、公平公开透明的原则。

2017年5月16日,财政部、国土资源部印发《地方政府土地储备专项债券管理办法(试行)》。2017年6月26日,财政部、交通运输部印发《地方政府收费公路专项债券管理办法(试行)》。2017年6月,财政部印发《关于试点发展项目收益与融资自求平衡的地方政府专项债券品种的通知》。2018年3月1日,财政部、住房城乡建设部印发《试点发行地方政府棚户区改造专项债券管理办法》。多个文件对我国地方政府专项债券的管理办法进行了规定。

2.5.2 2017年我国地方政府债券发行情况分析

2017年我国共发行地方政府一般债券23 768亿元,与上年度相比降低33.2%,专项债务为19 962亿元,与上年度相比降低20.5%,共计发行地方政府债券43 730亿元,与上年度相比降低27.9%,占2016年年末我国地方政府债务余额的28.4%;2017年地方政府一般债务还本额为18 759.03亿元,专项债务还本额为13 822.06亿元,共计32 581.09亿元,二者合计我国2017年共新增地方政府债务11 149亿元,最终2017年年末我国地方政府债务余额合计为164 706.59亿元,与上年相比增加了7.26%。

地方政府债务余额实行限额管理,年度地方政府债务限额等于上年地方政府债务限额加上当年新增债务限额(或减去当年调减债务限额),具体分为一般债务限额和专项债务限额。表2-9为2017年分地区债务限额和余额,其中2017年年末余额数为地方统计。

表 2-9　2017 年分地区债务限额和余额

	一般债务限额（亿元）	专项债务限额（亿元）	一般债务余额（亿元）	专项债务余额（亿元）	上一年度生产总值（亿元）	债务率（%）	债务率变化情况（%）
北京	2 284.30	5 452.10	1 860.41	2 016.47	25 669.13	15.10	−1.20
天津	1 363.20	2 099.30	1 333.33	2 090.65	17 885.39	19.14	1.54
河北	4 931.60	2 270.40	4 153.79	1 997.18	32 070.45	19.18	0.08
山西	1 890.72	837.08	1 811.52	767.04	13 050.41	19.76	1.86
内蒙古	5 281.27	1 076.23	5 219.55	997.82	18 128.10	34.30	2.50
辽宁	6 684.50	2 716.20	6 111.70	2 343.54	22 246.90	38.01	8.31
其中:辽宁(不含大连)	5 312.20	1 944.40	4 835.53	1 680.60	15 516.57	41.99	10.59
大连	1 372.30	771.80	1 276.17	662.94	6 730.33	28.81	3.51
吉林	2 664.78	1 020.92	2 353.13	840.14	14 776.80	21.61	1.01
黑龙江	3 046.20	755.80	2 713.52	741.05	15 386.09	22.45	1.75
上海	3 664.90	3 446.60	2 523.48	2 170.70	28 178.65	16.66	−1.24
江苏	7 146.20	5 957.10	6 668.48	5 357.80	77 388.28	15.54	−0.06
浙江	5 769.50	4 718.90	5 159.55	4 079.54	47 251.36	19.55	−0.05
其中:浙江(不含宁波)	4 558.40	3 983.00	4 178.46	3 517.08	38 564.87	19.95	−0.15
宁波	1 211.10	735.90	981.09	562.46	8 686.49	17.77	0.37
安徽	3 884.29	2 737.81	3 415.27	2 408.09	24 407.62	23.86	−0.34
福建	2 997.40	3 057.90	2 779.86	2 682.90	28 810.58	18.96	−0.14
其中:福建(不含厦门)	2 701.00	2 719.30	2 525.55	2 376.82	25 026.31	19.59	−0.31
厦门	296.40	338.60	254.31	306.08	3 784.27	14.81	1.01
江西	3 108.61	1 675.59	2 827.39	1 441.69	18 499.00	23.08	−0.62
山东	6 775.86	4 440.94	6 189.75	4 007.10	68 024.49	14.99	−0.01
其中:山东(不含青岛)	5 948.86	3 913.34	5 558.23	3 576.70	58 013.20	15.75	−0.05
青岛	827.00	527.60	631.52	430.40	10 011.29	10.61	0.41
河南	4 948.70	2 316.80	3 648.68	1 899.79	40 471.79	13.71	−1.19
湖北	3 604.30	2 392.20	3 402.56	2 312.97	32 665.38	17.50	0.20
湖南	5 168.53	2 718.77	5 092.13	2 575.36	31 551.37	24.30	0.70
广东	6 476.74	4 253.86	5 297.35	3 726.02	80 854.91	11.16	−0.54
其中:广东(不含深圳)	6 176.14	4 222.36	5 200.11	3 706.02	61 362.31	14.51	−0.69
深圳	300.60	31.50	97.24	20.00	19 492.60	0.60	−0.10
广西	3 329.68	1 983.12	3 049.76	1 787.04	18 317.64	26.41	−0.79
海南	1 212.00	622.30	1 162.38	556.88	4 053.20	42.42	0.32
重庆	2 441.60	1 941.80	2 235.80	1 782.70	17 740.59	22.65	−1.15
四川	5 489.90	3 719.10	5 173.35	3 323.57	32 934.54	25.80	−0.20
贵州	5 528.47	3 748.03	5 113.68	3 493.48	11 776.73	73.09	−9.81

(续表)

	一般债务限额(亿元)	专项债务限额(亿元)	一般债务余额(亿元)	专项债务余额(亿元)	上一年度生产总值(亿元)	债务率(%)	债务率变化情况(%)
云南	5 383.22	2 138.88	4 760.92	1 963.60	14 788.42	45.47	−1.13
西藏	145.30	23.00	77.46	21.18	1 151.41	8.57	2.97
陕西	3 471.29	2 394.51	3 155.17	2 240.26	19 399.59	27.81	0.51
甘肃	1 469.30	830.20	1 397.30	671.30	7 200.37	28.73	2.53
青海	1 389.10	287.80	1 253.21	259.36	2 572.49	58.80	3.40
宁夏	1 096.40	279.50	984.67	241.59	3 168.59	38.70	−1.50
新疆	2 841.36	772.34	2 706.64	671.20	9 649.70	35.00	4.60
合计	115 489.22	72 685.08	103 631.79	61 468.01	780 069.97	21.16	−0.04

注：2017年年末地方政府专项债务中包括一部分非政府债券形式地方政府专项债务，主要是银行贷款等非政府债券形式的债务，由于债务举借主体分布在融资平台公司等企事业单位，债务资金的举借和使用未经政府总预算会计核算。在完成地方政府债券置换前，本表中2017年年末余额数为地方统计数。

资料来源：债务余额和债务限额数据来自财政部官方网站，地区生产总值来自国家统计局统计数据库。债务率为作者计算，等于一般债务余额与专项债务余额的和除以上年度地区生产总值。

根据表2-9，我国地方政府债务率多为20%—30%，均值为21.16%，其中债务率超过30%的省份分别是贵州(73.09%)、青海(58.80%)、云南(45.47%)、海南(45.47%)、宁夏(38.70%)、辽宁(不含大连)(38.01%)、新疆(35.00%)和内蒙古(34.30%)；债务率较低的省份分别是西藏(8.57%)、广东(11.16%)(其中深圳为0.60%)、河南(13.71%)、山东(14.99%)(其中青岛为10.61%)、北京(15.10%)、江苏(15.54%)、上海(16.66%)和湖北(17.50%)。

从债务率的变化情况看，各省份债务率有增有减，多数省份债务率的波动幅度稳定在−1.5%—3%。贵州的债务率有较大幅度下降，主要原因在于其债务余额有所降低，而地区生产总值有所上升；债务率有显著上升的省份包括：辽宁债务率上升8.31个百分点，其中辽宁(不含大连)债务率上升了10.59个百分点，主要原因在于地区生产总值有显著下滑；新疆债务率上升4.6个百分点，主要原因在于其一般债务余额有所上升；青海债务率上升3.4个百分点，主要原因在于其专项债务余额有所上升。

2.6 2018年财政收入预期分析

2.6.1 2017年财政收入总结

回顾2017年财政收入的完成情况，主要有以下特点：

(1) 从财政收入总量来看,2017年全国一般公共预算收入为172 566.57亿元,比上年增长7.4%。其中,中央一般公共预算收入为81 119.03亿元,占预算的103.2%,比2016年增长7.1%;地方一般公共预算本级收入为91 447.54亿元,比2016年同口径增长7.7%。全国一般公共预算收入中的税收收入为144 360亿元,占比为83.65%,同比增长10.7%;非税收入为28 207亿元,占比为16.35%,同比下降6.9%。

(2) 从财政收入走势看,2017年财政收入增速呈现降低—增加—再降低的趋势,整体波动幅度较大,其中1月、2月、3月、7月和9月增长较快,超过10%;5月增速低于5%,11月和12月为负增长。

(3) 从全国各地方政府的财政收入来看,2017年的增长情况要好于2016年,超过半数省份当年财政收入的增幅都较2016年的增长率有所提高。① 从增长率来看,山西和西藏增速最快,分别为19.9%和19.4%,其次是河北的13.4%和新疆的12.8%;内蒙古、天津、吉林为负增长,增速分别为-15.5%、-15.2%和-4.2%;其他省份的增长率皆为0—10%。② 从增长率的变化趋势来看,2017年本级一般公共预算收入增长速度与2016年相比提高最多的省份是山西、陕西、新疆和青海,分别提高了25.1、20.4、15.2和14.0个百分点;2017年本级一般公共预算收入增长速度与2016年相比降低了最多的地区是内蒙古、天津和上海,降幅分别为18.2、17.3和12.4个百分点。

(4) 从财政收入构成比例分析,全国政府性基金预算收入的增幅较大,其占全口径财政收入的比重有小幅上升。税收收入中增值税、资源税、车辆购置税、进口货物增值税、消费税等税收的增长率较高。

(5) 2017年年末我国中央财政债务余额实际数为134 770.16亿元,比预算数少4.7%,与2016年决算数相比增长12.2%。2017年发行的国债中,记账式附息国债计划数量和记账式贴现国债规模均有小幅度增加,由于额外发行5次特别国债,我国可流通国债总额实际增长了34.4%。而非流通国债中凭证式国债和储蓄(电子式)国债各增长了15%。与上一年度相比长期国债的份额均有所增加,短期债券份额有所降低。

2.6.2 2018年财政收入预期

2018年,我国经济持续健康发展具有许多有利条件。同时,由于国际贸易关系格局面临新的挑战,可能会对我国制造业产生冲击,财政增收存在较大压力。财政支出方面,各级财政必保支出较多,新增支出需求很大。复杂的国际经济形势下,我国面临进一步结构性减税的需求,综合判断,2018年财政收入继续保持向好态势,与财政支出快速增长并存。

2018年预算编制和财政工作的指导思想如下:在以习近平同志为核心的党中

央坚强领导下,以马克思列宁主义、毛泽东思想、邓小平理论、"三个代表"重要思想、科学发展观、习近平新时代中国特色社会主义思想为指导,全面深入贯彻党的十九大和十九届二中、三中全会精神,贯彻党的基本理论、基本路线、基本方略,坚持和加强党的全面领导,坚持稳中求进工作总基调,坚持新发展理念,紧扣我国社会主要矛盾变化,按照高质量发展的要求,统筹推进"五位一体"总体布局和协调推进"四个全面"战略布局,坚持以供给侧结构性改革为主线,继续实施积极的财政政策,增强财政可持续性。继续实施减税降费政策,进一步减轻企业负担;调整优化支出结构,确保对重点领域和项目的支持力度,严控一般性支出,提高财政资金使用效率,着力支持在打好防范化解重大风险、精准脱贫、污染防治的攻坚战方面取得扎实进展,推动解决发展不平衡不充分问题;严格贯彻预算法,牢固树立过紧日子的思想,完善预算管理制度,全面实施绩效管理;逐步建立权责清晰、财力协调、区域均衡的中央和地方财政关系,加快推进基本公共服务均等化,促进经济社会持续健康发展。

贯彻上述指导思想,要立足于我国经济已转向高质量发展阶段这一基本特征,着重把握好以下原则:一是继续实施减税降费;二是调整优化支出结构;三是深化财税体制改革;四是促进区域协调发展;五是全面实施绩效管理;六是增强财政可持续性。

2018年,积极的财政政策取向不变,要聚力增效。按照三档并两档的方向,调整增值税税率水平,重点降低制造业、交通运输等行业税率,优化纳税服务。预计全年再减税8 000多亿元。加上进一步清理规范政府性基金和行政事业性收费等各种收费,预计将减轻税费负担1万亿元以上。

第3章 2017年中国财政支出分析

3.1 2016年财政支出决算回顾

2016年是"十三五"规划开局之年,面对错综复杂的国内外形势,我国政府加强并改善宏观调控,国民经济朝着宏观调控预期方向发展,经济结构调整取得积极进展,引领我国经济发展提质增效,人民生活水平不断提高。在此基础上,财政工作与财政改革发展有序推进,预算执行总体良好,公共财政支出决算、政府性基金支出决算、国有资本经营支出决算以及社会保险基金决算情况如下。

3.1.1 公共财政支出决算

2016年,全国公共财政支出为187 755.21亿元,比2015年增长6.3%。[①] 加上补充中央预算稳定调节基金876.13亿元,支出总量为188 631.34亿元。当年全国财政支出超过收入21 800亿元。[②]

3.1.1.1 中央公共财政支出决算情况

首先,从中央公共财政支出决算的总体情况来看,2016年中央公共财政支出86 804.55亿元,完成预算的99%;其中中央对地方税收返还和转移支付59 400.7亿元,较上年决算数增长3.2%。加上补充中央预算稳定调节基金876.13亿元,支出总量为87 680.68亿元。中央公共财政支出超过收入14 000亿元,与预算持平。

其次,从中央本级公共财政支出决算的结构(见表3-1)来看,完成预算低于100%的支出项目包括外交、科学技术、文化体育与传媒、医疗卫生与计划生育、节能环保、金融、其他支出、债务发行费用、中央对地方税收返还和转移支付、中央一般公共预算支出等10项,除以上10项支出外,其他各项支出均完成或超额完成年初预算。其中,超出预算10%以上的支出项目有城乡社区、交通运输、资源勘探信息等、商业服务业等支出4项,其中城乡社区支出超出预算204.9%。此外,税收返还6 826.84亿元;一般性转移支付31 864.93亿元;专项转移支付20 708.93

---

① 在《2016年财政支出决算回顾》部分,如无特别说明,增长都是相对于2015年的增长。
② 全国一般公共预算支出大于收入的差额=支出总量(全国一般公共预算支出+补充中央预算稳定调节基金)-收入总量(全国一般公共预算收入+全国财政使用结转结余及调入资金)。

亿元。

表 3-1　2016 年中央本级公共财政支出情况

项目	调整预算数（亿元）	决算数（亿元）	决算数占调整预算的比例（%）	比上年增长（%）
一、一般公共服务支出	1 201.38	1 209.15	100.6	14.6
二、外交支出	519.71	479.72	92.3	0.6
三、国防支出	9 543.54	9 545.97	100.0	7.6
四、公共安全支出	1 668.15	1 741.91	104.4	10.0
五、教育支出	1 408.72	1 447.72	102.8	6.6
六、科学技术支出	2 706.43	2 686.10	99.2	8.4
七、文化体育与传媒支出	258.60	247.95	95.9	−8.8
八、社会保障和就业支出	886.82	890.58	100.4	23.2
九、医疗卫生与计划生育支出	124.29	91.16	73.3	7.9
十、节能环保支出	310.61	295.49	95.1	−26.2
十一、城乡社区支出	6.48	19.76	304.9	82.5
十二、农林水支出	724.10	779.07	107.6	5.1
十三、交通运输支出	663.44	812.12	122.4	−4.8
十四、资源勘探信息等支出	255.20	325.92	127.7	−5.6
十五、商业服务业等支出	27.03	36.68	135.7	62.7
十六、金融支出	781.56	752.22	96.2	62.3
十七、国土海洋气象等支出	293.08	313.13	106.8	−10.0
十八、住房保障支出	431.97	437.44	101.3	9.0
十九、粮油物资储备支出	1 363.04	1 451.98	106.5	−20.9
二十、其他支出	846.21	432.17	51.1	31.3
廿一、债务付息支出	3 299.29	3 374.45	102.3	17.7
廿二、债务发行费用支出	35.35	33.16	93.8	15.8
中央对地方税收返还和转移支付	59 810.00	59 400.70	99.3	3.2
中央预备费	500.00	—	—	—
中央一般公共预算支出	87 665.00	86 804.55	99.0	4.4
补充中央预算稳定调节基金		876.13		5.9

资料来源：财政部网站并经简单计算得到。

再次，从中央本级公共财政支出决算的增长速度（见表 3-1）来看，增长率最大的项目是城乡社区支出，其支出增长率为 82.5%。增速位列第 2、3 的为商业服务业等支出和金融支出，增长率分别为 62.7% 和 62.3%，增长率为 10%—40% 的项目主要包括一般公共服务支出、社会保障和就业支出、其他支出、债务付息支出和债务发行费用支出等4项;文化体育与传媒支出、节能环保支出、交通运输支出、资源勘探信息等支出、国土海洋气象等支出、粮油物资储备支出的增长率为负;除此之外,其余项目支出的增长率都在0—10%。

3.1.1.2 地方公共财政支出决算情况

首先,从地方公共财政支出决算的总体情况来看,2016年地方公共财政支出160 351.4亿元,占预算的104.9%,增长6.2%,地方公共财政支出超过收入7 800亿元。

其次,从地方公共财政支出决算的结构来看,外交支出、国防支出、节能环保支出、交通运输支出、资源勘探信息等支出、商业服务业等支出、国土海洋气象等支出、粮油物资储备支出、其他支出和债务付息支出等10项完成预算的比例低于100%。除以上各支出项目外,其他支出项均超额完成预算。其中超出预算最多的三个项目是债务发行费用支出、金融支出和公共安全支出,超出幅度分别为51.6%、51.1%和22.9%;除此之外,其余项目超出预算的比例都在20%以内,如表3-2所示。需要说明的是,以上各项支出中包括地方用中央税收返还和转移支付资金安排的支出。

表3-2　2016年地方公共财政支出情况

项目	预算数（亿元）	决算数（亿元）	决算数占预算数的比例(%)	增长率（%）
一、一般公共服务支出	12 448.48	13 581.37	109.1	8.7
二、外交支出	3.46	2.28	65.9	-35.6
三、国防支出	221.83	219.87	99.1	0.2
四、公共安全支出	7 560.57	9 290.07	122.9	19.2
五、教育支出	25 332.30	26 625.06	105.1	6.9
六、科学技术支出	3 362.86	3 877.86	115.3	14.6
七、文化体育与传媒支出	2 825.03	2 915.13	103.2	3.9
八、社会保障和就业支出	18 890.83	20 700.87	109.6	13.1
九、医疗卫生与计划生育支出	12 238.52	13 067.61	106.8	10.1
十、节能环保支出	4 521.38	4 439.33	98.2	0.8
十一、城乡社区支出	15 874.40	18 374.86	115.8	15.7
十二、农林水支出	16 789.34	17 808.29	106.1	6.8
十三、交通运输支出	10 966.88	9 686.59	88.3	-15.8
十四、资源勘探信息等支出	5 719.84	5 465.41	95.6	-4.2
十五、商业服务业等支出	1 719.04	1 688.14	98.2	-2.1
十六、金融支出	364.10	550.33	151.1	10.9
十七、援助其他地区支出	261.62	303.17	115.9	16.0

(续表)

项目	预算数(亿元)	决算数(亿元)	决算数占预算数的比例(%)	增长率(%)
十八、国土海洋气象等支出	1 786.24	1 473.93	82.5	−16.6
十九、住房保障支出	6 019.85	6 338.77	105.3	5.6
二十、粮油物资储备支出	766.23	738.03	96.3	−5.0
廿一、其他支出	3 161.40	1 467.16	46.4	−56.1
廿二、债务付息支出	2 001.56	1 700.49	85.0	149.5
廿三、债务发行费用支出	24.24	36.74	151.6	41.1
地方一般公共预算支出	152 860.00	160 351.40	104.9	6.2
剔除地方使用结转结余及调入资金后支出	152 860.00	154 440.10	101.0	7.4

资料来源：财政部网站。

最后，从各主要支出项目的增长速度来分析，债务付息支出的增长幅度最大，其增长率达149.5%；其次是债务发行费用支出，增长率达到41.1%。

3.1.2 政府性基金支出决算

2016年，全国政府性基金支出46 878.32亿元，完成预算数的113.2%，收入大于支出4 014.83亿元。下面我们分别说明中央与地方政府性基金的支出决算情况。

3.1.2.1 中央政府性基金支出决算情况

2016年，中央政府性基金支出3 999.98亿元，占预算的88.5%，下降6.8%。其中，中央本级支出2 889.86亿元，下降4.3%。支出金额超过300亿元的项目有中央特别国债经营基金财务支出682.87亿元，可再生能源电价附加收入安排的支出505.8亿元、铁路建设基金支出394.04亿元、烟草企业上缴专项收入安排的支出356.72亿元、彩票公益金安排的支出356.6亿元。中央本级政府性基金支出的具体项目如表3-3所示。

表3-3 2016年中央本级政府性基金支出决算表

项目	预算数(亿元)	决算数(亿元)	决算数占预算数的比例(%)	增长率(%)
一、中央农网还贷资金支出	124.73	124.73	100.0	−3.3
二、铁路建设基金支出	459.79	394.04	85.7	−10.6
三、民航发展基金支出	190.55	118.66	62.3	−37.2
四、港口建设费安排的支出	73.40	68.70	93.6	16.2

(续表)

项目	预算数（亿元）	决算数（亿元）	决算数占预算数的比例（%）	增长率（%）
五、旅游发展基金支出	4.20	2.37	56.4	0.9
六、国家电影事业发展专项资金支出	1.63	1.63	100.0	−32.9
七、新增建设用地土地有偿使用费安排的支出	0.76	9.07	1 193.4	3.2
八、南水北调工程基金支出	8.49	8.49	100.0	−15.9
九、中央水库移民扶持基金支出	1.11	1.04	93.7	−3.7
十、中央特别国债经营基金财务支出	682.87	682.87	100.0	0
十一、彩票公益金安排的支出	425.98	356.60	83.7	−1.5
十二、国家重大水利工程建设基金支出	222.44	180.06	80.9	−18.7
十三、核电站乏燃料处理处置基金支出	18.75	0.52	2.8	−88.0
十四、可再生能源电价附加收入安排的支出	619.06	505.80	81.7	9.3
十五、船舶油污损害赔偿基金支出	1.62	—	—	−100.0
十六、废弃电器电子产品处理基金支出	47.16	47.14	100.0	−12.7
十七、烟草企业上缴专项收入安排的支出	376.00	356.72	94.9	0.5
十八、彩票发行和销售机构业务费安排的支出	146.69	31.42	21.4	−8.0
中央本级政府性基金支出	3 405.23	2 889.86	84.9	−4.3

资料来源：财政部网站。

此外，中央对地方政府性基金转移支付1 110.12亿元，完成预算数的99.6%，中央政府性基金结转下年支出298.5亿元。

3.1.2.2 地方政府性基金支出决算情况

同年，地方政府性基金支出43 988.46亿元，完成预算的115.7%，增长13%。其中支出额超过1 000亿元的有国有土地使用权出让金收入相关支出36 722.08亿元；车辆通行费相关支出1 391.56亿元、城市基础设施配套费相关支出1 071.67亿元。地方政府性基金支出的具体情况如表3-4所示。

表3-4 2016年地方政府性基金支出决算表

项目	预算数（亿元）	决算数（亿元）	决算数占预算数的比例（%）	增长率（%）
一、地方农网还贷资金安排的支出	35.86	31.68	88.3	−25.6
二、民航发展基金支出	184.34	185.34	100.5	26.6
三、海南省高等级公路车辆通行附加费相关支出	21.38	21.04	98.4	11.6
四、港口建设费相关支出	127.05	118.87	93.6	−8.4
五、新型墙体材料专项基金相关支出	86.69	50.81	58.6	−15.9

(续表)

项目	预算数(亿元)	决算数(亿元)	决算数占预算数的比例(%)	增长率(%)
六、旅游发展基金支出	10.13	6.32	62.4	−14.4
七、国家电影事业发展专项资金相关支出	26.66	23.35	87.6	52.3
八、新菜地开发建设基金相关支出	0.49	4.38	893.9	−49.7
九、新增建设用地有偿使用费相关支出	809.34	748.36	92.5	−31.0
十、南水北调工程基金相关支出	1.08	0.96	88.9	−89.6
十一、城市公用事业附加相关支出	279.85	246.36	88.0	−22.2
十二、国有土地使用权出让金收入相关支出	30 048.18	36 722.08	122.2	20.0
十三、国有土地收益基金相关支出	1 010.26	934.59	92.5	−9.9
十四、农业土地开发资金相关支出	156.30	112.84	72.2	−27.6
十五、中央水库移民扶持基金支出	264.49	279.93	105.8	−34.6
十六、彩票公益金相关支出	599.36	654.68	109.2	−10.7
十七、城市基础设施配套费相关支出	973.39	1 071.67	110.1	−7.1
十八、地方水库移民扶持基金相关支出	59.95	49.47	82.5	−4.6
十九、国家重大水利工程建设基金相关支出	140.66	166.66	118.5	−8.3
二十、车辆通行费相关支出	1 483.18	1 391.56	93.8	−9.6
廿一、可再生能源电价附加收入安排的支出	70.93	89.26	125.8	−23.6
廿二、彩票发行和销售机构业务费安排的支出	189.74	133.75	70.5	41.3
廿三、污水处理费收入安排的支出	272.40	324.73	119.2	83.7
廿四、其他政府性基金支出	1 164.97	619.77	53.2	−21.5
地方政府性基金支出	38 016.68	43 988.46	115.7	13.0
上解中央支出		7.59		
收入大于支出(结转下年)		3 579.26		

资料来源:财政部网站。

3.1.3 国有资本经营支出决算

2016 年全国国有资本经营支出为 2 155.49 亿元,全国国有资本经营收入为 2 608.95 亿元。

3.1.3.1 中央国有资本经营支出决算情况

2016 年,中央国有资本经营支出为 1 450.61 亿元,占预算数的 93.5%,增长 28.1%。其中,中央本级支出 937.08 亿元,占预算的 78.7%,下降 6.8%。中央本级支出中,国有资本经营预算补充社保基金支出 59.61 亿元,是超出预算数最多的支出事项,超出幅度为 378%,同时也是较上年决算数涨幅最大的支出事项,增长 127.4%。具体情况如表 3-5 所示。

表 3-5　2016 年中央本级国有资本经营支出决算表

项目	预算数（亿元）	决算数（亿元）	决算数占预算数的比例（％）	决算数占上年决算数的比例（％）
一、国有资本经营预算补充社保基金支出	12.47	59.61	478.0	227.4
二、解决历史遗留问题及改革成本支出	582.00	283.24	48.7	117.6
三、国有企业资本金注入	408.35	399.00	97.7	77.6
四、国有企业政策性补贴	74.00	93.28	126.1	98.2
五、其他国有资本经营预算支出	114.41	101.95	89.1	79.1
中央本级国有资本经营支出	1 191.23	937.08	78.7	93.2

资料来源：财政部网站。

3.1.3.2　地方国有资本经营支出决算情况

地方国有资本经营本级收入 1 178.78 亿元，中央对地方国有资本经营转移支付 513.53 亿元，地方国有资本经营支出 1 218.41 亿元。地方国有资本经营收大于支的 168.51 亿元结转下年使用。其中，超出预算数最多的支出事项是其他国有资本经营预算支出，超出幅度为 181.8％；较上年决算数涨幅最大的是解决历史遗留问题及改革成本支出，增长 218.5％。具体情况如表 3-6 所示。

表 3-6　2016 年地方国有资本经营支出决算表

项目	预算数（亿元）	决算数（亿元）	决算数占预算数的比例（％）	决算数占上年决算数的比例（％）
一、解决历史遗留问题及改革成本支出	483.17	401.67	83.1	318.5
二、国有企业资本金注入	456.43	488.04	106.9	109.1
三、国有企业政策性补贴	21.78	28.70	131.8	—
四、其他国有资本经营预算支出	106.44	300.00	281.8	116.3
地方国有资本经营支出	1 067.82	1218.41	114.1	146.5
国有资本经营预算调出资金	186.88	305.39	163.4	—
结转下年支出	—	168.51	—	72.1

资料来源：财政部网站。

3.1.4　社会保险基金决算

2016 年全国社会保险基金支出 43 605 亿元，较上年增长 11.5％。2016 年收支结余 6 508 亿元，年末滚存结余 65 425 亿元。

基本养老保险（含企业职工基本养老保险基金、城乡居民基本养老保险基金）本年支出 27 956 亿元，比上年增加 2 729 亿元，增长 10.8％，完成预算的

101.19%。其中,基本养老金支出 26 934 亿元,比上年增加 2 638 亿元,增长 10.86%,完成预算的 101.46%。本年收支结余 3 519 亿元,年末滚存结余 41 976 亿元。其中,企业职工基本养老保险基金本年基本养老金支出 24 829 亿元,比上年增加 2 602 亿元,增长 11.7%,完成预算的 101.8%;城乡居民基本养老保险基金本年基本养老金支出 2 105 亿元,比上年增加 36 亿元,增长 1.7%,完成预算的 97.6%。

城镇职工基本医疗保险基金本年支出约 8 088 亿元,比上年增加约 702 亿元,增长 9.5%,完成预算的 99.2%。居民基本医疗保险基金本年支出约 5 472 亿元,比上年增加约 687 亿元,增长 14.4%,完成预算的 98.6%。工伤保险基金本年支出约 588 亿元,比上年增加约 12 亿元,增长 2.1%,完成预算的 92.9%。失业保险基金本年支出约 976 亿元,比上年增加约 239 亿元,增长 32.5%,完成预算的 90.6%。生育保险基金本年支出约 526 亿元,比上年增加约 118 亿元,增长 29%,完成预算的 102%。具体数据如表 3-7 所示。

表 3-7 2016 年全国社会保险基金支出决算情况表　　　　单位:亿元

项目	合计	企业职工基本养老保险基金	城乡居民基本养老保险基金	城镇职工基本医疗保险基金	居民基本医疗保险基金	工伤保险基金	失业保险基金	生育保险基金
支出	43 604.85	25 781.69	2 173.87	8 087.85	5 472.03	588.18	975.50	525.73
1. 基本养老金支出	27 575.98	25 445.31	2 130.67					
2. 基本医疗保险待遇支出	13 464.92			8 013.07	5 451.85			
3. 工伤保险待遇支出	581.92					581.92		
4. 失业保险金支出	389.99						389.99	
5. 生育保险待遇支出	525.42							525.42
本年收支结余	6 507.62	2 736.85	782.34	1 994.29	622.58	127.84	252.60	−8.87
年末滚存结余	65 424.71	36 576.83	5 398.69	12 736.05	3 329.53	1 391.07	5 333.27	659.27

资料来源:财政部网站。

3.2　2017 年财政支出预算安排

2017 年 3 月 5 日,在第十二届全国人民代表大会第五次会议上,财政部发布了《关于 2016 年中央和地方预算执行情况与 2017 年中央和地方预算草案的报告》,该报告对 2017 年公共财政预算、政府性基金预算、国有资本经营预算以及社会保险基金预算的安排情况进行了说明,下面我们对其支出安排情况进行简要分析。

3.2.1　公共财政支出预算安排情况

2017 年,全国一般公共预算支出 194 863 亿元,比上年执行数(扣除地方使用结转结余及调入资金)增长 6.5%;赤字 23 800 亿元,比 2016 年增加 2 000 亿元。其中,中央一般公共预算支出 95 745 亿元,增长 6.1%;在中央公共财政支出中,中央本级支出 29 595 亿元,增长 6.5%,比 2016 年预算增幅(7%)降低 0.5 个百分点。中央对地方税收返还和转移支付 56 512 亿元,增长 7%,比 2016 年预算增幅(5.6%)提高 1.4 个百分点。中央预备费 500 亿元,与 2016 年预算持平。收支总量相抵,中央财政赤字 15 500 亿元,比 2016 年增加 1 500 亿元。中央财政国债余额限额 141 408.35 亿元。中央预算稳定调节基金余额 1 328.06 亿元。地方财政支出 164 768 亿元,比上年执行数(扣除使用结转结余及调入资金)增长 6.2%。地方财政赤字 8 300 亿元,比 2016 年增加 500 亿元,通过发行地方政府一般债券弥补。地方政府一般债务余额限额 115 489.22 亿元。

3.2.1.1 中央本级预算支出安排情况

2017 年中央本级公共财政预算各主要支出项目的情况如表 3-8 所示。由表 3-8 可知,2017 年预算数比上年执行数增长最快的项目是医疗卫生与计划生育支出,增长 50.3%;其他支出、债务发行费用支出、外交支出、社会保障和就业支出的增长速度分别列第 2—5 位,其增长幅度达到 10% 以上,这反映了中央本级财政在 2017 年的支出重点,城乡社区支出、商业服务业等支出、国土海洋气象等支出、农林水支出、交通运输支出、住房保障支出预算数比上年执行数有所下降,分别下降 43.8%、37.2%、8.7%、5.5%、2.5% 和 0.8%。

表 3-8　2017 年中央本级公共财政支出预算安排情况

项目	2017 年预算数 (亿元)	预算数占上年 执行数的比例(%)	增长排序
一、一般公共服务支出	1 260.67	104.3	13
二、外交支出	546.03	113.8	4
三、国防支出	10 225.81	107.1	8
四、公共安全支出	1 838.55	105.5	10
五、教育支出	1 520.00	105.0	11
六、科学技术支出	2 841.87	105.8	9
七、文化体育与传媒支出	274.57	110.7	7
八、社会保障和就业支出	991.86	111.4	5
九、医疗卫生与计划生育支出	137.04	150.3	1
十、节能环保支出	297.07	100.5	16
十一、城乡社区支出	11.10	56.2	22
十二、农林水支出	737.79	94.5	19
十三、交通运输支出	1 157.60	97.5	18
十四、资源勘探信息等支出	331.89	101.8	14

(续表)

项目	2017年预算数（亿元）	预算数占上年执行数的比例(%)	增长排序
十五、商业服务业等支出	23.05	62.8	21
十六、金融支出	788.81	104.9	12
十七、国土海洋气象等支出	285.80	91.3	20
十八、住房保障支出	433.92	99.2	17
十九、粮油物资储备支出	1 476.03	101.7	15
二十、其他支出	619.83	143.4	2
廿一、债务付息支出	3 749.36	111.1	6
廿二、债务发行费用支出	46.35	139.8	3
中央预备费	500.00	—	—
中央本级支出	29 595.00	106.5	

资料来源：财政部网站并经简单计算得到。

简要说明中央对地方税收返还和转移支付的情况。中央对地方税收返还和转移支付 56 512 亿元，增长 7%，比 2016 年预算增幅（5.6%）提高 1.4 个百分点，主要是源于增加均衡性转移支付和困难地区财力补助，以及支持地方加大补短板投入。其中，一般性转移支付 35 030.49 亿元，增长 9.5%；专项转移支付 21 481.51 亿元，增长 3.1%。一般性转移支付中，均衡性转移支付 22 308.83 亿元，增长 8%；老少边穷地区转移支付 1 832.9 亿元，增长 19%。

3.2.1.2 地方预算支出安排情况

2017 年地方一般公共预算支出 164 768 亿元，比上年执行数（扣除使用结转结余及调入资金）增长 6.2%。地方财政赤字 8 300 亿元，比 2016 年增加 500 亿元，通过发行地方政府一般债券弥补。地方政府一般债务余额限额 115 489.22 亿元。需要说明的是，地方财政收支预算由地方各级人民政府编制，报同级人民代表大会批准，相关汇总数据并未在《关于 2016 年中央和地方预算执行情况与 2017 年中央和地方预算草案的报告》中列示，因而限于数据的可得性，本报告中未列示地方预算支出安排的详细科目数据。

3.2.2 政府性基金支出预算安排情况

2017 年，汇总中央和地方预算，全国政府性基金相关支出 55 473.16 亿元，增长 21.3%。需要说明的是，2017 年新增建设用地土地有偿使用费等 3 个项目收支由政府性基金预算转列一般公共预算，比较时对 2016 年基数做了调减，上述增幅仍为可比口径。中央政府性基金支出和地方政府性基金支出的预算安排情况分别如下。

3.2.2.1 中央政府性基金支出预算安排情况

2017年中央政府性基金支出4 004.99亿元,较上年执行数增长19.2%(见表3-9)。从各项目的增长速度来看,增长最快的是核电站乏燃料处理处置基金支出,其增长速度高达4 636.5%,这主要是上年基数较小所致;其次为彩票发行和销售机构业务费安排的支出,增长速度为102.2%;随后的是旅游发展基金支出和民航发展基金支出,其增长速度分别为53.8%和47.5%;国家电影事业发展专项资金相关支出和废弃电器电子产品处理基金支出项目有所下降;中央特别国债经营基金财务支出与上年持平,其余项目都有不同程度的增长。此外,从各项目支出所占的比重来看,可再生能源电价附加收入安排的支出所占的比重最大,其支出数额为750.44亿元,占18.74%;其次为中央特别国债经营基金财务支出,支出数额为682.87亿元,所占比重为17.05%;占比超过10%的还有彩票公益金相关支出、民航发展基金支出和铁路建设基金支出,支出数额分别为587.22亿元、450.76亿元和420.07亿元,所占比重分别为14.66%、11.25%和10.49%;其余项目所占比重则在10%以下。

表3-9　2017年中央政府性基金支出预算安排情况

项目	2017年预算数(亿元)	预算数占上年执行数的比例(%)	各项目支出占比(%)
一、中央农网还贷资金支出	143.52	115.1	3.58
二、铁路建设基金支出	420.07	106.6	10.49
三、民航发展基金支出	450.76	147.5	11.25
四、港口建设费相关支出	185.95	118.2	4.64
五、旅游发展基金支出	16.90	153.8	0.42
六、国家电影事业发展专项资金相关支出	11.76	88.7	0.29
七、中央水库移民扶持基金支出	293.80	113.8	7.34
八、中央特别国债经营基金财务支出	682.87	100.0	17.05
九、彩票公益金相关支出	587.22	124.1	14.66
十、国家重大水利工程建设基金相关支出	353.45	135.0	8.83
十一、核电站乏燃料处理处置基金支出	24.63	4736.5	0.61
十二、可再生能源电价附加收入安排的支出	750.44	126.1	18.74
十三、船舶油污损害赔偿基金支出	1.92	—	0.05
十四、废弃电器电子产品处理基金支出	9.12	19.3	0.23
十五、彩票发行和销售机构业务费安排的支出	72.58	202.2	1.81
中央政府性基金支出	4 004.99	119.2	100.00

资料来源:财政部网站并经计算得到。

3.2.2.2 地方政府性基金支出预算安排情况

2017年,地方政府性基金相关支出52 592.02亿元。其中,国有土地使用权出让收入相关支出46 468.72亿元,增长23.4%。地方政府专项债务余额限额72 685.08亿元。

3.2.3 国有资本经营支出预算安排情况

2017年,安排全国国有资本经营预算支出1 961.33亿元,下降9.7%。向一般公共预算调出505亿元。其中,中央国有资本经营预算支出1 161.03亿元,下降20%,主要是使用上年结转资金减少较多所致。其中,中央本级支出1 047.03亿元,增长11.7%;对地方转移支付114亿元,下降77.8%。向一般公共预算调出257亿元,增长4.5%。同年,地方国有资本经营预算支出914.3亿元,下降25.9%。向一般公共预算调出248亿元。表3-10列示了2017年中央国有资本经营支出预算安排情况的相关数据。可以发现,占比最高的是解决历史遗留问题及改革成本支出,占比为总支出的53.44%。限于数据可得性,本报告中未列示地方政府性基金支出的详细汇总数据。

表3-10 2017年中央国有资本经营支出预算安排情况

项目	2017年预算数（亿元）	预算数占上年执行数的比例（%）	各项目支出占比（%）
一、国有资本经营预算补充社保基金支出	29.34	49.2	2.53
二、解决历史遗留问题及改革成本支出	620.40	77.9	53.44
三、国有企业资本金注入	326.65	81.9	28.13
四、国有企业政策性补贴	70.00	75.0	6.03
五、其他国有资本经营预算支出	114.64	112.4	9.87
中央国有资本经营支出	1 161.03	80.0	100.00
国有资本经营预算调出资金	257.00	104.5	

资料来源:财政部网站并经计算得到。

3.2.4 社会保险基金预算安排情况

全国社会保险基金预算按险种分别编制,包括基本养老保险基金(含企业职工基本养老保险、城乡居民基本养老保险)、基本医疗保险基金(含城镇职工基本医疗保险、城镇居民基本医疗保险和新型农村合作医疗)、工伤保险基金、失业保险基金、生育保险基金等社会保险基金。汇总中央和地方预算,2017年全国社会保险基金支出48 450.5亿元,增长10.3%。本年收支结余3 336.22亿元,年末滚存结余66 630.89亿元。

3.3 2017年公共财政支出规模分析

3.3.1 预算完成情况

在预算完成方面（见表3-11），2017年1—12月全国公共财政累计支出203 330亿元，比预算数多8 467亿元。分中央和地方看，中央本级一般公共预算支出29 859亿元，比预算数多264亿元；地方财政用地方本级收入、中央税收返还和转移支付资金等安排的支出173 471亿元，比预算数多8 703亿元。

表3-11 2017年公共财政支出数据

类别		预算数		预算执行数	
		金额（亿元）	增长率（%）	金额（亿元）	增长率（亿元）
全国财政支出	总额	194 863	6.50	203 330	7.70
	全国赤字	23 800	9.17	—	—
中央财政支出	总额	95 745	6.10		
	本级支出	29 595	7.00	29 859	7.50
	对地方的税收返还和转移支付	56 512	7.00		
	中央赤字	15 500	11.00		
地方财政支出	总额	164 768	6.20	173 471	7.70
	地方赤字	8 300	6.00		

注："—"代表数据尚未公布。
资料来源：财政部网站并经简单计算得到。

此外，从年度增长的角度来看，2017年全国公共财政支出比上年增加14 537.1亿元，增长7.7%；其中中央本级支出比上年增加2 083.2亿元，增长7.5%；地方财政支出比上年增加12 402.3亿元，增长7.7%。无论是绝对数额还是增长率，2017年都比2016年有一定程度的增加，这是我国在2017年实施积极财政政策的结果。

3.3.2 公共财政支出与收入关系分析

从全年财政支出与收入的关系（见表3-12）来看，公共财政支出增长率略高于收入增长率，增速均较去年的历史最低水平仅略有回升，仍处于历史低位，这主要是因为：一方面，受经济增长放缓、价格涨幅回落等影响，税收增幅相对较小；而另一方面，预算支出执行管理进一步加强，民生等重点支出得到了切实保障，从而使支出增幅有所上升。2017年全年公共财政累计支出为203 330亿元，增长7.7%；同期公共财政收入为172 567亿元，增长7.4%。从增长率来看，4月及7—11月的支出增长率低于收入增长率，其余月份的支出增长率高于收入增长率。从收支差额可以看出,2017 年,财政支出累计超过收入 30 763 亿元,比 2016 年高 2 474 亿元。

表 3-12　2017 年 1—12 月财政支出与收入关系分析

月份	财政支出		财政收入		收支差额(亿元)
	金额(亿元)	同比增长率(%)	金额(亿元)	同比增长率(%)	
1—2	24 860	17.4	31 454	14.9	6 594
3	21 057	25.4	12 912	12.2	−8 145
4	13 636	3.8	16 784	7.8	3 148
5	16 915	9.2	16 073	3.7	−842
6	27 016	19.1	17 082	8.9	−9 934
7	13 496	5.4	16 457	11.1	2 961
8	14 647	2.9	10 652	7.2	−3 995
9	20 246	1.7	12 714	9.2	−7 532
10	11 122	−8.0	16 234	5.4	5 112
11	16 566	−9.1	11 385	−1.4	−5 181
12	23 769	8.0	10 820	−4.3	−12 949
1—12 月累计	203 330	7.7	172 567	7.4	−30 763

注:收支差额根据当月财政收入减去支出得到。
资料来源:财政部网站。

另外,从历年财政支出增长率与收入增长率的关系(见图 3-1)来看,2008 年、2009 年财政收入增长率急剧下降,大大低于支出增长率,这主要是因为:一方面,2008 年以来金融危机的发生造成了我国经济面临着非常严峻的国际经济形势,财政收入增长率较之前明显放缓;另一方面,为应对这一严峻的经济形势,我国实施了积极的财政政策,财政支出增幅位居高位。2010 年与 2011 年,财政收入大幅回升,收入增长率又超过了支出增长率;2011—2017 年,除公共财政支出增长率在 2015 年和 2017 年有短期回升之外,公共财政收入和支出均基本呈下滑趋势。财政收入增长率近几年一直下滑的原因包括:一是工业生产、消费、投资、进出口、企业利润等指标增幅均不同程度回落,增值税、营业税、进口环节税收、企业所得税等主体税种增幅相应放缓。二是工业生产者出厂价格(PPI)持续下降,影响以现价计算的财政收入增长。三是房地产市场调整影响扩大,商品房销售额明显下滑,与之相关的房地产营业税、房地产企业所得税、契税、土地增值税等回落较多。四是扩大营改增试点范围等政策在减轻企业负担的同时,对财政形成减收。伴随财政收入的放缓,财政支出增长率也有一定程度的降低。

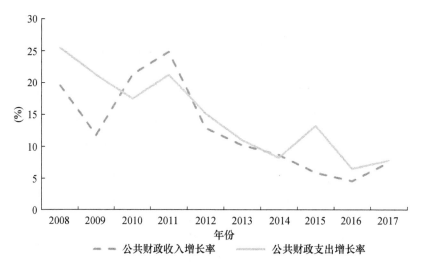

图 3-1　2008—2017 年公共财政收入增长率与支出增长率

资料来源：财政部网站。

3.3.3　公共财政支出与 GDP 关系分析

表 3-13 反映了我国 2008—2017 年公共财政支出增长率、GDP 增长率与公共财政支出占 GDP 的比重情况。从中可以看出：

第一，我国公共财政支出增长率受到经济增长状况的影响，当经济增长趋缓时，财政支出增长率也相应下降，但财政支出增长率的下降存在 1—2 期的滞后，并且下降幅度要远低于 GDP 的下降情况。

第二，除 2016 年外，我国公共财政支出增长率均超过 GDP 增长率，这主要是因为：当经济增长速度放缓时，政府往往趋向于采用扩张性政策以刺激经济，因此在经济增长放缓时，财政支出的增长速度反而提高；当经济增长速度提高时，由于财政刚性，财政支出的增速即使下降，也不会有大幅度的降低，同时由于棘轮效应的存在，在经济增长较快时，财政支出也无法大幅度地下降，从而使得在绝大多数年份，公共财政支出的增长速度都超过 GDP 的增长速度。

第三，公共财政支出占 GDP 比重不断提高，基本呈逐年增加态势，2008—2017 年，公共财政支出占 GDP 的比重由不足 20% 一度上升到 25% 以上，近两年又降至 24.6%。

表 3-13　2008—2017 年公共财政支出与 GDP 的关系　　单位:%

年份	增长率		公共财政支出占 GDP 比重
	公共财政支出	GDP	
2008	25.4	9.6	19.9
2009	21.2	9.1	22.3
2010	17.4	10.4	22.3
2011	21.2	9.3	23.0
2012	15.1	7.7	24.2
2013	10.9	7.7	23.8
2014	8.2	7.7	23.8
2015	13.2	6.9	25.5
2016	6.4	6.7	25.2
2017	7.7	6.9	24.6

资料来源:财政部网站和《中国统计年鉴》并经计算得到。

3.4　2016 年公共财政支出结构分析

3.4.1　公共财政支出的月度结构

2017 年 1—12 月全国公共财政支出执行情况如表 3-14 所示。从中可以看出,2017 年全国公共财政支出 203 330 亿元,比 2016 年增加 14 537.06 亿元,增长 7.7%。其中,第一至第四季度的支出数额分别为 45 917 亿元、57 567 亿元、48 389 亿元和 51 457 亿元,第一季度的支出额相对较低,这是由人民代表大会批准预算的体制因素造成的,第二季度与第四季度的支出额均超过 5 万亿元,第三季度的支出额相对第二季度有 15.94% 的回落。此外,从各月支出来看,每一季度中最后一个月的支出都比前两个月的支出要大,即在 3 月、6 月、9 月与 12 月都有较大的支出,这 4 个月支出所占的比重都是当季最高的,这反映了各预算单位在季末"突击花钱"的现象仍然存在。2017 年 12 月支出数额为 23 769 亿元,占全年总支出的比重为 11.69%,这一比例相比前几年有很大下降[①],这表明年末"突击花钱"的现象已有很大改观。此外,表中还反映了各月支出数额的增加情况,同比 2016 年,除 10 月和 11 月外,各月财政支出额都有不同程度的提高,这主要是由于 2017 年财政支出在住房保障、医疗卫生以及社会保障和就业等民生领域的支出压力较大

---

① 2010—2017 年,12 月支出数额占全年总支出的比重分别为 20.3%、18.6%、16.6%、17.9%、16.7%、14.5%、11.7% 和 11.69%,呈逐年下降趋势,从纵向角度来看,我国财政支出的均衡性趋于提高。

所致。

表3-14 2017年1—12月全国公共财政支出及增长情况

月份	公共财政支出完成额（亿元）	比上年同期增加额（亿元）	同比增长（%）	所占比重（%）
1—2	24 860	3 684.53	17.4	12.23
3	21 057	4 265.13	25.4	10.36
4	13 636	499.20	3.8	6.71
5	16 915	1 425.07	9.2	8.32
6	27 016	4 332.54	19.1	13.29
7	13 496	691.45	5.4	6.64
8	14 647	412.79	2.9	7.20
9	20 246	338.43	1.7	9.96
10	11 122	−967.13	−8.0	5.47
11	16 566	−1 658.42	−9.1	8.15
12	23 769	1 766.78	8.0	11.69
1—12月累计	203 330	14 537.06	7.7	100.00

资料来源：财政部网站。

3.4.2 公共财政支出的项目结构分析

"十三五"时期是我国推进产业结构优化升级、实现经济发展方式转变的关键时期。2017年是全面贯彻落实党的十九届三中全会精神、全面深化改革的重要年度，财政部门紧紧围绕科学发展主题和加快转变经济方式，继续实施了积极的财政政策，着力调整国民收入分配格局，推进财税制度改革，优化财政支出结构。2017年我国公共财政支出的项目结构如表3-15所示。从表中可以看出：

第一，财政部门继续加大对教育、医疗卫生与计划生育、社会保障和就业以及城乡社区事务等民生支出的支持力度。2017年，全国教育支出为30 259亿元，同比增长7.8%，其占全国财政支出总额的比重高达14.88%，排在首位；全国社会保障和就业支出为24 812亿元，同比增速高达16%，占全国财政支出总额的比重达12.2%，是仅次于教育的第二大民生支出。民生支出特别是由中低收入群体更多受益的民生支出的加大有助于调整国民收入分配格局，缩小收入分配差距。

第二，国债付息支出增长迅猛。2017年，国债付息支出为6 185亿元，比上年增长21.9%，是增长率最高的项目。

第三，继续加大统筹城乡发展的城乡社区事务支出。2017年，城乡社区事务支出的增幅较大，达到15.6%，增速排第四位，支出的比重达到10.45%，仅次于教育、社会保障和就业支出,其增幅和所占比重较高反映了我国政府对解决"三农"问题的高度重视。

表 3-15 2017 年公共财政支出项目结构

项目	执行数（亿元）	增长率（%）	增长率排序	占比（%）	占比排序
全国财政支出总额	203 330	7.7	—	100	—
一般公共服务	—	—	—	—	—
外交	—	—	—	—	—
国防	—	—	—	—	—
公共安全	—	—	—	—	—
教育	30 259	7.8	7	14.88	1
科学技术	7 286	11.0	5	3.58	5
文化体育与传媒	3 367	6.4	8	1.66	8
社会保障和就业	24 812	16.0	3	12.20	2
医疗卫生与计划生育	14 600	9.3	6	7.18	4
节能环保	5 672	19.8	2	2.79	7
城乡社区事务	21 255	15.6	4	10.45	3
农林水事务	—	—	—	—	—
交通运输	—	—	—	—	—
资源勘探电力信息等事务	—	—	—	—	—
商业服务业等事务	—	—	—	—	—
金融监管等事务	—	—	—	—	—
地震灾后恢复重建支出	—	—	—	—	—
国土资源气象等事务	—	—	—	—	—
住房保障支出	—	—	—	—	—
粮油物资储备事务	—	—	—	—	—
国债付息支出	6 185	21.9	1	3.04	6
其他支出	—	—	—	—	—

注:"—"表示数据未获得。
资料来源:财政部网站。

综合上述重点支出项目,我们可以看出,2017 年,尽管存在经济增速放缓压力,但财政支出结构进一步优化,民生支出比重进一步增加。国家财政支出在刺激实体经济、实现经济发展方式转变、调节国民收入分配、实现社会经济可持续发展等方面进行了积极引导。

3.4.3 公共财政支出的上下级结构分析

表 3-16 反映了我国 2001—2017 年中央本级和地方财政的支出数额及比重情况。从中可以看出:无论是中央本级还是地方,财政支出的数额都逐年递增,中央本级财政支出数额由 2001 年的 5 768 亿元增加至 2017 年的 29 859 亿元;同期地方财政支出数额由 13 135 亿元增加到 173 471 亿元。但从中央本级和地方财政支出占总支出的比重来看,2001—2017 年,中央本级财政支出占比持续下降,由 2001 年的 30.5% 下降到 2017 年的 14.68%;而地方财政支出比重逐年增加,同期由 69.5% 增加到 85.32%。就这一财政支出结构而言,联系财政收入由中央政府占据较大的比例,说明中央对于地方的转移支付的力度很大,且有不断提升的趋势。中央转移支付力度的加大一方面有利于促进地方之间的平衡;但另一方面也说明中央对财政收入的控制能力不断加强,即"分税制"以来财政的"集权"程度反而是不断加强了,这对于地方积极性的提升存在一定的不利影响。

表 3-16 中央本级和地方财政支出数额及比重

年份	绝对数(亿元)			比重(%)	
	全国	中央本级	地方	中央本级	地方
2001	18 903	5 768	13 135	30.5	69.5
2002	22 053	6 772	15 281	30.7	69.3
2003	24 650	7 420	17 230	30.1	69.9
2004	28 487	7 894	20 593	27.7	72.3
2005	33 930	8 776	25 154	25.9	74.1
2006	40 423	9 991	30 431	24.7	75.3
2007	49 781	11 442	38 339	23.0	77.0
2008	62 593	13 344	49 248	21.3	78.7
2009	76 300	15 256	61 044	20.0	80.0
2010	89 874	15 990	73 884	17.8	82.2
2011	108 930	16 514	92 416	15.2	84.8
2012	125 712	18 765	106 947	14.9	85.1
2013	139 744	20 472	119 272	14.7	85.4
2014	151 662	22 570	129 092	14.9	85.1
2015	175 768	25 549	150 219	14.5	85.5
2016	187 841	27 404	160 437	14.6	85.4
2017	203 330	29 859	173 471	14.7	85.3

资料来源:财政部网站和《中国财政年鉴》并经计算得到。

3.5 2017年财政支出重点项目分析

2017年,国家财政继续加大民生方面的支出,同时也增加了节能环保和城乡社区事务的支出。对民生领域倾斜力度继续扩大,尤其是对教育、医疗卫生、社会保障等重点支出领域的财政保障力度进一步加大。2017年,全国财政支出用在与人民群众生活直接相关的教育、医疗卫生、社会保障和就业等民生方面的支出安排合计 69 671亿元,比上年执行数增长10.9%;全国财政支出用于城乡社区事务的金额为21 255亿元,比上年执行数增长15.6%;用于节能环保的支出为5 672亿元,比上年执行数增长19.8%,是涨幅最大的事项。因此,教育支出、社会保障和就业支出、医疗卫生支出、城乡社区事务等民生项目以及节能环保事务是2017年财政支出的重点项目。

3.5.1 教育支出

教育投入是支撑国家长远发展的基础性、战略性投资,是教育事业的物质基础,把教育摆在突出位置予以重点保障是公共财政的重要职能。多年来,各级财政部门积极采取措施进一步增加教育投入,努力拓宽财政性教育经费来源渠道,促进教育改革发展,全国财政性教育经费占GDP比例逐年提高,教育支出已经成为公共财政的第一大支出。各级财政部门落实教育经费法定增长要求,进一步加大财政教育投入。汇总公共财政预算、政府性基金预算中安排用于教育的支出以及其他财政性教育经费,2012年国家财政性教育经费支出占国内生产总值达到4%以上,这是我国自1993年提出国家财政性教育经费支出占GDP比重4%的战略目标后,首次实现这一目标。2017年,用于教育的全国财政支出为30 259亿元,比上年执行数增长7.8%。

2017年的教育支出主要用于以下事项:从春季学期开始统一城乡义务教育学生"两免一补"政策,实现"两免一补"和生均公用经费基准定额资金随学生流动可携带。继续开展薄弱学校改造等工作,着力解决农村义务教育发展中存在的突出问题。继续实施学前教育行动计划。支持提升现代职业教育基础能力,促进产教融合、校企合作。提高博士研究生国家助学金补助标准。落实好中央高校预算拨款制度,统筹推进世界一流大学和一流学科建设。进一步聚焦贫困地区和贫困人口,加快推进教育脱贫攻坚。

3.5.2 社会保障和就业支出

完善的社会保障体系是维护社会稳定和国家长治久安的重要保障。近年来,财政部门不断加大对社会保障和就业的支持力度,并取得了良好的效果。如新型农村社会养老保险覆盖范围扩大到60%以上地区,连续10年提高企业退休人员基本养老金,进一步健全企业职工基本养老保险省级统筹制度。此外,各地普遍建立了社会救助和保障标准与物价上涨挂钩的联动机制,落实优抚对象等人员抚恤和生活补助政策等。

2017年,全国财政安排社会保障和就业支出为24 812亿元,比上年执行数增长16%。资金的使用方向主要有:适当提高退休人员基本养老金标准,建立基本养老金合理调整机制。稳步推动基本养老保险制度改革,提高制度覆盖面。在推进各项相关改革工作的基础上,研究制定基本养老保险基金中央调剂制度方案。制定划转部分国有资本充实社保基金实施方案。强化基本养老保险基金收支管理,切实防范基金支付风险。加大统筹社会救助资源力度,科学合理确定城乡最低生活保障标准。完善特困人员救助供养政策。加强困境儿童保障和农村留守儿童关爱保护工作。加强对残疾人事业发展的支持。适时研究调整优抚对象等人员抚恤和生活补助标准。规范开展长期护理保险制度试点。实施更加积极的就业政策,健全就业创业政策措施,着力促进重点群体就业,研究建立终身职业技能培训制度。

3.5.3 医疗卫生支出

医疗卫生事业关系亿万人民健康,关系千家万户幸福,是重大民生问题。自2009年4月启动医改工作以来,各级财政部门优化财政支出结构,不断加大医疗卫生投入,为医改的成功推进提供了强有力的资金保障。通过政策创新和相应的制度安排,确保了医改的顺利实施。2009—2017年,我们国家医疗卫生体制改革与制度创新进展迅猛,我国医疗卫生事业得到快速发展。八年来,国家财政对医疗卫生投入不断增加,占财政支出的比例从4.4%提高到了7.18%,全国财政医疗卫生支出预算安排自2014年首破万亿元大关后,继续保持增长。2017年,全国财政对医疗卫生的投入为14 600亿元,比上年决算数增长了9.3%。国家财政在医疗投入方面的效果体现在五个方面:

一是人民群众得实惠。我国卫生和计划生育事业发展统计公报显示:个人卫生支出占卫生总费用的比重从2007年的45.2%下降到2016年的28.8%,人民群众有更多的获得感。二是卫生事业得发展。2016年年末,全国医疗卫生机构拥有床位741.0万张,比2008年增长83.5%;全国卫生人员总数达1 117.3万人,比2008年增长81.1%。三是医务人员受鼓舞。从2009年起在公共卫生和基层医疗卫生事业单位实施绩效工资制度,基层医务人员收入得到有效保障。同时,完善内部人事和收入分配机制,一定程度上调动了医务人员的积极性。四是人民健康得改善。我国人均期望寿命从2005年的73岁提高到2016年的76.5岁,11年间增长了3.5岁,成绩非凡、国际罕见。孕产妇死亡率、5岁以下儿童死亡率和婴儿死亡率等指标也持续下降。

2017年,全国财政在医疗卫生方面的支出主要用于以下事项:健全基本医保稳定可持续筹资和报销比例调整机制,坚持适度保障原则,更加注重保大病。将城乡居民基本医疗保险财政补助和个人缴费标准均提高30元,分别达到每人每年450元和180元。加强基本医保基金预算管理,全面推行按病种付费为主、多种付费方式结合的医保支付方式改革,控制医疗费用不合理增长。全面推开公立医院综合改革,完善基层医疗卫生机构运行机制。将基本公共卫生服务项目年人均财政补助标准由45元提高到50元。依法支持中医药事业发展。适应实施全面两孩政策,支持加强生育医疗保健服务。

3.5.4 住房保障支出

努力让更多的人特别是低收入群体"居者有其屋"是我们党和国家的住房政策。自2008年起,政府加快建设保障性安居工程,并将其作为扩大内需的十项措施之首。特别是在2010年以后,中央财政对住房保障支出的预算数大幅增长,2010年政府新开工建设保障房580万套,2011年1 000万套,2012年700万套,2013年630万套,2014年700万套,2015年740万套。

2017年,全国财政住房保障支出主要用于:大力支持棚户区改造,继续推进公租房等保障房及配套设施建设,完善棚改安置和公租房分配方式,推动房地产库存量大的城市提高货币化安置比例。继续推进农村危房改造工作,中央财政补助资金集中用于低保户、农村分散供养特困人员、贫困残疾人家庭和建档立卡贫困户的危房改造,同时适当提高补助标准。

值得一提的是,为规范中央财政城镇保障性安居工程专项资金的使用和管理,提高资金使用效益,财政部、住建部决定从2014年开始,将中央补助廉租住房保障专项资金、中央补助公共租赁住房专项资金和中央补助城市棚户区改造专项资金,归并为中央财政城镇保障性安居工程专项资金。

3.5.5 文化体育与传媒支出

文化是民族的血脉,是人民的精神家园。近年来,我国公共文化服务体系建设呈现出良好态势,覆盖城乡的公共文化设施网络基本形成,公共文化服务体系框架基本建立,在提高人民群众科学文化和思想道德素质、促进人的全面发展方面发挥了重要作用。十七届六中全会对深化文化体制改革、推动社会主义文化大发展大繁荣做出了重要部署。为支持构建有利于文化繁荣发展的体制机制,促进社会主义文化大发展大繁荣,2017年,财政部门继续加大文化体育与传媒投入,全国财政安排文化体育与传媒支出3 367亿元,较上年执行数增长6.4%。资金用于支持地方落实国家基本公共文化服务指导标准;加强文化遗产保护利用,支持实施中华优秀传统文化传承发展工程;促进文艺作品创作生产,推动中华文化走出去;改善城乡公共体育设施条件,丰富体育服务供给方式。

3.5.6 财政支农支出

"三农"问题是关系到我国经济和社会全面发展的根本问题。财政部门始终把支持解决"三农"问题作为重中之重来抓。2017年的"中央一号"文件连续第十四年聚焦"三农"。财政部门始终把支持解决好"三农"问题作为财政工作的重中之重,多年来,坚决贯彻落实党中央确定的"多予少取放活"的方针,不断完善支持农业农村发展的政策和机制,逐步建立健全财政强农惠农富农政策体系,有力地促进了农村经济社会发展和农民增收。具体来说,主要有以下几个方面:

第一,以促进农民增收为核心,充分调动农民积极性。积极拓宽农民增收渠道,通过取消农业税、实行农业直接补贴、完善粮食收储体系等措施,促进实现农民连年增收。

第二,以转变农业发展方式为主线,支持提高农业综合生产能力。大力支持农业基础设施建设,推动农业科技创新,扶持优势特色产业发展,积极引导社会资金投入现代农业建设,努力提高粮食和农业综合生产能力。

第三,以着力保障农村民生为目标,建设农民幸福生活的美好家园。积极调整支出结构,加大对农村教育、卫生、社会保障和文化等方面的投入,将农村义务教育全面纳入公共财政保障范围,实现新型农村合作医疗制度和新型农村社会养老保险制度全覆盖,支持丰富农村文化生活。建立完善财政综合扶贫政策体系,促进提高农村贫困地区和贫困人口自我发展能力。

第四,以创新体制机制为抓手,为深化农村改革提供财力和政策支撑。积极推进乡镇机构、农村义务教育和县乡财政管理体制改革,支持集体林权制度改革,促进解放和发展农村生产力。

2017年,中央财政用于"三农"的支出安排主要用于:落实《建立以绿色生态为导向的农业补贴制度改革方案》,完善农业补贴制度,提高补贴政策指向性和精准性,发展壮大农业新产业新业态。积极稳妥改革粮食等重要农产品价格形成机制和收储制度,坚持并完善稻谷、小麦最低收购价政策,合理调整最低收购价水平,形成合理比价关系;抓好玉米收储制度改革,健全生产者补贴制度;做好政策性粮食和储备棉库存消化工作。调整完善棉花目标价格政策,改进补贴方式。调整大豆目标价格政策。完善粮食主产区利益补偿机制,盘活粮食风险基金。落实"藏粮于地、藏粮于技"战略,发展高效节水灌溉,大规模推进高标准农田建设和土地整治。继续支持开展重金属污染耕地修复及种植结构调整试点,扩大华北地下水超采区综合治理范围。加大对灾后水利薄弱环节建设支持力度。推进粮经饲种植结构调整,发展适度规模经营。加快推进省以下农业信贷担保体系建设和运营。支持森林管护和培育,着力推进国土绿化,着力提高森林质量。完善森林生态效益补偿标准动态调整机制。支持湿地保护修复,促进湿地恢复性增长。深化农村综合改革,推进农垦、国有农场、国有林场林区、供销社改革,发展壮大村集体经济组织。

3.5.7 扶贫支出

2017年,中央财政安排补助地方专项扶贫资金861亿元,比上年增加200亿元,增长30.3%,用于支持落实精准扶贫、精准脱贫基本方略。统筹安排农业、教育、社保、医疗等领域用于扶贫的资金,进一步加大支持打赢脱贫"攻坚战"的投入力度,切实发挥政府投入在扶贫开发中的主体和主导作用。加快改善贫困地区基础设施和基本公共服务,加大产业、教育、健康扶贫支持力度。全面推进贫困县涉农资金整合试点。开展扶贫资金专项检查。

3.5.8 节能环保支出

2017年,全国财政在节能环保方面支出为5 672亿元。资金主要被用于以下几个方面:支持打好大气、水、土壤污染防治"三大战役",对重点区域解决燃煤污染等大气污染防治工作实施财政奖补,支持重点流域水污染防治,开展土壤污染详查,强化水、土壤污染防治。加大重点生态功能区转移支付力度。适时启动第二批山水林田湖生态保护和修复工程试点。深入落实新一轮草原生态保护补助奖励政策,支持新一轮退耕还林还草并扩大规模,实施天然林保护全覆盖政策。推进矿产资源权益金制度改革和流域上下游横向生态保护补偿机制建设。推动扩大排污权有偿使用和交易试点范围。支持国家公园体制试点。继续安排新能源汽车补贴,提高技术门槛,完善补贴机制。深入实施节能减排财政政策综合示范。支持煤层气、页岩气、农村水电等清洁能源资源开发利用和成品油质量升级。调整可再生能源发电补贴机制。促进循环经济发展和清洁生产。进一步支持农村环境突出问题综合治理。

3.5.9 国防支出

2017年,中央预算安排国防支出为10 225.81亿元,比上年执行数增长7.1%。国防费规模的确定既要适应国家经济社会发展水平,也要适应国防需求。作为经济总量世界第二的大国,我国国防支出总量较低。世界主要国家军费开支一般占GDP的2%—4%,而2016年我国国防支出只占GDP的约1.28%。当前我国周边环境很不平静,恐怖主义等非传统安全威胁也不容忽视。这些必然要求我们加大国防建设投入,才能持续推进中国特色军事变革,为国家安全提供可靠保障。

3.6 财政支出总结与展望

3.6.1 2016年财政支出总结

2016年已经过去,回首过去的2016年,中央经济工作会议强调:要继续实施积极的财政政策和稳健的货币政策。财政政策要更加积极有效,预算安排要适应推进供给侧结构性改革、降低企业税费负担、保障民生兜底的需要。2016年的财政支出呈现出如下特点:

第一,公共财政支出增速有所回落,公共支出占GDP比重也稍有下降。2016年,全国公共财政支出187 841亿元,比上年增加12 073亿元,增长6.4%,增速比2015年下降6.77个百分点。此外,全国公共财政支出总量超过财政收入27 164亿元,财政收入增幅低于支出增幅1.9个百分点。公共财政支出占GDP的比重略降至25.2%,但仍维持在高位,相对2015年降低0.3个百分点,表明政府仍努力刺激经济、推动经济增长,以确保经济增长不失速。

第二,公共财政支出力度增加,民生支出比重继续增加。我们用公共财政支出/公共财政收入来度量财政支出力度,数据显示,2016年财政支出力度有所提高,公共财政支出力度约为1.169,超过2015年的1.155。2016年全国财政进一步优化支出结构,突出重点,控制一般,着力点更多的是放在民生支出方面。2016年全国财政用在与人民群众生活直接相关的教育、医疗卫生、社会保障和就业、住房保障、文化体育与传媒方面的支出安排合计为72 762.29亿元,比上年执行数增长10%;用在节能环保、城乡社区事务等方面与人民群众生活密切相关的支出安排合计23 129.44亿元,比上年执行数增长11.8%。中央对地方税收返还和一般性转移支付大部分也用于保障和改善民生。

第三,财政支出透明有待进一步提高,预算管理有待进一步加强。从财政支出信息报告体系来看,我国初步形成了包括公共财政预算、政府性基金预算、国有资本经营预算以及社会保险基金预算的预算体系。按照全国人大的要求,财政部会同人力资源社会保障部、卫生部编制了2016年全国社会保险基金决算和2017年全国社会保险基金预算,包括社会保险法已明确的各项基金。下一步,仍需着力推进社会保险基金预算管理制度化、规范化。进一步规范编制方法,提高基金预算编制的准确性。加强预算执行,增强基金预算管理的严肃性。进一步推进预算公开,强化基金预算监督。同时,加快信息化建设,提高基金预算管理水平。预算管理仍需加强,比如国有资本经营预算仅反映了国有企业基金不到10%的财务信息。至于公共财政预算与政府性基金预算,其支出方面展示的信息更多的是按功能分类的大类信息,详细明细信息很少,并且几乎找不到按经济性质分类的相关信息。财政透明度不高在很大程度上制约了人大与社会公众对政府财政活动的监督,造成了不少财政资金的无效使用。中央财政的透明度还不够高,地方政府的财政透明度同样值得担忧。《2017年中国财政透明度报告》指出,我国31个省份财政透明度的平均得分为48.26分,比2009年的平均分21.71分增长了一倍多,可以看出,我国省级财政透明度九年来呈现不断上升趋势。尽管如此,我国省级财政年透明度仍不理想,有超过50%的调查信息没有公开,而财政透明度最低的省份仅公开了不到30%的调查信息,因此,应该进一步提高财政透明度、严格预算管理,为加强人大和社会公众对财政资金使用的监督创造条件。

3.6.2 2017年财政支出展望

2016年年末中央经济工作会议再次强调了积极的财政政策和着力改善民生的重要性。为了更好地发挥积极财政政策在稳增长、调结构、促改革、惠民生中的作用,我们预计2017年的财政支出安排将会有如下特征:

第一,公共财政支出可能呈现一定程度的增幅,财政赤字有所增加。我国经济运行面临不少困难和挑战,经济下行压力较大,结构调整阵痛显现,企业生产经营困难增多,部分经济风险显现。2017年公共财政支出增幅可能与2016年持平或稍有增加。但从总量上来看,2017年公共财政支出仍将超过财政收入,与2016年相比,财政赤字将进一步增加。这主要是因为:受经济增长放缓拖累,2017年公共财政收入增长应该不会太快,但财政刚性支出增加,特别是要增加保障改善民生支出,巩固农业基础地位,保持对经济增长和结构调整的支持力度,必须增加财政赤字和国债规模。

第二,公共财政支出结构进一步优化,民生支出比重进一步上升。这主要是因为:一方面,公共财政支出将继续向医药卫生、社会保障以及住房保障等民生领域和薄弱环节倾斜。2012年,我国首次实现国家财政性教育经费占GDP的比重达到4%的目标,2015年这一比重达到4.26%,因此,我们可以预计在2017年这一比重应该不会低于4%甚至很可能更高,因此,教育支出的总规模会更大。除教育支出外,其他与人民群众生活直接相关的医疗卫生、社会保障和就业、保障性安居工程、文化方面的支出的增幅也会比较大,中央预算内投资主要投向保障性安居工程,农业、水利、城市管网等基础设施,社会事业等民生工程,节能减排和生态环境等领域,因此,民生支出的比重可能会进一步提高。另一方面,行政管理支出等行政经费比重会下降。2012年国务院办公厅发布了《机关事务管理条例》,其中对公务接待费、公务用车购置和运行费、因公出国(境)费等机关运行经费、政府采购管理以及会议管理等方面做出了很多限制。2013年,中央国家机关各部门一般性支出统一按5%比例压减。各地也都压减了支出,四川、山西、河南压减省本级"三公经费"支出的比例达到了10%以上。因此,可以预计行政经费比重应会下降。2017年4月7日,财政部发布了《中央本级"三公"经费2016年预算执行和2017年预算安排情况》,对中央本级,包括中央行政单位、事业单位(含参照公务员法管理的事业单位)和其他单位2016年"三公"经费财政拨款执行数和2017年的中央本级"三公"经费预算进行了公示,并提出中央本级2017年"三公"经费财政拨款继续贯彻了国务院"约法三章"要求,做到了只减不增。"三公"经费的透明度得以提高。此外,"三农"支出仍应是 2017 年财政支出的重点项目,这主要是由于:近年来,党中央、国务院始终把解决好"三农"问题作为全党工作的重中之重,出台了一系列强农惠农富农政策。预计 2017 年,我国应会进一步加大"三农"投入,在此基础上,用好财政支农资金以强化农业支持保护制度。

第三,转移支付结构将进一步优化,政府预算体系将更加完善。从前面五年增加一般性转移支付规模、提高一般性转移支付比重的经验来看[1],2017 年我国转移支付中一般性转移支付的比重仍会进一步提高,同时应会进一步加大归并和清理专项转移支付的力度,从而使转移支付结构进一步优化。中央对地方转移支付相应形成地方财政收入,并由地方安排用于保障和改善民生等方面的支出,将有力地促进基本公共服务均等化和区域协调发展。此外,在政府预算体系方面,十八届三中全会明确提出要深化财税体制改革、建立现代财政制度。2014 年 6 月,中央政治局会议审议通过《深化财税体制改革总体方案》,明确 2016 年基本完成深化财税体制改革重点工作和任务,2020 年基本建立现代财政制度。由此我们推测,2017 年我国政府在完善政府性基金预算和国有资本经营预算制度、推进社会保险基金预算管理规范化方面将有所行动,建立全面规范、公开透明的现代预算制度,建立健全有利于科学发展、社会公平、市场统一的税收制度体系,调整中央和地方政府间财政关系,建立事权和支出责任相适应的制度,为建立现代财政制度打下坚实基础。

---

[1] 2007—2016 年,一般性转移支付占转移支付总量的比重由 2007 年的 50.8% 提高到 2016 年的 60.48%。2016 年预算安排中,一般性转移支付增长 12.1%,专项转移支付减少 3.2%。

第二篇
政府间财政关系的理论与实践

第 4 章 中国政府间财政关系的沿革

4.1 改革开放初期的政府间财政关系(1978—1993)

4.1.1 背景介绍

1978年前,我国实行计划经济体制,由国家统管一切经济活动,剩余产品也是通过指令性计划分配①,在财力分配上实行"平均主义",吃"大锅饭"②,在税制方面单一与混乱并存③。1978年召开了党的十一届三中全会,拉开了我国改革开放的序幕,开始对政府与市场的关系进行调整。1978年开始,我国无论是经济领域还是政治领域都逐渐转向市场。

1980年,中央实行了"财政包干合同制度",中国政府间财政关系由"统收统支"转变为"分灶吃饭"。所谓"分灶吃饭"指的是,中央与地方财政分开,中央与地方财政"各做各的米""各吃各的饭"。1980年确定的"分灶吃饭"的政府间财政关系,给予了地方一定的财政自由,使地方政府可以根据地方的实际发展情况做出财政决策,在实践中促进了财政支出责任划分、财政收入责任划分以及转移支付制度的完善。在"分灶吃饭"的制度安排中,以广东和福建为代表。该制度确定,对于广东和福建的收入中,除来自中央直属企业、事业单位以及关税的收入必须上交至中央政府外,其余的收入可以由地方政府自由支配;相应地,除来自中央直属企业、事业单位的支出由中央政府负责外,其他方面的支出由地方政府负责。

1984年,我国开始探索"城市改革",其中以财税改革为主,主要包括以下改革目标:第一,企业自主经营、依法纳税,取代之前利润全部上缴国库的做法,刺激企业的积极性;第二,对外开放,并实行多种所有制共同发展;第三,扭正资源配置不合理,以及价格过低的现象。1984年初步形成"以税代利"的财政体系。1986年,实行价格放开的改革措施,但是这项改革并没有成功地推行。

---

① 94.4%的农产品和97%的零售产品都是按照计划价格交易,企业几乎全部是公有制经济。
② 在财政收入上,主要依赖于国有企业上缴的利润,如1978年的国有企业上缴利润占当年GDP总量的31.1%,企业的收入占当年收入的一半以上。
③ 从中华人民共和国成立初期的以多税种、多次征税为特征的复合税制,经过两次简化后,工商税制只设置7种税,而且几乎是流转税,对国企只征收一道工商税,对集体企业征收工商税和工商所得税,同时减免随意,税率难定。

1988—1993年,是我国财政包干制度走向成熟的时期。中央经过不断地摸索,对我国30个省、自治区、直辖市以及5个单列市采取了6种不同的收入分成方法,即收入递增包干制(3省份)、总额分成制(3省份)、总额分成加递增分成制(10省份)、上解额递增包干制(2省份)、定额上解制(3省份)和定额补助制(14省份)。① 在"分灶吃饭"的政府财政关系下,定额补助类似于转移支付的作用,此外,中央还对地方实行了专项转移支付的制度安排。②

　　从总体上看,1978—1993年,我国的改革主要是以市场为导向,旨在建立适应资源配置方式转变的财税制度(楼继伟,2013),但是这样的改革目标并不是在改革之初确立的,而是在改革实践中不断摸索出来的,并在实践中改革的目标逐渐清晰,并最终使我国社会主义面貌焕然一新。1979年3月,陈云同志提到:"社会主义时期必须有计划和市场,其中计划经济是主要的、基本的,而市场经济则是处于从属的、次要的地位。到1982年9月,将社会主义公有制基础上有计划的商品经济这一原则写入宪法,再到1992年十四大确立的社会主义市场经济的改革目标。③"但是,整体来看,这一时期仍然是以计划为主,市场为辅,即在计划经济的框架下有限地引入市场,并且随着改革的推动,逐渐扩大市场的作用。④

4.1.2　纵向财政关系

　　毛泽东曾指出,政府间纵向财政关系是国家政治生活的重要内容⑤;邓小平也曾尖锐地指出,我国政府间纵向财政关系存在权力集中、效率低下、机构层次重叠的现象。⑥ 1978—1993年,我国纵向财政关系发生了很大的进步,朝着民主化和法制化的方向迈进,这时期的纵向财政关系主要经历了三次变革:1980—1984年实行的"划分收支、分级包干"体制,1985—1987年实行的"划分税种、核定收支、分

---

　　① 张光:《中国政府间财政关系的演变(1949—2009)》,《公共行政评论》,2009年第2卷第6期。
　　② 例如,根据1993年财政部部长在全国人大所做的《关于1992年国家预算执行情况和1993年国家预算草案的报告》,1993年中央的经常预算收入为1528.98亿元,有574.27亿元来自地方政府的上解收入;支出预算为1427.35亿元,有515.1亿元用来补助地方财政,同时,又有68.25亿元用来补助地方的建设性支出,两项补助加在一起一共有583.35亿元,占当年预算收入的12.9%。
　　③ 社会主义市场经济的改革目标是"我们要建立社会主义市场经济体制,即是要使市场在国家的宏观调控下对资源配置起基础性作用"。
　　④ 楼继伟:《中国政府间财政关系再思考》,中国财政经济出版社,2013。
　　⑤ 毛泽东在《论十大关系》一文中指出"现在几十只手插到地方,使地方的事情不好办。立了一个部就要革命,要革命就要下命令。各部不好向省委、省人民委员会下命令,就同省、市的厅局联成一线,天天给厅局下命令。这些命令虽然中央不知道,国务院不知道,但都说是中央来的,给地方压力很大,报表之多,闹得泛滥成灾。这种情况,必须纠正"(《毛泽东文集》,人民出版社,1999年第7卷)。
　　⑥ 这一问题主要集中于以下两篇的讲话中:"解放思想,实事求是,团结一致向前看"和"党和国家领导制度的改革"(详见《邓小平文选》第2卷,人民出版社,1994年,第140—153页、第320—343页)。

级包干"体制以及 1988—1993 年实行的"财政包干"体制。①

1980 年,国务院颁发《关于实行"划分收支、分级包干"的财政管理体制的暂行规定》,对中央政府和地方政府各自的权利和责任划分做了明确的规定,划分了各级政府的财政收支范围。中央和地方的财政收入主要分为中央固定收入、地方固定收入、固定比例分成收入、中央和地方的调剂收入四种类型。② 其中,中央政府的固定财政收入主要包括中央企业的收入,关税以及其他收入;地方政府的固定财政收入主要包括地方所属企业的收入、盐税、农牧业税、工商所得税、地方税和地方其他收入。③ 在财政支出方面,中央政府主要负责全国性的建设、外交、国防、特殊项目和事件等;地方政府则主要负责区域性的建设、科、教、文、卫等。对于那些收入大于支出的地方政府,应将多余的收入按比例上缴中央政府,收入小于支出的地方政府,则会得到一定比例的补贴。这一时期实行的"划分收支、分级包干"的财政体制,在一定程度上减少了中央政府的集权,赋予地方财政一定的自主权。

1984 年 9 月,我国开始实行"利改税"政策,与税收政策相对应,1985 年我国开始实行"划分税种、核定收支、分级包干"的财政体制。将以前的"收入分享"改为现行的"税收分享",同时对于地方政府上缴的比例中实行总额分成的方法。同时除了固定收入,建立了中央与地方之间的共享税。在这种财政体制下,对于经济越发达的地区,留存的比例越小,出现了所谓的"鞭打快牛"的现象,挫伤了经济发达地区的积极性。为了解决这种困局,我国于 1988 年开始实行财政包干体制,具体安排如表 4-1 所示。

表 4-1　1988 年实行的财政包干体制安排

包干方式	包干内容	包干地区
收入递增包干	以 1987 年地方决算收入和支出情况为基数,参照近年来收入增长情况,确定收入增长率、留成和上解比例	北京 4%和 50%;河北 4.5%和 70%;辽宁 3.5%和 58.25%;沈阳 4%和 30.29%;哈尔滨 5%和 45%;江苏 5%和 41%;浙江 6.5%和 61.47%;宁波 5.3%和 27.93%;河南 5%和 80%;重庆 4%和 33.5%
总额分成	根据前两年的财政收支情况确定收支基数,以地方支出占总收入的比重,确定地方的留成和上解比例	天津 46.5%;山西 87.55%;安徽 77.5%

---

① 李祥龙:《改革开放以来我国政府间纵向财政转移支付制度演进与改革研究》,福建师范大学硕士研究生学位论文,2014。
② 范子英:《深化财税改革,重塑中央与地方财政关系》,2016。
③ 陈少阵、糜添土:《国有资产管理制度变迁与改革模式》,社会科学文献出版社,2010。

(续表)

包干方式	包干内容	包干地区
总额分成加增长分成	在总额分成的基础上,每年以上年实际收入为基数,基数部分按总额分成,增长部分另定比例分成	大连27.74%和27.26%; 青岛16%和34%; 武汉17%和25%
上解额递增包干	以1987年上解中央的收入为基数,每年按一定比例递增上交	广东14.13亿元和9%; 湖南8亿元和7%
定额上解	按原来核定的收支基数,收大于支的部分,确定固定上解数额	上海105亿元; 山东289亿元; 黑龙江2.99亿元
定额补助	按原来核定的收支基数,支大于收的部分,实行固定数额补助	吉林1.07亿元;江西0.45亿元;福建0.5亿元;陕西1.2亿元;甘肃1.25亿元;海南1.38亿元;内蒙古18.42亿元;广西6.08亿元;贵州7.42亿元;云南6.73亿元;西藏8.98亿元;青海6.56亿元;宁夏5.33亿元;新疆15.29亿元;湖北由武汉上交4.78%;四川由重庆上交10.7%

资料来源:贾康、赵全厚,《中国经济改革30年:财政税收卷》,重庆大学出版社,2008;范子英,《深化财税改革,重塑中央与地方财政关系》,2016。

4.1.3 横向财政关系

横向财政关系是在既定的财政体制下,同级的各地方政府之间财政资金的相互转移,一般是财力富裕地区向财力不足地区转移,以达到地区间相互支援、缩小地区差距、均衡财力的目的。横向财政关系主要包括以下四类:(1)竞争性财政关系,即由于地方间的经济发展竞争而产生的财税转移和"地方飞地"建设等,这是完全经济因素的行为;(2)对口支援的财政关系,这是完全行政化的安排;(3)功能和区域联盟的财政关系,例如京津冀、江浙沪联盟、长江经济带等形式,这是行政和经济因素的推动;(4)因溢出效应而产生的相邻地区间的财政关系,这是地区间通过协商的安排,例如环境治理等。

1. 竞争性横向财政关系

在1978年以前的"统收统支"财政体制下,我国地方政府的税收必须上缴到中央政府,而支出的资金来自中央政府的拨款,这时地方政府间的竞争主要表现为向上一级政府争取更多的财政资金、物资分配,希望上一级政府将财政资金向本地区倾斜。这时期的地方政府间的横向竞争关系更像是"兄弟竞争",不存在真正意义上的竞争性横向转移支付关系。改革开放以后,地方政府间横向竞争关系逐渐进入明朗化阶段。1980年的财政分权和1994年的分税制改革,使得地方政府的收入来源较少,又承担着很多的支出责任,致使地方政府面临着增支减收的压力,促使地方政府追求经济发展和经济效率。财政分权后,地方政府成为独立的经济主体,可以支配其一定的财政收入,并独立承担其支出责任,往往会追求地方经济利益的最大化。同时,我国对地方官员的任命、提拔都以 GDP 为考核标准,以就业、税收等显性经济指标作为官员的晋升标准,因此,对于地方官员来说地方经济的发展与改革是头等大事,也促使了地方政府之间的竞争。① 因此,出现了一些为获取资源而发生的地方间的横向转移支付行为,例如上海市在江苏所建的"大屯飞地"。

2. 对口支援横向财政关系

为了加快少数民族以及贫困地区的发展速度,1979 年,在全国边防工作会议上提出并确定了经济地区对口支援边疆少数民族地区的方案,标志着我国正式确立了"对口支援"体制。我国"对口支援"机制的内容主要有对口支援少数民族地区、对口支援三峡工程库区移民工作、对口支援西部经济落后地区、对口支援自然灾害地区等四个方面。

3. 功能和区域联盟的横向财政关系

1980 年,国务院发布《关于推动经济联合的暂行规定》;此后,1984 年《中共中央关于经济体制改革的决定》又指出地区之间更要相互开放;1986 年,国务院又发布《关于进一步推动经济联合若干问题的规定》,使地方政府间的横向联系日益增多。② 而且,横向联系往往以经济合作为主③,主要表现为以下几种形式:一是为缩小地区发展不平衡而开展的横向合作关系。改革开放后我国重视深圳、上海等沿海地区的发展,而忽视西部地区,造成了我国东西部地区发展的差异,因此那些欠发达的地区往往会横向合作,政府间的联系也得到加强。如 1991 年,江苏省与陕西省的干部交流合作活动。二是不同地区间的经济联合与合作。在中央的授权或组织的策划下,当时形成了一些经济区,其中,比较重要的经济区有上海经济区和华南、西南地区的经济合作区。上海经济区成立于 1983 年,主要包括上海、浙江、江苏、安徽、江西、福建;华南、西南地区的经济合作区成立于 1992 年,主要包括广东、广西、海南、四川、云南、贵州。④

4.1.4 总结与概括

1980 年以来,我国进行的几次财政体制改革都有其成功的一面,每一次的改革都会对原有的体制进行完善,在一定程度上保证了我国改革开放的顺利进行,

---

① 石玲玲:《我国地方政府竞争行为分析与展望》,《现代商贸工业》,2011 年第 23 卷第 10 期。
② 陈文:《我国地方政府间横向关系协调研究》,西北大学硕士研究生学位论文,2010。
③ 据统计,到 1986 年仅以大中城市为中心的跨省、市的经济协作区全国就有 24 个。
④ 王胜章:《当代中国地区政府间关系研究》,《云南行政学院学报》,2000 年第 4 期。

在国民经济发展方面起到了非常重要的作用。"分灶吃饭"、财政"大包干"等改革打破原来财政统收统支局面的同时,也存在着很明显的弊端。①

第一,财政体制的不稳定,不仅助长了地方政府的短期行为,而且使中央与地方陷入年年博弈的困境,这种一对一的洽谈方式往往缺乏公开性和有效的监督,随意性较大。第二,这一时期的财政状况还陷入了"两个比重"下降的局面,以及中央财政不断"打补丁"的困境。第三,尽管当时我国对政府间财权与事权的划分基本明晰,但是在实际操作中事权的执行经常出现重叠和交叉的现象,且在以后的几次体制改革中,基本都是财权方面的调整,政府间事权划分的格局基本没有变动。第四,由于这时期的法律处于恢复和重建阶段,关于财政体制改革的法律层级低、权威性较差,且缺乏稳定性。②

1978—1993年进行的以包干为特征的财政体制改革,在其执行的过程中也暴露了很多的问题。第一,造成"两个比重"的下降。以财政包干为特征的财政体制改革,赋予了地方更多财政权力,本意想要调动地方政府的积极性,缓解中央政府的财政压力,刺激经济的增长,但是由于不能有效地保证中央政府地方财政分配关系的程度,直接导致两个比重不断下降,中央政府的财政困难。第二,地方利益机制弱化,不利于形成统一的市场。财政包干体制,由于将不同产品不同税率征收的流转税,全部划为地方财政收入,因此在利益的驱使下,地方政府热衷于投资少、见效快的项目,因而出现盲目扩大加工企业的现象。包干财政体制下,地方政府的财政自主权扩大,因而为了本地区经济的发展,会阻止本地区的人才和资源的外流,保护本地区的产业,因而产生了地方保护主义和市场封锁,不利于全国市场的统一。第三,束缚企业发展活力。财政包干体制下,国有企业行政依赖过多,不利于调动和激发企业活力。同时,地方政府权力的扩大,使地方政府积极看管自己的企业,强化了地方企业的经营管理干预,束缚了企业的发展活力。

4.2 分税制改革后的政府间财政关系(1994—2012)

4.2.1 背景介绍

"财政大包干"时期财税体制带来的直接后果是"两个比重"的急速下降,地方政府保留了大部分的财政收入,中央财政十分困难③,中央需要依靠地方政府的上

---

① 楼继伟:《中国政府间财政关系再思考》,中国财政经济出版社,2013。
② 张智:《我国中央与地方财政关系的演变与发展研究》,华东政法大学硕士研究生学位论文,2008。
③ 具体参见朱镕基副总理在1993年7月召开的全国财政、税务会议上的讲话。

解收入,这就大大削弱了中央政府的宏观调控能力①,因此促使中央政府开始实行分税制改革。

1994年的分税制改革,主要是希望尽快建立与社会主义市场经济相适应的财税体制,实行中央与地方的分税制度。

1. 税制改革

针对1994年之前税目繁多、征管混乱的弊端,分税制改革主要以简化税制、公平税负为核心,将流转税改革作为首要改革点,并对所得税进行归并。改革的内容主要包括:第一,流转税税制主要以增值税为主,消费税、资源税为辅,其中增值税在17%的基本税率的基础上,只设置了一档13%的税率,同时扩大增值税的征收范围,消费税则定在最后环节征收,引导消费;第二,合并内资企业所得税和外资企业所得税;第三,税收征管制度改革,即建立普遍纳税申报制度和税务稽查制度,建立中央和地方税务机构,推进税收征管的计算机化,等等。

2. 分税制改革

(1) 主要原则。分税制改革的原则包括:一是正确处理中央和地方的分配关系,既要调动地方政府的积极性,又要逐步提高中央财政收入;二是调节地区财力分配不均,既要保障发达地区继续以较快的速度发展,又要扶持不发达的地区,加强对不发达地区的税收返还和转移支付;三是分级管理与政策统一相结合,即税收的立法权集中在中央,对于中央税和共享税由国税机构负责征收,地方税由地税机构征收;四是整体设计和逐步推进相结合。

(2) 划分中央与地方支出范围。中央财政主要承担外交、国家安全,协调地区发展、实施宏观调控所需以及国家机关运转的经费支出等,地方财政主要承担本地区机关运转、地区经济发展的支出。②

(3) 划分中央与地方收入。将国家实施宏观调控、涉及全国性资源分配、维护国家权益所必需的税种划归中央政府,将与地方经济发展相关的税种划归地方政府,将与央地共同发展相关的税种划归于共享税。③

(4) 建立税收返还制度。在分税制格局下,如果地方政府拥有的财力与其承担的支出责任不相匹配,则需要中央对地方进行转移支付来解决。为了保证政策的连续性,我国结合具体国情,建立了中央对地方的税收返还制度。税收返还制度指的是在一定时期内中央先收税,然后再进行返还,这样的制度安排能使政策

---

① 1978—1992年,预算内财政收入占GDP的比重从31.2%下降到13.1%,预算外财政收入占GDP的比重从9.6%上升到14.5%。1992年,预算内和预算外财政收入的GDP占比中,中央分别为3.68%和6.41%,地方则为5.92%和8.09%。

② 详见《国务院关于分税制财政管理体制的决定》。

③ 楼继伟:《中国政府间财政关系再思考》,中国财政经济出版社,2013。

变化不会太快,也可以避免引起震动。①

(5) 分设国家税务局和地方税务局。与分税制相适应,我国分别建立了国家税务局和地方税务局。其中,国家税务局主要负责征收中央税和共享税,国家税务局会将共享税中由地方享有的部分,直接划入地方金库;而地方税务局则主要负责征收地方税。这样的机构划分,不仅有利于处理央地财政关系,而且有利于提高税收征管的效率,减少税收流失。

(6) 制定财政资金留用制度。为了提高资金的使用效率,保证地方财政的正常用款需要,国家实行了资金留用制度。即在增值税中,地方政府根据所应分成的比例,直接留在相应的省、市、县级国库,不用上解。且地方政府可以从应缴税中预留一部分,用于地方日常开支,年底中央政府与地方政府再针对预留部分进行统一核算。②

但是,分税制改革并没有很好地处理县乡财政的问题。随着分税制的运行,县乡财政的矛盾逐渐显露出来,县乡政府的收入不能弥补其支出,造成县乡政府的财政困难。为了解决基层财政的问题,财力与事权相匹配的原则应运而生。③

2000 年,我国开始提出将"公共服务提供责任"由收入责任划分转向支出责任划分④;2006 年十届全国人大四次会议指出:"建立健全与事权相匹配的财税体制"⑤,同年的十六届六中全会更加清晰地表述了分税制的原则,即进一步明确中央与地方的事权,建立健全财力与事权相匹配的财税体制;2011 年 3 月通过的十二五规划,指出在合理界定事权的基础上,进一步理顺政府间的财政关系,完善分税制。⑥ 2013 年的十八届三中全会提出"建立事权和支出责任相适应的制度"。

4.2.2 纵向财政关系

1994 年的分税制改革,对政府间的财政关系进行了调整,由分税制前"收入分权,支出分权"的模式转为"收入集权,支出分权"的模式。⑦

1. 中央与地方政府间财政支出责任划分

1993 年 12 月,国务院颁布了《关于实行分税制财政管理体制的决定》,指出中央政府主要承担国家安全、外交、国际机构运转所需的经费支出等;地方政府主要

---

① 《分税制将会促进广东发展》,《朱镕基讲话实录(第一卷)》,人民出版社,2011。
② 楼继伟:《中国政府间财政关系再思考》,中国财政经济出版社,2013。
③ 陈颂东:《政府间财政关系原则的演变及其原因》,《税收经济研究》,2016 年第 3 期。
④ 张城彬、孙玉栋:《分税制改革后我国政府间财政关系研究》,《现代管理科学》,2017 年第 12 期。
⑤ 《中华人民共和国国民经济和社会发展第十一个五年规划纲要》。
⑥ 《中华人民共和国国民经济和社会发展第十二个五年规划纲要》。
⑦ 江庆:《中国省、市、县乡级纵向财政不平衡的实证研究》,《安徽大学学报(哲学社会科学版)》,2009 年第 33 卷第 3 期。

承担本地区行政运转、经济和社会发展所需的支出。[①] 对政府支出责任的划分与分税制改革之前并没有实质性的改变,仍然存在很多的问题。如对科、教、文、卫等民生支出的划分还不全面。随着国家对民生问题的关注,国家对免除农业税、九年义务教育的改革,以及公务员工资的提高等,都采用一事一议方式对支出责任进行规定。

2. 中央与地方政府间财政收入归属划分

(1) 税收收入。由于增值税、营业税和所得税在全国的税收收入中占比最高,1984年之后,国家对这三个税种的调节也最多。2001年12月31日,国家颁布了关于所得税收入调节的政策。其中,对于共享税的企业所得税,此次改革之后中央与地方共享的比例由50∶50改为60∶40;而个人所得税在此次改革之前是属于地方政府的收入,改革之后变为中央与地方共享税,且中央与地方共享的比例在2003年之后一直是60∶40。2016年5月1日后,我国开始全面实行"营改增",将原本作为地方政府税种的营业税,逐步改为中央与地方共享税,且中央与地方共享的比例为50∶50。

(2) 非税收入。非税收入大约占全国财政收入的25%,主要由地方政府根据各地的实际情况进行征收,决策层次较低,地方政府的自主权较大,因此在经济情况不好的时候,地方政府往往会增大非税收入的征收力度。[②]

3. 中央对地方政府的财政转移支付

1995年颁布了《过渡时期转移支付的办法》,虽然每年都会进行调整,但是到2002年为止,转移支付的办法并没有发生很大的变化。2002年,国家将所得税收入中中央政府分享的部分全部用来扶持西部地区[③],因此,国家出台了《一般转移支付的方法》。2002年之后,形成了较为成熟的转移支付制度体系,主要包括一般性转移支付、专项转移支付和税收返还。

4.2.3 横向财政关系

1994年分税制改革,形成了以"放权让利"为特征的行政分权,使得地方政府有了一定的行政性决策权,增强了地方的自主性和积极性。分税制改革以来,地方政府间的横向竞争关系愈演愈烈,且这种竞争关系在促进地方经济发展的同时,也带来了一定的负面影响。当然地方政府间也存在一定的横向合作关系。

1. 竞争性横向财政关系

1992年邓小平南方谈话之后,中央政府开始实行建立经济特区、扩大沿海城

[①] 全国预算与会计研究会总课题组:《推进我国财政体制科学化问题系统研究总报告(五)实现政府间纵向财政体制科学化(上)》,《预算管理与会计》,2017年第5期。

[②] 同上。

[③] 《国务院关于印发所得税收入分享改革方案的通知》。

市的战略,给沿海城市的经济和社会发展带来了机遇,这些城市犹如雨后春笋般迅速发展。1994年的分税制改革,更是刺激了地方政府间竞争的浪潮。为了实现沿海城市与内部地区、东部与西部地区协同发展,中央政府开始着手实施西部大开发、中部崛起、振兴东北老工业基地的战略。地方政府之间的横向竞争也开始逐渐走向白热化阶段。[①] 这些竞争主要包括各个地方政府竞相吸引资金、技术、人才等到本地区,争取国家的优惠政策,促进本辖区内企业的扩张,主要表现为招商引资竞争、税收竞争、产业政策竞争等。一方面,地方政府之间的横向竞争,促进了地方的制度创新,提高了地方政府提供公共产品或服务的效率,从而促进本辖区经济和社会的发展,促进整个社会经济的发展[②];另一方面,我们也不能忽视地方政府间横向竞争的负面影响,绩效考核下的横向竞争,使得我国地方政府支出结构扭曲,如重复进行基础设施建设,重基建而忽视科、教、文、卫等公共产品,以及非理性投资等;而且盲目竞争也带来地方保护主义和地方官员的腐败现象。

2. 对口支援横向财政关系

此阶段的对口支援机制主要包括四个方面:一是对口支援少数民族地区。经济发达地区对口支援落后的少数民族地区,可以很大程度上带动少数民族地区经济的发展。这项工作始于1979年,在此之后其范围和领域不断扩大。1994年,中央第三次西藏工作座谈会上做出了全国对口支援西藏的重大决策。2010年,中央第五次西藏工作座谈会上决定将对口支援西藏政策延长至2020年,援藏投资实物工作量亦有所增加。为推进新一轮对口援疆工作,2010年全国对口支援新疆的会议上,中央研究部署决定,北京、天津、上海、广东、辽宁、深圳等以"5·12"汶川地震灾后重建模式承担对口支援新疆的任务,将分别结对援助新疆12个地(州)市的82个县(市)和新疆生产建设兵团的12个师,以建立起人才、技术、管理、资金等全方位支援新疆的有效机制。[③] 二是对口支援三峡工程库区移民工作,该工作初始于1992年,国务院为此发布了《长江三峡工程建设移民条例》,提出和发动了对三峡工程库区移民工作的对口支援,以推动三峡工程的顺利开展。1994年,国务院批转国家经贸委《关于继续鼓励机电产品出口意见的通知》,确定了国家多个部委,各省市自治区、各计划单列市对口支援三峡库区移民建设。2008年,国务院批复《全国对口支援三峡库区移民工作五年(2008—2012)规划纲要》,要求有关省市援助库区公益性项目资金总额不少于5亿元;帮助库区引入经济合作项目不少

---

① 陈文:《我国地方政府间横向关系协调研究》,《西北大学》,2010。
② 王前强:《地方政府竞争与中田的经济转轨》,《学术论坛》,2005年第4期。
③ 根据主要相关会议资料内容整理所得。部分对口援藏的数据还来自《数字西藏:全国对口援藏资金累计达亿余元》,新华网。

于 300 个,项目合作资金不低于 300 亿元,接收移民劳务不少于 5 万人。① 三是对口支援经济欠发达地区,旨在推动地区间的优势互补,实现共同富裕。1994 年,国务院出台《国家八七扶贫工作计划》,要求沿海发达省份实施对西部贫困省份的对口扶贫,以辅助实现从 1994 年到 20 世纪末的 7 年时间里,基本解决 8 000 万农村贫困人口温饱问题的目标。1996 年,国务院办公厅转发《关于组织经济较发达地区与经济欠发达地区开展扶贫协作报告》,具体确定了东部 9 省份和 4 个计划单列市对西部 10 个省份进行对口支援建设。2001 年,国务院发布《关于实施西部大开发若干政策措施的通知》,明确规定了推进地区协作和东西部的对口支援,内容涉及地区经济技术协作、对口支援帮扶,以及人才、智力和教育对口支援等多个方面。② 四是对口支援汶川地震灾后恢复重建。主要是指非地震灾区的县级以上地方政府及其有关部门按照国家和当地政府的安排,采取对口支援等多种形式支持地震灾区恢复重建。2008 年 6 月 11 日,国务院办公厅印发了《汶川地震灾后恢复重建对口支援方案》,进一步落实对口支援的具体政策。这次对口支援也被称为"中华人民共和国成立以来最大的横向转移支付服务"。我国对口支援汶川地震灾后恢复重建的工作情况如表 4-2 所示。

表 4-2 我国对口支援汶川地震灾后恢复重建的工作情况

对口支援双方	对口支援情况
山东省—北川县	截至 2011 年 5 月,山东省对北川县各类援建项目有 369 个、总投资达 120 亿元
广东省—汶川县	截至 2010 年 10 月,广东省对汶川县确定的 702 个对口援建项目已全面完成,资金共达 112 亿元
浙江省—青川县	浙江省派出了 332 名干部、1.2 万援建大军对口支援青川县的 36 个乡镇。援建资金超过 85 亿元,援建项目达 538 项
江苏省—绵竹市	截至 2010 年 9 月,江苏省完成援建项目 295 个,资金总额超过 110 亿元
北京市—什邡市	截至 2010 年 9 月,北京市对口支援什邡市灾后重建累计投入援建资金 70 亿元,建设 108 个大项 162 个子项的援建项目。双方还签署了《北京—什邡 2010—2013 年合作框架协议》
上海市—都江堰市	截至 2010 年 8 月,上海市与都江堰市分五批签约实施了城乡住房、学校、医院等 117 个项目,投资总额达 82.5 亿元。2010 年 9 月初完成援建项目资产的整体移交。双方还达成了《关于构建上海市对口支援都江堰市工作长效机制的框架协议》

---

① 根据《长江三峡工程建设移民条例》《关于继续鼓励机电产品出口意见的通知》《全国对口支援三峡库区移民工作五年(2008—2012)规划纲要》等文件内容整理。
② 根据《国家八七扶贫工作计划》《关于组织经济较发达地区与经济欠发达地区开展扶贫协作报告》《关于实施西部大开发若干政策措施的通知》等文件内容整理。

（续表）

对口支援双方	对口支援情况
河北省—平武县	河北省组织了 200 多名援建干部和 1 万多名施工人员，投资 28 亿元，完成了 108 个援建项目。2010 年 10 月，双方完成了项目的正式交接
辽宁省—安县	辽宁省总投资为 40.27 亿元，援建项目 88 个，民生工程项目占 84%
河南省—江油市	河南省援建灾后项目 300 个，总投资为 30 亿元
福建省—彭州市	福建省援建彭州市 146 个项目，资金总额为 33.39 亿元，建成学校、幼儿园 41 所，医院、卫生院 6 所，文化、广播电视项目 22 个，民政等设施 26 个
山西省—茂县	山西省对口支援茂县确定总投资约为 21.5 亿元的 226 个项目，213 个项目已竣工并交付使用，对口援建项目完成投资 19 亿元
湖南省—理县	湖南省对口援建理县的项目共 99 个，总投资为 20.1 亿元，全部是民生工程
安徽省—松潘县	安徽省投入援建资金 21.3 亿元，实施援建项目 46 个大项、320 个子项
江西省—小金县	江西省共投入援建资金 13 亿元，确定对口援建项目 48 个。双方还签订了《江西省人民政府、小金县人民政府关于建立对口合作长效机制的框架协议》，以巩固灾后恢复重建成果
吉林省—黑水县	2010 年 4 月 23 日，吉林省首批援建项目正式移交，首批援建项目完成 182 个，累计完成投资 8.2 亿元
湖北省—汉源县	湖北省对口援建汉源县共 116 个项目，总投资达 21.5 亿元
重庆市—崇州市	重庆市累计投资 17 亿元，双方还签署了建立长效合作机制的协议，决定用结余的援建资金设立对口合作专项资金，其中 1 000 万元用于支持崇州市医疗卫生事业发展，8 000 万元用于扶持崇州市中小微型企业发展
黑龙江省—剑阁县	黑龙江省援建剑阁县 146 个项目，完成援建资金 15.5 亿元

资料来源：根据《汶川地震灾后恢复重建对口支援方案》整理；部分数据还来自《盘点：20 个省市对口援建汶川地震重灾区成果》；常修平，《我国财政横向转移支付制度的构建研究》，西南财经大学，2013。

3. 功能和区域联盟的横向财政关系

随着改革开放的不断深化，地方政府提供公共产品和服务的能力受到束缚，地方政府间加强合作、整合资源也变得刻不容缓。国家颁布了很多的政策来促进地方政府间的横向合作。2001 年，国务院颁布了《关于禁止在市场经济活动中实行地区封锁的规定》，2007 年 3 月 5 日的政府工作报告中，提出"要坚持统筹兼顾、合理规划、发挥优势、落实政策，促进区域协调发展"[①]。

地方政府间基于功能与区域联盟的横向合作模式主要有：第一，经济方面，主要表现为跨地区经济圈建设；第二，机制方面，主要表现为官员的跨地区交流以及加强政府间合作与协调机制建设；第三，规范方面，力求通过法律对地方政府间横

---

① 李琳：《我国地方政府间横向关系协调研究》，云南财经大学硕士研究生学位论文，2010。

向合作的机制予以规制。随着改革开放的不断深化,区域内部的联系不断得到加强,各种区域性经济合作组织如雨后春笋般迅猛发展。例如,2001年10月12日,沿京九铁路九省市16位市长以及国家经贸委官员在广东召开了联席会议;2002年6月17日,在云南保山举行了西南经济区市长联席会议等。①

但是,也应该认识到我国地方政府间的横向合作还是很有限的。在政绩的竞赛中,地方政府之间始终处于博弈的状态,政府官员首先考虑的是政绩如何,其次才考虑地方政府间的合作伙伴关系;而对口支援机制在实施的过程中,也可能会引发政府间的不正当竞争。

因溢出效应而产生的相邻地区间的财政关系。对于地方公共服务和公共产品所产生的外部性问题,横向转移支付可以很好地处理这类问题。皖南地区是浙江的主要水源地,如果皖南地区发展工业,对浙江而言不亚于一场灾难。因此,皖南地区保护环境,牺牲了本地的发展机会,换来了浙江良好的水质和环境。从这一角度来看,安徽和浙江就可以形成横向转移支付关系,富裕的浙江为相对落后的安徽提供生态补偿。②

4.2.4 总结与概括

分税制改革以来,我国取得了巨大的经济成效,财政收入稳步增长,不仅确定了中央财政的主导地位,而且建立了中央对地方的税收返还和转移支付制度。但随着经济的运行显示出了一些问题,我国也多次对分税制下的财政体制进行调整与规范。一是提高了证券交易税中央分享的比例,从1997年1月1日起,中央分享比例提高至80%,后又提高到88%;自2000年10月1日起,中央分享比例调整为91%,并分三年调整到97%③;二是进行所得税收入的改革,规定除了特殊行业、企业④缴纳的企业所得税收入由中央享有,其他的企业所得税属于中央与地方共享税;三是建立中央与地方共担出口退税的负担机制;四是成品油税费改革;五是其他中央与地方政府间收入划分的调整。

分税制下,我国不仅构建起分级财政体制的基本框架,采取了"三分一返一转移"的形式,即确定中央与地方收入归属划分、支出划分,分设国家税务局和地方税务局,建立和完善了税收返还和转移支付制。⑤ 其次,分税制以来,我国财政收入稳步增长,带动了地方政府的积极性,有利于优化资源配置,加强税收征管。

---

① 杨小森:《加强地方政府间横向合作与协调机制建设》,《黑龙江社会科学》,2006年第1期。
② 刘小川:《如何构建财政横向转移支付》,《第一财经日报》,2014-01-16(B05)。
③ 中华人民共和国国家统计局:《中国统计年鉴(2013)》,中国统计出版社,2013。
④ 少数特殊行业、企业具体包括铁路运输、国家邮政、中国工商银行、中国农业银行、中国银行、中国建设银行、国家开发银行、中国农业发展银行、中国进出口银行、中国石油天然气股份有限公司、中国石油化工股份有限公司以及海洋石油天然气企业等。
⑤ 胡贺波:《论中央与地方财政关系现状及改革的进一步构想》,《求索》,2007年第1期。

1993年,我国中央财政收入为5 218亿元,到2016年增加到56 133亿元;1993年,我国中央财政收入占全国财政收入的比重为22%,到2012年提高到47.9%,增强了中央财政的宏观调控能力,改变了中央财政的被动局面。最后,分税制以来,我国的经济结构不断优化,而且促进了地区间的均衡发展,确立了中央财政的主导地位。

同时,由于分税制改革当时为了争取地方政府的支持,采取了一些照顾地方既得利益的制度安排,这在很大程度上仍带有旧体制的印记。[①] 因此,现有分税制改革也存在一些问题与不足。

1. 事权与财权错位

中央财政占据全国财政的一半左右,加上省级政府占据的一部分财政收入,导致由县级、乡级政府支配的财政收入只占20%左右。由于我国地方政府间的事权和支出责任划分的不清晰,事权与支出责任的下移,导致我国县级、乡级政府承担了大量的事权支出责任,而且省级政府往往对县级、乡级政府的转移支付不足,造成财权与事权的严重不匹配,加重基层政府的负担。

同时还存在着上级政府对下级政府的干扰现象。即政府活动存在"越位"与"缺位"现象、央地政府间事权与支出责任划分不明确、省市县乡政府间事权与支出责任划分不明确。[②] 具体表现为:第一,中央政府的很多事权由地方政府来承担,如具有外部性的公共产品的提供、经济转型期的改革成本等[③];第二,中央承担了地方的职责[④];第三,中央通过出台政策要求地方承担"硬性支出"。

2. 税制结构不合理

通过观察我国的税收归属发现,地方政府主体税种缺失。收入稳定、来源广泛的税种要么属于中央税,要么属于中央与地方的共享税,地方政府税收收入缺乏规模和质量。所以,地方政府为了扩大收入来源,导致非税收入大幅度增加。而且,我国的税收政策的制定权集中在中央,地方政府只有在城镇土地使用税和车船税上拥有决策权。这样的税收征管体制不利于地方政府因地制宜地调控地方经济。

3. 转移支付制度有待完善

由于政府间事权与支出责任划分不清晰,导致我国的转移支付的目标不明

[①] 彭健:《分税制财政体制改革20年:回顾与思考》,《财经问题研究》,2014年第5期。
[②] 胡贺波:《论中央与地方财政关系现状及改革的进一步构想》,《求索》,2007年第1期。
[③] 诸如最低生活保障、医疗制度改革、养老失业保险等社会保障体系的建立,中央企事业单位下划,调整机关事业单位人员工资等等,这些改革对全局来讲是有利的,但大规模的开支让地方财政难以承受。
[④] 主要是中央对地方的专项补助中有许多是对地方性项目的补助,如地方企业技术改造、中小城市基础设施建设、地方旅游事业发展等,事实上这等于中央介入地方事务。

确;由于职能漏洞和重叠的现象频繁,导致转移支付制度的不稳定和管理机制的不规范;由于转移支付中税收返还所占的比重较大,显然影响到地区财政均衡目标的实现。

4.3 十八大以来的政府间财政关系(2013—2018)

4.3.1 背景介绍

十八届三中全会就财税体制改革进行了部署,包括预算制度管理改革、税收制度改革以及中央地方间财政关系改革等三个方面的内容。十九大报告从三个方面对财税体制的改革提出要求:第一,加快建立现代财政制度,建立权责清晰、财力协调、区域均衡的中央和地方财政关系。第二,建立全面规范透明、标准科学、约束有力的预算制度,全面实施绩效管理。第三,深化税收制度改革,健全地方税体系。从十八大到十九大,均体现出加快建立中央与地方财政关系的重要性。建立"权责清晰、财力协调、区域均衡"的财政体制,既是我国中央与地方财政关系改革的目标,同时也是处理政府间财政关系的指导原则和方针。

1. 权责清晰、财力协调、区域均衡的内涵

所谓权责清晰,是指在科学界定各级政府提供公共产品的责任和权力的基础上,清晰地划分各级政府的财政支出和管理权力,并使财政支出责任和财政管理权力相协调,从而为社会公众提供满意的公共产品或服务。

所谓财力协调,是指各级政府承担的财政支出责任与其财力相匹配,既要确保公共职能的有效发挥和财政职能的高效履行,也要避免财力配置的失衡和错配。由于上级政府具有利用转移支付调节地区财力差异的职能,因此上级政府的财力应该适度超过其所承担的财政支出责任。

所谓区域均衡,是指转移支付通过宏观调控的方式,确保各地实现基本公共卫生服务均等化,实现整个社会的相对均衡的发展。当然,区域均衡并不意味着平均主义,应该使各地在充分发展经济的基础上,实现区域均衡发展。

2. 权责清晰、财力协调、区域均衡的相互关系

权责清晰、财力协调、区域均衡是我国建立中央与地方政府间财政关系的总目标和指导原则,三者都是总目标中不可或缺的元素,只有三者全部实现,我国政府间的财政关系才算是完整的。权责清晰、财力协调、区域均衡之间存在着紧密的联系,权责清晰是基础和前提,财力协调是条件和保障,区域均衡是目标和结果。只有各级政府间的财权和事权清晰地划分,才能实现政府间纵向财力配置和地区间横向财力配置的协调;只有地区间公共财力配置协调了,才能实现区域间

基本公共服务均等化和经济社会均衡发展。①

十八大以来的财政关系的定位特点可概括为"系统性",与过去的政府间财政单项关系相比,关系范围更加广泛了。财政关系的系统型特征主要包括三个方面,即政府之间的财政关系、政府与市场的财政关系、政府与社会的财政关系。

4.3.2 政府间财政关系

4.3.2.1 纵向财政关系

在新一轮税制改革中,主要涉及"六税一法"的改革,即增值税、消费税、资源税、环境保护税、个人所得税、房地产税和税收征管法,其中,"营改增"已于2016年5月全面推开,资源税改革顺利推进,消费税征收范围逐步拓展,税收征管体制改革已经启动,个人所得税制改革已经"箭在弦上",房地产税正在加速推进。显见,我国的纵向财政关系将面临一些新问题和新挑战。

1. "营改增"全面推进

为减少重复征税、降低企业的税负,我国主要以"营改增"为核心内容来推进结构性减税。截至2018年,"营改增"的效果已经初步显现。自2012年实施"营改增"以来,到2018年1月我国已累计减税近2万亿元,其中2017年共减税9 186亿元,比2016年增加3 450亿元。但是,由于"营改增"的全面推进,原属地方的营业税丧失了地方主体税种的地位,分税制的格局受到挑战。

2. 进一步明确中央与地方的财权和事权

2018年1月,国务院发布了《基本公共服务领域中央与地方共同财政事权和支出责任划分改革方案》。主要内容包括以下五个方面:第一,明确了中央和地方共同承担的八大类18项基本公共服务内容;第二,制定了基本公共服务保障的国家基础标准;第三,规范了基本公共服务领域中央与地方共同财政事权支出责任的分担方式;第四,完善转移支付制度;第五,对推进省以下支出责任划分改革提出指导性意见。②

3. 适度向中央集中事权和支出责任

在基本公共服务事权划分中,提高了中央财政对社会养老保险的支出责任,在基础养老金标准部分中央与地方按比例分担。除此之外,中央对第一档和第二档承担全部支出责任。其他事项上,中央政府和地方政府按5∶5的比例来确定支出责任。

4. 国税与地税机构的合并

2018年,十三届全国人大一次会议表决通过了国务院机构改革方案,将国家

---

① 齐守印:《深化纵向财政体制改革 理顺政府间财政关系》,《财政科学》,2018年第1期。
② 倪红日:《改革开放以来中央与地方财政关系的演进与展望》,《经济纵横》,2018年第6期。

税务局与地方税务局机构进行合并。根据这一方案,改革国税地税征管体制,将省级和省级以下国税地税机构合并,具体承担所辖区域内各项税收、非税收入征管等职责。国税地税机构合并后,实行以国家税务总局为主、省(自治区、直辖市)人民政府双重领导管理体制。

5. 完善地方政府债务的管理

2018年是地方债务置换的收官之年,待置换结束后,填补地方政府新增资金缺口的"新增债券"及满足债务本金到期额度的"再融资债券",将成为地方政府债券的主要成分。新预算法规定:"省、自治区、直辖市举借债务的规模,由国务院报全国人民代表大会或者全国人民代表大会常务委员会批准。省、自治区、直辖市依照国务院下达的限额举借的债务,列入本级预算调整方案,报本级人民代表大会常务委员会批准。举借的债务应当有偿还计划和稳定的偿还资金来源,只能用于公益性资本支出,不得用于经常性支出。"因此,政府债务立法的加强、地方政府债务管理体制的改革和完善,为防范金融风险奠定了基础,更重要的是完善了我国的财政体制(倪红日,2018)。

就中央和地方财政关系改革而言,区别于以往围绕中央和地方财力增减的做法,新一轮财政关系改革的目标是进一步"发挥中央和地方两个积极性"。因此,国家的战略部署是"建立事权和支出责任相适应的制度。适度加强中央事权和支出责任,其中国防、外交、国家安全等作为中央事权;部分社会保障、跨区域重大项目建设等作为中央和地方共同事权;区域性公共服务作为地方事权。中央和地方按照事权划分承担支出责任。对于跨区域且对其他地区影响较大的公共产品或服务,中央可以通过转移支付承担一部分地方事权"(高培勇,2018)。

在中央和地方财政关系改革领域,以全面营改增为契机。2016年8月,国家发布了《国务院关于推进中央与地方财政事权和支出责任划分改革的指导意见》。执行层面,部分事权上收中央,环保执法部门垂直改革已经完成。收入方面,增值税改革试点全面推行之后,制定实施了中央与地方增值税收入划分过渡方案,中央分享增值税的50%,地方分享增值税的50%,维持现有中央和地方财力大致"五五"格局。资源税从价计征全面推开之后,所有的矿产资源税收入全部为地方财政收入;水资源税按中央与地方1∶9的分成比例不变。

4.3.2.2 横向财政关系

十九大报告《决胜全面建成小康社会夺取新时代中国特色社会主义伟大胜利》指出,"中国特色社会主义进入新时代,我国社会主要矛盾已经转化为人民日益增长的美好生活需要和不平衡不充分的发展之间的矛盾"。改革开放至今,我国的经济发展和人民生活水平均得到大幅度提升,但是区域发展不平衡的现象却没有得到相应的改变,农村与城市、东中西地区发展存在着许多不平衡和不充分现象。报告还指出,"城乡区域发展和收入分配差距依然较大,必须坚持和完善我国社会主义基本经济制度和分配制度,履行好政府再分配调节职能,加快推进基本公共服务均等化,缩小收入分配差距"。这无疑为我国建立横向转移支付制度提供了良好的机会①,尤其需要对现行横向转移支付的两类典型方式(对口支援和生态补偿)进行制度性深化改革。

1. 生态转移支付制度

我国在经济飞速发展的同时,也对环境造成了巨大的压力。《2016 年中国环境保护现状与新议题》②数据显示:2015 年 338 个地级市空气检测数据中,仅有不到 2 成的城市达标,约 3 成的城市进入重度污染区,已经出现影响城市居民健康的状况。对于水资源质量而言,全国地表水资源约 40% 的水质低于四类水质,其中约 10.5% 的水质低于劣五类,检测的 468 个市(县)中,约 49% 的城市出现酸雨。③地方政府间生态补偿的横向财政转移支付也逐步在许多省份开始试点,根据资料显示,目前辽宁、山东、浙江等 8 省份都已经在行政区内的流域开展生态补偿试点工作,同时,根据相关数据统计,2015 年年底,各省区域范围内的财政横向转移支付已经超过 850 亿元④,对于流域范围的生态保护起到了至关重要的作用。⑤ 生态补偿横向转移支付体系的构建应该坚持以下五项原则。

第一,可持续发展原则。可持续发展原则下的环境关系,不仅要着眼于当代,更应该注重未来,切不可以牺牲未来人的利益来发展经济,要通过科学的生态补偿方式,让有限的资源得到合理的利用和配置,实现生态发展。第二,公平发展原则。公平发展原则下,应该在生态环境的容限内最大限度地实现价值,实现"谁受益谁付费""地区间互相合作"的公平目标。第三,政府主导原则。国外经验表明,公共产品性质的生态环境根本无法单纯依靠市场进行有效配置,因此,待到时机成熟,政府逐步介入到这一生态补偿财政横向转移的体系中,形成市场、公众积极参与的生态补偿模式。第四,激励性原则。所谓的激励性原则就是要求资金的划拨和使用绩效挂钩,促使地方政府间不断提升转移支付资金使用效率和生态产品提供能力,为地方的生态保护工作提供保障。第五,透明原则。所谓透明原则是指横向资金的使用、横向转移支付的过程、对违反横向转移支付制度的地方政府和责任人的责任追究,均应当公开透明,并遵循相关的法律、政策和规则,且及时

---

① 胡帅、程干祥:《论新时代背景下的横向转移支付——以解释论展开》,《财政监督》,2018 年第 5 期。
② 环境保护部宣传教育中心:《2016 年中国环境保护现状与新议题》,原文节选于《2017 中国社会形势分析与预测》。
③ 环境保护部和国土资源部:《2013 年中国土地资源质量公报》。
④ 根据辽宁、山东、浙江等 8 省份政府发布的相关信息统计得出。
⑤ 王德凡:《基于区域生态补偿机制的横向转移支付制度理论与对策研究》,《华东经济管理》,2018 年第 1 期。

向社会公布(王德凡,2018)。

2. 对口援建制度

经济发达地区对中西部部分落后省份的对口援建主要包括四个方面:一是对口援藏,二是对口支援三峡建设,三是对口支持抗震事业,四是对口援疆。截至2015年年底,统计数据显示,各省对口援建三峡工程建设的各类到位资金累计达到1134亿元。① 而对口援藏制度是中国实施最久的对口支援制度,在未来也会继续实施下去。对口援建制度,对于缩小区域收入差距、推动西部地区的稳定和发展、民族的团结起到了非常重要的作用。

4.3.3 政府与市场的财政关系

欧洲大陆学派认为,市场和政府并非对立关系,政府是市场的参与者,政府和经济相互作用,共生而存。② 正确处理政府和市场的关系是经济体制改革的主线。党的十八届三中全会提出,要充分发挥市场在资源配置中的决定性作用,同时要更好地发挥政府作用。习近平总书记于2016年10月初出席全国国有企业党的建设工作会议时发表重要讲话指出:必须加强和完善党对国有企业的领导并进一步调整政府与市场关系。在十九大报告中,习近平总书记进一步强调,必须"毫不动摇鼓励、支持、引导非公有制经济发展,使市场在资源配置中起决定性作用"。

进一步理顺政府和市场关系是深化经济体制改革的"牛鼻子"。深化经济体制改革是一个系统工程,涉及市场体系、宏观管理、社会保障等诸多方面。其中,政府和市场关系居于核心位置。改革开放以来,我国的经济发展已经取得了历史性成就,但发展中还存在一些突出问题,如发展质量还不高、创新能力不够强、民生领域还有不少短板等。理顺政府和市场关系,是解决发展不平衡不充分问题的关键,是进一步推动经济体制改革的"牛鼻子"。

充分发挥市场在资源配置中的决定性作用,是党对中国特色社会主义建设规律认识的一个新突破。从本质上说,经济发展就是要提高稀缺资源的配置效率,以尽可能少的资源投入生产获得尽可能高的效益。理论和实践都证明,市场配置资源是最有效率的形式。习近平总书记指出,市场要活,就是要使市场在资源配置中起决定性作用,主要靠市场发现和培育新的增长点。在供求关系日益复杂、产业结构优化升级的背景下,涌现出很多新技术、新产业、新产品,它们往往不是政府发现和培育出来的,而是市场竞争的结果。

政府与市场本该是相互补充、相辅相成的。市场与政府对于资源的配置方式

---

① 支援三峡工程建设的总资金通过各支援省人民政府官网发布的信息统计。
② 李俊生、姚东旻:《重构政府与市场的关系——新市场财政学的"国家观""政府观"及其理论渊源》,《财政研究》,2018年第1期。

都是我国社会主义经济发展的必要手段,所以我们必须将市场与政府结合起来,正确处理市场与政府关系。充分尊重市场规律并发挥社会主义制度的自身优势形成"有效市场",同时更好地发挥政府作用实现"有为政府",为市场经济发展提供良好的公共服务和社会保障,使"看得见的手"和"看不见的手"紧密联系起来,形成良性互动,更好地激发市场活力,推动市场经济健康发展。

4.3.4 政府与社会的财政关系

十八大以来,党和国家提出要解放和增强社会活力,正确处理政府与社会的关系。[①] 国务院相继出台政策支持社会组织提供公共服务,推动社会组织承接政府转移职能。与以往政府对社会组织采取双重管理、限制发展等逻辑不同,政府开始对社会组织采取合作互动逻辑,这意味着政府与社会组织的关系出现了新动向。[②]

社会作为一个多元化主体,可以有效地避免政府在官僚制度之下的低效,承担一些政府部门不该做或做不好,企业做却未必有效的社会事务。社会已逐渐成为有效弥补市场失灵和政府失败的重要国家治理主体。治理的最终目标是善治,即实现政府与社会对公共生活的合作管理,实现公共利益最大化。合作是指在国家治理中政府不再是唯一的治理主体,政府与社会都是国家治理的重要主体,通过对话、谈判与协商形成良好的互动与合作。伙伴是指政府与社会在国家治理中不再是单纯的统治与被统治、管理与被管理的关系,社会既是被管理者,又是治理主体,是一种相互依赖与优势互补的关系。

在国家治理现代化体系中,政府与社会资本的合作伙伴关系应体现在以下主要方面:在政策制定方面,政府要以开放的姿态邀请社会组织参与公共政策的制定,以获得社会对公共政策的认同和支持,社会组织通过合法的渠道表达自己的诉求,确保公共政策的公共性和寻求公共利益的最大化;在经济发展方面,政府要积极吸纳社会资本并严格保护社会资本不受政府权力的侵犯,社会资本要积极融入国家经济建设,推动经济可持续发展;在社会治理方面,政府与社会应携手合作,通过对话与协商,消除疑虑与矛盾、增进互信与合作,共同管理社会公共事务和维护社会和谐稳定。

自 2013 年以来,我国出台相关的政策文件,积极采用 PPP 模式来提供基础设施产品。2014 年以来国家把 PPP 模式的研究和应用推向高潮。国家分别颁布了《国务院关于加强地方政府性债务管理的意见》《关于推广运用政府和社会资本合

---

① 《十八大以来重要文献选编》(上),中央文献出版社,2014,第 1—44 页、第 511—546 页。
② 郁建兴、沈永东:《调适性合作:十八大以来中国政府与社会组织关系的策略性变革》,《政治学研究》,2017 年第 3 期。

作模式有关问题的通知》《国务院关于深化预算管理制度改革的决定》《财政部关于印发政府和社会资本合作模式操作指南(试行)的通知》、财政部印发的《PPP项目合同指南(试行)》《政府和社会资本合作项目财政承受能力论证指引》。其中《国务院关于加强地方政府性债务管理的意见》积极推广使用PPP合作模式,并明确提出PPP模式是处理和改善地方债务的重要方式,把PPP研究和运用推向热潮。《财政部关于印发政府和社会资本合作模式操作指南(试行)的通知》《PPP项目合同指南(试行)》《政府和社会资本合作项目财政承受能力论证指引》这三个文件则具体规定了PPP模式运作规范和方法。① 截至2017年第三季度,累计入库PPP项目17.8万亿元,落地4.1万亿元,2017年第三季度,新增入库项目总投资1.44万亿元,新增落地项目总投资0.8万亿元,入库PPP项目落地率35.2%;入库PPP示范项目共697个,总投资1.8万亿元,已签约落地项目572个,投资额1.47万亿元,落地率82.1%。

4.3.5 总结与概括

我国的财政收支矛盾突出,一方面是由于收入增长动力降低,另一方面是由于支出压力加大。而财政收入放缓主要由于以下几个原因:第一,2016年5月1日全面实施"营改增",结构性的减税使得税收收入缩减;第二,"营改增"使得地方政府的主体税种缺失,进一步加重了我国地方政府的财政收支矛盾;第三,地方债务平台的限制,使得地方政府依靠发行债券举债的权利被制约;第四,地方政府依靠拍卖土地获得地方税费收入的方式变得不可持续。在财政支出领域,各项改革的推进,使得政府面临的支出压力加大,尤其是在供给侧结构性改革的背景下,需要政府在基础设施、民生保障等领域给予大力支持。以上的种种因素,都导致我国的地方财政收支矛盾加剧,对财税政策的实施空间与实施效果构成了一定的考验。②

十八大以来,在党中央、国务院的领导下,财税体制改革进展明显。十九大报告更是为新一轮财税体制的改革指明了方向,进一步明确了新时代财税体制改革的步骤和方向。2014年8月全国人民代表大会常务委员会通过了《预算法修订案》,这一举措意义重大,为深化财税体制改革全局奠定了法律基础。我国的预算制度改革有了突破,财政信息公开步伐加快,预算统筹力度不断提高,财政支出标准体系进一步完善,支出绩效管理进一步推进,地方政府债务管理更加规范、透明。中央和地方的财政体制的重心更加明晰。2016年8月,《国务院关于推进中

---

① 周正祥、张秀芳、张平:《新常态下PPP模式应用存在的问题及对策》,《中国软科学》,2015年第9期。

② 马海涛、郝晓婧:《供给侧结构性改革下财税政策的基本取向与具体思路》,《公共财政研究》,2018年第1期。

央与地方财政事权和支出责任划分改革的指导意见》的出台为深化中央和地方财政关系改革提出了明晰的路径。2018年2月,《国务院办公厅关于印发基本公共服务领域中央与地方共同财政事权和支出责任划分改革方案的通知》的发布,表明我国在中央与地方共同事权划分方面取得了突破性进展。我国税制改革稳步推进。"营改增"转型基本完成;资源税改革顺利推进;环境税已经于2018年1月1日起施行;个人所得税和房地产税正处于立法研究阶段。虽然我国财税体制改革成效显著,但是我国的税制结构仍不合理,突出表现在间接税比重过大、间接税面临萎缩。个人所得税和房地产税的改革,困难重重、"裹足不前"。以"营改增"为代表的间接税改革是以减税为主的,以个人所得税和房地产税为代表的直接税改革则是增税导向,两种改革的不平衡状态所带来的直接结果便是,间接税收入最终减下来了,直接税收入并未相应增上去,由此带来的财政收入亏空只能通过增发国债、赤字的方式加以弥补(高培勇,2018)。

第 5 章 政府间财政关系若干基本理论

5.1 政体与财政体制的关系

改革开放以来,我国不断推进财政体制的改革,国内外的学者从不同的角度梳理了我国财政体制改革的轨迹,大致分为两种观点:一种观点认为我国的财政体制是准联邦制,而另一种观点则认为应该属于财政联邦制。Peter Groenewgren 认为我国的财政体制属于没有严格定义的联邦结构。[1] 鲍尔认为从严格意义上来说中国不是联邦制国家,但是中国的财政体制具有联邦制度的特征。[2] Carsten Herrmann-Pillath & Zhu(2006)认为中国经历了一场静悄悄的联邦化。[3] Tsai(2004)认为中国的财政体制正在慢慢演进为联邦制。[4] Zhu & Krug(2005)认为中国的财政体制就是联邦制。[5] Weingast(1995)提出市场维护型联邦制的五大条件,并认为 18 世纪的法国、19 世纪的美国以及中国都属于市场维护型联邦制。[6] Jin 等(2005)提出了我国属于市场维护型联邦制的背景。[7] Montinola 等(1995)认为中国的财政体制属于"中国式的联邦制"。[8] 克鲁格(2004)认为 1994 年中国的分税制改革反映了国家、征税部门、纳税人之间的互动,从而导致"事实上的联

---

[1] Peter Groenewgren:《财政联邦主义》,《新帕尔格雷夫经济学大辞典》第 2 卷,经济科学出版社,1996。

[2] 〔美〕罗伊·鲍尔:《中国的财政政策——税制与中央及地方的财政关系》,中国税务出版社,2000。

[3] Herrmann-Pillath C,Zhu Q, "Stille Föderalisierung oder kalte Desintegration? zum institutionellen Wandel des chinesischen Steuerstaates", 2006,67(10):555—559.

[4] Tsai K S, "Off balance: The unintended consequences of fiscal federalism in China", *Journal of Chinese Political Science*,2004,9(2):1—26.

[5] Zhu Z, Krug B, *China's Emerging Tax Regime: Local Tax Farming and Central Tax Bureaucracy*, Social Science Electronic Publishing,2005.

[6] Weingast B R, "The Economic Role of Political Institutions: Market-Preserving Federalism and Economic Development", *Journal of Law Economics & Organization*,1995,11(1):1—31.

[7] Jin H,Qian Y,Weingast B R, "Regional decentralization and fiscal incentives: Federalism,Chinese style", *Journal of Public Economics*,2005,89(9—10):1719—1742.

[8] Montinola G,Qian Y,Weingast B R, "Federalism,Chinese Style: The Political Basis for Economic Success in China", *World Politics*,1995,48(1):50—81.

邦制"。①

也有很多的学者认为我国应该属于财政联邦制。② 陈抗将中国的财政体制定义为财政联邦制。朱军(2012)认为由于我国政治上属于单一制,从而我国的财政体制属于单一制政治体制下的财政联邦制。王世涛(2010)认为中国是一个带有联邦制因素的单一制国家,中国目前区域发展不平衡、财力悬殊,如果中国推行宪政联邦制而不是单一制,会加剧社会矛盾以及地区的不平衡,在不改变单一宪政体制的前提下,中国的财政分权仍然可以继续推广。冯兴元(2011)认为对我国财政体制较准确的定位应该是"准财政联邦制",首先因为我国在财政集权下有一定的事实分权与财政制衡;其次因为我国的财政体制符合多数的修正后的财政联邦制原则;最后因为我国没有正式的联邦制框架。一般而言,任何国家都带有集权与分权的特征,只不过二者所占的比重不相同。因此,还有一些学者认为中国是单一制和联邦制的混合体,如毛寿龙教授认为,中国的国家结构其实兼有单一制和联邦制的特点。

财政体制是划分各级政府财权、加强中央宏观调控、协调地区发展的一项重要制度安排。③ 国内学者对财政体制的研究主要集中于财政体制的变迁轨迹、经济效率,以及关于财政体制进一步改革的研究等。第一,关于财政体制变迁轨迹的研究主要有许莉和万春(2010)、刘卓珺和于长革(2010)、闫坤和崔潮(2012)、贾康(2013),以及闫坤和马蔡琛(2013)等,其中,杨志勇(2006)对我国财政体制改革的理论进行了回顾与展望,分析了计划经济、财政包干制与分税制下的财政体制,并进行了国际经济比较;彭健(2014)分析了我国财政体制改革的路径后,认为分税制改革是我国改革开放以来影响最深远的一次财政体制创新。这些关于我国财政体制改革历史变迁的研究,为我国财政体制进一步改革提供了前瞻性的指导。第二,关于经济效率的研究主要有陈抗等(2002)、陈硕(2010)、张少军和刘志彪(2010)、朱军(2012)、马万里和李齐云(2017)等。其中,陈抗等(2002)认为,资源的分配方式会引起地方政府利益机制与行为的改变,并通过构建一个中央与地方政府的博弈模型,发现虽然中央政府从财政集权中获益,但是经济增长速度会因为集权程度的提高而下降。陈硕(2010)认为,财政分权而不是集权会改善公共产品的供给效率。张少军和刘志彪(2010)认为,我国财政分权和以 GDP 考核为

---

① 莱克在《联邦制:起源、运作与意义》一书中对"事实上的联邦制"做了界定,他认为联邦制需要满足两个基本的条件:其一是分权,即中央与地方政府各有明确的事务范围,并且在各自范围内享有充分的自主权;其二是制衡,即地方政府有足够的制度保障或政治实力。一个政治体制如果满足这两个条件,无论是否以联邦制为名,都是事实上的联邦制。

② 中央集权(甚至极权)国家并不意味着绝对没有地方分权。作为中国第一个集权专制的封建政体,秦朝在各地最早施行郡县制,地方政权单位的确立成为中央集权的基础。

③ 苏明、王化文:《中国财政体制改革研究》,《经济研究参考》,2011 年第 50 期。

标准的政治晋升机制之间存在激励不相容性。朱军(2012)认为当前我国的财政分权格局使中央财政和地方财政处于一种失衡的格局。马万里和李齐云(2017)认为地方政府在为经济发展伸出"救援之手"的同时,也向市场经济伸出了"掠夺之手",主要变现为地方政府对环境问题、社会公平与城乡协调发展等问题缺乏热情,表现出地方政府的"不作为"。第三,关于财政体制进一步改革的研究主要有张馨(1996)、贾康和阎坤(2005)、徐博和马万里(2013)、黄杰华(2014)等,其中,张馨(1996)从双元财政理论出发,认为我国的财长体制改革应该是分税与分利相结合的财政体制。① 贾康和阎坤(2005)认为,在中央不可能对财政体制进行大修改的情况下,应该将近期目标定为缓解基层财政困难,调动基层财政积极性,推行"以奖代补"的试点上。徐博和马万里(2013)认为,现行财政体制改革应由"财力之维"转向"事权之维",进行路径转换和事权内外重构、事权纵向"归位"与事权横向分解,实现政府事权划分的内外清晰、上下分明与横向互动,最终达至政府事权划分的"横向到边"与"纵向到底"。② 黄杰华(2014)认为,我国进一步的财政体制改革,需要建立事权与支出责任相匹配的财政制度,破解城乡财政困境。

5.2 界定财政体制的原则

财政体制是指中央与地方,以及各级地方政府之间在财政收支划分和财政管理权限划分上的一项根本制度。早在19世纪末,Bastable在其《公共财政学》中就提出财政体制划分的三个原则:一是受益原则,如果公共物品的受益对象为整个国家的居民,则由中央政府负责提供,否则由地方政府负责;二是行动原则,如果必须在整个国家的范围内作规划才能提供的公共物品,则由中央政府负责,其余的由地方政府负责;三是技术原则,如果提供某一些公共物品要求较高的技术水平才能实现,则由中央政府负责,否则由地方政府负责。③

20世纪下半叶,以Oates为代表的学者们研究了美国联邦政府和地方政府的事权划分,并逐渐形成了"财政联邦主义"理论。④ 财政联邦理论主要关注不同的政府职能应该由哪个级次的政府来履行。⑤ 布朗等(2000)认为传统的财政联邦制存在八项原则,即多样性原则、等价原则、集中再分配原则、区位中性原则、集中稳

---

① 双元财政理论的问题请参见张馨:《我国财政体制的双元模式》,《国有资产研究》,1996年第3期。
② 徐博、马万里:《财政体制改革的制度匹配:解析路径转换与模式再造》,《改革》,2013年第10期。
③ 〔英〕巴斯特布尔:《公共财政学》,吴寿彭译,中国财政经济出版社,1990。
④ 于树一、周俊铭:《我国政府间财政事权与支出责任划分:一个理论综述》,《财政监督》,2018年第5期。
⑤ 冯兴元:《财政联邦制:政府竞争的秩序框架》,《制度经济学研究》,2011年第1期。

定原则、溢出效应的纠正原则、基本功公共服务的最低供应原则、财政地位的平等性原则。① 总体上看，布朗等对财政联邦理论的原则的整理是比较精确的。而修正后的传统财政联邦制在布朗等人的基础上，用"相对集中再分配原则"替代"集中再分配原则"，用"中央政府税收的区位中性原则、地方政府税收竞争原则"替代"区位中性原则"，但是这些原则之间有时是相互冲突的，例如多样性原则和地区相对中性原则，因此往往需要权衡这些财政体制的效益与成本，来优化财政体制。完美型财政联邦制则在修正后的传统财政联邦制的基础上增加了辅助性原则和维护个人基本自由和权利原则（其中隐含民主财政原则），其中辅助性原则是指中央政府只发挥辅助性作用，尽可能将事务交给最低层级的政府来处理。② 对于那些符合"完美型财政联邦制则"，且有正式的联邦制框架的财政体制属于完美型财政联邦制，其经济效率和宪政效率均最高；那些符合"完美型财政联邦制则"，但没有正式的联邦制框架的财政体制属于事实的完美型财政联邦制；那些符合"传统财政联邦制则"，但在满足辅助性原则和维护个人自由与权利原则上有欠缺，且有正式的联邦制框架的财政体制属于传统的财政联邦制；那些符合"传统财政联邦制则"，但在满足辅助性原则和维护个人自由与权利原则上有欠缺，但是没有正式的联邦制框架的财政体制属于事实的传统财政联邦制；那些符合多数"传统财政联邦制则"，但在满足辅助性原则和维护个人自由与权利原则上有欠缺的财政体制，则无论是否有正式的联邦制框架，都属于准传统财政联邦制；那些不符合多数完美型财政联邦制原则，且不符合多数传统财政联邦制的财政体制则属于非财政联邦制。③

有些学者和实际工作者针对中国的国情，提出了不同的财政体制划分原则。在统收统支的财政体制下，我国遵循着"事权与财权相统一"的原则，1980年实行的"划分收支、分级包干"的财政体制，也以"事权与财权相统一"为指导。1994年实行分税制以来，关于我国分税制改革的原则一直争议不休。其中，关于我国分税制原则主要有以下六种观点。一是财权与事权相统一的原则。李炜光（2008）提出，我国应该建立财权与事权相统一的财政体制。二是财力与事权相匹配的原则。刘尚希（2013）认为，为了使地方政府有效地履行职责，支出责任的划分要有明确的规划，以期更大程度上匹配财力与事权；李齐云（2013）认为，市场经济条件下无法实现财权与事权匹配，会带来财政收支缺口；楼继伟（2013）提出了收支划

---

① 〔英〕G.V.布朗和P.M.杰克逊：《公共部门经济学》（第四版），中国人民大学出版社，2000。
② 根据维基百科，辅助性是一种组织原则，政府事务应该交给最小、最低层次或者权力最分散的当局来处理。
③ 冯兴元：《财政联邦制：政府竞争的秩序框架》，《制度经济学研究》，2011年第1期。

分的不同标准,因此按收支数额衡量"财权与事权相匹配"不可能成为分税制的原则。① 三是财权与事权顺应基础上的财力与事权相匹配的原则。王恩奉(2011)认为,分税制的关键是财权与事权,但是财力包括财权而不能取代财权,因此我国的分税制财政的体制目标应是"在财权与事权相顺应的基础上,力求使各级政府的财力与事权相匹配"。四是财力与公共服务职责间接匹配的原则。倪红日(2007)将公共服务支出与收入的匹配分为直接匹配和间接匹配两种方式,与此对应的是两种财政体制。五是马海涛(2013)提出的"财力与事权相匹配和财权与事权相匹配"的原则。六是支出责任与事权相适应的原则。柯华庆(2013)认为,财权与事权相匹配原则和财力与事权相匹配原则都忽视了各级政府的支出责任。

文伯安(1993)认为,构建我国社会主义市场经济的财政体制应该坚持三个原则:一是资源配置以市场为基础,财政宏观调控的原则;二是公平和效率兼顾的原则;三是分级财政、中央主导的原则。② 张馨(1997,2004)将中国的财政体制概括为"体制原则论",并认为"统一领导,分级管理"是我国财政体制的基本原则。③ 贾康和白景明(2003)认为,在公共财政的框架下,我国应该坚持"一级政权、一级事权、一级财权、一级税基、一级预算、一级产权、一级举债权"的原则。④ 陈岐山等(2004)认为,经济体制的改革必然带动财政体制的改革,且财政体制的改革应坚持统一领导、分级财政的原则,与国家政权结构和国家经济管理体制相适应的原则,以及财权与事权统一、权与责要结合的原则。⑤ 杨志勇(2014)提出现代财政制度的建立需要坚持五个原则:一是放眼世界与立足国情相结合;二是有利于国家治理能力的现代化;三是有利于促进社会公平正义;四是有利于市场在资源配置中决定性作用的发挥;五是有利于宏观经济稳定。⑥

财政体制的核心内容主要包括政府间财政配置与事权的划分和建立规范的政府间转移支付制度,有关这两个方面的相关文献梳理如下:

1. 政府间财政配置与事权划分的原则

罗伊·鲍尔(Roy Bahl,2011)认为,目前对于政府向公众提供产品方面,就像盲人摸象一样,在分权的细节上做得还不够。一般来说,衡量财政分权是否达到改善社会福利的目的,是否达到帕累托改善的效果,往往都要考虑到:对经济增长的贡献,公共产品的提供每变动一边际单位的时候,是否可以改善公共物品的数

---

① 楼继伟:《中国政府间财政关系再思考》,中国财政经济出版社,2013。
② 文伯安:《论构建新财政体制的原则与模式》,《湖南经济》,1993年第12期。
③ 张馨:《比较财政学教程》,中国人民大学出版社,1997。
张馨:《比较财政学教程(第二版)》,中国人民大学出版社,2004。
④ 贾康、白景明:《中国地方财政体制安排的基本思路》,《财政研究》,2003年第8期。
⑤ 陈岐山、张清华、赵尊华:《我国财政管理体制的变迁与原则》,《经济纵横》,2004年第10期。
⑥ 杨志勇:《现代财政制度:基本原则与主要特征》,《地方财政研究》,2014年第6期。

量,以及是否有助于制度的创新等。除此之外,财政分权往往还要考虑到央地之间的政治责任。在政府事权的划分与安排上,往往需要遵循一些原则,主要包括以下部分①:

(1) **受益原则**。根据某项公共产品或服务能够使多大范围内的居民受益的原则,来确定这项公共产品或服务应该由中央政府还是地方政府来承担。具体表现为,如果某项公共产品或服务可以使全国人民受益,则应该由中央政府来负责提供,例如国防、外交等;相反,如果某项公共产品或服务的外部性只是限定于某一具体地区,区域外的居民很少能够享受到该外部性,则该公共产品或服务应该由地方政府来负责提供,如地方交通、地方医疗等;如果某项地方公共产品或服务具有很强的外部性,可以对其他区域产生很强的有利或不利的影响,则该项公共产品或服务应该由上级政府承担或由该地区与受益的地区政府共同来提供,共同负担成本;如果某项地方公共产品或服务具有很小的外部性,会对其他区域产生很小的影响,则该项公共产品或服务应该由地方政府提供,同时上级政府应该通过转移支付的方式,提供相应补贴。

(2) **效率原则**。根据政府提供公共产品或服务效率的高低,决定到底是由中央政府还是地方政府来提供公共产品,从而可以达到帕累托改善的目的。当然,此处的效率不仅是指行政效率,更是指公共物品是否能够最大限度地满足公众的需求和偏好。地方政府明显拥有信息优势的关于地方经济发展的事权,或者中央政府处理起来容易形成信息不对称的事权,一般交给地方政府来提供。

(3) **成本收益原则**。公共物品的提供应该考虑到社会总收益和社会总成本的比较,但是由于公共产品由政府来提供,不能像私人产品一样可以在市场中通过价格机制判断其价格。如何对其进行成本效益分析,是实践工作中面临的一个难题。

(4) **激励相容原则**。当存在道德风险的时候,如何设计机制保证拥有信息优势的一方不会利用其拥有的信息损害另一方的利益,并按照另一方的意愿行动,实现整体的帕累托最优。

(5) **区域均等化原则**。要想保证一国的不同地区居民获得大致相同的公共产品或服务,可以对公共产品或服务进行差异化提供,缩小地区差距,促进社会公平,发挥收入再分配的功能。并且,由于各地经济发展的不均衡,地区之间的差距往往很大,这就需要中央政府出台政策或提供转移支付等进行支持。

(6) **政治原则**。财政分权的初衷是希望政府能够更加富有成效地提供公共产

---

① Bahl R,"The Fiscal Health of State and Local Governments: 1982 and Beyond", *Public Budgeting & Finance*, 2010, 2(4):5—22.

品或服务,同时公众能积极地参与地方事务管理,政府可以通过公共选择来决定公共物品的供给,而分权程度则主要取决于国体和政治制度。一般而言,联邦制国家比单一制国家的财政分权程度更加彻底。[①]

2. 建立规范的政府间转移支付制度

财政转移支付的目的主要是解决各级政府间纵向和横向不平衡问题,最终实现各地公共服务水平均等化。美国经济学家尚恩(1994)就转移支付体系的有效性给出了六条基本原则:第一,要保证各级政府的财政收支平衡,即不能过度转移支付使得中央政府出现赤字而地方盈余,反之亦然;第二,要使得各地方的基本公共服务均等化,即对那些支出缺口越大的地区补助越多;第三,鼓励地方政府努力征税和降低支出,转移支付要避免降低地方政府的征税积极性和支出规模的过度膨胀;第四,转移支付要有一套客观的标准,避免由此产生寻租和腐败问题;第五,转移支付要公开透明、长期稳定,使得地方政府对上级政府的转移支付具有较准确的预期;第六,对于条件性转移支付要有中间过程的监督和事后的评估,使得该项支出达到预期的目的。

转移支付是分税制财政体制的重要组成部分。规范的分税制在界定财权、事权的基础上,必须有相配套的财政转移支付制度,否则很难发挥其财政调节作用。[②] 为使我国的财政转移支付政策工具作用得到有效发挥,应该遵循以下三项基本原则(顾建光,2008)。

科学合理、规范统一的原则。财政转移支付制度的科学性与合理性,是决定该制度能生存的前提条件,而规范统一是财政转移支付制度的内在要求。以规范统一的财政转移支付制度取代目前的税收基数返还、专项补助等分散支付方式,可以排除人力因素的影响,确保转移支付制度的高效实施。

效率优先、兼顾公平的原则。财政转移支付制度,不仅可以弥补财政收支缺口,也可以实现横向均衡与纵向均衡。地区财力差距过大,不仅会使地区经济和社会发展差距拉大,同时会使公共服务水平差距拉大,资源低效配置,贫富矛盾加剧。

公正透明、注重绩效的原则。在测定与分配财政转移支付资金额度时,要一视同仁,并根据各地区的实际情况,统一考虑客观因素,运用客观变量对每个地区的财政收入能力和支出需求进行系统的测算,并以标准化的公式计算出拨款额度,从规模安排、因素采集、标准核定等各个环节上做到公开透明。在额度计算

[①] 联邦制发达国家的平均分权程度在20世纪70年代高达50.25%,80年代下降为46.75%,90年代回升至47.93%;而单一制发达国家的财政分权程度自20世纪70年代以来不断地下降,70年代的分权程度为38.68%,80年代的分权程度为35.72%,90年代的分权程度为34.43%。

[②] 李松森、盛锐:《完善财政转移支付制度的思考》,《经济纵横》,2014年第3期。

上,涉及财政转移支付的各种数据和信息要真实、准确、完整、透明。同时,要注重财政转移支付的绩效考核。在资金使用上要做到三条:一是弥补财政缺口而并非弥补财政赤字;二是保证最基本的公共服务水准而非平均主义;三是减轻对经济发展的影响的同时不影响市场配置资源的基础作用。①

5.3 财权与事权的关系

财权与事权关系的相关理论对于理顺政府间财政关系具有重要的意义。政府的事权是指每一级政府在公共事务和服务中应承担的义务与职责。财权是指在法律允许下的各级政府负责筹集和支配收入的财政权力,主要包括税权、收费权以及发债权。近年来国内外学者关于财权与事权的相关理论不断发展,结合我国的相关实践,产生了一些具有指导意义的理论创新。

5.3.1 国外相关理论综述

关于财政分权的相关理论为政府间财权与事权划分提供了理论依据。西方众多学者以提供公共产品和服务的效率出发,对政府间的财权事权划分做了大量的研究。其中"财政分权理论"以及该理论的后续研究是处理各级政府间财政关系的主要理论基础。

传统的财政分权理论认为资源配置的权力只有更多地向基层政府倾斜,才能够更好地发挥基层政府服务公众的作用。这一理论的代表人物有蒂布特(Tiebout)、马斯格雷夫(Musgrave)和奥茨(Oates)。蒂布特提出了对于财政分权具有划时代意义的"用脚投票"理论。根据该理论,通过财政分权,居民和地方政府自由选择,可以提高公共物品和服务的效率。马斯格雷夫一方面肯定了多级政府存在的必要性,另一方面运用相关的数理模型分析了由哪一级政府承担资源配置职能、收入分配职能与经济发展等职能的问题。奥茨则认为,由于地方政府更加了解居民的偏好,由地方政府提供帕累托有效的产品量会更加有效。

西方传统的财政分权理论为处理政府间财政关系提供了重要的理论依据。然而,随着社会经济的发展,各国的经济、社会、政治体制愈加纷繁复杂,传统财政分权理论的有些观点并不能适应社会以及经济发展的需要。在传统财政分权理论框架的基础上,以钱颖一和罗兰(Qian and Roland)等为代表的新一代财政分权理论在关于政府间财权与事权划分的问题上更加重视政府的积极性,并且引入了激励相容与机制设计学说。

---

① 顾建光:《完善我国财政转移支付制度研究》,《财经论丛》,2008年第5期。

5.3.2 我国相关理论综述

我国理论界对于政府间财权与事权关系的广泛关注始于分税制改革,并且伴随着分税制改革的不断深入,相关研究深入到财权与事权关系的各个领域。众多学者从政治学、经济学、法理学等研究视角深入剖析了我国政府间财权与事权关系的处理问题,并提出了有针对性的建议。

我国学术界对于政府间财权与事权相关理论关注的时间节点集中在 1994 年分税制改革。早期的研究对于财权、事权的界定与划分提出了初步的思路。有研究指出中央和地方政府职权范围的划分工作不仅属于政治体制改革的范畴,也与财政体制改革密切相关(王绍飞,1989)。1994 年的分税制改革将政府间财权与事权划分的问题推上关注焦点。有研究指出理顺政府间财政关系就务必要涉及财权与事权划分的问题,而我国政府职能的划分与界定不够明确,不利于事权的科学划分(孙开,1994;谢旭人,1995)。

随着分税制改革的逐步推进,改革伴随的财权与事权不匹配的相关问题逐渐显现。对于财权与事权不匹配问题,学者们进行了深入的探讨。贾康(2004)认为,财权与事权的匹配要根据"一级财权"与"一级事权"的原则。建议地方政府退出一般竞争性领域,履行好提供地方公共物品的责任。在财权方面,各级政府可以通过税收安排、税种的合理划分拥有自己稳定的税收收入。当前我国财权与事权的匹配方式属于间接的匹配方式,这种间接的匹配方式在一定程度上导致了地方政府财政收支矛盾。究其原因在于收入划分不考虑地方政府本级的收入和支出状况,而是在中央集中收入后通过转移支付实现地方政府本级的收入和支出匹配。这也就导致地方政府的财政收入和公共服务管理责任不是直接匹配,财权和事权是间接匹配的(倪红日,2007)。

近年来的研究在以往财权与事权匹配的基本思路上,进行了更加深入的探讨。其中有关处理财权与事权关系应该同时关注的其他问题中,公共服务均等化问题是重点。基于基本公共服务均等化的目标,有研究提出政府间的事权与财权的科学划分不仅仅涉及单纯的政府职能问题,更深层次的考虑在于理清市场与政府的关系,要遵循市场优先的原则(孔凡河,2010)。从财权与事权两个方面展开来看,财权上要保证地方政府的财力,调整中央政府与地方政府的税收关系。在事权上靠法律保证消除上下级政府间的讨价还价问题,全国受益的公共物品和公共服务由中央来承担,地方受益的公共产品由地方政府提供(郑培,2012)。

除了财政学的视角,有些学者从政治学、经济学、法理学的角度对于政府间财权事权划分进行了研究。寇铁军、周波(2008)从政府间财权事权划分的法治化选择的视角,认为要由宪法或法律明确规定和具体划分中央政府与地方政府的职责权限和支出责任,最终实现政府间事权财权划分法治化。赵和楠(2012)认为,政府间事权划分的政治学依据是政府利益理论,而有限政府理论的内在要求限制了政府间事权与财权的划分。寻租理论为中央政府以法律形式确定政府间事权和财权划分以限制社会资源的浪费提供了理论依据。交易成本理论对我国事权与财权划分的借鉴意义为:政府间财权事权的划分产生的预期效应与交易成本理论下政府改革的取向一致。

5.3.3 与我国实践相匹配的理论创新观点

基于我国财权与事权匹配中的现状以及问题,社会各界提出了一些与我国实践相匹配的解决思路,主要体现在三个方面:一是省以下财政体制改革的补充机制;二是政府间财政关系处理原则;三是政府间财政关系处理涉及的公平与效率问题。

2004年的分税制并未对省以下财政体制改革做出明确的规定,由此在实践中会出现分税制收入效应在各级政府间层层传递。省级政府的财力越来越集中,而与此同时省以下政府的基本事权却越来越集中。省以下政府的财权与事权不匹配的现象严重,分税制无法起到平衡地区差异的作用,反而恶化了地区间财力的差距。针对这一现象,李炜光(2008)认为,我国行政体制改革的重点应放在"减少行政层级"上面,"着力"建设中央、省、市(县)三级行政架构,使事权的划分清晰化、合理化。这样就可以使省以下的分税制由原来五级架构下的"无解",变为三级架构下的"柳暗花明",构建起与事权相匹配的分级财税体制,再配之以中央、省两级自上而下转移支付制度的完善,必能有效地缓解基层财政困难。李齐云、马万里(2012)的一项研究认为,在我国政治集权与经济分权为核心特征的财政分权状态下,政府间财政关系改革应该首先构建财力与事权相匹配的运行机制,其次是设计中长期改革战略,最后按照一级政府事权的不同层次对财力与事权匹配进行模式再造。

由于当前我国中央政府和地方政府财权与事权划分的缺陷,导致省以下政府财政困难,减弱了地方政府提供基本公共服务的能力。合理配置各级政府的事权与财权,逐步实现基本公共服务均等化,成为当前我国经济社会发展面临的紧迫任务。对于这一问题,有研究认为需在明确各级政府的事权基础上,完善税收体制改革,合理划分各级政府的财权,然后通过规范的转移支付制度,解决中央与地方政府间的事权、财权不平衡问题,从根本上保证地方财政收支平衡,最终实现基本公共服务均等化(孔凡河,2010;孙德超,2012)。

有些学者认为,分税制改革处理政府间财政关系的原则应该是事权与财权、财力相匹配更合理(杨志勇,2015)。有些学者深入剖析事权与财权、财力相匹配主要的障碍,主要包括:中央和地方政府间事权划分缺乏稳定性以及确定性;国有产权收益不规范严重制约了事权划分进展;相关制度缺乏稳定性影响事权划分;

事权划分应改变主要与税收关联的做法,而与全口径政府收入对应等等。

除了以上观点,张光(2017)从公平与效率的视角分析了当前我国中央政府与地方政府事权划分的不合理之处,认为当前基本养老保险、城乡居民基本医疗保险等社会化保险支出存在效率低下以及不公平的现象,主要体现在:一方面,该项支出实行的是零碎化的市县统筹,全国众多的运营机构耗费巨大的行政管理成本,并且社保资金的保值增值效率低下;另一方面,人口老龄化严重,退休人口多的地区相对于人口结构年轻的地区处于不利的地位。因此,基本养老保险、城乡居民基本医疗保险等社会化保险支出执行责任,按照效率和公平的原则,应当成为中央的财政事权,并且由于相关工作不涉及服务的供给,能够实现在全国统筹统一运行的平台上进行。

5.4 政府间财政关系的范畴、目标与手段

5.4.1 政府间财政关系的范畴及其界定

政府间财政关系,通常也称为财政管理体制,是确定政府职能和公共资源配置方式,是现实迫切需要研究的重大关系问题。一般而言,政府间财政关系就是指同一国家内不同层次政府以及同层次政府之间的各种类型财政资源的分配原则、办法等调节机制的总和,包括合理划分财权与事权、建立分级负责的政府体系。

从政府间财政关系的不同层级、政府间财政关系涉及的财政管理活动、政府间财政关系的基本模式等三个角度,可以较完整地梳理政府间财政关系的范畴及其界定。

1. 中央与地方政府的财政关系

从政府间财政关系的层级划分,财政关系主要包括中央政府与地方政府之间的财政关系,以及地方政府上下级之间的纵向财政关系。另外,在实践中还存在同级政府之间因为某种联系而存在的横向财政关系。从纵向的政府间财政关系来看,其在任何多层次政府架构的国家都是一种客观存在,与国家的政体结构有着内在联系。按照行政级次的划分,世界上很多国家的纵向财政关系是指中央政府与地方政府之间,或者地方上下级之间的财政关系。在我国,地方政府是指省以及省以下各级政府。在世界范围内许多联邦制国家的地方政府仅指联邦制三级政府中的最低一级。横向的政府间财政关系是指同级政府间或者同一级政府内部由于某些社会目标以及经济发展的因素而产生的财政分配关系。横向的政府间财政关系是不具有隶属关系的,各参与主体之间是地位平等的政府间财政关系。其包括省级政府之间、市级政府之间、县级政府之间和乡级政府之间的

财政关系,这是中国经济竞争性发展的源泉。目前,纵向的政府间财政关系受到社会各界广泛的重视,而横向的政府间财政关系也逐渐被关注。

2. 政府间财政关系涉及的财政管理活动

从政府间财政关系涉及的基本要素来看,政府间财政关系是在政府架构以及行政制度安排的基础之上,所形成的包括政府间财政收入的分配、政府间支出责任划分、政府间转移支付制度安排以及其他一些财政管理活动。

具体来看,财政收入的划分包括税收立法、征管权的配置以及税收收入的分享,还包括非税收入以及诸如地方政府债务的管理与控制等活动。

政府间支出的划分包括政府间事权、财权以及财力的匹配与划分等活动。转移支付制度中各级政府的财政关系也是重要的领域。此外,政府间财政关系还涉及预算制度、国库制度等。

3. 政府间财政关系的基本模式

从现有政府间财政关系的基本模式来看,政府间财政关系可以分为四种模式。第一种是"收入集权、支出集权",该种模式是中央政府掌握绝大部分收入,财政支出也是由中央政府来管理。第二种是"收入集权、支出分权",该模式是中央政府掌握主要财政收入,但是大部分收入交地方政府支出。第三种是"收入分权、支出集权",是指中央政府的自主收入较少,地方政府的自主收入较多,支出较少。第四种是"收入分权、支出分权",在该种模式下中央政府可支配的收入较少,大部分支出责任是由地方政府来负担的。

我国政府间财政关系的模式从"收入集权、支出集权"的双集权模式过渡到"收入分权、支出分权"的双分权模式,分税制改革之后,采取了"收入集权、支出分权"模式。主要的特征是按税种划分收入,中央控制主要的财政收入,用以调节地区间收入分配和进行宏观调控,并且以中央政府自上而下完善的转移支付制度满足支出需要。

5.4.2 政府间财政关系的目标及其界定

政府间财政关系的基本目标包括三个方面。

1. 基本公共服务均等化目标

进一步理顺政府间财政关系,实现基本公共服务均等化目标具有重要的现实意义。自1994年的分税制改革以来,我国财政收入的整体规模有了很大程度的增长,然而对于中央政府与地方政府的财政格局也带来了一些不利的影响。中央政府的财政状况得到提升,财力得以扩充,地方政府特别是基层政府的财政状况却不断恶化。由此以来,分税制的政府间财政关系下呈现出"中央—地方"在一定程度上利益关系的对立。基层政府在维持基本职能与运转的同时,无力提供相关的公共服务,由此造成了基本公共服务的非均衡发展。在这种政府间财政关系的格局下,解决基层财政支出刚性压力并实现全国各地区基本公共服务的均等化成为当前财政体制改革的紧迫任务。

2. 区域发展均衡目标

通过政府间财政关系的完善与调整,实现区域经济均衡发展,是政府工作的重要目标。将区域经济均衡发展作为政府间财政关系的重要目标主要是因为二者呈现出相互作用、相互制约的关系。一方面,区域经济的发展状况制约着政府的财政能力。区域本身的自然禀赋决定了当地政府的财力水平,而区域经济的发展水平决定了区域进一步获得的财力水平。各级政府的主要财政收入来源于税收收入,而区位较差、经济发展水平低的地区财政能力较弱,进一步制约其提供充足的公共服务。另一方面,财政能力是实现地区经济社会发展以及其他职能的前提和保障,政府对区域经济的干预、对本辖区公共产品的提供、发展本地区经济、提高居民的收入水平等都要求一定的财力保证。因此,政府的财力状况制约着地区经济的发展,而多级政府框架下中央政府对地方政府的干预措施一般具有协调区域发展、补贴低生产力低禀赋地区的性质。

3. 效率与公平协调目标

实现效率与公平是政府间财政关系处理的另一重要目标。政府间财政关系的效率与公平协调目标的建立来自两方面的考量。一是当前政府间财政关系领域中确实存在效率与公平的潜在冲突,这就需要中央政府进行统筹安排,最大限度地实现效率与公平的协调与兼顾,保证社会利益的最大化。二是政府间财政关系处理能够最大限度地实现效率与公平的协调。一方面,政府间财政关系通过突出中央政府权威,确立中央政府在政府间财政关系中的领导地位,以解决潜在的地区和层级间的利益冲突。另一方面,政府间财政关系在处理的过程中能够实现从权责、财力和区域三个层面协调公平与效率。此外,政府间的财政转移支付制度改革能够发挥其在协调公平与效率方面的重大作用。

5.4.3 实现政府间财政关系目标的手段

实现政府间财政关系的基本公共服务均等化、区域均衡发展、效率与公平协调等目标,可以通过政府间事权的划分、收入的划分、转移支付以及非税收入管理等主要手段。

1. 科学的事权划分是实现政府间财政关系目标的基础手段

政府间事权的划分是财政关系的基本问题,是实现相关目标的第一步。政府间事权的合理划分有利于各级政府明确预期收入,使地方政府的支出结构符合国家政体的宏观经济政策,减少各级政府行为的盲目性,并且有利于保持支出责任与公共服务目标的一致性,提高公共服务的效率。此外,合理的事权划分为运用实现政府间财政关系目标的其他手段(税收收入划分、转移支付)奠定了基础。

2. 收入划分是实现政府间财政关系目标的核心手段

在政府间事权合理划分的基础上对政府间税收收入进行划分是实现政府间财政关系目标的核心,是各级政府工作的基本保障。当前在世界范围内较为广泛的政府间税收收入的划分是将部分税权划分给地方政府。根据国家的政治体制以及宏观经济形式的不同,中央和地方税收收入划分的比例也不同。通过税收收入的划分,在一定程度上可以实现政府间财政关系的再分配、公平与效率以及经济稳定等目标。

3. 转移支付制度是实现政府间财政关系目标的优化手段

政府间的转移支付是对于税收收入划分手段的优化与补充。由于税收收入分配的最终结果取决于地区的经济发展水平,无法解决地区间财政能力差距的问题,因此需要政府间的转移支付制度来弥补这一缺陷。转移支付手段通过财政资金在不同利益主体之间的划分能够发挥平衡政府间财力差距的作用。在实施的过程中,转移支付的安排往往与不同区域的经济社会发展水平和公共服务水平密切相关,有利于实现各地区公共服务水平均等化,以便从整体上和全局上实现社会公平。

除了以上手段,非税收入以及地方政府公债作为地方政府财政的重要组成部分,也是实现政府间财政关系目标的重要手段。

第6章 政府间财政关系的目标定位

6.1 基本公共服务均等化的政府间财政关系

6.1.1 基本公共服务均等化的概念与目标

1. 基本公共服务均等化的概念

基本公共服务均等化概念的第一个重点问题是基本公共服务的范畴,学术界和实务界的观点基本相同,即主要包括义务教育、基础卫生医疗、就业和社会保障等领域。基本公共服务均等化概念的第二个重点问题是基本公共服务的"均等"界定。对于"均等"的理解可以从权利均等、机会均等、结果均等、结构均等视角进行探讨。首先,从权利均等的角度来看,"均等"是指社会居民都有平等的享受基本公共服务的权利;其次,从机会均等的角度来看,"均等"是指基本公共服务均等化的本质是通过某一个层面的结果均等来达到机会均等,同时在提供大体均等的基本公共服务过程中,尊重社会成员的自由选择权;再次,从结果均等的角度来看,基本公共服务均等化是指一国范围内全体居民享受到基本公共服务的结果应当是大致相当的。总之,基本公共服务的"均等"是指涉及的主体(地区之间、城乡之间等)、客体(基本公共服务)的均等。

尽管各界对于"均等"的认识不尽相同,但是"均等"并不代表绝对的平均。因此,基本公共服务均等化既要保证居民享受到大体相当的水平的服务,又要允许差异性的存在,是一种"底线均等"。对于"底线均等"深层次的考虑在于:一方面,不同社会群体对于不同类型基本公共服务具有不同的需求,政府应尊重社会成员的自由选择权利;另一方面,在地区之间以及城乡之间由于种种因素的干扰,各级政府提供基本公共服务的能力也有所不同。因此基本公共服务均等化不是简单的平均化。

2. 基本公共服务均等化的目标

党的十六届六中全会通过的《中共中央关于构建社会主义和谐社会若干重大问题的决定》的文件中,首次提出基本公共服务均等化的目标,即"完善公共财政制度,逐步实现基本公共服务均等化",由此确定了各级财政支持构建社会主义和谐社会的方向和任务。

2017年国务院正式印发了《"十三五"推进基本公共服务均等化规划》(下面简

称《十三五规划》),明确了国家基本公共服务制度框架,建立了国家基本公共服务清单制,这是"十三五"乃至更长一段时期促进基本公共服务均等化的综合性、基础性、指导性文件。《十三五规划》确定了基本公共服务均等化的基本目标:基本公共服务均等化是指全体公民都能公平地获得大致均等的基本公共服务,其核心是促进机会均等,重点是保障人民群众得到基本公共服务的机会,而不是简单地平均化。享有基本公共服务是公民的基本权利,保障人人享有基本公共服务是政府的重要职责。推进基本公共服务均等化,是全面建成小康社会的应有之义,对于促进社会公平正义、增进人民福祉、增强全体人民在共建共享发展中的获得感、实现中华民族伟大复兴的中国梦,都具有十分重要的意义。

6.1.2 我国基本公共服务均等化的差异状况

我国基本公共服务主要包括教育、医疗卫生、基础设施、就业、社会保障、住房保障、文化体育等领域。当前我国基本公共服务的非均等现象主要体现在地区之间非均等、城乡之间非均等两个方面。

6.1.2.1 我国地区之间基本公共服务的非均等状况

根据国家统计局的相关统计数据,2016年我国31个省份在教育、医疗卫生、社会保障和就业领域的财政支出水平存在很大的差异,地区之间基本公共服务非均等的现象亟待改善。

2016年教育投入存在地区非均等化现象。我国的教育财政投入的地区间差异一直存在,2016年我国各省份人均教育财政支出的分布如图6-1所示。图中,2016年我国教育投入存在显著的地区非均等化现象。人均教育财政支出较高的地区比如北京、上海,人均支出分别为4 084元、3 475元。处于中等水平的如江苏、浙江,人均支出分别为2 304元、2 326元。而河南、辽宁等地的人均财政支出仅为1 410元、1 448元。由于转移支付政策以及人口较少的影响,西藏、新疆的人均支出水平较高,分别为5 125元、2 771元,高于一般中部地区。

医疗卫生领域的财政投入也存在差异。2016年我国各省份人均医疗卫生财政支出的基本情况如图6-2所示。由图可知,当前我国人均医疗卫生支出的地区差异同样存在。比如人均支出水平较高的北京、上海分别为1 831元、1 583元,而较低的河北、辽宁分别为733元、702元。

社会保障的地区投入差距。2016年我国各省份人均社会保障支出的分布如图6-3所示。我国当前社会保障财政支出的地区差距也较为明显。由于自身财力以及转移支付制度的原因,西藏地区的社会保障人均财政支出反而较高,并且显著高于其他省份。我国社会保障人均财政支出的平均值为1 936元,根据这一数据大部分省份低于平均水平,可见我国社会保障财政支出的地区差异显著。

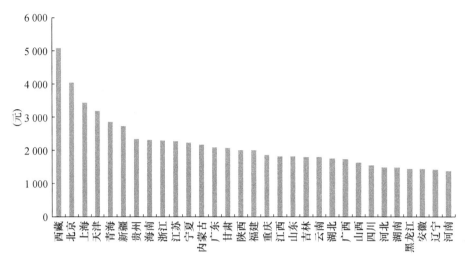

图 6-1 2016 年我国各省份人均教育财政支出

资料来源：国家统计局。

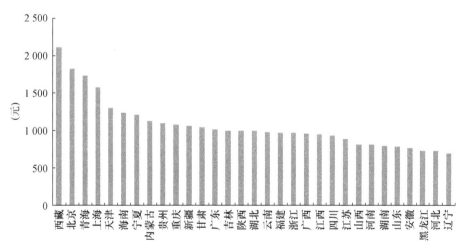

图 6-2 2016 年我国各省份人均医疗卫生财政支出

资料来源：国家统计局。

文化体育领域的支出差异。2016 年我国各省份人均文化体育财政支出的分布如图 6-4 所示。尽管文化体育财政支出在我国财政总支出中占据较小的份额，然而在全国范围内来看，文化体育人均财政支出的两极差异却很大。根据国家统计局 2016 年的数据，全国人均文化体育财政支出为 286 元，仅有 11 个省份高于这一水平，其中西藏自治区最高，北京人均文化体育财政支出为 913 元，而河南人均文化体育财政支出仅为 102 元。

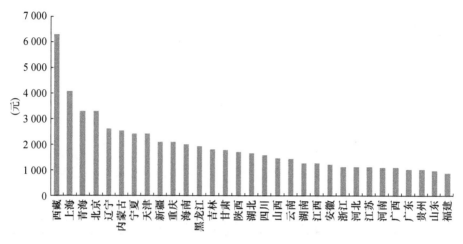

图 6-3　2016 年我国各省份人均社会保障财政支出

资料来源：国家统计局。

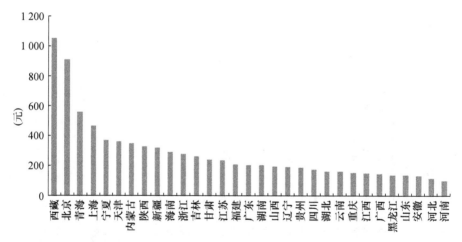

图 6-4　2016 年我国各省份人均文化体育财政支出

资料来源：国家统计局。

住房保障人均财政支出差异。2016 年我国各省份人均住房保障财政支出的分布如图 6-5 所示。2016 年，住房保障人均财政支出为 243—1 545 元，地区间的人均住房保障财政支出差异也十分明显。

6.1.2.2　我国城乡之间基本公共服务的非均等状况

我国城乡之间的基本公共服务水平也存在差异。从整体上（2013—2016 年）来看，在我国基本公共服务支出整体水平提升的同时，城乡之间的差距也在拉大，

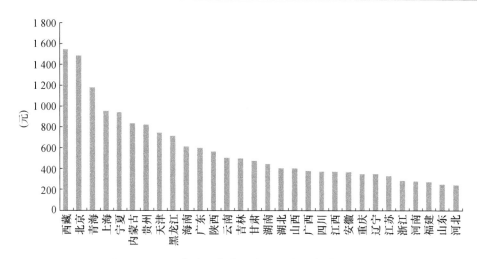

图 6-5　2016 年我国各省份人均住房保障财政支出

资料来源：国家统计局。

成为不容忽视的问题，如表 6-1 所示。①

表 6-1　2016 年我国城乡人均教育、文化、医疗保健支出情况　　　　单位：元

	人均教育、文化支出			人均医疗保健支出		
	城镇	农村	城乡差距	城镇	农村	城乡差距
2013	1 136	755	381	1 988	668	1 320
2014	1 306	860	446	2 142	754	1 388
2015	1 443	969	474	2 383	846	1 537
2016	1 631	1 070	561	2 638	929	1 709

资料来源：国家统计局。

城乡之间的人均教育、文化支出差异。2013 年以来我国城乡人均教育、文化支出水平以及差距的变化趋势如图 6-6、图 6-7 所示。一方面，由图 6-6 可以看出，我国城乡人均教育、文化支出水平存在显著的差距，城镇地区支出水平远远高于农村地区。此外，城镇以及农村地区的人均支出水平都有较大幅度的提升。另一方面，如图 6-7 所示，2013 年以来我国城乡人均教育、文化支出水平的差距也在进一步恶化。2013 年城乡差距为 381 元，2016 年差距为 561 元。城镇地区的人均支出平均增长率为 14.5%，而农村地区的人均支出平均增长率为 13.9%。因此，城

---

① 由于 2013 年以来，文化、体育以及医疗保健支出数据的口径有所变化，为了保证数据的可比性，本文仅使用 2013 年以来的数据解释当前的情况。

乡人均教育、文化支出水平差距进一步拉大。

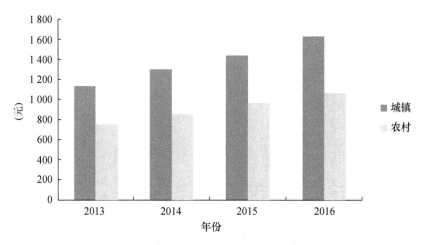

图 6-6 2013—2016 年我国城乡人均教育和文化支出
资料来源：国家统计局。

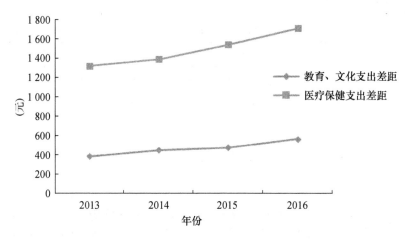

图 6-7 2013—2016 年我国城乡人均教育、文化、医疗保健支出差距
资料来源：国家统计局。

城乡之间的人均医疗保健支出水平差异。2013年以来我国城乡人均医疗保健支出水平以及差距的变化趋势如图6-7、图6-8所示。城乡医疗保健与教育、文化人均支出差距呈现出相似的变化趋势。一方面，由图6-8可以看出，我国城乡人均医疗保健支出水平存在显著的差距，城镇地区支出水平远远高于农村地区。此外，城镇以及农村地区的人均支出水平都有较大幅度的提升，城镇地区的人均支出平均增长率为10.9%，而农村地区的人均支出平均增长率为13%。另一方面，

如图 6-8 所示,2013 年以来我国城乡人均医疗保健支出水平的差距也在进一步扩大。2013 年城乡差距为 1 320 元,2016 年差距为 1 709 元。

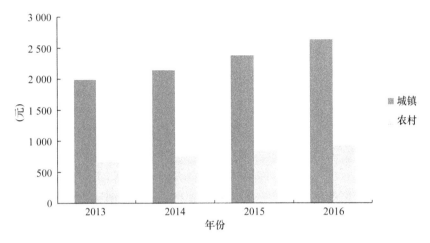

图 6-8　2013—2016 年我国城乡人均医疗保健支出
资料来源:国家统计局。

6.1.3　实现均等化的财政关系处理

基于我国基本公共服务均等化中的突出问题以及我国相关改革的战略部署,以基本公共服务均等化为目标的政府间财政关系构造中,还需要从以下方面进一步理顺体制机制和制度建设。

1. 建立完善的财政事权与支出责任相匹配的机制和制度

完善政府间财权事权的匹配体制对于推进我国基本公共服务均等化具有积极的促进作用。由于当前中央政府和地方政府的事权范围多以政府性文件的形式确定,缺乏一定的刚性约束,地方政府由于事权范围较多而自主支配的财政收入有限,在实践中造成了中央和地方政府权力调整的随意性和非理性,容易产生中央和地方政府事权缺位的现象。如"十三五"基本公共服务清单也并未涉及政府间事权划分的细节问题,缺乏操作性。2018 年 1 月底,国务院办公厅发布了《基本公共服务领域中央与地方共同财政事权和支出责任划分改革方案》,该方案为中央和地方财政支出责任划分提供了一些具体量化的指导,然而该方案仍旧局限于政策层面,尚存在一些技术性的问题亟待解决。

因此,进一步细化各级政府基本公共服务的清单,对于各级政府承担的基本公共服务的责任的系统划分具有重要现实意义。在实践中,不仅要注重中央政府与省级政府的事权划分,更要注重省以下政府的支出责任划分,以防造成基层政府负担过重。同时应建立稳定的动态调整机制,打破原来的路径依赖。

2. 调整优化政府间转移支付制度

由于我国地区之间在地理、人口、经济、社会等环境因素方面存在的差异，一定程度上造成了我国地区之间基本公共服务支出的成本差异较大。一方面，促进基本公共服务均等化需要调整政府间转移支付的策略。为此需要调整优化公共服务的专项转移支付结构，增强公共服务支出的成本意识，提高转移支付资金的使用效率。另一方面，一般性转移支付的财力均衡能力较强，对于促进基本公共服务均等化能发挥积极作用。当前一般性转移支付的占比有所提高，但是实际增量较少，有待于进一步提高。

需要指出的是，基本公共服务均等化为导向的政府间财政关系构造，是一项重大而复杂的系统工程，涉及面广、难度大，不可能一蹴而就，必须统筹设计，分步实施，稳妥推进。从国际上看，事权划分并没有统一的模式，支出责任分担方式也不尽相同，多数国家的财政事权和支出责任划分也是一个渐进的过程。我国各领域改革正在加快推进过程中，政府职能转变、法治化推进还需要一个过程。财政事权和支出责任划分改革既要推动相关领域管理体制改革，又要与之相适应，协调推进，并在改革的过程中不断完善。

6.2 基于区域均衡发展的政府间财政关系

6.2.1 区域均衡发展的概念与目标

区域均衡发展最初是在1996年政府发布的《中华人民共和国国民经济和社会发展"九五"计划和2010年远景目标纲要》（以下简称《纲要》）中提出的。《纲要》中把"坚持区域经济协调发展，逐步缩小地区发展差距"作为我国国民经济和社会发展的指导方针。这标志着区域经济均衡发展已经上升到解决区域经济差异的国家战略的高度。2003年，党的十六届三中全会提出了"五个统筹"，即"统筹城乡发展、统筹区域发展、统筹经济社会发展、统筹人与自然和谐发展、统筹国内发展和对外开放"。这是国家层面对全面发展、协调发展、均衡发展的深刻认识。2017年党的十九大报告中指出实施区域均衡发展战略，强化举措推进西部大开发形成新格局，深化改革加快东北等老工业基地振兴，发挥优势推动中部地区崛起，创新引领率先实现东部地区优化发展，建立更加有效的区域均衡发展新机制。

政府间财政关系要与我国经济社会发展的目标相适应，党的十九大提出了"加快建立现代财政制度，建立权责清晰、财力协调、区域均衡的中央和地方财政关系"。由此，区域均衡发展作为政府间财政关系的重要目标已经被提上财政体制改革与发展的日程。

区域均衡发展的内涵可以理解为是一种全国经济合理化的布局，是缩小地区发展差距、保持社会稳定的条件。区域均衡发展需要正确处理两种关系，一是全国与地区经济发展的关系，二是区域发展中各地区的积极性以及地区与地区之间的关系。区域均衡发展有两方面的含义，一是区域内部不同经济体之间的协调，二是区域与其他区域之间的协调。因此，区域经济协调发展主要是发达地区与欠发达地区之间及其内部的平衡和非平衡发展相互匹配、相互促进，发达地区与欠发达地区经济机制统一，发展条件趋向公平，自动趋于空间一体化的过程。

6.2.2 我国区域均衡发展的差异状况

自20世纪90年代以来，我国经济进入高速增长阶段，然而由于种种原因，各区域的发展程度呈现出不均衡的现象。当前我国区域发展不均衡主要表现在地区间经济发展不均衡、地区间收入分配差异过大、地区间公共服务配置不均衡等方面。

对于我国区域发展不均衡的研究以及描述多采用传统的东、中、西部地区划分方法。按照广泛采用的划分方法，东部地区包括北京、天津、河北、辽宁、上海、江苏、浙江、福建、山东、广东、广西、海南等省份；中部地区包括山西、内蒙古、吉林、黑龙江、安徽、江西、河南、湖北、湖南等省份；西部地区包括重庆、四川、贵州、云南、西藏、陕西、甘肃、宁夏、青海、新疆等省份。

6.2.2.1 地区间的经济发展不均衡

中西部地区经济发展明显落后于东部地区。从1978年改革开放到近年，东部地区的省份成为我国经济最发达的地区，在生产总值等指标上明显高于中西部地区，而西部地区由于自然环境、地理位置以及长久以来的产业结构等原因，其经济社会的发展明显落后于东部地区。

各地区的经济发展水平两极分化现象显著。有实证研究表明我国经济发达区已经从最初的东北地区、华北地区转为东南部沿海地区，并且近年来经济发达区的范围呈现出逐渐缩小的趋势，然而经济落后区的范围却在不断扩大（何燕子，2016）。这些现象说明我国的经济发展两极化程度已经成为区域经济发展不均衡的重要特征之一。2016年地区生产总值最高的省份是广东，为80 855元，而最低的几个省份为西藏、青海、宁夏等。广东的地区生产总值分别是西藏、青海、宁夏的70.2倍、31.4倍、25.5倍（见表6-2）。

我国区域经济发展不均衡的原因主要体现在两个方面：一是国家政策层面的原因。自从改革开放以来，我国东部沿海地区率先吸引了资本要素的流入，特别是发达国家的投资，越来越多的企业入驻东部沿海地区。在经济发展的同时，东部沿海地区引进了众多的先进技术、专业化的人力资本以及先进的管理理念，持续推动其经济发展，改善了投资环境以及城市建设。此外，国家选择经济投资项目时也优先考虑东部沿海地区,这种政策性的倾斜也进一步拉大了地区之间的经济发展不均衡。二是地理因素。由于我国地域广阔、地形地貌复杂,西部地区交通不便环境恶劣,不利于吸引资本,这是导致东西部地区的经济发展不均衡的重要原因。

表 6-2 2016 年东、中、西部地区生产总值情况　　　　　单位:亿元

东部地区		中部地区		西部地区	
北京	25 669	山西	13 050	重庆	17 741
天津	17 885	内蒙古	18 128	四川	32 935
河北	32 070	吉林	14 777	贵州	11 777
辽宁	22 247	黑龙江	15 386	云南	14 788
上海	28 179	安徽	24 408	西藏	1 151
江苏	77 388	江西	18 499	陕西	19 400
浙江	47 251	河南	40 472	甘肃	7 200
福建	28 811	湖北	32 665	青海	2 572
山东	68 024	湖南	31 551	宁夏	3 169
广东	80 855			新疆	9 650
广西	18 318				
海南	4 053				
平均	37 563	平均	23 215	平均	12 038

资料来源:国家统计局。

6.2.2.2　地区间收入分配差异大

东部地区在经济较快发展的同时,社会发展状况也明显比中西部地区更加有优势。经济发展的不均衡已经进一步引发了我国东中西部地区间更广泛的社会发展不均衡状况。其中,我国的地区间收入分配差距是社会发展不均衡的主要表现之一。

东部地区的收入水平显著高于中西部地区。2016 年我国各省份人均可支配收入数据如表 6-3 所示。2016 年,东部地区人均可支配收入为 31 568 元,而中部地区人均可支配收入为 20 493 元,西部地区人均可支配收入为 17 436 元。中西部地区的平均人均可支配收入差别较小,而东部地区人均可支配收入水平显著高于中西部地区。

表 6-3 2016 年东、中、西部地区人均可支配收入情况　　　　　　　　　单位:元

东部地区		中部地区		西部地区	
北京	52 530	山西	19 049	重庆	22 034
天津	34 074	内蒙古	24 127	四川	18 808
河北	19 725	吉林	19 967	贵州	15 121
辽宁	26 040	黑龙江	19 839	云南	16 720
上海	54 305	安徽	19 998	西藏	13 639
江苏	32 070	江西	20 110	陕西	18 874
浙江	38 529	河南	18 443	甘肃	14 670
福建	27 608	湖北	21 787	青海	17 302
山东	24 685	湖南	21 115	宁夏	18 832
广东	30 296			新疆	18 355
广西	18 305				
海南	20 653				
平均	31 568	平均	20 493	平均	17 436

资料来源:国家统计局。

城乡之间收入差距显著存在并且不断扩大。城乡收入分配差距也是区域发展不均衡的重要特征。2016 年我国城乡人均可支配收入水平及差距如表 6-4 所示。由表可知,一方面我国城镇地区人均可支配收入水平显著高于农村地区;另一方面城乡人均可支配收入水平都呈现出上升的趋势;此外,城乡可支配收入差距不断拉大,由 2013 年的 17 037 元上升到 2016 年的 21 253 元。

表 6-4 2016 年我国城乡人均可支配收入水平及差距　　　　　　　　　单位:元

人均可支配收入	2013	2014	2015	2016
城镇	26 467	28 844	31 195	33 616
农村	9 430	10 489	11 422	12 363
差距	17 037	18 355	19 773	21 253

注:2013 年起,国家统计局开展城乡一体化住户收支与生活状况调查,2013 年及以后数据来自此项调查。因此,为了可比性,本文仅采用 2013 年及以后的数据。
资料来源:国家统计局网站。

6.2.2.3　区域之间公共服务配置不均衡

我国区域之间公共服务配置不合理也是区域发展不均衡的重要表现,在教育领域、医疗卫生领域的公共服务资源配置不均衡尤为突出。

教育类公共服务配置不均衡。以高等教育优质院校的分布为例,我国进入"985工程"的39所高校,分布于我国的18个省份,其中北京拥有8所985院校,上海拥有4所985院校,而陕西、湖南各拥有3所985院校,江苏、山东、四川、天津、湖北、辽宁和广东各拥有2所,剩下浙江、吉林、甘肃、黑龙江、安徽、重庆、福建各拥有1所985院校。东、中、西部拥有985院校的数量分别为26、6、7,东部占比达67%。

211院校的分布中,北京26所,江苏11所,上海10所,陕西8所,湖北7所,四川5所,黑龙江、辽宁、广东、湖南各4所,天津、吉林、安徽、山东各3所,重庆、河北、新疆各2所,其他省份各1所。东、中、西部拥有211院校的数量分别为68、25、22,东部占比高达59%。如表6-5所示。

表6-5 我国985/211高校的东、中、西部地区分布数量　　　　　单位:所

院校	东部	中部	西部
985高校	26	6	7
211高校	68	25	22

医疗卫生类公共服务资源配置不均衡。医疗卫生类公共服务资源配置领域也存在显著的不均衡问题。以我国优质医院的地区分布为例,我国的医疗卫生资源配置存在不均衡问题。

2011年我国卫生部发文《优质医院创建工作方案》(以下简称《方案》)。《方案》中提出,为贯彻深化医药卫生体制改革精神,落实公立医院改革各项工作任务,在全国范围内开展"以病人为中心,以保障安全、提升质量、改善服务、提高效率为主题"的优质医院创建活动,根据该方案在全国范围内创建100所"国家级优质医院"。相关的数据统计表明,100所国家级优质医院中,64所位于东部地区,19所位于中部地区,17所位于西部地区。东部地区占比为64%,由此进一步说明了我国医疗卫生服务资源配置的地区间不均衡问题严重。

6.2.3 实现区域均衡发展的财政关系处理

促进区域均衡发展需要密切关注区域间财政能力的差异,为实现我国区域均衡发展,可以以区域均衡发展导向的权责清晰、区域间财力协调、以区域均衡为导向完善转移支付制度等政府间财政关系处理手段为出发点。

6.2.3.1 区域间的权责划分

在合理界定中央政府与地方政府的责、权、利的过程中,要考虑地区间的差异性和特殊性。除了制定完善中央与地方政府间事权划分方面的法律制度,还需通过法律法规的形式对个性化的、能够体现区域均衡发展目的的地方政府的责、权、利做出明确规定。一方面,除中央承担的专属事权由中央立法外,对关系公共服

务均等化、全国统一市场以及关乎国家重大利益等重要领域的事务,中央立法权优先于地方,或中央进行框架性、原则性立法,地方制定细则。权责划分将受益范围覆盖全国、外部性强、信息复杂程度低的全国性公共产品和服务作为中央事权,如国防、外交、货币、海关、国家安全等,适度加强中央在宏观调控、确保国家安全、维护统一市场、促进区域协调发展等重要领域的事权,提高中央决策的执行力,确保中央政令畅通,提高全国性公共服务能力和水平。对属于中央事权的部分,如全国性公共产品和服务,如果委托地方政府管理更能体现经济和效率原则,可以委托地方政府代为行使。权责划分将具有地域管理信息优势但对其他地区有较大外部性影响的公共产品和服务,作为中央与地方共同事权,如部分社会保障、跨区域重大项目建设维护等。

另一方面,以区域均衡发展为导向,在上述一般性权、责、利界定的基础上,考虑差异化的、符合区域均衡发展导向的政府间权责体系。将受益范围地域性强、信息较为复杂,且主要与当地居民密切相关的公共产品和服务作为地方事权时,如农村环境整治、污水及垃圾无害化处理运行等,更应该考虑当地的发展情况和财政能力。对于贫困落后地区,中央和上级政府应当更多承担基本公共服务和落实主体功能责任,更好地满足当地居民差异化的公共产品和服务需求。中央事权原则上由中央政府设立机构、安排人员直接行使,由中央财政全额承担支出责任,同时,更多地使用委托代理方式由地方行使部分共同事权,中央财政通过专项转移支付足额安排相关经费。对于符合地区个性化特征、对于区域均衡发展有重要意义的地方事权,原则上由地方通过自有财政收入和举债融资等方式承担支出责任,但是可以在转移支付和支出责任划分中更多向地区倾斜。对地方政府履行事权、落实支出责任存在的财力缺口,上级政府通过转移支付进行补助。同时,尊重并考虑地方在立法、行政等领域的自主权,凡是地方有能力适当管辖的,都应由地方实行有效治理,但地方立法不得与中央立法相违背。

6.2.3.2 区域间的财力协调

在明确界定政府职责、合理划分中央与地方事权和支出责任、保持现有中央和地方财力格局总体稳定的基础上,国家需结合税制改革,考虑税种属性,进一步理顺中央和地方收入划分,并在此基础上,考虑到区域间财力协调。

(1) 加快推进税收制度改革。实现区域均衡发展需要完善我国现有的税权划分制度。政府间的税权划分会通过影响社会投资、居民消费以及贸易、公共产品的供给等途径作用于经济发展,因此当地的经济发展水平与地区的税收状况密切相关。而税收收入的地区间分配以及税收收入在我国各区域之间的转移不仅对于东中西部地区的财政能力有深刻的影响,而且会进一步影响区域经济发展的均衡。当前我国政府间税权划分与财权以及支出责任不匹配,中央政府与地方政府税权划分标准不统一等问题亟待改善。促进区域均衡发展的政府间税权划分应进一步合理划分各级政府的事权与支出责任,明确税收归属以及确立地方政府的主体税种并且赋予地方政府相应的税收权限。

(2)规范非税收入管理和建立国有资本性收益共享机制,以促进区域协调发展。按照全口径政府预算管理的要求,将所有政府性资源纳入中央地方收入划分范围,同时,加强非税收入分类预算管理,完善非税收入征缴制度和监督体系。在这一共性要求和改革下,建立完善国有资源、国有资产有偿使用方面的区域间收益共享机制,特别是吸收欧盟国家经验,建立使用国有资本收益筹资的共同基金,通过设立种子基金、产业基金等,采取股权投资、融资担保等市场化方式进行运作,逐步与金融资本相结合,重点针对落后地区发挥撬动社会资本的杠杆作用,促进区域均衡发展。

(3)以区域均衡发展为目标调整政府间收入划分。在保持中央与地方收入格局大体不变的前提下,遵循公平、便利、效率等原则,考虑税种属性、事权和支出责任划分状况,以及地区间财力差异和区域发展不平衡的现状,合理调整中央和地方收入划分,适度向落后地区倾斜。将收入波动较大、具有较强再分配作用、税基分布不均衡、税基流动性较大的税种划为中央税,或中央分成比例多一些;将地方掌握信息比较充分、对本地资源配置影响较大、对区域协调发展具有重要意义、税基相对稳定的税种划为地方税,或落后地方分成比例多一些。收入划分调整后,地方形成的财力缺口由中央财政通过一般性转移支付的方式弥补。

6.2.3.3 完善转移支付制度

从政府间财政关系来看,区域均衡发展要着力增强针对财政困难地区的财政兜底能力,稳步提升区域间基本公共服务均等化水平。调整转移支付制度是实现区域均衡发展目标的重要举措。为实现这一目标可以考虑三个方面:一是政府间转移支付制度要与区域经济均衡发展目标一致。实践中转移支付制度对于区域经济的发展可能存在正反两方面的影响,如促进区域经济稳定的作用以及催生区域经济矛盾的作用,当存在信息不完全时,对于区域经济的扭曲更明显。二是借鉴国外经验,从转移支付的支出金额确定方法、转移支付制度的法制化建设以及转移支付制度的动态调整等方面借鉴国外经验。三是优化转移支付制度的架构,调整一般转移支付和专项转移支付的比例,逐步关注横向的政府间转移支付制度。

6.3 基于公平与效率协调的政府间财政关系

6.3.1 公平与效率协调的概念与目标

公平是含有价值判断的规范性概念，具有道德意味、伦理性和历史性。在社会伦理学层面公平的概念更加趋近于公平与正义，而在近代的社会管理中，公平的概念越来越多地被用来评价社会制度的道德标准以及首要价值。社会各界对于效率的概念也有多种理解。马克思以及丁伯根的全要素生产率、综合投入产出系数、全社会劳动生产率、资金利润率等名词都可以在一定程度上代表效率。也有人将效率理解为投入产出水平，即效率就是一定的投入水平下的最大产出，或者固定产出下的最小投入。提高效率和实现公平是政府间财政关系的两大主要目标。美国著名经济学家马斯格雷夫在他关于财政政策功能的论述中涉及了公平与效率。马斯格雷夫提出财政政策具有资源配置、实现收入分配以及稳定经济的功能。党的十八届三中全会《中共中央关于全面深化改革若干重大问题的决定》里面有一句话："科学的财税体制是优化资源配置，维护市场统一，促进社会公平，实现国家长治久安的制度保障。"而资源配置与市场统一是效率问题，由此我国政府将财税体制作为实现效率与公平的制度保障。

关于公平与效率的关系，我国近 30 年的政府工作报告做了一系列的调整。1987 年十三大报告中提出在促进效率的前提下体现社会公平；1992 年十四大报告中指出兼顾公平与效率；1993 年《中共中央关于建立社会主义市场经济体制若干问题的决定》中指出效率优先、兼顾公平，十五大以及十六大报告延续了这一观点。而十七大、十八大报告中指出初次分配和再分配都要兼顾效率和公平，再分配更加注重公平。近年来的政府工作报告延续了这一观点，并对兼顾效率和公平提出了深入的解释。因此，公平和效率协调已经是当前我国各级政府工作的指导思想。

关于如何处理公平与效率的关系，社会各界进行了广泛的讨论，实现公平与效率协调是最主要的观点。公平与效率的协调主要有几方面的内涵：一方面，公平与效率不能兼得，公平与效率在一定程度上是对立的，一方的获得要以另一方的牺牲为代价。主要表现为，在市场经济中人们获得的资源是与劳动贡献直接相关的，资源所有者努力实现利益的最大化，提高经济效益。同时由于社会成员拥有的资源禀赋不同，即使社会成员同时实现了效率也会出现利益的差别或者不公平。另一方面，实现公平也会以牺牲效率为代价。比如通过财政手段实行再分配政策以及社会保障制度。通过税收政策的倾斜来实现收入分配以及资源配置本身可能会抑制投资者的积极性，降低资源的利用效率。此外，公平与效率协调的深层次考虑还在于,公平与效率在一定程度上相互依存。社会与经济发展的实践表明,社会分配的公平状况会在一定程度上影响效率的实现。当社会的公平程度超出公众承受的范围时,比如利益分配极度不公平或收入差异过大,会引起激烈的社会矛盾,从而对整体的资源配置以及社会稳定产生负面影响,破坏实现效率的环境。

6.3.2　我国财政公平与效率的状况

一般而言,财政的主要职能包括资源配置、收入分配、经济稳定与发展三个方面。而公平与效率协调问题广泛存在于每一个职能范围内。

1. 资源配置领域的公平和效率问题

财政的资源配置职能主要是调节资源在不同地区间的配置,实现合理的地区生产力布局、合理的产业结构、合理的公共产品与私人产品提供结构以及合理的资本品与消费品供应结构。

当前资源配置领域的效率与公平问题在公共服务资源配置方面最为突出。以教育领域为例,当前财政在义务教育领域存在的公平与效率问题受到广泛的重视。近年来,我国各级政府通过相应的财政安排保证每一个适龄儿童获得公平的入学机会以及平等的使用教育资源的权利。然而与此同时,义务教育财政投入存在的效率问题逐渐暴露,并主要表现在:一是义务教育财政支出结构不合理,在城乡之间、地区之间存在明显的差异,教育资源的配置效率低下;二是由于教育资源的有限性以及使用过程中的不公平现象,严重影响了教师教学的积极性;三是当前由于学生的过度流动以及择校现象的存在,使得某些资源的利用效率低下,义务教育财政支出的管理效率低下。

此外,国内也有研究(张光,2017)表明基本养老保险、城乡居民基本医疗保险等服务也存在严重的公平与效率不协调的问题。一方面,社会化保险特别是城镇职工基本养老保险、医疗保险等只涉及资金的缴入和给付,并不直接涉及服务的提供。因此,社会化保险完全具有在全国统一管理的平台上运行的可能性。而当前由于零碎化的市县管理,全国拥有高达数千个独立的运营机构,带来巨大的行政管理成本,并且由于缺乏资金运作的专业人才,社保资金的投资保值增值效率极其低下。另一方面,社会化保险的零碎化市县统筹有失公平。人口老龄化严重、退休人口众多、劳动人口相对较少的地区,与人口结构相对年轻、经济发展良好的地区如深圳相比,处于非常不利和困难的位置。

2. 收入分配中的公平与效率失调

收入分配领域面临的公平与效率不协调的问题主要体现在两个方面:一是从效率方面来看,全国的平均收入水平得到了整体提升;二是居民之间的收入差距一直超过国际警戒线,收入差距问题不容忽视。

根据国家统计局的相关数据,我国居民人均可支配收入逐年上升。2013 年我国居民人均可支配收入为 18 310 元,2016 年我国居民人均可支配收入为 23 821 元。2013—2016 年人均可支配收入水平上升了 5 511 元,占 2013 年水平的 30.1%。

此外,在居民人均可支配收入整体水平提升的同时,不同收入水平人群的可支配收入也有所提升。根据国家统计局公布的相关数据,全国居民收入按照五等份分组的人均可支配收入水平如图 6-9 所示。由图 6-9 可知,2013 年以来处于五种收入水平的人均可支配收入平均值均有所提升。

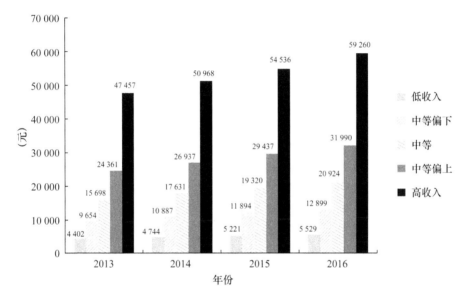

图 6-9　全国居民收入按照五等份分组的人均可支配收入
资料来源:国家统计局。

收入分配不公平问题严重。如图 6-9 所示,我国居民人均可支配收入差距显著存在。高收入人群人均可支配收入是低收入人群的 10 倍以上。根据国际上通用的衡量居民收入差距的方法计算出的居民收入基尼系数如图 6-10 所示。2007 年以来,我国居民收入基尼系数水平有所波动,但是整体上都在 0.46 以上。国际基尼系数的警戒线为 0.4,世界主要发达国家的基尼系数均低于这一水平。除了居民之间的收入分配不公平,城乡之间、地区之间的收入分配不公平也显著存在,在前一节中有所描述,在此不做赘述。由此可见,我国在居民收入分配领域不公平的问题不容忽视。

3. 基于经济稳定发展的公平和效率不协调问题

基于经济稳定发展的公平和效率不协调问题如下:

(1) 经济发展与环境治理中的公平与效率不协调。改革开放以来我国东部沿

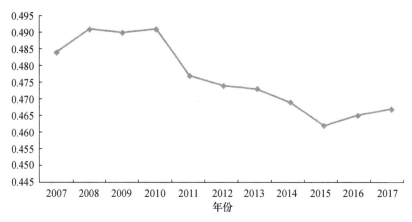

图 6-10 2007—2017 年我国居民收入基尼系数变化情况
资料来源：国家统计局。

海成为经济较快较早发展的地区，而我国中西部地区为全国的经济社会的发展提供了许多基础性的能源以及生产材料。由于国家政策的倾斜，以及中西部地区自然环境的先天性条件等因素，中西部地区政府财政面临巨大的生态环境治理压力。多年来，中西部地区由于能源产品的政府限价、税收从量不从价，能源外销对东部乃至全国发展做出了巨大贡献，但却没有得到应有的收益，相反，当地政府承担了巨额的环境治理成本。比如，陕西省陕南 28 个县是南水北调中线工程的主要水源地。为确保水源的质量，当地限制了资源开发，关停了一批污染企业，使地方经济发展和财政收入受到很大的影响。近年来，中央建立了生态转移支付，但规模较小，2016 年其仅得到 26 亿元。

(2) 经济发展与流动劳动力公共服务的公平与效率不协调。长期以来，我国东南沿海地区由于经济发展的需要，接收了大量的农村劳动人口。然而由于财政体制的因素，当地政府并不能为其提供相应的公共服务，造成大量"离土不离乡"的农民工现象。一方面，经济的发展离不开农村剩余劳动力；另一方面，接纳大量的农村劳动人口需要财政体制的完善。因此，如何利用财政体制的完善与调整实现公平和效率的协调，是解决"三农"问题的关键。

6.3.3 实现公平与效率协调的财政关系处理

结合我国实践中突出存在的公平与效率问题以及财政体制改革的主要目标，实现公平与效率协调的政府间财政关系可以从确立中央政府在公平与效率协调中的主导地位，从权责、财力和区域三个层面协调公平与效率，从推进转移支付制度改革、发挥其在协调公平与效率方面的更大功能等方面出发。

1. 确立中央政府在公平与效率协调中的主导地位

突出中央政府权威,确立其在政府间财政关系中的领导地位,以解决潜在的地区和层级间的利益冲突。我国目前实行的是中央集权和地方分权相结合的体制,在这种体制下,坚持财政事权由中央决定。在完善"中央决策、地方执行"的机制基础上,明确中央在财政事权确认和划分上的决定权,意在维护中央权威。关键是要结合我国现有中央与地方政府职能配置和机构设置,通过有效授权,合理配置地方财政事权,使基本公共服务受益范围与政府管辖区域保持一致,更多、更好地发挥地方政府尤其是县级政府贴近基层、获取信息便利的优势,激励地方政府尽力做好辖区范围内基本公共服务的提供和保障。

2. 从权责、财力和区域三个层面协调公平与效率

党的十九大报告从全局和战略的高度强调要"加快建立现代财政制度,建立权责清晰、财力协调、区域均衡的中央和地方财政关系"。在当前建立现代财政制度的背景下,首先要正确处理好政府与市场的关系。对于一个模糊的政府职能,在各级政府间进行分割是不可能的,要求转变政府职能和执政方式,并且,如果政府级次太多,将会导致政府间权责配置难,导致职权不清、责任不明,因此,必须同步推进"扁平化"行政体制改革,适当调整行政区划。在明确了政府与市场边界的前提下,科学划分各级政府间的事权和支出责任。包括适度加强中央事权;将区域外部性明显、基础性突出的公共产品和服务作为中央与地方共同事权,由中央与地方共同承担;明确区域性公共服务为地方事权;将外部性弱、地域信息性强并主要与当地居民有关的事项交给地方,充分调动各级地方政府的积极性。

3. 推进转移支付制度改革,发挥其在协调公平与效率方面的更大功能

政府间的转移支付制度调整是实现公平与效率协调的主要手段。为实现公平与效率的协调,转移支付制度的设置应结合国家的不同发展阶段以及不同地区的特征。一方面,对于全国范围内涉及国计民生的支出应由中央政府用转移支付来统筹,实现基本公共服务均等化。同时,为保证转移支付资金的效率,应建立完善的转移支付监督制度,确保转移支付资金的有效利用;提高转移支付资金分配、使用等环节信息的透明度;加快推进转移支付制度的法律法规建设。另一方面,对于落后地区来说,通过转移支付制度能为落后地区的经济发展提供基础条件,改善落后地区的生产生活条件。通过转移支付制度的调整能解决市场不能解决的资源配置问题,兼顾落后地区社会经济发展的公平与效率。对于发达地区则应继续在市场失灵方面增加政府的转移支付,提高资源的配置效率。

6.4 政府间财政关系的目标权衡

6.4.1 长期目标与短期目标的权衡

1. 长期目标与短期目标的联系

短期目标要解决当前经济社会发展面临的亟待解决的问题，长期目标要考虑到当前决策对未来经济社会可持续发展的影响。

科学合理的短期目标是实现长期目标的基础。比如，政府间事权与支出责任的划分不明晰会积累诸多的矛盾，不利于我国长期的经济社会发展以及长期目标的实现。属于中央政府的事权如果划分到地方政府去做，就不符合外部性和激励相容原则，地方政府往往没有积极性去做。应由地方政府管理的事务如果中央政府过多介入，就会影响地方政府的自主权。由此，在我国自然条件、经济发展高度不平衡，人口流动受限，约束地方政府机制不足的情况下，政府间事权与支出责任划分不明晰将会对我国长期性和全局性发展造成极大的负面影响。

2. 政府间财政关系的中长期与短期目标权衡

（1）政府间财政关系的短期目标。当前政府间财政关系的短期目标仍然是注重提供一定水平的基本公共服务，促进区域社会、经济发展并且重视发展的效率问题。与世界主要发达国家相比，我国居民的人均可支配收入、GDP、基本公共服务水平都较低。当前政府间财政关系仍旧要注重经济发展水平以及社会福利的提升。因此，政府间财政关系处理要大幅明确并拓展基本公共服务领域中央与地方共同财政事权的覆盖范围，制定更为全面和充分的基本公共服务保障国家基础标准体系，建立与区域均衡发展相适应的政府间财政关系。这就要求政府间财政关系处理要明确界定政府职责、合理划分中央与地方事权和支出责任、保持现有中央和地方财力格局总体稳定。

（2）政府间财政关系的长期目标。我国还处在发展的战略机遇期，政府间财政关系的处理中要考虑到相关政策的长期影响。要重视区域经济健康发展、生态环境的可持续性以及对收入分配产生的影响以及由此导致的一系列社会矛盾与冲突。地区的经济、社会发展与区域间的财力协调紧密相关。因此，在长期目标中既要注重各级地方政府财力水平的提升又要兼顾区域间财力的协调。为实现这一长期目标，应在加快推进税收制度改革，保持现有中央和地方财力格局总体稳定的基础上，结合税制改革，考虑税种属性，进一步理顺中央和地方收入划分，并在此基础上，考虑到政府间财力协调。

6.4.2 全局利益与局部利益的权衡

1. 全局利益与局部利益的联系

政府间财政关系的处理既要考虑到全局利益,又要顾及局部利益。全局利益是保障全体公民享受到一定水平的福祉,增强共建共享发展中的获得感,是保障全体公民基本权益,满足全体公民基本需求的财政保障。政府间财政关系处理要兼顾我国经济社会发展的整体目标,适应全局规划。

局部利益是指一些区域、个体的利益,这些群体的利益需要政府间财政关系的处理来改善。由于各种客观因素的存在,我国区域之间、个体之间的发展程度存在很大的差异,局部群体的利益已经影响到全局利益的实现。处理政府间财政关系要兼顾全局利益和局部利益,局部利益是实现全局利益的基础。

2. 政府间财政关系处理中全局与局部利益权衡

(1) 政府间财政关系处理中的全局利益。政府间财政关系处理中的全局利益应注重几个方面:一是政府间财政关系处理要有利于我国经济整体发展水平的提升,使全体公民共享发展;二是要保障居民的基本公共服务,使全体居民享受到一定水平的福利;三是要保障全体公民的基本权益。

(2) 政府间财政关系处理中的局部利益。当前我国存在的诸多发展不均衡的问题已经将局部利益的实现推向了更重要的位置。比如,当前中央政府和地方政府间财政关系的重要目标之一是区域均衡发展,区域均衡发展就要保障落后地区的局部利益。区域经济发展程度的不同会在一定程度上导致居民对基本公共服务需求不同、地方政府的财力水平不同以及地方政府对于中央政府的财政依赖程度不同等差异。因此政府间财政关系的完善需要综合考虑局部的利益需求。另外,局部利益还包括特殊群体的利益,比如农村地区基本公共服务水平、人均可支配收入较低,政府间财政关系处理要重视这些局部利益问题。当前逐步进行的"精准扶贫"工作即是顾及低收入人群利益的政策,政府间财政关系处理中应制定因地制宜的相关政策保障低收入人群的利益。

6.4.3 经济目标与社会目标的权衡

1. 经济目标与社会目标的联系

政府间财政关系处理涉及的经济目标主要是促进经济发展。经济发展是一个国家生存和发展的重要条件。经济健康发展不仅包括经济总量的增长也包括经济质量的提升,比如,技术的进步、资源的合理配置。健康的经济增长,应该是经济的可持续、均衡增长。政府间财政关系的经济目标则在于如何去引导经济发展实现最佳的经济增长。政府间财政关系处理涉及的社会目标主要是保障公民的基本权利,使公民享受到一定水平的福利。具体来说包括使全体公民享受一定的基本公共服务,合理布局收入分配等方面。

经济目标是社会目标的经济基础。经济发展的最终目标是满足社会全体成员的需要。需要的满足程度,不仅仅取决于个人消费需求的实现,还取决于社会共同的消费需求的实现。社会共同的消费需求,包含公共安全、环境质量、生态平衡、基础科学研究和教育、文化、卫生、就业等水平的提高。

2. 政府间财政关系处理中经济与社会目标的权衡

(1) 政府间财政关系处理中的经济目标。财政作为政府对资源配置进行调节的重要工具,其方式表现为两个方面:一是通过财政收入和支出的分配数量与方向直接影响经济的发展,如对需要鼓励和发展的产业或事业加大财政投入的力度,或者实行财政补贴,通过财政资金的示范和鼓励引导社会资金的流入;二是通过制定合理的财政税收政策,引导经济资源在地区之间、行业之间的合理流动,如通过实行低税政策或加速折旧、投资抵免等税收优惠政策,吸引社会资源流入国家鼓励发展的产业。

(2) 政府间财政关系处理中的社会目标。随着我国改革开放进程的不断深入,经济体制逐渐向市场经济转型,而我国财政体制也呈现出分权的趋势。我国财政体制进行了1994年的分税制改革以及近年来的"省直管县"财政体制改革,赋予了地方政府更多的财政控制权。然而由于地方政府的支出偏好以及其他客观因素的存在,各级政府特别是省以下地方政府更加倾向于实现经济目标。这种倾向一方面使得地方政府更有动力促进经济的持续增长实现经济目标,另一方面却使得地方政府压缩了社会保障等领域的支出,社会目标没有得到足够的重视。经济目标和社会目标的失调,将会对我国构建和谐社会以及国民经济持续健康发展带来不利影响。为了实现经济目标与社会目标的协调,应变革现有的政府官员考核评价体制,降低经济增长在考核体系中的权重,增强基本教育、医疗、社会保障等事关社会发展以及居民福利的指标的权重。

6.4.4 市场机制与行政手段的权衡

1. 市场机制与行政手段的联系

进一步理顺我国政府间财政关系需要科学合理地定位市场机制与政府行政手段的关系。市场机制与政府行政手段之间的关系不仅是财政体制管理面临的重要议题,也是我国当前社会与经济发展改革过程中的重大实践问题。在新时代的背景下,市场机制与行政手段的权衡需要贴合我国经济社会发展的实践。近几十年来,世界范围内的市场经济国家频频出现的经济危机以及财政危机对于传统的政府与市场的关系提出了挑战。

市场机制和行政手段具有互补关系,是市场经济条件下的基本关系。一般而言,在市场失灵的领域需要政府的行政手段发挥调节作用。政府往往运用行政手段、经济手段和法律手段来弥补市场失灵,其中行政手段具有统一集中、迅速有效的优势。

然而，由于各国内部的经济与社会管理体制千差万别，对于市场机制发挥的作用以及政府行政手段调控的效果孰优孰劣并未形成一致的定论。因此，市场机制与行政手段之间不再是划分职责和分清主次的关系，要找到与我国发展阶段相适应的、更完善的机制。

2. 政府间财政关系处理中市场机制与行政手段的权衡

政府间财政关系处理中市场机制与行政手段的权衡讨论如下：

（1）政府间财政关系处理中的市场机制。市场机制在资源配置中发挥着决定性作用。2013年在党的十八届三中全会上通过的《中共中央关于全面深化改革若干重大问题的决定》（以下简称《决定》）对市场作用进一步作出新的定位，强调"经济体制改革是全面深化改革的重点，核心问题是处理好政府和市场的关系，使市场在资源配置中起决定性作用和更好发挥政府作用"。《决定》对市场作用的新定位是我们党的又一次历史性突破。市场机制的决定性作用主要体现在几个方面：一是确定资源配置的主导地位，包括经济资源配置主导地位，确立价格形成和供求关系、经济社会运行和改革的主导地位；二是资源优化配置，通过市场利益驱动和诱导作用，可刺激生产者、经营者不断改进技术、提高劳动生产率和降低资源消耗，从而提高整个社会资源的配置效率。三是市场经济的渗透性，市场能否发挥有效配置资源作用，很大程度上取决于市场配置资源的范围和程度。因此，不仅要使市场作用充分渗透到微观经济领域、私人产品领域、竞争性领域、初次分配领域和实体经济领域等各个环节和各种关系中去，而且要使市场作用尽可能地渗透到宏观经济领域、公共产品领域、非竞争性领域、再次分配领域和虚拟经济领域等各个环节和各种关系中去（杜人淮和申月，2015）。

（2）政府间财政关系处理中的行政手段。行政手段主要在以下几个领域中发挥重要作用：一是在市场机制的决定性作用前提下，行政手段发挥辅助作用。如对需要鼓励和发展的产业或事业加大财政投入的力度，或者实行财政补贴，通过财政资金的示范和鼓励引导社会资金的流入。通过制定合理的财政税收政策，引导经济资源在地区之间、行业之间的合理流动，如通过实行低税政策或加速折旧、投资抵免等税收优惠政策，吸引社会资源流入国家鼓励发展的产业。二是在市场机制存在严重缺陷的领域，行政手段发挥主导作用。比如提供基本公共服务、调节居民收入差距等领域。

主要参考文献

[1] 杜人淮、申月：《市场在资源配置中起决定性作用的内在规定性》，《中国市场》，2015年第5期。

[2] 贾康：《中国财政改革：政府层级、事权、支出与税收安排的思路》，《地方财政研究》，2004年

第 1 期。

[3] 孔凡河:《基本公共服务均等化视角下的政府事权财权配置探究》,《河南社会科学》,2010 年第 5 期。

[4] 寇铁军、周波:《我国政府间事权财权划分的法治化选择》,《财经问题研究》,2008 年第 5 期。

[5] 李齐云、马万里:《中国式财政分权体制下政府间财力与事权匹配研究》,《理论学刊》,2012 年第 11 期。

[6] 李炜光:《分税制的完善在于财权与事权的统一》,《税务研究》,2008 年第 4 期。

[7] 刘厚金:《公共服务财权配置的问题分析与改革策略》,《行政论坛》,2009 年第 5 期。

[8] 马斯格雷夫:《财政理论与实践》,邓子基、邓力平译,中国财政经济出版社,2005。

[9] 钱颖一:《中国特色的维护市场的经济联邦制,现代经济学与中国经济改革》,中国人民大学出版社,2003。

[10] 任广浩、解建立:《论中央与地方事权财权配置——以城乡基本公共服务均等化为视角》,《河北师范大学学报(哲学社会科学版)》,2009 年第 1 期。

[11] 孙开:《政府间财政关系研究》,东北财经大学出版社,1994。

[12] 孙晓莉:《政府间公共服务事权配置的国际比较及对我国的启示》,《中国人民大学学报》,2007 年第 4 期。

[13] 孙学工:《公共服务供给中各级政府事权财权划分的国际经验》,《经济研究参考》,2005 年第 25 期。

[14] 王绍飞:《改革财政学》,中国财政经济出版社,1989。

[15] 谢旭人:《关于中央与地方事权划分若干问题的思考》,《财政研究》,1995 年第 1 期。

[16] 杨志勇:《分税制改革中的中央和地方事权划分研究》,《经济社会体制比较》,2015 年第 2 期。

[17] 张光:《十八大以来我国事权和财权划分政策动向:突破还是因循?》,《地方财政研究》,2017 年第 4 期。

[18] 赵和楠:《政府间事权划分的理论依据:基于政治学、经济学的视角》,《西部财会》,2012 年第 4 期。

[19] 郑培:《"十二五"完善我国政府间事权划分:问题、思路与对策》,《发展研究》,2012 年第 5 期。

[20] Tiebout, C. M., "A pure theory of local expenditures", *The Journal of Political Economy*, 1956, pp. 416—424.

[21] Oates, W. E., "An Essay on Fiscal Federalism", *Journal of Economic Literature*, 1999, pp. 1120—1149.

[22] 国家发改委宏观经济研究院课题组:《我国公共服务供给中各级政府事权财权配置改革研究》,《经济研究参考》,2005 年第 25 期。

第三篇
政府间纵向财政关系

第 7 章　政府间财政支出关系

财政支出是政府为了履行自身职能,对其所筹集的各项财政资金支配和使用的过程。在一定程度上,财政支出反映了政府的事权和支出责任,各级政府间事权和支出责任划分是一国财政体制的核心和起点。党的十九大提出要"加快建立现代财政制度,建立权责清晰、财力协调、区域均衡的中央和地方财政关系"。政府间财政事权和支出责任的划分,是下一阶段财政体制改革的核心,也是难点。

7.1　事权和支出责任的内涵

"事权"的关键就在于每一级政府应该做什么"事",也就是每一级政府应该承担的职责,是其政府职能的合理配置;如果这"事"该由一级政府承担的话,应该拥有多大的"权"来做"事",并承担相应的责任。因此"事权"一词是对于政府承担的公共事务及拥有的相应权力的特有称谓,实际是指特定层级政府承担公共事务的职能、责任和权力(王浦劬,2016)。这个"权"应该包括"决策权""支出权(筹资权)""管理权""监督权"。也就是说,"事权"由"决策权""支出权""管理权""监督权"四个维度组成,其中所谓"决策权"就是"谁决定干这件事";"支出权"即是支出责任,通俗地讲就是"谁负责掏钱";"管理权"就是"谁负责做这件事";"监督权"就是谁负责监督做这件事的单位和个人。简单来讲,事权就是由"谁决定—谁掏钱—谁干事—谁监管"组成(倪红日,2012)。从本质上来说,中央与地方政府事权的划分配置是国家的整体利益与局部利益、普遍利益与地方特殊利益的分配关系,也是中央权力与地方权力配置的结构。

2016 年 8 月 24 日国务院颁布了《关于推进中央与地方财政事权和支出责任划分的指导意见》,文件提出了"财政事权"的新的表述,财政事权是一级政府应承担的运用财政资金提供基本公共服务的任务和职责,支出责任是政府履行财政事权的支出义务和保障。这样的表述,是从财政支出的角度,将"事权"界定为需要财政掏钱承担的基本公共服务职责。但实际上,"事权"的概念显然比"财政事权"的外延大,因为有些公共服务,并不一定完全需要财政拿钱来提供,市场和社会也可以参与提供。本章提及的事权主要是广义的"政府事权"。

有学者将事权等同于支出责任,即哪些支出应由哪一级政府承担(张永生,

2007)。一般来说,政府履行其职能需要财政的支持,因而政府的职能又体现在财政支出的范围、规模和结构上,在政府的财政活动和公共收支中,又常常使用"支出责任"来反映政府的事权。但是,事权并不等于支出责任,因为一级政府的事权主要是指其必须要履行的职能,而支出责任更强调事权的成本和花费方面。某一级政府的支出并不一定就能够完全反映出其应该承担的职能,因为:政府做事并不一定都是自己掏钱,可以用别人的钱办自己的事;也有可能是掏了钱,却承担了上一级或下一级政府的职能;此外,即使花费达到法定的水平,政府仍然不一定较好履行了其事权。由于中国五级政府的事权划分比较复杂,支出责任相对容易衡量,所以,在财政学中常常又用支出责任来反映政府的事权。

7.2 政府间财政支出关系的历史演变

1949年中华人民共和国成立,随着政治和经济环境的变化,国家财政体制也经历了多次调整和变化,总体来说可以分为三个阶段:一是1949—1979年的"统收统支"阶段;二是1980—1993年的"财政包干制"阶段;三是1994年实施至今的"分税制"阶段。随着国家财政体制的变迁,政府间财政收支关系也随之调整(见表7-1)。

表7-1 财政管理体制的演变(1949—1994年)

财政体制类型	实行时间	基本内容
统收统支	1949—1950年	高度集中,统收统支
	1951—1957年	划分收支,分级管理
	1958年	以收定支,五年不变
	1959—1970年	收支下放,计划包干,地区调剂,总额分成,一年一变
	1971—1973年	定支定收,收支包干,保证上缴(或差额补贴),结余留用,一年一定
	1974—1975年	收入按固定比例留成,超收另定分成比例,支出按指标包干
	1976—1979年	定收定支,收支挂钩,总额分成,一年一变
财政包干制	1980—1984年	划分收支,分级包干
	1985—1987年	划分税种,核定收支,分级包干
	1988—1994年	多种形式包干
分税制	1994—2018年	划分事权、划分税种、分级管理

资料来源:李萍,《财政体制简明图解》,中国财政经济出版社,2010。

7.2.1 统收统支阶段——财政支出由中央政府统一核定,逐级拨付

1978 年前的财政体制尽管经历数次变动(见表 7-2),从集中到较为分散又到集中,但财政统收统支的框架没有打破。在中央高度集中的"统收统支模式"下,地方财政支出的范围和项目主要由中央政府统一核定,或按照行政隶属关系划分,或按照中央核定的支出指标包干,财政支出资金由中央逐级拨付,地方财政支出自主性较小。

表 7-2 "统收统支"体制下政府间财政支出关系特点

财政体制类型	实行时间	政府间财政支出关系的特点
统收统支	1949—1950 年	各级政府的支出由中央统一核定,逐级拨付
	1951—1957 年	按照企业、事业和行政单位的隶属关系与业务关系划分中央和地方财政支出
	1958 年	中央确定地方财政支出的两种形式:地方的经常性开支和中央专案拨款解决的支出,后者由中央拨付,每年确定一次
	1959—1970 年	收入下放,除了中央各部门办理的少量经济建设支出、中央级行政、文教、国防、外交和债务支出,其他支出划归到地方财政支出范畴
	1971—1973 年	继续扩大地方财政支出范围
	1974—1975 年	地方财政支出按中央核定的指标包干
	1976—1979 年	地方财政支出同地方负责组织的收入挂钩,总额分成

资料来源:作者根据相关资料整理获得。

7.2.2 财政承包制——按照企业和事业单位的隶属关系划分财政支出

1978 年党的十一届三中全会召开后,中央政府实行以市场化为导向的分权改革,提出以经济建设为中心,坚持改革开放的方针。在财政领域,从 1980 年起,中央对省、直辖市、自治区实行"划分收支,分级包干"的"分灶吃饭"财政体制,一般认为,20 世纪 80 年代"分灶吃饭"的"财政包干制",是改革开放初期促进经济增长的一个关键性制度安排。根据财政承包制的规定,各级财政支出是按企业、事业单位的隶属关系来划分。

属于中央政府的财政支出包括:中央的基本建设投资,中央企业的流动资金、挖潜改造资金和新产品试制费,地质勘探费,国防战备费,对外援助支出,国家物资储备支出,以及中央级的文教卫生科学事业费、工交商业部门事业费和行政管理费等。

属于地方财政支出的范围:地方的基本建设投资,地方企业的流动资金、挖潜改造资金和新产品试制费,支援农村人民公社支出和各项农业事业费,工交商业

部门事业费，城市维护费，城镇人口下乡经费，文教卫生科学事业费，抚恤和社会救济费，行政管理费等。

7.2.3 分税制——根据中央政府与地方政府事权划分财政支出

为了进一步理顺中央与地方的财政分配关系，更好地发挥国家财政的职能作用，增强中央的宏观调控能力，促进社会主义市场经济体制的建立和国民经济持续、快速、健康的发展，国务院决定实行分税制财政管理体制（见表7-3）。

表7-3 分税制下中央与地方事权和支出责任的划分情况

中央政府	地方政府
事权：国家安全、外交和中央国家机关运转所需经费，以及调整国家经济结构、协调地区发展、实施宏观调控所必需的支出和由中央直接管理的事业发展支出	事权：本地区政权机关运转所需支出以及本地区经济、事业发展所需支出
具体财政支出：国防费、武警经费、外交和援外支出、中央级行政管理费、中央统管的基本建设投资、中央直属企业的技术改造和新产品试制费、地质勘探费、由中央财政安排的支农支出、由中央负担的国内外债务的还本付息支出，以及中央本级负担的公检法支出和文化、教育、卫生、科学等各项事业费支出	具体财政支出：地方行政管理费，公检法支出，部分武警经费，民兵事业费，地方统筹的基本建设投资，地方企业的技术改造和新产品试制经费，支农支出，城市维护和建设经费，地方文化、教育、卫生等各项事业费，价格补贴支出以及其他支出

根据分税制的规定，财政支出根据中央政府与地方政府的事权划分：

（1）中央财政主要承担国家安全、外交和中央国家机关运转所需经费，以及调整国家经济结构、协调地区发展、实施宏观调控所必需的支出和由中央直接管理的事业发展支出。具体包括国防费、武警经费、外交和援外支出、中央级行政管理费、中央统管的基本建设投资、中央直属企业的技术改造和新产品试制费、地质勘探费、由中央财政安排的支农支出、由中央负担的国内外债务的还本付息支出，以及由中央本级负担的公检法支出和文化、教育、卫生、科学等各项事业费支出。

（2）地方财政主要承担本地区政权机关运转所需支出以及本地区经济、事业发展所需支出。具体包括：地方行政管理费，公检法支出，部分武警经费，民兵事业费，地方统筹的基本建设投资，地方企业的技术改造和新产品试制经费，支农支出，城市维护和建设经费，地方文化、教育、卫生等各项事业费，价格补贴支出以及其他支出。

从以上分析可以看出，1980年后实行的"财政包干制"和"分税制"改革，是以放权让利的改革为导向，政府间财政支出关系也逐步走向规范化，但在事权和支出责任划分方面是粗线条的，几乎完全按照行政隶属关系来划分，基本维持着属地化行政逐级发包的政府间分工框架，中央政府作为最高地位的"发包方"享有至高无上的权威,将具体政府职责和事权逐级向下"转包",事权的认识界定仍然较为模糊。

7.2.4 政府间事权和支出责任的调整与完善

事权和支出责任划分改革是建立现代财政制度的重要内容,党中央、国务院高度重视,1994年分税制改革后先后出台了一系列相关的政策和措施加以调整和完善。2013年召开的党的十八届三中全会提出了"建立事权和支出责任相适应的制度"的要求。2014年6月30日,中央政治局会议审议通过的《深化财税体制改革总体方案》又对合理划分各级政府间事权和支出责任做了明确部署。2016年8月,国务院印发了《国务院关于推进中央与地方财政事权和支出责任划分改革的指导意见》。党的十九大报告从全局和战略的高度强调要"加快建立现代财政制度,建立权责清晰、财力协调、区域均衡的中央和地方财政关系",明确提出了深化财税体制改革的目标要求和主要任务。为贯彻落实党的十九大精神和党中央、国务院决策部署,2018年2月国务院办公厅印发了《基本公共服务领域中央与地方共同财政事权和支出责任划分改革方案》,明确基本公共服务领域中央与地方共同财政事权范围,将八大类十八项基本公共服务首先纳入中央与地方共同财政事权范围,并制定基本公共服务保障国家基础标准,根据地区经济社会发展总体格局、各项基本公共服务的不同属性以及财力实际状况,基本公共服务领域中央与地方共同财政事权的支出责任主要实行中央与地方按比例分担。2018年8月13日,正值本报告的撰写阶段,国务院办公厅出台了《关于印发医疗卫生领域中央与地方财政事权和支出责任划分改革方案的通知》,该方案成为首个细分基本公共服务领域中央与地方财政事权和支出责任划分改革方案。该方案划分了公共卫生、医疗保障、计划生育、能力建设四个方面中央与地方财政事权和支出责任,例如将基本公共卫生服务明确为中央与地方共同财政事权,由中央财政和地方财政共同承担支出责任,中央制定基本公共卫生服务人均经费国家基础标准,并根据经济社会发展情况逐步提高,与之匹配的是,支出责任分别由中央和地方按照五档分担。该方案于2019年1月1日起实施。

7.3 中央与地方(省)财政支出关系的问题与改革

我国目前中央与地方事权和支出责任的划分基本沿袭了1994年分税制改革时中央与地方划分支出的办法,1994年分税制财政体制的改革,重点在于对财政收入的调整,基本不涉及各级政府间事权的划分,因为相对于收入划分来说,五级政府间的事权划分是一件非常复杂的事情,它不仅仅是财政体制本身的问题,而且还涉及政府职能的定位以及政治体制改革的问题,所以分税制的改革暂时绕开这一难点,把改革的重点放到了财政收入调整层面。

7.3.1 主要问题

1. 地方财政支出占国家财政支出的比重过高

表 7-4 和图 7-1 反映了中央和地方财政收支占国家财政收支的比重,可以很清晰地看到 1985—1994 年前,地方财政收入占国家财政收入的比重是不断上升的,但 1994 年后却是"断崖式"的下跌;相反中央财政收入占国家财政收入的比重之前是不断下跌的,但 1994 年后却是"火箭式"地向上增长。然而,中央财政和地方财政支出占国家财政支出的比重 1994 年前后变化不大,可以基本判断分税制的改革重点在于对财政收入的调整,而不是对事权和支出的调整。分税制以前,地方财政支出占国家财政支出的比重就相当高,2000 年后地方财政支出占国家财政支出的比重更是不断上升,2016 年地方财政支出占国家财政支出的比重高达85.6%,这样的比重和世界上其他国家相比都是最高的。

表 7-4 地方财政支出的国家比较　　　　　　　　　　　单位:%

国别	地方财政支出占全国财政总支出的比重
发展中国家(20 世纪 90 年代末)	14
转型国家(20 世纪 90 年代末)	26
印度(20 世纪 90 年代末)	46
俄罗斯(20 世纪 90 年代末)	38
巴基斯坦(20 世纪 90 年代末)	29
美国(20 世纪 90 年代末)	46
德国(20 世纪 90 年代末)	40
日本(20 世纪 90 年代末)	61
OECD 成员(20 世纪 90 年代末)	32
中国(2016)	86

资料来源:黄佩华(2005)。

地方财政支出占国家财政支出比重如此之高,一方面说明了地方政府在资源配置、公共产品和公共服务提供方面的作用很大,另一方面也反映了地方政府承担的事权较多,支出责任较大。

2. 事权和支出责任划分不清晰,存在着"职责同构"

在中国目前的五级政府体系下,不同级别政府间事权和支出责任缺乏一部统一完整的法律法规,政府间财政关系的处理主要以"通知""决定"等党和政府的指导性文件形式出现,内容比较模糊和笼统,不够清晰,法律层次较低。宪法和《地

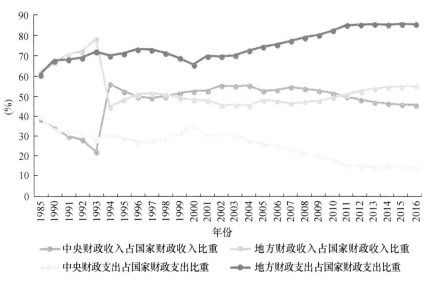

图 7-1　中央与地方财政收支对比

资料来源：国家统计局。

方组织法》原则上对中央和地方政府职责范围做出了规定，但实际上各级政府间并没有明显区别，除了少数事权，如外交、国防等专属中央政府，地方政府拥有的事权与中央政府的事权几乎没有什么本质性的区别，形成了"上下对口，职责同构"的现象（见表7-5）。所以，现在要厘清这种错综复杂、"你中有我，我中有你"的政府间事权和支出责任非常困难。

表 7-5　中国各级政府主要支出责任的基本概况

级别	分类	政府性质	主要支出项目
全国	中央	全国性	中央政权的运转；国家安全、外交；领导和管理教育、科学、文化、卫生、体育和计划生育工作；领导和管理经济工作与城乡建设；宏观调控；部署高等教育；重点国有企业社保等
省级	省（自治区）	区域性	本级政权运转；几乎包括了除国防、外交以外的所有政府职能；中观层次上承担了主要的经济管理和调控职能
省级	直辖市	城市区域结合型	本级政权运转；几乎包括了除国防、外交以外的所有政府职能；中观层次上承担了主要的经济管理和调控职能；城市建设

（续表）

级别	分类	政府性质	主要支出项目
地级	地区	区域政府	本级政权运转；地区重大基础建设；领导和管理本辖区教育、科学、文化、卫生、体育和计划生育工作；维持社会安全网
地级	地级市辖县	城市区域结合型	本级政权运转；城市教育；所属企业投资补贴；城市建设；区内基础建设；失业、养老保险和救济；接受省级政府委托，对所管辖的县市实施行政监督
地级	不辖县	城市政府	本级政权运转；城市教育；所属企业投资补贴；城市建设；失业、养老保险和救济
县级	县	区域政府	本级政权运转；教育；医疗卫生；支援农村支出；区内基础设施和城镇建设；计划生育；失业养老保险和救济
县级	县级市	城市区域结合型	本级政权运转；教育；医疗卫生；支援农村支出；城市建设和区内建设；计划生育；失业、养老保险和救济
乡级	乡镇	农村政府	本级政权运转；农村教育；计划生育

资料来源：根据国家发改委宏观经济研究院课题组的《公共服务供给中各级政府事权财权划分问题研究》(《经济研究参考》，2005年第26期)改编而来。

3. 中央与地方政府(省)事权和支出责任的错位

从2016年中央与地方的支出项目来看，除了中央政府在国防、外交、债务付息方面承担了绝大多数责任，其余的支出主要都是由地方政府承担(见图7-2)。

(1) 收入再分配职能转嫁给地方政府实施。从2016年中央与地方的支出项目来看，在社会保障和就业的支出项目中，中央财政占比3.8%，地方财政占比96.2%；住房保障支出中，中央财政支出占比6.92%，地方财政支出占比93.08%。而根据公共财政理论和国际惯例，具有再分配性质的社会保障和社会救济的职能几乎都是由中央政府提供的。从国家财政对缩小地区差距的作用来看，2016年中央政府在援助其他地区支出中所占比重为0，地方财政则占到100%。十八届三中全会后，中央政府一再要求上收本应由中央政府承担的事权，但政策执行情况却不尽如人意，中央政府对地区差距的宏观调控能力较弱，收入再分配职能转嫁给了地方政府。

(2) 公共安全属于中央政府的事务，地方政府却分担了绝大部分项目费用，占比84.21%，中央仅负担15.79%，即便属于纯公共产品和全国性公共产品性质的国防支出，地方政府也承担了2.25%，例如军人及其家属的优抚安置费和营房建设等。

(3) 一般来说,根据国际经验,中央和省级是教育和卫生的主要提供者(World Bank 2002;黄佩华,2003),然而目前中央政府在这两方面的投入太低,中央财政占教育支出投入的5.16%,医疗卫生和计划生育支出投入的0.17%,科学技术支出投入的40.92%。可以说,科教文卫支出基本上是由地方政府负担。此外,地方政府在节能环保、文化体育与传媒、一般公共服务、城乡社区、农林水、交通运输、商业服务业等支出方面承担了90%以上的支出责任。地方政府支出压力非常沉重。

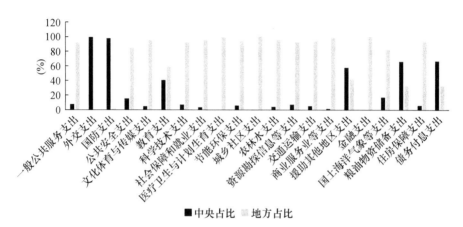

图7-2 2016年中央与地方主要公共服务承担的责任
资料来源:国家统计局。

7.3.2 改革建议

合理划分政府间事权涉及多个学科和多个维度,不仅仅是财政部门一家的事情,还需要政治、行政、法律、经济等全面的配合,并且还要符合中国的国情,是一项非常复杂的系统工程。根据公共财政理论以及政治学、行政学等相关基本理论、国际经验以及中国的实际情况,建议如下:

1. 正确处理政府、市场和社会的关系

正确处理政府、市场和社会的关系,明确界定政府的职能是政府间事权和支出责任划分的基础。从目前中国政府与市场的关系来看,政府职能转变不到位,一方面,政府对市场经济干预得太多,存在着"越位"的现象,政府职能过大过广,政府支出责任广大;另一方面,政府的经济职能又存在着"缺位"的现象,政府在教育、医疗卫生、社会保障等公共服务方面供给严重不足,不能满足广大人民群众日益增长的需求。为此,正确处理政府与市场的关系就必须要充分发挥市场在资源配置中的决定作用,凡是市场能够做的,政府就应该坚决退出,财政资源应从竞争性领域退出,投向教育、卫生、社会保障等公共服务领域。

在政府与社会的关系上,应该实行"大社会,小政府",凡是社会组织可以承担的公共事务,政府应该放手让社会组织去做,实行政社分开,培育和推进社会组织的发展,明确社会组织权责,加强社会建设和创新社会管理,依法发挥社会组织自治作用。

2. 合理配置中央和地方事权与支出责任

根据公共产品受益范围的大小,公共事务的属性、效率与公平,经济稳定的划分标准,合理划分中央和地方的事权与支出责任。

从公共产品受益的空间层次性来看:全国性的公共物品和服务,一般由中央政府提供;地方公共产品供应主要由地方政府负责,对于产生跨地区外部效应和规模经济效应的地方公共产品与服务,应由中央与地方或者是地方政府之间合作提供。

从效率和公平以及经济稳定的划分标准来看,政府层级越低的地方政府与服务对象越接近,越了解其所管辖区域内居民的偏好,相对于级别高的中央政府来说,提供公共产品和公共服务更具有效率。也就是说,公共事务支出责任的划分应该尽量属地化,越分权就越有效率。在调节收入再分配、实现收入分配公平方面,政府职能的划分由于各地经济发展情况千差万别,就需要较高层级的政府统一制定分配政策(张永生,2008)。

对于经济稳定和增长职能在各级政府间的划分,中央政府可以通过财政政策和货币政策来进行调控,故中央政府往往具有优势,应由中央支付承担主要职责。

从政府公共事务的属性来看,公共事务的属性划分为政治属性、经济属性、民族属性、自然属性、公共事务的国家发展战略属性。其中,公共事务政治属性中的主权属性、公共事务经济属性具有首要的权重意义,在价值顺序意义上具有优先性(王浦劬,2016)。下面对五种公共事务属性进行详细说明:(1)公共事务的政治属性一般表现为国家主权与政治制度属性,国防和外交主权事务一般都由一国中央政府垄断性拥有、掌握和实施。(2)公共事务的经济属性,是指在既定的经济所有制和经济运行制度基础上,公共事务活动造成的经济损益特性。根据公共经济学的基本原理,在实际操作中是根据公共产品受益范围来确定其成本的辖区范围,使成本分担的地理边界同受益范围一致,从而实现外部性的内部化;(3)公共事务的民族属性,是指特定行政区域范围内的民族,是基于民族历史、文化、宗教、经济和社会发展要求而形成的,具有民族特色的公共事务和利益要求的主张属性。中国是多民族的国家,因此,在中央和地方事权划分中,需要充分考虑公共事务的民族属性,在国家主权完整的前提和中央政府的统一领导下,赋予民族地方特定事权乃至自治权,把握公共事务的民族性与公共事务的国家性根本一致的本质,促进其有机结合发展。(4)公共事务的自然属性,是指因为自然而非人为因素带来的公共事务权力责任划分的问题,例如空气污染、自然灾害等。自然属性造成的特定公共事务,可以根据其影响、受益范围程度等情况,确定其应归属于何种区域范围和层级的政府主体,一般可以划归为中央和地方的共同事务。(5)公共事务的国家发展战略属性,是指由于国家确定的特定国家战略而产生的公共事务属性,如国家区域均衡发展战略、国家扶贫治理战略等产生的事务。具有这些属性的公共事务一般应该由中央政府承担,但是,在部署和实施这些战略的过程中,中央政府往往需要地方政府的配合,并通过立法、行政命令、地方特定区域授权或者财政支付等形式影响地方政府,由此使地方政府承担特定的国家战略性公共事务(王浦劬,2016)。

基于目前中央和地方事权与支出责任划分的现状,根据2016年8月国务院颁布的《国务院关于推进中央与地方财政事权和支出责任划分改革的指导意见》,我国迫切需要加大中央政府的事权和支出责任,社会保障、缩小地区差距、计划生育、食品安全、跨地区的重大基础设施、司法、就业等职能应由中央政府承担主要责任;义务教育和公共卫生等公共产品的提供应由县级以上的政府承担主要责任,而不能转嫁给县乡政府。

3. 加快政府间事权和财政支出责任划分立法

国际经验和实践证明,一个国家事权和支出责任的划分都是以详细的法律为依据,强调事权划分的法制性和稳定性。这些国家基本上都通过宪法、各州宪法和法律、地方自治法、地方政府法以及公共财政和预算法等,对政府间事权划分做出了明确的规定。我国应借鉴国际经验,加快财政法治建设,建议以《宪法》为根本,辅助于《预算法》《财政转移支付法》《财政收支法》《非税收入管理法》等法律体系,来确定政府间事权和支出责任划分规则,明确各级政府的收支范围和财政管理权限,以减少事权和支出责任调整的随意性,保证政府间事权和支出责任的确定性与稳定性。

4. 注重事权划分稳定性与动态性相结合

一方面为了避免政府间事权和财权调整的随意性,需要通过法律的形式将政府间事权划分制度化,以保证其稳定性和确定性。但是另一方面,政府间事权的划分并不是一成不变的,是一种相对的稳定,随着政府职能的转变、技术的进步和社会经济的发展,政府事权的划分也要随着客观条件的变化进行动态调整。

5. 实现事权、财权和财力的统一

各级政府间事权和支出责任的划分不是独立进行的,事权的划分必须与财权和财力的划分紧密联系,真正的分税制应该是财权、财力与事权相匹配。财力随着事权和支出责任走,让每一级政府承担的每一项事权责任都有其相应的支出来源——来自财权或转移支付产生的财力。凡属于中央政府独立承担的公共事务责任均由中央财政承担支出责任;属于中央支出责任的事务,有些可委托地方管理,所需资金由中央财政全额安排,不再要求地方配套;对属于地方支出责任的事务,由地方政府负责,中央不再安排具体的支出项目,并赋予地方政府相应的财权、决策权等社会经济管理权限,增加地方政府的财政自主性,以充分调动地方政府积极性,激励地方政府因地制宜组织财政收入,赋予地方政府一定的财权。权力是要受到制衡和监督的,因此,分税制的背后一定是一个民主的政治体制。对于地方承担有困难的,由中央财政通过增加财力均衡性转移支付提供保障;对中央与地方共同承担责任的事务,由中央和地方按不同比例共同负担,例如,2018年8月13日,国务院办公厅出台了《关于印发医疗卫生领域中央与地方财政事权和支出责任划分改革方案的通知》,将基本公共卫生服务明确为中央与地方共同财政事权,由中央财政和地方财政共同承担支出责任,分担的比重共有五档,第一档为8∶2,第二档为6∶4,第三档为5∶5,第四档为3∶7,第五档为1∶9。

第8章 政府间财政收入关系

在多级政府体制下,政府间财政收入关系主要是指财政收入和财权(征税权、收费权、举债权)在中央和地方之间的划分,其中最主要的又是税收和税权的划分,是一国财政体制的重要组成部分。

8.1 政府间财政收入关系的历史演变

8.1.1 财政高度集中制——"统收统支"模式

1949年中华人民共和国成立,由于经历了长期战争,新政权面对的是支离破碎的国民经济和巨大的财政危机,财政收支严重脱节,1949年全国财政收入303亿斤粮,支出567亿斤粮,赤字占支出的46.9%。另一方面,新政权要体现出优于旧政权的经济绩效,选择一种较以前政权不同的经济增长方式便成为政府的一种偏好。为此,在财政体制上,中央政府便推出了高度集中的"收支两条线"的"统收统支"财政管理体制,这是1949年后第一次明确地划分中央与地方的经济管理权限。在这种统收统支模式下,中央与地方财政收入关系的特点是:

(1)中央拥有财政管理权限,一切财政收支项目、收支程序、税收制度、供给标准、行政人员编制等,均由中央统一制定。

(2)财政收入形式单一,大量依靠国有企业上缴利润;税制单一与混乱并存,工商税制只设七种税,而且几乎都是流转税,对国有企业只征一道工商税,对集体企业征收工商税和工商所得税,财政作为计划控制的基本手段,以资产所有者身份直接参与社会生产和消费各个领域(楼继伟,2013)。

(3)财力高度集中于中央,在中央统一领导下,地方财政是作为中央财政计划的执行单位加以考虑和设置,没有自主权,也不具备对自身行为负责的基本条件。在财政收入的划分上,除了地方税和其他零星收入抵充地方财政支出,其他各项收入包括公粮、关税、盐税、货物税、工商税、国有企业收入、公债收入等均属于中央财政收入,一律上缴中央金库,在财政支出上,各级财政支出均由中央统一审核,逐级拨付。

财政统收统支体制虽然可以保证国家计划的贯彻实施,缓解新政权建立初期的财政困难,有利于国家集中财力保证重工业优先发展战略的推行,但是高度集中的财政管理体制不利于调度地方的积极性,同时中国这样一个地域辽阔的国家,各地情况千差万别,并不是所有的事务都是中央政府能够承担的。

8.1.2 财政承包制——讨价还价的"分灶吃饭"模式

1. 主要内容和主要推进步骤

(1) 从 1980 年开始,在中央和省级为代表的地方间的财政分配关系方面,实行"划分收支、分级包干"的财政管理体制。所谓"划分收支",就是按照经济体制所规定的隶属关系,明确划分中央与地方预算的收支范围。将财政收入划分为中央固定收入、地方固定收入和中央与地方调剂收入三部分。中央财政的固定收入包括:中央所属企业的收入、关税收入和中央其他收入。地方财政的固定收入包括:地方所属企业的收入、盐税、农牧业税、工商所得税、地方税和地方其他收入。上划给中央部门直接管理的企业,其收入作为固定比例分成收入,80%归中央财政,20%归地方财政。工商税作为中央和地方的调剂收入。财政支出主要按照企业和事业单位的隶属关系进行划分。所谓"分级包干",首先是确定预算收支包干基数,按照上述划分收支的范围,以 1979 年财政收支预计执行数为基础,经过适当调整后,计算确定。凡是地方收入大于支出的地区,多余部分按一定的比例上缴;支出大于收入的地区,不足部分从工商税中按一定的比例留给地方,作为调剂收入;有些地区,工商税全部留给地方,收入仍然小于支出的,不足部分由中央财政给予定额补助。分成比例或补助数额确定以后,原则上五年不变,地方多收了可以多支出。1980 年,除京津沪三个直辖市外,全国绝大部分地区实行了"划分收支、分级包干",当时实行了四种"分灶吃饭"的办法。第一,对四川、陕西、甘肃、河南、湖北、湖南、安徽、江西、山东、河北、辽宁、吉林、浙江等 15 个省实行典型的"划分收支、分级包干"办法;第二,对内蒙古、新疆、西藏、宁夏、广西、云南、青海、贵州等省份,实行民族自治地方预算体制,除保留原有的特殊照顾外,也参照上述第一种办法划分收支范围,确定中央的补助数额,并由一年一定改为五年不变,中央补助额每年递增 10%,地方收入增长部分全部留归地方;第三,对广东、福建两省实行"划分收支、定额上交或定额补助"的特殊优惠办法(俗称"大包干");第四,对江苏继续实行"比例包干、四年不变"的财政体制,但对包干范围和留缴比例作了适当调整(一年后转为"划分收支、分级包干"办法)。

(2) 1985 年在两步利改税完成后,"分灶吃饭"体制在表述上调整为"划分税种,核定收支,分级包干"的财政管理体制。在第二步利改税的基础上,依据税种划分各级财政收入的范围,收入分为中央固定收入、地方固定收入、中央与地方共享收入三类;重新核算分成基数,确定分成办法,地方财政支出基数按照 1983 年的既得财力确定,地方财政收入的包干基数以 1983 年的决算收入数为依据。在核定的收支基数范围内,地方财政多收可多支,少收则少支,自求平衡,一定五年不变。继续对享受民族自治区和视同民族自治区待遇的省区予以照顾。对广东、福建两省仍按原来体制,继续实行"大包干"的办法。总体来看,1985年实行的"划分税种,核定收支,分级包干"的财政管理体制,依然属于"分灶吃饭"体制,但与原体制相比,有两个明显的优点:一是以税种作为划分各级财政收入的依据,开始改变了过去按企业隶属关系划分收入的做法,对原体制是一种突破;二是较好地体现了注重公平、兼顾一般的原则。①

(3) 多种形式的地方财政包干办法。1988年,为配合国有企业普遍推行的承包经营责任制,开始实行多种形式的地方财政包干办法,全国39个省、自治区、直辖市和计划单列市,除广州、西安两市的预算关系仍与广东、陕西两省联系外,对其余的37个地区分别实行了包括"收入递增包干""总额分成""总额分成加增长分成""上解递增包干""定额上解"和"定额补助"六种不同形式的财政包干制。

2. 包干制下中央与地方政府间财政收入关系的特点②

包干制下中央与地方政府间财政收入关系的特点如下:

(1) 收支划分。把政府的收入分为三个基本类别:中央收入、地方收入和调剂收入。同时,不同级别的政府承担不同的支出责任。

(2) 基数。收入和支出这两种基数值一般是依各地在确立某种新体制前一年的财政收支决定的。

(3) 收入分成。它是财政改革的核心,也就是说,各省可以保留一部分地方收入用于地方开支。一省留成的多寡取决于以下两个因素:一是该省所适用的收入分成办法;二是具体的留成比例。分成办法决定地方政府是提留总税收的一个固定数额、一个固定百分比,还是提留税收超额完成部分的一定的百分比,分成办法因各省经济性质和税收能力的不同而有所区别。另一方面,留成比例通常依其一省收支平衡的基数而定。

(4) 一对一谈判。因为缺乏确定基数的通行方式,分成办法和留成比例这些收入分成的基本参数就得通过协商来解决,每省单独就这些参数问题与中央政府进行讨价还价,以确立与中央的特定财税关系。这样,各地根据各自与中央达成的"交易"上缴不同数额或比例的地方收入。

(5) 税收管理。一方面,税权是高度集中的,所有税种的税基和税率都由中央政府确定,包括地方税和分成税;另一方面,征税权几乎已全部下放,所有税种的征收工作都由地方政府掌握。1980—1994年的财政大包干体制,是中央与地方财政关系的重大改革和转折点,在一定程度上照顾了不同地区的特点,扩大了地方

---

① 李萍等:《财政体制简明图解》,中国财政经济出版社,2010。
② 王绍光:《分权的底线》,中国计划出版社,1997。

财政的自主权,进一步调动了地方政府的积极性,加强了地方政府的责任心,支持了地方经济的发展。但财政包干制也形成了许多新问题:① 中央政府的绝大部分收入依靠地方政府来征收,中央政府的财政收入不仅取决于其与地方政府之间分配比例的大小,而且取决于地方政府征税积极性的高低。在地方利益机制的驱动下,这就为地方政府将更多的财政收入留在本地提供了一种可能,结果导致中央财政收入的下降,中央财政实际收入难以满足实际支出的需求,收支难以平衡(见图8-1)。② 容易助长地方画地为牢,重复建设。③ 财政包干制的合同五年调整一次,种类繁多,人为因素影响较大,容易造成地区间的苦乐不均,不利于地方经济均衡发展。④ 包干制将大部分收入混在一起实行大包干的办法,容易造成中央与地方利益界限不明晰,各级财政的职责、权限模糊,相互挤占收入和收入流失现象非常严重。正是这些问题成为1994年全国推行分税制改革的契机和深层根源。

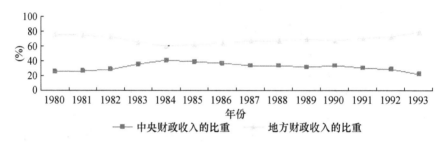

图 8-1　1980—1993 年中央与地方财政收入占比

资料来源:国家统计局。

8.1.3　分税制——分级分税模式

1994年我国针对财政包干体制的弊端,沿着向市场经济转轨和财政体制创新的思路,实行了分税制改革,初步建立起符合社会主义市场体制要求的新税制和新型财政体制的基本框架,也为今后各项财政管理制度的创新奠定了基础。分税制的基本内容包括:根据中央政府与地方政府的不同事权划分支出范围;按税种划定各级财政固定收入来源,分别设置机构,分别征收;各级政府有独立的预算权,中央预算与地方预算彻底分开,分别编制,自求平衡;中央通过转移支付实现对地方预算的调剂和控制。

8.2　中央与地方(省)财政收入关系的基本框架与特征

8.2.1　分税制关于中央与地方(省)财政收入划分的基本内容

1. 中央与地方(省)之间财力的初次分配

1994年,在按照中央与地方政府的事权划分各级财政支出范围的基础上,按照税种来划分中央和地方的财政收入。

(1) 中央固定收入主要包括:关税,消费税,海关代征的消费税和增值税,中央企业所得税,铁道部门、各银行总行、各保险总公司集中缴纳的收入等(包括营业税、所得税、利润和城市维护建设税),以及中央企业上缴利润等。

(2) 地方固定收入主要包括:营业税(不含铁道部门、各银行总行、各保险总公司集中缴纳的营业税),地方企业所得税(不含上述地方银行和外资银行及非银行金融企业所得税),个人所得税,城镇土地使用税,固定资产投资方向调节税,城市维护建设税(不含铁道部门、各银行总行、各保险总公司集中缴纳的部分),房产税,车船使用税,印花税,屠宰税,耕地占用税,农牧业税,对农业特产收入征收的农业税,契税,国有土地有偿使用收入等。

(3) 中央和地方共享收入包括:增值税(中央分享75%,地方分享25%)、证券交易税(中央和地方各分享50%)和资源税(其中海洋石油资源税归中央)。按税种划分中央与地方财政收入后,要相应分设中央和地方税务机构。中央税种和共享税种由中央税务机构负责征收,共享税按比例分给地方。地方税种由地方税务机构征收。

2. 中央与地方(省)之间财力的再分配

为了保持地方的既得利益,中央对地方税收返回数额以1993年为基期年核定。按照1993年中央从地方净上划的收入数额(即消费税和75%增值税之和减去中央下划地方收入),1993年中央净上划收入全额返还地方,保证地方既得财力,并以此作为中央财政对地方的税收返还基数。1994年以后,税收返还额在1993年基数上逐年递增,递增率按全国增值税和消费税的平均增长率的1∶0.3系数确定,即上述两税全国平均每增长1%,中央财政对地方税收返还增加0.3%。如若1994年以后中央净上划收入达不到1993年基数,则相应扣减税收返还数额。作为配套措施,此次改革中,原包干体制的地方上解和补助办法基本不变,即在原实行递增上解和定额上解的地区,仍继续按原规定上解,原实行总额分成和原分税制试点地区,一律改为以1993年实际上解为基数,从1994年起按4%的递增率递增上解。从1995年起,凡实行递增上解的地区,一律取消递增上解,改为按各地区1994年实际上解额实行定额上解。另一个配套措施是核定各地区资金调度比例。

3. 中央与地方财政收入关系的调整和完善

随着社会经济的发展,分税制财政体制也不断调整和完善。

(1) 证券交易印花税分享比例调整。实行分税制的初期,证券交易印花税在中央和地方(上海市和深圳市)之间各分享50%。随着我国证券交易市场的发展,证券交易规模不断扩大,证券交易印花税大幅增长。为妥善处理中央与地方的财政关系,增强中央宏观调控能力,国务院决定,自1997年1月1日起,将证券交易印花税分享比例由现行的中央与地方各占50%,调整为中央80%,地方20%。后因证券交易印花税税率由原来对买卖双方各征收3‰调高到5‰,调高税率的增加收入全部作为中央收入,由此中央与地方证券交易印花税分享比例折算为中央88%,地方12%。2000年国务院再次决定,将证券交易印花税分享比例由现行的中央88%、地方12%,分三年调整到中央97%、地方3%。即2000年中央91%、地方9%;2001年中央94%、地方6%;从2002年起中央97%、地方3%。为妥善处理中央与地方的财政分配关系,国务院决定,从2016年1月1日起,将证券交易印花税由现行按中央97%、地方3%比例分享全部调整为中央收入。

(2) 金融保险营业税收入划分的调整。为了发挥税收的调控作用,进一步理顺国家与金融、保险企业之间的分配关系,促进金融、保险企业间平等竞争,保证国家财政收入,国务院决定,从1997年1月1日起,将金融保险业营业税税率由现行的5%提高到8%。提高营业税税率后,除各银行总行、保险总公司缴纳的营业税仍全部归中央财政收入外,其余金融、保险企业缴纳的营业税,按原5%税率征收的部分归地方财政收入,按提高3%税率征收的部分归中央财政收入。后来为了支持金融保险业的改革,从2001年起,营业税税率每年下调一个百分点,分三年将税率从8%降低到5%,即从2002年1月1日至12月31日,为6%;从2003年1月1日起,为5%,中央分享部分也随之取消。

(3) 所得税收入分享改革。分税制的初期,所得税在中央和省级政府之间是按照企业隶属关系划分的,即中央企业所得税划归为中央财政收入,地方企业所得税(不含上述地方银行和外资银行及非银行金融企业所得税)划归为地方财政收入。随着社会主义市场经济的发展、企业改革的深化和地区间经济发展格局的变化,这样的划分会产生许多弊端:一是政企不分,强化了政府对企业的行政干预,不利于国有企业改革的逐步深化和现代企业制度的建立;二是客观上助长了重复建设和地区封锁,妨碍了市场公平竞争和全国统一市场的形成;三是税基地区间分布不均,不利于缩小地区间不断扩大的财力差距。为了促进社会主义市场经济的健康发展,进一步规范中央和地方政府之间的分配关系,建立合理的分配机制,防止重复建设,减缓地区间财力差距的扩大,支持西部大开发,逐步实现共同富裕,国务院出台了《关于印发所得税收入分享改革方案的通知》,决定从2002年1月1日起实施所得税收入分享改革。改革的基本原则是:第一,中央因改革所得税收入分享办法增加的收入全部用于对地方主要是中西部地区的一般性转移支付。第二,保证地方既得利益,不影响地方财政的平稳运行。第三,改革循序渐进,分享比例分年逐步到位。第四,所得税分享范围和比例全国统一,保持财政体制规范和便于税收征管。改革的内容:除铁路运输、国家邮政、中国工商银行、中国农业银行、中国银行、中国建设银行、国家开发银行、中国农业发展银行、中国进出口银行以及海洋石油天然气企业缴纳的所得税继续作为中央收入外,其他企业所得税和个人所得税收入由中央与地方按比例分享。2002年所得税收入中央分享50%,地方分享50%;2003年所得税收入中央分享60%,地方分享40%;中央财政因所得税分享改革增加的收入,按照公平、公正的原则,采用规范的方法进行分配,对地方主要是中西部地区实行转移支付。

（4）出口退税负担机制改革。中国从1985年开始实施出口退税政策,退税的税种为增值税和消费税。由于这一制度涉及中央和地方政府间财政收支划分,并一度被当做调节出口的重要工具,过去30多年间政策变动频繁。1985—1988年,中央外贸企业、工贸企业的退税由中央财政负担;地方外贸企业、工贸企业的退税由地方财政负担。从1988年开始,所有出口退税都由中央财政负担。1991年之后,地方财政又负担了地方外贸企业10%的出口退税,1993年地方财政的负担又提高了20%。1994年分税制改革时,出口退税改由中央财政全部负担,并规定地方负担部分以1993年为基数专项上解,以后年度按此定额结算。随着我国外贸出口的快速增长,出口退税的增长高于增值税增长,尽管中央出口退税的预算指标也一再增加,但出口退税应退数和实退数仍存在着很大的差距,欠退税越来越严重,中央财政负担严重。经国务院批准,2004年1月1日我国对出口退税机制进行改革。这次改革本着"适度、稳妥、可行"的原则,一是区别不同产品调整退税率;二是加大中央财政对出口退税的支持力度,从2003年起,中央进口环节增值税和消费税收入增量首先用于出口退税;三是建立中央和地方财政共同负担出口退税的新机制,具体办法是:从2004年起,以2003年出口退税实退指标为基数,对超基数部分的应退税额,由中央与地方按75∶25的比例分别负担;四是累计欠退税由中央财政负担。2004年实行的出口退税机制改革,是促进我国外贸体制改革,保持外贸和经济持续健康发展的一项重大决策。出口退税机制改革一年多来进展总体顺利,基本实现了预期目标,但是,新机制在运行中也出现了一些新情况和新问题,主要是地区负担不均衡,部分地区负担较重,个别地方甚至限制外购产品出口、限制引进出口型外资项目等。为此,经国务院批准,自2005年1月1日起,调整中央与地方出口退税分担比例,国务院批准核定的各地出口退税基数不变,超基数部分中央与地方按照92.5∶7.5的比例共同负担。各省（自治区、直辖市）根据实际情况,自行制定省以下出口退税分担办法。改进出口退税退库方式,出口退税改由中央统一退库,相应取消中央对地方的出口退税基数返还,地方负担部分年终专项上解。为深化财税体制改革,理顺中央与地方收入划分,促进外贸稳定发展,国务院决定,自2015年1月1日起,进一步完善出口退税中央和地方负担机制,调整消费税税收返还政策,一是出口退税（包括出口货物退增值税和营业税改征增值税出口退税)全部由中央财政负担,地方2014年原负担的出口退税基数,定额上解中央;二是中央对地方消费税不再实行增量返还,改为以2014年消费税返还数为基数,实行定额返还;三是具体出口退税上解基数、消费税返还基数由财政部核定。

(5) 增值税收入划分的调整。增值税是我国第一大税种,1994年实行的分税制将增值税划归为中央和地方共享税,中央分享75%,地方分享25%。为避免重复征税,减轻企业税负,优化产业结构,促进社会经济的可持续发展,2011年,经国务院批准,财政部、国家税务总局联合下发营业税改增值税试点方案,2012年1月1日起,率先在上海交通运输业和部分现代服务业开展营业税改增值税试点,由点到面,试点和范围在全国迅速扩大。2016年3月18日召开的国务院常务会议决定,自2016年5月1日起,中国将全面推开营改增试点,将建筑业、房地产业、金融业、生活服务业全部纳入营改增试点。营改增的全面推行,势必会影响到地方政府的财政收入,增值税在中央和地方财政之间的划分必须要进行相应的调整。为此,2016年4月30日,在营改增全面推开试点前的最后一天,国务院公布了《全面推开营改增试点后调整中央与地方增值税收入划分过渡方案》,基本原则是:保持现有财力格局不变;注重调动地方积极性;兼顾好东中西部利益关系。基本内容是:第一,以2014年为基数核定中央返还和地方上缴基数;第二,所有行业企业缴纳的增值税均纳入中央和地方共享范围;第三,中央分享增值税的50%,地方按税收缴纳地分享增值税的50%;第四,中央上划收入通过税收返还方式给地方,确保地方既有财力不变;第五,中央集中的收入增量通过均衡性转移支付分配给地方,主要用于加大对中西部地区的支持力度。

8.2.2　中央与地方(省级)财政收入关系的基本框架

1. 税收收入的划分

中央与省级政府的财政收入关系主要是税收收入的划分,根据1994年分税制体制的安排以及后续的调整,目前中央与地方(省级)政府的具体税收收入划分如表8-1所示。

表8-1　现行中央政府与地方(省级)政府的税收收入划分概况

	收入来源	分享比例(%)	备注
中央固定收入	关税,消费税,海关代征的消费税和增值税,铁道部门、各银行总行、各保险总公司集中缴纳的收入等(包括营业税、所得税、利润和城市维护建设税),以及中央企业上缴利润		

(续表)

收入来源			分享比例(%)		备注
中央与地方共享收入	增值税		中央	75	2009年开始实施增值税转型改革，允许企业抵扣其购进设备所含的增值税。2016年6月全面推行"营改增"后，改为中央与地方50：50分成
			地方	25	
	所得税	企业所得税	中央	60	除铁路运输、国家邮政、四大国有商业银行、三家政策性银行、中石化及中海油等企业外，2003年前中央与地方各分享所得税50%，2003年调整为中央60%，地方40%
			地方	40	
		个人所得税	中央	60	
			地方	40	
	资源税	海洋石油资源税	中央	100	海洋石油开采企业没有向中央上缴这一税收，而是以矿区使用费的形式上缴，从而使资源税成为单纯的地方税种
			地方	0	
		其他资源税	中央	0	
			地方	100	
	证券交易印花税		中央	97	1997年中央与地方分享比例由50：50调整为80：20。2000年后调整为97：3，只有上海和深圳分享。2016年1月1日起，将证券交易印花税全部调整为中央收入
			地方	3	
地方固定收入	营业税		地方	100	不含铁道部门、各银行总行、各保险公司总公司集中缴纳的营业税
	城市维护建设税		地方	100	不含铁道部门、各银行总行、各保险公司总公司集中缴纳的部分
	契税、房产税、车船使用税、印花税、耕地占用税、烟叶税、土地增值税、城镇土地使用税、环境保护税(2018年1月1日起，环境保护税全部作为地方收入)				

资料来源：根据现行的税收政策整理获得。

2．非税收入的划分

非税收入是政府财政收入的重要组成部分，是指除税收以外所有的政府收入。2004年7月财政部发布的《财政部关于加强政府非税收入管理的通知》中，更进一步明确规定了政府非税收入管理范围：政府非税收入是指除税收以外，由各级政府、国家机关、事业单位、代行政府职能的社会团体以及其他组织，依法利用政府权力、政府信誉、国家资源、国有资产或提供特定公共服务、准公共服务取得并用于满足社会公共需要或准公共需要的财政资金，是政府财政收入的重要组成部分,也是政府参与国民收入分配和再分配的一种形式。政府非税收入管理范围包括:行政事业性收费、政府性基金、国有资源有偿使用收入、国有资产有偿使用收入、国有资本经营收益、彩票公益金、罚没收入、以政府名义接受的捐赠收入、主管部门集中收入以及政府财政资金产生的利息收入等。社会保障基金、住房公积金不纳入政府非税收入管理范围。从全国一般公共预算收入的构成来看,2000—2016年,非税收入占一般公共预算收入的比重呈逐年快速上升的态势,从2000年的6.07%上升到2016年的18.32%。在经济欠发达的地区或者在经济税源下行突出的年份,非税收入的比重往往会相应提高。

非税收入如何在中央和地方政府间进行划分,从理论和实践的角度来看,依据的原则应该是:

(1) 遵循"谁出资、谁分红"的原则,按所有者权益原则划分国有资产收益。在发达的市场经济国家,国有经济规模偏小,更重要的是,营利性国有资产收益微乎其微,因此,大部分市场经济国家在收益的划分上没有太多问题。而我国目前是国有经济成分占主导地位,拥有规模庞大的国有资产,只有遵循"谁出资、谁分红"的原则,按所有者权益原则划分国有资产收益。

(2) 按照"支付与受益对等"的原则划分收费收入的归属。收费应对应于各级财政所提供的服务,从理论上说,哪一级财政提供服务,就应该由哪一级政府收费,因此,收费的划分经常不构成划分收入的难点。

(3) 在中央总体政策框架下,非税收入的征收主体主要是地方政府,地方政府通过非税收入自主筹集财政资源的权力比较大,中央仅对少部分非税收入进行分成,大多数非税收入归地方政府所有。由于非税收入的决策权主要在地方政府,各地非税收入项目千差万别,要准确描述非税收入的划分现状有较大难度,本报告以政府性基金的收入归属划分和湖南省非税收入划分的现状来加以描述。2017年纳入预算的全国政府性基金收入共32项,划归为中央独享收入的为10项,划归为地方独享收入的为12项,划归为中央和地方共享收入的有10项(见表8-2)。

湖南非税收入的归属划分现状如表8-3所示。可以看出,目前纳入一般公共预算收入的非税收入,主要按行政隶属关系来划分收入的归属,中央与地方共享的非税收入,在湖南只有水资源费、矿产资源补偿费、探矿权采矿权价款、注册土木工程师执业资格考试收费、国际注册内部审计师报名考务费等,且地方政府分享的比例要大一些。

表 8-2 2017 年全国政府性基金收入在中央与地方的归属划分概况

中央独享收入	铁路建设基金、民航发展基金、旅游发展基金、中央水库移民扶持基金、可再生能源发展基金、船舶油污损害赔偿基金、核电站乏燃料处理处置基金、废弃电器电子产品处理基金、中央特别国债经营基金财务收入、可再生能源电价附加收入
中央和地方共享收入	港口建设费、国家重大水利工程建设基金、水利建设基金、农网还贷资金、教育费附加、文化事业建设费、国家电影事业发展专项资金、森林植被恢复费、彩票公益金收入、彩票发行和销售机构业务费收入
地方独享收入	高等级公路车辆通行附加费(海南)、城市基础设施配套费、地方教育附加、地方水库移民扶持基金、残疾人就业保障金、新型墙体材料专项基金收入、城市公用事业附加收入、国有土地使用权出让金收入、国有土地收益基金收入、农业土地开发资金收入、车辆通行费收入、污水处理费收入

表 8-3 湖南中央与地方非税收入划分概况

中央独享收入	由中央政府及其所属部门和单位依法收取的专项收入、行政性收费收入、罚没收入、国有资本经营收入、国有资产(资源)有偿使用收入、其他非税收入以及纳入一般公共预算管理的基金收入
中央和地方共享收入	水资源费(10∶90),矿产资源补偿费(50∶50),国家出资勘察形成的"探矿权采矿权价款"(20∶80),初、中段位考评认定费(20∶80),房地产经纪人执业资格考试报名费(70∶30),注册土木工程师(岩土)执业资格考试收费(70∶30),国际注册内部审计师报名考务费(50∶50),水土保持补偿费(10∶90),农田水利建设基金(20∶80)
地方独享收入	由地方政府及其所属部门和单位依法收取的专项收入、行政性收费收入、罚没收入、国有资本经营收入、国有资产(资源)有偿使用收入、其他非税收入以及纳入一般公共预算管理的基金收入

资料来源:全国预算与会计研究会总课题组,《推进我国财政体制科学化问题系统研究总报告(五):实现政府间纵向财政体制科学化(上)》,《预算管理与会计》,2017 年第 5 期。

8.2.3 中央与地方财政收入关系的特征

1. 分税制后中央财政收入占比迅速提高,2011 年后略有降低

现有的财政体制决定了中央与地方财政收入的归属划分和财力分布。表 8-4 显示,从中央财政收入和地方财政收入占全国财政收入的比重来看,1985—1993 年,在实行"分灶吃饭"财政承包制体制下,中央财政收入占全国财政收入的比重逐年下降,由 1985 年的 38.39% 下降到 1993 年的 22.02%,地方财政收入的比重不断上升,从 1985 年的 61.61% 上升到 1993 年的 77.98%,中央财政面临着巨大的压力。主要原因是从财政体制的角度来看,财政承包制并不是一个完善的制度,在财政承包制下,由于中央政府的绝大部分收入依靠地方政府来征收,中央政府的财政收入不仅取决于其与地方政府之间分配比例的大小,而且取决于地方政府征税积极性的高低。对地方政府来说,如果地方政府不遗余力地加大征税力度,那么地方政府就有理由担忧中央政府会在下一轮谈判中调高地方上缴的比例,上缴中央政府的财政收入越多,就意味着地方可支配收入越少。虽然财政承包合同的调整由中央政府主导,但是,在地方利益机制的驱动下,地方政府利用信息的不对称,将更多的财政利益留在地方。

表 8-4 中央与地方财政收入分配的基本情况　　　　单位:%

年份	财政收入		税收收入		政府性基金		非税收入 (一般公共预算)	
	中央占比	地方占比	中央占比	地方占比	中央占比	地方占比	中央占比	地方占比
1985	38.4	61.6						
1990	33.8	66.2						
1991	29.8	70.2						
1992	28.1	71.9						
1993	22.0	78.0						
1994	55.7	44.3	55.2	44.8				
1995	52.2	47.8	53.1	46.9				
1996	49.4	50.6	50.1	49.9				
1997	48.9	51.1	51.4	48.6	67.0	33.0		
1998	49.5	50.5	52.1	47.9	64.1	35.9		
1999	51.1	48.9	53.8	46.2	62.6	37.4		
2000	52.2	47.8	54.8	45.2	55.2	44.8		
2001	52.4	47.6	54.5	45.5	42.7	57.3		
2002	55.0	45.0	58.0	42.0	31.2	68.8		
2003	54.6	45.4	58.0	42.0	24.1	75.9		
2004	55.0	45.1	58.6	41.4	21.6	78.4		
2005	52.3	47.7	55.8	44.2	20.3	79.7		
2006	52.8	47.2	56.2	43.8	18.6	81.4		
2007	54.1	45.9	57.8	42.2	64.5	35.5	24.2	75.8
2008	53.3	46.7	57.1	42.9	16.7	83.3	24.1	75.9
2009	52.4	47.6	56.1	44.9	13.7	86.3	28.4	71.6
2010	51.1	48.9	55.3	44.7	8.6	91.4	20.0	80.0
2011	49.4	50.6	54.2	45.8	7.6	92.4	19.1	82.0
2012	47.9	52.1	53.0	47.0	8.8	91.2	17.3	82.7
2013	46.6	53.4	51.3	48.7	8.1	91.9	19.1	81.9
2014	46.0	54.0	50.4	49.6	7.6	92.4	21.0	79.0
2015	45.5	54.5	45.5	54.5	9.3	90.7	25.6	74.4
2016	45.3	54.7	50.37	49.6	9.0	91.0	22.9	77.1

为了扭转中央财政收入占比不断下降的局面,中央政府必须改变竞争规则。于是,新一轮财政体制改革开始,分税制改革从 1992 年的局部试点,到 1994 年开始全面推行。从表 8.4 可以看出,实行分税制的 1994 年,中央财政收入占全国财政收入的比重就迅速提高到 55.7%,此后都维持在 50% 左右,基本实现了提高中央财政收入比重的改革初衷,为中央财政实施更为有效的宏观调控政策、协调地区间收入差距提供了强有力的资金保障。2011 年后,中央财政收入占比低于 50%,2011—2016 年中央财政收入占比的均值在 46.78%,地方财政收入占比的均值是 53.22%,地方略高于中央。

2. 在税收收入的分配上,中央占比高于地方

从税收收入在中央和地方政府的配置结果来看,1994—2016 年,中央税收占比的均值为 54%,地方税收收入占比的均值为 46%,中央占比要高于地方。

3. 大多数非税收入归地方政府所有

从一般公共预算收入中的非税收入在中央与地方的分配情况来看,2007—2016 年,中央非税收入占比较低,地方非税收入占比较高,最低都保持在 71% 以上,可见大多数非税收入归地方政府所有。

从中央与地方在政府性基金的占比情况来看,1997—2016 年,中央财政占比总体呈不断下降的态势,从 1997 年的 67% 下降到 2016 年的 9%,地方财政占比则从 1997 年的 33% 上升到 2016 年的 91%,这可能与政府性基金中占大头的土地使用权出让金划归为地方政府有关。

8.3 中央与地方(省)财政收入关系的主要问题与改革

8.3.1 主要问题

1994 年实行的分税制奠定了较为规范和稳定的中央与地方(省)之间的纵向财政关系,提高了中央财政宏观调控和缩小地区之间财力差异的能力,同时也有效地调动了地方发展经济的积极性,但是中央与地方之间的财政收入关系也存在着不少问题:

1. 税收立法权主要集中在中央政府,地方政府缺少税种管理的自主权

我国幅员辽阔,各地区的地理环境和经济发展状况千差万别。现阶段基本以国家层面统一制定税收政策,赋予地方政府行使的税种开征、税收管理的权力较小。目前地方政府仅有少数税种的实施细则制定权、少数税种的税额税率调整权、部分税种的收入减免权,这在一定程度上降低了地方政府的积极性,难以结合地区优势发挥区域特色,因地制宜地培育税源,提高地方政府的财政收入,严重限制了其公共服务的供给能力,影响了基本公共服务均等化目标的实现。

2. 税种的划分不尽合理

增值税目前是第一大税种,中央与地方政府根据收入来源(税收征收地)进行分享。增值税是流转税,税负存在着转嫁,增值税实行生产地征税,这使得其纳税地区和负税地区分离。因此,目前增值税收入分享安排有利于经济发达地区或城市,而增值税的税收负担却由各地消费者共同承担,因而导致地区间收入分享不均衡加重。

企业所得税与地方政府,特别是在省以下政府共享,也是目前收入分配中存在的一个问题。首先,企业所得税是一种不稳定的收入来源,并不合适地方政府。与其他大部分税种相比,企业所得税的税基分布不均匀,这增加了横向财政不均衡。其次,企业所得税的分享或者是根据注册地,或者是按企业的总部所在地,这也是地区财力不均衡的一个来源。因为,企业活动以及对地方服务的消费,通常是在企业所在地而不是在企业的注册地进行。由于越来越多的企业将在全国不同的地区同时经营,至少企业所得税应按比例与企业所在地的地方政府进行分享。

3. 过多采用"共享税"模式,地方共享税分配比例低,独享税少

1994 年分税制后,中央与省级政府之间的"共享税"和"准共享税"包括增值税、资源税、证券交易税、企业所得税、个人所得税、营业税、城建税等,先在中央与省级之间分享,然后再在省以下各级政府之间分享,层层分享。省以下政府间的"共享税"除了增值税、资源税、证券交易税、企业所得税、个人所得税、营业税、城建税外,还包括城镇土地使用税、土地增值税、耕地占用税、房产税、契税以及非税收入。可以说各级政府间的"共享税种"的数量已扩大到 12 个,占税种总数的 31%。在共享税模式中,地方共享税分配比例低,中央分享的比例在不断提高。比如,主体税种如增值税作为中央与地方的共享税,按照 75:25 的分成比例(为了保证地方财力不受影响,国务院决定增值税的分享比例为中央和地方"五五"分成过渡到 75:25,过渡期 2—3 年),中央财政拿大头;证券交易税 2016 年百分之百划归为地方;而企业所得税和个人所得税 2002 年为 50:50 分成,2003 年则进一步变成目前的 60:40 分成;消费税则是 100% 上划中央。营业税虽然说是地方的主体税种,但实际上却是个不折不扣的共享税(不含铁道部门、各银行总行、各保险公司总公司集中缴纳的营业税),在中央和各级政府间分享。而且,2016 年 6 月全面推行"营改增"后,营业税作为地方主体税种的地位丧失,在很大程度上影响到地方政府的财力。

1994—2014 年各种共享税占国家税收的比重平均值在 79.19%,2007 年最高达到 84%,而真正划归为地方税收的税种占比为 5.7%—16.8%,均值为 8.11%。可见地方税收规模较小,共享税规模太大(见图 8-2)。在逐级共享、上收后,地方

固定税种只剩下了农牧业税、耕地占用税、农业特产税、房产税、印花税、土地使用税等小税种,这些税种税基零星,征收难度较大,形成的收入规模相当有限,难以支撑地方财力需要。

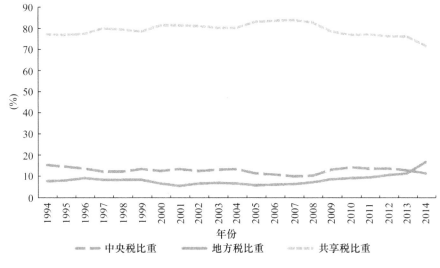

图 8-2　1994—2014 年中央税、地方税与共享税情况①

4. 非税收入基本没有纳入政府间财政关系调整范围

分税制实施以后,非税收入的规模和增速急剧拉升,一般公共预算中的非税收入占比呈逐年快速上升的态势,从 2000 年的 6.07％上升到 2016 年的 18.32％,越是层级低的政府,非税收入规模越大,根据审计署 2012 年 6 月第 26 号公告公布的 54 个县财政性资金的审计结果,县级财政性收入中非税收入占比相对较高。2011 年,54 个县实现的财政性收入中,非税收入占 60.45％,非税收入占比超过税收收入 20.90 个百分点。

地方非税收入规模的膨胀,其根源就在于现有的政府间收入划分制度将一般公共预算中的非税收入绝大部分都划归给地方政府,且地方政府在各种收费的征收、使用和管理方面权力较大,存在着较大的随意性,监督机制薄弱,这必然导致地方政府为了利益全力征缴各种行政事业性收费、罚没收入等。

政府性基金中体量最大的相关土地出让金收入也没有纳入政府间财政关系的调整范围,全部划归给地方政府。2017 年地方国有土地使用权出让金收入、国有土地收益基金收入、农业土地开发资金三项之和占地方政府性基金本级收入的

---

① 根据历年《中国财政年鉴》《中国税务年鉴》等计算,因口径、数据所限,存在一定误差。

比重高达 90.32%,由于各地土地资源不均、出让价格不一,土地出让收支规模不尽相同,致使地区间提供公共服务差距不断扩大。

8.3.2 改革建议

政府间收入的划分是财政体制的重要一环,我国是单一制国家,各地区的经济发展水平又极不平衡,中央与地方财政关系的完善,既要发挥中央地方两个积极性,又要保证中央宏观调控能力不被削弱。

1. 赋予地方政府适当的税收立法权

为了维护国家主权和国家利益,中央税和共享税的立法权和管理权划归中央。对于一般地方税种,应赋予地方政府适度的立法权、税种开征停征权、税目税率调整权、减免税权,以充分调动地方政府的积极性。根据中国目前的国情,赋予地方政府一定的税收立法权是渐进的过程,目前地方税收立法权应该下放到省级人民代表大会及其常委会和省级政府。

2. 调整中央和地方的收入分享

根据公共财政经典理论和世界各国的经验,一般都是按照税种性质、各级政府职能分工以及征管效率划分各级政府收入。以收入再分配为目标的累进税、可能影响宏观经济稳定的税收、税基在各地分布严重不均且有高度流动性的税收应划归中央政府征收;地方掌握信息比较充分的、依附于居住地的和课征于非流动性生产要素的税收划归为地方。建议:

(1) 改变目前按来源地区分享增值税的状况。建立在税收来源基础上的增值税分享制度时,没有考虑到税收归宿的实际分布,导致了地方政府间的不公平。随着"营改增"的全面实施,为了使增值税中性化,将地方分享的增值税收入根据人口、各地区人均最终消费额,或者地区最终消费额占全国最终消费额的比重等客观因素在地区间重新分配,降低地方政府追求数量型扩张的冲动,促进经济转型和基本公共服务均等化。

(2) 所得税与经济周期密切相关,具有高度的流动性,分配应进一步向中央倾斜,地方按固定比例征税。根据企业注册地分享企业所得税的做法,造成了在地区收入分配上的不公平。企业所得税的正确分配首先需要取消所有权划分的标准,其次是建立一个基于企业工资和销售额的地区间收入分配的公式(黄佩华,2003)。

3. 明确地方税体系的主体税种

地方财政收入来源,应由两个或三个主体税种及若干辅助税种构成。应综合考虑各地实际,尽快明确地方税体系的主体税种,建立房地产等财产税体系,为地方政府提供稳定的财政收入来源。

4. 加强对非税收入的管理,完善中央与地方非税收入的分成

首先,理顺政府征税与收费的关系,持"以财政税收分配为主,收费分配为辅"的原则,对现有的公共收费项目全面清理整顿,即清理整顿收费归属、收费范围、收费项目、收费标准,把一部分收费纳入政府统一的税收分配。

按照财权与事权相对应的原则,对现行划分不合理的收费项目要进行调整。对于事权已全部下放到地方的收费应将收入也全部划给地方,中央不再参与分成,保证地方履行事权的资金需要。对国有资产的经营收益和资源性收入都要按照所有者权益的原则将其划归相应层级财政。

建议取消一些收费时间过长、收费理由基本上已经消失的基金,例如,港口建设费、旅游发展基金、民航发展基金。将某些政府性基金和附加收入改为税收收入,强化地方政府收入征管的统一性、规范性和稳定性,例如,将地方用于城市建设的收费、基金、附加等合并到"城市建设维护税"等。将地方国有土地出让金扣除补偿性成本后的收入统一纳入政府间财政关系的调整范围,作为中央和地方共享收入。

第9章 政府间财政转移支付制度

政府间转移支付是指资金在各级政府间的无偿转移。它是以各政府之间所存在的财政能力差异为基础,以实现各地公共服务水平的均等化为主旨,而实行的一种财政资金转移或财政平衡制度。它实际上是财政资金在各级政府之间,特别是在中央与地方政府之间的一种再分配形式。严格地讲,转移支付制度是一种市场经济下与分税分级财政体制相适应的制度。从这个角度看,尽管我国历史上一直存在着财政资源在政府间流动的现象,但我国真正意义上的转移支付制度是在分税制改革以后才建立起来的。

9.1 中央与地方财政转移支付制度的演变

9.1.1 分税制以前的财政转移支付制度

1994年以前,中国政府间财政资金的转移支付十分复杂。中央对地方政府的财政资金转移有三种类型:第一种是定额补助,又称体制补助。补助的基础是,按照1980年财政收支的重新划分,对基年支出基数大于收入的省份给予补助。这种补助是一种无条件补助,补助的功能是保证地方政府既得财力,保持原有的财政平衡。第二种是专项补助。最初,这种补助主要用于救灾、扶贫等特定用途,随后,补助的项目范围和数额都有所扩大。这种补助的特点是有条件的专项拨款,根据实际情况和需要由中央政府来确定。第三种是结算补助。这种补助是在每年财政预算执行结束后,对中央与地方相互交叉的支出和中央出台新政策后对收支带来的影响,通过财政预算加以调整。此外,中央部门还掌握着一些专项基金和拨款,其中相当一部分也用于与地方有关的基础设施建设等活动。除了对地方政府的财政资金转移,在原体制中,还存在着自下而上的财政资金转移。即在财政包干体制下,一些省份按照一定数额或递增比例,每年向中央上缴一部分收入。中央政府对这部分上解收入具有很大的依赖性。

1994年以前特别是"财政承包制"财政体制下,政府间转移支付的特点可以概括为:

第一,由于地方政府是收入的主要组织者,我国政府间转移支付的一个明显特点是财政资金的双向转移。一方面是中央政府通过下拨的形式向地方政府转移财政资金;另一方面是地方政府通过上解的形式向中央政府转移财政资金。体制上解和专项上解形成了财政资金自下而上的流动,这是特有财政体制形式的必然结果,它既能够反映我国地区间财政差异大的现实国情,又表明中央政府对地方政府的财政依赖或财政基础脆弱。

第二,对转移支付资金的确定采用基数法,这与国外普遍采用因素法来确定拨款有着明显的不同。基数法的特点是注重过去,不注重将来,注重历史因素,不注重发展因素。这就在客观上造成了一种地方支出扩大、收入减少反而受到"鼓励",而收入扩大、支出减少反而承受损失的逆向调节,不利于地方政府增收节支,也不利于地方对经济发展作长远的规划。基数法的拨款与谈判式的基数确定,使得政府间财政分配缺乏应有的规范、科学与合理,体制的频繁变动与基数法、谈判手段的长期使用,形成并加固了地方政府的既得利益概念,并成为改革的一个重要制约因素。

9.1.2 分税制下转移支付制度的建立

1994 年实行的分税制财政体制,是 1949 年以来我国涉及范围最广、调整力度最大、影响最为深远的一次财政体制改革。这次改革是按照"存量不动,增量调整,逐步提高中央宏观调控能力,建立合理的财政分配机制"的原则设计的。在原包干体制确定的地方上解和中央补助基本不变,不触动地方既得利益的情况下,对财政收入增量分配重新进行调整,采取了"三分一返"的办法,即分支出、分收入、分设税务机构、实行中央对地方的税收返还,保留原体制上解和补助办法,将政府间转移支付逐步纳入规范化轨道。

经过 1994 年分税制改革后,我国第一次形成从原体制继承下来的专项拨款、原体制补助、决算补助、其他补助和反映原体制既得利益格局的税收返还五种形式并存的转移支付体制。此外,还有地方上解中央,这是下级政府对上级政府的转移支付。至此,我国政府间转移支付制度正式建立起来。显而易见,我国政府间转移支付制度是一个"分级包干"制中的转移支付和分税制中提出的转移支付的混合体。

9.2 现行政府间转移支付体系

鉴于规范的财政转移支付制度尚未完全建立起来,1995 年经国务院批准,出台了中央对地方财政的《过渡期转移支付办法》,即根据各地区总人口、GDP 等客观因素,按照统一的公式计算其标准财政收入、财政支出,对存在财政收支缺口的地区按一定系数给予补助。2002 年,我国实施了所得税收入分享改革,取消了按企业隶属关系确定企业所得税收入归属的做法,改为除少数特殊行业或企业外,企业所得税和全部个人所得税实行中央与地方按比例分享。2002年中央和地方分享的比例为5∶5,2003年以后改为6∶4。与此同时,中央政府承诺,因所得税改革而多分享的收入将全部用于增加对地方的转移支付,并将原来的过渡时期转移支付改为一般性转移支付,从而初步形成了包括一般性转移支付(包括普通转移支付、民族转移支付、革命老区转移支付和边境地区转移支付四项)、体制补助和上解、年终结算补助或上解、专项补助的转移支付体系。在2005年,财政部调整统计口径,将一般性转移支付定义为中央政府对地方政府一般财力性的补助,既有的普通转移支付、民族转移支付、革命老区转移支付和边境地区转移支付则采取专项拨款的方式予以实施。2009年,财政部再次调整统计口径,将转移支付项目简化为一般性转移支付和专项转移支付两大类。其中,一般性转移支付包括了原财力性转移支付,并纳入了一些补助数额相对稳定的专项转移支付项目(如教育、社会保障和就业、公共安全、一般公共服务等)。

9.2.1　一般性转移支付

一般性转移支付不规定具体用途,可由地方作为财力统筹安排使用,旨在促进各地方政府提供基本公共服务的均等化。具体包括均衡性转移支付、老少边穷地区转移支付、成品油税费改革转移支付、体制结算补助[①]、基层公检法司转移支付、基本养老金转移支付、城乡居民医疗保险转移支付。一般性转移支付多按照因素法分配,某地区的一般性转移支付可以根据公式来确定。凡标准财政收入大于或等于标准财政支出的地区,不纳入一般性转移支付分配范围。

一般性转移支付中最具均等化效果的是均衡性转移支付,包括:重点生态功能区转移支付、产粮大县奖励资金、县级基本财力保障机制奖补资金、城乡义务教育补助经费、农村综合改革转移支付等。目前,均衡性转移支付按照公平、公正、循序渐进的原则,主要参照各地标准收入和标准支出的差额及可用于转移支付资金规模等客观因素,按统一公式计算确定。

9.2.2　专项转移支付

专项转移支付是为了实现国家特定的政策目标或者对委托下级政府代理一些事务而进行补偿的资金转移,专款专用。例如用于农业、教育、卫生、文化、社会保障、扶贫等方面的专项拨款。目前,专项转移支付规模大、项目多,几乎覆盖了地方全部的支出项目。

[①] 为规范转移支付制度,从2007年起,中央对地方体制性补助列入中央对地方财力性转移支付;2009年起,原财力性转移支付改为一般性转移支付,原一般性转移支付改为均衡性转移支付。

9.2.3 中央财政对地方财政的税收返还

1. "两税返还"

"两税返还"即增值税和消费税返还,公式为:

$$R = C + 75\%V - S$$

其中,R 为 1994 年中央对地方税收返还的核定基数,C 为消费税收入,V 为增值税收入,S 为 1993 年中央对地方的下划收入。

中央财政对地方税收返还数额以 1993 年为基期年核定。按照 1993 年地方实际收入以及税制改革和中央与地方收入划分情况,核定 1993 年中央从地方净上划的收入数额(即消费税＋75％的增值税－中央下划收入)。1993 年中央净上划收入,全额返还地方,保证现有地方既得财力,并以此作为以后中央对地方税收返还基数。1994 年以后,税收返还额在 1993 年基数上逐年递增,递增率按全国增值税和消费税的平均增长率的 1∶0.3 系数确定,即上述两税全国平均每增长 1％,中央财政对地方的税收返还增长 0.3％。如若 1994 年以后中央净上划收入达不到 1993 年基数,则相应扣减税收返还数额。税收返还是中央对地方妥协的产物,它是为了达到改革的目的,而对地方既得利益格局进行维护的一种形式,在确立转移支付制度之初,税收返还数额巨大且不具有均等化的效应。

2. "所得税基数返还"

2002 年起,企业所得税、个人所得税由中央地方共享。除铁路、国家邮政、国有四大银行、三大政策性银行以及海洋石油天然气企业缴纳的企业所得税外,其他企业缴纳的企业所得税和个人所得税以 2001 年为基期,按 60％中央、40％地方划分。地方分享所得税收入如果小于地方实际所得税收入,差额部分由中央作为基数返还地方。

3. 成品油税费改革税收返还

2009 年 1 月 1 日起,对实施成品油税费改革形成的财政收入,除由中央本级安排的替代性等支出外,其余全部由中央财政通过规范的财政转移支付方式分配给地方,保证地方政府在原公路养路费、公路客货运附加费、公路运输管理费、航道养护费、水运客货运附加费和水路运输管理费(以下简称"六费")等收费取消后,通过科学规范、公开透明的资金分配获得相应资金来源,保障交通基础设施养护和建设等需要,逐步推进全国交通均衡发展。成品油税费改革税收返还以 2007 年"六费"的收入为基数进行税费返还。

中央与地方财政转移支付体系如图 9-1 所示。

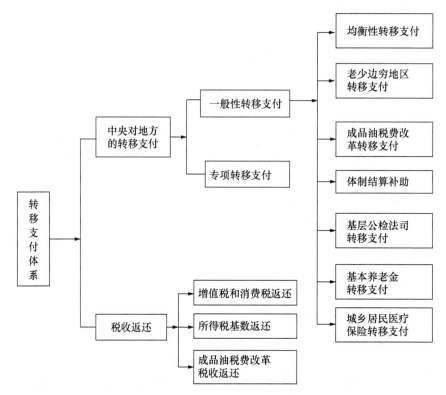

图 9-1　中央与地方财政转移支付体系

9.3　中央与地方财政转移支付的问题与改革

现行的政府间转移支付对于平衡政府间纵向和横向财力的不均衡、推动区域协调发展和基本公共服务的均等化等发挥了积极的作用,但随着我国社会经济的不断发展和各项改革的不断推进,由于现行政府间转移支付制度的不完善,其弊端逐渐显现。

9.3.1　存在的问题

1. 中央对地方纵向财力转移规模过大,地方对中央政府转移支付依赖度较高

中央财政向地方财政的纵向财力转移总规模由 1995 年的 2 534.06 亿元增加到 2016 年的 59 400.7 亿元,2016 年是 1995 年的 23.4 倍,占中央公共财政支出的 68.4%,占地方财力的 41.1%。有些西部省份的财政支出预算中,来自中央转移支付的财力占到 70% 以上,自有财力还不到 30%。地方政府对中央政府的转移支付依赖性较高,地方政府缺乏稳定的自有财源,造成支出责任与财力保障严重倒

挂,"跑部钱进"等问题也难以避免。

2. 财政转移支付制度结构不合理

图9-2显示,1995—2011年,专项转移支付占补助总额的比重要远高于一般性转移支付,2011年后,一般性转移支付规模不断扩大,2016年其占补助总额的比重上升到53.6%,超过了专项转移支付34.9%的比重,转移支付结构有所优化。但是转移支付结构依然不合理。

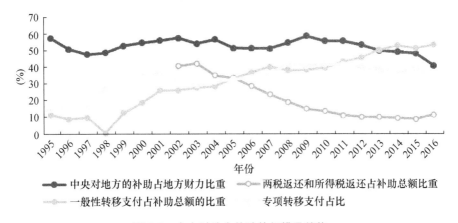

图 9-2 中央对地方补助的规模及结构

资料来源:《中国财政年鉴》、财政部网站。

(1) 均衡性转移支付规模过小,有条件转移支付规模过大。2016年,中央对地方的纵向转移支付总额为52 573.86亿元,一般性转移支付为31 864.93亿元,占转移支付总额的60.6%;专项转移支付为20 708.93亿元,占转移支付总额的39.39%。但是在一般性转移支付中也存在大量用于特定支出的项目,例如成品油税费改革转移支付、体制结算补助、基层公检法司转移支付、基本养老金转移支付、城乡居民医疗保险转移支付等共计11 154.96亿元,专项转移支付加上一般性转移支付中有规定用途的转移支付共计31 863.89亿元,占转移支付总额的比重高达60.61%,真正具有均等化作用的均衡性转移支付只占转移支付的39.39%,并且不具有均等化作用的"税收返还"虽然规模逐年下降,但仍然占中央对地方财力转移总额的11.49%。这种状况不利于地方统筹安排财力,有些项目安排也不完全符合地方的实际需要,不利于地方基本公共服务的均等化。

(2) 要求地方配套资金过多。多数专项转移支付项目要求地方配套30%—40%,有些项目配套比例甚至高达70%以上。在地方自有财力严重不足的情况下,这种中央部门"点菜"、地方政府"买单"的状况,将大量的中央支出责任转嫁给了地方政府,严重干扰了地方政府支出的自主权,也加剧了地方财政的收支矛盾。

3. 转移支付制度不够规范,管理成本较高,效率低

现行的专项转移支付覆盖了几乎所有的预算支出科目,补贴对象涉及各行各业,没有科学的标准和依据,带有很大的随机性,不规范,透明度较低,很容易滋生腐败。专项转移支付资金的拨付环节多、工作量大。基层政府部门需要逐级向上"汇报",才能获得专项转移支付资金,获得成本很高。不少专项转移支付项目拨付拖延,有些甚至到年底都难以下达,造成年终大量资金结转和闲置,增添了预算安排的不确定性,并由此影响到后面的政府采购、国库单一账户管理和项目绩效评价等一系列财政管理工作的展开。

9.3.2 改革建议

鉴于我国现行政府间转移制度存在的问题,完善转移支付的思路和框架主要由以下几方面展开:

1. 适度控制中央对地方转移支付的规模

中国地方政府众多,地区之间的差异客观存在,离不开中央政府转移支付的调节,必须要保证中央政府集中一定的财力,以缩小地区之间的差距。为此,要按照中央与地方政府的财政收入划分和支出责任划分,凡地方自有财力不足以履行支出责任的,由中央财政通过转移支付给予财力保障。

但是,要客观地看待地区之间经济发展和公共服务的差异,有些差异是无法避免的,有些差异是无关紧要的,并不完全需要中央政府来调节,因此,中央对地方转移支付的规模要合理,不能过大,建议将中央对地方纵向财力转移规模占中央公共支出的比重控制在50%的水平。

2. 调整转移支付结构

扩大一般性转移支付特别是均衡性转移支付的规模,一般性转移支付应作为地方固定收入,列入地方预算,逐年增长。2015年2月2日国务院《关于改革和完善中央对地方转移支付制度的意见》提出逐步将一般性转移支付占比提高到60%,建立以均衡性转移支付为主体,以老少边穷为辅,再加上少量体制结算补助的转移支付体系。

清理整顿专项转移支付项目。2015年2月2日国务院印发了《关于改革和完善中央对地方转移支付制度的意见》,文件提出清理整合已有专项、严格控制新设专项、杜绝变相增设专项。文件要求取消专项转移支付中政策到期、政策调整、绩效低下等已无必要继续实施的项目;严格控制新设专项;逐步取消竞争性领域专项转移支付。规范专项资金管理办法,逐步引入因素法核定大部分专项拨款额,适当削减专项转移支付的配套要求,通过建立严格的专项拨款项目准入机制,减少专项拨款项目设立的随意性和盲目性。

逐步取消税收返还制度,应逐步将其归并到对均衡地区财力差异起主要作用的一般性转移支付中。

3. 科学设计和完善转移支付办法

以公共服务均等化为标准,按照"因素法"来建立一般性转移支付的配置标准;以公共项目效率优化为标准,按照相关的绩效指标,建立专项转移支付的配置标准。转移支付规则的运行要公开透明,减少转移支付资金拨付的环节,消除地方预算编制和执行中的不确定因素,以利于部门预算、支付采购、国库集中收付制度等现代化财政管理手段充分发挥其应有的功效。

改进政府间转移支付的模式,建立制度化、公式化、规范化的地方政府间横向转移支付制度,以代替现行的高度政治化、行政化的"对口支援",逐步建立以"纵向转移支付为主、横向转移支付为辅"的纵横交错的政府间转移支付体系。

第 10 章 省以下政府间财政关系

1994 年的分税制确定和规范了中央与省级政府之间的财政关系,省以下分权改革由省级政府参照"中央—省"的制度安排自行调整,逐步完善政府间支出责任和收入的划分,建立和规范了转移支付制度,形成了各不相同、各具特色的省以下财税体制。省以下财政体制是比较复杂的,包括省与市县的财政关系,也包括市县对乡镇(区)政府的财政关系,本章研究重点聚焦于省与市县政府之间的财政关系。根据资料的可获得性,本章选取东部的浙江和江苏、中部的河南和安徽、西部的陕西和四川作为实例,分析省以下财政体制的基本情况。

10.1 省以下政府间事权和支出责任的划分

10.1.1 省以下事权和支出责任划分的政策演变

省以下政府间事权范围和支出责任的划分是财政体制改革的重点和难点,为此 1994 年分税制后中央政府出台的多项文件都是围绕这一主题提出了一系列指导性意见。《关于完善省以下分税制财政管理体制意见的通知》要求:为了保证分税制财政体制框架的完整性,各地区要参照中央对省级分税制的模式,结合本地区的实际情况,将分税制体制落实到市、县级,有条件的地区可落实到乡级。《关于下发〈改革和完善农村税费改革试点县、乡财政管理体制的指导性意见〉的通知》要求明确划分县、乡政府的支出责任;《关于完善省以下财政管理体制有关问题意见的通知》要求合理界定省以下各级政府的事权范围和财政支出责任。《关于推进省直接管理县财政改革的意见》要求:在进一步理顺省与市、县支出责任的基础上,确定市、县财政各自的支出范围,市、县不得要求对方分担应属自身事权范围内的支出责任。《国务院办公厅转发财政部关于调整和完善县级基本财力保障机制意见的通知》指出:省级政府应加大财力调节力度,完善省以下财政体制,结合中央和地方财政体制改革进程,依法界定省以下各级政府的事权和支出责任。2016 年《国务院关于推进中央与地方财政事权和支出责任划分改革的指导意见》提出了中央与地方财政事权和支出责任划分的基本框架,按照中央的部署,目前河南、山东、陕西、山西、云南、江西、上海、浙江、福建、广东、吉林、安徽、辽宁、青海、甘肃、内蒙古、湖南等 17 个省份先后出台了省以下财政事权和支出责任划分改革工作的具体要求和实施方案。

1994年分税制后,按照中央关于省以下改革和完善分税制体制的有关规定,部分地区陆续全面或部分调整了省以下财政管理体制,但大都处于一个调整和适应的阶段。2002年中央出台的关于完善省以下财政管理体制的指导性意见是一个转折点,之后各省的省以下财政管理体制陆续进入了比较稳定的阶段。

虽然中央政府出台多项指导性意见要求省以下政府合理界定事权和支出范围,但实际上,完善省市财政体制主要是以改革收入划分办法为主,基本没有涉及财政支出范围的重新调整,因此省市一般预算支出的范围仍然与1994年分税制体制以来的按行政隶属关系划分事权和支出责任的范围划分一致,如表10-1所示。

表10-1 省以下政府事权和支出责任划分概况

省级财政	市县财政	省市县共同承担的部分
(1)省财政主要承担省级国家机关运转经费,调整国民经济结构、协调各市发展、实施宏观调控必需的支出以及省级直接管理的事业发展支出; (2)跨地区的涉及全省的公共产品和服务的提供以省为主	市县财政承担市县政权机关运转经费,本辖区经济和社会事业发展支出	各省按照保发展、惠民生的要求,省、市县共同承担一部分经济和社会事业发展支出
具体包括省级行政管理费、离退休人员经费、公检法司支出、省级文教卫生科学事业支出、省级农林水和工交商及其他部门事业费支出,全省大部分粮食支出和政策性补贴支出,有关抚恤、社会救济、社会保障和省级其他支出	具体包括市县级行政管理费、离退休人员经费、市县级安排的基本建设投资、挖潜改造和结构调整资金,市县农业、政法、文化、教育、科学、卫生、城市维护建设等各项事业发展的支出	具体包括基本建设、公检法司、文化、教育、科学、卫生等各项事业发展支出

资料来源:作者整理。

10.1.2 省以下事权和支出责任划分的实例

10.1.2.1 浙江省

1. 省以下事权和支出责任划分基本概况

1994年分税制实施后,《浙江省人民政府关于完善财政体制的通知》对浙江省事权做了原则性规定,具体支出责任划分如下。

省级支出:省级一般公共服务、公共安全、教育、科学技术、文化体育与传媒、社会保障和就业、医疗卫生、环境保护、城乡社区事务、农林水事务、交通运输、工业商业金融等事务支出,以及省级其他支出。

市、县(市)级支出:市、县(市)级一般公共服务、公共安全、教育、科学技术、文化体育与传媒、社会保障和就业、医疗卫生、环境保护、城乡社区事务、农林水事务、交通运输、工业商业金融等事务支出,以及市、县(市)级其他支出。可以看出省与市县之间基本按照行政隶属关系划分事权和支出责任,共同事权过多,职责同构,差别不大。

2. 2016年后省以下事权和支出责任划分的调整和探索

2016年8月《国务院关于推进中央与地方财政事权和支出责任划分改革的指导意见》(以下简称《指导意见》)(见表10-2)印发后,浙江结合自身的实际情况,按照国务院的文件精神,对省以下财政事权和支出责任划分改革工作提出具体要求和实施方案。

表10-2 《指导意见》关于中央与地方财政事权的划分

中央财政事权	国防、外交、国家安全、出入境管理、国防公路、国界河湖治理、全国性重大传染病防治、全国性大通道、全国性战略性自然资源使用和保护
地方财政事权	社会治安、市政交通、农村公路、城乡社区事务
中央和地方财政共同事权	义务教育、高等教育、科技研发、公共文化、基本养老保险、基本医疗和公共卫生、城乡居民基本医疗保险、就业、粮食安全、跨省(自治区、直辖市)重大基础设施项目建设和环境保护与治理等

(1)以清单的方式管理财政事权。在中央统一制度框架内,根据中央授权,省以下财政事权划分由省委、省政府统一确定。厘清省与市县政府财政事权的边界,建立省级财政事权、省与市县共同财政事权两张清单,以清单的方式管理财政事权,其他未编制清单的均为市县财政事权。浙江省省以下事权和支出责任划分总体框架如表10-3所示。在划分省与市县财政事权的基础上,完善省与市县支出责任划分,省级财政事权清单确定的财政事权,应当由省级财政安排经费,省级各职能部门和直属机构不得要求市县安排配套资金。省级财政事权如委托市县行使,要通过省级转移支付安排相应经费。市县财政事权由市县承担支出责任。省财政要负责促进地区间财力均衡,努力实现财力与支出责任的匹配。省与市县依据共同财政事权区分情况划分支出责任。根据省与市县共同财政事权清单,分别明确各自分担比例。

表10-3 浙江省省以下财政事权的划分

省级财政事权	适度加强省级保持经济社会稳定、促进区域协调发展、推进基本公共服务均等化等方面的财政事权
市县财政事权	将社会治安、市政交通、农村公路、城乡社区事务等受益范围地域性强、信息较为复杂且主要与当地居民密切相关的基本公共服务确定为市县的财政事权
省和市县共同事权	将义务教育、基本养老保险、城乡居民基本医疗保险、基本公共卫生等基本公共服务确定为省与市县共同财政事权,并明确各承担主体的职责

(2) 浙江省的创新探索。省以下事权和支出责任的划分非常复杂,各省(直辖市)结合本地特点与实际情况,选取部分领域率先在省内开展试点。浙江则通过深化财政专项资金管理改革,统筹推进省以下政府间财政事权和支出责任划分。结合该省实际,深化"两个一般不"改革,全面梳理现行财政专项资金所支持的财政事权,实施分类处理。属于市场能有效发挥作用的,财政专项资金退出,由政府产业基金通过市场方式支持。属于市县财政事权的财政专项资金,设立退出机制。有省委、省政府特定目标的,要明确特定期限,原则上以三年为期限,最长不超过本届政府。属于共同财政事权的财政专项资金,建立省与市县分担机制。属于委托市县的省级财政事权的财政专项资金,由省级负责筹资。

10.1.2.2 河南省

1994年分税制改革以后,河南按照中央分税制财政体制改革框架,全省逐级实行了这一体制。2004年,进一步完善了省与市县的财政体制。

1. 省以下事权和支出责任划分基本概况

省级财政的支出责任:省级行政单位正常运转支出和其他社会事业发展支出,以及调整全省国民经济结构、协调地区发展、实施宏观调控必需的支出。

市(州)级支出责任有:市级行政事业单位正常运转支出和其他社会事业发展支出,协调区域内发展支出。

县(乡)级支出责任:行政事业单位正常运转支出和其他社会事业单位发展支出。

2. 2016年后省以下事权和支出责任的调整和探索

按照国务院的《指导意见》文件精神,河南省人民政府在2017年11月出台了《关于推进省以下财政事权和支出责任划分改革的实施意见》,根据中央决策部署,对已确定或将逐步上划为中央的财政事权,积极配合做好上划工作。在中央授权范围内,按照财政事权划分原则合理确定省以下政府间财政事权,逐步建立完善省与市县财政事权清单。具体内容如表10-4所示:

表10-4 河南省省以下财政事权的划分

省级财政事权	适度加强省级财政事权。全省发展战略规划、省域经济管理、重大基础科学研究、跨区域重大疫病防治和重大突发公共卫生事件处置、全省性战略性自然资源使用与保护、跨区域水资源配置、跨区域重大防洪和灌溉工程、全省性大通道、法院、检察院、环境监察与环境质量监测
省和市县共同事权	义务教育、高等教育、职业教育、基本公共文化服务、基本养老保险、基本医疗和公共卫生、城乡居民基本医疗保险、就业、粮食安全、跨区域重大项目建设维护、跨区域河湖治理、跨区域环境保护与治理、生态文明建设等

(续表)

市县财政事权	社会治安、市政交通、市政基础设施和公用事业、农村公路、城乡社区事务、村级组织管理、群众体育、市场监管、项目征地拆迁,以及辖区内环境综合整治等

根据调整规范后的省与省辖市、县(市、区)财政事权,按照"谁的财政事权谁承担支出责任"的总体原则,进一步完善省与省辖市、县(市、区)支出责任划分,努力做到财政事权和支出责任相适应。

10.1.2.3 陕西省

1. 省以下事权和支出责任划分基本概况

从1994年开始,陕西省对下实行分税制财政体制。省以下事权和支出责任的划分情况如下。

省级财政:主要承担省级机关运转所需经费、全省宏观调控所需支出、均衡各地区社会事业发展支出、促进地区间基本公共服务均等化支出以及由省直接管理的事业发展支出。

市县财政:承担市县级机构运转所需支出以及本地区社会经济事业发展所需支出。

2. 2016年后省以下事权和支出责任的调整和探索

2017年9月,陕西省出台了《陕西省省以下财政事权与支出责任划分改革实施方案》(以下简称《实施方案》),明确了该项改革的时间表和路线图。《实施方案》强调要建立财政事权划分的动态调整机制,落实各级政府责任,以提高基本公共服务供给效率、促进全省公共服务均等化为目标,明确了在2020年以前完成省以下财政事权改革任务分解表。根据调整规范后的省与省辖市、县(市、区)财政事权,合理划分省以下各级支出责任。省以下事权和支出责任划分的具体内容如表10-5所示:

表10-5 陕西省省以下财政事权的划分

省级财政事权	跨区域重大疾病(疫病、病虫)防治、全省性大通道、基础科学研究、全省性计量监管和标准化建设等
省和市县共同事权	普通教育、职业教育、基本养老保险、基本医疗和公共卫生、城乡居民基本医疗保险、就业、公共文化、科技研发、粮食安全、城乡规划、跨区域重大基础设施项目建设和环境保护与治理等
市县财政事权	市政基础设施和公用事业、社会治安、市政交通、城乡社区事务、辖区内环境保护和污染治理、农村公益事业管理等事务

10.1.3 省以下事权和支出责任划分的现状与问题

1. 事权和支出责任的划分不够清晰

从浙江、河南、陕西三地省以下政府间事权和支出责任的划分情况来看,1994

年分税制后,省以下事权和支出责任主要依据行政隶属关系来划分,划分是粗线条的、模糊的,不够清晰,省和下面的市县政府承担的事权具有很大的类同性,存在着"职责同构"的现象。

2016年以后,虽然有十几个省先后出台了省以下财政事权和支出责任划分改革的实施方案,但仍是粗线条地勾勒了省、市县财政事权与共同财政事权,省与市县之间事权边界模糊,共同事权过多,对于共同财政事权的负担比例尚未明确界定,对于不同财政能力的市县未体现差异化。

2. 省级以下政府事权的错位,省级政府支出责任最小,县级政府的支出责任最大

不同层级财政支出占地方财政支出的比重,反映着各级地方政府的支出需求和承担的支出责任,从而也反映了其承担事权的大小。从表10-6中可以看出,就1992—2015年中央和地方财政支出占全国财政支出的比重来看,地方财政支出所占的比重一直呈现不断上升趋势,且远远高于中央财政所占的比重,这表明地方政府目前承担的支出责任远大于中央政府。

从地方各级财政支出占地方财政支出比重的变动情况来看,总体来说省级政府财政支出占比最小,1992—2015年的24年间,省级财政支出占地方财政支出比重的均值为24%,市级为29.76%,县级为37.05%,乡镇级为9.2%,县级政府所占的比重最大。2000年以后,在省、地市、乡级不同层级的支出中,省级、市级和乡镇级财政支出占比基本呈现逐渐递减的趋势,相反,县级财政支出所占地方财政支出的比重却逐步上升,2013年已经达到了48%,远高于省级、地市级和乡镇级的财政支出占比,地方财政支出不断向县级政府集中。

因此,可以基本判断省级以下政府事权的错位,主要表现在县乡政府承担的事权过多,支出责任过大,省级政府承担的支出责任较小。

表10-6 1992—2015年不同层级财政支出占地方财政支出的比重   单位:%

年份	中央	地方	地方合计	省级	地市级	县级	乡级
1992	31.3	68.7	100.0	27.2	27.7	31.4	13.6
1993	28.3	71.7	100.0	24.6	30.6	31.0	13.8
1995	29.2	70.8	100.0	21.2	36.5	29.3	13.0
1996	27.1	72.9	100.0	23.8	33.8	29.9	12.4
1997	27.4	72.6	100.0	25.1	33.3	29.3	12.3
1998	28.9	71.1	100.0	26.4	33.9	28.1	11.6
1999	31.5	68.5	100.0	28.2	29.2	29.8	12.8
2000	34.7	65.3	100.0	29.5	30.8	29.2	11.3
2001	30.5	69.5	100.0	29.8	30.0	29.5	10.6
2002	30.7	69.3	100.0	28.3	30.3	31.5	9.8

(续表)

年份	中央	地方	地方合计	省级	地市级	县级	乡级
2003	30.1	69.9	100.0	26.4	30.8	33.5	9.2
2004	27.7	72.3	100.0	25.9	30.7	34.9	8.5
2005	25.9	74.1	100.0	25.4	30.6	36.0	8.0
2006	24.7	75.3	100.0	24.3	29.9	38.3	7.4
2007	23.0	77.0	100.0	23.0	28.8	41.2	7.0
2008	21.3	78.7	100.0	22.6	27.4	43.1	6.8
2009	20.0	80.0	100.0	22.9	27.0	44.0	6.1
2010	17.8	82.2	100.0	20.8	27.4	45.5	6.3
2011	15.6	84.9	100.0	21.5	26.8	45.7	6.0
2012	14.9	85.1	100.0	20.0	26.7	47.0	6.3
2013	14.6	85.4	100.0	18.9	26.9	48.0	6.2
2014	14.9	85.1	100	18.2	27.2	48.3	6.3
2015	14.5	85.5	100	17.9	28.2	47.7	6.3

资料来源:《中国财政年鉴》、财政部网站。

3. 省、市、县三级支出的重点分析

通过对浙江 2016 年一般公共预算支出结构的分析,可以看出教育支出、城乡社区支出、农林水支出、一般公共服务支出、社会保障和就业支出、医疗卫生与计划生育支出、公共安全支出、交通运输支出、科学技术支出所占的比重较高,分别是 18.64%、11.31%、10.36%、9.47%、9.05%、7.78%、7.44%、6.65%、3.79%,教育支出是浙江省财政支出的大头(见图 10-1)。

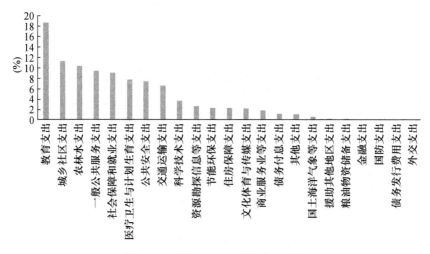

图 10-1 浙江 2016 年财政支出结构

资料来源:《2017 年浙江省财政年鉴》。

从省、市、县、乡镇各级财政支出的重点来看,2016年在浙江省本级公共财政支出中,省级财政承担的事权和支出责任主要集中在教育、交通运输、公共安全、社会保障和就业、一般公共服务、医疗卫生与计划生育支出等方面,最大的支出项目是教育,其次是交通运输。

在地市本级一般公共预算支出中,地市级财政事权和支出责任主要集中在城乡社区、教育、一般公共服务、公共安全、社会保障和就业、交通运输、农林水、社会保障和就业、医疗卫生和计划生育等方面;其中最大的支出项目是城乡社区支出,其次是教育。

在县级本级一般公共预算支出中,支出的重点和排序是教育支出＞城乡社区支出＞农林水支出＞社会保障和就业支出＞医疗卫生和计划生育支出＞一般公共服务支出＞公共安全支出＞交通运输支出等,其中最大的支出项目是教育,其次是城乡社区支出。

在乡镇本级一般公共预算支出中,支出的重点和偏好是农林水支出＞教育支出＞城乡社区支出＞社会保障和就业支出＞医疗卫生与计划生育支出＞科学技术支出＞节能环保支出等,其中最大的支出项目是农林水支出,其次是教育支出(见表10-7)。

表10-7 2016年浙江省各级财政支出的重点 单位:%

预算科目	省级	地级	县级	乡镇级
一般公共服务支出	7.55	9.71	8.23	18.42
国防支出	0.30	0.18	0.10	0.05
公共安全支出	13.53	9.37	7.08	1.69
教育支出	19.72	13.65	19.74	19.87
科学技术支出	4.79	3.61	4.17	1.62
文化体育与传媒支出	4.25	2.89	1.96	1.75
社会保障和就业支出	7.77	8.75	9.38	8.44
医疗卫生与计划生育支出	7.54	6.81	8.52	4.92
节能环保支出	0.93	2.25	2.42	2.79
城乡社区支出	0.17	15.26	11.30	12.35
农林水支出	5.88	7.19	10.15	20.75
交通运输支出	18.22	7.63	6.00	0.60
资源勘探信息等支出	1.81	2.40	2.95	2.64
商业服务业等支出	0.52	1.66	2.28	1.06
金融支出	0.28	0.11	0.16	0.06
援助其他地区支出	1.28	0.33	0.27	0.00

(续表)

预算科目	省级	地级	县级	乡镇级
国土海洋气象等支出	0.95	0.85	0.64	0.22
住房保障支出	2.45	2.27	2.35	1.98
粮油物资储备支出	1.59	0.16	0.19	0.02
其他支出	0.04	3.27	0.68	0.62
债务付息支出	0.40	1.60	1.41	0.15

资料来源:2017年《浙江省财政年鉴》。

从各支出项目的分级情况来看(见表10-8),除了粮油物资储备和其他支出项目,几乎所有的支出责任都集中在县级财政的身上,各支出项目的占比都在50%以上,也就是说教育、一般公共服务、科学技术、医疗卫生与计划生育、公共安全、社会保障和就业、节能环保、农林水等公共服务都是由县级政府提供的,县级政府承担的支出责任大,省、市承担的事权和支出责任较小。

表10-8　2016年浙江省省、市、县、乡各项支出项目的分级情况　　单位:%

预算科目	省级	地级	县级	乡镇级
一般公共服务支出	5.82	18.71	56.07	19.40
国防支出	17.89	26.32	51.88	3.91
公共安全支出	13.29	22.99	61.44	2.27
教育支出	7.7	13.36	68.29	10.63
科学技术支出	9.24	17.40	70.99	4.26
文化体育与传媒支出	13.64	23.20	55.5	7.65
社会保障和就业支出	6.27	17.63	66.80	9.29
医疗卫生与计划生育支出	7.09	15.96	70.64	6.31
节能环保支出	2.93	17.75	67.30	12.02
城乡社区支出	0.11	24.61	64.40	10.88
农林水支出	4.15	12.67	63.22	19.96
交通运输支出	20.02	20.93	58.15	0.90
资源勘探信息等支出	4.84	15.98	69.57	9.62
商业服务业等支出	1.99	15.86	76.65	5.50
金融支出	13.91	13.13	68.62	4.34
援助其他地区支出	28.65	18.50	52.78	0.08
国土海洋气象等支出	10.52	23.49	62.72	3.27
住房保障支出	7.77	17.97	65.70	8.56
粮油物资储备支出	43.25	10.60	45.42	0.72
其他支出	0.27	54.10	40.05	5.58
债务付息支出	2.36	23.48	72.95	1.21

资料来源:2017年《浙江省财政年鉴》。

10.2 省以下政府间财政收入的划分

10.2.1 省以下政府间财政收入划分的政策演变

政府间财政收入划分是省以下财政体制改革的主要内容之一。从财政部和国务院出台的多项文件来看,基本基调是要增加基层政府在政府间财政收入划分中的分享比例,提高县乡政府增加财政收入的积极性。《关于完善省以下分税制财政管理体制意见的通知》指出,合理划分省以下各级政府财政收入。各地要根据各级政府的财政支出责任以及收入分布结构,合理确定各级政府财政收入占全省财政收入的比重。省、市级财政不得将因完善体制增加的收入用于提高本级财政支出标准或增加本级财政支出。《关于印发〈关于切实缓解县乡财政困难的意见〉的通知》要求,合理划分收入,调动县乡政府发展经济和增加收入的积极性,省以下各级政府间财政收入的划分要明确、合理、规范。各省(自治区、直辖市)要根据本地区的经济、财政发展情况,将房产税、城镇土地使用税、土地增值税、印花税、契税、耕地占用税等税种的收入主要留给县乡或提高县乡分享比例,调动县乡政府发展经济和增加收入的积极性。《关于调整和完善县级基本财力保障机制的意见》要求,省级政府要取消按企业隶属关系(或出资额)划分收入的办法,采用按税种或按比例分享等规范办法,依法逐步清理对省以下各级政府和各类区域的地方财政收入全留或增量返还政策。

10.2.2 省以下财政收入划分的模式与特点

受经济发展水平和产业结构差异的影响,各地省以下政府间收入划分形式多样化,差别较大,但绝大多数省份按照税种分税的方式,建立了省以下财税体制。目前大约有以下几种方式:

1. 省以下政府间财政收入划分的模式[①]

省以下政府间财政收入划分模式如下:

(1)分税加共享型。一些省份在按税种划分各级固定收入、分级分税的同时,设立省与市县共享税种,一方面保证省级财力稳定增长,另一方面调动市县增加财政收入的积极性。比如山西、湖北等14个省份。

(2)分税加增量分成型。一些地方按税种划分各级固定收入,并对市县上划中央"两税"收入增量返还部分进行适当集中。实行该模式的有安徽等3个省份。

(3)分税加共享及增量分成型。一些省份在分税的前提下,既设立省与市县共享税种,又适当集中"两税"返还增量,以此增加省级财力。河南、湖南、江西等

[①] 吴孔凡:《县乡财政体制与县域财政能力建设》,《华中师范大学学报》(人文社会科学版),2009年第2期。

12个省份实行该模式。2013年起,山东对增值税、营业税、企业所得税(含企业所得税退税,下同)、个人所得税、资源税、房产税、城镇土地使用税、土地增值税、耕地占用税和契税收入比核定的2012年收入基数增长部分,由省与市县按照15∶85的比例分成。例如,湖北在分税加共享的同时,还规定各市县上解省级财力以2010年核定省级税收为基数,与地方财政收入增长挂钩。

(4) 分税加增量总额分成型。江苏、浙江、福建三省采用了这种模式。以浙江为例,根据《浙江省财政厅关于深化财政体制改革的实施意见》,浙江省以下财政收入关系如下:① 按税种划分各级政府收入,具体分税情况如表10-9所示。② 增量加总额分成。增量分成:2012年及以后年度,市、县(市)地方财政收入超过2011年收入基数的增量部分,省与市、县(市)实行"二八"分成,即省得20%,市、县(市)得80%。2012年及以后年度,市、县(市)上划中央"增值税、消费税"应返还收入相对于2011年返还基数的增加额,省与市、县(市)实行"二八"分成,即省得20%,市、县(市)得80%。继续对少数民族县、少数欠发达地区和海岛地区作适当照顾。总额分成:省与杭州市收入总额分享办法按原规定执行,按原来比例实行收入总额分享。

表10-9 浙江省财政收入划分概况

中央级收入	关税、海关代征消费税和增值税,消费税、增值税75%部分、企业所得税60%部分、个人所得税60%部分,国家邮政、各银行总行、各保险总公司等集中缴纳的税收,中石化、中石油企业所得税,海洋石油资源税,证券交易税97%部分等
省级收入	全省电力供应业企业缴纳的增值税25%部分、企业所得税40%部分,全省银行及保险、证券、典当、担保、租赁、信托等非银行金融企业缴纳的营业税60%部分;中国移动浙江公司、沪杭高速浙江段等跨地区经营、集中缴纳所得税等地方分成部分,省级各项非税收入
市、县(市)级收入	按属地除规定为中央和省级以外的收入,包括增值税25%部分、企业所得税40%部分、个人所得税40%部分,全省银行及保险、证券、典当、担保、租赁、信托等非银行金融企业缴纳的营业税40%部分,其他营业税、城市维护建设税、房产税、城镇土地使用税、土地增值税、耕地占用税、契税等,市、县(市)各项非税收入

2. 特征

(1) 收入规模较大,收入稳定的税种划为省与地市或省与县(市)共享收入。中央与地方共享的税收,在省与市县之间也基本按比例共享,这些税种收入规模大,税源稳定,涉及的税种包括增值税(25%部分)[①]、营业税、企业所得税和个人所

---

① 本报告分析的2003—2015年的省以下分税情况,考察的是25%增值税的税收划分。

得税（40%部分）、资源税、城镇土地使用税、房产税、城建税等。省与市县的分享比例主要有"五五""三七""四六""二八""三五六五""六四"等。可以看出，近些年来，各地不同程度对省以下财政体制进行了调整，赋予市县更大的发展权，扩大市县政府的分享比例。但也有些省份调整的步伐不大。

（2）收入较少的税种一般由市县独享。几乎所有的省份都将收入较少、税源分散的地方税种划归为市县独享，这些税收入规模较小，已于地方征管。主要包括城建税、房产税、车船使用和牌照税、印花税、土地增值税、契税、耕地占用税等。

（3）按照税种和行业相结合的方式划分。浙江、黑龙江、江苏、安徽、福建、山东、江西、湖北、湖南、广东、广西、云南、贵州、甘肃、宁夏、新疆等省份在按照税种划分收入的同时，规定主要行业、支柱产业或重点企业的营业税、企业所得税、增值税等税收由省级独享。涉及的行业包括高速公路、铁路、邮政通信、石油石化、金融保险信托、机场、港口、航空、卷烟、汽车、电力、有色金属、管线、跨省经营和集中缴纳的中央企业等。例如，山东规定，石油、石化、电力、有色金属等中央四大部门所属企业缴纳的增值税地方共享部分25%；高速公路企业集中缴纳的营业税100%；部分电力企业、高速公路、地方铁路等特殊企业集中缴纳的企业所得税40%；石油资源税；省直部门行政事业性收费、罚没收入。

（4）按照隶属关系划分非税收入。对国有资产经营收益、亏损补贴、行政性收费收入、罚没收入、专项收入等非税收入，各地均按照隶属关系划分为省级规定收入和市县规定收入。例如，安徽省规定，省属企业的所得税、利润、计划亏损补贴以及其他收入等，列入省级财政收入范畴。

（5）按照政府与本地经济的依附程度划分。可以发现，无论是对省本级政府还是对市本级政府，本级政府对企业的控制程度越高，本级政府各项税收的分成比例越高；下辖行政区的经济发展不平等程度越高，省本级政府分成的税收比例越高；一个地区的工业化程度越高，越趋向于提高上级政府的增值税分成比例，降低营业税分成比例。

（6）多种形式的省以下财政体制保证了地方政府的财政利益，具有一定的激励作用。省以下通过多种形式的收入划分合同确定财政关系，一方面保证了上级政府对下级政府的财力控制；另一方面，灵活的多种合同又兼顾了地方政府的利益，具有一定的激励作用。例如，在税收的划分上，逐步提高市县政府的分享比重，将与房地产关系密切的营业税划归为地方；此外，通过省以下转移支付对地方实施激励，对各县市财政收入的增长给予一定的奖励。这种灵活多样的省以下财政体制，激发了地方政府发展经济和积极培育税源的动力。

表 10-10 2003—2015 年主要地区省以下收入划分概况

单位：%

省份	实行的时间	增值税（25%）	营业税	企业所得税（40%）	个人所得税（40%）	资源税	耕地占用税	城镇土地使用税	房产税	城建税
北京	2005	50：50	50：50	50：50	50：50	50：50	0：100	50：50	0：100	0：100
天津	2005	25：75	50：50	25：75	50：50	0：100	0：100	0：100	0：100	0：100
河北	2002	40：60	10：90	50：50	25：75	0：100	0：100	0：100	0：100	0：100
山西	2002	35：65	35：65	35：65	35：65	35：65	0：100	35：65	0：100	0：100
内蒙古	2006	20：80	20：80	20：80	20：80	20：80	0：100	0：100	0：100	0：100
辽宁	2003	40：60	30：70	50：50	50：50	0：100	0：100	0：100	0：100	0：100
	2010	0：100	属地	0：100	0：100	0：100	0：100	0：100	0：100	0：100
黑龙江	2003	5：5	5：5	0：100	0：100	0：100	0：100	0：100	50：50	0：100
吉林	2004	50：50	50：50	50：50	50：50	0：100	0：100	0：100	0：100	0：100
湖北	2002	32：68	30：70	60：40	37.5：62.5	0：100	0：100	0：100	0：100	0：100
	2011	0：100	0：100	0：100	0：100	0：100	0：100	0：100	0：100	0：100
安徽	2004	0：100	0：100	37.5：62.5	37.5：62.5	0：100	0：100	0：100	0：100	0：100
山东	2013	0：100	0：100	15：85 增量	15：85 增量	15：85 增量	15：85 增量	15：85 增量	15：85 增量	15：85 增量
上海	2004	40：60	40：60	40：60	30：70	0：100	0：100	0：100	0：100	40：60
江苏	2008	50：50	0：100	50：50	0：100	0：100	50：50	30：70	30：70	0：100
	2014	15：85 增量	15：85 增量	0：100	0：100	0：100	0：100	20：80 增量	20：80 增量	0：100

(续表)

共享的税种及省与市(县、区)分享比例

地区	实行的时间	增值税(25%)	营业税	企业所得税(40%)	个人所得税(40%)	资源税	耕地占用税	城镇土地使用税	房产税	城建税
浙江	2015	全省电力供应企业缴纳的增值税25%部分归省级;其余部分按属地归市县	60:40 全省银行及非银行金融企业缴纳的营业税;其他营业税归市县	全省电力供应企业所得税40%部分归省级;其余按属地归省市县	全省电力供应企业所得税40%部分归省级;其余按属地归省市县	0:100	0:100	0:100	0:100	0:100
河南	2004	0:100 省级 20:80 增量	0:100 省级 20:80 增量	0:100 省级 20:80 增量	0:100 省级 20:80 增量	0:100	0:100	0:100	0:100	0:100
广东	2004 2011	0:100	40:60 50:50	40:60 50:50	40:60 50:50	0:100	0:100	0:100	0:100	0:100
海南	2004	25:75	25:75	25:75	25:75	0:100	0:100	0:100	0:100	0:100
重庆	2004	60:40(主城区) 全部作为郊区县的收入(郊区)	60:40(主城区) 40:60(郊区)	40:60(主城区) 40:60(郊区)	40:60(主城区) 40:60(郊区)	0:100	0:100	0:100	60:40(主城区) 40:60(郊区)	60:40(主城区) 40:60(郊区)
四川	2003	35:65	35:65	35:65	35:65	35:65	0:100	35:65	35:65	0:100
贵州	2013	2(省):2(市):6(县)	2(省):2(市):6(县)	2(省):2(市):6(县)	2(省):2(市):6(县)	2(省):2(市):6(县)	0:100	2(省):2(市):6(县)	0:100	0:100
陕西	2004	30:70	30:70	30:70	30:70	30:70		30:70	30:70	
青海	2004	50:50								

资料来源:根据《中国省以下财政体制2006》和其他政府文件整理获得。

10.2.3 省以下财政收入划分存在的问题

1. 省与市县设置的共享税过多,省级和地市级分享比重偏高

目前各地区省以下收入的划分并不统一,千差万别。但有一个共同的特征,就是将收入规模较大、收入稳定的税种划为省与地市或省与县(市)共享收入,涉及的税种包括增值税(25%部分)、营业税、企业所得税和个人所得税(40%部分)、资源税、城建税、房产税等。全国34个省、直辖市、自治区,设有5个以上共享收入税种的省份就有16个,虽然随着省以下财税体制的不断改革和完善,不少省逐步加大了县乡的分享比例,但总体来说绝大多数地区还是省级和地市级政府分享的比例较高。

2. 按照企业隶属关系或行业的性质划分收入,导致政企不分

目前中国省以下收入划分因地而异,并没有严格按照税种的属性划分收入,不少地区在按照税种划分收入的同时,也按照行业的性质或企业隶属关系划分共享收入,规定主要行业、支柱产业或重点企业的营业税、企业所得税、增值税等税收由省级独享,涉及的行业包括高速公路、铁路、邮政通信、石油石化、金融保险信托、机场、港口、航空、卷烟、汽车、电力、有色金属、管线、跨省经营和集中缴纳的中央企业等。这样的划分方式,必然导致不同地区的政府与企业之间存在着千丝万缕的利益关系,政企不分,影响了企业间的公平竞争和要素的合理流动,不利于产业结构的调整和生产方式的转变。

3. 划归为市县的税收收入少,税源分散,缺乏主体税种

目前中国地方政府的税收收入主要依靠营业税、增值税、企业所得税、个人所得税,随着"营改增"的全面推行,原来地方政府主体税种营业税就变成了不折不扣的共享税,地方税收收入将会大幅度减少,地方政府缺乏稳定独立的主体税种。从省与市县的税收划分来看,几乎所有的省份都将收入较少、税源分散的地方税种划归为市县独享,主要包括城建税、房产税、车船使用和牌照税、印花税、土地增值税、契税、耕地占用税等。这些税收入规模较小,在转移支付不到位的情况下,基层政府难以承担日益扩大的事权,会导致基层政府支出责任与财力的不匹配。

10.3 省以下政府间转移支付

10.3.1 省以下转移支付制度的演进

10.3.1.1 2005年各省建立的省以下转移支付

1994年分税制后,国家就颁布了《中央对地方财政转移支付办法》,一些省份纷纷以此为依据,结合本省实际,创建了省级以下财政转移支付体制。1995年中央出台过渡期转移支付办法后,各省根据中央对地方转移支付办法,结合本地实

际情况,研究制定了较为科学、规范的转移支付办法,不断探索省以下财政转移支付制度特别是一般性转移支付制度的建设,到了2005年各省基本都建立了省以下政府间转移支付制度(见表10-11)。财政转移支付体系概述如下。

表10-11 2005年省以下转移支付体系主要形式和内容

财力性(一般性)转移支付	专项转移支付	税收返还
一般性(均衡性)转移支付 调整工资转移支付 农村税费改革转移支付 政策性转移支付: 　民族地区转移支付 　革命老区转移支付 　边境地区转移支付 　农村义务教育转移支付 　公检法司政策性转移支付缓 解县乡财政困难转移支付等 激励性转移支付	一般预算专项拨款 国债补助 生态保护专项转移支付 基层公益事业专项补助 涉及社会保障、农业、科技、教育、医疗卫生和其他支出的转移支付等。	消费税和增值税税收返还、所得税基数返还

资料来源:根据《中国省以下财政体制2006》整理获得。

1. 财力性(一般性)转移支付①

财力性(一般性)转移支付分为一般性(均衡性)转移支付、激励性转移支付和政策性转移支付:

(1) 一般性(均衡性)转移支付。它在一般性转移支付结构中所占的比重较大,主要用于解决"一要吃饭"的问题,其目标是均衡县(市)财政之间的基本保障水平。

(2) 激励性转移支付。激励性转移支付则主要为了促进区县努力发展自身经济,转方式、调结构,节能减排,进行城镇化建设以及保证财政运行质量,寻求财政平衡。实施的省份有浙江、江苏、湖北、广西、海南、重庆、贵州、山东等省份。例如,"两保两挂"补助和奖励、"两保一挂"补助和奖励(浙江);激励和引导地方经济发展,包括发展资金、上台阶奖励、超收贡献奖励等(江苏);地方一般预算收入增长激励转移支付、工商四税激励性转移支付、市州本级支持县域经济发展激励转移支付、财政改革与管理量化考核激励性转移支付等(湖北)。

(3) 政策性转移支付。政策性转移支付包括民族地区转移支付、革命老区转

---

① 2009年,财政部调整统计口径,将转移支付项目简化为一般性转移支付和专项转移支付两大类。原财力性转移支付改为一般性转移支付,原一般性转移支付改为均衡性转移支付。

移支付、边境地区转移支付、农村义务教育转移支付、公检法司政策性转移支付、缓解县乡财政困难转移支付等。

2. 专项转移支付

专项转移支付包括一般预算专项拨款、增发国债补助、生态保护专项转移支付、基层公益事业专项补助等,主要涉及社会保障、农业、科技、教育、医疗卫生和其他支出的转移支付。

3. 税收返还

税收返还包括消费税和增值税税收返还、所得税基数返还。税收返还资金由中央拨付,在省、市、县三级之间进行分配。

其中,均衡性转移支付、调整工资转移支付和农村税费改革转移支付是省以下转移支付的主要类型,不仅在规模上占主体地位,而且在各省也普遍存在(见图10-2)。

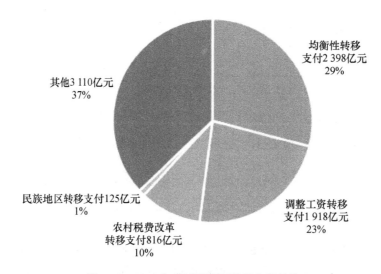

图 10-2　2008 年省以下主要转移支付结构

资料来源:李萍,《财政体制简明图解》,中国财政经济出版社,2010。

10.3.1.2　省以下转移支付的调整与完善

为进一步完善省以下转移支付,根据《国务院关于改革和完善中央对地方转移支付制度的意见》精神,结合各省实际情况,2015 年开始,各省纷纷制定了完善省以下转移支付的指导性意见。主要内容包括:

(1) 明确转移支付功能定位。在合理划分省以下事权与支出责任的基础上,科学界定省对市县转移支付功能。

(2) 优化转移支付结构。积极构建以均衡地区间基本财力、由地方统筹安排使用的一般性转移支付为主体,一般性转移支付和专项转移支付相结合的省对市县转移支付制度,不断提高基层财政保障能力。

（3）完善一般性转移支付制度。建立一般性转移支付稳定增长机制。增加一般性转移支付规模,逐步提高省对市县一般性转移支付所占比重至60%以上。简化一般性转移支付项目,逐步建立以均衡性转移支付为主体的一般性转移支付体系。一般性转移支付按照国务院和省政府确定的基本标准和计算方法编制。健全完善转移支付同农业转移人口市民化挂钩机制,推动城镇基本公共服务向常住人口全覆盖。

（4）清理整合专项转移支付。取消专项转移支付中政策到期、政策调整、绩效低下等已无必要继续实施的项目。从严控制专项转移支付,未经省政府常务会议批准,一律不新设省级专项资金。逐步取消竞争性领域专项转移支付。规范专项资金管理办法,做到每一个专项转移支付都有且只有一个资金管理办法,对一个专项有多个资金管理办法的,要进行整合归并,不得变相增设专项。

（5）取消市县资金配套要求。除按规定应当由省级和市县共同承担的事项外,省级在安排专项转移支付时,不得要求市县政府承担配套资金。

10.3.2 现行省以下转移支付体系

目前省以下转移支付体系主要包括一般性转移支付、专项转移支付和税收返还。

一般性转移支付主要包括均衡性转移支付、县级基本财力保障机制奖补资金支出、成品油税费改革转移支付支出、基层公检法司转移支付支出、农村综合改革转移支付支出、基本养老保险转移支付支出、结算补助支出、重点生态功能区转移支付支出、资源枯竭城市转移支付支出等,一般性转移支付的目的是均衡市县间财力水平,保证各级政府正常运转。

专项转移支付面较广,涉及教育、医疗、环保、农林水、社会保障、一般公共服务等方面。专项转移支付规定了资金的用途,地方政府不能挪作他用,体现了上级政府的某种特定的政策意图。

税收返还现在主要包括"消费税和增值税税收返还""成品油税费改革"以及"所得税基数返还"。

10.3.3 省以下转移支付的基本特征

1. 建立了较为规范和科学的省以下转移支付制度

从1995年起,各地区根据中央对地方转移支付办法,结合本地实际情况,逐步建立了省以下政府间转移支付制度,同时也积极优化和完善财政转移支付体系,逐步扩大一般性尤其是均衡性转移支付的规模,建立较为科学和规范的一般性（均衡性）转移支付的测算办法。2015年开始,各省纷纷制定了完善省以下转移支付的指导性意见,并先后制定了"省对下均衡性转移支付办法""省对下专项转移支付办法"等。

2. 省以下均衡性转移支付的政策目标是"保吃饭,保民生"

根据均衡性转移支付的性质,各地对省以下转移支付的重点在于保障机关事业单位职工工资发放和机构正常运转等基本支出,特别是保障中央出台的重点民生支出需求,支持农业、科技、教育等各项事业的发展,推动区域内基本公共服务均等化。

各地区普遍规定转移支付资金重点用于保障事业单位职工工资发放、机构正常运转、社会保障等基本公共支出,以及偿还到期的债务,不得用于"形象工程"和"政绩工程"。

3. 绝大多数省份对下均衡性转移支付采用标准财政收支办法

通过计算标准收支缺口和转移支付系数,确定对下转移支付补助额。即某地区转移支付额=(该地区标准财政支出-该地区标准财政收入)×转移支付系数。一般转移支付资金实行分级管理,省级测算到县。

(1)测算一般预算标准收入时,各省的办法并不统一。各地在测算标准收入时,主要考虑市县一般预算收入和上级经常性补助收入以及扣除上解上级支出后的余额。对于税收返还、转移支付、体制性补助等上级补助收入,一般据实计算,但在测算一般预算标准收入时,各省的办法并不统一:① 按照决算数据据实计算,采用这种办法的有山西等五个省份。② 分税种进行测算,对于增值税、营业税等主体税种采用"税基×税率"的办法确定,云南、黑龙江、安徽等八省份采用这种办法。③ 在据实计算或分税种测算的基础上,考虑市县财政收入和GDP增速、财政收入占GDP比重等因素,对测算结果进行修正。采用这种办法的有青海等四个省份。如青海省在测算县级一般预算收入时,先计算该县所在州(地、市)地方一般预算标准收入,然后扣除州(地、市)本级占有的标准收入份额,再按照该县GDP占所在州(地、市)GDP比重计算该县一般预算收入。④ 采用"基数加增长"的办法,以前一年度决算收入数与核定的增长率进行测算,采用这种办法的有内蒙古、山东、海南三个省份。例如,内蒙古标准收入=盟市、旗县本级标准收入+上级补助收入-上解支出。2006年,为了进一步简化计算,标准财政收入直接采用按照上年全区盟市本级、旗县级决算数计算的可用财力。

(2)标准支出测算,各地做法比较一致。市县标准财政支出主要为该地区行政、公检法、文教科卫、农林水等其他部门经常性支出以及其他相关支出项目之和。根据标准财政供养人数,参照国家核定的标准支出定额,结合省的实际情况,按照人员经费、公用经费和有关必保支出分别计算测定。

(3)标准财政供养人数测算,各省有一定的差异。目前,各省对标准财政供养人数的测算有以下几种方法:一是参照中央财政对下均衡性转移支付办法,直接采用总人口作为测算依据,吉林、四川、重庆等七个省采用此办法。二是通过选取总人口、农业人口、非农业人口、市辖区人口、可居住面积以及人口密度等因素,建立回归模型测算财政供养人数。三是以实际编制数或财政供养人员信息库数据作为标准财政供养人数,青海、内蒙古等三省采用此种办法。四是对实际编制数或财政供养人员信息库数据进行简单修正。修正办法包括"加权平均""基数加增长""规定比例折算"等。五是综合采用实际编制数和数据修正,如河北、山东等省。

(4) 转移支付系数的确定。绝大多数地区转移支付系数参照当年省级财政安排均衡性转移支付总额和下辖各市县标准支出大于标准收入的收支差总额确定,补助系数全省统一。有部分省份对少数民族县和边境县适当提高了转移支付补助系数。河北通过设定财政困难系数的方式,提高困难地区补助系数。

10.3.4　省以下财政转移支付实例分析

根据数据的可获得性,本部分选择了江苏、安徽、四川作为东部、中部、西部地区的代表,由于三个省的经济发展水平有一定的差异,因而省以下转移支付的规模和结构有可能也存在着一定的差异。为此,本报告对三地省以下财政转移支付加以比较分析。

1. 三地税收返还和转移支付总额的比较

表 10-12、表 10-13 和表 10-14 显示,三个省对市县的转移支付体系都包括返还性支出、一般性转移支付和专项转移支付三部分。从税收返还和转移支付总额来看,2016 年安徽省为 22 320 954 万元,江苏省为 23 284 459 万元,四川省为 38 327 135 万元,四川省最高,江苏省次之,安徽省最低。从税收返还的总额来看,2016 年安徽省为 1 553 211 万元,江苏省为 5 551 560 万元,四川省为 1 815 125 万元,江苏省最高,四川省次之,安徽省最低。一般来说,税收返还与地方经济的发达程度有着一定的关联性,税收返还数额取决于各市县向省级财政贡献了多少税收,经济越发达,税收规模越大,税收返还额就越高。

2. 三地转移支付结构比较

2016 年安徽省一般转移支付占转移支付总额的比重为 59.35%,江苏省为 51.56%,四川省为 56.31%,安徽最高,四川次之,江苏最低;安徽省专项转移支付占转移支付总额的比重为 40.65%,江苏省为 48.43%,四川为 43.69%。江苏省最高,四川省次之,安徽省最低(见图 10-3)。

一般来说,省对下均衡性转移支付的总体目标是努力缩小地区间财力差距,逐步实现基本公共服务均等化,从中国目前省以下财政转移支付体系来看,真正能够起到财力均等化作用的是均衡性转移支付,通常用均衡性转移支付占转移支付的比重来衡量转移支付结构是否合理,2016年安徽省均衡性转移支付占转移支付的比重为14.22%,江苏省为9.7%,四川省为18.28%,四川省最高,安徽省次之,江苏省最低(见图10-3)。因此,可以看出,三个省份中,江苏省专项转移支付所占比重最高,均衡性转移支付比重最低,转移支付结构需要进一步优化。

表10-12 2016年安徽省省以下税收返还和转移支付决算表   单位:万元

项目	2016年决算数
一、返还性支出	1 553 211
二、一般性转移支付支出	12 326 661
1. 体制补助支出	2 805 001
2. 均衡性转移支付支出	2 953 172
3. 老少边穷转移支付支出	243 875
4. 结算补助支出	203 240
5. 资源枯竭型城市转移支付支出	96 530
6. 成品油价格和税费改革转移支付支出	50 771
7. 基层公检法司转移支付支出	248 751
8. 义务教育等转移支付支出	731 954
9. 基本养老金和低保等转移支付支出	876 335
10. 新型农村合作医疗等转移支付支出	1 724 756
11. 农村综合改革转移支付支出	263 626
12. 产粮(油)大县奖励资金支出	226 032
13. 重点生态区功能转移支付支出	157 600
14. 固定数额补助支出	120 871
15. 其他一般性转移支付支出	1 624 147
三、专项转移支付支出	8 441 082
总计	22 320 954

表10-13 2016年江苏省省以下税收返还和转移支付决算表   单位:万元

项目	2016年决算数
一、返还性支出	5 551 560
二、一般性转移支付支出	9 144 393
均衡性转移支付补助	1 719 543
老少边穷转移支付	14 850
县级基本财力保障机制奖补资金	650 000

(续表)

项目	2016年决算数
结算补助支出	32 780
资源枯竭型城市转移支付补助支出	29 700
成品油价格和税费改革转移支付补助	188 901
基层公检法司转移支付支出	263 891
教育转移支付补助	508 918
基本养老保险和低保等转移支付	916 153
新型农村合作医疗等转移支付	1 373 093
农村综合改革转移支付	586 910
产粮（油）大县奖励资金	159 177
重点生态功能区转移支付	150 000
固定数额补助	1 524 345
其他一般性转移支付	343 861
激励性转移支付补助	682 271
三、专项转移支付支出	8 588 506
总计	23 284 459

表10-14　2016年四川省省以下税收返还和转移支付决算表　　　　单位：万元

项目	2016年决算数
一、返还性支出	1 815 125
二、一般性转移支付支出	20 559 086
均衡性转移支付支出	6 673 932
老少边穷转移支付支出	884 140
县级基本财力保障机制奖补资金支出	1 337 787
资源枯竭型城市转移支付补助支出	70 900
成品油价格和税费改革转移支付补助支出	47 006
基层公检法司转移支付支出	304 426
义务教育等转移支付支出	1 345 618
基本养老保险和低保等转移支付支出	1 054 538
新型农村合作医疗等转移支付支出	2 745 546
农村综合改革转移支付支出	445 622
产粮（油）大县奖励资金支出	173 730
重点生态功能区转移支付支出	277 838
体制结算补助	5 198 003
三、专项转移支付支出	15 952 924
总计	38 327 135

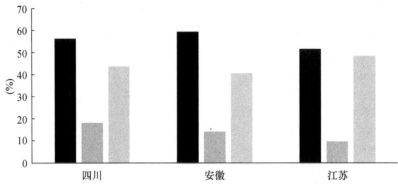

图 10-3　2016 年三地转移支付结构分析

10.3.5　省以下转移支付存在的问题

1. 省以下转移支付结构不合理

《国务院关于改革和完善中央对地方转移支付制度的意见》提出,优化转移支付结构,建立一般性转移支付稳定增长机制。增加一般性转移支付规模,逐步提高省对市县一般性转移支付所占比重至 60% 以上,逐步建立以均衡性转移支付为主体的一般性转移支付体系。省以下转移支付结构不合理表现如下:

(1) 均衡性转移支付占比较低,有条件转移支付占比过高。目前省以下转移支付结构还不尽合理,从 2016 年安徽、江苏、四川三省对下转移支付的情况来看,三省一般转移支付占比均没有达到 60% 的目标,均衡性转移支付占转移支付的比重也比较低,江苏仅为 9.7%,与此同时,专项转移支付所占比重较高,三省均在 40% 以上,安徽为 40.65%,江苏为 48.43%,四川为 43.69%,如果加上一般性转移支付中有规定用途的资金,80% 以上的转移支付是有明确用途的,地方政府不能统筹安排(见图 10-3、表 10-13、表 10-14 和表 10-15)。

(2) 税收返还占比过大,均等化作用难以发挥。通过对 2016 年江苏、安徽、四川省以下转移支付的分析,返还性支出占转移支付和税收返还总额的比重江苏最高,高达 23.84%;安徽次之,数值为 6.96%;四川最低,数值为 4.74%(见图 10-4),可见经济越发达地区税收返还额就越高。这是由于税收返还是根据 1993 年地方财政收入额来决定返还基数,且与各地区增值税、消费税收入增长情况相挂钩,即各地区增值税、消费税每增长 1%,中央政府对地方的税收返还就在原有基数的基础上增长 0.3%。这就客观上造成越是经济发达地区得到的税收返还额越高,越是欠发达地区税收返还额越低,而且随着时间的推移,不同地区获得税收返还额差距呈加速扩大的趋势。因此,返还性支出所占比重过大,不利于缩小地区间经济发展差距,很显然与转移支付实现基本公共服务均等化的目标相违背。

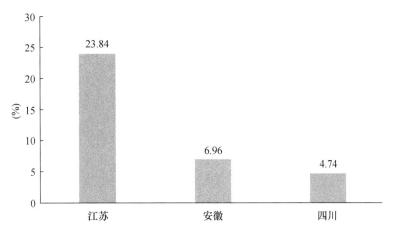

图 10-4 2016 年三地返还性支出占转移支付和税收返还总额的比重

2. 省以下财政转移支付分配和管理不够规范

省以下转移支付主要是以省级本级财力为基础的转移支付制度,旨在实现区域内财力的均衡和公共服务的均等化。严格意义上来说,省对下转移支付主要依靠省级政府的财力,而不涉及其他级别的政府,但现实情况并非如此。在东部经济发达地区,一般从中央财政获得的转移支付较少,省对下转移支付主要依赖省级本级财力,而在中西部经济欠发达地区,受省级财力影响,除中央给予的转移支付资金外,相当一部分地区未能拿出财力用于对下转移支付,有的甚至截留中央转移支付资金。在计算确定省对下转移支付资金时,一些地区规范性和科学性不足;省对下转移支付资金下达不及时,资金可预见性差,不能最大限度地发挥资金的效益(张志华,2009)。

3. 省级政府没有起到均衡省以下财力,保障基层政府基本支出的责任

从前面分析可以得知,近些年来,随着改革的不断推进,基层政府职能日益扩大,支出责任也呈现不断扩张的趋势。然而,财权和财力的配置并没有同步跟进,导致基层政府财力与支出责任的不匹配,基层财政保障不足。表 10-15 显示,从 1994—2015 年地方财力的纵向分布情况来看,虽然县级财政占地方公共预算收入的比重有了很大的提升,但总体来说,市级占比一直最高,2009 年县级财政占比才超过了市级财政,省级和市级两级财政占地方财力的比重之和要远大于县乡财政,财力呈现向上级政府集中的态势,县乡级财政用地方 40% 多的财力承担庞大的教育、医疗卫生、一般公共服务等支出,支出责任与财力严重不匹配。

表 10-15　省、市、县、乡镇占地方公共预算收入的比重　　　　　　单位:%

年份	省级占比	市级占比	县级占比	乡镇占比
1994	17.13	41.00	22.88	18.94
1995	18.22	39.55	23.21	18.99
1996	19.70	38.19	22.95	19.16
1997	20.95	37.46	22.59	19.00
1998	20.79	39.09	22.67	17.46
1999	21.23	35.41	26.02	17.34
2000	22.40	36.45	25.13	16.02
2001	23.43	36.69	25.36	14.52
2002	25.99	36.14	24.39	13.48
2003	25.21	36.27	25.40	13.12
2004	24.74	36.97	26.87	11.43
2005	24.62	36.73	28.30	10.35
2006	25.54	34.92	29.28	10.27
2007	25.46	33.65	30.93	9.96
2008	25.02	33.08	31.48	10.42
2009	23.47	32.69	33.07	10.78
2010	21.66	32.26	34.32	11.76
2011	22.10	31.65	35.07	11.18
2012	21.03	31.00	36.45	11.51
2013	20.06	30.25	38.80	10.90
2014	19.90	30.70	39.10	10.30
2015	20.70	31.50	37.90	9.90

资料来源:《中国财政年鉴》、财政部网站。

10.4　完善省以下财政体制的政策建议

本报告认为,省以下财税体制是整个国家财政体制的一部分,政府间事权和财权的合理划分是财政体制改革的关键。省以下财政体制改革必须建立在中央与省级政府财政关系理顺的基础之上,否则很难独善其身。由于中国是一个实行五级政府管理的单一制国家,政府层级较多,并且地域辽阔,各地要素禀赋、社会经济的发展又千差万别,这就注定了中国省以下财税体制改革的艰难和复杂。为此,中国省以下财政体制改革要因地制宜,不能够一刀切,要进行分级分类管理。

10.4.1 明确省以下政府间事权和支出责任的划分

财政体制的改革应该将政府职责划分优先于收入划分,最核心、最难啃的骨头也是政府间事权和支出责任的划分。特别是省以下政府间的事权和支出责任划分,相对于中央和省级政府更是困难重重。

2016年8月24日国务院颁布了《关于推进中央与地方财政事权和支出责任划分的指导意见》。在这份文件中,坚持财政事权由中央决定,适度加强中央政府承担基本公共服务的职责和能力,减少并规范中央与地方共同的财政事权。文件指出,对于省以下事权和支出责任的划分,由省级政府参照中央做法,结合当地实际,按照财政事权划分原则合理确定,避免将过多支出责任交给基层政府承担。可以看出,文件对省以下财政事权和支出责任划分是原则性的指导意见,并没有给出一个具体的划分标准和具体方案,这对于完善政府间事权和支出责任的划分是远远不够的。省以下政府间事权和支出责任的划分必须要合理界定省以下各级政府的职能。

1. 省、市、县、乡镇政府的职能定位

楼继伟(2014)指出,要明晰各级政府事权配置的着力点:中央政府强化宏观管理、制度设定职责和必要的执法权,省级政府要强化统筹推进区域内基本公共服务均等化职责,而市县政府要强化执行职责。

在现行的行政体制下,省级政府是地方政府行政体系的最高层次,属于高层地方政府,是中央政府和省以下地方政府发生关系的联络点。在中央的统一领导下,省级政权是地方政治、经济、文化和社会生活的全面组织者和具体领导者,承担着本省区域内收入再分配、地区间综合平衡的责任。省级政府的职能定位属于"中观管理和调控"的范畴。省级政府的主要职能定位为:① 制定本地区中长期规划,制定地方性的法规和政策文件;② 细化国家法律法规和政策;③ 优化本地区资源配置,改善需求结构,优化产业结构,促进区域协调发展;④ 加大对本地区教育、医疗卫生、社会保障、环境保护以及本省跨区域的重大基础设施的投入力度,统筹推进区域内基本公共服务均等化;⑤ 对本地区内收入分配的城乡差距、地区差距等方面进行调节。对于财政经济基础不同的各市、县,按照从实际出发、区别对待的原则,分别利用有差别的财政管理体制、财政转移支付等手段,进行一定程度上的抽肥补瘦的财源调剂,以促进各地财力的平衡。

大多数市级(地级市)政府,是由20世纪80年代从省级政府的派出机关——地区行政公署转变而来,并且实行"市管县"的行政体制。地级市除了负责管理城市的政治、经济、发展和公共事务,还要对所辖的县和县级市举行管理。随着"省管县"体制的实施与推行,地级市的职能逐渐被弱化。如果全部实现省管县的体制,地级市将成为与县级行政单位平等的行政主体。为此,地级市政府的职能应该定位在管理和城市相关的政治、经济和社会事务,如:① 本地区的城市政府的行政管理和社会治安;② 提供本地区的供水、污水和排水、电力、电话等公用事业,基础教育、医疗、社会福利、住房等城市社会服务,公路和道路、街道照明、交通控制、公共交通等城市交通,包括垃圾收集、公园和娱乐、市场、消防等一般社会服务;③ 执行中央和省里出台的方针政策和法律法规;④ 本地区内社会经济发展的统筹协调和收入分配调节。

县级政府既是城市的"尾",又是农村的"头",是中国城市与农村、农业与工商业、市民与农民的分界线。[①] 县级政府除了服务一部分城市人口外,主要服务对象是广大农村人口,县级政府接近基层,与"三农"关系最密切,相对于省、市政府来说,提供农村公共产品和公共服务是县政府的基本职能。县级政府的职能定位为:① 本地区政府的行政管理和社会治安。② 提供农村公共产品和公共服务,包括承担本辖区内部分社会公益事业和公共服务的职责,如县乡文化、教育、卫生、社会保障、计划生育、农产品市场信息、病虫害的防治等;承担本辖区内提供部分社会公共设施的职责,如道路、桥梁、水利灌溉工程、抗洪救灾等;和上级政府共同合作提供一些效益(成本)外溢,或具有一定规模经济的公共产品或服务,如跨县级公路、公路建设、区域水土治理、环境保护等。③ 执行上级政府政策、方针、命令和任务的职能。④ 完善城乡发展一体化体制机制,着力推进城乡规划、基础设施、公共服务等方面的一体化,实现城乡统筹。

乡镇政府是直接服务于农村居民的一级政权组织,比县级政府的服务范围要小,服务对象更加集中。农村税费改革以后,随着部分地区"乡财县管"财政管理体制的实施,乡镇政府的职能在逐步弱化,乡镇财政成为县级财政的"报账单位";再加上在行政上,"条条"的政府垂直领导,肢解了乡镇政府的部分职能,乡镇政府实际上已经成为县级政府的派出机关,这一现象在经济不发达的农业乡镇尤为突出。

为此,乡镇政府职能应重在服务三农方面:① 执行党和国家各项惠农和"三农"政策;② 对农民和各类经济主体的示范引导、政策服务;③ 加强社会治安综合治理,着力化解农村社会矛盾,维护农村稳定;④ 配合上级政府,加快发展教育、卫生、文化、社会救济等农村公共服务。

省、市、县、乡镇政府的职能定位总结于表10-16中。

---

① 徐勇:《县政、乡派、村治:乡村治理的结构性转换》,《江苏社会科学》,2002年第2期。

表 10-16　省、市、县、乡镇政府职能定位

省级	市级	县级	乡镇
职能定位:中观管理和调控	职能定位:城市公共事务管理	职能定位:农政	职能定位:服务三农
(1)制定本地区中长期规划,制定地方性的法规和政策文件;(2)细化国家法律法规和政策;(3)优化本地区资源配置,改善需求结构,优化产业结构,促进区域协调发展;(4)加大对本地区教育、医疗卫生、社会保障、环境保护以及本省跨区域的重大基础设施的投入力度,统筹推进区域内基本公共服务均等化;(5)对本地区内收入分配的城乡差距、地区差距等方面进行调节	(1)本地区的城市政府的行政管理和社会治安;(2)提供本地区的供水、污水和排水、电力、电话等公用事业;基础教育、医疗、社会福利、住房等城市社会服务;公路和道路、街道照明、交通控制、公共交通等城市交通;包括垃圾收集、公园和娱乐、市场、消防等一般社会服务;(3)"执行"中央和省里出台的方针政策和法律法规;(4)本地区内社会经济发展的统筹协调和收入分配调节	(1)本地区政府的行政管理和社会治安;(2)提供农村公共产品和公共服务;(3)执行上级政府政策、方针、命令和任务的职能;(4)完善城乡发展一体化体制机制,着力推进城乡规划、基础设施、公共服务等方面的一体化,实现城乡统筹	(1)执行党和国家各项惠农和"三农"政策;(2)对农民和各类经济主体的示范引导、政策服务;(3)加强社会治安综合治理,着力化解农村社会矛盾,维护农村稳定;(4)配合上级政府,加快发展教育、卫生、文化、社会救济等农村公共服务

资料来源:作者整理。

2. 加大省级政府的支出责任

事权的执行内容庞杂,很难列举穷尽,事权的清晰界定存在着很大的难度,尤其是省以下事权和支出的划分更为复杂,决定了其改革不可能一步到位。要充分发挥省级政府的决定作用,根据各省实际情况,由省级政府决定市县的支出责任,先选择一些主要公共服务为试点,事权划分从"粗"到"细",从点到面,循序渐进。适当加大省级政府的支出责任,适当减轻市、县政府的支出责任,改变目前基层政府支出责任过重的状况。

将部分适宜由更高一级政府承担的基本公共服务职能上移,明确省级政府在保持区域内经济社会稳定、促进经济协调发展、推进区域内基本公共服务均等化等方面的职责。将有关居民生活、社会治安、城乡建设、公共设施管理等适宜由基层政府发挥信息、管理优势的基本公共服务职能下移,强化基层政府贯彻执行国家政策和上级政府政策的责任。省级政府有些事务的具体管理可由基层政府承担,但财政资金应该由省级政府安排,切实减轻基层政府的支出压力。

3. 在明确省以下政府事权和支出责任划分的基础上,进行相应的行政体制改革

建议减少财政级次和行政级次,构建三级财政和三级政府。目前我国政府层级较多,五级政府的行政组织结构下,政府职能重叠,为政府间的事权、财权和财力的划分带来了很大的难度,为此需要减少财政级次和行政级次。通过完善"省管县"和"乡财县管"的财政体制改革,推动行政体制改革,减少政府级次。建议取消地级市政府,将原先属于地级市的管理权限部分或全部划给县级政府,县级政府与省级政府联系,地级市只管理所辖的主城区,地级市与县分立,行政地位平等,同时接受省级政府的领导,并由省直接管理县级干部,实现财政、行政、人事体制的统一。通过完善"乡财县管"体制改革,推进乡镇政府改革,对于以农业经济为主的乡镇,可以变为县级政府的派出机构来管理,乡镇政府的主要职能是服务三农。这样改革后,政府的财政级次和行政级次都大大减少了。

当然,鉴于我国国情,"省管县体制"和"乡财县管"的推行要因地制宜,分类实施,灵活推进,不能采取"一刀切"的办法。对于经济发达、欠发达和不发达地区,东中西部地区,县市数量和地域大小不等的地区等,要区别对待。例如,对于已经与中心城市形成依附关系的县,可以继续保留市管县或将其改为市辖区;对于经济带动能力一般的市,或者市县经济发展差距大、关联度低时,则应当实行省管县。对于工商业经济比较发达的中心城镇将继续保留一级政府和一级财政的设置,并且要强镇扩权。

10.4.2 理顺省以下政府间财政收入划分

1. 赋予省以下地方政府相应的税收立法权

根据中国目前的国情,赋予地方政府一定的税收立法权是渐进的过程,目前地方税收立法权应该下放到省级人民代表大会及其常委会和省级政府,由县级制定具体的实施细则,允许县级政府根据本地经济特色申请设立新的税目、允许县级政府在限定的范围内确定税率,以及停征某种税的权力(征收成本高、征收数额小的小税种)。允许地方政府在限定的范围内确定税率有几个好处:让当地居民决定他们愿意让政府有多少钱以及他们愿意付多少钱,这就迫使地方决策人在提供公共服务的效率方面对人民负责,过去地方政府用"歪门邪道"来取代正式征税的措施就没有多大必要了(罗伊·鲍尔,2000)。

2. 取消按隶属关系划分收入的办法,严格按税种或比例划分收入

省以下收入的划分应打破按企业经济成分、隶属关系、行业性质、企业规模划分收入的做法,尽可能按税种属性划分各级收入。2014年财政部出台的《关于调整和完善县级基本财力保障机制的意见》明确提出,省级政府要取消按企业隶属关系(或出资额)划分收入的办法,采用按税种或按比例分享等规范办法。在税种

的划分上,适当增加市县财政的分享比例。

3. 完善地方税制,构建地方主体税种

完善地方税制,构建地方主体税种方法如下:

(1) 按照"立法优先、充分授权、分步推进"的原则,开征房地产税,并将其作为市县级政府的主体税种。房地产税属于典型的财产税,从世界范围来看,财产税是世界各国的主体税种。目前,中国现有的房地产税在土地和房产的保有、使用、出让、交易的环节中进行征收,涉及的税种包括营业税、城市维护建设税、教育费附加、企业所得税、外商投资企业和外国企业所得税、个人所得税、土地增值税、城镇土地使用税、房产税、城市房地产税、印花税、耕地占用税和契税。而且每个环节的信息是不对称的,征收成本较高,同时在相同的税基上也存在着重复征收的问题,为此,房地产税作为市县级政府的主体税种,房地产税制必须要统一和改革。建议按照"立法优先、充分授权、分步推进"的原则,在不加重纳税人税收负担的前提下,加快对现行房产税制的改革,逐步将其转化为现代化的不动产税,使之成为替代"土地财政"的地方主体税种。

(2) 将车辆购置税划归为中央和省级政府的共享税。车辆购置税自开征以来,其税收收入都归属于中央。车辆购置税是在消费环节一次课征,地方政府掌握信息充足,征收效率较高,同时属于较为稳定的税源。建议可以将车辆购置税作为中央地方共享税,中央与地方(省级)的分享比例按双方各占百分之五十分配较为合适,补足地方对于道路交通支出的财政不足的情况,同时也有利于中央的财力统筹,对地区间道路交通建设转移支付。

(3) 开征地方零售消费税,作为省级政府的主体税种。地方零售税一般都是在最终销售环节征收,是地方政府筹集财政收入的有效工具,例如,美国地方政府在最终销售点征收的销售税是州政府的主体税种。建议将目前的特别消费税扩围到一般的消费税,扩围成销售税,即商品和劳务税,由生产地征收转向以消费地为基础征收。为了不引起纳税人的反感,这项改革需要循序渐进,例如,可以先在理发、餐饮等行业进行试点,把消费税的税基适当扩大,等试行一段时间后,再将消费税扩围到销售税。开征零售税的好处是:抑制地方政府盲目招商引资的冲动;缩小地方政府间财力的差距;促使地方政府执政理念从为生产者服务转变到为消费者(辖区居民)服务。

至于开征地方零售税后会不会增加纳税人的负担,一般来说,不会。目前纳税人尽管没有缴纳销售税,但是却以间接的方式缴纳了增值税、营业税、消费税等税,消费税扩围到销售税后,其实只是把纳税人间接缴纳的税项转变为直接缴纳的税项而已,如果对增值税的税基稍作调整,即将一部分原属增值税的税基变成销售税的税基,再降低增值税税率,就可做到不增加纳税人的税务负担。

（4）开设环境保护税，并划归为地方财政收入。目前中国相关的环境税收和排污收费政策对于环境保护和治理起到了一定的作用，但没有开设独立的环境保护税，现行收取排污费治理环境的做法，收费标准低，效果有限。将现行各种排污收费进行"费改税"，在不增加企业税负的前提下，征收环境保护税，税收的严肃性、权威性和使用效率要远大于收费。环境保护税应该划归为地方财政收入，因为，相对于中央政府来说，地方政府具有一定的信息优势，征收效率较高，另外，目前的排污费收入90%划归为地方财政收入，为了保证政策的连续性以及获得地方政府对政策的支持，环境保护税应该留给地方政府。国务院在2017年12月发布《关于环境保护税收入归属问题的通知》，提出自2018年1月1日起，在中华人民共和国领域和中华人民共和国管辖的其他海域，直接向环境排放应税污染物的企业事业单位和其他生产经营者为环境保护税的纳税人，应当依法缴纳环境保护税。环境保护税全部作为地方收入。

（5）扩大资源税的征收范围，并作为省级政府的主体税种。1984年我国开始征收资源税，目前涉及的税目包括原油、天然气、煤炭、其他非金属矿原矿、黑色金属矿原矿、有色金属矿原矿、盐等七个品目。其中，煤炭、石油、天然气三个矿种的资源税为从价计征，但其余黑色、有色、贵金属、非金属等近百个矿种依旧采用从量计征方式。

建议应适时将水、森林、草场等非矿藏资源纳入征收范围，并提高资源税的计价标准，选择从价计征，并作为省级政府的主体税种。由于我国资源多集中在中西部欠发达省份，资源税也能成为地方政府财政收入的重要来源。

10.4.3 完善省以下政府间转移支付制度

在合理划分省和市县事权和支出责任的基础上，以推进地区间基本公共服务均等化为目标，建立事权、财权和财力相匹配的省以下转移支付制度。

1. 优化转移支付结构

优化转移支付结构包括逐步取消税收返还制度；清理、整合、规范专项转移支付；完善一般性转移支付，加大一般性转移支付的规模和比例，逐步将一般性转移支付占比提高到60%，建立以均衡性转移支付为主体、以老少边穷为辅，再加上少量体制结算补助的转移支付体系。

2. 由中央政府或省级政府出面协调，建立省以下地方政府间横向转移支付制度

某些公共服务，例如生态污染和环境保护具有明显的外部性和跨区域的特征，其既可以发生在省份间，也可以发生在省内的各区域间。由于这些问题涉及多个同一行政级别或不同行政级别之间的利益，这就决定省以下地方政府间横向转移支付的复杂性，需要由中央政府或省级政府出面加以协调。作为省内的生态

补偿,省级政府可以通过建立生态补偿基金的方式,对省内流域水环境、自然保护区和生态功能区的环境保护进行横向转移支付。基金的来源可以是中央和省级政府的专项拨款,也可以是省内相关利益方的财政投入等。

3. 建立和完善县级基本财力保障机制

省以下财政体制改革的关键就是要保障县级政府的基本财力,缓解县级政府的财政困难。2010年,财政部要求建立和完善县级基本财力保障机制,以县乡政府实现"保工资、保运转、保民生"为目标,保障基层政府实施公共管理、提供基本公共服务以及落实党中央、国务院各项民生政策的基本财力需要。目前中央对农业县的基本财力保障机制的投入力度还不够大,建议今后进一步加大政府尤其是中央和省级政府对县级政府尤其是农业县的财政投入力度,以"保工资、保运转、保民生"为目标,建立农业县的基本财力保障机制。农业县的基本财力需求应该由中央和省级政府承担主要责任,中西部地区的农业县的基本财力保障,中央财政应承担主要责任;经济发达省份的农业县,省级政府应承担主要责任。

在"保工资、保运转、保民生"的"低保"目标达到后,应逐步扩大保障范围和提高保障标准,调整收支划分,建立县级政府基本财力动态保障机制,加大中央和省级政府对县级政府转移支付力度,明确保障资金来源,不断提高保障水平,使县级政府财力与支出责任基本匹配。

主要参考文献

1. 李萍:《财政体制简明图解》,中国财政经济出版社,2010。
2. 卢中原:《财政转移支付和政府间事权财权关系研究》,中国财政经济出版社,2007。
3. 张立承:《省对下财政体制》,经济科学出版社,2011。
4. 罗伊·鲍尔:《中国的财政政策——税制与中央及地方的财政关系》,中国税务出版社,2000。
5. 寇明风:《省以下政府间事权与支出责任划分的难点分析与路径选》,《经济研究参考》,2015年33期。
6. 专题课题组:《关于河北省省以下政府间财政支出责任划分的研究报告》,《公共支出与采购》,2007年第12期。
7. 国家发改委宏观经济研究院课题组:《公共服务供给中各级政府事权财权划分问题研究》,《经济研究参考》,2005年第26期。
8. 国务院发展研究中心宏观组:《公共服务供给中各级政府事权财权划分的国际经验》,《经济研究参考》,2005年第25期。
9. 孙开:《省以下财政体制改革的深化与政策着力点》,《财贸经济》,2001年第9期。
10. 财政部:《法国政府间事权划分概况》,《预算管理与会计》,2014年第10期。
11. 财政部:《德国政府间事权划分概况》,《预算管理与会计》,2014年第10期。

12. 周黎安、吴敏:《省以下多级政府间的税收分成特征事实与解释》,《金融研究》,2015年第10期。
13. 王浦劬等:《中央与地方事权划分的国别经验及其启示——基于六个国家经验的分析》,《政治学研究》,2016年第5期。
14. 陶勇:《地方财政学》,上海财经大学出版社,2006。
15. 陶勇:《中国县级财政压力研究》,复旦大学出版社,2014年。
16. 楼继伟:《中国政府间财政关系再思考》,中国财政经济出版社,2013。
17. 徐绿敏:《我国省以下财政体制比较分析》,《江西社会科学》,2014年第5期。
18. 倪红日、张亮:《基本公共服务均等化与财政管理体制改革研究》,《管理世界》,2012年第9期。
19. 黄佩华:《中国:国家发展与地方财政》,中信出版社,2003。

第四篇
政府间横向财政分配问题

第 11 章　地区间对口支援的财政问题

对口支援是具有中国特色的地区间帮扶政策,自 1979 年明确成为国家政策之后,其政策内容和实施范围不断扩充,并且陆续出台新的同类政策,与对口帮扶、对口协作、对口合作组成了对口支援的政策系列。① 对口支援系列政策对缩小区域发展差距、推进公共服务均等化、实现民族平等、团结和共同繁荣等方面发挥了重要作用,不仅具有经济功能,同时具有重要的政治功能和社会功能。由于长期以来对口支援政策涉及的帮扶资金来源主要是支援方的财政资金,因此很多学者也将对口支援视为一种省际横向转移支付,其功能的发挥一定程度上也体现了财政在国家治理中的基础和重要支柱作用。2016 年 7 月 20 日,习近平总书记在银川主持召开东西部扶贫协作座谈会时明确指出,东西部扶贫协作和对口支援,充分彰显了我国特有的政治优势和制度优势,必须长期坚持下去。

虽然对口支援充分体现了我国社会主义制度的优越性,但不可否认的是其实施过程中也面临着诸多问题,如对口支援政策带有明显的计划经济特征、尚未有明确的法律解释、缺乏制度化的启动和退出机制、缺乏有效的监管和激励机制、央地关系及地方间关系处理不当等,②③导致对口支援政策的作用发挥受到限制。此外,学界对于对口支援的发展前景也观点不一,如是否应将对口支援政策制度化,应扩大还是缩小对口支援的适用范围等。因此,需要对对口支援政策的发展历程及实践特征进行梳理归纳,在此基础上对当前存在的主要问题及原因进行深入剖析,进而提出针对性的完善建议。

11.1　对口支援的概念界定及其分类

11.1.1　对口支援基础概念

对口支援最早被认为是一种工农结合、城乡结合、厂社结合的新形式④,这种

---

① 杨龙、李培:《府际关系视角下的对口支援系列政策》,《理论探讨》,2018 年第 1 期。
② 赵明刚:《中国特色对口支援模式研究》,《社会主义研究》,2009 年第 2 期。
③ 倪锋、张悦和于彤舟:《汶川大地震对口支援初步研究》,《经济与管理研究》,2009 年第 7 期。
④ 对口支援概念的提出始于 1960 年 3 月 20 日《山西日报》发表的一篇社论,题为"厂厂包社对口支援——论工业支援农业技术改造的新形势",认为对口支援是一种工农结合、城乡结合、厂社协作的新形式,充分肯定了山西经纬纺织机械厂支援曙光人民公社所采取的"对口支援、一包到底"的举措。

定义是有关对口支援的最初形式,鉴于我国国情发生变化,该定义具有一定的历史局限性。1991年,国家民委组织召开的"全国部分省、自治区、直辖市对口支援工作座谈会"中提出,"对口支援不同于一般的经济技术协作和横向联合,它是有领导、有组织、有计划的、不以盈利为目的而帮助少数民族地区加快发展作为己任的一项既有经济意义又有政治意义的工作"。2001年,国务院三峡建设委员会移民开发局组织编写了《三峡工程移民工作手册》,首次由官方正式提出定义:"对口支援是区域、行业乃至部门间开展跨边界合作与交流的有效形式,通常泛指国家在制定宏观政策时为支持某一区域或某一行业,采取不同区域、行业之间结对形成支援关系。"不过,因其是专门针对三峡工程移民所做拟定,也具有一定的局限性。此外,《中国民族政策读本》对于医疗对口支援的定义:"医疗卫生方面的对口支援是指地区与地区之间、部门与部门之间、单位与单位之间的专业性支援、协作;内容主要是技术支援和技术协作。帮助培养当地的卫生技术人员在其中占有重要地位。"以上四种定义均是基于政策实践提出的,具有一定的历史局限性和内容片面性。

在此基础上,一些学者基于各自学术背景和研究方向,将对口支援的定义和性质进行了广泛探讨,如财政问题研究中,普遍认为对口支援具有横向转移支付的性质,是横向转移支付制度的实践基础,是实现横向财政均衡的方式之一;[1]教育问题研究中主要涉及教育对口支援,认为教育对口支援实质上是一种"教育援助模式";[2]法律问题研究者认为对口支援是一系列法律文件的总和,是少数民族地区政府扶持法律制度的补充,[3]而政府间契约协作机制是对口支援得以成功运行的内在动力;[4]政治与行政问题研究者认为对口支援是在中央政府的政策权威和政治动员下,在上级政府的统一领导下,按计划实施的"一种政治性馈赠",[5]并经过不断的完善和丰富,从一种暂时性的政策演化为一种半常规化的制度,[6]体现

---

[1] 路春城:《我国横向财政转移支付法律制度的构建——基于汶川震后重建的一点思考》,《地方财政研究》,2009年第3期。
[2] 李延成:《对口支援:对帮助不发达地区发展教育的政策与制度安排》,《教育发展研究》,2002年第10期。
[3] 杨道波:《地区间对口支援和协作的法律制度问题与完善》,《理论探索》,2005年第6期。
[4] 刘铁:《对口支援的运行及法制化研究——基于汶川地震灾后恢复重建的实证分析》,西南财经大学博士研究生学位论文,2010年。
[5] 李瑞昌:《界定"中国特点的对口支援":一种政治性馈赠解释》,《经济社会体制比较》,2015年第4期。
[6] 赵伦、蒋勇杰:《地方政府对口支援模式分析——兼论中央政府统筹下的制度特征与制度优势》,《成都大学学报(社科版)》,2009年第2期。

了中国特色的府际关系;[1]等等。从不同学术领域进行解读和探讨,整体上扩充了对口支援的内涵,但分开来看同样具有一定的片面性。

当然,也有学者进行了更为概括性的定义,如田贵贤(2013)则在其博士论文中指出"对口支援是极具中国特色的政府行为,是在中央政府的统一部署下,经济发达或实力较强的地方政府对经济不发达或无法承受突发事故的另一方政府实施援助和合作的一种政策性行为,它是我国社会主义制度优越性和大协作精神的体现,也是实现全国区域协调发展的重要举措"。[2] 综合以上有关定义与我国对口支援政策实践,本报告认为田贵贤关于对口支援的定义较为全面和完整,对口支援中的制度特征、实践内容和支援模式均有所体现。

11.1.2 对口支援系列政策

对口支援系列政策是由对口支援政策开始,其后逐步出现对口帮扶、对口协作和对口合作的相关政策。这四种政策之间既有联系又有区别,特别是后三者实际上是在中国特有的行政环境下被行政实践者创造出来的习惯性用法,尚未形成官方或权威定义,导致在一些政策文件或座谈会议中往往不做明确区分,混同使用。为进一步明确本章的研究对象,需要对三个后续政策进行分析说明。

11.1.2.1 对口帮扶

1994年,国务院《关于印发国家八七扶贫攻坚计划的通知》提出,"北京、天津、上海等大城市,广东、江苏、浙江、山东、辽宁、福建等沿海较为发达的省,都要对口帮助西部的一两个贫困省份发展经济"。1996年,国务院办公厅转发《国务院扶贫开发领导小组关于组织经济较发达地区与经济欠发达地区开展扶贫协作报告》;2001年,《国务院关于印发中国农村扶贫开发纲要(2001—2010年)的通知》中明确指出,"继续做好沿海发达地区对口帮扶西部贫困地区的东西扶贫协作工作"。上述三个文件中,从对口帮助到扶贫协作到对口帮扶,其帮扶目标及主要内容基本一致,而且自2010年起,在经济技术层面上,只有西藏、新疆、四省藏区、三峡库区以及汶川灾区中仍使用对口支援一词,其他地区的对口支援政策均被对口帮扶取代。

随着改革开放和市场化的不断推进,在中央政府积极引导和地方政府探索尝试下,东西部地区间对口帮扶模式不断由单向援助向双向协作关系拓展,更加注重市场机制作用的发挥,[3]提高支援方的援助积极性。一些结对省份则直接在政

---

[1] 朱光磊、张传彬:《系统性完善与培育府际伙伴关系——关于"对口支援"制度的初步研究》,《江苏行政学院学报》,2011年第2期。

[2] 田贵贤:《我国横向财政转移支付制度研究——基于区域基本公共服务均等化视角》,河北大学博士研究生学位论文,2013。

[3] 韩广富、周耕:《我国东西扶贫协作的回顾与思考》,《理论学刊》,2014年第7期。

策文件或联席会议上使用"协作"或"合作"二字,以突出协作关系,如闽宁对口扶贫协作、沪滇对口帮扶合作、京蒙对口帮扶合作等。不过,到目前为止无论何种形式的对口帮扶政策,其根本目的仍是帮助经济欠发达地区发展经济,脱贫致富,且政策内容中均存在支援方对受援方无偿的财政资金支援。特别在我国进入扶贫攻坚阶段之后,中央政府更加强调对口帮扶的脱贫目标,并要求进一步加大援助资金投入。其他经济技术及产业发展方面的双向合作虽不断拓展,但主要是为实现脱贫目的采取的配套措施,受益者仍明显为受援方。因此,对口帮扶本质上仍具有典型的单向援助性。

11.1.2.2 对口协作

对口协作仅在南水北调工程中被明确提出和使用,2013 年《丹江口库区及上游地区对口协作工作方案的通知》中提出丹江口库区、上游地区与沿线地区开展互助合作,并确定支援方和受援方的"一对一"的结对关系:北京市对口河南省南阳市、三门峡市、洛阳市和湖北省十堰市、神农架林区水源区,天津市对口陕西省商洛市、汉中市、安康市水源区。该通知标题中只讲"协作"未现"帮扶",其原因可能主要有如下三点:第一,"协作"一词的基本含义是指利益双方为达到一个共同目的,在优势互补、互利共赢的原则上开展工作,南水北调工程本身即是一个明确单一的项目,其利益双方便于认定,任务目标较为明确;第二,本项目的支援方是南水北调工程的主要受益方,受援方则是工程建设中付出主要贡献和牺牲的省份,因此,尽管明确要求支援方根据本地财力情况每年筹集一定数额的对口协作资金进行援助,但本质上并非完全无偿转移,一定程度上可以视为对受援方损失的成本弥补,通过协作达到双赢;第三,结对双方的协作重点在于产业开发、经贸交流及劳务合作,依靠财政协作资金保护水质、改善民生则为配套措施。因此,对口协作与对口帮扶相比,结对双方协作的主动性更强,市场化程度更高,地位更加平等,互利共赢为主要目标。

11.1.2.3 对口合作

对口合作是近年新兴的概念,指两地区根据各自的经济产业结构的特征、社会发展的差异等,以效率优先、互惠共赢为原则而进行的多领域、系统的合作。与对口支援模式相比,对口合作模式的特征可归纳为效率性和平等互惠性、"激励相容"的可持续性、全面性和系统性。① 目前,地区间对口合作主要有两种形式:第一种是基于前期对口支援活动而自发形成的对口合作关系,第二种则是由中央直接安排的对口合作关系。前者主要体现在汶川地震灾后重建对口支援完成后的继续合作,如 2010 年广东省与四川省签署《广东—四川经济社会战略合作协议签

---

① 李胜兰、黄晓光和黎天元:《深哈合作机制研究》,《中国经济特区研究》,2017 年第 1 期。

订》，并与汶川县签订《粤汶长期合作框架协定》，北京市与什邡市签订《北京—什邡 2010—2013 年合作框架协议》。后者则是由中央直接安排的。2016 年国务院印发《关于深入推进实施新一轮东北振兴战略加快推动东北地区经济企稳向好若干重要举措的意见》中提出，开展对口合作，"辽宁、吉林、黑龙江三省与江苏、浙江、广东三省，沈阳、大连、长春、哈尔滨四市与北京、上海、天津、深圳四市建立对口合作机制"，这是官方文件中首次使用对口合作。这两种对口合作形式仍有一定的帮扶任务，但帮扶模式、双方地位、激励机制均已发生本质转变，可视为对口协作的进一步深化。①

通过上述关于对口支援系列政策的介绍，可以发现对口支援、对口帮扶、对口协作和对口合作之间的主要关系特征：第一，对口支援的概念最早提出，其他三个概念随后依次出现，在发展过程中具有一定的互补性和交叉性。第二，从对口支援发展到对口合作，其总体变化趋势是从单向支援到双向合作，从财政援助到产业开发，从政府动员到市场激励，从援方主导到平等互动，从政治目标到经济和社会目标。其中，从单向支援到双向合作是本质变化，涵盖和体现了其他变化的相关内容。第三，四个政策之间虽有时间先后和内涵变化，但并非完全对立，而是相互包含、融合与发展，每个政策中都包含单向援助和双向协作的相关内容，只是不同政策中的侧重有别，其中对口支援和对口帮扶以单向援助为主，对口协作和合作以双向协作为主。第四，从政策文件的具体表述来看，当前对口支援仅适用于西藏、新疆、四省藏区、三峡库区和重大灾区；对口帮扶（包括对口扶贫协作、对口帮扶合作等）主要适用于除上述对口支援对象之外的其他经济落后地区；对口协作仅适用于南水北调工程；对口合作主要是指对口支援完成后的结对双方自愿合作项目和中央政府明确安排的对口合作项目（目前仅指东北地区与东部地区部分省份的对口合作）。由此可见，田贵贤（2013）关于对口支援的定义实际上是对对口支援系列政策的概念界定，即广义的对口支援。

11.1.3 对口支援主要类型

目前，学界关于对口支援类型的分类主要有以下几种提法：如田贵贤（2013）分为边疆民族地区对口支援、经济贫困地区对口支援、灾害突发事故救助对口支援和重大工程对口支援；②杨龙和郑春勇（2011）则分为常态的对口帮扶和突发危机事件后的对口帮扶两种；③杨梅（2013）则从时效性角度分为发展性对口支援与

---

① 杨龙、李培：《府际关系视角下的对口支援系列政策》，《理论探讨》，2018 年第 1 期。
② 田贵贤：《我国横向财政转移支付制度研究——基于区域基本公共服务均等化视角》，河北大学博士研究生学位论文，2013。
③ 杨龙、郑春勇：《地方合作对政府间关系的拓展》，《探索与争鸣》，2011 年第 1 期。

应急性对口支援。① 上述分类总体较为简洁明晰,政策往往相互独立,便于开展针对性的政策分析和实证研究。但这种分类方法的缺陷在于不易反映各类对口支援政策间的内在联系、本质特征及发展趋势,难以据此进行更加深入的比较分析和理论探讨。不过自2010年以来,刘铁、于永利、李瑞昌、杨龙等学者开始关注对口支援到对口合作的演变历程,并进行分类比较,但由于对口合作实施时间较短,且政策发挥作用具有一定滞后性,因此少有文献基于这种分类进行深入研究。

基于此,本报告按照对口支援的合作模式将其分为两大类:单向援助型对口支援和双向协作型对口支援,前者主要包括对口支援和对口帮扶(含对口帮扶协作、对口扶贫合作等),后者主要包括对口协作、对口合作。具体分类及依据如表11-1所示。此外,对口支援政策既包括省际横向政府间对口支援,也包括省内纵向政府间对口支援,还包括中央部委对地方政府的对口支援。其中,省际对口支援是其中最常见的方式,通常由东、中部的省或直辖市对口支援西部省份的地级市或县。② 本报告研究的地区间对口支援主要为省际对口支援。

表 11-1　对口支援主要类型

支援类型	政策名称	首现时间及出处	主要支援对象
单向援助型对口支援	对口支援	1979年,全国边防工作会议	新疆、西藏和四省藏区;汶川地震灾区(援建任务完成前);三峡工程库区
	对口帮扶	2001年,《国务院关于印发中国农村扶贫开发纲要(2001—2010年)的通知》	除新疆、西藏四省藏区以外的其他经济欠发达地区
双向协作型对口支援	对口协作	2013年,《国务院关于丹江口库区及上游地区对口协作工作方案的批复》	南水北调工程丹江口库区
	对口合作	2016年,《关于深入推进实施新一轮东北振兴战略加快推动东北地区经济企稳向好若干重要举措的意见》	汶川地震灾区(援建任务完成后);东北地区

资料来源:根据国务院、国家民族事务委员会、国家发改委、南水北调办等官网资料汇总整理。

---

① 杨梅:《对口回归区域 支援走向合作——应急性对口支援机制发展趋势探析》,《陕西行政学院学报》,2013年第2期。
② 蔡璟孜:《横向财政均衡理论框架下我国省际对口支援研究》,复旦大学硕士研究生学位论文,2012。

11.2 我国对口支援政策的发展演变

关于我国对口支援政策的发展演变历程,已有不少学者予以梳理总结,如钟开斌(2013)将对口支援划分为萌芽与铺垫(中华人民共和国成立至20世纪70年代)、提出与成型(1979年至20世纪80年代末)、巩固与提高(20世纪90年代以后)三个阶段,并将三峡工程库区移民对口支援和汶川地震灾后恢复重建对口支援单独作为对口支援的两次重大扩展;①黄艳芳(2016)则将其分为起步阶段(1979—1982年)、全面实施阶段(1983—1990年)、巩固提高阶段(1990—2000年)、发展与创新阶段(2000年至今);②兰英(2011)与其类似,划分为起步阶段(1979—1983年)、全面开展阶段(1984—1985年)、改革阶段(1986—1989年)、巩固和提高阶段(1990—1999年)、不断发展与创新阶段(2000年至今);③余翔(2014)则仅划分了20世纪90年代之前与之后两个阶段。④ 上述学者关于对口支援政策发展阶段的划分虽有些许差异,但总体划分标准较为一致,均考虑到对口支援模式不断调整(从单向援助到双向协作)、支援内容不断深化(从经济技术到科教文卫、干部及特色产业等)、支援类型不断扩展(从对口边疆民族地区到对口支援重大工程、重大灾害及其他经济落后地区三个方面)。这种划分依据虽有一定的合理性,考虑较为全面,能从总体上把握我国对口支援政策基本发展脉络,但由于我国对口支援政策发展变化有较强的交叉性和复杂性,很难将对口支援政策模式、内容、类型等不同层面的发展演变历程用比较明确且一致的时间阶段进行划分,这也是不同学者划分时间阶段差异的重要原因。

对口支援模式层面的演变是我国对口支援政策发展中最为关键和实质性的改变与进步,而且也是今后继续深化的重点内容。为此,本报告重点以对口支援模式调整层面作为划分依据,将我国对口支援政策的发展历程分为三个主要阶段:单边支援的基础时期、帮扶协作的发展时期和双向合作的创新时期。实际上,上节关于对口支援系列政策的梳理分析中,已经比较清晰地呈现出这一发展趋势,本节将在此基础上,更加明确地划分时间节点,并补充相关政策实践加以说明。

---

① 钟开斌:《对口支援起源、形成及其演化》,《甘肃行政学院学报》,2013年第4期。
② 黄艳芳:《我国对口支援政策执行偏差研究》,上海交通大学硕士研究生学位论文,2012。
③ 兰英:《对口支援:中国特色的地方政府间合作模式研究》,西北师范大学硕士研究生学位论文,2011。
④ 余翔:《发展型社会政策视野下的省际对口支援研究——基于汶川地震灾后重建案例》,浙江大学出版社,2014。

11.2.1　单向援助的基础时期:1979—1993年

1979年4月25日,中共中央在北京召开全国边防工作会议。在此次会议上,中央政府第一次明确提出全国性的对口支援政策。时任中共中央政治局委员、中央统战部部长乌兰夫在大会上作题为《全国人民团结起来为建设繁荣的边疆、巩固的边防而奋斗》的报告时提出:"要组织内地省、直辖市对口支援边境地区和少数民族地区:北京支援内蒙古,河北支援贵州,江苏支援广西、新疆,山东支援青海,天津支援甘肃,上海支援云南、宁夏,全国支援西藏。"这标志着对口支援首次以国家政策的形式正式确定下来。此后,全国启动了经济技术、卫生、教育和干部等方面的对口支援,形成了对边疆民族地区的系列配套政策(见表11-2),建立起了日常工作的组织体系。

表11-2　边疆民族地区对口支援系列配套政策

支援内容	出现时间	主要政策	具体做法
经济技术对口支援	1983年	《国务院批准组织发达省、直辖市同少数民族地区对口支援和经济技术协作工作座谈会纪要》	明确了主管部门的经济技术对口支援成为对口支援政策中的最重要的组成部分
卫生对口支援	1983年	《关于经济发达省份对口支援边远少数民族地区卫生事业建设的实施方案》	要求经济发达省份帮助少数民族地区培养卫生技术方面的专业人才,并帮助开展新技术,解决技术疑难
教育对口支援	1992年	《关于对全国各少数民族贫困县实施教育扶贫的意见》	要求由经济、教育比较发达的省份负责安排所属有关县、市及高等院校与有关民族地区的省(自治区)所属的民族贫困县建立对口协作关系
干部对口支援	1994年	第三次西藏工作座谈会	中共中央、国务院的33个部委和全国14个省份按照"分片负责,对口支援,定期轮换"原则,选派621名干部援藏

资料来源:相关部门政策文件及会议纪要汇总整理,并借鉴于永利(2014)《对口支援向对口合作的演进研究》一文中的相关内容。①

1983年1月,国务院批转了《关于组织发达省、直辖市同少数民族地区对口支援和经济技术协作工作座谈会纪要》,提出了坚持互惠互利原则,正式确定对口支援工作由国家经委、国家计委、国家民委三个部门共同负责,由国家经委牵头。1984年10月1日开始实施的《中华人民共和国民族区域自治法》第64条规定:

---

① 于永利:《对口支援向对口合作的演进研究》,复旦大学硕士研究生学位论文,2014。

"上级国家机关应当组织和支持经济发达地区与民族自治地方开展经济、技术协作和多层次、多方面的对口支援,帮助和促进民族自治地方经济、教育、科学技术、文化、卫生、体育事业的发展。"至此,对口支援的政策形式、负责部门和法律依据都得到了正式确定。在此之后,针对少数民族和经济欠发达地区的对口支援政策不断发展,如1986年《国民经济与社会发展第七个五年计划》(1986—1990)、1987年《中央统战部、国家民委关于我国民族工作几个重要问题的报告》、1990年《中共中央关于制定国民经济和社会发展十年规划和"八五"计划的建议》、1991年"全国对口支援工作座谈会"等相关文件及会议中均提及对口支援相关内容,逐步总结出对口支援"支援为主、互补互济、积极合作、共同繁荣"的实施原则,并明确将对口支援与经济技术协作和横向联合做出区分,强调前者的单向援助性。

根据对上述时期对口支援政策的梳理可以发现,本时期的对口支援具有以下两大特点:第一,初始阶段的对口支援具有明显的"试验性政策"的特征,不过自正式提出该政策以来,其发展极为迅速,地位不断提升,内容不断丰富,逐步从临时性政策安排提升至准制度化规定,[①]为对口支援政策的后续发展提供良好基础,即体现基础性;第二,该阶段对口支援的支援方主要是东部经济发达省份,受援方主要是欠发达的边疆民族地区,支援模式以财力、物力、技术的单向无偿转移为主,支援目的以维护国家安定团结为主,支援动力以行政命令为主,尽管部分文件及会议中也提出互补互济、合作共赢的理念,但少有实质性进展,即体现单向性。

11.2.2 帮扶协作的发展时期:1994—2009年

1994年国务院《关于印发国家八七扶贫攻坚计划的通知》中一改以往"对口支援"的说法,而是使用"对口帮助",自此将地区间支援和反贫困工作明显地联系在一起,[②]开启了东西部地区间对口帮扶政策的新时期。在二十多年的东西部地区对口帮扶过程中,结对帮扶的双方名单和开展模式均发生较大变化。结对双方名单变化的主要特征有:第一,新疆被移出帮扶对象,和西藏、四省藏区共同适用对口支援政策;第二,帮扶任务不断分解,由省级结对,到县市结对,再到逐步探索乡镇和行政村间的结对帮扶;第三,根据不同地区经济发展情况及扶贫攻坚任务的不断推进,合理增减支援方与受援方(见表11-3)。结对双方合作模式变化的主要特征则是从侧重单向援助到重视双向协作发展,逐步形成以政府援助、企业合作、社会帮扶、人才支持为主要内容的工作体系,涌现出闽宁模式、沪滇模式、粤贵模式、浙川模式等各具特色的东西帮扶模式。[③][④]

---

① 钟开斌:《对口支援起源、形成及其演化》,《甘肃行政学院学报》,2013年第4期。
② 于永利:《对口支援向对口合作的演进研究》,复旦大学硕士研究生学位论文,2014。
③ 张丽君等:《中国少数民族地区扶贫进展报告(2017)》,中国经济出版社,2017。
④ 张琦:《中国减贫政策与实践:热点评论(2013—2016)》,经济日报出版社,2017。

表 11-3　东西扶贫协作结对双方变化趋势（省际）

支援方	1996年受援方（最初）	2002—2013年受援方（中期微调）	2016年受援方（至今）
北京	内蒙古	内蒙古	内蒙古、**河北**
天津	甘肃	甘肃	甘肃、**河北**
上海	云南	云南、**贵州**	云南、贵州
广东	广西、贵州	广西、贵州、**重庆**	广西、贵州、**云南**、**四川**、重庆
江苏	陕西	陕西、**贵州**	陕西、贵州、**青海**
浙江	四川、贵州	四川、贵州	四川、贵州、**湖南**、**吉林**
山东	新疆、贵州	贵州、**重庆**、新疆	贵州、重庆、**湖南**、**甘肃**
辽宁	青海、贵州	青海、贵州	贵州、青海
福建	宁夏	宁夏、**重庆**	宁夏、**甘肃**、**重庆**

注：① 表中加粗字体的省份表示当期新增的受援对象；阴影字体的省份表示当期删除的受援对象。

② 本表信息均源自中央相关政策文件，不同文件涉及不同级别政府的结对关系，既有省级政府结对，也有省级政府与市级政府结对，还有省以下政府结对。本表中省际结对关系涵盖上述三种情况，即只要存在上述结对关系中的一种，即将其归为省际对口帮扶。如2013年《关于开展对口帮扶贵州工作的指导意见》中，明确结对关系为"大连对口帮扶六盘水、上海对口帮扶遵义、苏州对口帮扶铜仁、杭州对口帮扶黔东南州、宁波对口帮扶黔西南州、青岛对口帮扶安顺、广州对口帮扶黔南州、深圳对口帮扶毕节"，体现在本表中的支援方为辽宁、上海、江苏、浙江、山东和广东六省（直辖市），受援方为贵州。①

2015年11月，中共中央、国务院印发《关于打赢脱贫攻坚战的决定》，全面部署"十三五"脱贫攻坚工作，明确到2020年农村贫困人口全部脱贫、贫困县全部摘帽的目标任务。《决定》要求："加大东西扶贫协作力度，建立精准对接机制，使帮扶资金主要用于贫困村、贫困户。东部地区要根据财力增长情况，逐步增加对口帮扶财政投入，并列入年度预算。"明确提出建立东西部扶贫协作考核评价机制，以"看有多少建档立卡贫困人口脱贫"作为扶贫协作成效最主要的标志。②《关于打赢脱贫攻坚战的决定》虽然也强调利用市场机制推进扶贫开发，"强化以企业合

---

① 做出上述处理的原因主要是：第一，不管相关政策文件中是否对省以下政府间结对关系做出明确要求，在中央政府明确的行政指令和考核机制下，支援方省级政府在接受援助任务之后，通常会进行全省动员，并把援助任务层层分解下去，同时辅之以适当的激励措施，从而保证各个支援方能够高效地完成任务，类似于周黎安所说的"行政发包制"（郑春勇，2018），因此省级政府是对口帮扶中的关键主体；第二，受信息来源和报告篇幅所限，无法将全部省以下政府不同时期的结对双方全部呈现在表格之中。

② 国务院扶贫开发领导小组办公室：《脱贫攻坚政策解读》，党建读物出版社，2016。

作为载体的扶贫协作,鼓励东西部按照当地主体功能定位共建产业园区,推动东部人才、资金、技术向贫困地区流动",但以脱贫为主要目标、以受援地区为主要受益方、以行政指令为主要支援动力的单向援助性依旧明显。

11.2.3 双向合作的创新时期:2010 年至今

"对口合作"这一概念虽于 2016 年才正式提出,但北京、广东两省份已在对口支援汶川地震任务完成后,于 2010 年主动与四川及省内县、市签订合作协议,开启了对口支援直接转变为对口合作的创新模式。[①] 2013 年南水北调工程中首次提出对口协作,注重结对双方的互利共赢,协作过程注重市场运作,凸显合作意味。

2017 年国务院办公厅印发《东北地区与东部地区部分省份对口合作工作方案》,标志着直接由中央政府安排的对口合作关系首次付诸实践。《方案》明确东北地区与东部地区 6 省 8 市间的对口合作关系,要求以"政府引导、市场运作;地方主体、国家支持;互利共赢、突出特色;重点突破、示范带动"为基本原则,重点做好"对标先进经验做法,推进体制机制创新;开展产业务实合作,加快结构调整步伐;共促科技成果转化,提升创业创新水平;搭建合作平台载体,探索共赢发展新路"四项内容,推进东北地区实现全面振兴。为推进对口合作工作,要求在中央预算内投资设立专项资金支持对口合作,地方开展对口合作所需经费纳入同级预算管理,但未对东部三省四市提出无偿财政援助的相关要求。可以发现,东北地区与东部地区部分省市的对口合作关系,与以往其他对口支援系列政策仍有重要的相同之处,一是合作目的以振兴东北老工业基地为主,仍有一定的支援内涵;二是结对双方仍由中央政府直接指派。这两点也是将对口合作视为对口支援系列政策之一的主要依据。当然,本次对口合作与其他对口支援系列政策间的差异更加重要:第一,合作双方结对关系的表述没有再使用支援方和受援方;第二,合作形式不再涉及财政资金的无偿拨付;第三,合作内容不再直接涉及民生保障与脱贫任务。这种差异表明我国真正开启了地区间以互利共赢为基础的双向合作模式。

综上所述,这一阶段全国层面明显提高了对口合作的政策导向,注重发挥市场机制,结对双方真正凭借相互优势,平等互利地开展合作,参与合作的主动性明显增强。

11.3 单向援助型对口支援实践及问题

前文指出,单向援助型对口支援主要包括四类具体政策:新疆、西藏及四省藏

[①] 于永利:《对口支援向对口合作的演进研究》,复旦大学硕士研究生学位论文,2014。

区的对口支援;其他经济欠发达地区的对口支援;汶川地震灾后重建对口支援;三峡工程库区移民对口支援。其中,前两类政策均属于东部地区对中、西部经济欠发达地区(特别是边境民族地区)的常规性对口支援范畴,但随着国内及国际政治、经济、文化等方面发展的多样化和复杂化,以及对口支援政策本身不断发展完善,逐步将二者明确区分,前者成为独特的边疆民族地区对口支援政策,后者发展为更为普遍的东西扶贫协作政策。后两类政策则均属于应对临时性或突发性事件的对口支援政策,但要注意,目前这种临时性或突发性事件只有发生在中、西部经济欠发达地区才会使用以单向援助为主的对口支援政策(三峡库区及汶川灾区均符合这一条件),这也是三峡工程中使用"对口支援",而南水北调工程中使用"对口协作"的重要原因之一。

由此可见,东西扶贫协作是最为一般化的单向帮扶型对口支援,另外三种则可以视为在此基础上的各具特色的深化和发展。边疆民族地区对口支援不单是为解决地区间经济发展差距问题,更主要的是考虑民族团结和政治稳定问题。汶川地震灾后重建对口支援则具有更加明显的突发性和临时性,对口支援内容以项目援建为主,且具有相对明确的时间规划。三峡工程库区移民对口支援的援受双方分别为工程的受益方和受损方,因此支援行为在一定程度也可视为对受援方的利益补偿,这点和南水北调工程类似,不同之处则是支援方的认定较为困难,且受援方本身欠发达的经济状况使对口支援的单向援助性更强。因此,三峡工程库区移民对口支援本质上是利益补偿行为,符合"协作"内涵,但在政策要求和具体实践中则更凸显单向援助性,政策文件中也明确称为"对口支援",本报告也据此将三峡工程库区移民对口支援归为单向援助型对口支援。但不可否认,三峡工程库区移民对口支援在四类对口支援政策中更为特殊,"协作"意味相对更浓,故下面主要以其他三种对口支援政策为例,对单项援助型对口支援的实践及问题进行分析说明。

11.3.1 东西扶贫协作实践及问题

11.3.1.1 政策背景

中华人民共和国成立之后,东西部地区贫富差距较大和西部地区贫困问题的长期存在,以及由此引发的经济问题和社会问题引起了党中央和国务院的高度重视。1978年12月中央工作会议上,邓小平首次提出允许一部分人、一部分地区通过辛勤劳动和合法经营富起来,带动其他人、其他地区共同富裕,同时应从各方面对西部落后地区给予帮助和支持。依据这一"大政策",改革开放之后中国共产党在实施东部沿海地区优先发展战略的同时,积极开展国家和东部沿海地区对内地尤其是少数民族和贫困地区的扶贫工作。① 20 世纪 80 年代，邓小平同志提出了"两大格局"——率先发展东部沿海地区，东部沿海地区发展到一定程度后必须帮助内地发展②。基于"两大格局"和"共同富裕"的理念指导，国务院逐渐明确并出台了东西扶贫协作的相关文件，1996 年正式启动，2010 年对东西扶贫协作关系进行了调整，2013 年重点推进贵州省对口帮扶工作，2016 年明确新一轮东西扶贫协作结对关系。至此，新一轮东西扶贫协作全面展开，成为国家扶贫开发政策体系的重要组成部分。③ 与其他扶贫形式相比，东西扶贫协作属于跨行政区的协作，采取双方结对的形式，即对口帮扶，帮扶双方较为固定，供给与需求较为明确，相对来说扶贫行为和效果可能更具直接性、针对性和时效性。④

11.3.1.2 实践成效

东西扶贫协作自 1996 年正式实施至今，已经历二十余年，东部 14 个⑤省份通过以政府主导、经贸合作、社会帮扶、人才支持为主要内容的道路，对口帮扶西部 10 个省份贫困地区，并形成了闽宁协作、粤桂协作、沪滇合作、京蒙合作等各具特色的帮扶模式，取得显著成效。而且随着全国经济高速增长及对口帮扶政策不断深化，东西扶贫协作的实践成效也呈现阶段性的显著提升。下面以十年为一周期进行比较说明。

根据国务院扶贫办统计，1996—2006 的十年间，东部发达地区成功向贫困地区捐款达 49.7 亿元，修建公路 10 053.4 公里；实施企业合作项目 6.6 万个，投资 620.7 亿元；引进科技实用技术 2 138 项；安排劳务输出 179.2 万人次，劳务收入达 136.2 亿元；帮助西部地区进行人员培训 28.08 万人次，援建学校 4 131 所；东西双方各级领导横向学习考察达 32 381 人次，其中省级领导学习交流 791 人次。

到 2016 年时，东部共有 260 个县(市)与西部 287 县(市)结成帮扶对子，东部省份共向西部 10 个省份提供财政援助 132.7 亿元，动员社会力量捐助款物 27.6 亿元，引导企业实际投资 1.5 万亿元；双方互派党政干部 8 023 人次、专业技术人才 1.6 万人次；帮助西部贫困地区开展劳动力输出培训 621.4 万人次，输出劳务 707.5 万人次；帮助修建农村公路 2.15 万公里，援建卫生院(所)1 690 个、学校 7 325 所，资助贫困学生 42.6 万名。⑥ 在东部 9 个省、直辖市中，政府财政援助资

---

① 李勇:《改革开放以来东西扶贫协作政策的历史演进及其特点》,《党史研究与教学》,2012 年第 2 期。
② 邓小平:《邓小平文选》,人民出版社,1993。
③ 韩广富、周耕:《我国东西扶贫协作的回顾与思考》,《理论学刊》,2014 年第 7 期。
④ 张强、陈喜文:《北京对口帮扶河北贫困地区发展机制创新研究》,《经济与管理》,2017 年第 3 期。
⑤ 目前的东西扶贫协作已形成 9 省(直辖市)、5 个计划单列市和 4 个大城市对口帮扶西部 10 个省(自治区、直辖市)的工作格局。2010 前将珠海也单独列出,所以有时候会见到"东部 15 个省市"的说法。
⑥ 肖禹:《全国东西扶贫协作工作开展 20 年》,《人民日报》,2016 年 10 月 14 日。

金最多的是上海,增长幅度最大的是浙江。在 9 个东部城市中,政府财政援助最多的是杭州,增长幅度最大的是厦门。西部省份得到援助最多的是贵州、云南和四川。由表 11-4 可知,东西扶贫协作的财政资金投入、企业合作、社会帮扶、人才交流每年都在增加,2006—2016 年,财政资金援助与公路建设翻了一番,企业投资规模扩大了 20—40 倍,可见东西扶贫协作的程度具有一定持续增长性。

2016 年以后,东西部扶贫协作工作继续稳步推进,并取得了新成效。一是健全了协作机制,制度基础进一步夯实。东西部各省份建立了党政高层联席会议制度,广泛开展高层互访、调研规划、签署协议等多种形式对接。据统计,2016 东西部省级负责同志互访对接是 2015 年的 3 倍,有力地推动了扶贫协作。二是优化了结对关系,帮扶责任进一步明确。完善省际结对帮扶,实现了对 30 个民族自治州结对帮扶的全覆盖,落实了北京、天津与河北的扶贫协作任务,并推进县乡村结对帮扶,东部 267 个经济较发达县与西部地区 434 个贫困县开展携手奔小康行动。三是强化了帮扶措施,帮扶力量进一步增强。2016 年东部各省份财政援助资金近 30 亿元,比 2015 年翻了一番,教育、科技、医疗卫生等领域的人才支持力度也不断加大,社会帮扶积极推进。四是拓展协作方式,产业合作不断深化。2016 年以来,东部省份共引导 2 500 多家企业到西部地区投资,实际投资超过千亿元。劳务协作方面,不仅采取多种形式带动西部贫困人口到东部就业,还协调东部优质企业在西部地区设立"扶贫车间",就近就地吸纳就业。①

11.3.1.3 主要问题

1. 对口支援法制化不足

东西扶贫协作中存在的法律法规不健全问题,在其他对口支援政策中也普遍存在。首先,从立法范畴来看,突出的问题就是如何确定对口支援的范围和对象。实践中,对口支援对象的界定还未形成一套成熟的、法定的标准,而对于对口支援的范围、对象和各类主体如何做出准确的界定和规范,是一个必须面对的法律问题。其次,从立法实践情况看,我国关于组织实施对口支援工作的主管机关尚不明确。随着国家各部委职能调整,目前的"对口支援"工作没有明确具体由哪一个部门牵头负责。实际工作中,扶贫办负责"东西协作"扶贫工作,包括了对口支援工作中的诸多部分;国家发改委关注的是西部开发和民族地区发展更宏观层面的问题;国家民委则主要负责少数民族和民族地区发展的指导与协调工作。这种职责不明的状况必然造成对口支援工作的力度不足和运作效率低下,由哪个部门或是否成立专门机构作为对口支援工作的主管机关成为必须解决的问题。再则,对

---

① 黄承伟:《东西部扶贫协作的实践与成效》,《改革》,2017 年第 8 期,第 54—57 页。

表 11-4 东西扶贫协作的相关项目

年份	财政无偿援助资金（亿元）	修路（公里）	项目（万个）	企业投资（亿元）	劳务输出（万人次）	劳务收入（亿元）	人才培训（万人次）	援建学校（所）	援建卫生院（所）	科技实用技术	挂职帮扶干部（人）*	专业技术人才（人）*				扶贫志愿者（人）*	各级领导横向学习（人次）*	民间捐赠（亿元）
												教师	医生	农技	合计			
2006	49.7	10 053.4	6.6	620.7	179.2	136.2	28.1	4 131		2 138	1 725	1 992	220	305	2 238	2 056	32 381	
2007	55.2		7.2	1 020.1	199.8	159.5	41.9	4 751		2 901	2 084				2 976	2 686		2.0
2009	71.7	13 379.0		2 536.9				5 491			2 551				4 450	4 502		
2010	78.6			6 972.7	265.0													
2016	132.7	21 500.0		15 000.0	707.5		621.4	7 325	1 690									27.6

注：带 * 指从 2003 年开始计算，不带 * 的是从 1996 年开始计算，空格处为未报道出的数据。
资料来源：根据《人民日报》《南方日报》新华网、国务院扶贫办初步统计数据的报道汇总所得。

口支援制度的核心内容围绕"权利"和"义务"展开,但是该"权利"和"义务"如何界定,以及在对口支援中如何引入市场机制均未提出明确的思路。仅靠支援方与受援方之间的自觉自省和上级的行政命令,不能更好地规范涉及重大利害关系各方的对口支援行为。因此,以"权利"和"义务"为主要内容的对口支援立法将是完善对口支援法律制度的前提和基础。①

2. 市场化水平明显较低

当前东西部地区扶贫协作仍然主要在政府宏观调控特别是国家区域经济发展战略的框架中开展,从结对双方的确定、援助资金的调配、援助项目和援助对象的选择等,都是由中央政府及双方地方政府一手包办的。② 虽然一直强调要以"优势互补、互惠互利、长期合作、共同发展"为基本原则,通过加强东西部地区对口帮扶双方的经济技术合作来实现对西部扶贫开发的目的,但是从当前实践来看,大多数东部省份在对口帮扶西部的过程中还主要是把对口帮扶当作一项政治任务来完成,并没有把"扶贫开发"与"经济技术协作"有效地结合起来,市场化水平明显较低,总体呈现帮扶方式简单化,帮扶目标短期化,这必然使得东西部地区扶贫协作难以在"互惠互利"的基础上实现长远发展。③ 不过也应认识到,如果完全靠市场机制调节,采取东西合作模式,其结果将是继续强化东西不合理的垂直型分工模式,西部地区只能成为沿海地区的制成品市场和能源原材料供应地,而东部沿海地区则成为合作的主要受益者,进而加剧地区间的发展不平衡。④ 因此,在东西扶贫协作中,既要充分重视政府的宏观调控作用,也要发挥市场机制以尽量避免效率损失。

3. 项目监管机制不完善

东西扶贫协作的实施过程中顺利完成了一大批对口帮扶项目,取得了一定成效,但在缺乏市场激励的情况下,加上项目论证、监督和管理机制的不完善,也产生了诸多问题。如有些援助项目缺乏前期充分论证,导致项目建设标准与受援方地区发展的实际需求不相吻合,⑤而项目交接后又往往因受援方管理水平不足使很多援建项目无法产生预期效益,甚至出现亏损破产;有些项目在实施过程中缺乏有效监管,致使扶贫援助资源"跑冒滴漏"现象频发,尽管近年来各级政府采取

---

① 王永才:《对口支援民族地区的法理基础与法治化探索》,《中央民族大学学报(哲学社会科学版)》,2014年第5期,第25—30页。
② 凌经球:《东西部扶贫协作制度创新的思考——基于广东对口帮扶广西的案例分析》,《改革与战略》,2015年第10期,第27—31页。
③ 张莉:《中国东西部地区扶贫协作发展研究》,天津大学博士研究生学位论文,2015。
④ 占晓林、宁学军和阴佶:《当前我国东西合作历史、问题及发展对策》,《经济地理》(增刊),2006。
⑤ 罗强:《东西部扶贫协作对口帮扶思考——以青岛对口帮扶安顺为例》,《理论与当代》,2018年第6期。

了项目公示制等有力措施,但由于扶贫资源来源广,名目繁多,加之政府相关部门对扶贫资源的垄断地位一时难以改变,扶贫资源被挪用,乃至贪污等各种寻租行为在各地仍时有发生;①有些项目实施后没有认真进行评估、总结,不能为今后项目实施提供可借鉴的经验参考。此外,援助双方信息不对称和项目实施程序复杂化,往往导致更需援助的地区反而没有得到相应的支援,使有限的援助资金没有用到刀刃上,造成项目实施效果不佳。②

4. 受援方合作能力相对不足

存在"优势互补"是实现东西扶贫协作结对双方"互利共赢"的基本前提,虽然东西双方总体上具有"东部技术+西部资源"的要素互补基础,但由于受援方一般深处内陆,且往往存在位置偏远、气候干旱、灾害频发的自然条件限制,以及思想观念落后、教育与科技水平较低、基础设施较为薄弱、产业化水平较低等经济社会条件限制,制约了东西扶贫协作政策的有效推进和效果发挥。即使在发展较为成熟的闽宁模式和沪滇模式中,同样存在上述问题。③ 于永利(2014)将京蒙、粤川、粤桂、闽宁、沪滇、津陇六组结对帮扶关系进行比较,发现前三组配对政府间较早实现了对口支援合作化转型,而后三组则尚未真正实现转型,关键原因正是后者三个受援方政府的合作能力不足。④

11.3.2 边疆民族地区对口支援实践及问题

11.3.2.1 政策背景

边疆地区、民族地区和贫困地区的高度重合是我国重要国情,而且受地缘政治博弈、传统与非传统安全叠加、传统文化与现代文化碰撞、民族宗教矛盾交织、经济社会转型等多重因素的交互影响,边疆民族地区一直是国家治理的难点区域。党和政府基于边疆民族地区的特殊性和重要战略地位,设计并实施了一系列富有针对性和有效性的治理政策。⑤ 1979年7月,中共中央转批了乌兰夫在全国边防会议上的报告,明确指出:"为了加强边境地区和少数民族建设……国家要组织内地省、直辖市实行对口支援边境地区和少数民族地区。"此后,中央专门针对西藏和新疆的发展问题召开了多次座谈会议,并出台相应对口支援政策,逐步将西藏、新疆和四省藏区的对口支援与其他地区对口支援工作明确区分开来,形成了边疆民族地区特有的对口支援政策体系。

---

① 凌经球:《东西部扶贫协作制度创新的思考——基于广东对口帮扶广西的案例分析》,《改革与战略》,2015年第10期。
② 同上。
③ 孔陇、何晓斐:《东西部扶贫协作的实践困境与对策建议——以福州市、定西市对口协作为例》,《黑龙江工程学院学报》,2018年第2期。
④ 于永利:《对口支援向对口合作的演进研究》,复旦大学硕士研究生学位论文,2014。
⑤ 丁忠毅:《对口支援边疆民族地区中的府际利益冲突与协调》,《民族研究》,2015年第6期。

对口援藏方面,从 1980 年至今,中共中央总共召开六次西藏工作座谈会,其中四次会议都对对口支援提出了安排或要求,明确了"坚持分片负责、对口支援、定期轮换"的工作办法,形成"干部援藏、经济援藏、人才援藏、技术援藏"相结合的工作格局,并不断完善。对口援疆方面,1996—2009 年,对口援疆经历了由干部支援到南疆四地州干部支援与经济对口支援相结合,再到全疆范围全方位对口支援的三个阶段,2010 年开始启动新一轮对口援疆工作,实行经济、教育、科技、干部、人才全方位援疆,工作期限为 2011—2020 年。鉴于数据资料的可获性,下面重点对对口支援新疆的政策实践及其效果做简要介绍。

11.3.2.2 实践成效

对口支援新疆开始主要以干部支援为主。1997 年 2 月,首批 200 多名干部抵达新疆开展支援工作,到 2009 年年底已累计选派了 6 批 3 749 名援疆干部。[①] 随着中办发[2005]15 号文件和国发[2007]32 号文件的下发,援疆工作由最初的干部支援,发展到实行干部支援与以科技、教育、医疗、文化援助相结合的对口支援工作。[②] 2010 年和 2011 年先后召开新疆工作座谈会和两次全国对口支援新疆工作会议,确定开展新一轮对口援疆工作,由 19 个省份分别结对援助新疆 12 个地(州)市的 82 个县(市)和新疆生产建设兵团的 12 个师。新一轮援疆进一步创新模式,坚持"输血"与"造血"、"硬件"与"软件"、"支援"与"互利"相结合,全方位助推新疆跨越发展、和谐稳定。下面重点对"十二五"期间对口援疆工作的实施成效进行介绍(鉴于数据可获性,重点对 2010—2013 年新一轮对口援疆的具体实施情况进行列举,如表 11-5 所示)。

民生援建方面,累计实施安居富民、定居兴牧、教育、卫生、就业等民生项目 5 150 个,到位资金 580 亿元,500 多万各族群众住房条件得到改善,20 多万劳动力稳定就业,新建学校 222 所,基层公共服务水平大幅提升[③]。由于各省份的经济发展状况不同,其投入资金比重也有一定的差距,援疆工作相关部门的数据显示,北京、上海、江苏、浙江、广东各自的援疆资金投入额均占 19 省市援疆资金投入总额的 10% 以上;南疆三地(州)由于基础设施薄弱、基本公共能力偏低,北京、天津、上海、广东、山东、深圳等对其援疆资金投入占援疆资金总额的 60%。

产业援疆方面,据自治区招商发展局提供的数据显示:"十二五"期间,全区落

---

① 戴岚:《新一轮对口援疆大幕开启 19 个省市分别结对援助》,《人民日报海外版》,2010 年 4 月 20 日。
② 《中央各部委和内地各省市对口支援新疆》,人民网,http://zjnews.zjol.com.cn/05zjnews/system/2011/01/01/017208698.shtml,2011 年 1 月 1 日。
③ 丁建刚、关俏俏和符晓波:《全国对口援疆 20 年成就综述:中国西陲变化瞩目》,新华社,https://news.china.com/domestic/945/20170710/30949948.html,2017 年 7 月 10 日。

实执行19个援疆省市经济合作项目6 110个,累计引进援疆省市到位资金达9 192.45亿元,平均增长29.40%。仅2015年,全区就落实执行援疆经济合作项目2 263个,到位资金达2 366.47亿元。一批投资规模大、带动能力强的项目密集开工,有效地促进了各族群众稳定就业。

干部援疆方面也继续跟进。2010年,第七批援疆干部共3 261名,其中中央和国家机关、中央企业等116家单位共选派439名,19个援疆省(市)共选派2 792名;2017年,第9批援疆干部的规模扩大至4 639名,其中中央和国家机关、中央企业等单位共选派573名,19个援疆省(市)所选派的4 066名,业已陆续抵疆工作。[1] 新一轮援疆也被认为是"支援地域最广、所涉人口最多、资金投入最大、援助领域最全面的一次对口支援"。

表11-5　新一轮19省市对口援疆简况(2010—2013年)

序号	支援方	受援方	援助资金(亿元)	援助项目(个)	产业项目(个)	计划外援助资金、物资(亿元)
1	北京	和田地区:和田市、和田县、墨玉县、洛浦县;兵团第十四师	32.90	256	30	2.40
2	广东	喀什地区:疏附县、伽师县;兵团第三师:图木舒克市	14.70	95	262	0.83
3	深圳	喀什地区:喀什市、塔什库尔干县	12.50	64	92	0.38
4	江苏	克孜勒苏柯尔克孜自治州:阿图什市、阿合奇县、乌恰县;伊犁哈萨克自治州:奎屯市、伊宁市、伊宁县、察布查尔县、霍城县、巩留县、新源县、昭苏县、特克斯县、尼勒克县;兵团第四师;兵团第七师	27.70	506	249	1.80
5	上海	喀什地区:巴楚县、莎车县、泽普县、叶城县	33.80	204	162	4.00
6	山东	喀什地区:疏勒县、英吉沙县、麦盖提县、岳普湖县	19.50	164	240	0.77
7	浙江	阿克苏地区:阿克苏市、温宿县、库车县、沙雅县、新和县、拜城县、乌什县、阿瓦提县、柯坪县;兵团第一师:阿拉尔市	33.70	256	98	2.80

[1] 马宇飞:《"对口援疆"20年:实践与启示》,《实事求是》,2018年第1期。

(续表)

序号	支援方	受援方	援助资金（亿元）	援助项目（个）	产业项目（个）	计划外援助资金、物资（亿元）
8	辽宁	塔城地区：塔城市、乌苏市、额敏县、沙湾县、托里县、裕民县、布克赛尔县； 兵团第八师：石河子市； 兵团第九师	9.92	116	114	0.40
9	河南	哈密地区：哈密市、巴里坤县、伊吾县； 兵团第十三师	11.20	120	62	0.36
10	河北	巴音郭楞州：库尔勒市、轮台县、尉犁县、若羌县、且末县、焉耆县、和静县、和硕县、博湖县； 兵团第二师	9.90	29	63	0.60
11	山西	昌吉回族自治州：阜康市； 兵团第六师：五家渠市	1.37	19		0.10
12	福建	昌吉回族自治州：昌吉市、玛纳斯县、呼图壁县、奇台县、吉木萨尔县、木垒县	9.10	101	92	0.70
13	湖南	吐鲁番地区：吐鲁番市、鄯善县、托克逊县	6.50	59	56	1.10
14	湖北	博尔塔拉蒙古自治州：博乐市、精河县、温泉县； 兵团第五师	3.10	55	36	2.60
15	安徽	和田地区：皮山县	5.40	50	50	0.20
16	天津	和田地区：民丰县、策勒县、于田县	13.10	177	68	0.60
17	黑龙江	阿勒泰地区：福海县、富蕴县、青河县； 兵团第十师：北屯市	2.60	71		2.70
18	江西	克孜勒苏柯尔克孜自治州：阿克陶县	6.00	26	22	0.10
19	吉林	阿勒泰地区：阿勒泰市、哈巴河县、布尔津县、吉木乃县	3.30	83		0.50
总计	19省市	12个地（州）市的82个县（市）和兵团的12个师	256.29	2451	1696	22.94

注：空格处为未报道出的数据。

资料来源：自治区民宗委，《新一轮19个省市对口援疆简况》，新疆民族宗教网，http://www.xjmzw.gov.cn/news/dkhj/hjgz/989.htm，2013年2月22日。

11.3.2.3 主要问题

边疆民族地区对口支援和东西扶贫协作均属于最初的对口支援政策,具有较强的共性特征,如援助双方在经济、社会、文化、生态、民族等方面存在较大差异;结对关系均由行政指派方式确定;两种支援政策实施期限均较长;援助方式不断由单向援助向双向协作发展、援助领域不断拓宽、援助主体逐步多元、援助实效不断增强,等等。同时,二者在共性特征的基础上也产生了很多共性问题,前文关于东西扶贫协作中出现的法律法规、市场机制、项目监管、合作能力等方面的问题,在边疆民族地区对口支援中也同样存在。然而,由于边疆民族地区在民族团结、政治稳定和国家治理中的特殊作用,①国家更加重视采用对口支援政策及其他相关政策推进边疆民族地区经济社会的快速发展。也正因如此,在政策推进过程中存在一些更加突出及个性化的问题,下面重点对此类问题进行说明。

1. 府际利益冲突的负面影响

在对口支援边疆民族地区过程中,尽管府际协作关系占据主导地位,各级政府的根本利益具有兼容性和一致性,但府际利益冲突仍然在一定范围内存在,并可能导致一系列负面影响。从纵向府际关系来看,主要存在以下四种利益冲突情况:第一,中央政府和省级支援方政府间的利益冲突。"分税制"改革之后,地方政府压力剧增,而以单边无偿援助为主的边疆民族地区对口支援政策,无疑使支援方政府承担了大量的援助资金支出责任,必然削弱其地方政府的财力、减少其辖区内的利益,甚至加剧地方政府的债务风险,从而凸显中央政府和地方政府的利益冲突。第二,中央政府与受援方政府之间的利益冲突。在对口支援边疆民族地区过程中,容易滋长受援方"等、靠、要"思想,从而产生"援助依赖"现象,而其他经济社会发展相对滞后地区可能存在的攀比心理及不平衡心态,也将成为中央政府需要协调解决的重点,因此,受援方及潜在受援方日益增长的援助需求与中央政府及省级支援方难以完全满足其需求所导致的利益冲突,或将大量且长期存在。第三,省级政府与其辖区内承担对口支援责任的下级政府之间的利益冲突,主要由前文所述的对口支援中的"行政发包制"所致。第四,受援方各级政府在援助资源分配中的利益冲突,主要是上级政府可能会利用权力优势,获取更多的援助资源而损害下级政府利益,不仅会引发两级政府的利益冲突,也极易造成援助资源的浪费,限制对口支援向更有需要的基层政府和民众倾斜。

从横向府际关系来看,对口支援政策属于典型的非对称性"嵌入式"治理模式,支援方在某种意义上可视为一种外来力量被嵌入到受援地区原有的政府治理

---

① 2013年3月9日,习近平总书记在参加十二届全国人大一次会议西藏代表团审议时,首次明确提出"治国必治边、治边先稳藏"的重要战略思想。

结构中,且往往发挥主导作用。这种外来力量的嵌入,不仅容易引发支援方和受援方政府间的利益冲突,也可能导致受援方政府之间存在利益冲突。前者主要是因援受双方存在不同立场及利益诉求,①且缺乏协调机制,②由此产生对援助资金分配权与援建项目管理权的争夺;后者则由于支援方较大的财力差异导致不同受援方的人均援助资金差距显著(如西藏各地、市之间的差距也十分显著,如林芝地区在1994—2009年和2011—2015年人均接受援助资金达到昌都地区的10倍以上),而未能有效落实"定期轮换"方针则导致这种差距随时间推移日益扩大,可能导致受援地政府对中央政府相关政策安排产生意见。③

2. 与其他国家战略间的统筹协调问题

支援边疆民族地区发展是我国长期以来的一项重要工作,除了对口支援以外,还有很多其他相关国家战略和政策同期实施。特别是随着改革开放事业全面进入深化期和攻坚期,改革的领域从以经济为主向经济、政治、文化、社会、生态文明统筹推进转变,开放的领域从以沿海为主向沿海和内地统筹开放转变,不同类型和内容的国家战略密集出台。④ 但是当前边疆民族地区对口支援与其他国家战略的融合还十分不足,特别是与西部大开发、丝绸之路经济带建设等国家区域经济发展战略的结合比较松散,在规划编制、管理机构、工作落实等方面的统筹协调关系尚未形成,使边疆民族地区问题的解决面临"多龙治水"造成的令出多门、职责交叉、职能交叉、权责不一等问题。

11.3.3 汶川地震灾后重建对口支援实践及问题

11.3.3.1 政策背景

"5·12"汶川特大地震是中华人民共和国成立以来破坏性最强、波及范围最广、救灾难度最大的一次地震。⑤ 地震波及四川、甘肃、陕西、重庆、云南等10省(自治区、直辖市)的417个县(市、区),总面积约50万平方公里。汶川地震造成直接经济损失8451亿元,其中四川的损失占到总损失的91.3%,甘肃占5.8%,陕西占2.9%。⑥ 为帮助灾区更好更快地完成城区住房、基础设施、产业经济、生态环境和群众精神等方面的恢复重建任务,2008年6月11日,国务院印发了《汶川地震灾后恢复重建对口支援方案》,要求按照"一省帮一重灾县"的原则,依据支援方

---

① 夏少琼:《对口支援:政治、道德与市场的互动——以汶川地震灾后重建为中心》,《西南民族大学学报(人文社会科学版)》,2013年第5期。

② 程广斌、程楠:《新一轮省市对口援疆:进展、问题与推进措施》,《石河子大学学报(哲学社会科学版)》,2014年第3期。

③ 丁忠毅:《对口支援边疆民族地区中的府际利益冲突与协调》,《民族研究》,2015年第6期。

④ 张莉:《中国东西部地区扶贫协作发展研究》,天津大学博士研究生学位论文,2015。

⑤ 《中共中央国务院在京召开省区市和中央部门主要负责同志会议》,《今日浙江》,2008年第12期。

⑥ 《汶川地震直接经济损失8451亿元》,《国际金融报》,2008年9月5日。

经济能力和受援方灾情程度,合理配置力量,建立对口支援机制,对口支援期限按3年安排。其中支援方为北京、广东、上海等19个省市,受援方为什邡市、汶川县、北川县等18个四川省内县(市)及甘肃、陕西受灾严重地区。对口支援坚持"硬件"与"软件"相结合,"输血"与"造血"相结合,当前和长远相结合,调动人力、物力、财力、智力等多种力量,优先解决灾区群众基本生活条件。关于支援资金的筹集方面做出明确要求:基层政权建设由中央和地方财政为主安排,各级党政机关办公设施不列入对口支援范围;各支援省市每年对口支援实物工作量按不低于本省市上年地方财政收入的1%考虑。

11.3.3.2 实践成效

中央做出对口支援安排部署后,支援省市迅速召开动员大会,组建工作机构,确定支援项目,并以最快的速度启动实施。对口支援启动后,优先恢复重建住房、学校、医院等民生工程和城乡基础设施工程等,确定支援项目以及投入资金数额。各支援省市均在灾后3年内完成预定援建任务,部分省市仅用两年左右即完成了援建项目的整体移交。据不完全统计,期间支援方共开展援建项目4 491个,援建金额达887.25亿元,其中针对四川灾区的援建项目为4 031个,援建金额为843.28亿元(见表11-6)。下面主要以四川为例,从制度保障、民生项目援建和产业项目援建三方面对此次对口支援中的具体情况展开介绍。

表11-6 汶川地震灾后恢复重建对口支援结对关系

序号	支援方	受援方	援建资金(亿元)	援建项目(个)	统计截止时间
1	山东	四川省北川县	120.00	369	2010年11月
2	广东	四川省汶川县	112.00	702	2010年10月
3	浙江	四川省青川县	76.78	547	
4	江苏	四川省绵竹市	110.00	295	2010年9月
5	北京	四川省什邡市	72.53	108	2010年9月
6	上海	四川省都江堰市	82.56	117	2010年8月
7	河北	四川省平武县	28.00	108	2010年10月
8	辽宁	四川省安县	40.27	88	
9	河南	四川省江油市	30.00	300	2011年5月
10	福建	四川省彭州市	33.39	146	2011年5月
11	山西	四川省茂县	21.50	226	2010年12月

(续表)

序号	支援方	受援方	援建资金（亿元）	援建项目（个）	统计截止时间
12	湖南	四川省理县	20.10	99	2010年10月
13	吉林	四川省黑水县	8.20	185	2010年4月
14	安徽	四川省松潘县	21.30	320	
15	江西	四川省小金县	13.00	48	2011年5月
16	湖北	四川省汉源县	21.15	116	2010年6月
17	重庆	四川省崇州市	17.00	111	2010年9月
18	黑龙江	四川省剑阁县	15.50	146	2011年5月
19	广东（深圳为主）	甘肃省受灾严重地区	23.60	165	
20	天津	陕西省受灾严重地区	20.37	295	2010年4月
合计	20省市	20县(市)及地区	887.25	4 491	2010年4月至2011年5月

注：空格处为未报道出的数据。

资料来源：《盘点：20个省市对口援建汶川地震重灾区成果》，河北新闻网，http://gov.hebnews.cn/2011-05/11/content_1992612.htm，2011年5月11日。

制度保障方面。首先，各支援省市成立了由主要领导亲自挂帅的对口支援领导小组，设立日常办事机构和前方指挥部，选派工作能力强、乐于奉献、作风过硬的援建干部队伍和专业技术人员到灾区一线工作，为灾后恢复重建工作提供了有力保障。如在浙江援建青川过程中，共设立39个援建指挥部，332名援建干部三年留在青川工作，成为对口支援中援建指挥部和援建干部人数最多的支援省份。其次，为使对口支援工作规范化、制度化，建好项目、用好资金，各支援省市建立健全各项规章制度，加强项目管理和资金管理，确保援建工作的有序推进。如上海、湖北等省份制定出台了灾后重建项目管理规程、援建专项资金拨付流程和管理办法、社会捐赠资金归口管理办法、援建工程项目实行廉政合同书等规章制度，确保工程优质、程序规范、管理科学、干部廉洁。

民生项目援建方面。总体来讲，援建项目的实施主要分为两种形式：一是采取以"交钥匙"为主的援建方式，即援建项目实施由支援方全面负责，工程竣工后移交受援方使用。如河北援建平武工作中，将平武的龙安、南坝、响岩、平通4个乡镇重建作为重点，统一实行"交钥匙"工程，由石家庄、唐山、保定、邯郸4市做业主，统一规划、连片重建，并负责项目招标、施工、监理等工作，最后将4镇新城整体移交给平武县。二是采取"交钥匙"与"交支票"两者相结合的援建方式。这是大部分援建省市采取的做法。如重庆援建崇州过程中,援建资金的 70% 由支援方负责安排援建项目和建设,建成后交付受援方使用;30% 的援建资金由受援方按规划要求自主安排项目并负责建设,支援方参与监督。据四川省发改委统计,支援方在三年中共向四川灾区选派了 2 000 多名优秀规划设计人员和地勘人员,帮助受援县市完成各类建设规划 1 200 多个。此外,支援省市还积极开展岗位培训、支医支教、心理咨询及抚慰、冬季送温暖等活动,仅在 2008 年,对口援建省市为灾区捐赠棉被 202.1 万床、棉衣裤 298.6 万件、其他衣物 70.9 万件。①

产业项目援建方面。支援方高度重视输血和造血相结合,着力产业援建,增强灾区自我造血能力。截至 2009 年 11 月底,各支援方企业与四川受援地区已签约产业合作项目 400 多个,总投资 1 800 多亿元。其中广东、浙江、北京、重庆四省份签约的产业合作项目数占全部的 75% 以上,投资额占 85% 以上。到三年对口支援即将结束时,对口支援已经形成了 24 个特色农业园和示范农业园,共启动了 11 个工业园的建设。② 四川统计局近日发布的"5·12"汶川特大地震 10 年重灾区经济发展报告显示,10 年来,灾区经济增速始终高于全省平均水平。2017 年,全省 39 个重灾县(市、区)生产总值是震前(2007 年)的 3.2 倍,城乡居民可支配收入分别是震前的 2.8 倍和 3.7 倍③。

11.3.3.3 主要问题

汶川地震灾后重建对口支援是专门应对一次重大自然灾害所采取的对口支援政策,具有典型的突发性和临时性特征。虽然此次对口支援也存在单向援助型对口支援的共性问题,但问题的具体表现和适用范围则明显区别于前两种常规性、长期性的对口支援政策。因此,下面将结合汶川地震灾后重建对口支援的具体实践,对法律法规和机制设计两个层面的问题进行更加详细、更具针对性的阐述。

1. 法律法规层面

为保证灾后地方政府对口支援工作有效开展,我国先后颁布了《中华人民共和国防震减灾法》《汶川地震灾后恢复重建条例》《国务院关于做好汶川地震灾后恢复重建工作的指导意见》等法律法规和配套政策。这些法律法规、政策的出台为灾区地方政府对口支援提供了法律依据,但在法律体系、实施机制上还存在明

---

① 中共四川省委政策研究室课题组:《灾后重建中对口支援问题研究》,《调查与决策(内参)》,2009 年第 39 期。
② 翟进、张海波:《巨灾的可持续恢复——"汶川地震"对口支援政策案例研究》,《北京行政学院学报》,2015 年第 1 期。
③ 杨三军、杨迪:《汶川十年,对口支援实践带来哪些经验?》,搜狐网,http://www.sohu.com/a/231358027_301529,2018 年 5 月 12 日。

显的不足和缺陷:一是法律法规与实施政策之间存在矛盾冲突,如《汶川地震灾后恢复重建对口支援方案》中关于"各支援方每年对口支援实物工作量按不低于本省市上年地方财政收入的1%考虑"的规定与《中华人民共和国预算法》中关于地方政府编制、执行和调整预算的相关规定存在权限冲突;二是实施机制上存在着随意性和不可操作性,有些条款规定比较笼统,缺乏详细的配套措施,例如,国务院的上述规定就缺乏对支援比例的上限规定。因此,在对口支援的实际工作中,常会出现政策文件与法律法规冲突甚至以权代法的人治现象,导致灾后对口支援法律制度失去自身的权威性和连续性。[1]

此外,对口支援的相关标准没有相关法律规定,存在不明确及不合理情况。其一,将受灾区确定为对口支援对象的标准不明确。我国地域辽阔,不同地区因气候、地质、生态、经济发展等各方面条件差异,导致发生灾害的类型、程度及防范和应对灾害负面影响的能力均存在较大异质性。因此,达到怎样的标准才能将受灾区确定为全国性的对口支援对象,得到汶川大地震对口支援同样的待遇,目前尚未有明确标准。如2010年青海玉树地震发生后,并未从全国层面展开对口支援活动,而主要是以北京及其省内对口援助为主。其二,确定支援方名单及其结对关系的标准不明确。中央政府关于"一省帮一县"的结对规定,虽然属应急之策,但始终就是一种"拉郎配"的方式,难免会出现"乱点鸳鸯谱",[2]而且除19个支援省市和3个受援省外,其他省市没有承接对口支援任务的原因也未做明确说明,而且从表11-7可以看出,未安排支援任务的省份在五个指标的排名中均存在优于部分被安排支援任务的省份的现象。其三,对口支援的援助标准不合理,导致受援方接受分配资金不平等问题。如按照倪峰等(2009)的测算,汶川地震灾区人均分配对口支援资金平均约为21 830元,其中汶川县三年的人均接受资金约为77 257元,为最高,而最低的剑阁县则只有2 490元,二者相差达到近31倍。[3]

表11-7   2007年全国31省份按不同经济、财政指标排名

排名	按财政收入预算	按财政收入决算	按人均财政收入（决算）	按GDP	按人均GDP
1	广东	广东	上海	广东	上海
2	江苏	江苏	北京	山东	北京

---

[1] 王颖、董垒:《我国灾后地方政府对口支援模式初探——以各省市援建汶川地震灾区为例》,《当代世界与社会主义》(双月刊),2010年第1期。

[2] 杨梅:《对口回归区域 支援走向合作——应急性对口支援机制发展趋势探析》,《陕西行政学院学报》,2013年第2期。

[3] 倪锋、张悦和于彤舟:《汶川大地震对口支援初步研究》,《经济与管理研究》,2009年第7期。

(续表)

排名	按财政收入预算	按财政收入决算	按人均财政收入（决算）	按GDP	按人均GDP
3	上海	上海	天津	江苏	天津
4	山东	山东	浙江	浙江	浙江
5	浙江	浙江	广东	河南	江苏
6	北京	北京	江苏	河北	广东
7	辽宁	辽宁	辽宁	上海	山东
8	河北	河南	**内蒙古**	辽宁	福建
9	河南	**四川**	福建	**四川**	辽宁
10	**四川**	河北	山东	北京	**内蒙古**
11	福建	福建	山西	福建	河北
12	湖北	湖南	重庆	湖北	吉林
13	湖南	山西	**新疆**	湖南	黑龙江
14	山西	湖北	**宁夏**	安徽	**新疆**
15	安徽	安徽	海南	黑龙江	山西
16	天津	天津	**陕西**	内蒙古	湖北
17	云南	**内蒙古**	吉林	广西	河南
18	**陕西**	云南	黑龙江	山西	重庆
19	**内蒙古**	**陕西**	河北	江西	**宁夏**
20	广西	重庆	云南	**陕西**	**陕西**
21	重庆	黑龙江	四川	吉林	海南
22	黑龙江	广西	湖北	天津	湖南
23	江西	江西	**青海**	云南	**青海**
24	吉林	吉林	湖南	重庆	四川
25	**新疆**	**新疆**	河南	**新疆**	江西
26	**贵州**	**贵州**	江西	**贵州**	广西
27	**甘肃**	**甘肃**	安徽	**甘肃**	**西藏**
28	海南	海南	广西	海南	安徽
29	**宁夏**	**宁夏**	**贵州**	**宁夏**	云南
30	**青海**	**青海**	**甘肃**	**青海**	**甘肃**
31	**西藏**	**西藏**	**西藏**	**西藏**	**贵州**

注：加粗字体的省份共12个，即除去19个支援省(直辖市)的其他省份。
资料来源：《中国财政统计年鉴(2008)》。

2. 机制设计层面

首先,对口双方存在行政管理级别落差和考核体制冲突。本次对口支援中,援建方的行政级别是省级,而受援方的行政级别则是市、县级,这种行政级别上的不对等会导致一些援建方带有一定行政级别的优越感,加上受援方过度依赖援建方,只希望从援建方获得更多的人、财和物的帮扶,缺少积极主动的精神,最后造成援建途径过于单一,援建方式简单粗暴。而且,援建方受本省纵向领导的监督和考核,自然会特别关注上级对自己的考核,争取在最短的时间和有限的范围内完成援建工作,而受援方则把主要精力放在灾区的长期发展和当地灾民的具体利益上。这种考核体制的不衔接导致双方在利益和目标上产生分歧,影响援建工作整体规划的有序进行。①

其次,缺乏完整的评估机制和退出机制。汶川灾后恢复重建对口支援作为一种应急性举措,最初中央政府就确定了援建的目标和期限(3年),这就决定了对口支援从启动到退出应该是一个完整过程。然而,在援建初期并未提出一个针对对口援建政策和项目的评估机制,也未对何时可以退出对口支援做明确规定。一些援建方指挥部还建议,在"后援建时期",国家应对对口支援工作的结果、成效建立一个验收和评估、评价机制,在此基础上建立援建人员"退出机制"。缺失了退出环节的相关规定,使支援方与受援方都在援建任务完成后无所适从:如何退出,以什么程序退出?如果继续转向合作,又以什么名义继续?中央和国务院都没有给出明确的指向。②

最后,缺乏项目论证与资金监管机制。由于部分地区援建方在选择项目和确定投资规模时,征求当地政府、群众的意见不够,缺乏充足时间进行详细论证,或多或少地影响了项目的科学选择及资金使用效率,重"硬件"轻"软件"的情况突出,对受援方的长远发展、后续运行管理考虑不足。而在项目开展之后,资金管理、使用及监管环节也存在不少问题,如2009年10月四川省审计厅发布的审计报告中,盐亭、旌阳、旺苍、苍溪、安县、南江、巴州、大竹等8个县共计7.29亿元恢复重建资金未纳入专户管理;在审计署公布的汶川地震灾后恢复重建跟踪审计(第1号)的76个重点项目中有5个项目资金使用存在违规,涉及金额达2 605万元;审计署公布的汶川地震灾后恢复重建跟踪审计(第3号)中发现有42个项目未安排监理和施工等技术管理人员,或是相关责任人没履行职责。审计署、各省级审计部门专门针对这方面进行审计监督,但由于项目比较多,只能抽查个别重点项目,不能完全保证资金全部运用到位,容易滋生腐败。③

---

① 李爽:《汶川地震中对口援建机制研究》,东北大学硕士研究生学位论文,2012。
② 倪锋、张悦和于彤舟:《汶川大地震对口支援初步研究》,《经济与管理研究》,2009年第7期。
③ 陈华恒、蒋远胜和王玉峰:《汶川地震灾后对口援建资金运行机制、问题及对策》,《西南金融》,2010年第11期。

11.4 双向协作型对口支援实践及问题

目前,双向协作型对口支援主要涉及三种具体政策实践:南水北调工程中丹江口库区及上游地区对口协作;汶川地震灾区援建完成后的对口合作;东北地区与东部地区部分省份对口合作。后两种对口合作虽然强调在"优势互补"基础上的"互利共赢",市场化运作也相对更为成熟,但其实施动因仍然是为解决经济相对欠发达一方的发展问题,即由受援方引发的对口合作;而南水北调工程中对口协作的实施动因显然相反,是支援方引发的对口协作,因为南水北调工程主要是为解决支援方的水资源稀缺问题,只是因为在工程建设过程中造成了工程库区的巨大损失,才需要由受益方作为支援方对其进行补偿性援助。当然,虽然后两种对口合作的实施动因比较一致,但在其他方面也存在较大区别,主要体现为两点:第一,前者的开展是基于前期相关政策实践,后者则作为独立的政策首次提出;第二,前者是由结对双方自发开展,后者则是受中央政府直接的指令安排。由此可见,双向协作型对口支援的三种具体政策有一定的共性特征,但也有各自不同的显著差别。下面,将分别对这三种具体政策的实践情况进行介绍,并重点针对其不同特点指出关键问题。

11.4.1 南水北调工程对口协作实践及问题

11.4.1.1 协作背景

南水北调工程方案构想始于1952年毛主席视察黄河时,在听取黄河水利委员会主任王化云关于引江济黄设想的汇报后说:"南方水多,北方水少,如有可能,借点水来也是可以的"。经过整整五十年的考察论证,2002年12月23日国务院正式批复《南水北调工程总体规划》,标志着南水北调工程正式进入实施阶段。南水北调工程分为东线(一期实施)、中线(一期实施)和西线(尚未实施)三条调水线路,各有其合理的供水目标和范围,并与四大江河(长江、黄河、淮河和海河)形成一个有机整体,共同提高北方受水区的供水保证程度,从根本上缓解黄淮海流域、胶东地区和西北内陆河部分地区的缺水问题。[①]但水源地则为此做出了巨大的牺牲和贡献,承担着移民安置、水污染防治与生态环境保护等关键问题的重任,使水

---

① 中线一期工程已不间断安全供水1371天,共调水169.29亿立方米,累计向京津冀豫四省(直辖市)供水158.57亿立方米,分别向北京供水38.76亿立方米、天津供水31.58亿立方米、河南供水58.98亿立方米、河北供水29.26亿立方米。中线工程全面通水以来,北京、天津等6省份累计压减地下水开采量逾8亿立方米,地下水位得到不同程度回升。其中,2016年和2017年年底北京平原区地下水位分别较同期回升0.52米、0.23米,天津海河水生态得到明显改善。参见赵永平的《南水北调东中线累计调水达二百亿立方米 直接受益人口超一亿》,《人民日报》,2018年9月14日。

源区经济特别是产业发展受到一定制约。这一情况在中线工程体现尤为突出。以湖北十堰市为例,丹江口水库大坝加高后,库区移民逾18万人;因公共基础设施遭到破坏而关停、搬迁700多家企业,直接减少财政收入6.4亿元;生态建设和水污染项目等增加支出55.2亿元;丹江口库区水土流失面积为1.19万平方公里,年流失土壤2亿吨以上,地质灾害隐患2 593处,其中高易发区4 564.65平方公里。① 因此,为推动南水北调中线工程水源区与受水区互助合作,促进水源区经济社会发展与中线工程水资源配置总体目标相协调,确保"一泓清水北送",国务院于2013年3月8日批复了《丹江口库区及上游地区对口协作工作方案》,这标志着丹江口库区与受水区对口协作将全面展开。

11.4.1.2 实践成效

《丹江口库区及上游地区对口协作工作方案》要求"以保水质、强民生、促转型为主线,坚持对口支援与互利合作相结合、政府推动与多方参与相结合、对口协作与自力更生相结合,通过政策扶持和体制机制创新,持续改善区域生态环境,大力推动生态型特色产业发展,着力加强人力资源开发,稳步提高基层公共服务水平,不断深化经济技术交流合作,努力增强水源区自我发展能力,共同构建南北共建、互利双赢的区域协调发展新格局"。在对口协作资金筹集方面,要求北京、天津要结合地方经济和财力状况,每年筹集一定数额的对口协作资金,用于开展示范项目和产业聚集园区建设,引导本市企事业单位到受援方发展,以及组织开展就业创业培训、经贸交流活动等经济社会发展工作。在对口协作实践过程中,双方不断完善协作机制、创新协作方式、深化协作层次,特别重视将省级对口协作逐步细化至市(区)县级对口协作。下面主要从省级和市(区)县级两个层面介绍对口协作的实践成效。

1. 省级层面

自2013年3月国家批准对口协作方案以来,北京与河南、湖北两省建立了工作机制,确定了工作重点,强化了工作措施,以助力生态环境改善,推动绿色生态产业发展为方向,不断深化经济技术合作,"南北共建、互利双赢"的区域发展格局已初步形成。2014—2015年年底,北京与河南、湖北对口协作地区开展协作项目332个,包括援助类项目177个,合作类项目155个,涉及生态农业转型、污水垃圾处理、文化旅游合作、人才交流培训、科技研发合作、产业园区建设、经贸双边交流、教育卫生合作等领域。而且为进一步深化交流合作,京豫、京鄂先后在2016年和2018年了签订《全面深化京豫战略合作协议》及《北京市人民政府湖北省人

---

① 程小旭、张孔娟:《南水北调中线工程进入冲刺阶段,全国人大代表陈天会、李文慧两位水源区所在地市委书记建议建立南水北调对口协作机制》,《中国经济时报》,2012年3月13日。

民政府深化京鄂战略合作协议》,标志着北京与豫鄂两省的对口协作关系进入了全方位、多领域、高层次的全面深化新阶段。

津陕对口协作方面。2014年,天津印发了《天津市对口协作丹江口库区上游地区工作实施方案》,积极推进津陕两地对口协作工作,取得了明显成效。截至2015年年底,天津投入对口协作资金4.2亿元,围绕生态经济、环境建设、公共服务、科技支撑、经贸合作和人力资源开发等领域,实施扶持项目104个,为水源地提高水源涵养功能、保护水质安全、促进产业结构优化和改善民生发挥了重要作用。① 此外,陕南三市到天津签署医药、旅游、矿产开发等合作项目48个,签约金额为248.09亿元,部分项目已投入生产。②

2. 市(区)县级层面

京豫方面:北京积极开展对水源地6县(市)结对关系,主要为顺义区与西峡县、延庆县与内乡县、昌平区与栾川县、西城区与邓州市、朝阳区与淅川县、怀柔区与卢氏县。其中,单向援助方面,朝阳区向淅川县捐赠了384万元;顺义区向西峡县捐赠了300万元;怀柔区向卢氏县捐助100万元、冰冻切片机1台、心电图仪2台和一套远程会诊系统;延庆县向内乡捐赠300万元,并由县财政出资505万元支持内乡县万亩菊花种植示范基地;昌平区向栾川县捐赠了价值400万元的医疗设备和价值13万元的优质煤炭;西城区支持邓州水厂建设资金2 000万元。双向协作方面,六组结对方分别组织了多轮互访对接洽谈,在工业、教育、卫生、旅游、市政基础设施建设、矿业深加工等方面各签订了多项合作协议。

京鄂方面:自2013年以来,北京累计对十堰投入协作资金11.25亿元,实施项目近400个;引入签约项目40多个,投资总额近300亿元;落地项目36个,完成投资50余亿元,为库区经济社会持续健康发展提供了强大支持。两地互派挂职干部117人,培训党政干部和技术人才3 000余人次。③ 2014年4月,丹江口市(隶属十堰市)与北京市海淀区正式结为"一对一"协作关系,丹江口市市委、市政府领导先后率队入京开展对口协作工作,全力推进农业经贸、生态环保、农业科技、农业产业园区、社会事业等快速对接,对口协作工作取得丰硕成果。

津陕方面:目前天津尚未将对口协作任务明确分解到区(县),即津陕对口协作双方为天津市市政府和陕西省的3市28县。以商洛的项目建设领域为例,2014年,天津支持商洛市对口协作项目12个、资金5 200万元,12个项目均已建成;

---

① 《京津对口协作丹江口库区取得成效》,搜狐网,http://news.sohu.com/20161124/n474032444.shtml,2016年11月24日。
② 孔令彬:《天津对口支援丹江口库区取得显著进展 每年3亿援库区》,《今晚报》,2016年1月4日。
③ 李文财:《北京十堰对口协作五年成果丰硕》,中国南水北调工程网,http://www.nsbd.gov.cn/zx/gdxx/201806/t20180626_715935.html,2018年6月26日。

2015年,天津支持的项目为10个、资金6 200万元,其中有5个项目已经建成,5个项目正在建设当中。

11.4.1.3 主要问题

1. 东线工程尚未提及对口协作

南水北调东线工程在"三线"中最早实施,主要利用江苏已有的江水北调工程,逐步扩大调水规模并延长输水线路。东线一期工程开展至今,并未提出类似中线一期工程的对口协作政策,但其水源区及其周边引水区同样面临不同类型、不同程度的负面影响,主要体现在长江口海水入侵、移民安置、生态建设、南四湖水质保护等方面。以移民安置为例,东线一期工程占地总面积为22.4万亩,搬迁总人口2.71万人,拆迁房屋总面积为144.86万平方米;中线一期工程建设用地总面积为122.48万亩,规划生产安置人口49.93万人,规划搬迁建房人口41.1万人,拆迁各类房屋面积为969.44万平方米。① 尽管《南水北调东线工程规划(2001年修订)简介》提到,由于东线"输水工程主要利用现有河道,对不能满足输水要求的河段进行扩挖,因此主要占用河滩地,人口迁移数量较少,征地拆迁和移民安置问题相对容易解决",但不可否认的是这种损失同样是东线水源区的牺牲和贡献,特别是再考虑到东线工程其他方面的负面影响和二、三期工程的继续推进,水源区受到的损失将会更大。那么,同样作为南水北调工程的一项内容,东线一期工程为何没有提出对水源区的对口协作?今后开展的二期、三期及西线工程中是否需要考虑对口协作?一项重大工程达到怎样的标准才需要开展对口协作?相关政策文件尚未对上述问题做出明确答复,亟待研究解决。

2. 政策执行层面的相关问题

第一,在开展对口协作工作实践过程中,京津所辖的单位在行政级别上基本上高于水源区市(县),在具体对接协调工作中会出现行政级别不对等问题,②可能会使结对双方在交流合作、平等对话方面有所障碍,相关协作会议也往往是由支援方牵头。第二,没有建立明确全面的对口协作效果考核机制,而且一般更加重视支援方协作资金的支出情况,相对忽视受援方对协作资金的使用方向及效果评价。第三,对口协作虽取得了一定成效,但部分结对双方的协作资金规模小,项目个数少,作用发挥极其有限。③

---

① 《东、中线一期工程征地拆迁、移民情况及相关政策》,中国南水北调工程网,2003年8月26日。
② 徐燕、任步攀:《对口协作路径与机制创新:南水北调中线工程水源区与受水区实证研究》,《湖北社会科学》,2017年第4期。
③ 《商洛市长:健全南水北调生态补偿机制,深化津陕对口协作》,澎湃新闻网,http://www.nsbd.gov.cn/zx/mtgz/201803/t20180313_708738.html,2018年3月12日。

3. 对口协作与生态补偿机制的关系问题

自南水北调工程实施以来,许多学者对工程将引发的负面影响进行测度并提出相应保护措施,[①]而在水源区损失弥补方面,则以建立生态补偿机制为主要提议。如周晨等(2015)基于南水北调中线工程水源区 2002—2010 年土地利用变化的分析测度,确立了生态补偿支付标准:南水北调中线工程受水区生态补偿上限标准为 46.12 亿元/年,其中央政府为 18.45 亿元/年,受水区地方政府为 27.67 亿元/年;生态补偿支付标准中央政府为 7.1 亿元/年,河南、河北、天津和北京分别为 4.26 亿元/年、3.93 亿元/年、1.12 亿元/年和 1.34 亿元/年。[②] 商洛市南水北调工作领导小组办公室副主任杨卫指出,南水北调丹江口库区每年向北方调水 95 亿立方米以上,陕西的陕南三市贡献了 70%(商洛 16%)的水量,参照三峡电站向受水区征收水资源费 0.2 元/立方米来计算,受水区每年应给陕西补偿 13.3 亿元(商洛 3 亿元)。据悉"十三五"期间,天津将给陕西 3 亿元(商洛不足 1 亿元),据此提出应提高天津的对口协作资金额度。[③] 我国至今仍未形成全国性的生态补偿机制,对口协作可视为生态补偿机制的一种非制度化政策形式,但关于建立生态补偿横向转移支付的讨论从未间断。因此,对口协作补偿性资金的标准应如何确定(特别是在确定省际对口协作资金标准之前,还需要先确定央地政府间的财政补偿资金分摊比例)?对口协作和生态补偿机制之间应如何协调,是只取其一还是并行实施?前一问题应尽快予以回应,后一问题也亟待研究讨论。

11.4.2 汶川地震灾区援建完成后的对口合作实践与问题

11.4.2.1 合作背景

汶川地震灾后重建对口支援实施一年后,伴随一大批城乡住房、医院、学校等民生设施和城镇基础设施的建成并投入使用,各支援方按照《方案》确定的"输血"与"造血"相结合的原则,逐步展开对受援方产业恢复提升的扶持。在积极推进产业扶持的基础上,一些对口支援方在完成预期援建任务之后,率先探索并主动与原受援方建立"互利共赢"的长期对口合作模式。[④] 如 2010 年 9 月 26 日,北京与什邡签订《北京—什邡 2010—2013 年合作框架协议》。按照协议,北京与什邡将坚持需求导向合作、围绕援建项目合作、重点合作、互利共赢合作等原则,在教育、卫生、产业、农业技术、农副产品销售五个方面实施合作。4 月 29 日,汶川与广东

---

① 赵世新等:《南水北调东线调度对南四湖水质的影响》,《湖泊科学》,2012 年第 6 期。
② 周晨等:《南水北调中线工程水源区生态补偿标准研究——以生态系统服务价值为视角》,《资源科学》,2015 年第 4 期。
③ 张权伟、康传义:《送走一江清水 引来两地合作——南水北调中的津陕对口协作调查》,《陕西日报》,2017 年 1 月 6 日。
④ 刘铁:《对口支援的运行及法制化研究——基于汶川地震灾后恢复重建的实证分析》,西南财经大学博士研究生学位论文,2010。

省省政府在广州签署了《粤汶长期合作框架协议》。该协议指出,广东在对口支援结束之后,力争用3—5年时间,使双方在技术援助、管理援助、产业合作、干部培养等合作中取得积极进展。至此,对口支援行为模式已悄然转变,这一转变的路径就是:项目援建和智力支持—产业扶持—对口合作。下面主要对其中的京什合作项目展开介绍。

11.4.2.2 实践成效①

2010年9月26日,北京与什邡签订《北京—什邡2010—2013年合作框架协议》,投资2亿元的北汽福田什邡基地也于当天奠基,标志着北京援建什邡项目如期完成,也意味着京什合作进入"后援建时代",由短期的对口援建变为长效的对口合作。②此后三年中,双方完成合作项目21个,实际支出2 644万元;实现干部交流27人次,北京帮助什邡培训各级各类人才8 340人次。

2013年年底,双方又签订了新一轮《北京市—什邡市合作框架协议》,在教育、卫生、商贸、旅游、文化、工业等领域展开长期合作。2014年,京什产业合作园实现工业总产值58.24亿元,主营业务收入为49.37亿元,利润为3.24亿元;什邡在北京举行招商引资推介会多达15场,并成功招商引资近2亿元;什邡农特产品进京,新增销售网点达20个,销售额近亿元。至2015年4月,什邡经济开发区已成功引进企业145家,规模以上企业74家。③

2015年,北京什邡交流合作协会成立,制订了2015—2018年工作规划。京什合作从两地政府主导,逐步走向以民间交流合作主导的全新合作模式。④ 2018年5月9日上午,在京什深化合作暨什邡发展振兴产业投资签约仪式上,什邡分别在京什合作项目、旅游康养类项目及新兴产业类项目三大领域与18家单位、企业进行签约,总投资近百亿元。同年6月29日,建议进一步深化合作。

11.4.2.3 主要问题

1. 将对口支援转变为对口合作的主动性不高

《汶川地震灾后恢复重建对口支援方案》中指定了全国19省(直辖市)对灾区20县(市)及地区的对口支援关系,其中有18省(直辖市)结对四川省内18县(市)。目前为止,虽有报道指出对口支援四川灾区的18个省市,均与四川省或受

---

① 本部分数据主要来自北京市扶贫协作和支援合作网,http://www.bjzyhzb.cn/。
② 龙腾飞、罗向明:《北汽福田落户什邡——京什进入长效对口合作》,《四川日报》,2010年9月29日。
③ 朱雪黎:《北京什邡牵手七年迈上交流合作新台阶》,《四川日报》,2015年5月6日。
④ 戴俊骋:《灾后对口援建推动文化产业发展的思考——以京什合作为例》,《城市与减灾》,2016年第4期。

援县(市)签署了战略合作协议或长期合作协议,①但实际上只有北京与什邡、广东与汶川、山东与北川、江苏与绵竹、上海与都江堰等少数结对双方被认为是在对口支援的基础上积极探索市场机制为主、共建互利共赢长期合作关系的典型代表,而其他大部分结对双方在开展实质性的长期合作方面仍不充分。这说明由于结对双方在经济发展、自然环境、生活习惯等方面的较大差异,灾区本身存在的次生灾害风险,以及救灾过程中因地方政府角色缺失和舆论纠错功能滞后导致的民众心理恐慌和社会动荡等负面因素的存在,②在中央政治动员激励逐步消退后,单凭市场机制使结对双方主动变短期对口支援关系为长期对口合作关系的可能性受限。

2. 关于对口合作与区域合作的争论

对口支援机制的改革方向是将其定位为临时性的应急措施,仅在发生特大自然灾害或突发事件时才启用它,而不宜继续扩大规模和实施范围,更不应将其常态化。"支援是一种行为,而对口是一种规则,是对支援这种行为的一种制度约束。"③中央政府关于"一省帮一县"的结对规定,虽然属应急之策,但始终就是一种"拉郎配"的方式,难免会出现"乱点鸳鸯谱"。事实上,行政指令下的"一省帮一县"的对口支援双方,在支援任务基本完成后,更应该回归到各自所属行政区域面的合作范围中去。④ 实际上,北京支援合作办公室官方网站"北京市扶贫协作和支援合作网"已明确将京什合作项目列入"区域合作"一栏,而其"对口合作"栏目中只有京沈合作一项,以及2016年《东北地区与东部地区部分省市对口合作》中明确的北京与沈阳结对合作。

3. 对口合作中的非自由选择与非对等合作

尽管由对口支援转变到对口合作关系的过程中,中央政府并未直接介入,看似是完全基于市场机制的自愿合作,但仍然无法避免之前对口支援关系中上级政府行政干预的隐性影响,主要体现为结对双方的非自由选择和行政级别的非对等合作。首先,虽然中央没有限制对口合作协议签署中合作双方的必然结对关系,但大多数援助省市还是在固定的结对关系下选择合作对象,即对已有固定结对关系存在"路径依赖",违背了合作主体自由选择的基本契约精神;⑤其次,在区域合

---

① 杨三军、杨迪:《汶川十年,对口支援实践带来哪些经验?》,搜狐网,http://www.sohu.com/a/231358027_301529,2018年5月12日。
② 王颖、董垒:《我国灾后地方政府对口支援模式初探——以各省市援建汶川地震灾区为例》,《当代世界与社会主义》(双月刊),2010年第1期。
③ 李庆滑:《我国省际对口支援的实践、理论与制度完善》,《中共浙江省委党校学报》,2010年第5期。
④ 杨梅:《对口回归区域 支援走向合作——应急性对口支援机制发展趋势探析》,《陕西行政学院学报》,2013年第2期。
⑤ 同上。

作中,订立行政协议行政主体一般强调级别的对等关系,而对口支援中行政主体级别不但有落差,且无任何隶属关系,由此发展出的对口合作关系同样面临此类问题,双方悬殊的政治经济地位也决定了这种合作必然是非对等性合作。其合作的长期性和有效性也必然受到质疑。①

11.4.3 东北地区与东部地区部分省市对口合作实践及问题

11.4.3.1 合作背景

近几年来,东北地区经济下行压力较大,经济社会发展面临诸多困难和挑战。党中央、国务院高度重视东北振兴,陆续出台了一系列重大政策文件。2016年10月18日,李克强总理主持召开国务院振兴东北地区等老工业基地推进会议,明确提出国务院决定组织东北地区与东部地区相关省市建立对口合作机制。2017年3月17日国务院办公厅对外公布《东北地区与东部地区部分省市对口合作工作方案》,明确6省8市之间的对口合作关系,并提出"支持内蒙古自治区主动对接东部省市,探索建立相应合作机制。鼓励中西部老工业城市和资源型城市主动学习东部地区先进经验做法"。这项制度是在新时代为解决区域发展不平衡、不充分问题而进行的制度性创新,是建立更加有效的区域协调发展新机制的有益探索。②2018年3月30日,国家发改委连续发布7个东北地区与东部地区部分省市省际、市际《对口合作实施方案的通知》,对6省8市开展对口合作分别提出具体目标和任务,主要涉及电力装备、能源装备、新能源、清洁能源、节能环保等方面的内容。③下面主要对北京与沈阳的对口合作情况进行介绍。

11.4.3.2 实践成效④

《国家发改委关于印发北京市与沈阳市对口合作实施方案的通知》提到要"充分发挥京沈两市比较优势,创新合作机制,着力在人才、市场、政策、资源、平台等方面加强合作,共同推进供给侧结构性改革,促进市场要素合理流动、资源共享、园区共建,全面提升沈阳综合实力和国际竞争力,共同促进沈阳实现老工业基地全面振兴,共同促进北京'四个中心'建设,使对口合作的成果更好地惠及两地人民群众"。"两市对口合作实施方案和年度工作计划所确定的工作任务,由两市逐项分解到相关部门和地区,明确实施主体和时间进度要求,定期督促检查完成情况。建立对口合作成果年度评估机制,确保各项措施任务落实到位。"下面主要从

---

① 郑春勇:《从对口合作到区域合作:后援建时代地方合作的应然转变》,《理论与改革》,2011年第5期。

② 顾阳:《已达成一批合作成果,正形成早期收获清单——东北与东部:对口合作两相宜》,《经济日报》,2018年4月13日。

③ 支彤:《6省8市对口合作实施方案发布 涉及电力装备、能源装备、新能源、清洁能源、节能环保等内容》,《中国电力报》,2018年3月31日。

④ 本部分数据主要来自北京市扶贫协作和支援合作网:http://www.bjzyhzb.cn/。

工作机制和活动组织、产业发展和平台共建、人才交流和资源共享三大方面介绍京沈对口合作成效。

健全工作机制和组织系列活动方面。两市明确了市委主要领导为组长的领导机构,积极推进各领域对接合作,形成了"部门统筹资源、县区和园区对接项目"条块结合的对口合作机制。沈阳市市委、市政府主要领导全年召开京沈对口合作专题会议10余次,就京沈合作工作批示20余次。两市对口合作牵头部门共同起草编制了《北京市与沈阳市对口合作实施方案》,同步印发了《北京市与沈阳市对口合作2017年工作计划》及《任务清单》;沈阳市与省内各市共同制定了《沈阳市与省内各市协同参与京沈对口合作工作框架协议》,积极协调沈阳经济区和省内其他各市积极参与京沈合作。京沈两市市直部门和地区建立了对口合作机制,部分行业部门和地区签订了战略合作协议。两市共同成功举办了沈阳(北京)投资项目推介洽谈会,北京—沈阳经济区旅游项目招商推介会,在京院士、博士(后)"沈阳行"等百余项系列活动,推动京沈两地合作持续深入。

推进产业发展和共建平台载体方面。京沈对口合作自2017年4月18日正式启动以来,京沈对口合作产业项目共计208个,计划总投资2887亿元,实际完成投资432亿元,北京已成为沈阳引进国内资金最多的地区。一方面,北京市科技创新优势突出,双方在项目合作中以市场化方式共同推动科技创新成果转化,以产用结合、产需对接和产业链上下游整合的方式推进项目。2017年,北京输出到沈阳的技术合同登记数量668项,实现技术合同成交额45.4亿元,同比增长72.45%;沈阳输出到北京的技术合同登记数量446项,同比增长44.8%,技术合同成交额31.55亿元,同比增长223%。另一方面,充分利用沈阳装备制造业的雄厚产业基础,目前正在推进的208个项目中,高端装备制造业、新一代信息技术、新材料、新能源等新兴产业项目以及航空、大数据、电子商务、平台、软件、双创领域项目占40%,有力地推动了沈阳经济转型升级和新旧动能转换。① 此外两市注重共建产业平台、国际开放平台和多层次合作联盟,如沈北新区与丰台区签署协议,建设中关村科技园区丰台园沈北分园;利用沈阳成为中国(辽宁)自由贸易试验区重点片区契机,协同推进参与"一带一路"建设,搭建国际开放平台;沈阳市25家军民融合产业发展联盟成员单位与北京企业成功对接,联手打造成为利用北京雄厚军民融合产业资源和行政资源的平台载体等。

人才交流合作和公共资源共享方面。围绕新兴产业、科技创新、金融、投融资等领域,两市互派优秀干部开展挂职交流,目前沈阳市20名市管干部和北京11名挂职干部已到岗工作;依托北京优质培训机构和教育培训基地为沈阳培训干部

---

① 李波:《京沈对口合作已完成投资432亿元》,《辽宁日报》,2018年8月31日。

350余人次;建立了两市人才信息共享交流平台,推动北京人才参与沈阳创新创业;举办两次在京博士(后)"沈阳行"活动,13名在京博士(后)同沈阳市用人单位达成初步意向。同时,两市不断深化科技、教育、医疗等公共资源共享和经验互鉴,提升公共服务能力,如两市联合共建的首都科技条件平台沈阳合作站暨沈阳科技条件平台正式开通运行;沈阳医学院与首都医科大学签订合作协议,与北京大学附属第一医院达成合作意向;沈阳市卫计委与北京市卫计委签订了医疗卫生合作框架协议,实现了沈阳医保人员在北京就医联网结算,建立了两市重点医院及重点科室之间结对合作关系和远程医疗会诊协作机制等。

11.4.3.3 主要问题

由于具有一定的共性特征,汶川地震灾区后期对口合作中出现的主要问题在东北地区与东部地区部分省市对口合作中也普遍存在。但后者的"对口"是直接受中央政府的行政安排,而非地方政府间自发结对,行政化的"对口"和市场化的"合作"并行,使政策本身的合法性、合理性和科学性具有很大的理论争议。此外,该政策中首次明确提出"对口合作",其具体要求及内容也与之前的对口支援政策有显著区别,故其实施过程也必然面临一些新问题。

1. 对口合作存在理论难点

本次对口合作实施方案的确定,虽然经过了一系列调查研究、征求意见和学术研讨等论证活动,综合考虑了结对双方资源禀赋、产业基础、发展水平等方面的互补性及其合作基础,①并赋予了东北三省政府、企业家和民众根据自己"需要"寻找合作伙伴的权利和机会。但应该认识到,对口合作虽不是单方无偿支援的"政治性馈赠",但也绝非地方政府间的自主动作,而是基于中央政治安排和地方互利共赢的"政治性交流"。② "对口"与"合作"并存,本身具有理论上的矛盾之处:第一,对口合作关键还在"对口",其合作目的是以振兴东北为主,即有一定支援或援助之意,即使东部地区无法受益,只要利于结对对象经济发展,也必须保持合作关系,以实现政治目的或中央意图,这显然有违合作原则,而且从目前的合作成效来看,也是以东北地区受益为主;第二,对口合作的6省8市是如何确定的(特别是东部地区的3省4市),评价七组结对双方最符合优势互补、互利共赢条件的标准是什么?是否存在一定程度的"拉郎配"?第三,如果结对双方真存在优势互补、互利共赢的基础,即真正彼此"需要",为何双方在中央安排结对之前没有形成深入合作,如果将此类原因加以解决,是否就不再需要"对口"式的行政安排?上述问

---

① 张庆杰:《开展东北地区与东部地区对口合作是深化改革推动东北振兴的制度创新》,《中国经济导报》,2018年4月13日。

② 李瑞昌:《对口合作成于"需要"》,《社会科学报》,2017年4月13日。

题亟待解决,但也十分困难。正如李瑞昌(2017)指出,地理空间上不相邻的地方政府开展合作,是理论上长期未被关注的问题,也是实践中操作的难题,由于双方没有直接动力和机制进行面对面的合作,其效果往往差强人意。基于中央政府的权威而非地方政府自由选择的"紧密"合作,其效果究竟如何,目前仍难以判断。[①]

2. 对口合作欠缺后期考虑

对口合作双方的确定主要依据当前东北地区与东部地区的经济发展差异现状而定,《方案》中也提出了到2020年应实现的合作目标,但双方合作和自身发展的过程中,结对双方的经济发展状况及相对优势可能会随之变化。因此,双方合作期间如出现"不合"现象是否允许其更换合作对象,是否应建立适当的退出机制使合作双方在发展到一定程度时真正实现自愿合作,是当前实施对口合作的过程中应有意识地分析研究的问题,只有解决上述问题才能保证双方合作的有效性和持续性。

3. 缺少社会互动的配套措施

地理空间上不相邻的区域对口合作能否取得预期中的效果,最终取决于两地企业家、民众能否互动起来。在国际援助和南北合作过程中,双方之间经常出现"以德报怨""费力不讨好"的情景,最终落下相互指责、互相仇视结局的也不在少数,其根本的原因在于两地的民众没有互动起来,以及弱势一方的本土企业家没有培养起来。加之弱势的一方更加习惯于援助而不愿意合作,而受援方一旦养成接受给予的心理,奋发图强的意识就会马上消失。因此,一些长期从事国际援助的实践工作者和理论工作者总结出地理空间不相邻地区有效互动的一条经验:援助不如合作,合作不如竞争。从我国经验来看,东部地区中地域偏僻的地区能快速发展起来,重要原因之一是当地企业家和民众主动与先发展的地区进行高强度的互动和高烈度的比拼。先出门闯荡培育社会资本,再回乡创业带动一乡发展,这是企业家精神的成长模式,往往始于地区内民风的改变。遗憾的是,此次"东东对口合作"的文件并未突出社会互动,需要对口合作省市在行动细则方面加以完善。[②]

4. 东北地区国企改革仍任重道远

就地方政府而言,要达成合作并形成长期的定向关系,需要亮出自己的优势,更需要亮出自己的劣势。习近平总书记明确指出,当前东北经济问题的症结归根结底是体制机制问题,是经济结构和产业结构问题,需加快破解制约东北发展的体制机制难题,推进东北地区国有企业改革,盘活东北地区的优势资源,促进产业

[①] 李瑞昌:《对口合作成于"需要"》,《社会科学报》,2017年4月13日。
[②] 同上。

结构调整和经济结构转型。① 由此可见,国企改革是东北振兴的重头戏,是东北转型改革的关键,也是此次对口合作实施方案的重点任务之一。② 而且相对于东部地区地理空间有限、商务成本较高等方面的劣势而言,东北地区在制度创新相对滞后、营商交易成本较高等方面的劣势更加严重,想要根治也较为困难,成为阻碍对口合作效果发挥的关键。

11.5 完善对口支援系列政策的对策建议

对口支援系列政策包含对口支援、对口帮扶、对口协作和对口合作四种具体形式,四种政策的实施在时间上具有较明确的先后顺序,在支援的动力、内容、模式、目的等方面既有较强的共性,也有各自的特征。本文主要根据支援模式不同将其分为两大类:单向援助型对口支援和双向协作型对口支援。通过分析,可知两类对口支援政策实施过程中面临一些共性问题,如法律法规不健全,主要表现为结对名单、帮扶标准、主管机关、双方权利义务界定等方面没有明确的法律依据,甚至某些政策内容与现行法律有所冲突;机制设计不完善,主要体现在动力机制、协调机制、监管机制、评估机制、退出机制等存在不科学、不合理甚至根本未考虑的情况;实施效果打折扣,主要受结对双方主观合作意愿与客观合作能力的双重影响,政策的实施不仅很难达到"互利共赢"的结果,甚至有些项目中受援方都无法真正受益,造成资源浪费;四种系列政策间以及对口支援系列政策与其他国家战略间的统筹协调问题没有考虑周全,导致某些事项多部门交叉管理,重复建设,而某些事项则可能无人问津、互相推诿等。

此外,两类对口支援政策也具有各自特殊的代表性问题:单项援助型对口支援中均涉及一方对另一方财力的无偿转移,而这种横向转移支付式的支援政策与财政体制改革关系密切,对纵向及横向府际关系影响较大,应对此高度重视并重点解决。双向协作型对口支援更注重优势互补基础上的合作关系(如东北地区与东部地区部分省市对口合作中已经不再涉及单方面财力转移支付的内容,而以产业合作为主),而目前制约合作推进和效果发挥的主要问题在于:一方面,将政府指定的"对口"与市场机制的"合作"直接结合,存在理论上的矛盾和实践中的冲突;另一方面,改革受援方固有的相对落后的经济社会管理体制是双方对口合作有效开展的前提,但目前这种体制改革总体难度较大,进展较慢。因此,对于两种

---

① 张晓哲:《东北与东部对口要"硬合作",更要"软合作"——国家发展改革委振兴司有关负责人就〈东北地区与东部地区部分省市对口合作工作方案〉答记者问》,《中国经济导报》,2017年3月24日。

② 强勇、马晓成:《专家:国企改革是新一轮东北振兴的关键》,新华网,2016年8月21日。

类型对口支援的共性问题，应该提出一些基本原则和完善措施，而对二者各自差异性的主要矛盾，则应该分别讨论，对症下药。

11.5.1 完善对口支援系列政策的基本路径

11.5.1.1 完善对口支援法律制度

随着对口支援系列政策的不断推进和完善，完成政治任务式的单边支援逐步转变为开展追求互利共赢的对口合作，对口支援的运行逻辑由执行政治任务演变为履行法律义务，运行方式由非法制化运行演变为依托法制化方式的运行。这是对口支援的生动实践，也是对口支援的运行规律，同时揭示了对口支援实践对于其法制化运行的客观需要。① 在理论层面，一些学者也为对口支援法制化的法理基础和正当性进行了论证。② 其实，对口支援实施以来，我国在其法律制度的建设方面也做了相应的探索，但我们考察相应的法律法规时，会发现其实质作用不过是针对启动对口支援所做的法律宣示，其本身并非一项完整的制度产品。③ 因此加快对口支援在政策层面的立法工作，使对口支援能够在一个恰当的法律框架内实行，实现对口支援由"政治任务"到"法律义务"的转变，④是我国依法行政的必然要求。

支援方与受援方的权利与义务规范是对口支援立法的核心，也是贯穿对口支援立法的主线。构建以"权利"和"义务"为主要内容的对口支援立法，至少要明确对口支援之立法目的、调整范围、机构设置和职责、规划程序制度与基本行为准则等，具体内容包括：什么条件下可以启动对口支援，哪些层级的政府和部门有权启动对口支援；符合哪些条件的地区可以作为受援对象，达到什么标准的地区应当承担援助任务，以及在何种情况下按照何种标准调整结对关系；支援方和受援方各自的权利和义务是什么；对口支援的实施程序、标准和范围；对口支援的终止条件和退出程序；等等。⑤ 此外，对口支援立法中还应重点考虑以下四项内容：(1) 随着单向援助型对口支援向双向协作型对口支援的发展，以及单向援助型对口支援本身对产业合作方式的不断重视和深化，对口支援立法应将对口支援合作协议作为重要调整对象，引入契约制度是对口支援法治化的必然选择；(2) 应以法律的形式确立各级政府将对口支援具体计划纳入本地国民经济和社会发展计划

---

① 刘铁：《对口支援的运行及法制化研究——基于汶川地震灾后恢复重建的实证分析》，西南财经大学博士论文，2010。
② 王永才：《对口支援民族地区的法理基础与法治化探索》，《中央民族大学学报（哲学社会科学版）》，2014年第5期。
③ 兰英：《对口支援：中国特色的地方政府间合作模式研究》，西北师范大学硕士研究生学位论文，2011。
④ 赵伦、蒋勇杰：《地方政府对口支援模式分析——兼论中央政府统筹下的制度特征与制度优势》，《成都大学学报（社科版）》，2009年第2期。
⑤ 郑春勇：《论对口支援任务型府际关系网络及其治理》，《经济社会体制比较》，2014年第2期。

的法律义务,为对口支援的组织实施奠定良好的法律基础,是对口支援立法的重点规范内容;(3)规范援助企业及社会组织的主体地位与社会责任条款,对口支援的参与者应在实施过程中进行实践并在实践中逐步实现法治化;①(4)对口支援、对口帮扶、对口协作和对口合作四项政策在支援目的、内容、形式、规模等方面均有不同,结对双方的权利义务关系也有所差别,因此在推进对口支援立法的过程中,应将四种具体政策区别对待,分别说明。

11.5.1.2 健全对口支援实施机制

把对口支援工作纳入法制化轨道,可以为推动双方地方政府更好的合作提供法律保障,而不断健全对口支援的实施机制,才能保证其正确执行并实现国家最初设定政策的目的。特别是对口支援系列政策一般有中央政府的宏观指导,但具体工作如何开展和推进则往往由结对双方根据实际情况商议决定,因此更需要有相对明确的实施机制加以规范,具体应做好以下几项机制设计。

1. 建立制度化的启动和退出机制

对口支援从启动到退出是一个完整过程。目前,关于在什么情况下可以启动对口支援,达到什么条件可以退出对口支援,并没有明确的规定。如在汶川大地震灾后重建的对口支援过程中,有些支援方三年的目标任务两年内就可完成,有援建指挥人士提出"19个省市的广大援建干部什么时候可以离开,希望能给予统一的明确,以便我们合理安排,确保完成任务"②。同时,对对口支援之后的基础设施的运行成本没有充分考虑,由于受援方资金有限,影响到这些设施的运行和管理。这种状况要求国家尽快建立对口支援制度化的启动和退出机制,确保工作有效开展和支援的长期效果。③

2. 建立健全对口支援绩效考核制度和激励机制

目前,关于省际对口支援的考核制度和激励机制还不完善,如有的支援方积极性得不到有效发挥,有的受援方也存在消极现象,这直接影响到省际对口支援的效果。因此,宜加强相关理论研究,尽快建立健全对口支援绩效考核制度。同时,可尝试在受援方区域内形成一对二、一对多的援助机制,积极性高的地区将会得到更多的资金、项目等资源,积极低的地区只能得到基本的资金和项目,通过竞争机制解决受援助方的激励问题。④ 而对于支援方,则应重点考虑转变只重视经济指标,而对于生态环境、自然资源保护、民生公共服务等公共利益绩效考评不足

---

① 王永才:《对口支援民族地区的法理基础与法治化探索》,《中央民族大学学报(哲学社会科学版)》,2014年第5期。
② 杨三军:《瞭望丨对口支援的汶川思考》,人民网,2010年5月12日。
③ 李庆滑:《我国省际对口支援的实践、理论与制度完善》,《中共浙江省委党校学报》,2010年第5期。
④ 同③。

的情况,具体可重点借鉴刘铁提出的"关联 GDP 体系"。①

3. 重视网络媒体宣传与舆论阐释机制

对口支援是关系到国家统一、民族团结的重大举措,因此对口支援不应该仅仅只是成为少数人眼中的"政治任务",而应成为全国的共识。缺乏共同愿景,再加上对口支援双方的经济发展、人文传统、地域环境存在差异性,就难以避免这项工作的开展会遭遇"利益博弈"和"利益冲突"的问题。网络媒体是党和政府联系群众的重要纽带,是网民表达利益诉求的重要渠道,是民众与政府良性互动的沟通平台。利用网络媒体进行政策宣传和信息公开,可以弥补以政府为主体进行宣传的手段单一、力度不足的劣势,可以为广大民众搭建社会监督的网络平台,拓宽信息反馈渠道,鼓励更多的 NGO 和各种志愿者组织加入到常规对口支援的工作中;利用网络媒体进行舆论阐释,则利于把握正确的舆论导向,使政府敢于面对和善于处理社会普遍关注的焦点问题,使广大人民群众及时了解各种谣言的事实真相,稳定社会公众情绪,切实维护政府信息发布的公信力和政府形象。②

11.5.1.3 提升对口支援执行效率

建立健全对口支援系列政策的法律法规及工作机制,将为具体政策执行提供基本的制度保障和行为规范。但在具体实施过程中,往往因结对双方合作意愿及合作能力所限,使执行效果偏离预期,因此还需要对政策执行过程的重点问题提出解决方案,主要包括以下几点。

1. 对口支援政策执行过程中要注意提高精准性

通过提高对口支援的组织管理水平和技术能力,逐步淘汰以牺牲大规模人力、财力、物力等资源投入为代价的粗放、分散的对口支援模式,转而形成集约、精准的对口支援模式。各对口支援方应加强对各受援方的实地调研,根据受援方的区域差异性,以满足受援方实际需求为导向,因地制宜,选择契合当地的对口支援及对口合作项目,提升对口支援系列政策的"精准性",尽量避免因资源错配而导致的效率低下。③

2. 适当延长干部支援期限、优化交流人才结构

应注重提高对口支援干部的前期培训与福利待遇,以提高其工作能力及积极性,在此基础上可以考虑将对口支援干部工作期限定为 5 年一次轮换,并让对口

---

① 兰英:《对口支援:中国特色的地方政府间合作模式研究》,西北师范大学硕士研究生学位论文,2011。
② 王颖、董垒:《我国灾后地方政府对口支援模式初探——以各省市援建汶川地震灾区为例》,《当代世界与社会主义》(双月刊),2010 年第 1 期。
③ 王磊、黄云生:《对口支援资源配置的效率评价及其影响因素分析——以对口支援西藏为例》,《四川大学学报(哲学社会科学版)》,2018 年第 2 期。

支援干部能够担任实职,赋予权力,量化工作指标,定期进行绩效考核。同时应依据受援地实际需要,优化现行对口支援中的人才结构,逐步减少各层级的行政领导干部人数,增加教师、医疗工作者、科技人员、工程技术人员等专业技术人才数量,消除当前支援人才与受援地人力资源需求不匹配的问题。①

3. 灵活调整支援方式、优化资源投入结构

在单向援助型对口支援中,一方面应注重由单向援助向双向协作的支援方式转换,由"输血"转向"造血",切实提高受援方自我发展能力;另一方面应将财政援助资金更多地向教育、医疗、卫生等公共服务领域倾斜,以保障和改善民生为导向。② 在双向协作型对口支援中,支援方式更应尊重市场经济规律,充分发挥市场在资源配置中的基础性作用,产业选择上要坚守资源和环境承载能力底线,实现各产业协调和绿色发展。同时,要尽可能照顾受援方本土企业和中小企业,重视培育民间资本。③

11.5.1.4 统筹对口支援相关战略

从对口支援系列政策内部来看,四项具体政策之间联系密切,在某些特定的时间和情况下,还会出现某些支援方(或受援方)同时承担(或接受)多项支援政策带来的压力(或帮助),如北京目前在四项对口支援系列政策中均承担相应支援任务。因此,如何统筹协调同期实施的不同对口支援政策,合理划分不同对口支援政策中的援受双方及其各自的权利义务,是急需解决的问题。此外,除了对口支援系列政策,全国还有很多其他目标一致的政策或战略在同期实施,如西部大开发、精准扶贫、东北振兴战略等,需要将各项相关政策及发展战略有机结合起来,④同时避免令出多门、职责交叉、职能交叉、权责不一的问题。为此,在领导机构设计方面,应探索建立更高级别的高层统领机构,如建立对口帮扶、对口支援和实施西部地区扶贫开发工作联席会议制度,明确东西部地区扶贫协作、西部大开发与其他国家战略和扶贫政策的定位,统筹各扶贫主体的任务分工。在具体实施方面,应根据不同支援内容确定不同的重点支援主体,如在基础设施建设和公共服务供给等社会发展方面,发挥政府的主体地位;在产业培育和就业创造等经济发展方面,发挥企业的主体地位;在经济社会的协调方面,发挥社会组织的主体地位。⑤

---

① 王磊:《对口支援政策的减贫成效及优化对策——以对口援藏为例》,《发展研究》,2018年第6期。
② 韩广富、周耕:《我国东西扶贫协作的回顾与思考》,《理论学刊》,2014年第7期。
③ 郑春勇:《对口支援中的"礼尚往来"现象及其风险研究》,《人文杂志》,2018年第1期。
④ 余翔:《对口支援少数民族地区的政策变迁与发展前瞻》,《华北电力大学学报(社会科学版)》,2013年第6期。
⑤ 张莉:《中国东西部地区扶贫协作发展研究》,天津大学博士研究生学位论文,2015。

11.5.2 单向援助型对口支援的完善对策:以解决府际利益冲突为主

11.5.2.1 重新划分央地责任,改革现行财政制度

放眼世界,大多数国家对落后地区的援助和开发都是由中央政府完成的。我国作为一个实行中央集权制的社会主义国家,中央政府是否应该把扶贫援助这样的责任转移给地方政府其实是一个需要重新思考的问题。因为在法理上,集权体制下的中央政府确实应该承担更多的责任。特别是在对口支援出现了公平性问题的时候,中央更应该主动作为对口支援府际关系网络中的一个重要结点,及时发挥平衡和调节作用,而不是置身事外。在不同类型的对口支援中,中央政府和地方政府分别应该承担不同的责任。就对口支援边疆民族和西部贫困地区来说,中央政府应该主动援助一批自然条件最恶劣、投入产出比最低、经济发展水平最落后的地区,并且在指定地方间的结对关系时要坚决贯彻公平性原则;在灾害损失对口支援中,应由中央政府和地方政府共同出资设立专项灾害应对和重建基金,纳入政府预算,并建立专门的基金管理机构,或者可以尝试在灾后重建时采用"中央出钱,地方出人和技术"的央地合作模式,但不宜将其常态化和制度化;对于全国性重大工程对口支援,则要尽可能地运用中央的资源来解决问题,地方只起到辅助作用即可。①

总体而言,完善单向援助型对口支援政策的关键在于中央与地方责任的合理划分,而中央与地方责任合理划分的关键则在于改革现行的财政制度。但是如何改革现行财政制度,特别是是否应将当前的对口支援政策并入规范化的横向转移支付制度,学界对此仍存在激烈争论,以伍文中为代表的支持者认为在合理规定央地税收分成比例的基础上建立完善的纵向财政转移支付制度和横向财政转移支付制度,是我国对口支援机制改革的最终出路和方向。②

而王玮则持相反观点,指出横向财政转移支付非常容易引起地区间的矛盾与冲突,且其有效实施存在特定前提条件,目前并不适合我国实际情况。进而提出地域性对口支援和项目性对口支援都应撤并到纵向财政转移支付中去,但应保留应急性对口支援。③ 受时间所限,本报告目前尚未对该问题进行更加深入的研究和讨论,因此难以在此做出定论。但这毫无疑问是我国财政体制改革中的一大重点和难点问题,而目前相关的理论分析及学术研究并不充分,亟须更加深入和严谨的研究论证。

---

① 郑春勇:《论对口支援任务型府际关系网络及其治理》,《经济社会体制比较》,2014 年第 2 期。
② 伍文中、张杨、刘晓萍:《从对口支援到横向财政转移支付:基于国家财政均衡体系的思考》,《财经论丛》,2014 年第 1 期。
③ 王玮:《"对口支援"不宜制度化为横向财政转移支付》,《地方财政研究》,2017 年第 8 期。

11.5.2.2 建立府际利益协调机制,提升府际协作治理能力

为更加有效地化解对口支援中的府际利益冲突,应在发挥现有利益协调机制重要作用的基础上,根据国家治理的新形势,进一步加强府际利益协调机制的创新,从而为完善对口支援政策的治理绩效提供重要支撑。第一,构建立体、多维的府际沟通协商机制,要充分利用国家级重要会议的沟通协商功能,不断完善援受双方高层沟通协商机制和具体实施对口支援政策的工作人员间沟通协商机制,并注重运用现代信息技术,完善信息共享机制,克服府际协作治理中的信息不对称难题。第二,优化府际利益冲突协调机制,一是强化支援方和受援方政府与民众的利益共同体意识,培育协作治理文化,为消融利益冲突奠定观念基础;二是强化中央政府"顶层设计",完善全局性利益协调机制,进一步发挥中央政府在平衡各方利益中的关键作用,特别是在调整结对关系和统筹配置部分援助资金方面的作用;三是完善结对双方利益表达、沟通和协商机制;四是完善针对支援方政府的利益补偿机制。第三,构建系统完善、切实可行的府际协作制度体系,注重发挥引导性制度、激励性制度、规范性制度、禁止性制度和惩罚性制度的相互衔接和支撑作用,从而形成制度合力。在此过程中,既要加快关键性制度建设,如绩效考核制度、责任追究制度、项目管理制度建设;又要注重制度体系的可操作性,在双方共同论证的过程中,要充分考虑制度运行环境的特殊性,特别应尊重受援方民众的生活习惯和社会心理特征,最大限度地体现双方政府、企业与民众的共识。①

11.5.3 双向协作型对口支援完善对策:以提高市场化合作效率为主

南水北调工程对口协作、汶川地震灾后重建对口支援后期的对口合作和东北地区与东部地区部分省市间的对口合作均属于双向协作型对口支援,但三者实施的目的和基础均有较大差别,其市场化合作程度也有不同。相比而言,东北地区与东部地区部分省市间的对口合作的政策创新性更强,经济目的更为凸显,对市场化合作的要求更高,更符合双向协作的特征。而缺乏对口帮助或合作的相关经验,也使该政策在实施过程中面临更多的问题和挑战。因此,下面重点结合东北地区与东部地区部分省市对口合作中的实际问题,对如何协调政府引导与市场机制的双重作用以提高对口合作实际效果,提出相关对策建议。

11.5.3.1 真正实现优势互补基础上的互利共赢

作为一项新的管理工具,能否很好地发挥其效力、产生实效,关键在于对口合作的双方是否彼此真正"需要",②而真正"需要"的前提便是合作双方存在优势互

---

① 丁忠毅:《府际协作治理能力建设的阻滞因素及其化解——以对口支援边疆民族地区为中心的考察》,《理论探讨》,2016年第3期。

② 李瑞昌:《对口合作成于"需要"》,《社会科学报》,2017年4月13日。

补的客观基础。因此,合作双方首先需要认真分析和准确把握自身在经济要素、社会环境、管理体制等各方面的"长处"和"短板",并建立良好的沟通交流机制,尽量消除双方信息不对称的因素,通过知己知彼,找到更多符合实际的契合之处,从而使这种对口合作更加紧密有效,实现共赢。李胜兰等(2017)在深哈对口合作机制研究中,就分别对哈尔滨市和东北地区、深圳市和广东地区的优劣条件进行具体分析,并针对合作双方提出不同的政策建议。①

11.5.3.2 共建合作双方统一市场体系与交流平台

在统一市场体系建设方面,一是建立开放、共享、竞争、有序的一体化商品市场,破除影响商品和生产要素自由流动的政策、制度和体制机制壁垒,降低跨区域商品流通成本。二是营造良好的营商环境,吸引更多国内外市场主体进入互连共同市场。三是推进跨区域产权交易、金融市场等资本市场建设,实现产权交易、金融市场一体化,鼓励企业实施兼并、重组、收购、联合等资源整合行为。四是建设统一的企业信息、信用平台,实现互联企业信息资源共享。五是加快综合物流运输体系建设,加强跨区域物流资源整合与建设力度,完善现代物流市场体系,推进横贯东北和东部地区的综合交通运输体系的形成。② 此外,还应注重双方人才、文化、商会、产学研等方面的交流平台建设,借助良好的对接"媒介"和"纽带",不仅能够准确掌握对方合作取向,也能够准确把握合作"脉搏",并增强社会互动,利于提高"点对点"对口合作的成功率③。

11.5.3.3 重点推进相对落后地区自身体制改革

对口合作的实质是发展滞后地区引入先进经验、崭新思维和突破惯习锁定的一种新办法,④必须将发达地区的先进经验与发展滞后地区的环境相结合进行制度创新,进而制定出行之有效的发展举措。就当下情况而言,东北地区最大的劣势在于法治环境不彰、营商交易成本较高、国企改革阻力较大⑤。因此,要积极借鉴东部发达地区的先进经验,进一步简政放权,优化服务改革和投资营商环境,切实扭转发展环境方面存在的问题,推进国有企业混合所有制改革,切实把招商引资、创业创新和国企改革的行政成本降下来,效率提上去。⑥ 但是,在进行经济管理体制改革的过程中往往面临较大阻力,必须要地方政府发挥主体责任、痛下决

---

① 李胜兰、黄晓光和黎天元:《深哈合作机制研究》,《中国经济特区研究》,2017年第1期。
② 范帅邦:《跨区域合作发展研究——以上海大连对口合作为例》,《辽宁经济》,2018年第8期。
③ 崔世亮:《对我省与广东如何有针对性开展对口合作的调研与建议》,黑龙江人民政府网站,http://www.hlj.gov.cn/hdjl/system/2018/05/30/010873362.shtml,2018年3月27日。
④ 李瑞昌:《对口合作成于"需要"》,《社会科学报》,2017年4月13日。
⑤ 吴琦:《东北国企改革:蓝图已经绘就 困难也须正视》,腾讯财经,https://finance.qq.com/a/20180125/015215.htm,2018年1月25日。
⑥ 姜国忠:《做好与东部地区对口合作的"加减乘除"》,《黑龙江日报》,2017年4月12日。

心断其残指和剪掉冗条;同时,还需要中央政府高悬橄榄枝和利剑,容忍地方政府创新失败和最大限度保护投资商、创业者的权益。①

11.5.3.4 推进对口合作的理论探讨与模式创新

类似于学界对于政府是否应该推进产业政策的讨论,对口支援也同样面临如何正确处理政府与市场关系的理论难题。但目前关于该问题的理论探讨相对不足,也少有文献从实证角度对此类政策的实际效果进行评估。因此,随着东北地区与东部地区部分省市对口合作实施的不断推进,学界应对其理论基础和影响效应予以更多关注,为进一步改进和完善对口合作机制提供依据。此外,在实践操作中,也可同步探讨或试行一些更具创新性,并更加符合市场机制的对口合作模式。例如,很多学者指出中央政府行政指令性的结对关系是限制对口合作市场机制发挥和难以实现互利共赢的重要因素,因此,可以考虑将之前完全由上级政府指派的结对机制,转变为"招标"式的结对机制,即中央政府先给出需要扶持的经济发展相对落后的部分省市名单,并明确给出与名单中省市结对后双方可获得的中央扶持政策及需要履行的发展职责,然后由发达省市根据自身条件和优势互补性,自主申请结对对象,最终由中央政府和结对双方通过充分的审核论证,确定最终结对关系,进而开展对口合作。由这种方式确定的结对关系,不仅更加符合依据市场机制开展合作的要求,真正体现结对双方的主动性和互补性,保证双方实施对口合作的积极性和有效性,同时也依然重视发挥中央政府的宏观调控和指导作用。

主要参考文献

[1] 陈华恒、蒋远胜和王玉峰:《汶川地震灾后对口援建资金运行机制、问题及对策》,《西南金融》,2010年第11期。

[2] 蔡璟孜:《横向财政均衡理论框架下我国省际对口支援研究》,复旦大学硕士研究生学位论文,2012。

[3] 程小旭、张孔娟:《南水北调中线工程进入冲刺阶段,全国人大代表陈天会、李文慧两位水源区所在地市委书记建议建立南水北调对口协作机制》,《中国经济时报》,2012年3月13日。

[4] 程广斌、程楠:《新一轮省市对口援疆:进展、问题与推进措施》,《石河子大学学报(哲学社会科学版)》,2014年第3期。

[5] 邓小平:《邓小平文选》,人民出版社,1993。

[6] 丁忠毅:《对口支援边疆民族地区中的府际利益冲突与协调》,《民族研究》,2015年第6期。

[7] 丁忠毅:《府际协作治理能力建设的阻滞因素及其化解——以对口支援边疆民族地区为中

---

① 李瑞昌:《对口合作成于"需要"》,《社会科学报》,2017年4月13日。

心的考察》,《理论探讨》,2016 年第 3 期。
[8] 戴俊骋:《灾后对口援建推动文化产业发展的思考——以京什合作为例》,《城市与减灾》,2016 年第 4 期。
[9] 范帅邦:《跨区域合作发展研究——以上海大连对口合作为例》,《辽宁经济》,2018 年第 8 期。
[10] 国务院扶贫开发领导小组办公室:《脱贫攻坚政策解读》,党建读物出版社,2016。
[11] 黄艳芳:《我国对口支援政策执行偏差研究》,上海交通大学硕士研究生学位论文,2012。
[12] 韩广富、周耕:《我国东西扶贫协作的回顾与思考》,《理论学刊》,2014 年第 7 期。
[13] 黄承伟:《东西部扶贫协作的实践与成效》,《改革》,2017 年第 8 期。
[14] 孔陇、何晓斐:《东西部扶贫协作的实践困境与对策建议——以福州市、定西市对口协作为例》,《黑龙江工程学院学报》,2018 年第 2 期。
[15] 李延成:《对口支援:对帮助不发达地区发展教育的政策与制度安排》,《教育发展研究》,2002 年第 10 期。
[16] 路春城:《我国横向财政转移支付法律制度的构建——基于汶川震后重建的一点思考》,《地方财政研究》,2009 年第 3 期。
[17] 刘铁:《对口支援的运行及法制化研究——基于汉川地震灾后恢复重建的实证分析》,西南财经大学博士研究生学位论文,2010。
[18] 李庆滑:《我国省际对口支援的实践、理论与制度完善》,《中共浙江省委党校学报》,2010 年第 5 期。
[19] 兰英:《对口支援:中国特色的地方政府间合作模式研究》,西北师范大学硕士研究生学位论文,2011。
[20] 李爽:《汶川地震中对口援建机制研究》,东北大学硕士研究生学位论文,2012。
[21] 李勇:《改革开放以来东西扶贫协作政策的历史演进及其特点》,《党史研究与教学》,2012 年第 2 期。
[22] 李瑞昌:《界定"中国特点的对口支援":一种政治性馈赠解释》,《经济社会体制比较》,2015 年第 4 期。
[23] 凌经球:《东西部扶贫协作制度创新的思考——基于广东对口帮扶广西的案例分析》,《改革与战略》,2015 年第 10 期。
[24] 李胜兰、黄晓光和黎天元:《深哈合作机制研究》,《中国经济特区研究》,2017 年第 1 期。
[25] 罗强:《东西部扶贫协作对口帮扶思考——以青岛对口帮扶安顺为例》,《理论与当代》,2018 年第 6 期。
[26] 马宇飞:《"对口援疆"20 年:实践与启示》,《实事求是》,2018 年第 1 期。
[27] 倪锋、张悦和于彤舟:《汶川大地震对口支援初步研究》,《经济与管理研究》,2009 年第 7 期。
[28] 强勇、马晓成:《专家:国企改革是新一轮东北振兴的关键》,新华网,2016 年 8 月 21 日。
[29] 田贵贤:《我国横向财政转移支付制度研究——基于区域基本公共服务均等化视角》,河北大学博士研究生学位论文,2013。

[30] 王颖、董垒:《我国灾后地方政府对口支援模式初探——以各省市援建汶川地震灾区为例》,《当代世界与社会主义》(双月刊),2010年第1期。

[31] 王永才:《对口支援民族地区的法理基础与法治化探索》,《中央民族大学学报(哲学社会科学版)》,2014年第5期。

[32] 伍文中、张杨和刘晓萍:《从对口支援到横向财政转移支付:基于国家财政均衡体系的思考》,《财经论丛》,2014年第1期。

[33] 王玮:《"对口支援"不宜制度化为横向财政转移支付》,《地方财政研究》,2017年第8期。

[34] 王磊:《对口支援政策的减贫成效及优化对策——以对口援藏为例》,《发展研究》,2018年第6期。

[35] 王磊、黄云生:《对口支援资源配置的效率评价及其影响因素分析——以对口支援西藏为例》,《四川大学学报(哲学社会科学版)》,2018年第2期。

[36] 夏少琼:《对口支援:政治、道德与市场的互动——以汶川地震灾后重建为中心》,《西南民族大学学报(人文社会科学版)》,2013年第5期。

[37] 徐燕、任步攀:《对口协作路径与机制创新:南水北调中线工程水源区与受水区实证研究》,《湖北社会科学》,2017年第4期。

[38] 杨道波:《地区间对口支援和协作的法律制度问题与完善》,《理论探索》,2005年第6期。

[39] 杨龙、郑春勇:《地方合作对政府间关系的拓展》,《探索与争鸣》,2011年第1期。

[40] 杨梅:《对口回归区域支援走向合作——应急性对口支援机制发展趋势探析》,《陕西行政学院学报》,2013年第2期。

[41] 余翔:《对口支援少数民族地区的政策变迁与发展前瞻》,《华北电力大学学报(社会科学版)》,2013年第6期。

[42] 余翔:《发展型社会政策视野下的省际对口支援研究——基于汶川地震灾后重建案例》,浙江大学出版社,2014。

[43] 于永利:《对口支援向对口合作的演进研究》,复旦大学硕士研究生学位论文,2014。

[44] 杨龙、李培:《府际关系视角下的对口支援系列政策》,《理论探讨》,2018年第1期。

[45] 占晓林、宁学军和阴佶:《当前我国东西合作历史、问题及发展对策》,《经济地理》(增刊),2006。

[46] 赵伦、蒋勇杰:《地方政府对口支援模式分析——兼论中央政府统筹下的制度特征与制度优势》,《成都大学学报(社科版)》,2009年第2期。

[47] 赵明刚:《中国特色对口支援模式研究》,《社会主义研究》,2011年第2期。

[48] 郑春勇:《从对口合作到区域合作:后援建时代地方合作的应然转变》,《理论与改革》,2011年第5期。

[49] 朱光磊、张传彬:《系统性完善与培育府际伙伴关系——关于"对口支援"制度的初步研究》,《江苏行政学院学报》,2011年第2期。

[50] 赵世新、张晨、高学平和李文猛:《南水北调东线调度对南四湖水质的影响》,《湖泊科学》,2012年第6期。

[51] 钟开斌:《对口支援起源、形成及其演化》,《甘肃行政学院学报》,2013年第4期。

[52] 赵新国、毛晓玲:《上海对口帮扶云南的工作实践及其成效考察》,《黑龙江民族丛刊》(双月刊),2014年第2期。
[53] 郑春勇:《论对口支援任务型府际关系网络及其治理》,《经济社会体制比较》,2014年第2期。
[54] 周晨、丁晓辉、李国平和汪海洲:《南水北调中线工程水源区生态补偿标准研究——以生态系统服务价值为视角》,《资源科学》,2015年第4期。
[55] 翟进、张海波:《巨灾的可持续恢复——"汶川地震"对口支援政策案例研究》,《北京行政学院学报》,2015年第1期。
[56] 张莉:《中国东西部地区扶贫协作发展研究》,天津大学博士研究生学位论文,2015。
[57] 张丽君:《中国少数民族地区扶贫进展报告(2017)》,中国经济出版社,2017。
[58] 张琦:《中国减贫政策与实践:热点评论(2013—2016)》,经济日报出版社,2017。
[59] 张强、陈喜文:《北京对口帮扶河北贫困地区发展机制创新研究》,《经济与管理》,2017年第3期。
[60] 郑春勇:《对口支援中的"礼尚往来"现象及其风险研究》,《人文杂志》,2018年第1期。

第12章　地区间横向国有资产和资源的分配问题

12.1　国有资产管理基本制度演化

国有资产管理制度,是对国有资产的管理权限、经营方式、管理机构设置以及调控方式等做出规定的一系列制度形成的体系,也是国民经济管理体制的组成部分。本研究报告将国有资产分为国有经营性资产和国有资源性资产两类,并分别进行分析和研究。

12.1.1　全国国有经营性资产管理基本制度演化

国有经营性资产的所有权归国家所有,国有经营性资产管理制度的定位与经济体制息息相关。1978年以前,我国实行的是高度集中的计划经济体制,这一时期我国实行社会主义公有制,经济决策权高度集中在中央和各级政府手中,有计划地发展经济,国有资产管理制度体现的也是高度集中性。1978年以后,经过一系列改革,我国经济体制从计划经济变成如今的社会主义市场经济,所有制从公有制变成以公有制为主体、多种所有制并存。与此对应,我国国有资产管理制度也经过了一系列变革,包括全国层面和地方层面制度的改革。

20世纪50年代初期,我国是高度集中的计划经济体制,我国原有的国有资产管理体制[①]也是适应计划经济建立起来的,当时企业管理是一种国有国营的方式,国有企业在原料供应、要素价格、生产过程、产品分配与销售、基本建设、财务制度等方方面面都受到了政府的严格限制,几乎丧失了生产经营自主权,抑制了企业的生产积极性,制约了生产力的发展。

为了改变这一状况,在"一五"计划完成后和20世纪60年代末,在国有资产管理方面,中央政府曾经两次尝试放权。权利的下放包括两个层面:一个是将管理权下放给地方政府,调动地方政府的积极性;另一个是通过调整利润分配、适度扩大自主权等方式调动企业的积极性。但是,每一次快速的大规模放权往往会带来一定时期内生产与管理的混乱无序以及地区之间、企业之间盲目的重复建设。在计划经济运行方式和强调重工业的发展战略没有发生根本性改变的前提下,国有企业的问题并没有得到彻底解决。

---

① 本节第一部分和第二部分论述国有资产管理体制实为经营性国有资产管理体制。

随着 1978 年我国经济体制改革的推行，国有资产管理体制的改革也拉开了序幕。30 年来，国有资产管理体制改革也可以分为三个阶段。

(1) 第一个阶段（1978—1984 年）以放权让利为特征。这一时期城市经济管理体制的改革逐步启动。为了调动企业的生产积极性，作为国有资产所有者的政府不再以全面介入的姿态出现，而是逐步向国有企业放权让利。这一阶段采取的主要做法如下：

一是发生在四川的扩权让利试点。1978 年 10 月，重庆钢铁公司、成都无缝钢管厂等 6 家有行业代表性的企业首先被选为四川扩大企业自主权的试点单位（萧冬连，2008）。在四川进行试点之后，1979 年 5 月，国家经贸委等六个部门在京、津、沪三地选择了首都钢铁公司、天津自行车厂、上海柴油机厂等 8 家企业进行扩大企业自主权的试点。1979 年 7 月，国务院连续发布 5 个文件，要求地方部门按照统一规定的办法选择企业试点。全国有 26 个省、直辖市、自治区按照统一规定在 1590 家工业企业里进行了试点，加之有些省、市按自定办法进行试点，所以共 2100 多家工业企业进行了试点。

二是实行经济责任制。扩权让利激发了企业积极性，但由于扩权让利缺乏明确边界，难以约束企业，在 1978 年、1979 年两年出现了巨额财政赤字。为了增加财政收入、减少财政赤字，各地在扩权试点的基础上，对工业企业试行利润包干的经济责任制（周叔莲，1998）。1981 年 10 月国务院批转了《关于实行工业生产责任制若干问题的意见》，明确了经济责任制的具体内容、原则和形式，在分配上确定了"利润留成""盈亏包干""以税代利、自负盈亏"等三种类型。到 1982 年年底，有 80% 以上的工业企业实行了经济责任制（辛迪诚，2006）。

三是实施利改税。1983 年年初，利润包干制大范围内推行后引起了经济执行混乱和物价上涨的现象。于是中央决定停止全面的利润包干，转而实行"利改税"。"利改税"的改革是分两步进行的。1983 年 4 月，第一步"利改税"开始实行，盈利的国有大中型企业按实现利润的 55% 的税率交纳所得税，税后利润一部分留给企业。1984 年 9 月，第二步"利改税"继而实施，对原来的税种、税率进行了调整，国有企业从"税利并存"过渡到完全的"以税代利"，税后利润由企业自主安排。

(2) 第二个阶段（1984—1992 年）以两权分离为特征。第一阶段放权让利一定程度上增强了国有企业活力，但仍然存在一些问题制约了企业活力。认可并着手于探索所有权与经营权的分离、转变"政企不分"的局面是这一时期国有资产管理改革的主要特征。主要做法如下：

一是对国有大中型工业企业实行承包经营责任制。1996 年 12 月国务院在《关于深化企业改革增强企业活力的若干规定》中提出，要推行多种形式的承包经营责任制，给经营者以充分的经营自主权。1987 年 4 月，国家经委受国务院委托召开全国承包经营责任制座谈会,决定在全国范围普遍推行承包经营责任制。依据对9 937家国有大中型企业的调查,1988年已有9 021家实行了各种形式的承包经营责任制,占企业总数的90.8%(汪海波,2005)。到1990年,90%的承包企业第一轮承包到期,于是又开始了第二轮承包。到1991年第一季度末,90%以上的到期企业签订了第二轮承包合同(周叔莲,2000)。

二是对国有小型工业企业实行租赁经营责任制。1984年开始,许多小型工业企业开始试行租赁经营责任制,经营权与所有权一定程度上相互分离。1987年对于小型工业企业重点实行租赁经营责任制。依据对43 935个国有小型工业企业的调查,到1988年年底,实行租赁制和其他经营方式的企业已经达到24 660家,占总数的56.1%(汪海波,2005)。

三是对少数有条件的大中型工业企业实行股份制试点。1984年4月,国家体改委在常州市召开了城市经济体制改革试点工作座谈会。同年11月,上海飞乐音响公司向社会公开发行股票,中国股份制改造正式启动。1992年年初,邓小平南方谈话对股份制进行了肯定,同年5月,国家体改委等政府部门联合发布了《股份制企业试点办法》,股份制试点逐步向规范化方向发展。到1992年年底,全国股份制试点企业发展到3 700家,92家在上海证券交易所、深圳证券交易所公开上市(汪海波,2005)。

四是设立了国家国有资产管理局和各省、直辖市、自治区的专职国有资产管理机构。1988年,国务院决定组建国家国有资产管理局,各省、直辖市、自治区也相继设立了国有资产管理局。

(3)第三阶段(1992年以后)以建立现代企业制度和实施国有资产战略性改组为特征。在社会主义市场经济体制的改革目标确立后,理论上的突破成为国有企业改革的加速器,在构建现代企业制度的过程中探索公有制与市场经济的结合方式是这一时期国有资产管理的重点。1993年11月党的十四届三中全会明确提出建立现代企业制度,1995年9月十四届五中全会正式提出调整国有经济布局,主要措施如下:

一是建立现代企业制度。1993年11月,十四届三中全会通过了《关于建立社会主义市场经济若干问题的决定》,提出国有企业改革的方向是建立"产权清晰、权责明确、政企分开、管理科学"的现代企业制度,明确了"对国有资产实行国家统一所有、政府分级监管、企业自主经营的体制",并提出要"按照政府的社会经济管理职能和国有资产所有者职能分开的原则,积极探索国有资产管理和经营的合理形式和途径"。经过试点和推广,到2000年年底,建立现代企业制度的目标已基本实现。

二是国有企业战略性改组。1995年9月十四届五中全会明确指出要"搞好大的,放活小的,把优化国有资产分布结构、企业结构同优化投资结构有机结合起来,择优扶强、优胜劣汰"。随后,"抓大放小"的改革思路开始付诸实践。与此同时,各地开始采取多种形式,加快放开搞活国有小型企业。2002年,为适应建立社会主义市场经济体制和推进国有企业改革的需要,十六大在坚持继续调整国有经济的布局和结构的改革方向的基础上,进一步明确了中央企业的定位,即关系国民经济命脉和国家安全的大型国有企业、基础设施和重要自然资源等,由中央政府代表国家履行出资人职责。2003年3月,中华人民共和国国有资产监督管理委员会成立,同年,十六届三中全会提出进一步推动国有资本更多地投向关系国家安全和国民经济命脉的重要行业和关键领域,增强国有经济的控制力。2006年年底,国资委发布《关于推进国有资本调整和国有企业重组的指导意见》,明确了中央企业的重组目标和国有资本应集中化的重要行业和关键领域。国有企业通过联合、兼并、改组等多种方式逐步向关系国民经济命脉的重要行业和关键领域集中,而在一般竞争性行业中则逐步退出。1998—2006年,国有企业数量减少至11.9万家,正好减少了一半。自2003年国资委成立以来到2007年年底,中央企业数已从196家减少到151家(张卓元,2008)。截至2007年11月,中央企业82.8%的资产集中在石油石化、电力、国防、通信、运输、矿业、冶金、机械行业(于吉,2007)。

12.1.2 地方经营性国有资产管理制度演化

此处选择了东、中、西三个省份上海、湖北、重庆来分别总结地方国有资产管理政策的变化。

12.1.2.1 上海经营性国有资产管理政策变化

1949年5月27日上海解放,没收了官僚资本,建立了国营企业。在1956年实施社会主义改造后,上海形成了国有经济主导,私营经济、个体经济、集体经济、公私合营经济并存的局面。直到改革开放前夕,上海基本上是单一国有经济形式,实现了集中管理的计划经济体制。改革开放后,随着社会主义基本经济制度的发展,1993年上海启动国有资产管理体制改革。

1. 1993—2002年是上海率先探索建立国有资产管理体制时期

为贯彻党的十四届三中全会通过的《中共中央关于建立社会主义市场经济体制若干问题的决定》,上海在全国率先提出实行国有资产管理体制改革、推进政府机构改革和建立现代企业制度"三位一体,整体联动"的改革思路,率先探索政企分开、政资分开的改革实践。上海于1993年7月16日成立国有资产管理委员会,在地方国有资产系统中率先开始国有资产管理体制改革,取消了原来设在财政局下的国有资产管理局,由市国有资产管理委员会作为上海市国有资产所有权的总代表,由市委、市政府的主要领导担任主任、副主任,政府机构的部门负责人担任成员,以会议方式议决国有资产管理和改革的重大决策。至1997年,国有资产管理体制初步形成"两级管理""三个层次"和"三个体系"的架构。"两级管理"是由市国有资产管理委员会对20个区县的国资委实施国有资产综合授权,形成市和区、县两级政府对国有资产的分级管理、运营和监督体系。"三个层次"分别是:市国有资产管理委员会为第一层次,对全市全部国有资产保值增值负责;经国有资产授权经营的投资主体和运营主体为第二层次,以产权管理逐步取代对国有企业的直接行政管理;国有企业为第三层次。"三个体系"是国有资产管理体系、运营体系和监督体系。管理体系主要包括授权经营和委托监管两个方面;运营体系是采取撤销行政主管局,以多种改组途径成立国有资产授权经营公司,通过签订资产保值增值协议书,逐级明确国有资产营运责任;监督体系主要以监事会制度建设为抓手,形成公司内部权力制衡机制。

1993—2002年,上海实施"三位一体"国有资产管理体制改革,形式实现了市国有资产管理委员会为上海市国有资产所有权的总代表,但是实质上国有资产所有权的职能依然分散在各政府部门,政企开并未完全实现。

2. 2003年至今是上海国有资产管理体制的规范建设时期

2003年的《企业国有资产监督管理暂行条例》规定,各级国有资产监管机构作为政府直属特设机构,代表本级政府履行出资人职责,负责监督管理企业国有资产。2003年8月1日,上海成立国有资产监督管理委员会,是全国第一家依法设立的地方国有资产监管机构,由市政府授权享有国有资产所有者权益。各区县也相应建立国有资产管理机构,形成两级责任监管体制。2003年10月29日,上海市市委办公厅印发《中共上海市委办公厅关于成立中共上海市国有资产监督管理委员会有关问题的通知》,上海市政府将原隶属于市发改委、市经委、市商委、市建委、市外经贸委等部门管理的企业划转到市国资委,将分散于市政府各部门的出资人职能相对集中于市国资委。上海市国资委以公司制股份制为出资管理企业的主要组织形式,建立了出资人监管体系,实施战略管理、预算管理和契约管理。2006年,出资企业全面执行《企业会计准则(2006)》,委托中介机构对国有企业进行审计,试点定期公开国有企业的账目信息。为了健全国有资产基础监管体系,市国资委监管企业初步形成了会计、审计、统计结合的出资人财务监管机制。

2008年5月,《企业国有资产法》颁布实施。2008年8月,上海市委、市政府下发《关于进一步推进上海国资国企改革发展的若干意见》,明确各类国有资产监管的责任主体。市国资委进一步完善覆盖全市经营性国资的统一监管制度,到2010年共制定20多项规范性文件,涉及规划、预算、投资、财务、审计和产权交易等管理范围。市国资委按照市委、市政府《关于进一步推进上海国资国企改革发展的若干意见》,以市场化方式推进国有资本证券化,将符合条件的经营性国有资产注入上市公司,推进整体上市或核心资产上市。

2016年3月上海市国资委印发《上海市国有企业混合所有制改制操作指引(试行)》,规范国有企业混合所有制改制操作,有序发展混合所有制经济。2018年6月7日,上海市国资委、市工商局决定从2018年7月1日起,对国有企业开展产权登记、工商登记联动监管,依托跨部门协同和信息化手段实现转变监管方式、提高监管效能。

12.1.2.2 湖北国有资产管理政策变化

1978年12月召开的中国共产党十一届三中全会,揭开了国有企业改革崭新的一页。湖北省按照中央统一部署,积极推进国有企业改革。1989年5月,经省政府同意、省编委批复,设立了湖北省国有资产管理局,作为省人民政府管理全省国有资产的职能机构,属于副厅级机构。后来经过不断的努力与检查督促,至1991年年底,全省各级国有资产管理机构均已建立。1978年以来,湖北省经历了放权让利、利改税、承包经营责任制。1978年以来对国有企业进行的不同形式改革探索,在一定程度上扩大了企业的生产经营自主权,增强了企业的活力和竞争力,为进一步推进改革积累了经验。但是改革存在明显的局限性:一是政企没有分离,所改变的只是政府管企业的具体形式,作为市场经济主体的企业必须有的自主权往往不能落实。二是改革的重点放在收入分配制度上,而对最终决定收入分配的产权制度改革重视不够。三是以围绕企业自身改革的单项措施为主,改革的配套性较差,使企业改革遇到了很多困难。所以国有企业低效率和资产流失的状况未能根本扭转。

1992年,邓小平同志南方谈话和党的十四大成为国有企业改革征途上的重要里程碑,湖北省国有企业改革进入了新的历史阶段。1993年12月,中共湖北省第六次党代会对企业改革进行了新的部署,指出要在继续进行面上改革,全面贯彻《企业法》和《全民所有制工业企业转换经营机制条例》,深化企业内部劳动、人事、分配三项制度改革的同时,加快建立现代企业制度。湖北省政府自1995年2月开始,分四批确定了263家国有大中型企业建立现代企业制度试点。大多数试点企业按照"产权明晰、权责明确、政企分开、管理科学"的要求,逐步明晰了产权,优化了产权结构,初步落实了企业法人财产权,建立了法人治理结构,加强了企业内部管理。从1995年开始,湖北省把搞活国有经济的着眼点放在提高国有经济整体素质上,通过存量资产的流动和重组,对国有经济进行战略性重组,具体采取了三项大的举措:一是集中力量,抓好对全省经济有重要影响的大企业或企业集团,采取多种形式放活小的国有企业;二是实行兼并破产,促进国有资产向优势企业集中;三是通过资产重组,抓紧培育一批大企业、大集团。

按照党的十六大和十六届二中全会精神,2003年11月14日,湖北省人民政府批准设立省政府国有资产监督管理委员会(简称"省国资委"),代表省政府履行出资人职责。2003年12月18日,湖北省国资委正式挂牌成立,为省政府直属正厅级特设机构,代表省政府对省属国有资产履行出资人职责,监管模式设置为省国资委—国资经营公司—企业三层。实现了政府的公共管理职能与国有资产出资人职能分开,管资产与管人、管事相结合。到2004年年底,全省各市(州)国资委相继组建完成,湖北省、市两级国有资产监管体系框架基本建立。湖北省国资委开展了清产核资、业绩考核、完善规章制度等工作。

2004年,湖北省省委、省政府下发了《省人民政府关于实施改革与发展"三个三工程"的意见》,在继续推进中小企业改制的同时,将国有改革的重点转向了国有大型企业和骨干企业,并将实施"三个一批"战略(即将一批大型国有企业改制成为混合所有制企业,将一批国有骨干企业转制成为民营企业,将一批民营企业培育成为湖北经济发展的排头兵)作为推进国有企业改革和发展的中心工作。

2005年湖北省加强了产权交易中心建设,确定了企业国有产权定点交易机构,整合了全省产权交易机构,以省产权交易中心为龙头,新批准设立了9家分中心,在全国率先实行了省级范围内产权市场的"五统一"的管理办法,即"统一监管机构、统一交易规则、统一信息发布、统一审核鉴证、统一收费标准"。2005年年底,湖北省17个市(州)政府国有资产监管机构均完成组建,其中,荆门、宜昌、黄石、黄冈、咸宁、荆州、孝感、恩施、襄樊、十堰、武汉等11个市(州)单独组建设立了国资委,作为本级政府的直属特设机构,代表政府履行出资人职责;随州市国资委与市经委、中小企业局实行三块牌子一套班子,合署办公。鄂州、仙桃、潜江、天门、神农架等5个市(区)沿袭原来的管理体制,在市财政局下设立国资局(办、中心),负责本级的国有资产监督管理工作。各市(州)国资委经授权的监管范围也不一致,荆门、孝感、十堰等3个市明确了国资委的监管范围为市级经营性国有资产、非经营性国有资产和资源性国有资产;武汉、宜昌、黄石、黄冈、咸宁、荆州、恩施、襄樊、随州等9个市(州)明确的范围为市级经营性国有资产;鄂州、仙桃、潜江、天门、神农架5个市(区)的国资局(办、中心)由于仍挂靠财政部门,监管范围保持不变。

2006年,湖北省"三个一批"战略顺利完成,湖北省着力推进国有资产监管组织体系、制度体系、责任体系、监督体系等四大体系建设,并开始向出资企业外派监事会对其进行全面的监督检查,湖北省初步建立了比较完善的国资监管组织体系。2007年,湖北省发布了《湖北省属国有及国有控股企业负责人经济责任审计暂行规定》,制定出台了《湖北省国资委出资企业利润分配暂行办法》《湖北省国资委出资企业总会计师工作责任管理暂行办法》《湖北省国资委出资企业会计核算和管理工作规范》,2008年湖北省实行"集中布置、集中审核、集中批复、集中整改"

的"四集中"财务决算管理模式,并全面推行财务预算管理。截至 2010 年年底,湖北省省市两级国有资产监督机构已制定或参与制定规范性文件 332 件,基本形成了涵盖国资监管各项工作的制度体系。2010 年 11 月,湖北省出台了《湖北省省级国有资本经营预算管理暂行办法》。

2011 年 3 月 1 日,湖北省人民政府出台《关于加强管理促进省级国有投融资平台公司规范发展的试行意见》,从明确功能定位、理顺管理体制、完善治理结构、建立补偿机制、规范经营管理等五个方面做了相关规定。

12.1.2.3 重庆国有资产管理政策变化

1978—1988 年,重庆国有资产的改革主要是国有企业经营权和经营方式的改革。1989—2002 年,重庆国有资产管理体制改革进入了以产权制度创新为特点的新阶段,主要是制度建设。在这段时期内,重庆在全国率先试点"税利分流",将国有企业的应征税和税后利润分配明确分开,并实行税后还贷。1992 年,国家制定和发布《股份制改革试点国有资产管理暂行规定》,确定了股份制试点企业国有资产管理的基本原则,明确了股份制改革的内容和重点。1994 年 3 月,国家国有资产管理局发布了《股份制改革试点企业国有股权管理的实施意见》,在实践中逐步形成了适应股份制企业的国有资产产权管理方式。为切实推进企业改制步伐,加快建立现代企业制度,重庆通过债转股、规范上市等手段,先后对建安仪器厂、四川汽车制造厂等国有大中型企业实施股份制改制。并积极通过出售、关闭、破产、兼并、租赁等方式,对中小企业进行重组,加快国有资产从国有小企业中退出的步伐。1999 年,重庆就国有经济的发展提出"七个一批"的改革发展思路和工作措施,改革的对象主要是国有企业,"七个一批"即对国有企业兼并破产淘汰一批、债转股搞活一批、技术改造提高一批、加强内部管理转化一批、军民分线解脱一批、中小企业改制脱困一批、扶优扶强壮大一批。

2002 年以来,重庆市政府逐步组建了城投公司、地产集团等八大政府性投资集团。这"八大投"主要以土地储备为杠杆,利用土地抵押向银行贷款和发行企业债券进行投融资及城市基础设施建设,这八家投资集团的总投资占重庆基础设施总投资额的 75%。

2003 年重庆市国有资产监督管理委员会成立,履行出资人的职责,又作为委托人,监督和管理国有资产运营公司,从管理组织的层面理顺了国有资产的组织机制,这样形成了国有资产管理的三层模式,即政府(国资委)—国有资产运营公司—国有投资企业。

为加快国有企业调整和重组的步伐,重庆市在全国最早尝试建立企业化、专业化的资产经营平台,开创了"渝富模式"。2004 年 3 月 18 日,重庆成立了渝富资产经营管理有限公司(简称"渝富公司"),主要有三大职能:一是作为全市国有企业不良债务整体打包处置操作平台;二是全市环境污染搬迁、退二进三、破产、改制、重组企业的土地周转储备、托底指控中心;三是战略投资和市属金融资产管理平台。

12.1.3 全国国有资源性资产管理基本制度演化

我国自然资源管理体制的演进与历次政府机构组织改革相伴而行。从中华人民共和国成立到现在,共进行了九次政府机构改革,每次改革都涉及自然资源管理体制相应变革。

第一次,从中华人民共和国成立初期到1956年。国家处于刚刚成立阶段,对政府机构如何设置尚缺乏经验。这一时期的自然资源管理表现为无价值的供给管理。自然资源以需求为主,自然资源供给充裕,认为自然资源无价值,最终形成了经济上的粗放型发展。第二次,1956—1959年。中央提出了《关于改进国家行政管理体制的决议》,政府机构开始较大规模的改革。在1958年对经济管理体制进行了适当改革,并对行政机构做了适当调整,改革的主要内容是以中央向地方下放权力、扩大地方自主权为主。第三次,1960—1981年。从1960年起,中央再次强调权力的集中统一,下放给地方的权力重新集中起来,以至于到1965年年底,国务院的工作部门增加至79个。第四次,1982年开始展开的经济体制改革。在党的十一届三中全会以后,我国进入了新的发展时期,开始了对经济体制改革和对外开放的探索。第五次,1988年以强调转变政府职能为特征的改革。这次改革是在经济体制和政治体制改革不断深化的前提条件下进行的。第六次。1993年,这一年的改革具有里程碑式的意义。这次机构改革将适应社会主义市场经济发展的要求作为改革的目标。将经济部门改革分为三种:第一种是改为经济实体,不承担政府的行政管理职能,并颁布了《公司法》,为经济转型提供了法律支撑;第二种是改为行业协会,作为国务院的直属事业单位存在;第三种是保留或新设行政部门,对国有资产进行规划、协调、服务和监督。第七次,1998年,职能定位取得突破性改革。这次改革的目标是建立办事高效、运转协调、行为规范的行政管理体系,逐步适应社会主义市场经济体制发展的要求,建立具有中国特色的行政管理体制。第八次,稳步推进的2003年改革。此次机构改革对自然资源管理体制最大的影响是将国土资源管理部门定为宏观调控部门。其中与自然资源有关的部门为国家发改委、国土资源部、农业部、水利部、国家林业局。[①] 第九次,2018年4月成立了自然资源部。改革方案将国土资源部、国家海洋局、国家测绘地理信息局的职责与相关部门的规划管理、资源调查和确权登记等职责整合,组建自然资源部,这就为建立自然资源集中统一管理体制创造了良好条件。

---

① 廖红伟、乔莹莹:《产权视角下中国资源性国有资产管理体制创新》,《理论学刊》,2015年第2期。

总体来看,国家机构改革经历了一条"合—分—合"的轨迹,相应地,自然资源的管理机构虽也经历了"精简—膨胀—精简"的过程,其规模总体上呈下降趋势。自然资源管理模式根据不同的经济发展时期,可以概括为四个阶段:一是无价值时期的供给管理。在这一时期,自然资源供给充裕,以需求定供给,认为自然资源无价值,在经济上表现为粗放型增长,资源过度浪费。二是有价值时期的需求管理。这一时期人们认识到资源的稀缺性,开始注重资源的价值管理。三是计划经济体制下的资源化管理,政府通过行政手段对资源的开发利用进行直接管理与配置。四是社会主义市场经济体制下的资产化管理,把自然资源作为资产进行管理,从开发利用到生产再生产的过程,遵循自然规律和经济规律,对其进行投入、产出管理。

12.2 国有资产管理的结构特征与突出问题

12.2.1 目前国有资产的分布及现状分析

国有资产是产权为国家所有并为国家提供社会和经济效益的各种经济资源的总和,国有资产参与国民经济运行过程,是国民经济资源的一部分。按照存在形式,国有资产可分为资源性国有资产、企业国有资产、行政事业单位国有资产。资源性国有资产,即属于国家所有的土地、矿藏、森林、水流等国有资产;企业国有资产,即国家对企业的出资所形成的权益,也称为经营性国有资产;行政事业单位国有资产,即由国家机关、行政事业单位等组织使用管理的国有资产,也称为非经营性国有资产。

本文将全国 31 个省份分为东、中、西三个区域,来分别探析上述三类国有资产储量在全国范围内的分布情况。

12.2.1.1 资源性国有资产分布及现状分析

我国国有资源种类丰富,本文只选择主要矿产资源和土地资源这两类大宗资源来探析其分布情况。

首先来看矿产资源的分布情况。

1. 能源分布

图 12-1 只统计了石油、天然气和煤炭的数据。截至 2016 年 12 月 31 日,我国石油储量为 350 120.30 万吨,其中西部省份储量最高,为 137 800.80 万吨,占总储量的 39%;中部和东部省份储量占比分别为 21%、22%,海域也储有石油,占比为 18%。我国天然气储量为 54 365.46 亿立方米,主要分布在西部省份,西部省份储有天然气 35 926.27 亿立方米,占比高达 66%,中部省份天然气储量占比为 23%,东部省份和海域天然气分布较少,仅为 11%。我国煤炭储量有 2 492.27 亿吨,

主要分布在中部省份,中部省份分布着1 679.58亿吨煤炭,占比为67%,西部次之,占比为26%,东部最少,仅占7%。可以看出,我国能源主要分布在中西部省份。

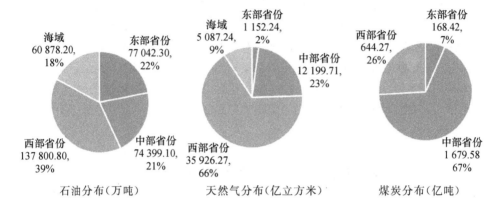

图 12-1 我国石油、天然气和煤炭储量情况

资料来源:《中国统计年鉴(2017)》

2. 金属矿产资源

金属矿产资源分为黑色金属矿和有色金属矿。此处统计了主要金属矿产资源储量。截至2016年12月31日,黑色金属矿中,储量较多的是铁矿石、锰矿石和原生钛铁矿。我国铁矿石资源丰富,共有2 012 000万吨,东部省份分布最多,占比为47.68%,中部省份和西部省份占比分别为28.85%、23.47%。锰矿石资源主要分布在东部省份,占比61.21%,中部省份和西部省份占比分别为10.19%、28.61%。原生钛铁矿有90.61%分布在西部省份,东部和西部省份占比均不到5%。铬矿石和钒矿石都主要分布在西部省份(见表12-1和表12-2)。

表 12-1　2016 年年末金属矿产资源分布总量　　　　　　　　　单位:万吨

省份	黑色金属矿					有色金属矿				
	铁矿(矿石)	锰矿(矿石)	铬矿(矿石)	钒矿	原生钛铁矿	铜矿(铜)	铅矿(铅)	锌矿(锌)	铝土矿(矿石)	菱镁矿(矿石)
东部	959 400	18 994.27	4.64	186.04	1 112.76	143.61	256.74	676.63	49 365.74	100 534.03
中部	580 500	3 161.09	56.29	47.45	1 053.69	1 461.64	842.92	1 709.88	29 345.57	1.10
西部	472 200	8 878.24	346.25	718.28	20 898.65	1 015.73	708.96	2 052.60	22 244.02	236.39
总计	2 012 000	31 033.60	407.18	951.77	23 065.10	2 620.99	1 808.62	4 439.11	100 955	100 772.50

资料来源:《中国统计年鉴2017》。

表12-2 2016年年末金属矿产资源分布结构　　　　　　　　　　　　　单位:%

省份	黑色金属矿					有色金属矿				
	铁矿（矿石）	锰矿（矿石）	铬矿（矿石）	钒矿	原生钛铁矿	铜矿（铜）	铅矿（铅）	锌矿（锌）	铝土矿（矿石）	菱镁矿（矿石）
东部	47.68	61.21	1.14	19.55	4.82	5.48	14.20	15.24	48.90	99.76
中部	28.85	10.19	13.82	4.99	4.57	55.77	46.61	38.52	29.07	0.00
西部	23.47	28.61	85.04	75.47	90.61	38.75	39.20	46.24	22.03	0.23
总计	100.00	100.00	100.00	100.00	100.00	100.00	100.00	100.00	100.00	100.00

资料来源:《中国统计年鉴2017》。

3. 非金属矿产资源

此处统计了硫铁矿、磷矿、高岭土三种主要的非金属矿产资源储量数据。截至2016年12月31日,我国储有硫铁矿矿石127 808.99万吨,东部、中部和西部省份储量分别占总储量的19.64%、37.65%和42.71%。我国磷矿石共有324 100万吨,西部地区储量最高,为56.25%,东部和中部省份各分布有8.61%和35.17%。我国高岭土共计69 285.05万吨,主要分布在东部省份,有84.46%,中部省份分布有15.11%,西部省份储量占比不到1%(见表12-3)。

表12-3 2016年年末非金属矿产资源分布情况

省份	非金属矿					
	硫铁矿（矿石）		磷矿（矿石）		高岭土（矿石）	
	储量（万吨）	占比（%）	储量（万吨）	占比（%）	储量（万吨）	占比（%）
东部	25 103.01	19.64	27 900	8.61	58 516.18	84.46
中部	48 120.38	37.65	114 000	35.17	10 472.33	15.11
西部	54 585.60	42.71	182 300	56.25	296.54	0.43
总计	127 808.99	100.00	324 100	100.00	69 285.05	100.00

资料来源:《中国统计年鉴2017》。

再来看土地资源的分布情况。

我国幅员辽阔,土地资源丰富,截至2016年12月31日,我国共有已利用农用地64 512.67万公顷,其中西部省份占50%,中部省份占34%,东部省份仅占16%,这也在一定程度上反映了各地经济发展情况的不同。相比之下,中西部地区农业对经济的贡献较多,而东部地区经济较少依靠农业。我国已利用建设用地共3 909.51万公顷,东部和中部省份分别有1 581.75公顷、1 467.72万公顷,占比分别为40%、38%,而西部省份由于多山地和经济发展相对落后,占比仅为22%(见图12-2)。

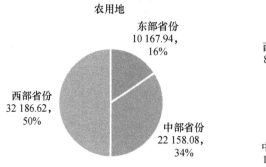
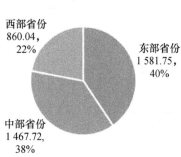

图 12-2　我国土地资源分布情况

资料来源:《中国环境统计年鉴 2017》。

12.2.1.2　经营性国有资产分布及现状分析

国家对国有企业的资本拥有所有权或者控制权。按照国有资产管理权限划分,国有企业分为中央企业(由国务院国资委监督管理的国有企业)和地方企业(由地方国资委监督管理的国有企业)。截至 2016 年 12 月 31 日,我国国资系统合并监管的国有企业国有资产总量达 277 629.3 亿元,其中由国务院国资委监管的企业国有资产总量为 109 003.7 亿元,占比为 39.26%,由地方国资委监管的企业国有资产总量为 256 342.8 亿元,占比为 60.74%。

关于地方国资委监管的国有企业国有资产,东部省份国有企业国有资产为 142 252.4 亿元,占地方国资委监管的国有企业国有资产总量的 55.49%,占比最高,其中江苏、上海、广东、浙江四个省份占据前四位,均超过 15 000 亿元。中部省份国有企业资产为 48 705.4 亿元,占 19%,其中安徽国有企业资产总量最高,为 9 865.5 亿元,远高于其他省份。西部省份国有企业资产为 65 385 亿元,占比 25.51%,其中重庆、四川、贵州国有企业资产总量排名靠前,远超过其他省份(见表 12-4)。

表 12-4　2016 年年末地方国有企业国有资产分布情况

东部			中部			西部		
省份	金额 (亿元)	在全国 占比(%)	省份	金额 (亿元)	在全国 占比(%)	省份	金额 (亿元)	在全国 占比(%)
北京	12 222.2	4.77	山西	4 025.4	1.57	重庆	16 015.3	6.25
天津	10 998.4	4.29	内蒙古	6 493.8	2.53	四川	13 254.0	5.17

(续表)

东部			中部			西部		
省份	金额（亿元）	在全国占比(%)	省份	金额（亿元）	在全国占比(%)	省份	金额（亿元）	在全国占比(%)
河北	4 045.9	1.58	吉林	912.3	0.36	贵州	10 188.2	3.97
辽宁	6 108.8	2.38	黑龙江	4 678.6	1.83	云南	8 496.8	3.31
上海	21 112.9	8.24	安徽	9 865.5	3.85	西藏	568.6	0.22
江苏	25 042.9	9.77	江西	5 739.1	2.24	陕西	6 777.3	2.64
浙江	16 739.0	6.53	河南	5 298.9	2.07	甘肃	4 349.7	1.70
福建	5 699.0	2.22	湖北	5 885.8	2.30	青海	1 636.5	0.64
山东	10 905.4	4.25	湖南	5 806.0	2.26	宁夏	793.1	0.31
广东	20 167.0	7.87				新疆	3 305.5	1.29
广西	7 583.7	2.96						
海南	1 627.2	0.63						
总计	142 252.4		总计	48 705.4		总计	65 385.0	

资料来源：《中国财政年鉴 2017》。

12.2.2 经营性国有资产分布变化情况

由于资源性国有资产的分布主要受限于自然环境，因此此处不讨论其变化情况，而行政事业单位国有资产的数据获取受限，所以此处也不讨论其变化情况，此处仅讨论经营性国有资产 2012—2016 年五年间的变化情况。

由图 12-3 可以看出，2012—2016 年，东部、中部、西部地区都经历了国有资产先减少再逐渐增加的过程，但是国有资产金额一直是东部地区最大，西部地区次之，中部地区最小。东部地区的国有资产在 2012—2014 年处于减少的状态，2014—2015 年开始缓慢增加，2015—2016 年大幅增加，进一步领先于中西部地区的国有资产金额，东部地区国有资产金额在 2016 年年末超过了西部地区国有资产金额的两倍，接近中部地区国有资产金额的三倍。2012—2015 年，西部地区国有资产金额一直以较小的差距领先于中部地区，并且两者先降后增的趋势几乎一致，在 2012—2013 年都缓慢下降，在 2013—2015 年逐渐增加，但在 2015—2016 年西部地区国有资产增长速度变快，而中部地区国有资产增长速度几乎保持不变，以致两者差距拉大，在 2016 年年末，西部地区国有资产金额领先中部地区 16 679.6 亿元。从 2015 年开始，东中西地区国有资产分布差距日渐拉大。

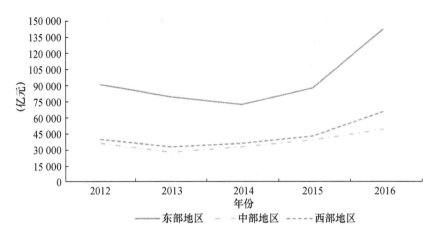

图 12-3　经营性国有资产变化情况(2012—2016)

资料来源:《国有资产监督管理年鉴 2013—2016》《中国财政年鉴 2017》。

12.2.3　国有资产管理存在的问题

12.2.3.1　资源性国有资产管理存在的问题

一是政出多头,权责不清。目前在我国,资源性国有资产分散在各级政府或部门,我国涉及自然资源管理与开发的部门包括水利、煤炭、有色金属、石油化工、国土资源、农业、海洋、旅游、林业、环保、城市规划等十几个相关部门。这些部门都是一级独立的行政机构,各部门下属的当地机构隶属于当地政府,在一定程度上具有独立的决策权并代表了地方和部门利益。由于我国自然资源多头管理,缺少统一的人格代表,由此导致了各地政府、部门相互争抢利益,互相推诿责任。国家作为自然资源所有者的权益得不到实现,发生责任难以找到具体的部门来承担。

二是资源性国有资产流失严重。我国矿产资源以前长期粗放式发展,煤炭等资源投入高,资源消耗快,浪费严重。我国煤炭企业的回采率平均只有 40% 左右,一些小的煤炭企业回采率都不到 15%,而国际平均回采率平均为 60%。根据国家统计局公布的数据,2013 年煤炭、石油和天然气、黑色金属矿、有色金属矿、非金属矿采选业的工业总产值总计 30 024.03 亿元,按最多 50% 的损失计算,约有 15 012.01 亿元的矿产资源流失。若考虑到人力资本、固定资产等机会成本的损失,2013 年资源性国有资产仅矿产资源这一类就损失将近 15 500 亿元。

三是资源性国有资产综合利用率低,短期行为突出。以矿产资源为例,我国矿产资源的综合利用率一直处于低位,我国矿产资源总回收率约 30%,比国外先进水平的 50% 以上差了约 20%,而我国矿产资源综合利用率不足 20%,比国外先进水平的 50% 以上差了约 30%。在自然资源国有资产的开发利用中,企业的短期行为非常突出。矿产资源的开采者只拥有短期的使用权,但为了短期利益,过度地使用不属于自己的资源,而非通过技术创新提高矿产资源利用率,造成了矿产资源的耗竭开采,给当地生态环境带来了恶劣影响。

四是资源要素使用价格偏离市场价值体系。我国资源性国有资产管理只注重国有资产使用价值的管理,重点考虑国有资源的开发、使用和保护,而对其商品属性和价值管理多是忽视状态,使得国有资源不能完全资产化,这直接导致资源要素使用价格偏离市场定价体系。目前一些资源性资产的定价基本只考虑了勘探、开发及运营成本,而忽视了资源作为资本带来的投资收益,使得产品定价偏低,价值规律无法发挥作用,资源不能合理配置,造成了资源性产品浪费。

12.2.3.2 经营性国有资产管理存在的问题

一是政企不分、政资不分。国有企业和政府的关系不够明确,责任主体不够具体,导致在进行具体的投资发展行为时出现政企不分、政资不分的现象,极大地阻碍了国有企业的正常发展,使得国有企业不能自主地进行市场决策,而是受制于政府的决策。

二是监管存在缺位、越位、错位。缺位是指国有资产监管的法律责任不明确,相关职能作用发挥不出来。虽然责任主体具体明确,但是国有资产监管制度过于依赖行政管理体制,政府对国有资产的管理职能需要被细化后再来行使职责,法律责任主体反而不明确了。缺乏一个明确的法律责任主体造成了各部门只重收益而轻视责任。同时由于政府作为国有资产出资人的职能被多个部门分割行使,各部门都凭借国有资产所有人代表的身份干预生产经营,出现越位,阻碍了企业的正常发展。并且由于各部门的利益诉求不同,会出现国有企业不知如何去执行,同时不能全面地体现国家意志。

三是国有资产的相关监督体系不完善。主要有三个方面:首先是缺乏系统有效的法律监管,其次是国有资产初始委托人的监督积极性和能力较为薄弱,最后是市场约束不力。国有资产的监督机制应该是系统、全面的,既要内外皆监管,又要法律、市场皆有约束。

12.3 横向财政分配关系完善的建议

12.3.1 建立统一管理的国有资源管理体制[1][2]

国有自然资源资产首先属于自然资源资产的一部分,但同时作为国有资产,

---

[1] 鄢斌、毕秋爽:《国有资源资产统一管理的实施路径》,《环境经济》,2018年第5期。
[2] 廖红伟、乔莹莹:《产权视角下中国资源性国有资产管理体制创新》,《理论学刊》,2015年第2期。

又有其特殊性。国家无论是作为行政主体,还是作为国有资产所有者,都是为了最大限度地实现全民福祉。在当前我国生态环境形势十分严峻的背景下,加强生态文明建设,推动形成人与自然和谐发展的现代化建设新格局,功在当代、利在千秋。"建设美丽中国"的规划中明确提出,设立国有自然资源资产管理和自然生态监管机构,完善生态环境管理制度,统一行使全民所有自然资源资产所有者职责,统一行使所有国土空间用途管制和生态保护修复职责,统一行使监管城乡各类污染排放和行政执法职责,才能解决自然资源横向不均衡所带来的问题。

1. 建全高效完备的自然资源资产管理体系

首先应健全空间规划体系和用途管制制度,由中央直接进行国有自然资源资产清单编制。全面实施战略布局,因地制宜,做到自然资源资产管理全国一盘棋。国有自然资源是具有战略性、全局性的生态要素,为了形成系统完整的管理体系,应当按照不同种类的自然资源在生态意义、经济价值以及国防安全等方面重要程度的不同,研究编制由各级政府分级行使所有权的资源资产清单和空间范围。

2. 建立所有权与经营权适当分离的有机管理体制

自然资源资产国家所有权不等于国家经营权,国有自然资源资产管理的关键是做好自然资源财产权管理,这是一项系统性工程,涉及登记、资产核算、清单编制、管理体制、收益分配、财政支出等一系列管理环节,又与自然资源监督管理、生态保护等方面相关联。根据公平优先、兼顾效率的原则,对于经营性国有自然资源资产,国家作为所有者对其进行统一规划、集中定价、经营权使用权出让、收支核算等。集中自然资源资产国家所有权的同时让渡使用权,以此获得产权收益。除了集中管理国有自然资源资产,国有自然资源资产管理机构应对私有自然资源资产展开咨询、指导、监管并提供服务,进行公私一体的全方位统筹。抓大放小,放开具体市场经营活动的自主权,实现政府宏观调控与市场经济的良性互动。

3. 理清中央与地方在资源管理方面的事权和财力,分级行使所有权

建立分级行使所有权体制需进行顶层设计。具体而言,首先要求研究编制中央和地方行使所有权的自然资源资产清单和空间范围;其次应依据财权和事权相适应的要求,建立与分级行使所有权相适应的收支分配体系。这项改革以产权制度的完善为前提,需要在整个过程中逐步推进,不可能一蹴而就。

4. 建立并完善激励约束机制

根据委托—代理理论,防范委托—代理关系中的道德风险问题,根本途径就是建立相应的激励约束机制,对代理人和委托人进行行为上的激励与约束,协调两者之间的利益。对管理者和资源经营者激励机制有两种:正激励和负激励。正激励机制即以代理人行为的绩效与委托人的期望相一致的程度为标准,来衡量和确定代理人的奖励性报酬水平。对于资源性国有资产管理机构的工作人员还可

以职位的升迁作为激励手段,对于表现好的资源经营者实行优惠税费等激励政策。负激励机制是通过反向激励的方法来克服代理人利用信息优势对委托人采取的机会主义行为。惩罚方式主要包括行政处罚、法律处罚、报酬处罚、退出处罚等。关键是建立透明的规制机制,否则会出现谁相互勾结保护的情况,使得惩罚机制失效。在一定程度上,负激励相对正激励更能防范代理人的道德风险问题。

5. 建立科学的资源定价体系

科学的评价资源价值是构建产权制度、实现资源综合管理的基础。我国目前资源产权管理的一个主要问题就是家底不清,原因就是缺少科学的资源价值评估体系。当前,应组织各领域专家参与研究,一是借鉴国外经验与技术手段,完善资源价格计算方法,形成一个由市场供求决定的资源产品开发、使用及出售的系统性定价体系;二是实现如何将资源的生态价值在价格中体现出来,从而使资源品的特殊性价值完全内在化,从实质上实现资源定价体系的精准化和有效性,确保资源配置的效率性及社会效益最大化。

12.3.2 完善经营性国有资产的布局和管理体制

1. 经营性国有资产应当坚持布局调整与区域经济的协调发展相结合

从地区角度来看,国有企业比重在东部、中部和西部地区依次递增,民营企业和三资企业在三大地区所占的比重则依次递减。由于地理位置、资源和环境、技术与人才、政策倾斜,以及原有的经济基础差异等原因,我国地区之间经济发展水平的差距明显,东部地区经济发展速度及水平远高于中西部地区。在东部地区,经过三十多年的改革开放,非公有制经济已经成为国民经济中的一支重要力量。从国有经济的自身发展来看,由于经济体制改革的进程较快,国有经济迸发出了活力,国有企业在投入、产出、经济效益方面,较西部地区占有绝对优势,这使得东部地区虽然国有资产占社会总资产的比重有所下降,但是国有资产的总额却不断增加,国有资产保值增值效果明显。国有净资产占全国比重居前六位的省份基本位于东部地区,所以中西部地区应加大调整力度,大力发展包括个体私营经济、股份制经济、外商投资经济等在内的各类经济。为了缩小差距,使地区之间的经济协调发展,国有经济还应该在加快中西部地区基础设施建设和一些大的建设项目中发挥重要作用。

2. 加强制度规范,提升经营性国有资产的经营能力

管好制度规范与能力建设。改革重在落实。在实施过程中尤其需要注意将监管的权力放进制度的笼子里,实行依法监管;同时应该着重加强能力建设,提升监管效能,避免在政策执行过程中的无谓效率损失。在制度规范方面,一方面可考虑制定完善一批核心制度,例如国有资本产权制度、国有资本运营管理制度、国有资本经营预算制度和国有资本风险管理、风险防范制度;另一方面可考虑建立

与强化一系列配套制度,例如政府购买公共服务制度规范,市场化购买资金安排操作手册、公私伙伴关系、公共服务外包、母基金模式、BOT模式等的操作指引。在能力建设方面,需要提高国有资产监管机构的统一性和专业性,推进经营性国有资本监管全覆盖,形成规则统一、权责明确、分类分层、规范透明、全面覆盖的经营性国有资产监管框架;需要依法依规放开各种准入限制,建立国有资本按市场规则有序进退、合理流动的机制;需要完善推进量化的考核指标体系和第三方评估机制;需要构建强化国资监管机构内部研究、培训和知识提升体系,注重政策性、专业性和实操性,为完善国有资产管理体制夯实智力基础。

3. 完善国有资本经营预算制度①

随着我国经济进入新常态,国有资本经营预算应按照国家宏观调控需求通过收支管理来优化国有资本布局,引导国有资本从"摊大饼"的发展模式中脱离出来,从追求规模效应向保证高质量发展转变。

第一,国有资本经营预算应在国有资本财政体系下,强化国有资本财政与公共财政的统筹性和调控性,保证国有资本经营预算与一般公共预算、社会保险基金预算和政府性基金预算的整体性、独立性和衔接性。第二,国有资本经营预算应以国有资本登记和交易平台为依托,不断细化国有资本的行业标准、扩大国有资本经营预算的征缴范围,将预算征缴范围扩大至各级、各类国有企业,实现国有企业的全覆盖。第三,国有资本经营预算应根据国有资本的不同类别、不同功能、不同要求来完善收益征缴机制,盘活存量、有进有退、优化增量、强化效能,按照国家宏观调控需求和市场情况,形成动态调整的预算收益征缴机制,提高国有资本管理效率。第四,国有资本经营预算应丰富支出方式,不仅要提高直接支出效能,而且要运用市场化机制优化间接支出模式,既可以国有资本股权投入方式开展政府直接授权国有资本投资公司和国有资本运营公司履行出资人职责的试点工作,又可以国有资本为种子基金引导社会资本的合作等。第五,国有资本经营预算应强化预算编制、审批、执行、审查、监督等各个环节的监控,提升国有资本经营预算绩效评价管理的有效性,推动国有资产管理体制的不断完善。

---

① 薛贵:《新时期完善国有资产管理体制的探析》,《财政科学》,2018年第4期(总第28期)。

第 13 章 省份社会保障的不均衡分配

社会保障是民生之安,是现代国家一项重要的社会经济制度,主要包括社会保险、社会救助、社会福利和社会优抚等内容,其中,社会保险是社会保障制度的核心部分。中国政府高度重视社会保障体系建设,积极致力于建立健全同经济发展水平相适应的社会保障体系。

我国自1984年开始逐步进行社会保障制度改革。三十多年来,通过不断改革与创新,我国社会保障体系建设迅速发展,在世界上人口最多的国家建立起了比较健全的社会保障制度体系。目前,我国已成为世界上社会保障制度覆盖人数最多、保障项目基本齐备的国家,形成了非常庞大的社会保障体系,保障能力日益增强,成为一个社保大国,取得了举世公认的巨大成就。与此同时,我国社会保障在省份间的分配仍然存在一定的问题,需要进一步完善。

13.1 基本制度演化

我国社会保障的财政支出包括社会保险、社会救助、社会福利和社会优抚等内容,这些项目属于不同的管理部门,管理制度差异很大,限于篇幅,无法逐一分析。本章以社会保障中覆盖人数最多、收支规模最大、财政补贴最多的城镇职工基本养老保险制度进行分析。

需要说明的是,我国城镇职工基本养老保险由统筹基金和个人账户基金两部分构成,其中统筹基金用于发放基础养老金,个人账户基金部分用于发放个人账户养老金。由于个人账户基金属于个人产权,不宜进行全国统筹。因此,本文的研究对象是城镇职工基础养老金部分。

13.1.1 历次改革重点

1991年,国务院颁发了《关于企业职工养老保险制度改革的决定》,建立多层次养老保险制度,是我国养老保险制度全面改革的开始,养老保险基金实行社会统筹模式,首次实行社会统筹、地方统筹和行业统筹。

1995年,《关于深化企业职工养老保险制度改革的通知》出台,第一次以国务院文件的形式要求各地建立个人账户,并提出了两套社会统筹和个人账户相结合的实施办法,由各地政府选择试点,"统账结合"开始落实。但建立个人账户时间不统一,最早是1995年1月1日,最晚是1998年1月1日。

1997年,国务院发布《关于建立统一的企业职工基本养老保险制度的决定》,统一了"统账结合"实施方案,并统一了全国养老保险制度(包括缴费个人账户规模和管理办法、基本养老金计发办法)和社会保障制度,标志着我国养老保险制度进入了一个新的历史时期。它也成为正式确立中国目前养老保障制度框架的纲领性文件,延续至今。

2000年,国务院发布《关于印发完善城镇社会保障体系试点方案的通知》,标志着我国养老保险改革开始趋向完善。

2005年,国务院发布《关于完善职工基本养老保险制度的决定》,对我国养老保险制度进行了完善,为了与做实个人账户相衔接,自2006年1月1日起,个人账户记账规模统一由本人缴费工资的11%调整为8%,全部由个人缴费形成,单位不再划转,自此实现了个人缴费比例的全国统一。

2009年,《关于转发人力资源社会保障局财政部〈城镇企业职工基本养老保险关系转移持续暂行办法〉的通知》出台,统一了全国养老保险转移办法。

2010年,《中华人民共和国社会保险法》颁布,自2011年7月1日起实行,共12章98条,进入法制阶段,有法可依。

2012年,《中华人民共和国军人社会保险法》颁布,自2012年7月1日起实行。

2016年,财政部会同人力资源和社会保障部印发《关于阶段性降低社会保险费率的通知》,指导地方做好阶段性降低养老保险、失业保险费率工作。其中,20个省份将企业职工基本养老保险单位缴费比例降至19%,全国31个省份和新疆生产建设兵团将失业保险总费率降至1%—1.5%,降费期限从2016年5月1日起实施,暂执行两年。

2017年11月,国务院公布《划转部分国有资本充实社保基金实施方案》,明确将中央和地方国有及国有控股大中型企业、金融机构纳入划转范围。从2017年开始,选择部分中央企业和部分省份试点,统一划转企业国有股权的10%充实社保基金。

2018年2月,中共中央印发的《深化党和国家机构改革方案》提出,为提高社会保险资金征管效率,将基本养老保险费、基本医疗保险费、失业保险费等各项社会保险费交由税务部门统一征收。国税地税机构合并后,实行以国家税务总局为主与省(自治区、直辖市)政府双重领导管理体制。

13.1.2 统筹层次的改革进展

一个系统的养老保险体系需要具备广泛的人口覆盖率和较高的统筹层次,这样才能使制度整体的资金流动性和抗风险能力都得到加强。我国政府分别在1991年、1997年、1999年三次提到要实行省级统筹,而实际的工作情况却不尽如人意,仅仅只有北京、天津、上海、福建等省份实现了省级统筹。而在这些实现了省级统筹的省份中,有的省份因为可调剂的资金太少,并不能真正缓解该省份养老金支付压力的问题。当前,我国城镇职工养老保险基本实现了省级统筹,但具体又可分为三种基金管理使用方式[①]。

一是统收统支模式。为北京、天津、上海、西藏、陕西和青海等省份所实施,其主要特征是:养老基金的收支都由省级政府集中进行支配与管理,各地、市、县不再分别设立独立账户。

二是预算管理模式。与统收统支模式相比,其区别在于省级与地方具有一定程度的利益共享和责任共担机制,同时将其纳入预算管理,为河北、山西等13个省份所实施,但各省份在执行办法上各具特色,特别是与激励问题相关的地方基金征收、留存和上缴办法各不相同。

三是省级调剂模式。在此模式下,各省份在平衡养老金的省内各省份盈亏差异上采用了不同的上解与下拨办法。其中,省级调剂金一般按月(或季)下拨,通常与地市基金征缴率、扩大覆盖面情况、清理企业欠费力度、养老金社会化发放率等工作实绩相结合。部分省份还把地级市是否建立养老保险基金预警制度作为省级调剂的一项指标。

总体来看,在全国31个省、直辖市、自治区及新疆生产建设兵团中,虽然已有28个省份实现了预算管理框架下的省级统筹,但从基金是否在全省范围内实现统收统支的实质标准看,仅有北京、天津、上海、安徽、甘肃、宁夏、新疆、西藏、陕西和青海等省份实现了省级统筹,其他省份实际仍局限于市级、县级统筹的低层次。

在省级统筹遭遇困难的同时,全国统筹更是步履维艰。统筹层次过低就意味着不同省份各自为政,不愿意失去养老基金的控制权,想要将养老金从有结余的

---

① 庞凤喜、贺鹏皓、张念明:《基础养老金全国统筹资金安排与财政负担分析》,《财政研究》,2016年第12期。

省份过渡到养老金支付不足的省份就会遇到比较大的阻力。由于统筹层次低,实际管理养老金的是2 000多个县(市)地方政府,中央权力下放到省,省又下放到市,市再下放到县,这样复杂的层级关系给养老金的管理效率带来了很大的挑战,不利于上级对地方养老金管理的监督。在全国统筹中,梳理这些关系就成了难中之难。

随着我国人口老龄化加快发展和就业多样化以及经济发展不平衡等原因,省份间抚养比差距扩大,省际养老保险基金负担不平衡的问题越来越突出,靠省级统筹难以解决,需要进一步提高统筹层次,在全国范围对基金进行适度调剂。2011年开始正式实施的《中华人民共和国社会保险法》规定,基本养老保险基金逐步实行全国统筹。党的十九大报告明确要求尽快实现养老保险全国统筹。由于我国区域经济发展水平不平衡,各地养老保险抚养比相差悬殊,养老保险政策、待遇水平仍存在差异,省级统筹制度还不够完善,难以一步实现基金全国统收统支。为此,中共中央、国务院决定,先建立养老保险基金中央调剂制度,作为实现全国统筹的第一步。2018年5月,中央全面深化改革委员会第二次会议审议通过《企业职工基本养老保险基金中央调剂制度方案》,2018年6月,国务院发布了《关于建立企业职工基本养老保险基金中央调剂制度的通知》(以下简称《通知》),自7月1日起实施基金中央调剂制度。《通知》对中央调剂基金筹集、拨付以及中央调剂基金管理等问题做出了明确规定。

2018年6月13日,人力资源和社会保障部副部长游钧在国务院政策例行吹风会上表示,我国将加快完善养老保险省级统筹制度,推进养老保险基金统收统支工作,2020年要全面实现省级统筹,为养老保险全国统筹打好基础。

13.1.3 关于实施基础养老金全国统筹的研究文献综述

理论界对于实施基础养老金全国统筹已经形成共识,讨论和争议的焦点在于如何在操作层面实现全国统筹的操作层面问题。

林毓铭认为,基础养老金全国统筹的推进难点在于地方利益的矛盾、碎片化的管理制度以及个人账户的空账运行,因此需从养老保险制度模式、养老保险基金预算、中央与地方的权责关系以及搭建养老保险信息系统大数据平台等方面进行推动。①

肖严华等建议,构建缴费率门槛较低、各类型劳动者均能参加的"国民基础养

---

① 林毓铭:《体制改革:从养老保险省级统筹到基础养老金全国统筹》,《经济学家》,2013年第12期。

老金",以"中央保基数,地方补差额"为原则度过过渡期。①

庞凤喜等通过对基础养老金财政负担情况的测算发现,未来基础养老金财务运行状况不容乐观,中央财政应当承担起"兜底"责任,统一征收主体、理顺分配方式、降低缴款负担,尽快推进基础养老金全国统筹。②

齐海鹏等人认为,实现基础养老金全国统筹面临中央与地方之间的利益博弈、基础养老金全国统筹的债务风险等问题,必须通过整合现行财权事权制度、建立基础养老金垂直管理机构以及加快推进社会保险费改税进程来推动基础养老金全国统筹进程。③

13.2 结构特征与突出问题

13.2.1 城镇职工基本养老保险基金收入的省际差异

2015年,在城镇职工基本养老保险基金总收入中,征缴收入占78.44%,财政补助占16.07%,利息收入占3.5%,其他收入占1.89%。④ 下面我们重点分析征缴收入的省际差异。某地基本养老保险的缴费基金收入与当地在岗职工的平均工资、在岗职工人数,以及基本养老保险缴费率存在正相关关系。当某地在岗职工平均工资越高、缴费人数越多、基本养老保险缴费率越高,则基本养老保险的缴费收入越高。本文主要选取了平均工资与基本养老保险缴费率两个因素进行研究,从中探寻城镇职工基本养老保险缴费基金收入的省际差异。

13.2.1.1 平均工资水平的差异

本小节主要通过整理各省平均工资数据,根据公式"变异系数＝标准差÷均值",计算2006—2016年11年间各省份平均工资的变异系数,分析平均工资省际差异的变化趋势以及对于基本养老保险缴费收入省际差异的影响(见表13-1)。

根据表13-1的变异系数计算,可绘制出折线图如图13-1所示。

---

① 肖严华:《21世纪中国人口老龄化与养老保险个人账户改革——兼谈"十二五"实现基础养老金全国统筹的政策选择》,《上海经济研究》,2011年第12期。
② 庞凤喜、贺鹏皓、张念明:《基础养老金全国统筹资金安排与财政负担分析》,《财政研究》,2016年第12期。
③ 齐海鹏、杨少庆、尹科辉:《我国基础养老金全国统筹障碍分析及方案设计》,《地方财政研究》,2016年第11期。
④ 郑秉文:《中国养老金发展报告2016》,经济管理出版社,2016。

表 13-1　2006—2016 年间各省份城镇单位就业人员平均工资

单位：元

年份 省份	2006	2007	2008	2009	2010	2011	2012	2013	2014	2015	2016
北京	39 684	45 823	55 844	57 779	65 158	75 482	84 742	93 006	102 268	111 390	119 928
天津	27 628	33 312	39 990	43 937	51 489	55 658	61 514	67 773	72 773	80 090	86 305
河北	16 456	19 742	24 276	27 774	31 451	35 309	38 658	41 501	45 114	50 921	55 334
山西	18 106	21 315	25 489	28 066	33 057	39 230	44 236	46 407	48 969	51 803	53 705
内蒙古	18 382	21 794	25 949	30 486	35 211	41 118	46 557	50 723	53 748	57 135	61 067
辽宁	19 365	22 882	27 179	30 523	34 437	38 154	41 858	45 505	48 190	52 332	56 015
吉林	16 393	20 371	23 294	25 943	29 003	33 610	38 407	42 846	46 516	51 558	56 098
黑龙江	15 894	18 481	21 764	24 805	27 735	31 302	36 406	40 794	44 036	48 881	52 435
上海	37 585	44 976	52 122	58 336	66 115	75 591	78 673	90 908	100 251	109 174	119 935
江苏	23 657	27 212	31 297	35 217	39 772	45 487	50 639	57 177	60 867	66 196	71 574
浙江	27 570	30 818	33 622	36 553	40 640	45 162	50 197	56 571	61 572	66 668	73 326
安徽	17 610	21 699	25 703	28 723	33 341	39 352	44 601	47 806	50 894	55 139	59 102
福建	19 424	22 277	25 555	28 366	32 340	38 588	44 525	48 538	53 426	57 628	61 973
江西	15 370	18 144	20 597	24 165	28 363	33 239	38 512	42 473	46 218	50 932	56 136
山东	19 135	22 734	26 234	29 398	33 321	37 618	41 904	46 998	51 825	57 270	62 539
河南	16 791	20 639	24 438	26 906	29 819	33 634	37 338	38 301	42 179	45 403	49 505
湖北	15 779	19 548	22 384	26 547	31 811	36 128	39 846	43 899	49 838	54 367	59 831
湖南	17 400	21 060	24 146	26 534	29 670	34 586	38 971	42 726	47 117	52 357	58 241
广东	26 400	29 658	33 282	36 469	40 432	45 060	50 278	53 318	59 481	65 788	72 326

(续表)

年份 省份	2006	2007	2008	2009	2010	2011	2012	2013	2014	2015	2016
广西	17 571	21 251	24 798	27 322	30 673	33 032	36 386	41 391	45 424	52 982	57 878
海南	15 843	19 220	21 767	24 790	30 775	36 244	39 485	44 971	49 882	57 600	61 663
重庆	19 172	22 965	26 640	30 499	34 727	39 430	44 498	50 006	55 588	60 543	65 545
四川	17 612	21 081	24 725	28 149	32 567	37 330	42 339	47 965	52 555	58 915	63 926
贵州	16 481	20 254	23 979	27 437	30 433	36 102	41 156	47 364	52 772	59 701	66 279
云南	18 262	19 912	23 305	26 163	29 195	34 004	37 629	42 447	46 101	52 564	60 450
西藏	29 119	42 820	44 055	45 347	49 898	49 464	51 705	57 773	61 235	97 849	103 232
陕西	16 646	20 977	25 478	29 566	33 384	38 143	43 073	47 446	50 535	54 994	59 637
甘肃	16 991	20 657	23 632	26 743	29 096	32 092	37 679	42 833	46 960	52 942	57 575
青海	21 981	25 318	30 101	32 481	36 121	41 370	46 483	51 393	57 084	61 090	66 589
宁夏	20 900	25 723	30 050	32 916	37 166	42 703	47 436	50 476	54 858	60 380	65 570
新疆	17 704	21 249	24 686	27 617	32 003	38 238	44 576	49 064	53 471	60 117	63 739
变异系数	0.298	0.305	0.298	0.271	0.267	0.259	0.242	0.249	0.251	0.263	0.261

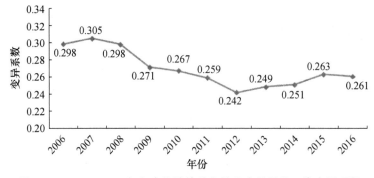

图 13-1 2006—2016 年各省份城镇单位就业人员平均工资变异系数

由图 13-1 可见,2006—2012 年变异系数趋于变小,而 2013—2016 年则逐渐趋于缓慢上升的态势。整体而言,2006—2016 年这 11 年间,我国各省份城镇职工平均工资的变异系数先变小后缓慢变大,较为稳定。这反映了我国各省份城镇职工平均工资的省际差异 11 年间总体变小且近年来处于稳定状态。

2006—2016 年该总体趋势变小的原因在于,落后省份的经济发展水平提升空间更大,城镇职工的平均工资也有更大上升空间。诚然,发达省份的平均工资也逐年大幅上升,例如北京 2006—2016 年的增长率达到 202.21%,上海达 219.10%。但是在全国共 31 个省份中,北京这 11 年中平均工资增长率仅排到第 26 位,上海排第 20 位。可见,经过 11 年间的不懈努力,落后省份与发达省份的平均工资差距正在缩小,这体现了"先富带动后富,最终逐步实现共同富裕"战略在一定程度上的顺利进展。

各省份平均工资的差距也在一定程度上影响了城镇职工基本养老保险缴费收入的省际差异。根据计算,这 11 年间各地基本养老保险缴费收入变异系数分别为 0.720、0.706、0.708、0.701、0.701、0.703、0.720、0.707、0.711、0.742、0.725,绘制折线图如图 13-2 所示。

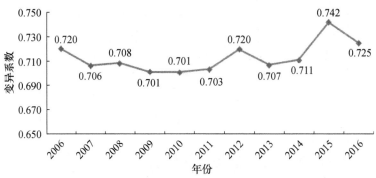

图 13-2 2006—2016 年各省份养老保险基金收入变异系数

由图 13-2 发现,缴费收入同样呈现先下降后上升趋势,但是在下降与上升幅度上与平均工资变异系数的趋势有一定差距,这与缴费人数等多个其他因素有关,这里暂不展开研究。

13.2.1.2 缴费率的差异

作为社会保险中的一个险种,职工基本养老保险的缴费率值得关注。基本养老保险缴费率分为个人缴费比例与单位缴费比例两部分,目前各省份职工基本养老保险个人缴费比例都是8%,而单位缴费比例则在各地各不相同。

关于单位缴费比例,2016年进行了全国范围的调整。根据《人力资源和社会保障部、财政部关于继续阶段性降低社会保险费率的通知》,"从 2016 年 5 月 1 日起,企业职工基本养老保险单位缴费比例超过 20%的省(自治区、直辖市),将单位缴费比例降至 20%;单位缴费比例为 20%且 2015 年年底企业职工基本养老保险基金累计结余可支付月数高于 9 个月的省(自治区、直辖市),可以阶段性将单位缴费比例降低至 19%,降低费率的期限暂按两年执行。具体方案由各省(自治区、直辖市)确定"。

由《通知》可见,此次调整主要分为强制规定和弹性规定等两个方面。强制规定方面,将原先单位缴费比例超过 20%的省份降至 20%,例如上海市由 21%降到 20%;弹性规定方面,原先单位缴费比率为 20%且满足基本养老保险结余额条件的省份均可自行选择阶段性地降低缴费比例。经过此次改革,无疑在一定程度上缩小了原先缴费比例较高或者基本养老保险结余额较高的省份与其他省份的养老保险缴费收入差异。具体单位缴费率调整情况如表 13-2 所示。

表 13-2　2016 年各省会城市城镇职工基本养老保险
单位缴费率调整前后对比　　　　　　　　　单位:%

省份	直辖市/省会城市	单位缴费率(调整前)	单位缴费率(调整后)
北京	北京	20	19
天津	天津	20	19
河北	石家庄	20	20
山西	太原	20	19
内蒙古	呼和浩特	20	20
辽宁	沈阳	20	20
吉林	长春	20	20
黑龙江	哈尔滨	20	20
上海	上海	21	20
江苏	南京	20	20
浙江	杭州	14	14

(续表)

省份	直辖市/省会城市	单位缴费率(调整前)	单位缴费率(调整后)
安徽	合肥	20	20
福建	福州	18	18
江西	南昌	20	19
山东	济南	18	18
河南	郑州	20	19
湖北	武汉	20	19
湖南	长沙	20	19
广东	广州	14	14
广西	南宁	20	19
海南	海口	20	20
重庆	重庆	20	19
四川	成都	20	19
贵州	贵阳	20	19
云南	昆明	20	20
西藏	拉萨	20	20
陕西	西安	20	20
甘肃	兰州	20	20
青海	西宁	20	20
宁夏	银川	20	19

注:因部分省份内部各城市的缴费率不尽相同,在此选取省会城市缴费率为准。

13.2.1.3 征缴收入占比的差异

如前所述,在城镇职工基本养老保险基金总收入中,征缴收入占80%左右,财政补助、利息收入、滞纳金等收入占比较小。越是经济条件好的省份,其来自参保人员的征缴收入占比越高,养老保险基金的财务可持续性面临的压力越小,因而需要财政补贴的资金量也越小;反之,越是经济较差的省份,征缴收入增长越慢,养老保险基金的财务可持续性压力越大,需要越多的财政补助以维持基金平衡。

我们在图13-3中看到,北京、江苏等地的征缴收入占基金总收入的比重超过了90%,基金的自我造血能力较强;而东北三省、海南等地的征缴收入占基金总收入的比重仅为60%多一些,较多地依赖于财政补贴,勉强支撑基金收支平衡,基金缺乏可持续性。

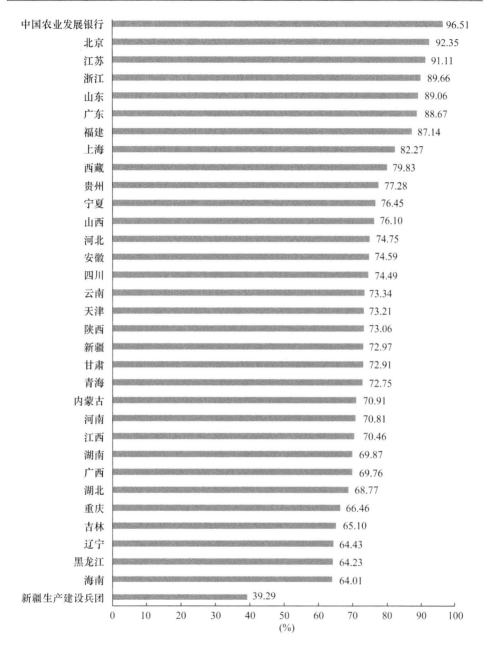

图 13-3 2015 年各省份基本养老保险基金缴费收入占基金总收入的比重

资料来源:郑秉文,《中国养老金发展报告 2016》,经济管理出版社,2016。

13.2.2 城镇职工基本养老保险给付待遇的省际差异

对于城镇职工基本养老保险给付待遇的省际差异,本节主要从人均给付待遇与替代率两方面入手,分析目前基本养老保险给付结构,从中发现我国基本养老保险存在的问题,为探寻解决方案奠定基础。

13.2.2.1 人均给付待遇差异

为了研究城镇职工基本养老保险给付待遇的省际差异,首先引入人均给付待遇的概念,定义人均给付待遇=城镇职工基本养老保险基金总支出÷离退休人员人数。人均给付待遇体现的是离退休人员每个人自身的生活保障水平。本节先对于2006—2016年各省份的人均给付待遇做出计算与汇总,而后通过计算变异系数并绘制11年间各地人均给付待遇折线图来研究人均给付待遇差异。

根据表13-3可计算2006—2016年每年基本养老保险人均给付待遇的变异系数分别为0.189、0.220、0.198、0.215、0.184、0.213、0.192、0.191、0.187、0.216、0.364,如图13-4所示。

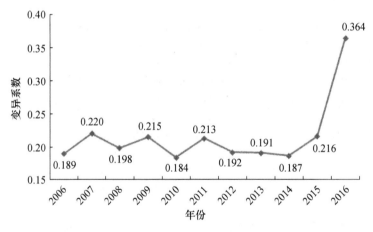

图13-4　2006—2016年各省份基本养老保险人均给付待遇变异系数

根据图13-4,2006—2015年人均给付待遇省际差异变化不大,而2016年出现了高增长。接下来将运用折线图来分析2016年出现增长的主要原因。

由图13-5可见,2016年以西藏、新疆、青海为代表的西部省份人均给付待遇出现了高增长,这直接导致了2016年人均给付待遇变异系数的增大,加大了省际差异。尤其是西藏,2016年的人均给付待遇增长率达到77.11%,其待遇已超过部分发达城市。由此可见国家财政对于西部省份发展的重视,以及为实现全民富裕做出的努力。此外也不排除有部分省份存在攀比待遇的想法,擅自突破国家关于养老金上调的指导政策,较大幅度自行提高养老金调整水平。

表 13-3　2006—2016 年间各省份城镇职工基本养老保险人均给付待遇

单位:元

年份 省份	2006	2007	2008	2009	2010	2011	2012	2013	2014	2015	2016
北京	14 212	15 986	19 736	22 083	24 681	27 878	30 386	33 400	36 778	40 782	53 718
天津	11 541	12 740	15 103	16 853	18 934	21 169	23 264	25 319	28 053	30 924	35 955
河北	10 954	12 546	15 117	16 388	17 409	19 689	23 167	24 860	26 950	30 858	32 442
山西	10 174	12 808	14 774	16 042	18 287	20 732	23 188	26 466	29 121	32 622	34 481
内蒙古	10 557	12 157	14 124	15 238	17 842	19 732	22 463	23 819	25 223	27 150	26 551
辽宁	9 181	10 495	12 252	14 333	15 989	18 154	20 623	22 430	24 553	27 219	28 397
吉林	7 996	9 696	11 279	11 985	12 233	13 938	16 096	18 045	19 798	22 287	23 591
黑龙江	8 613	9 594	11 156	12 010	13 777	15 892	17 858	20 985	23 191	25 962	27 280
上海	13 167	14 737	17 865	19 675	21 610	24 441	26 609	29 900	33 277	43 732	45 314
江苏	11 616	12 697	14 524	15 549	16 772	18 605	20 881	23 093	24 848	27 084	28 797
浙江	12 990	14 568	16 391	17 637	19 188	21 435	22 528	23 689	26 025	27 771	32 496
安徽	9 674	10 572	12 409	13 703	15 167	16 708	19 803	20 494	22 377	24 548	26 096
福建	11 029	12 532	14 016	15 868	16 543	19 446	21 784	25 430	27 032	29 504	33 671
江西	7 573	8 873	10 150	11 779	13 261	13 831	15 703	17 011	20 108	22 832	23 481
山东	13 442	15 733	17 370	19 068	21 683	23 773	25 437	27 671	30 452	33 284	34 413
河南	9 131	10 558	12 416	14 283	15 547	17 586	19 999	21 851	24 269	26 713	24 252
湖北	9 155	10 346	11 704	12 812	13 918	15 318	17 636	20 156	22 673	25 047	26 749
湖南	8 639	9 825	11 203	12 507	13 381	14 992	16 738	18 881	20 927	23 020	28 080

（续表）

年份 省份	2006	2007	2008	2009	2010	2011	2012	2013	2014	2015	2016
广东	12 617	14 912	16 433	18 802	18 485	20 521	23 084	24 923	28 913	31 177	32 000
广西	9 254	10 311	11 698	12 477	14 005	16 082	18 161	21 099	22 874	25 199	35 276
海南	9 013	10 892	12 005	13 369	16 321	19 921	21 770	21 019	23 113	25 402	26 756
重庆	8 891	10 354	12 044	13 626	14 214	15 271	16 709	18 449	19 565	21 799	21 380
四川	9 318	10 672	12 142	12 466	13 868	15 217	17 127	18 577	20 262	22 173	34 454
贵州	9 914	10 930	12 640	14 165	16 033	17 877	19 699	21 601	23 847	25 536	28 491
云南	10 258	11 019	12 627	14 054	15 619	16 395	19 088	21 934	24 284	27 014	29 825
西藏	16 251	22 628	22 352	27 243	24 112	33 106	34 898	38 247	40 731	48 855	86 527
陕西	9 500	11 465	13 733	15 364	17 635	21 112	22 643	24 225	27 102	29 542	31 764
甘肃	10 629	11 763	14 147	15 789	17 832	18 093	20 609	22 504	24 629	28 170	29 078
青海	13 220	14 220	16 853	19 107	21 695	21 323	24 830	28 099	31 506	36 901	45 331
宁夏	12 167	13 445	17 754	19 086	16 028	18 631	21 621	23 789	26 763	29 544	31 472
新疆	10 274	11 419	13 466	15 496	17 758	20 681	23 057	25 521	28 576	31 681	47 547

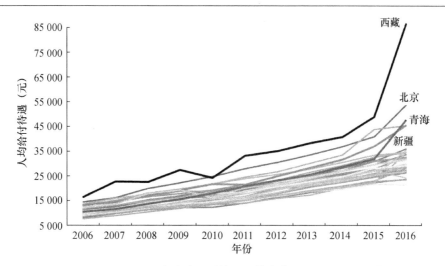

图 13-5　2006—2016 年各省份城镇职工基本养老保险人均给付待遇

13.2.2.2　养老金替代率的差异

为进一步研究基本养老保险的给付待遇，定义替代率＝基本养老保险人均给付待遇÷城镇单位就业人员平均工资，将养老保险给付待遇与当地的工资水平进行对比，通过替代率的差异来反映各省份劳动人口与离退休人口的待遇差异。替代率是衡量劳动者离退休前后生活保障水平差异的基本指标之一，体现了离退休人员生活的保障水平。

首先经过同样的计算方法可得 2006—2016 年替代率的变异系数分别为 0.144、0.146、0.139、0.140、0.150、0.161、0.159、0.164、0.165、0.154、0.217，如图 13-6 所示。

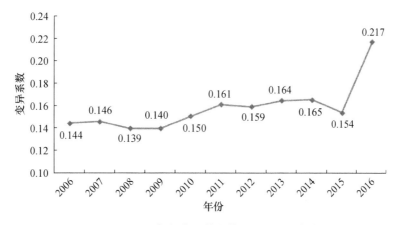

图 13-6　2006—2016 年各省份基本养老保险替代率变异系数

从图13-6可以发现,其与上述研究中的图14-4人均给付待遇变异系数折线图极为相似。具体情况将结合所有省份11年以来的替代率以及其折线图进行说明。

表13-4为2006—2016年各省份城镇职工基本养老保险替代率情况。

根据表13-4可绘制折线图如图13-7所示。

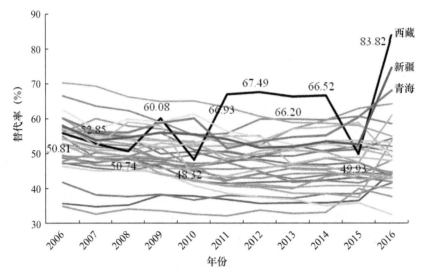

图13-7 2006—2016年各省份城镇职工基本养老保险替代率

由图13-7同样可以看出西部省份在2016年的替代率与其增长率之高。其中,替代率为83.82%的西藏增长率高达67.87%,位列全国最高;而替代率为74.60%位居全国第二的新疆也有41.55%的增长率。

然而,虽然西部省份实现了高替代率,一定程度保障了离退休人员的生活,但是全国31个省份中有19个出现了替代率下滑的现象,超过总数的1/2,这意味着这些省份的工资增长速度高于离退休给付待遇的增长速度。其中,重庆与上海这两个直辖市的替代率仅分别为32.62%与37.78%,有待提高。

13.2.3 城镇职工基本养老保险基金结余的省际差异

基本养老保险的基金结余是研究省份社会保障分配的重要部分,因为收支平衡是分配的关键,无论是基本养老保险的收入还是支出都影响着结余额度,而结余额度同时又制约着基本养老保险的收入与支出。本节将从制度赡养率与基金累计结余额度两部分深入探讨目前我国基本养老保险结构所存在的问题,进而在本章最后一部分提出相应的改进建议,为进一步完善我国现有的分配制度提供帮助。

表 13-4　2006—2016 年各省份城镇职工基本养老保险替代率

单位：%

年份\省份	2006	2007	2008	2009	2010	2011	2012	2013	2014	2015	2016
北京	35.81	34.89	35.34	38.22	37.88	36.93	35.86	35.91	35.96	36.61	44.79
天津	41.77	38.25	37.77	38.36	36.77	38.03	37.82	37.36	38.55	38.61	41.66
河北	66.57	63.55	62.27	59.01	55.35	55.76	59.93	59.90	59.74	60.60	58.63
山西	56.19	60.09	57.96	57.16	55.32	52.85	52.42	57.03	59.47	62.97	64.20
内蒙古	57.43	55.78	54.43	49.98	50.67	47.99	48.25	46.96	46.93	47.52	43.48
辽宁	47.41	45.87	45.08	46.96	46.43	47.58	49.27	49.29	50.95	52.01	50.70
吉林	48.78	47.60	48.42	46.20	42.18	41.47	41.91	42.12	42.56	43.23	42.05
黑龙江	54.19	51.91	51.26	48.42	49.67	50.77	49.05	51.44	52.66	53.11	52.03
上海	35.03	32.77	34.28	33.73	32.69	32.33	33.82	32.89	33.19	40.06	37.78
江苏	49.10	46.66	46.41	44.15	42.17	40.90	41.23	40.39	40.82	40.92	40.23
浙江	47.12	47.27	48.75	48.25	47.22	47.46	44.88	41.88	42.27	41.66	44.32
安徽	54.93	48.72	48.28	47.71	45.49	42.46	44.40	42.87	43.97	44.52	44.15
福建	56.78	56.25	54.85	55.94	51.15	50.39	48.92	52.39	50.60	51.20	54.33
江西	49.27	48.91	49.28	48.74	46.75	41.61	40.77	40.05	43.51	44.83	41.83
山东	70.25	69.20	66.21	64.86	65.07	63.20	60.70	58.88	58.76	58.12	55.03
河南	54.38	51.16	50.81	53.08	52.14	52.29	53.56	57.05	57.54	58.84	48.99
湖北	58.02	52.93	52.29	48.26	43.75	42.40	44.26	45.91	45.49	46.07	44.71
湖南	49.65	46.65	46.40	47.14	45.10	43.35	42.95	44.19	44.41	43.97	48.21

(续表)

省份\年份	2006	2007	2008	2009	2010	2011	2012	2013	2014	2015	2016
广东	47.79	50.28	49.37	51.56	45.72	45.54	45.91	46.74	48.61	47.39	44.24
广西	52.66	48.52	47.17	45.67	45.66	48.69	49.91	50.98	50.36	47.56	60.95
海南	56.89	56.67	55.15	53.93	53.03	54.96	55.13	46.74	46.34	44.10	43.39
重庆	46.38	45.09	45.21	44.68	40.93	38.73	37.55	36.89	35.20	36.01	32.62
四川	52.91	50.62	49.11	44.29	42.58	40.76	40.45	38.73	38.55	37.64	53.90
贵州	60.16	53.97	52.71	51.63	52.68	49.52	47.86	45.61	45.19	42.77	42.99
云南	56.17	55.34	54.18	53.72	53.50	48.22	50.73	51.67	52.68	51.39	49.34
西藏	55.81	52.85	50.74	60.08	48.32	66.93	67.49	66.20	66.52	49.93	83.82
陕西	57.07	54.66	53.90	51.96	52.82	55.35	52.57	51.06	53.63	53.72	53.26
甘肃	62.56	56.94	59.87	59.04	61.29	56.38	54.70	52.54	52.45	53.21	50.51
青海	60.14	56.16	55.99	58.82	60.06	51.54	53.42	54.67	55.19	60.40	68.08
宁夏	58.22	52.27	59.08	57.98	43.13	43.63	45.58	47.13	48.79	48.93	48.00
新疆	58.03	53.74	54.55	56.11	55.49	54.09	51.72	52.02	53.44	52.70	74.60

13.2.3.1 制度赡养率

制度赡养率是指离退休人员人数与在职职工人数的比率。制度赡养率体现了养老的压力，赡养率越高则说明离退休人员占比更大，每位在职职工所需负担的养老压力更大，同时导致国家基本养老保险基金也面临更大的压力。

本节通过国家统计局 2016 年关于各省份城镇职工基本养老保险情况公布的数据进行处理，计算出 2016 年的制度赡养率，而后将各省份的制度赡养率进行排序，具体如表 13-5 所示。

表 13-5 2016 年各省份城镇职工基本养老保险制度赡养率计算

项目 省份	职工人数 （万人）	离退休人员人数 （万人）	制度赡养率＝ 离退休人员人数 /职工人数(%)	赡养率排序
黑龙江	655.6	488.5	74.52	1
吉林	420.1	286.7	68.24	2
辽宁	1 120.5	679.7	60.66	3
重庆	605.9	346.3	57.16	4
甘肃	200.9	114.1	56.77	5
内蒙古	418.6	236.5	56.49	6
四川	1 379.8	777.8	56.37	7
湖北	897.1	458.0	51.05	8
天津	430.4	208.6	48.47	9
广西	511.2	240.7	47.08	10
新疆	428.5	196.5	45.86	11
青海	90.9	41.4	45.60	12
上海	1 050.9	476.3	45.32	13
湖南	823.8	362.9	44.05	14
宁夏	131.5	57.8	43.97	15
江西	672.7	284.6	42.30	16
海南	158.5	66.5	41.95	17
安徽	634.3	257.9	40.66	18
云南	413.8	168.0	40.61	19
山西	543.6	216.6	39.85	20
西藏	15.1	6.0	39.66	21
河北	1 011.8	391.3	38.67	22
陕西	577.3	213.6	36.99	23
浙江	1 843.0	663.9	36.02	24

(续表)

项目\省份	职工人数（万人）	离退休人员人数（万人）	制度赡养率＝离退休人员人数/职工人数（%）	赡养率排序
江苏	2 137.3	724.2	33.89	25
河南	1 398.1	450.3	32.21	26
山东	1 969.0	607.4	30.85	27
贵州	323.9	99.6	30.76	28
北京	1 271.2	275.4	21.66	29
福建	805.7	174.0	21.60	30
广东	4 867.9	524.6	10.78	31

根据表13-5可以计算出2016年的全国制度赡养率变异系数为0.311，较2015年的0.324有所下降。但是若结合2006年起11年间的数据进行计算可得变异系数分别为0.283、0.272、0.278、0.296、0.301、0.302、0.307、0.315、0.324、0.324、0.311，可见虽然2016年变异系数有所下降，但是这11年间整体仍有缓慢上升趋势（见图13-8）。

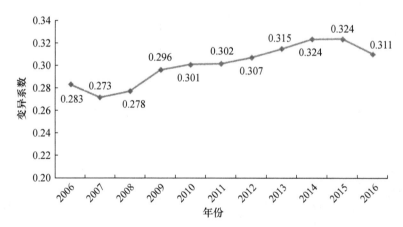

图13-8　2006—2016年各省份基本养老保险赡养率变异系数

与此同时，全国各地的人口结构差异有着逐步变大的趋势。从表13-5可以直观地看出，2016年制度赡养率最高的前三位为东北三省；最低的三位为广东与福建这两个相邻的省与北京，其中广东省自2006年起便坚守最低位，养老压力较小。由此可见赡养率与人口流动、地域位置有着一定的关联。

笔者认为，东北三省劳动人口较老龄人口更多可能是由于东北三省原本引以为傲的工业产业由于转型升级而开始衰退，年轻人口为了寻求更多就业机会而选择离乡谋生,导致离退休人口占职工人数的比例上升。这无疑增加了东北三省的养老压力,尤其黑龙江与吉林已连续 6 年处于最高位,有着较为沉重的养老压力,值得引起关注。

同样的原因导致了北京的在岗职工人口上升,赡养率下降。而广东与福建作为外来人口较多的省份,同样因为在岗职工人口的增加导致了赡养率下降。然而考虑到人口结构与可持续发展的问题,在若干年后广东等地庞大的在职人口离退休后可能反而会带来相当沉重的养老压力,在其低赡养率能否长期保持方面仍不能松懈,低赡养率省份的人口结构是否合理仍有待考察。

13.2.3.2 基金累计结余

据计算,2006—2016 年各省份基本养老保险累计结余额度的变异系数分别为 1.116、1.051、0.996、0.966、0.988、0.995、1.019、1.036、1.079、1.159、1.242,折线图如图 13-9 所示。

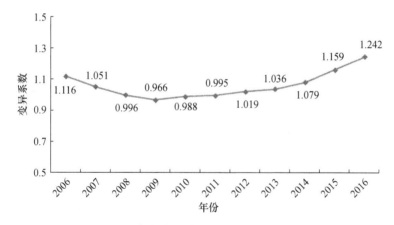

图 13-9　2006—2016 年各省份基本养老保险累计结余额度变异系数

由图 13-9 可知,累计结余额度变异系数在 2006—2016 年呈现先下滑后攀升的趋势。对于近年来累计结余额度上升的具体情况将结合表 13-6 与图 13-10 进行分析。

根据表 13-6 与图 13-10 可以直观地看出,广东连续 11 年拥有着超出其余省份的结余额度,并且每年有着可观的高增长率。根据上述分析的基本养老保险缴费率与赡养率可知,广东由于拥有着较低的赡养率,使得其养老压力更小,因此得以使用全国最低的 14% 单位缴费率便能达成收支的平衡。然而广东的低赡养率依赖于其巨大的职工人数,2016 年广东的城镇职工人数高达 4867.9 万人,是全国城镇职工人数排位第二高的江苏的 2.3 倍。这样的人口结构是否有利于广东未来的长期发展仍需进一步深入考察。

表 13-6　2006—2016 年间各省份城镇职工基本养老保险累计结余额度

单位：亿元

年份 省份	2006	2007	2008	2009	2010	2011	2012	2013	2014	2015	2016
北京	160.9	243.5	329.4	441.4	617.9	869.8	1224.8	1671.3	2160.8	2796.6	3566.2
天津	87.4	132.4	176.0	196.0	203.0	223.8	279.2	318.9	361.7	396.4	397.7
河北	207.9	270.1	337.1	430.1	562.9	685.6	755.1	813.1	818.8	755.8	707.6
山西	214.3	291.7	390.8	502.3	637.4	791.8	963.3	1124.8	1232.8	1264.4	1305.6
内蒙古	76.3	112.2	156.2	203.2	257.9	343.7	405.9	456.0	471.6	474.2	458.9
辽宁	350.4	433.7	568.9	660.8	739.3	895.1	1054.9	1226.6	1283.8	1170.8	916.6
吉林	150.9	215.5	265.6	314.8	351.8	394.1	407.1	421.6	423.9	383.1	342.8
黑龙江	215.4	294.3	363.4	455.0	479.0	467.0	469.9	429.5	323.3	130.9	-196.1
上海	119.6	140.6	368.8	419.6	462.0	557.6	821.5	1077.0	1260.0	1451.0	1872.5
江苏	348.7	529.8	756.7	1006.5	1271.8	1658.0	2145.8	2516.1	2854.5	3163.7	3402.7
浙江	502.3	651.7	829.3	986.1	1162.1	1520.2	1963.9	2297.0	2695.5	3070.4	3293.5
安徽	92.5	146.1	213.4	280.6	353.0	478.3	594.0	745.4	882.0	1042.4	1185.2
福建	98.5	125.6	154.3	180.8	141.2	177.5	226.2	415.9	490.3	576.2	701.1
江西	72.1	101.0	132.2	165.3	203.6	246.3	332.2	385.0	430.5	498.9	526.7
山东	382.7	523.4	680.4	883.4	1077.6	1381.9	1639.5	1857.9	1973.0	2233.4	2385.7
河南	220.8	287.1	346.0	399.6	499.0	600.9	717.7	840.0	931.3	997.5	1050.5
湖北	131.0	176.4	260.9	345.4	427.6	638.1	754.6	817.1	821.6	850.4	822.3
湖南	156.8	206.3	282.1	358.6	455.9	580.8	685.9	797.5	878.6	939.3	1007.0

(续表)

年份 省份	2006	2007	2008	2009	2010	2011	2012	2013	2014	2015	2016
广东	1 027.3	1 282.5	1 621.0	1 951.4	2 471.5	3 108.2	3 879.6	4 673.1	5 444.2	6 532.8	7 652.6
广西	65.0	118.2	188.1	284.5	379.0	414.0	443.1	446.6	448.0	456.5	460.4
海南	23.2	30.2	43.6	58.7	64.9	85.4	94.1	101.4	103.7	114.2	134.3
重庆	51.9	84.6	132.0	209.2	255.6	334.8	458.1	557.3	662.0	755.4	834.8
四川	260.5	360.3	503.0	733.1	928.4	1 260.0	1 464.3	1 749.7	2 013.3	2 166.4	2 226.3
贵州	62.3	80.7	105.8	140.7	177.9	229.5	293.4	355.2	407.2	480.4	527.8
云南	84.9	107.7	138.4	179.5	229.3	335.9	423.0	503.1	573.0	650.5	813.7
西藏	0.8	0.5	1.1	3.2	9.7	14.5	24.6	32.0	40.4	49.8	77.5
陕西	80.5	102.4	130.1	165.6	215.8	256.2	338.9	414.9	445.6	453.3	474.5
甘肃	57.4	83.7	107.9	139.4	178.2	247.6	288.3	321.6	361.2	365.8	376.0
青海	17.2	24.6	33.0	42.1	50.6	72.0	78.8	82.0	84.3	76.4	63.0
宁夏	34.6	45.9	59.9	72.7	108.7	153.9	158.5	166.3	165.3	172.2	196.1
新疆	130.3	184.0	249.5	310.0	385.7	465.8	547.0	644.8	744.7	861.4	979.5

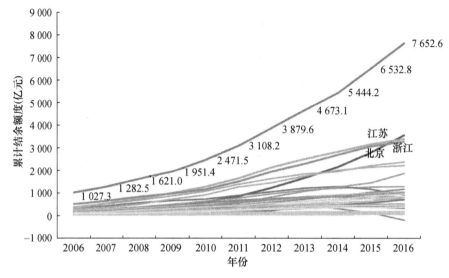

图 13-10 2006—2016 年各省份城镇职工基本养老保险累计结余

图 13-9 中的第二梯队为江苏、浙江与北京,这三个省份的赡养率同样较低,分别位列全国的第 25、24、29 位。可见赡养率低的省份容易使得结余额度更充裕,养老压力也更小。但是与此同时,赡养率排名全国第一的黑龙江有着沉重的养老压力,其 2016 年基本养老保险结余额度出现赤字,需要政府的补贴才能勉强维持,十分不利于长期可持续发展。

由于结余额度的数额并不能直接反映当地的养老水平,例如有的省份虽然结余额度小,但是离退休人数也更少,所以养老压力相对没有那么沉重。接下来引入"可用年数=累计结余额度÷当年支出额度"的概念,反映当前基金支出水平下该地结余额度在零收入情况下能够应对多少年的基金支出。具体情况如表 13-7 所示。

表 13-7 2016 年各省份城镇职工基本养老保险累计结余额度可用年数

项目 省份	2016 年基金 支出额(亿元)	2016 年底累计 结余额(亿元)	可用年数(年) =累计结余/ 基金支出	可用年数 排名
广东	1 678.7	7 652.6	4.56	1
北京	1 479.4	3 566.2	2.41	2
贵州	283.9	527.8	1.86	3
安徽	673.1	1 185.2	1.76	4
山西	746.9	1 305.6	1.75	5
江苏	2 085.6	3 402.7	1.63	6

(续表)

项目\省份	2016年基金支出额(亿元)	2016年底累计结余额(亿元)	可用年数(年)＝累计结余/基金支出	可用年数排名
云南	501.1	813.7	1.62	7
浙江	2 157.4	3 293.5	1.53	8
西藏	51.8	77.5	1.50	9
福建	586.0	701.1	1.20	10
山东	2 090.3	2 385.7	1.14	11
甘肃	331.7	376.0	1.13	12
重庆	740.5	834.8	1.13	13
宁夏	181.9	196.1	1.08	14
新疆	934.4	979.5	1.05	15
湖南	1 019.0	1 007.0	0.99	16
河南	1 092.2	1 050.5	0.96	17
上海	2 158.2	1 872.5	0.87	18
四川	2 679.9	2 226.3	0.83	19
江西	668.2	526.7	0.79	20
海南	177.8	134.3	0.76	21
内蒙古	627.8	458.9	0.73	22
陕西	678.3	474.5	0.70	23
湖北	1 225.1	822.3	0.67	24
河北	1 269.4	707.6	0.56	25
广西	849.0	460.4	0.54	26
天津	750.1	397.7	0.53	27
吉林	676.3	342.8	0.51	28
辽宁	1 930.3	916.6	0.47	29
青海	187.8	63.0	0.34	30
黑龙江	1 332.7	－196.1	－0.15	31

从表13-7中可以看出有将近一半的省份的可用年数大于一年,较为充裕。但是同样可以看出黑龙江、青海、辽宁等地的沉重养老压力,养老金的缺口急需填补。而根据2018年3月中共中央印发的《深化党和国家机构改革方案》的第四十六条,"为提高社会保险资金征管效率,将基本养老保险费、基本医疗保险费、失业保险费等各项社会保险费交由税务部门统一征收"。可见政府对于养老金缺口的重视并且已经采取行动提高征收效率,以望弥补缺口(见表13-8)。

表 13-8　2016 年各省份城镇职工基本养老保险
累计结余额度可用年数与单位缴费率

省份 项目	省会城市	结余可用年数（年）	省会城市单位缴费率（%）	可用年数排名
广东	广州	4.56	14	1
北京	北京	2.41	19	2
贵州	贵阳	1.86	19	3
安徽	合肥	1.76	20	4
山西	太原	1.75	19	5
江苏	南京	1.63	20	6
云南	昆明	1.62	20	7
浙江	杭州	1.53	14	8
西藏	拉萨	1.50	20	9
福建	福州	1.20	18	10
山东	济南	1.14	18	11
甘肃	兰州	1.13	20	12
重庆	重庆	1.13	19	13
宁夏	银川	1.08	19	14
新疆	乌鲁木齐	1.05	20	15
湖南	长沙	0.99	19	16
河南	郑州	0.96	19	17
上海	上海	0.87	20	18
四川	成都	0.83	19	19
江西	南昌	0.79	19	20
海南	海口	0.76	20	21
内蒙古	呼和浩特	0.73	20	22
陕西	西安	0.70	20	23
湖北	武汉	0.67	19	24
河北	石家庄	0.56	20	25
广西	南宁	0.54	19	26
天津	天津	0.53	19	27
吉林	长春	0.51	20	28
辽宁	沈阳	0.47	20	29
青海	西宁	0.34	20	30
黑龙江	哈尔滨	−0.15	20	31

目前，各省份的名义单位缴费率差异不大，主要集中在 20% 与 19%。但是在征收管理中，各省的努力程度不一，导致实际缴费率存在较大差异。我们把实际缴费率定义为当年征缴收入/缴费人数/当地社会平均工资，计算出的数据如图 13-11 所示。从中可见，名义缴费率差异不大，但由于各地社保、税务等相关部门在从事具体征缴工作时的努力程度、重视程度以及其他方面的考虑（例如招商引资、发展经济），导致基金的实际缴费率在各省之间差异很大。

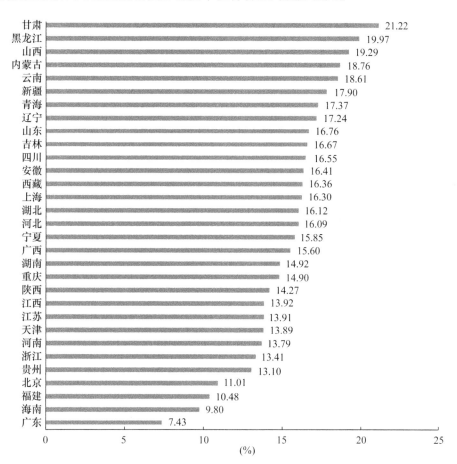

图 13-11　2015 年各省份基本养老保险基金的实际征缴率

资料来源：《中国统计年鉴 2016》。

13.2.4　财政补贴的省际差异

中央财政对基本养老金的补助主要有两块：一是转移支付，主要是通过中央财政补助来弥补部分省份的养老保险金收支缺口，保持省级养老保险基金的可持续支撑能力。二是调整待遇的补助，从 1998 年起，中央财政建立了对中西部地区和老工业基地养老保险基金的补助机制,每年对中西部地区和老工业基地调整养老金标准所需资金给予40%的补助,而对北京、上海等东部地区不予补助。

由于无法获得所有省份对城镇职工基本养老保险的财政补贴数据,本节主要通过对于财政支出中的社会保障与就业支出进行分析,来探讨政府对于社保的补贴情况。我们从表13-9中可以看到,财政对基本养老保险基金的补助大约占河北省保障和就业支出的40%,是社会保障支出的大头。

表13-9 2017年河北省社会保障和就业支出结构

科目	金额(万元)	占比(%)
人力资源和社会保障管理事务	350 604	3.59
民政管理事务	254 060	2.60
行政事业单位离退休	2 220 532	22.73
企业改革补助	89 241	0.91
就业补助	292 985	3.00
抚恤	529 206	5.42
退役安置	646 650	6.62
社会福利	180 286	1.85
残疾人事业	128 025	1.31
自然灾害生活救助	49 649	0.51
红十字事业	3 797	0.04
最低生活保障	425 775	4.36
临时救助	52 376	0.54
特困人员救助供养	86 143	0.88
其他生活救助	18 510	0.19
财政对基本养老保险基金的补助	3 957 012	40.51
其中:财政对企业职工基本养老保险基金的补助	2 512 708	—
财政对城乡居民基本养老保险基金的补助	1 297 173	—
财政对其他基本养老保险基金的补助	147 131	—
财政对其他社会保险基金的补助	59 124	—
其他社会保障和就业支出(款)	424 870	4.35
总额	9 768 845	100.00

根据计算,2006—2016年各地社会保障和就业类的财政支出变异系数分别为0.684、0.544、0.536、0.470、0.479、0.459、0.450、0.463、0.461、0.462、0.460,折线图如图13-12所示,可见从2009年起处于较为稳定的状态,各地的差异保持在一定的范围之内。

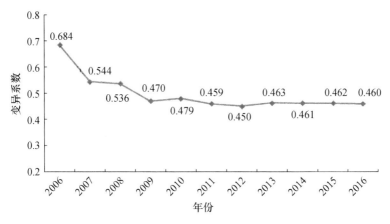

图 13-12　2006—2016 年各省份社会保障和就业支出额度变异系数

由于 2016 年各省份陆续启动机关事业单位养老改革,但推进速度不一,对数据干扰较大,故接下来主要研究 2015 年的社保支出数据。通过计算各地 2015 年社会保障和就业支出占当地总支出的比例,并据此进行排名,再与当年赡养率相结合,以此探讨各省份当前财政支出在社保与就业方面是否合理(见表 13-10)。

表 13-10　2015 年各省份社会保障和就业支出占比与赡养率排名

项目 省份	地方一般公共预算支出(亿元)①	社会保障和就业支出(亿元)②	社会保障和就业支出占比=②÷①(%)	社会保障和就业支出占比排名	赡养率(%)	赡养率排名
辽宁	4 481.61	995.10	22.2	1	56.2	3
黑龙江	4 020.66	728.73	18.1	2	72.8	1
山西	3 422.97	533.45	15.6	3	39.3	19
重庆	3 792.00	569.63	15.0	4	56.0	5
四川	7 497.51	1 111.75	14.8	5	55.1	7
陕西	4 376.06	631.99	14.4	6	38.1	21
吉林	3 217.10	462.28	14.4	7	65.2	2
甘肃	2 958.31	421.31	14.2	8	55.4	6
内蒙古	4 252.96	605.26	14.2	9	56.1	4
海南	1 239.43	174.77	14.1	10	33.0	22
湖北	6 132.84	858.70	14.0	11	50.4	8
河南	6 799.35	945.83	13.9	12	31.3	25
云南	4 712.83	648.69	13.8	13	41.8	15
湖南	5 728.72	781.79	13.6	14	46.6	11

(续表)

省份 项目	地方一般公共预算支出（亿元）①	社会保障和就业支出（亿元）②	社会保障和就业支出占比=②÷①（%）	社会保障和就业支出占比排名	赡养率（%）	赡养率排名
河北	5 632.19	763.68	13.6	15	38.7	20
安徽	5 239.01	691.54	13.2	16	40.4	17
宁夏	1 138.49	146.23	12.8	17	41.8	16
青海	1 515.16	189.34	12.5	18	43.1	14
北京	5 737.70	700.48	12.2	19	19.9	30
江西	4 412.55	510.18	11.6	20	40.0	18
广西	4 065.51	460.63	11.3	21	47.9	9
山东	8 250.01	904.64	11.0	22	28.8	28
新疆	3 804.87	371.90	9.8	23	44.9	13
天津	3 232.35	314.77	9.7	24	47.1	10
上海	6 191.56	543.16	8.8	25	45.2	12
江苏	9 687.58	838.06	8.7	26	32.5	23
贵州	3 939.50	340.33	8.6	27	31.9	24
福建	4 001.58	341.77	8.5	28	20.0	29
广东	12 827.80	1 064.91	8.3	29	10.3	31
浙江	6 645.98	541.70	8.2	30	29.5	27
西藏	1 381.46	103.00	7.5	31	31.1	26

据表13-10可以清楚地发现，多地的社保与就业支出占比排名与赡养率排名相近。主要表现为东北省份赡养率高，养老压力更大，为此政府提供的社保与就业支出的占比也高，排名靠前；而广东与福建等赡养率较低的省份的养老压力相对较小，政府提供的社保与就业支出占比就相应会减少而排名靠后。这体现了当前社保方面财政支出大体上的合理性。

但同时，也有诸如山西、河南、北京、天津等地的两项排名有一定的差距，具体情况可以通过图13-13的散点图更直观地看出。由图13-13可见，在同等赡养率下，辽宁、河南、北京等地的社保与就业支出占比偏高，赡养率分别为56.20%、31.30%和19.90%，而社保支出占比分别达到22.20%、13.90%和12.20%；而天津、上海、新疆、江苏、贵州、西藏、浙江和福建等地的社保与就业支出占比偏低，赡养率分别为47.10%、45.20%、44.90%、32.50%、31.90%、31.10%、29.50%和20.00%，而社保支出占比分别为9.7%、8.8%、9.8%、8.7%、8.60%、7.5%、8.2%和8.5%。

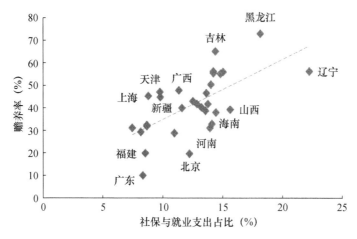

图 13-13　2015 年各省社保障与就业支出占比与赡养率

13.3　横向财政分配关系完善的建议

从国际上看,凡是实行基本养老保险制度的国家,国民的基础养老金普遍实行全国统筹。我国企业职工基本养老保险最初从县级统筹起步,目前已基本建立了省级统筹制度,取得了初步的成效,但问题仍然很多,改革任重道远。

13.3.1　尽快实施基本养老保险全国统筹的必要性

第一,我国正处在城镇化进程中,人口流动性较大,同时又面临人口老龄化、就业多元化、经济波动日益频繁等挑战,省级统筹难以实现养老保险的公平性、流动性和可持续性等多重目标。

第二,我国各地养老保险费率不统一,部分地区费率水平偏高,不利于营造公平竞争的市场经济环境,甚至可能形成马太效应。

第三,养老保险是基本公共服务的一个重要组成部分,必须将地区间经济发展不平衡导致的缴费和待遇水平差异控制在社会可以承受的范围,实现基本公共服务均等化,促进经济社会全面可持续发展。

2010 年开始实施的《社会保险法》规定"基本养老保险基金逐步实行全国统筹,其他社会保险基金逐步实行省级统筹",实现养老保险全国统筹于法有据。2013 年 11 月,党的十八届三中全会通过的《中共中央关于全面深化改革若干重大问题的决定》,提出了"实现基础养老金全国统筹"的要求。

考虑到全国统筹难以一步到位,中央决定将实施全国统筹的范围明确界定为职工基本养老保险的基础养老金部分,尔后又明确分步实施,2018 年启动基本养老保险基金中央调剂制度，国务院出台了《关于建立企业职工基本养老保险基金中央调剂制度的通知》。作为过渡方案，中央调剂的主要思路是按各省职工平均工资和在职应参保人数确定上解的基础，按各省退休人数和全国人均拨付额向省级统筹基金下拨中央调剂基金，适度均衡省际负担。但是，中央调剂制度不是全国统筹的"终极版"，不宜长时间"过"而不"渡"。

13.3.2 当前存在的主要问题

13.3.2.1 中央和省级政府的财政责任未明确界定

目前，我国城镇职工基本养老保险制度采用中央和省级财政补助的方式，但中央与地方的养老保险责任尚未明确界定。近年来，我国财政对城镇职工基本养老保险的补助金额增长很快，中央承担了大头。2010年以来，中央财政对养老保险基金的补贴占财政总补助资金的85%以上，地方财政补助比重较低（见图13-14）。虽然1998年以来，中央政府反复要求地方各级政府要切实承担起社会保障支出的责任，但是执行的结果始终是中央承担了大部分的支出责任，一些地方出于招商引资和发展经济的考虑，在社会保险费征缴方面不重视、不努力。长远下去，势必形成地方政府依赖中央政府的局面，不利于充分调动各级政府的积极性。

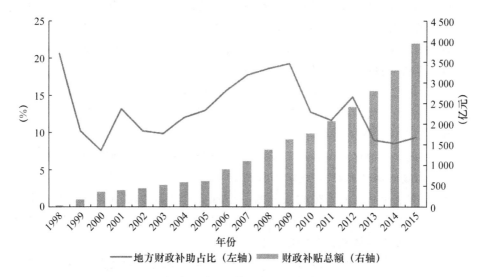

图 13-14　历年我国财政对基本养老保险基金的补贴情况

资料来源：《中国统计年鉴》《中国财政年鉴》。

13.3.2.2 省级统筹的推进存在较大阻力

目前全国已经实现彻底省级统筹的省份，除了四个直辖市，大多属于欠发达省份，比如甘肃、青海、宁夏、新疆、安徽等；没有实行省级统筹的地方，大多属于发达省份。经济较不发达省份率先完成省级统筹任务的原因，主要由于中央财政对欠发达省份实行省级统筹给予一定的中央财政补助，再加上省级财政补助，省级就有足够的资金开展养老保险省级统筹，且省内各地级市由于结余少也愿意将责任上移。

与此同时，发达省份无法得到养老保险基金的中央财政补贴，省内养老保险基金结余又滞留地市级，若省内经济差异化大，则各地市不愿将养老保险金上缴省级调剂，就产生了越发达省份省级统筹越困难的现象。养老保险省级统筹的困难，不是理论或技术上的问题，而是利益平衡问题。

调剂金下的省级统筹不是真正意义上的统筹，真正的省级统筹还需要统收统支，全省预决算，统一的数据库等。省级统筹不彻底，导致全国统筹的推进缺乏牢固的基础，同时也导致社保资金管理分散，存在风险。

13.3.2.2.3 各省份的基本养老保险基金运行情况差异很大

上一节从城镇职工基本养老保险缴费收入的省际差异、给付待遇的省际差异、基金结余的省际差异、财政补贴的省际差异四个方面展开，笔者发现有以下一些问题：

（1）各地养老基金平衡压力不均。由于劳动力跨省流动和经济发展水平差异等原因，加上各地养老保险制度内赡养率本身存在较大差异，各地苦乐不均。广东、浙江、江苏等省养老基金结余庞大，可以适当下调费率，吸引企业和劳动力流入，造成竞争的不公平，与此同时，东北三省赡养率较高，并且基金累计结余额度较低甚至出现赤字，出现了沉重的养老压力，把基金平衡的压力又转嫁给财政部门，为此每年财政预算在养老基金补助方面不得不增加支出。

（2）各地养老金替代率存在差异，存在不公平的现象。2016年有超过一半省份的养老金替代率出现了下滑，但部分省份却依赖中央财政的补助，提高了替代率。

（3）部分省份由于基金收支平衡压力较大，省级财政对养老保险基金的补贴较多，挤占了其他领域的财政资金投入。

13.3.3 政策建议

13.3.3.1 划清中央与省级政府的基本养老保险政府责任

养老保险基金征缴收入将成为中央地方的"共享税"，按一定的比例进行分成。中央政府得到的征缴收入用于发放国家基础养老金，全国无差异。从发达国家来看，国家基础养老金的平均水平一般控制在全社会平均工资的30%—40%。省级政府得到的征缴收入用于发放地方养老金以及个人账户养老金，允许存在一定费率差异和给付待遇差异。中央政府与省级政府各自对其发放的养老金承担兜底责任。

13.3.3.2 稳步提高中央调剂金的规模

建立养老保险基金中央调剂制度,是实现养老保险全国统筹的第一步。2018年6月,国务院出台的《关于建立企业职工基本养老保险基金中央调剂制度的通知》,中央调剂基金由各省份养老保险基金上解的资金构成;按照各省份职工平均工资的90%和在职应参保人数作为计算上解额的基数,上解比例从3%起步,逐步提高。我们认为按照每年提高1%的速度,花7年时间使上解比例达到10%,此后不再提高。

13.3.3.3 继续激励地方政府增收节支

长期以来,各地形成了一定的养老保险基金结余,虽然结余量悬殊,但为了调动地方政府扩面和征缴的积极性,建议:(1)对历史形成的结余资金全部留存地方;(2)对全国调剂金制度出台以后形成的新增结余资金,也全部留在地方政府。中央政府主要通过调剂金制度,控制各地的养老保险缴费与给付待遇差异水平。

第五篇
财政竞争的经济影响

财政竞争的经济影响这一篇,笔者分析了地区财政竞争对资本流动、劳动力流动的影响,以及转移支付与地方政府财政行为之间的关联。按照全书主线,笔者在每一部分分析中考虑了纵向政府层级之间影响财政竞争的制度安排和政策背景,以及相应的地方政府之间的横向交互影响,侧重于分析制度变革对要素流动、地方政府财政行为所产生的激励效应。

第14章　地区财政竞争与资本流动

14.1　税收竞争与资本流动的相关理论

14.1.1　传统税收竞争理论的回顾

地区政府间税收竞争理论认为,为了争夺稀缺的流动性资本,地方政府会产生一种"逐底竞次"型的无效均衡,地方政府的税率将会低于最优水平;而政府层级间的税收外部性理论则证明,共享税基条件下政府层级之间会产生一种类似于"公地悲剧"的共同资源问题,地方政府会征收高于最优水平的税收,即过度征税问题(Keen and Kotsogiannis,2002)。这两种方向相反的效应组合在一起将会怎样?总体上来看,现有研究认为难以有理论上的确切答案,需要实证分析以检验两种影响的最终结果(Esteller-Moré and Sollé-Ollé,2002)。

Mieszkowski(1972,1989)、Wilson(1986)的税收竞争观点认为资本具有流动性,但短期供给固定。资本的税率由两部分组成——基础(平均)税率和地区间的差异税率。平均税率是对资本的固定供给部分征税,资本所有者不能规避;而差异税率会激励资本在地区间流动,最终达到资本的净税后报酬相等的均衡格局。在资本的短期内供给固定和非充分流动假设下,地方政府围绕流动资本展开的竞争会造成一种"逐底竞次"型的无效均衡——地方政府竞相降低税率、提供税收优惠以吸引资本流入本地辖区。[①]

一些研究开始从理论上同时考察横向与纵向税收外部性的互动影响,Boadway and Keen(1996)、Dahlby(1996)、Wrede(1999)是这一类研究的早期代表。Keen and Kotsogiannis(2002)以资本所得税为对象研究了联合效应,模型是一个生命周期条件下的储蓄型资本供给模型,研究发现,究竟何种效应占据上风,

---

[①] 税收竞争的另外一种观点是由 Tiebout-Oates-Hamilton 模型提出的,即居民"用脚投票"机制驱使下,地方政府之间围绕财产税基的竞争会提高地方公共品的供给效率,竞争将会抑制政府收入最大化的利维坦行为,改善社会福利。上述理论流派与本部分中考虑的税收竞争理论学说形成了分歧,Zodrow(2001)认为分歧产生的原因是由不同的研究假设所致,理论的生命力依赖于不同研究假设在现实中的可靠性。一般认为,在发展中国家和转型经济体,由于受资本的总供给短期内固定和不充分的流动性、现实中普遍不成立居民"用脚投票"和"用手投票"机制、地方政府缺乏充分的财政管辖权,以及财产税基的规模、政府垄断、税收管理和法制环境等因素制约,税收竞争产生"逐底竞次"无效均衡局面的可能性更大。

取决于储蓄的资本利息率的弹性,如果储蓄有弹性,那么,横向的外部性将会超过纵向的,辖区政府的税率将会更低。Brülhart et al.(2006)的研究表明,综合横向和纵向外部性来看,在中央政府和地方政府规模既定条件下(即居民对全国性的公共产品和地方性的公共产品的需求偏好既定),取决于中央政府和地方政府的税基弹性。纵向外部性随中央政府税基弹性的增加而增加,与地方政府税基弹性成反比。此外,中央政府相对于地方政府的规模越大,纵向财政外部性越大。

为了检验上述理论观点,特别是检验辖区间税收策略互动影响,空间计量模型得到普遍运用,其基本思路是通过辖区经、纬度数据构建空间加权矩阵,对某一辖区"邻居"的税收变量进行加权,以检验该辖区"邻居"的税收变量对该辖区变量水平的影响,权重则体现出各个辖区间关于地理位置或经济禀赋的"相邻"程度。为了解决空间加权项所导致的内生性偏误,研究普遍使用极大似然估计法(ML)和工具变量广义矩法(IV-GMM),其中,工具变量法广义矩法可以对误差干扰保持稳健,具有更好的统计性质。郭杰和李涛(2009)首次使用了空间权重矩阵设置下的动态面板数据方法(DPD),这一方法被认为是可以集中考察被解释变量(辖区税收变量)的空间相关性,同时又对共同冲击所导致的扰动项的空间相关性(误差空间相关)和解释变量的空间相关性保持稳健,这样,可以剥离残差项和解释变量族的空间相关性,集中考察辖区间税收行为是否存在因果关联。

14.1.2 空间经济学的启示

当前,空间经济学框架越来越多地用于辖区税收竞争研究。理论不仅发现资本的集聚将会对辖区税收产生正的外部性影响,而且开始探讨经济的集聚与扩散过程中辖区政府税收行为的演化。理论认为,辖区间税收策略互动影响程度与表现形式受到了由经济一体化程度、基础设施、技术和"知识"外溢程度等因素所决定的"贸易成本"条件的影响——纳什均衡解和边角解,以及不存在纳什均衡,都是辖区税收策略互动影响中的可能结局。

基于迪克希特—斯蒂格利茨(D-S)的垄断竞争假设、常数替代弹性(CES)效用函数和"冰山贸易成本"这三个理论要素[①],空间经济学理论使用报酬递增的垄断竞争框架下的一般均衡模型来研究集聚问题(Krugman,1991),这一研究框架很快被运用到税收竞争领域[②]。Baldwin and Krugman(2004),以及 Andersson and Forslid(2010)的研究表明,集聚效应将会产生流动性要素的租金,促使辖区税收上升,进而提高均衡时的税率水平。这是因为资本在特定地区大量聚集时,对于辖区内的每家企业和正在区位决策的企业而言,都可以带来正的外部性,这种

---

① 这三者被合称为"DCI 框架",可参见 Baldwin and Krugman(2004)的总结。
② 详细的总结可以参见付文林和宋顺峰(2010)的研究。

外部性包括更低的"贸易成本"、更好的市场潜力,以及知识和技术外溢,那么辖区政府可以从这些选择在本地经营的企业所赚取的利润中获取一定比例的租金,使得地方政府有机会通过提高流动要素的征税而获得集聚租,即拥有经济集聚优势的地方政府并不需要通过降低税率的方式来吸引资本流入,相反,集聚租金(agglomeration rent)使得辖区政府对于临近辖区的税收政策反应减弱,这一点与税收竞争理论的主流结论形成反差。一系列实证检验,如 Brülhart 和 Jametti(2006)、Charlot 和 Paty(2010)等都证实了这一理论观点。在中国背景下,空间经济学视野下的税收竞争研究也受到了重视(雷根强,2009;付文林和耿强,2011)。

不仅如此,Haufler 和 Wooton(2009)的研究进一步发现了空间集聚视野下辖区税收竞争具有非单调演化轨迹。① 在地区 a、b 的非对称均衡中(地区 a 的规模更大),最优税率函数表明了集聚租和消费者—价格效应的互动影响。每个企业都会为了节省"贸易成本",获得更多利润而选址于较大的地区。这使得地区 a 可以征收比对称均衡中更高的税率水平;而相对较小的地区则不得不通过降低税收或提供补贴以补偿本地辖区企业的区位劣势。理论的直观含义在于,在基础设施水平、经济一体化程度等因素的影响下,既定辖区间的"贸易成本"会发生变化,这将会对辖区间税收竞争产生重要影响。过高和过低的"贸易成本"水平下都不会产生税收竞争——很低的"贸易成本"下,地区差距越大,经济活动越容易向优势地区集聚,"强者恒强"的局面产生了税收竞争的纳什边角解;而过高的"贸易成本"使得企业对所有地区都没有流入的激励,税收竞争无从谈起,从而不存在纳什均衡解。

在纳什均衡内部解中,税收竞争的策略性质依然取决于辖区之间的"贸易成本"和地区间经济差距。对于优势地区而言,可以率先享受到集聚租,制定为正的税率水平或提高税率,而弱势地区则仍然会制定较低的税率水平,或者提供补贴以吸引资本或企业流入。既定贸易成本条件下,地区差距越大,越有可能产生策略替代式的税收竞争格局。随着经济一体化程度的提高、基础设施条件的改善,或者其他所有能够改善"贸易成本"条件的因素作用下,经济的集聚(扩散)最终改善本地经济的落后程度,弱势地区也有望跨越各自的"拐点",与优势地区一起共同参与策略互补性质的税收竞争格局。

这就表明,不仅人口和资本的要素集聚对辖区税收行为具有重要影响,空间范围也是检验和判断辖区税收竞争行为的一个核心要素。从方法论意义上来看,

---

① 上述结论不仅存在于税收竞争领域,在公共支出领域,特别是基础设施竞争中,Fenge 等(2009)的研究也证实,公共支出的策略互动影响程度与表现形式受到了由经济一体化程度、基础设施、技术和"知识"外溢程度等因素所决定的"贸易成本"条件的影响——纳什均衡解和边角解,以及无解都是公共支出策略互动影响中的可能结局。

如果脱离了空间集聚这一前提,可能难以准确判断税收互动影响的性质。

14.1.3 基于中国现实背景的税收竞争与资本流动

从理论背景来看,由于西方财政分权体制中的中央和地方政府均具有较为稳定和充分的税收管辖权,共享税种和共享税收入规模相对有限,理论隐含将辖区间和政府层级间的税收外部性视为两个相对独立和分离的系统,这一点从国外矫正纵向税收外部性损失的理论研究与政策建议中就可以看出。Dahlby 等(2003)认为中央政府可以通过实施"斯塔克伯格领导"战略,以矫正地方政府的这种财政外部性;而 Caplan 等(2000)、Hoyt(2001)的模型则表明中央政府也可以通过实施"跟随"战略以达到最优状态。上述思路要求中央政府具有完全信息,能够有针对性地实施纵向的转移支付,也由此受到一些质疑(Brülhart et al,2006),但是,理论关注的是转移支付调控,而不是基于政治与法律权威直接干预辖区政府的税收行为,这本身就说明了辖区税收竞争与纵向外部性之间的外生属性。

中国的财政分权是基于政治上的高度集权体制,这种集权体制下实施以 GDP 增长为主要内容的政绩考核制度,并以官员任免制度为依托。正是在政治集权和政绩考核机制下,地方政府官员具有 GDP 竞争的激励,即基于上级政府评价的"自上而下的标尺竞争"(张晏,2005),这种为增长而竞争的激励成为中国政府推动经济增长的动力源泉之一(周黎安,2004,2007)。

基于这种政府治理模式,对纵向税收外部性可能就有了一个新的解读。当中央或高层级地方政府为了特定目标需要筹集更多的收入以满足政府职能、宏观调控、政治权威等目标时,可能面临两种税收行为选择:一方面,中央政府直接凭借对税收司法权、征管权和收益权方面的自由裁量权限,调整税收分权的契约性质和内容,寻求能够更多获得税收收益份额的契约设计。典型如 1994 年分税制改革中就明确提出"提高两个比重",与财政包干办法相比,分税合同契约形式使得税收风险与收益在中央和地方政府之间得以明确和清晰,税收激励作用明显,税收征管效率明显提高(吕冰洋,2009),"两个比重"得以迅速改观;另一方面,强化政治权威下的官员政绩考核,以期通过辖区间的 GDP 增长竞争"做大做强税基",将会在中长期内通过提高税收收入的总量进而提高中央政府收入。

在 GDP 增长作为政绩考核内容和高度集权的政治背景下,中央政府既会通过强化辖区间的增长竞争,也会更改税权配置来获得足够财力以实现特定目标,例如满足全国范围内社会保障和教育公共品需求、宏观经济的稳定,又比如通过大规模的转移支付来实现地区间均衡。这样,中央政府对地方政府就形成了一种基于政治和行政权威的驱赶机制——通过政绩考核强化辖区间的竞争,促使经济增长和财政收入总量的扩大,并通过修改税收契约以获得更高的收入份额和更有利的税收分成地位,进而,又通过政治和行政权威下的政绩考核和官员任免,使得地方政府在新的税收契约下展开新一轮的"做大做强本级税基"运动。只有这样，才能破解税收征管激励中的一个两难问题——如果单纯提高中央政府税收收入集中度，会降低地方政府积极性和税基规模（吕冰洋，2009），否则，就难以满足中央政府的筹资需求、宏观目标和政治权威等多重目标。从这一角度来看，就不难理解为什么从1994分税制改革后的数十年来，一些原地方性税种能够成功地被划为共享税，或者被逐渐归并，分税合同也由此具有向分成税收契约合同过度的趋势。此时，税收策略互动影响具有两种驱动力——辖区间为争夺稀缺性流动资本而展开的税收竞争，以及本级与上级政府之间的"税收竞争"。前者是现有研究普遍注意到的由GDP增长竞争所导致的辖区间税收竞争，其反映的是政治集权下的政府治理目标和模式；而后者同样是基于政治与行政权威，反映的却是政府层级之间的一种具有税收收入利维坦特征的层层驱赶和"挤压"效应。

因此，对于西方财政分权体制，将纵向外部性视为辖区间税收反应函数的外生影响是合适的，但是在中国现实背景下，辖区间的税收竞争和纵向的税收外部性二者具有共同的驱动机制和影响因素（基于政治和行政权威下的税收利维坦行为假说，表现为残差项中的不可观测变量），那么，二者都应属于辖区税收反应函数中的前定或内生变量范畴。

14.2 税收竞争与资本流动的实证研究

14.2.1 考虑了纵向税收外部性的辖区策略性税收竞争模型

融合空间经济学视野，并考虑了纵向税收外部性的辖区策略性税收竞争模型表达为：

模型一：$t_{it} = \alpha t_{it}^{\otimes} + \phi \mathrm{agglo}_{it} + \varphi \mathrm{den}_{it} + x_{it}\mu + u_{it} + \zeta_i + \xi_t$ （14.1）

模型二：$t_{it} = \alpha t_{it}^{\otimes} + \phi \mathrm{agglo}_{it} + \varphi \mathrm{den}_{it} + \hat{\kappa t}_{j(i,t)t} + v_{j(i,t)t} + x_{it}\mu + u_{it} + \zeta_i + \xi_t$ （14.2）

上述两个模型中，下标符号 t 和 i、j 分别表示年份、城市及其对应的省份，t_{it}、t_{jt} 为城市和省本级税收变量，$\hat{t}_{j(i,t)t}$ 表示省本级税收变量的代理变量，$t_{it}^{\otimes}$ 为临近城市税收变量的空间加权项，即：

$$t_{it}^{\otimes} = \sum_{j \neq i}^{\otimes} \omega_{ij} t_{jt}, \quad 且 \quad \sum_{j \neq i}^{\Theta} \omega_{ij} = 1$$

其中，ω_{ij} 是以城市地理位置界定的权重，其和被标准化为1。ξ_i 和 $\bar{\omega}_j$ 分别为城市和省域的固定效应，ξ_t 表示年度固定效应，agglo_{it} 和 den_{it} 表示集聚变量，x_{it} 为控制变量向量，u_{it} 和 v_{it} 为误差项，α、ϕ、φ、κ 和 μ 为待估参数和向量。

模型（14.1）是集中考察横向的辖区间税收策略互动影响，特别是考虑了空间经济理论的观点，即资本集聚的影响和辖区政府税收策略行为的非单调变化属性。模型(14.2)在模型(14.1)的基础上进一步考虑纵向税收外部性的影响,唯一的差别在于省本级税收变量。基于本文"纵向税收竞争"假说,即纵向税收与横向税收外部性是一个内在统一的整体,两者由共同的机制所驱动和制约,由此,在建模策略上将省本级和城市一级的税收变量均作为前定或内生变量。按照Brülhart等(2006)的理论模型和Fox等(2010)的建模思路,将省本级税率与辖内各城市税率的比值 t_j/t_i 作为省本级税收变量的代理变量 $\hat{t}_j$,这一代理变量将设置为模型的内生变量,以反映省本级税收行为对辖区内各城市的纵向影响,并同样采用动态面板数据方法,这样也解决了"省—城市"非平衡面板数据条件下省级税收变量与城市回归方程中截距项的多重共线性及内生偏误问题。

14.2.2 样本和数据来源

与中央和省之间仍然具有较为明显的分税制特征相比,省与城市之间具有明显的分成制特征,这是由于基层财政可供独立划分的税种已经很少了,直觉上,分成制更容易实施纵向税收竞争,并且在中国的政府治理中,基层辖区政府促进GDP增长和"做大做强本级税基"的特征可能会更加突出,这些都意味着城市样本可能存在更为显著的纵向税收竞争效应,同时,为了能在足够大的空间范围内考察空间经济学的观点,本文最终选择了城市样本。2002年是1994年分税制改革之后又一个重大的财税体制改革年,这一年实施的所得税分享改革的实质是为了加强财政收入集中向分成合同转变(吕冰洋,2009)。数据主要来自《全国地市县财政统计资料》和《中国城市统计年鉴》。剔除缺失严重的样本后,包括26个省份的269个城市和1 345个观测值,其经度与维度数据来自Yu(2009)的采集与整理。变量的定义和描述性统计结果分别如表14-1和表14-2所示。

表14-1 各变量的定义

符号	指标名称	定义及单位
t_i	城市实际税率(%)	城市地方税收入(不含税收返还)/城市GDP
t_j	省本级实际税率(%)	省本级地方税收入(不含税收返还)/省区GDP
	省本级实际税率的代理变量(%)	省本级实际税率/辖内各城市实际税率
land	土地财政(%)	城市土地出让金收入/财政一般预算收入
rev	转移支付依存度(%)	转移支付总额(含税收返还)/财政一般预算收入
agglo	资本集聚	固定资产投资总额/城市建成区面积(自然对数值)
den	人口密度	人/平方公里(自然对数值)
prod	工业化禀赋	国有及年销售收入500万元以上非国有工业企业总产值(百万元)/相应企业数量

(续表)

符号	指标名称	定义及单位
fd_i	外商直接投资	外商直接投资水平(自然对数值)
urban	城市化水平(%)	年末城镇人口/年末总人口
struc	产业结构(%)	第三产业规模占GDP比重
bulid	建设用地比例(%)	城市建设用地占市辖区面积比重
une	失业率(%)	年末城镇登记失业率
trf	转移支付结构(%)	专项转移支付/一般性转移支付

资料来源:经作者整理计算取得。

表 14-2 主要变量统计性描述

名称	平均值	中位数	标准差	最小值	最大值
t_i	5.811	5.558	2.248	1.136	23.509
t_j	1.497	1.450	0.651	0.440	4.270
	29.792	26.068	18.399	4.330	176.296
land	26.551	23.472	9.056	0	61.698
rev	49.120	48.510	0.372	10.230	83.810
agglo	5.036	4.977	1.266	1.009	8.837
den	5.690	5.818	0.896	1.547	7.886
prod	102.100	78.150	104.310	12.340	1 300.000
fd_i	8.425	8.725	2.470	0	12.882
urban	32.610	29.420	0.181	10.900	92.310
struc	32.654	33.705	7.360	12.870	52.650
bulid	7.703	4.480	8.719	0.040	70.580
une	4.620	3.897	0.033	0.621	15.420
trf	120.320	54.970	14.390	1.632	664.320

资料来源:经作者整理计算取得。

14.2.3 结果与分析

表 14-3 报告了辖区间税收竞争的结果与性质。比较三种空间权重下的估计结果,可以发现临近辖区税收变量的空间加权项 $t^{\otimes}$ 的系数估计值均为正,这说明了辖区间存在策略互补性质的竞争格局,并且互动影响程度呈现出"先上升,后下降"的非单调变化趋势,在空间权重矩阵 $w_n=3$ 下,系数估计值为 0.4384,并在 5%水平上显著,进而估计值从 0.4778($w_n=5$,1%水平上显著)上升至 0.6629($w_n=10$,1%水平上显著),随着空间范围的进一步扩大,在空间权重矩阵 $w_n=20$ 下,$t^{\otimes}$ 估计值下降为 0.5111,仅在 10%水平上显著。辖区间的税收竞争没有局限

在 3 个"邻居"这一狭小的空间范围内,但是在 20 个"邻居"的空间范围内,各城市之间过高的贸易成本条件意味着纳什均衡无解成为可能,从直观上说,辖区政府较少关注与自己相距甚远,或者经济关联度较弱的辖区政府税收行为,更多只会关注具备可比性的一些临近"对手"。因此,只有在特定的空间范围下(在本模型中是周边 10 个"邻居"范围内),辖区政府的策略性税收行为才能在统计上表现得最为明显。

同时,表 14-3 还报告了资本和人口集聚,以及贸易成本条件对辖区间税收竞争的影响。集聚变量 agglo 和 den 的系数估计值普遍为正,这说明资本和人口的空间集聚对于辖区税收产生了一个正的外部性影响,使得地方政府可以通过提高征税而获得集聚租,即拥有经济集聚的地方政府并不需要通过降低税率的方式来吸引资本流入。并且,这种正的外部性影响与辖区政府税收竞争程度呈反向变化关系,即税收竞争最为激烈的情况下,集聚租的影响最为微弱,在 $w_n=10$ 下,agglo 系数估计值没有通过显著性检验,变量 den 的系数估计值为 0.8900,显著性水平仅为 10%,两个变量的系数估计值和显著性程度都低于其余 4 种空间矩阵下的表现。对应辖区税收竞争程度随空间范围扩大的倒 U 形变化轨迹,资本和人口的空间集聚所产生的集聚租对于辖区税收行为的正外部性影响呈现出一种 U 形变化趋势。

表 14-3 模型(14.1)估计结果

空间权重矩阵		$w_n=3$		$w_n=10$		$w_n=20$	
		被解释变量:城市税率					
解释变量	$t^{\otimes}$	0.4384	(2.50)**	0.6629	(2.50)***	0.5111	(1.68)*
	agglo	0.5709	(2.71)***	0.4880	(1.18)	0.7643	(1.97)**
	den	1.9262	(2.76)***	1.6295	(2.89)***	1.7403	(3.06)***
	land	0.0022	(2.34)**	0.0021	(2.37)**	0.0022	(2.76)***
	rev	−0.0069	(−1.28)	−0.0073	(−1.29)	−0.0083	(−1.48)
	prod	−0.0042	(−0.97)	−0.0061	(−1.34)	−0.0078	(−1.76)*
	fd_i	0.1030	(0.50)	0.0493	(0.24)	0.0468	(0.20)
	urban	0.0423	(1.63)	0.0444	(1.83)*	0.0463	(1.90)*
	struc	−0.0001	(−0.00)	−0.0052	(−0.11)	−0.110	(−0.22)
	bulid	0.1105	(1.99)**	0.0825	(1.72)*	0.0829	(1.66)*
	une	−0.5427	(−2.00)**	−0.5052	(−1.99)**	−0.4583	(−1.70)*
	trf	0.0001	(0.03)	0.0001	(0.24)	0.0002	(0.38)
	const.	11.5273	(3.46)***	9.5159	(2.62)***	9.8376	(2.30)**
AR(1)和 AR(2) 过度识别检验		(−3.08)***	(0.08)	(−2.92)***	(−0.80)	(−2.68)***	(−0.72)
		(639.43)***	(67.75)	(548.17)***	(82.22)*	(457.74)***	(80.02)*

(续表)

空间权重矩阵	被解释变量：城市税率					
	$w_n=3$		$w_n=10$		$w_n=20$	
外生性检验(GMM)	0.275	0.101	0.545	0.187	0.743	0.253
外生性检验(IV)	0.271	0.179	0.236	0.336	0.267	0.589

注：***、** 和 * 分别表示在 1%、5% 和 10% 的水平上显著，括号内为 z 或卡方统计值。过度识别检验报告的是 Sargan 和 Hansen 检验卡方统计值。外生性检验(GMM)和(IV)分别报告的是针对 GMM 和 IV 的 Hansen test excluding group 和 Difference(null $H=$ exogenous)卡方检验的 P 值结果。

资料来源：经作者整理计算取得。

从表 14-4 报告的模型(14.2)结果中可以看出，除了得到与模型(14.1)类似的人口和资本集聚与贸易成本方面相似的结论，更重要的是证实了省本级税收量对城市税收行为具有内在影响，这一点与西方纵向税收外部性理论形成明显区别，这种内在影响表现为政府层级间具有税收收入利维坦行为特征的层层驱赶和"挤压"效应。在 5 个空间权重矩阵下的估计结果中，省本级税收代理变量的系数估计值均显著为正，说明省本级政府如果提高税收分成的实际比率（省本级与城市政府实际税率的比值），将会对城市实际税率水平产生显著为正的影响，二者具有策略互补性质的关系。正如理论分析中所谈到的那样，从一般的税收征管激励角度来看，省级政府如果提高税收分成比率，将会对城市政府产生负面激励，但是，基于政治和行政权威，通过政绩考核和官员任免的激励，可以驱使城市政府展开持续的"做大做强本级税基"运动，反映在辖区税收函数中就是积极提升本辖区的实际税率水平。

这种策略互补式的驱赶和"挤压"效应普遍存在于政府层级之间，并不受到空间地理范围的限制。在模型(14.2)以 3 个空间权重矩阵展开的回归结果中，省本级税收代理变量的系数估计值和显著性检验结果都较为接近。这种普遍的、稳定的"纵向税收竞争"效应必然是由基于政治和行政权威的高度同质化的政府治理机制和博弈格局所决定，这一点和前文中发现的辖区间税收竞争程度随空间范围发生非单调变化的表现相比，具有重要的差别。

表 14-4　模型(14.2)估计结果

空间权重矩阵		被解释变量：城市税率					
		$w_n=3$		$w_n=10$		$w_n=20$	
解释变量	$t^⊗$	0.3026	(2.34)**	0.6010	(3.20)***	0.4081	(1.96)**
	$\dot{t}$	0.0525	(5.56)***	0.0535	(5.22)***	0.0573	(5.37)***
	agglo	0.6961	(2.50)**	0.3953	(1.21)	0.5532	(1.76)*
	den	1.2039	(3.05)***	0.8900	(1.83)*	1.4440	(2.98)***
	land	0.0010	(1.11)	0.0006	(0.56)	0.0009	(0.99)
	rev	−0.0015	(−0.57)	−0.0008	(−0.39)	−0.0027	(−0.97)
	prod	0.0022	(0.46)	0.0018	(0.36)	0.0027	(0.55)
	fdi	−0.1468	(−1.20)	−0.1480	(−1.16)	−0.0969	(−0.67)
	urban	0.0098	(0.70)	0.0156	(0.98)	0.0129	(0.73)
	struc	0.0868	(2.45)**	0.0942	(2.58)***	0.0971	(2.57)***
	bulid	−0.0199	(−0.57)	−0.0362	(−1.14)	−0.0421	(−1.16)
	une	−0.3817	(−2.42)**	−0.4526	(−3.56)***	−0.4528	(−2.89)***
	trf	0.0009	(1.40)	0.0009	(1.50)	0.0010	(1.49)
	const.	8.3185	(3.46)***	6.4039	(2.20)**	9.5565	(3.06)***
AR(1)和 AR(2)		(−2.30)**	(0.08)	(−2.33)**	(0.21)	(−2.26)**	(0.25)
过度识别检验		(847.17)***	(95.49)**	(670.38)***	(88.36)**	(709.00)***	(95.34)**
外生性检验(GMM)		0.197	0.127	0.530	0.244	0.330	0.242
外生性检验(IV)		0.129	0.146	0.543	0.502	0.356	0.277

注：***、** 和 * 分别表示在 1%、5% 和 10% 的水平上显著，括号内为 z 或卡方统计值。过度识别检验报告的是 Sargan 和 Hansen 检验卡方统计值。外生性检验(GMM)和(IV)分别报告的是针对 GMM 和 IV 的 Hansen test excluding group 和 Difference(null $H=$ exogenous)卡方检验的 P 值结果。

资料来源：经作者整理计算取得。

14.3　土地财政背景下的财政竞争与资本流动

14.3.1　土地财政背景

分税制改革以来，地方政府逐步在农地转非—土地出让—金融贷款—城市建设之间形成滚动增长的循环链条，以土地、财政、金融"三位一体"为主要特征的土地财政和土地金融愈演愈烈（周飞舟，2010；孙秀林和周飞舟，2013，等等）。"有土斯有财"，在既有发展模式下，土地成为发展的核心要素。

针对地方政府土地出让的行为逻辑，目前学界主要集中以下两种理论，一种是财政激励。地方政府倾向于通过高额土地出让金减轻分税制后地方财政压力（周飞舟，2010）。卢洪友等（2011）等在考察了土地出让金对财政缺口，以及土地租税收入对于地方公共服务供给的影响之后，认为地方政府出让土地实际上是财政分权后的一种"无奈之举"。孙秀林和周飞舟(2013)则认为,分税制集中财权使地方政府逐渐走向了以土地利用、开发和出让为主的发展模式,从而形成了土地财政。分税制下的土地财政兴起在某种意义上是财政体制改革的意外后果。另一种理论则是政治激励。在晋升锦标赛体制下,地方官员出于发展辖区经济的强烈追求而大量出让土地(曹广中等,2007;陶然等,2009;张莉等,2011;杨继东和杨其静,2016)。① 现有研究大多认为,这两种激励共同作用塑造了地方政府的土地出让行为。例如,王贤彬等(2014)构建的一般均衡模型表明,在政治集权和经济分权的体制下,地方政府官员为了追逐政治晋升与经济收益,会利用土地处置权,在垄断的土地市场上策略性设定土地出让价格与土地出让规模。不仅如此,现有研究发现土地出让已对中国经济增长和经济波动、居民储蓄等产生重要影响(陈斌开和杨汝岱,2013;赵扶扬等,2017)。

随着研究的深入,地方政府土地出让行为中的作用机制被不断挖掘,认识也不断丰富。从土地财政收益的角度来看,地方政府土地出让行为被概括为以下两种机制(张莉等,2013;赵文哲和杨继东,2014):(1)以地生租。地方政府通过出让土地获得相应的土地出让金以弥补财政缺口。不仅如此,作为以地生租的延伸,地方政府通过土地出让,获得了与房地产业及其上下游产业,如建筑安装业、生产和生活服务业的税收贡献,包括增值税(营业税)、城镇土地使用税、土地增值税、耕地占用税、契税、房产税等,进而产生了以房生税。(2)引资生税。地方政府通过土地出让,吸引资本和企业流入,促进本地区经济增长,从而增加本地区税基。

不仅如此,作为一个典型的集权治理领域,地方政府出让行为受到中央政府的高度管控。2007年之前,一系列土地出让约束制度得以建立实施,主要包括确立经营性土地招挂拍出让范围(2002年)、确立协议出让范围(2003年)、对协议出让历史遗留问题的清理整顿(2004年)、修订划拨用地目录和扩大适用出让供应的行业类型(2004年)、工业用地出让最低价格制度和公示制度(2006年),乃至工业用地纳入招挂拍出让范围(2006年)等。而且,除了这些出让约束制度,央地用地体制下还针对土地供应出让的上游环节——用地指标审批和最终的用地考核环节均实现了高度管控。

14.3.2 土地财政中的中央政府用地管控

14.3.2.1 央地用地体制的建立

现行用地体制始建于20世纪末。1999年颁布的《土地利用年度计划管理办

---

① 晋升锦标赛体制下,官员任免、政治周期、政企合谋等对于地方政府土地出让的影响和作用机制,特别是地方政府出让行为的扭曲得到了广泛讨论,典型如张莉等(2013)、雷潇雨和龚六堂(2014)、杨其静等(2014)、余靖雯等(2015)、杨继东和杨其静(2016),等等。

法》中确立了央地之间的用地权力配置。土地年度利用计划的审批权完全收归国土资源部,地方政府具有建议权和下达区域内指标的分配使用权。具体流程是:县级以上政府按照国土资源部的统一部署和控制指标,提出本地下一年度的土地利用计划建议,经同级人民政府审查后,报上一级人民政府土地行政主管部门,并在当年11月20日前报国土资源部。国土资源部在各地土地利用年度计划建议的基础上,综合平衡,编制土地利用年度计划,报国务院批准后下达。县级以上地方政府土地行政主管部门将下达的农用地转用计划指标、耕地保有量指标和土地开发整理计划指标逐级分解,拟定实施方案,经同级人民政府批准后下达。

用地审批权的上收和权力向土地行政管理部门的集中需要以干部管理体制和人事制度改革作为保障。2004年4月,国务院下发了《关于做好国土资源管理体制改革有关问题的通知》,中组部下发了《关于调整省以下国土资源主管部门干部管理体制的通知》,明确了国土资源部门行政管理体制、土地利用总体规划编制审批管理体制、执法监察职能、领导干部管理体制等方面问题。在这一要求下,各省分别出台类似规定,加强了土地行政管理部门的垂直控制。例如,江苏省省政府和江苏省省委组织部分别下发《关于省级以下国土资源管理体制改革的实施意见》和《关于调整国土资源主管部门干部管理体制的通知》。规定市、县(市)国土资源局党政正、副职和党组成员、纪检组长由上一级主管部门任免。县(市)国土资源局党政正职的任免,需事先征得厅党组同意。国土资源执法监察人员和国土资源所人员,依照公务员制度进行管理。

14.3.2.2 土地出让约束制度

在上述用地分权体制下,中央政府逐步了建立针对国有土地有偿使用权出让的严厉约束。2002年颁布的《招标拍卖挂牌国有土地使用权规定》规定商业、旅游、娱乐、商品住宅等四类经营性用地和同一土地有两个或两个以上意向用地者的,应当通过招标、拍卖、挂牌方式出让。

这一时期,协议出让中普遍存在低价出让甚至零地价出让;擅自减免土地使用权出让金;领导干部干预土地出让,个人审批和暗箱操作;供地信息不披露,供地结果不公开等问题。[①] 2003年,国土资源部颁布《协议出让国有土地使用权规定》,第一次对协议出让的范围进行了明确界定。即出让国有土地使用权,除依照法律、法规的规定应当采用招标、拍卖或者挂牌方式外,方可采取协议方式。根据这一规定,商业、旅游、娱乐和商品住宅等四类经营性用地,不得以协议方式出让。同一块地有两个以上意向用地者的,也不得以协议方式出让。此外,明确了协议

---

① 夏珺:《让协议出让在阳光下运行——部政策法规司负责人就部21号令答记者问》,人民网论坛,http://www.people.com.cn/GB/shizheng/1027/1934681.html。

出让最低价的确定标准,规定:协议出让最低价不得低于新增建设用地的土地有偿使用费、征地拆迁补偿费用以及按照国家规定应当缴纳的有关税费之和;有基准地价的地区,协议出让最低价不得低于出让地块所在级别基准地价的70%。

2004年,针对一些开发区规避经营性土地招挂拍的现象,国土资源部下发了《关于清理各类园区用地加强土地供应调控的紧急通知》等文件。2004年国土资源部对全国开发区进行一轮治理整顿,开发区数量从6 015个减少到2 053个,规划面积从3.54万平方公里压缩到1.37万平方公里。① 同年,国土资源部、监察部联合下发了《关于继续开展经营性土地使用权招标拍卖挂牌出让情况执法监察工作的通知》,要求各省份在8月31日之前将历史遗漏问题加以界定并处理完毕。2004年8月31日之后,不得再以历史遗留问题为由采取协议方式出让经营性国有土地使用权,即"831大限"。

2004年还修订了1999年颁布实施的《划拨用地目录》②,拓宽了适用出让供应的用地范围。石油、天然气、煤炭、教育、卫生、民航、铁路、交通、水利、电力等10个行业的项目用地进行了修订,对供地项目进行细化分类,按用地功能、性质把上述行业中属于经营用地及其他应推向市场的用地剥离出来,一律不再纳入划拨目录;同时增补国家机关、邮政、通信、城市基础设施、公益事业等行业的项目用地划拨目录。

2006年《关于发布实施〈全国工业用地出让最低价标准〉的通知》出台后,首次在全国范围内按照土地等级,统一制定并公布各地工业用地出让最低价标准。工业用地出让最低价标准不得低于土地取得成本、土地前期开发成本和按规定收取的相关费用之和。工业用地必须采用招标拍卖挂牌方式出让,其出让价格不得低于公布的最低价标准。低于最低价标准出让土地,或者以各种形式给予补贴或返还的,属非法低价出让国有土地使用权的行为,要依法追究有关人员的法律责任。2006年还建立了工业用地出让最低价标准统一公示制度。③

14.3.2.3 其他用地约束制度

地方政府用地涉及计划—供应出让—考核等环节,在一个高度集权的用地体制下,与土地出让相关联的事前和事后领域,均受到中央政府严格管控。

在用地指标计划方面,2004年修订的《土地利用年度计划管理办法》中,确定须经审批的年度计划指标包括:(1)农用地转用计划指标;(2)土地开发整理计划

---

① 杨遴杰:《不能以"特殊性"破坏供地政策》,《中国国土资源报》,http://www.mlr.gov.cn/xwdt/xwpl/201207/t20120717_1121937.htm。
② 《划拨供地项目目录修订》,国土资源部网站,http://www.mlr.gov.cn/xwdt/jrxw/200406/t20040625_573590.htm。
③ 参见《国务院关于加强土地调控有关问题的通知》。

指标;(3)耕地保有量计划指标。这一时期的土地年度计划指标体系存在一个空白,即除农用地之外的未利用地。变更调查统计数据表明,2005年新增建设用地427.4万亩,其中占用耕地208.1万亩,占用未利用地219.3万亩;"十五"期间,全国共新增建设用地3285万亩,建设占用耕地1641万亩,占用未利用地1644万亩①。也就是说,这一时期的新增建设用地有一半都来自未利用地,地方政府通过政策空白以绕开中央政府用地指标审批的迹象非常明显。对此,2006年第二次修订的《土地利用年度计划管理办法》做了重大调整。规定土地利用年度计划指标包括:(1)新增建设用地计划指标,包括新增建设用地总量和新增建设用地占用农用地及耕地指标;(2)土地开发整理计划指标;(3)耕地保有量计划指标。修改后的计划指标体系增设了新增建设用地计划指标,包括新增建设用地总量和新增建设占用农用地及耕地指标。而新增建设用地量则明确包含建设占用农用地和未利用地在内。2016年第三次修订的《土地利用年度计划管理办法》中,则进一步将近年兴起的城镇和农村建设用地的"增减挂钩"一并纳入年度计划审批范围。② 上述事实说明,与土地出让约束渐进变化直至发生质变的同一时期,用地计划指标体系作为一种指令性约束,也逐步实现对地方政府新增建设用地渠道的全口径式覆盖,地方政府土地出让受到源头上的控制。

在用地考核方面,针对地方政府前一年用地计划落实情况的核减制度、建设用地占用耕地需"占补平衡"及城镇和农村建设用地"增减挂钩"的要求、针对土地"批而未供"和项目"批而未建"等供地率、开工率不足的年度考核和问责等③,都是试图对地方政府用地行为进行有效约束。特别是在2009年,国土资源部、国家发改委、国家统计局联合发布了《单位GDP和固定资产投资规模增长的新增建设用地消耗考核办法》。办法中明确规定,考核结果作为"干部主管部门对省级人民政府领导干部进行综合考核评价的依据",同时还要求各省份参照此办法"制定本地(区、市)的单位GDP和固定资产投资规模增长的新增建设用地消耗考核办法"④。

14.3.2.4 省级政府的角色

2002—2009年这数年间,随着各项制度的建立与推行,土地利用的计划执行力度越来越大,指令性越来越强,形成了一个高度集权型的用地管控体系。中央政府已深度介入地方政府用地的各个领域和环节,这可能会通过用地计划、出让

---

① 《计划指标,既管农用地,也管未利用地——部规划司负责人谈〈通知〉中土地利用计划管理的新变化》,中央人民政府网站,http://www.gov.cn/zwhd/2006-09/20/content_393275.htm。
② 参见《土地利用年度计划管理办法》。
③ 参见《土地利用年度计划执行情况考核办法》。
④ 参见国土资源部、国家发改委、国家统计局联合发布的《单位GDP和固定资产投资规模增长的新增建设用地消耗考核办法》。

约束及用地考核深度影响地方政府的用地行为和财政决策。

期间,省级政府逐渐具有土地管理与土地经营的双重功能。省级政府需要对辖区土地管理"负总责"①,这一方面明确了相应的责任和义务,另一方面也是土地管理权力的授予。相对于其他层级的地方政府,现行体制下省级政府具有相对重要的用地权力,具体表现为用地规划和指标的建议权、实施权和部分审批权。2007年开始,在土地利用总体规划确定的城市建设用地范围内,依法由国务院分批次审批的农用地转用和土地征收,调整为每年由省级人民政府汇总后一次申报,经国土资源部审核,报国务院批准后由省级人民政府具体组织实施,实施方案报国土资源部备案。

上述背景表明,省级政府处在中央政府压力和辖区内基层政府用地需求双重矛盾的汇聚,因此,虽然本文研究的是中央与城市政府之间围绕土地出让的行为反应问题,但也不应忽视省级政府的影响。

14.3.3 考虑中央政府管控的土地财政竞争与资本流动

现有研究认为,有限任期(王贤彬和徐现祥,2008)、工业项目未来收益的不确定性、财税分享体制(陶然等,2007)等因素的制约下,一段时期内普遍存在恶性土地引资竞争。即为了引入工业项目,地方政府通过干预土地出让过程和使用不同的土地出让手段,低价甚至零地价出让工业用地。例如,杨其静等(2014)针对2007—2011年的研究表明,有限任期下的地方领导最关心的是与工业项目相关的固定资产投资所直接推动的经济增长,而不是这些工业项目在未来正式运营的效益;与之相适应,他们首要关心的是土地引资的规模而不是质量。工业用地出让中,除了扩大土地征用和出让规模、降低出让价格的竞次,还存在降低引资质量的竞次行为。这说明,争夺稀缺资本的土地引资竞争中,地方政府使用了土地出让金这一非税收入手段,并动用财政支出政策提供诸多配套。

综观中央政府的种种土地出让约束,可归结为拓宽竞价出让范围和确立工业用地出让最低价格两方面。首先以经营性土地招挂拍制度为例说明拓宽竞价出让范围的潜在财政影响。现有研究,如白彦锋和刘畅(2013)、赵文哲和杨继东(2015)等都注意到招挂拍竞价方式的出让成交价格更高,平均纯收益也更高。由于土地出让之前地方政府需要处理好土地的产权、补偿安置等经济法律关系,并完成必要的通水、通电、通路、土地平整等前期开发。扣除土地取得成本和土地开发成本的纯收益更能反映土地财政收益。经营性土地竞价出让范围的拓展使得土地出让收益水平得到了提升,这必然促使围绕土地出让的两种行为机制——为

---

① 《国务院关于加强土地调控有关问题的通知》规定方各级人民政府主要负责人应对本行政区域内耕地保有量和基本农田保护面积、土地利用总体规划和年度计划执行情况负总责。

经济增长而低价出让和土地财政收益最大化要求的高价出让之间的相对绩效发生改变,以地生租机制的收益得到了提高,因此,中央政府关于竞价出让范围的干预,使得地方政府出让激励随之发生改变。

再来分析工业土地出让最低价格约束的潜在财政影响。2006 年公布的工业用地出让最低价标准划分为 60 元/平方米至 840 元/平方米的 15 个等别,并详细规定了全国绝大多数市(县)和市辖区所适应的等别。从实际情况来看,这一标准远高于原先一些省份自行编订的工业用地出让最低价标准。以东部发达地区广东省江门市为例,国家新标准是广东省原标准的 3 倍左右。现实中,相对较高的国家标准使得这一出让最低价很快成为实际执行中的成交价。按照财政竞争理论的看法,异质性地区之间的财税竞次行为会因为贸易成本、财政能力、本地市场潜力等因素发生分化(Haufler and Wooton,2010)。如果政策工具受到限制,一些束紧的地区甚至会选择退出竞争(李永友和沈坤荣,2008)。极端例子的边角解是发达地区相对高价出让工业用地,也能够因为集聚效应、本地市场潜力和更优质的公共服务吸引到资本和企业流入;而落后地区低价,甚至零地价出让土地可能也难以吸引到优质企业和稀缺要素。与拓宽竞价出让范围因其更高的土地财政收益而产生的出让激励相比,最低出让价格约束及成交公示制度一方面抬高了土地引资成本,限制了地方政府的低价土地引资行为;另一方面,最低价格约束及成交公示制度为地方政府的土地引资竞争插入了一个实际价格约束,其明晰了土地引资竞争的地区间底线,并可能在一定程度上"熨平"地区间土地引资绩效的扭曲与分化。上述因素使得为增长而低价出让土地的激励被削弱了,而土地财政收益最大化机制得以强化。

行文至此,可以得出的推断之一是中央政府土地出让约束下的地方政府土地财政激励发生了改变,地方政府土地财政收益最大化出让行为可能会加强。而且,两种土地财政收益最大化机制中,工业用地最低出让价格约束制度仅仅是为了遏制土地恶性引资竞争,对引资生税可能并无直接激励,而竞价出让范围的拓展使得包括工矿仓储、商业服务业、住宅用地在内的以地生租机制得以强化,因此,改革会因为弱化地方政府为增长而低价出让土地的激励,通过以地生租机制进一步影响地方政府的土地出让。

但是,上述认识仍是基于财政分权理论得出的推断,考虑到用地管控中涉及的政治激励,有必要进一步从治理理论角度展开阐述。业已建立的用地体制和各种用地管控制度的实施,使得地方政府用地涉及的核心权力(人事权、规划权、审批权和调控权)实现了集中控制,重构了政府间权力关系。不仅如此,针对科层组织运作的另一基础——责任关系也实现了重构,地方政府的责任体系愈加明确和重要。因此,尽管现有的财政体制是分权化的,但是就土地财政而言,其治理结构仍似乎是Zhang(2006)、Birney(2013)概括的那样,属于高度集权型,同化程度很高并且具有很强的"任务规则"性。而且,现有理论进一步认为,纵向垂直控制和横向上的"锦标赛"体制的结合及其模式上的差别,将会对相应领域的国家治理能力及治理绩效产生重大影响(周黎安,2007,2014)。

循上述思路可得出的一个推断是,用地权力的上收和责任的强化可能塑造出新的政治、经济激励,并改变地方政府的财政决策和行为。从2009年用地考核改革涉及的内容来看,其核心仍为督促地方政府集约用地。但是,不同于拓宽土地竞价出让范围和工业用地最低出让价格约束是为了遏制恶性的土地引资竞争;不同于核减用地计划以"挤出"地方政府用地需求泡沫;也不同于"占补平衡"或"增减挂钩"政策是为了避免建设用地过度耗减耕地资源,此次改革的"任务规则"明确为每单位建设用地创造的投资和GDP,并首次纳入对省级人民政府领导干部的考核。这一改革的意义在于,从单纯经济属性的用地责任,延伸至内嵌于锦标赛体制的官员考核与晋升压力;从被动的、过程控制的禁止或限制型规则,向主动的、结果导向的激励型规则转化。这要么会遏制城市"摊大饼"式扩张,要么使得地方政府更加重视引资质量,而非单纯的引资规模或者企业数量。例如加大对央企、FDI等优质资本的追逐,又如更加重视引资企业的资本密集程度和持续投资能力,甚至可能会激励地方政府主动淘汰或转移辖区内落后、粗放型企业,转而将节余的建设用地指标用于新兴企业,等等。可见,改革并非停留在对降低引资质量这一竞次局面的矫正,而是可能使得地方政府获得一种"双赢"激励——既能在晋升竞标赛中获得更大优势,又能在"以地谋发展"格局中,凭借相对更多的优质投资获得更高的,尤其是引资生税方面的土地财政收益,最终实现政治激励与经济利益的耦合。

因此,在用地体制和用地管控的作用下,尽管为增长而出让土地的激励会让位于土地财政收益最大化激励,但是,从收益最大化作用机制来看,可能并非局限在以地生租,政治激励可以通过改善引资质量及引资生税实现相应目标,这意味着围绕土地的财政竞争可能会发生变化。

14.4 土地财政背景下的财政竞争与资本流动实证研究

14.4.1 模型与变量

为验证以上观点,本文建立的模型总体分为三种:基准模型、安慰剂检验和动态模型。具体模型设定为:

$$\text{landgr}_{c,t} = \lambda' \times \text{indega} + \lambda \times \text{indega} \times \text{treated} \times \text{Post}_t \\ + \rho \times X_{c,t} + \text{const} + \mu_c + \delta_t + \varepsilon_{c,t} \tag{14.3}$$

$$\begin{aligned}
\text{landgr}_{c,t} = {} & \lambda' \times \text{indega} + \lambda \times \text{indega} \times \text{treated} \times \text{Post}_t \\
& + \sum_{t=\text{Placebo year}}^{\text{reform}} \lambda_t \times \text{indega} \times \text{treated} \times Yr\_D_t \\
& + \rho \times X_{c,t} + \text{const} + \mu_c + \delta_t + \varepsilon_{c,t}
\end{aligned} \quad (14.4)$$

$$\begin{aligned}
\text{landgr}_{c,t} = {} & \lambda' \times \text{indgea} + \sum_{t=1999}^{2015} \lambda_t \times \text{indgea} \times \text{treated} \times Yr\_D_t \\
& + \rho \times X_{c,t} + \text{const} + \mu_c + \delta_t + \varepsilon_{c,t}
\end{aligned} \quad (14.5)$$

模型(14.3)至模型(14.5)中，const、μ_c 和 δ_t 分别表示常数项，以及城市和时间固定效应，被解释变量 landgr 是当年城市土地出让规模的自然对数值。X 为控制变量集合，具体包括城市建成区规模占比、财政自主程度、产业结构、当地平均工资水平等。模型中的 indega 表示的是一系列将要在模型中展开回归的变量，包括反映地方政府土地财政收益的基础变量，以及根据用地管控内容，运用多种空间加权交互设计后的土地财政收益变量。总体而言，这一系列变量通过三种双重差分构造来检验用地管控是否经由土地财政收益变量影响土地出让，即模型(1)中将处理组城市的土地财政收益变量与改革后的时期 Post_t 交互。模型(14.4)是为了进行安慰剂检验，模型中不仅考虑改革后的效应，也考虑了改革前相应变量 $\sum_{t=\text{Placebo year}}^{\text{reform}} \lambda_t \times \text{indega} \times Yr\_D_t$ 是否已在发挥影响，其中 Yr_D 是年度虚拟变量族。模型(14.5)中将解释变量与每一年度虚拟变量进行交互以考察改革的影响轨迹。

indega 的基础设计是引资生税与以地生租两种机制的相对"价格"变量，即城市当年规模以上工业企业平均税利(万元/个)与当年土地出让平均价格(万元/公顷)之商的自然对数值。黄少安等(2012)发现地方政府来自房地产的租金收入越高，则来自其他行业的税收收入越低，土地出让租金与行业税收之间存在"租税替代"影响。赵文哲和杨旭东(2014)判断引资生税机制比以地生租机制更能解释地方政府土地出让方式的变化。付敏杰等(2017)针对工业化和城市化进程中的财税体制展开了研究。实证结果发现地方政府土地经营导致的工业税收替代效应，并从城市化刚性成本、工业税基与服务业税收增长，以及土地财政幻觉等方面发掘了租税替代的作用机制。总体而言，indega 变量蕴含的替代式影响符合现有理论看法。

除了将 indega 变量在模型中加以控制，还考虑了 2007 年开始实施的土地出让最低价格制度。模型中构建的反事实是以 2006 年各城市的工业用地实际出让平均价格与各城市的出让最低约束价格对比形成的处理组与对照组。即 2006 年城市出让平均价格高于该市出让最低价格的赋值为 1(treated=1)，不高于最低价格的则赋值为 0(treated=0)。计算表明，样本中的 290 个城市中有 222 个城市面临最低出让价格约束,大多为各省份的大中城市,而无最低出让价格压力的城市主要是各省份特别是中西部省份的小型城市。考虑到2002年开始拓展土地竞价出让范围,将处理组城市的indega变量与年度虚拟变量交互以控制2002—2006年间渐进实施的拓展土地竞价出让范围改革。这样,模型中的DID变量indega×treated×Post$_{2007}$反映的是拓宽竞价出让范围和土地最低出让价格约束的联合影响,即经历土地竞价出让改革之后,那些面临土地出让最低价格约束的城市相对于不存在最低价格约束的城市,是否经由土地财政收益对城市土地出让规模产生具有统计显著性的影响差异?

2010年开始,单位GDP和投资增长所消耗用地的考核结果已明确作为干部主管部门对省级人民政府领导干部进行综合考核评价的依据,考核办法中的计算公式明晰、量化程度较高且相关结果会报送国务院。这不仅是用地体制下省级政府土地管理"负总责"的直接体现,也是首次明确将考核结果与省级政府领导干部评价相挂钩。一个直观的推论是,对省级政府领导干部的考核压力在"负总责"要求和"下管一级"行政体制下会分解传递给地市级。通过和地市级领导的考核挂钩,并直接影响相应的晋升结果,这使得省域内可能会产生集约用地的政治激励,进而从深层次触及围绕土地出让的晋升锦标赛体制和土地财政行为。为此,从同一省区内的各城市交互影响入手,设计如下空间权重矩阵:对于每一城市,其他所有与其同属于该省域的城市赋值为1($c=1$),否则赋值为0($c=0$),并按照行和为1的方式进行权重标准化。模型中,控制了本地财政收益变量indega和省内其他所有城市的土地财政收益空间加权变量$\Sigma_c$indega,构造了变量($\Sigma_c$indega)×treated×Post$_{2010}$。这一DID变量反映的是,在2009年改革带来的政治激励下,那些当初面临土地出让最低价格约束的城市是否会因为来自同一省域城市的土地财政机制影响,进而对本地的土地出让规模产生进一步影响差异?

为了控制建设用地审批指标的影响,即前文所述的用地体制下指令性计划的影响。由土地利用总体规划所决定,中央政府的年度用地审批是在一个相对固定的总量控制和数量管制下展开的,这使得省际具有显著为负的替代式影响,即其他各省份获得审批建设用地指标越多,本省获得的相应越少。但是,用地指标类型(例如前文所述的建设占用农用地和未利用地、增减挂钩用地等)的改革,往往又使得各省获批的用地指标数量呈同步变化,即在特定时点上呈空间互补性。[①]为此,从各省份获批建设用地指标的空间交互影响角度进行控制,既可以反映指

[①] 将各省获批建设用地指标作为被解释变量,其他各省获批建设用地指标数的空间加权变量作为解释变量,可以发现系数估计值具有统计显著性的为负;而空间加权变量与年度虚拟变量相乘的交互项则在一些年份中显著为正。限于篇幅,这一结果不再赘述。

标总量约束下的省际替代式影响,以及控制诸如用地指标类型变化、特定时间上的用地审批"尺度"差异(如应对2008年经济危机期间各省获批的用地指标数较以往均有明显上升),同时也能一定程度上弥补无法获得各城市获批建设用地指标数据的缺憾。因此,从该城市所在省份与其他所有省份的交互影响角度设计如下空间权重矩阵:对于每一城市所在省份,其他所有省份赋值为$1(p=1)$,本省则赋值为$0(p=0)$,也按照行和为1的方式进行权重标准化。

14.4.2 数据说明

本文使用的是1999—2015年的290个地级及以上城市及相应31个省份的数据。数据来自《中国国土资源统计年鉴》《国土资源年鉴》《中国城市统计年鉴》《中国统计年鉴》和《中国财政年鉴》等。表14-5和表14-6分别报告了变量的定义和描述性统计结果。

表14-5 变量定义

变量	名称	数据口径
esize	工业企业平均固定资产净值	ln(规模以上工业企业平均年固定资产净值规模)
elsize	工业企业平均流动资产净值	ln(规模以上工业企业平均年流动资产净值规模)
inv	全社会固定资产投资	ln(全社会固定资产投资总规模)
esinv	房地产投资规模	ln(房地产投资规模)
reinv	住宅投资规模	ln(住宅投资规模)
indega	土地财政相对收益	ln(规模以上工业企业平均税利(万元/个)/土地出让平均价格(万元/公顷))
eal	审批建设用地数量	各省获得的审批建设用地数量(公顷)
buildup	城市建成区规模	ln(城市建成区规模)
gdovr	工业企业所有制结构	规模以上内资工业企业产值/(港澳台和外商投资工业企业产值之和)
enum	工业企业数量	ln(规模以上工业企业数量(个))
FDI	外商投资额	ln(外商实际投资额(万美元))
ROE	工业企业平均净值产收益率	ln(规模以上工业企业平均税利/平均固定资产净值)
buildr	建成区占比(%)	城市建成区与辖区面积比重
fisgap	财政自给度(%)	城市财政预算内收入/预算内支出
wage	平均工资	ln(城市职工平均工资(元))
con	平均消费	ln(用总人口平均的社会消费品零售额(元/人))
ind	产业结构(%)	第三产业占GDP的比重

资料来源:经作者整理计算取得。

表 14-6 变量统计性描述

变量	观测值	均值	标准差	最小值	最大值
esize	4 735	8.502	0.888	5.204	12.37
elsize	4 765	8.476	0.862	5.498	12.33
inv	4 772	14.84	1.418	10.82	18.85
esinv	4 764	12.70	1.750	4.710	17.55
reinv	4 751	12.46	1.643	4.357	17.02
landgr	4 869	5.759	1.425	−2.120	9.115
indega	4 667	1.238	1.212	−4.188	7.546
eal	527	12 375.4	10 855.2	17.53	97 935.5
gdovr	4 405	33.54	277.9	0.066	15 647.8
buildup	4 760	4.181	0.864	1.609	8.122
enum	4 767	15.59	1.548	10.36	19.60
FDI	4 890	8.054	3.581	0.000	14.56
ROE	4 684	−2.287	0.754	−8.385	0.513
buildr	4 758	1.286	2.815	0.011	45.07
fisgap	4 710	52.42	23.77	4.644	173.9
wage	4 884	9.897	0.694	2.283	12.68
con	4 887	10.01	2.032	1.214	11.95
ind	4 774	36.33	8.335	8.50	85.34

资料来源:经作者整理计算取得。

14.4.3 结果与分析

表 14-7 和表 14-8 依次报告了 DID 模型回归结果。表 14-7 的被解释变量包括城市建成区规模、FDI,以及全社会固定资产、房地产和住宅投资规模。结果表明,建成区规模和 FDI 模型[列(1)和(3)]的 DID 变量和 indega 变量系数估计值均不显著,这证明并非通过压缩城市建成区规模扩张,或者通过吸引更多 FDI 产生了相应影响。而在三种投资变量中,尽管全社会固定资产投资模型中的 indega 变量系数估计值为正,并具有 5% 的显著性水平,但其 DID 变量系数估计值却不显著。这说明改革并非是笼统地通过全社会固定资产投资产生差异影响。

表 14-7　用地管控影响投资的 DID 模型回归结果一

被解释变量	buildup	FDI	inv	esinv	reinv
解释变量	(1)	(2)	(3)	(4)	(5)
const	3.095***	4.238***	12.10***	9.469***	10.06***
	(0.159)	(0.520)	(0.068)	(0.151)	(0.232)
indega	0.011	0.048	0.034**	−0.028	0.019
	(0.012)	(0.040)	(0.014)	(0.021)	(0.024)
Σeal×Σindega	−0.0002**	0.002***	0.0008***	0.002***	0.0007***
	(0.0001)	(0.0005)	(0.0001)	(0.0002)	(0.0002)
Σeal×Σindega×treated×yr_安慰剂变量族	控制	控制	控制	控制	控制
Σeal×Σindega×treated×Post2010	0.003	−0.002	0.002	−0.008***	−0.0048*
	(0.002)	(0.009)	(0.002)	(0.003)	(0.002)
X	控制	控制	控制	控制	控制
年度固定效应	控制	控制	控制	控制	控制
城市固定效应	控制	控制	控制	控制	控制
观测值	4 653	4 628	4 666	4 658	4 646
F 值	349.18	128.4	490.48	366.36	195.99
RMSE	0.313	1.236	0.286	0.445	0.548

注：***、** 和 * 分别表示在 1%、5% 和 10% 的水平上显著，括号内为控制了异方差的稳健标准误。

资料来源：经作者整理计算取得。

进一步考察其中的房地产投资及住宅投资。可以发现变量 indega 的系数估计值均不显著，土地财政相对收益变量与这两种类型投资之间缺乏直接的相关性。究其原因，可能在于土地出让财政收益与城市房地产投资之间还具有多重作用环节，如对地方政府而言究竟是选择出让还是抵押的土地融资模式（郑思齐等，2014），以及房地产市场及调控等因素。但是，房地产投资及住宅投资回归模型中的 DID 变量系数估计值均为负，并且至少在 10% 水平上显著。这说明 2010 年开始的用地考核政治激励结合土地竞价出让范围拓展和工业用地最低出让价格约束改革，最终对处理组城市的房地产投资和住宅投资产生了负向影响。总体来看，改革并非作用于用地考核评价指标的分母项（以城市建成区规模反应的建设用地规模），而是作用于分子项——投资领域，但是，又并非直接作用于房地产或住宅投资领域，这促使研究目光投向了工业投资。

表 14-8 用地管控影响投资的 DID 模型回归结果二

被解释变量	gdovr	enum	elsize	esize	ROE
解释变量	(1)	(2)	(3)	(4)	(5)
const	89.18	12.11***	6.806***	7.473***	−3.450***
	(56.04)	(0.110)	(0.131)	(0.115)	(0.181)
indega	−22.55	0.062***	0.034**	0.084***	0.322***
	(18.18)	(0.011)	(0.016)	(0.015)	(0.029)
Σeal×Σindega	0.236	0.001***	−0.0001	0.0002**	0.001***
	(0.232)	(0.0001)	(0.0001)	(0.0001)	(0.0001)
Σeal×Σindega×treated× yr_安慰剂变量族	控制	控制	控制	控制	控制
Σeal×Σindega×treated× Post2010	−2.829	−0.004***	−0.0001	0.007***	−0.007***
	(2.137)	(0.001)	(0.001)	(0.001)	(0.002)
X	控制	控制	控制	控制	控制
年度固定效应	控制	控制	控制	控制	控制
城市固定效应	控制	控制	控制	控制	控制
观测值	4 314	4 666	4 664	4 635	4 635
F 值	0.299	794.6	168.5	155.80	39.13
RMSE	243.9	0.264	0.328	0.332	0.394

注：***、**和*分别表示在1%、5%和10%的水平上显著，括号内为控制了异方差的稳健标准误。

资料来源：经作者整理计算取得。

循着表 14-7 的线索,表 14-8 围绕工业投资检验了内资与外资工业企业产值比、工业企业数量,以及工业企业的平均固定资产净值和流动资产净值规模,并进一步考察了对工业企业绩效——平均资产收益率的影响。从表 14-8 列(1)可以发现,改革对内资与外资工业企业的结构并无显著影响,这说明改革并非作用于内资、港澳台和外商投资企业类型的结构性变化方面,这与表 14-7 列(1)中的 FDI 模型回归结果具有一致性。同时,改革也没有影响到工业企业的平均流动资产净值规模(表 14-8 列(3))。但是,规模以上工业企业数量回归模型(表 14-8 列(2))和规模以上工业企业平均固定资产净值规模回归模型(表 14-8 列(4))中,变量和 DID 变量均具有统计显著性。其中,变量的系数估计值均在 1% 水平上显著为正,这说明与城市土地出让规模具有直接关联。同时,DID 变量在工业企业数量回归模型中显著为负,在工业企业平均固定资产净值规模回归模型中显著为正。这说明,改革使得处理组城市不再一味追求规模以上工业企业数量,其工业企业数量变化方面相对于对照组城市具有统计显著性的减少,转而更加"青睐"高固定资产净值工业企业。更高的工业企业平均固定资产净值规模不仅意味着工业企业规模相对较大,而且也说明其新增投资较多。这样,不仅符合集约用地的考核目标及其政治激励导向,也使得引资生税成为可能。

14.5 本章小结

在税收竞争与资本流动方面,除了现有研究普遍注意到的辖区税收竞争,现实中显著存在纵向的税收外部性。这种互补性质的策略互动影响不同于西方理论所认为的那样,具有充分和稳定税收管辖权的各级政府会由于共享税基问题而产生交互影响,而是上级政府基于政治和行政权威,面向辖区内下级政府实施的具有利维坦特征的税收驱赶和"挤压"影响,是一种纵向政府层级间的"税收竞争"。这种驱赶和"挤压"效应普遍、稳定地蕴含在存在政府治理机制之中,并不受到空间地理范围的限制。而横向的税收竞争不仅会受到辖区内资本集聚状况的影响,同时,由经济一体化程度、基础设施、技术和"知识"外溢程度等因素所决定的"贸易成本"这一外生条件所决定,辖区间税收竞争程度还会在空间范围上表现出显著的非单调变化趋势。

上述发现表明,为了纠正策略性的税收竞争,应当结合当前我国经济活动的空间布局情况加以设计,如城市群、城市带和都市圈等,建立更具针对性的税收协调机制和转移支付制度,尤其是需要完善信息公开和激励约束机制。当然,更关键之处仍然是需要改变目前的"自上而下"标尺竞争格局中以 GDP 为主的政绩考核制度,优化多任务、多时期和多位代理人的委托—代理机制,实施更为科学的相对绩效评估和政府层级间的税权配置,通过优化辖区政府的预算自主权和税收管辖权,抑制税收竞争的弊端,建立真正意义上的地方税体系,塑造辖区收支组合能够注重公共服务和公共利益,敏锐响应辖区居民偏好的竞争格局。

不仅如此,针对资本的财政竞争还集中体现在土地领域。现有研究表明,为了吸引流动资本和工业项目,动用的财政工具不仅包括降低工业用地土地出让金这一非税收入,也包括在财政支出领域提供的配套和补助。对此,中央政府在 2002—2009 年逐渐建立了一套严密的用地管控体系。在梳理现行央地用地体制的形成与发展基础上,本文将用地管控内容归纳为用地指令性计划、土地出让制度性约束和地方政府用地考核三个方面,其中,土地出让制度进一步细分为拓展竞价出让范围(2002—2006 年至今)和最低出让价格约束(2007 年至今)。在考虑了用地指令性计划这一前提下,根据土地出让制度设计的 DID 模型回归结果表明,土地出让约束使得土地出让收益最大化机制得到强化,这一变化主要体现在以地生租,而非引资生税。真正使得引资生税产生显著影响的是第三种用地管控内容——地方政府用地考核,特别是与省级领导干部直接"挂钩"的用地经济绩效评价(2010年至今)。基于这一事实设计的DID模型稳健、显著地表明省内政治竞争强化了引资生税并对城市土地出让规模产生了影响。而且,与单纯土地出让制度改革(2002—2006年)期间零星地以地生租强化表现相比,2010年以后引资生税机制的相对表现则更为持续和强烈——其整体呈波浪形上升趋势,这也表明政治激励和土地财政收益机制在影响地方政府土地财政行为方面的相对地位和重要性。进一步的机制分析表明,对于地方政府而言,努力追逐高固定资产净值工业企业既能保证政治竞争优势,又能获得引资生税方面的增强影响,而单纯的扩大引资规模和工业企业数量已不再构成行为选择,这与降低引资质量的土地恶性引资竞争形成反差。因此,围绕资本的土地财政竞争发生了一些向好的改变。

这一发现的意义在于,中央政府用地管控和地方政府土地财政收益机制相结合,在一定程度上改变了土地财政行为特征。由于构建这一套用地体制的核心目标是督促地方政府集约用地、实现社会经济可持续发展与土地资源合理利用,从这一点来看,中央政府无疑展现了相应的治理能力和治理绩效。但也应注意,现有治理仍有尚待进一步改革完善的必要。例如,表14-8列(5)工业企业平均资产收益率(ROE)的回归结果中,DID变量的系数估计值为负且在1%水平上显著,这至少说明处理组城市的工业企业平均税利水平没有同步跟进投资规模,工业企业绩效出现相对下降趋势。而且,从指标构成可知,这一负向关系说明以地生租(变量的分母项)与工业企业总固定资产净值规模(变量ROE的分母项)仍呈替代式影响——这不仅与现有研究发现的城市土地经营导致的工业税收替代效应具有一致性,也说明改革并未实质性改变城市租税替代局面。

第15章 地区财政竞争与劳动力流动

15.1 财政竞争与劳动力流动的相关理论

15.1.1 劳动力流动的经济理论

劳动力流动的经济理论认为,劳动力流动受到微观个体在现实生活中所面临的各种经济因素的驱动。在这些因素中,工资是核心因素之一。Lewis(1954)研究了劳动力从农村向城市的流动。Lewis模型中,劳动力流动的唯一动力是城乡工资差距。新古典经济学理论认为,不同地区劳动力供给和需求的差异导致不同地区工资的差异,进一步导致劳动力从劳动力富余、工资较低的地区流向劳动力稀缺、工资较高的地区,最终使得工资和资本产出水平实现趋同。随着理论的发展,除工资收入之外的因素被不断挖掘。理论中开始引入劳动力流动的机会成本、心理成本、失业风险等分析劳动力流动。Bogue(2000)进一步从迁出地推力因素和迁入地拉力因素两个方面归纳影响劳动力流动的因素。前者包括迁出地自然资源贫乏、农业边际产出递减、生产成本增加、农村劳动力过剩、社会福利保障过低等,而后者则包括迁入地较高的工资收入、交通条件、文化设施、福利保障等。

除了微观个体,家庭因素也受到越来越多的研究。20世纪八九十年代,新劳动力流动经济学(new economics of labour migration,NELM)认为除了个人收入最大化,其他一些家庭和社会因素也会影响人口流动。NELM理论以家庭为单位进行分析,将劳动力流动视为家庭风险分担行为。家庭作为一个整体,可以将家庭的劳动力配置在不同产业或地区,在所有家庭成员之间进行风险分散,从而使整个家庭收入的风险水平最小化。与之相比,"生活理论"不再是将劳动力流动视为应对现实经济中各种不利因素的消极对策,而是强调劳动者在面对各种约束条件时为了改善他们生活水平而做出的主动选择(Lieten and Nieuwenhuys,1989)。与NELM理论相同,该理论也以家庭作为基本分析单位。但在概念范畴上,"生活财富"包含人的能力、资产(包括物质财富和社会资源)。Carney(1998)提出,人们在生活中主要关心五类财富:自然财富、社会财富、人力财富、物质财富和金融财富,劳动力流动正是出于人们维持和提升上述五种财富的根本动机,这一观点也有助于解释现实中劳动力流动的多样性。

除了劳动力流动原因,大量研究关注了劳动力流动产生的经济影响,主要集中在经济增长和收入差距这两方面。结合空间均衡视角的研究发现,劳动力流动促进经济增长的机制包括分享(私人投资和公共投资在生产规模的扩大过程中被分摊)、匹配(不同偏好和技能的消费者和生产者的相互匹配)和学习(人际知识外溢和干中学)等(Duranton and Puga,2004)。具体到中国情况,蔡昉等(2001)认为劳动力流动产生的资源重新配置提高了总体的劳动生产率,带动了生产要素市场的发育,促进了非国有经济的发展。另外廉价劳动力流入,促进了劳动密集型企业的发展,发挥了中国的比较优势。同时,劳动力流动提高了农业劳动生产率和农民收入,是解决"三农"问题的关键。由于制度约束和城市高生活成本等原因,中国存在大量劳动力回流的现象,Zhao(2002)说明回流劳动力对农业物质资本投资更高,而且更倾向于从事非农业工作,有利于当地农业与非农业部门的发展。而Hu(2002)从地域收入差距的角度展开分析,发现对劳动力流动的限制因素是导致中国东部沿海地区和内陆地区收入差距增大的原因之一。

此外,大量研究关注了制约劳动力流动的制度背景和政策因素。林毅夫等(1999)指出中国的城市偏向型政策主要归因于政府优先发展重工业的战略。蔡昉等(2001)指出,为配合中华人民共和国成立初期优先发展重工业战略方针,我国采取了严格的户籍制度以控制城市规模,致使出现了严重的城乡分割。陈斌开等(2010)的研究发现,中国的城市偏向型政策(例如城市偏向的教育投入、社会福利保障体系等)和城乡分割的行政制度是城乡收入差距扩大的重要原因之一。陈斌开和林毅夫(2010)进一步探讨了优先发展重工业战略扩大城乡收入差距的具体机制以及中国城市化滞后的根本原因,他们发现,优先发展重工业(资本密集型产业)降低了城市对就业的需求,减缓了农村居民向城市转移的速度,导致城市化进程滞后,城乡收入差距扩大。换言之,库兹涅茨倒U形曲线在中国不成立,收入差距不会随着经济发展自动消除。

15.1.2 财政竞争与劳动力流动的相互影响

财政竞争格局中,各辖区通过制定差异化的税收政策或公共支出政策,吸引劳动力和资本的流入,辖区政府根据资源竞争的结果调整自身的政策选择。针对这一问题,最早的一般性研究始于Tiebout(1956)。Tiebout模型的思想在公共财政、公共选择、民主选举,乃至证券市场的研究中都得到应用,由此引申出来的资产价值问题、分区问题、分权化问题,还有学校以及政府之间的博弈等问题。尽管Tiebout模型并没有直接提及财政竞争这样的字眼,但是其观点却蕴含着财政竞争"增进效率"理论的思想,而劳动力(居民)的自由迁徙与流动是其核心的驱动机制之一。

Tiebout的"用脚投票"思想认为将更多的财政权力下放给地方政府,可以鼓励地方政府在提供公共服务方面的竞争。居民在地区间流动,选择能够提供最满意的公共服务和税收组合的地区,可以实现公共资源配置的最大效率。这就是后来 Oates 的"分权定理":对于公共品来说,地方政府能够向各自的选民提供最有效的产出量,而中央政府却无法实现这一点。Brennan 和 Buchanan(1977,1980)、Besley 和 Smart(2002)认为"用手投票"和"用脚投票"驱动的地方政府税收竞争可以有效遏制政府的利维坦特征。这一观点假设政策制定者具有利维坦趋势,追求自身的收入最大化,而用脚投票驱动的财政竞争正好可以对政策制定者形成有效的约束,从而提高政府活动的经济效率。

具体到中国,1994 年分税制改革至今,地方政府关于辖区财政政策如税率、税种的确定方面仍然由中央政府主导,各地方政府缺乏自主权。受到户籍、社会保障和劳动力市场等多重因素影响,中国目前总体缺乏居民和地方政府双向选择进而实现地理空间类聚的 Tiebout 群分机制。此外,地方公共品供给中"用手投票"机制的缺失,也阻碍"用脚投票"机制的实现。相反,包括讨论财政分权、税收竞争与人口迁移的一系列研究中,都证实了对现有制度背景和政策设计事实上在制约"用脚投票"。例如,夏纪军(2004)考察了地方政府控制人口流动成本的主要动机和手段,分析了地方公共品供给激励、税收竞争以及地区差别政策的影响,指出只有控制地方公共品供给的外部性才是人口流动成本存在的唯一合理原因。而中国现行的地方公共品消费中广泛存在户籍限制,这一制度安排通过限制流入人口消费本地区的公共服务,可在很大程度上降低地方政府的财政支出责任。乔宝云等(2005)在探讨财政分权对中国各地小学义务教育的作用时,发现福利改进的两种机制,即"用手投票"和"用脚投票"无法在改进地方福利水平方面发挥作用,其原因在于目前中国各地方政府追求增长率而忽视公共服务的行为模式以及存在较强的人口流动障碍。付文林(2007)发现公共支出竞争和地方政府支出偏好已经构成了人口流动的结构性障碍。付文林(2010)则在一个考虑了人口流动因素的公共品需求模型中,发现地方公共服务的消费壁垒主要是在教育、卫生和福利转移等具有排他性的公共服务项目上,同时,人口流动下的地方公共品供给也存在较为明显的拥挤效应。综上,现有研究的主要观点是中国特色的财政竞争不利于打破城乡二元格局、地区壁垒等阻碍,不利于促进人口流动和新型城市化。

15.1.3 土地财政背景下的地区财政竞争与劳动力流动

土地财政背景下的地区财政竞争是否影响到劳动力流动?目前,现有研究对这一问题的关注不是很多。一些研究从理论模型建模角度提供了有益参考。例如,雷潇雨和龚六堂(2014)建立的理论模型认为,土地作为政府吸引企业的主要手段之一,低价出让工业用地会大幅减少地方财政收入。此时,商住用地的出让为地方政府提供了一个"两全之策":政府通过低价出让工业用地促进工业发展和就业增长,人口流动和工人数的增加进一步推动城市总人口扩张,城市居民的住房需求和商服业水平随之提高,刺激了商住地价上涨,政府从商住用地出让中获得大量出让金,反过来又给地方政府提供了更大的财政空间来继续降低地价招商引资,最终形成了地区经济和财政收入双双增长的局面。

上述理论模型为理解土地财政背景下的地区财政竞争与劳动力流动提供了有益参考。按照这一思路,土地财政背景下的财政竞争有望与城市人口流动和集聚形成"滚动循环"式发展。为此,在接下来将会针对土地财政背景下的财政竞争与劳动力流动形成的集聚水平二者之间展开进一步研究。

15.2 地区财政竞争与劳动力流动的实证研究

15.2.1 模型与变量

分析中建立的模型总体分为三种:基准模型、安慰剂检验和动态模型。具体模型设定为:

$$\text{Agglo}_{c,p,t} = \lambda' \times \text{indega} + \lambda \times \text{indega} \times \text{treated} \times \text{Post}_t \\ + \rho \times X_{c,t} + \text{const} + \mu_c + \eta_p + \delta_t + \varepsilon_{c,p,t} \quad (15.1)$$

$$\text{Agglo}_{c,p,t} = \lambda' \times \text{indega} + \lambda \times \text{indega} \times \text{treated} \times \text{Post}_t \\ + \sum_{t=\text{Placebo year}}^{\text{reform}} \lambda_t \times \text{indega} \times \text{treated} \times Yr\_D_t \\ + \rho \times X_{c,t} + \text{const} + \mu_c + \eta_p + \delta_t + \varepsilon_{c,p,t} \quad (15.2)$$

$$\text{Agglo}_{c,p,t} = \lambda' \times \text{indgea} + \sum_{t=1999}^{2015} \lambda_t \times \text{indgea} \times \text{treated} \times Yr\_D_t \\ + \rho \times X_{c,t} + \text{const} + \mu_c + \eta_p + \delta_t + \varepsilon_{c,p,t} \quad (15.3)$$

模型(15.1)至模型(15.3)中,const、β_c、η_p 和 δ_t 分别表示常数项,以及城市、省份和时间固定效应,X 为控制变量集合,具体包括城市建成区规模占比、财政自给程度、产业结构、当地平均工资水平等。模型中的被解释变量 Agglo 是一系列以城市劳动力流动形成的就业集聚变量。衡量地区间劳动力流动状况的集聚变量 Agglo 的基础设计是各地区的城镇就业总人口规模 ep,以及城镇单位就业人口 eiu 和城镇私营及个体就业人口 indiw。考虑到密度这一特性在集聚理论中的重要地位,以城市(含市辖区和县)的建成区面积(而非城市辖区面积)平均的就业人口密度。除了基于规模和密度的设计,我们还重点考虑了距离这一特性的影响。按照现有文献(Carr et al.,2001;Koh et al.,2013)思路,我们构造了如下两类反映劳动力流动产生的就业集聚的指数——城市化指数 $U_{c,p,t}$(Urbanization Index)

和局地化指数 $L_{c,p,t}$（Localization Index），二者的表达式分别为：

$$U_{c,t} = \sum_{k=1}^{C} \left(\frac{\text{ep}_{c,t} - \text{ep}_{k,t}}{\text{DIST}_{c,k}} \right), \quad c \neq k \tag{15.4}$$

$$L_{c,t} = \sum_{j=1}^{J} \sum_{k=1}^{C} \left(\frac{\text{ep}_{c,i,t} - \text{ep}_{k,i,t}}{\text{DIST}_{c,k}} \right), \quad c \neq k \tag{15.5}$$

式(15.4)和式(15.5)中，$c=1,\cdots,k$ 表示各城市，$i=1,\cdots,j$ 表示各行业。按照统计口径，行业划分为 16 大类（2001 年后为 19 大类）。变量 $\text{DIST}_{c,k}$ 表示城市 c 与 k 之间的地理距离。除了按照地表逆距离原值作为权重，为了稳健性检验，还将逆距离权重按照行和形式进行了标准化。因此，式(15.4)是基于本地与其他所有城市的就业规模差距，按照地理距离远近作为权重进行逆向加权的相对集聚指数，而式(15.5)则是进一步考虑了各城市之间关于不同行业就业人口规模差距的相对集聚指数。

除了将所有样本城市涵盖在内构建上述两种全局集聚指数，为了进一步揭示就业集聚的结构效应。在式(15.4)和式(15.5)的分子项中引入变量 S，使得两种类型集聚指数下城市间就业人口规模差距的权重由 $1/\text{DIST}_{c,k}$ 变为 $S/\text{DIST}_{c,k}$。具体而言，变量 S 代表的城市分类集合是指按照"最邻近""在特定地理区间内"，以及属于"不同类型人口迁徙变动城市组"三种思路构造的城市集合 S_{near}、S_{bin} 和 S_p。

S_{near} 是指对某一城市，按照城市间地理距离计算得出与其最邻近的城市组，按照与其地理距离最为临近的 3、5、10、15、20、30 个城市这 6 种划分思路，满足相应条件的城市赋值为 1，否则为 0，这样可以获得 6 种最邻近集聚指数；而 S_{bin} 则引入地理距离区间，具体是指对某一城市，与其地理距离在 0—150 km、150—300 km、300—500 km、500—700 km，乃至 700 km 以上这 5 种不同区间的城市分别赋值为 1，否则为 0。根据这一设计也可以获得 5 种特定地理区间上的集聚指数。S_v 则是根据 2000 年"五普"和 2010 年"六普"调查公布的城市户籍人口和常住人口数据，具体将样本城市分为四种类型——根据两次普查数据揭示的"由净流出变为净流入城市"（p_1）、"人口持续净流入城市"（p_2）、"由净流入变为净流出城市"（p_3）和"人口持续净流出城市"（p_4）。对任一城市，其他所有属于同类型人口迁徙变动城市赋值为 0，不属于则赋值为 1，这样也获得了人口流动相关的 4 种集聚指数。

DID 回归模型的设计，以及核心的解释变量及其空间加权项变量和模型的控制变量与 13.4"土地财政背景下的财政竞争与资本流动实证研究"部分相一致。

15.2.2 结果与分析

表 15-1 报告了模型回归结果，其中，列(1)中的 DID 变量设计是基于第二种土地财政相对收益类型，即 $\text{indega} \times \text{treated} \times \text{Post}_{2007}$。列(2)—(6)报告的是基于

第三种土地财政相对收益类型的回归结果。DID 变量的设计进一步控制了用地审批指令性计划影响,其表达式为 $(\Sigma_p \text{eal} \times \Sigma_c \text{indeaga}) \times \text{treated} \times \text{Post}_{2010}$。在安慰剂变量方面,列(1)和列(2)添加了 1999—2006 年 $\text{indega} \times \text{treated} \times \text{Post}_{2007}$ 安慰剂变量的回归结果,列(3)和列(4)则是添加了 1999—2009 年 $(\Sigma_p \text{eal} \times \Sigma_c \text{indeaga}) \times \text{treated} \times \text{Post}_{2010}$ 安慰剂变量。列(5)和列(6)是将两种安慰剂变量类型全部或者按照改革轨迹部分加入模型后的回归结果。

一个非常稳健的回归结果是按照财政竞争理论的地区策略交互影响思路设计的解释变量具有显著影响。回归结果显示,DID 变量 $(\Sigma_p \text{eal} \times \Sigma_c \text{indeaga}) \times \text{treated} \times \text{Post}_{2010}$ 的系数估计值均为负,并且均具有 1% 显著性水平。这说明 2009 年以后,对于那些面临土地出让最低价格约束的城市而言,引资生税相对影响的增强对本地的就业规模产生了进一步的负面影响,而且这种增强的负面影响是在本地与省内其他城市的空间交互影响下实现的。列(3)—(6)中安慰剂 DID 变量族回归结果绝大多数不具备显著性,说明由政治激励所产生的这一变化是改革前所没有的。

表 15-1 用地管控影响集聚的 DID 模型回归结果

被解释变量			ep			
解释变量	(1)	(2)	(3)	(4)	(5)	(6)
const	2.953***	2.952***	3.001***	2.946***	2.958***	2.961***
	(0.052)	(0.052)	(0.060)	(0.054)	(0.052)	(0.058)
indega	−0.031***	−0.031***	−0.013**	−0.013**	−0.029***	−0.029***
	(0.010)	(0.010)	(0.006)	(0.006)	(0.010)	(0.011)
$(\Sigma \text{eal} \times) \text{indega} \times \text{treated} \times \text{yr\_99}$	0.021	0.002			0.002	0.002
	(0.021)	(0.002)			(0.002)	(0.002)
$(\Sigma \text{eal} \times) \text{indega} \times \text{treated} \times \text{yr\_00}$	0.036*	0.004**			0.003	0.003
	(0.020)	(0.002)			(0.002)	(0.002)
$(\Sigma \text{eal} \times) \text{indega} \times \text{treated} \times \text{yr\_01}$	0.035**	0.004**			0.003	0.003
	(0.017)	(0.002)			(0.002)	(0.002)
$(\Sigma \text{eal} \times) \text{indega} \times \text{treated} \times \text{yr\_02}$	0.031*	0.003*			0.003	0.003
	(0.017)	(0.002)			(0.002)	(0.002)
$(\Sigma \text{eal} \times) \text{indega} \times \text{treated} \times \text{yr\_03}$	0.030*	0.003*			0.002	0.002
	(0.015)	(0.002)			(0.001)	(0.001)
$(\Sigma \text{eal} \times) \text{indega} \times \text{treated} \times \text{yr\_04}$	0.028*	0.003*			0.003	0.003
	(0.015)	(0.002)			(0.002)	(0.002)
$(\Sigma \text{eal} \times) \text{indega} \times \text{treated} \times \text{yr\_05}$	0.024*	0.002*			0.002	0.002
	(0.014)	(0.001)			(0.002)	(0.002)
$(\Sigma \text{eal} \times) \text{indega} \times \text{treated} \times \text{yr\_06}$	0.018	0.002			0.001	0.002
	(0.014)	(0.001)			(0.001)	(0.001)

(续表)

被解释变量			ep			
解释变量	(1)	(2)	(3)	(4)	(5)	(6)
$(\sum eal \times) indega \times treated \times Post2007$	−0.019	−0.002			0.0005	0.0005
	(0.013)	(0.002)			(0.001)	(0.001)
$(\sum eal \times) \sum indega$			−0.005***	−0.0006***	−0.0006***	−0.0006***
			(0.001)	(0.0001)	(0.0001)	(0.0001)
$(\sum eal \times) \sum indega \times treated \times yr\_99$			0.017	−0.0003		−0.0009
			(0.024)	(0.003)		(0.003)
$(\sum eal \times) \sum indega \times treated \times yr\_00$			0.044*	0.003		0.002
			(0.024)	(0.002)		(0.003)
$(\sum eal \times) \sum indega \times treated \times yr\_01$			0.028	0.001		−0.001
			(0.02)	(0.002)		(0.002)
$(\sum eal \times) \sum indega \times treated \times yr\_02$			0.024	0.0005		−0.0007
			(0.021)	(0.002)		(0.002)
$(\sum eal \times) \sum indega \times treated \times yr\_03$			0.031	0.001		0.0005
			(0.025)	(0.002)		(0.002)
$(\sum eal \times) \sum indega \times treated \times yr\_04$			0.017	−0.001		−0.001
			(0.023)	(0.002)		(0.002)
$(\sum eal \times) \sum indega \times treated \times yr\_05$			0.016	−0.0007		−0.002
			(0.017)	(0.001)		(0.002)
$(\sum eal \times) \sum indega \times treated \times yr\_06$			0.002	−0.001		0.001
			(0.017)	(0.001)		(0.001)
$(\sum eal \times) \sum indega \times treated \times yr\_07$			0.058***	−0.0006	0.0008	−0.0015
			(0.011)	(0.001)	(0.001)	(0.002)
$(\sum eal \times) \sum indega \times treated \times yr\_08$			0.042***	−0.0023	−0.001	−0.0023
			(0.013)	(0.001)	(0.001)	(0.001)
$(\sum eal \times) \sum indega \times treated \times yr\_09$			0.026	−0.003	−0.0024	−0.003
			(0.016)	(0.002)	(0.001)	(0.002)
$(\sum eal \times) \sum indega \times treated \times Post2010$			−0.059***	−0.006***	−0.005***	−0.006***
			(0.015)	(0.001)	(0.001)	(0.001)
X	控制	控制	控制	控制	控制	控制
年度固定效应	控制	控制	控制	控制	控制	控制
城市固定效应	控制	控制	控制	控制	控制	控制
观测值	4 635	4 635	4 635	4 635	4 635	4 635
F 值	423.8	424.1	398.3	397.7	401.1	388.6
RMSE	0.245	0.245	0.244	0.243	0.243	0.243

注：***、**和*分别表示在1%、5%和10%的水平上显著，括号内为控制了异方差的稳健标准差。

资料来源：经作者整理计算取得。

为了更清晰地表达改革产生的影响,图 15-1 报告了以变量 ep 和 eiu 为被解释变量的模型(3)的 DID 变量回归结果,即处理组城市的解释变量与样本期内所有年度分别进行交互。从图 15-1 中可以直观看出,改革后的 $(\Sigma_p eal \times \Sigma_c indega) \times treated \times yr$ 变量系数估计值均具有统计显著性,并且总体呈进一步下降态势,这说明处理组城市在用地考核政治激励产生的影响在进一步扩大。

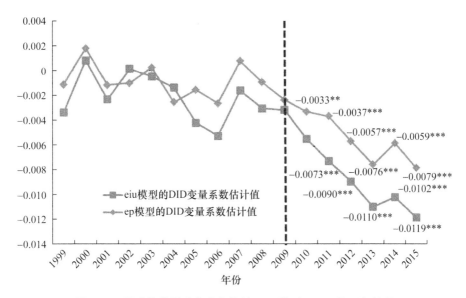

图 15-1 用地管控影响就业集聚的 DID 模型(15.3)的回归结果

进而,表 15-2 至表 15-4 报告了以三种城市化指数 U_n、U_b 和 U_p 为被解释变量的回归结果。在最邻近构造的城市化指数 U_n 回归结果中,DID 变量的系数估计值均不显著,说明从最邻近的 3、5、10、20 乃至 30 个城市的空间范围来看,2009 年改革都没有对城市就业集聚水平产生显著差异影响。这说明改革并没有在城市群意义上产生影响。这一点在表 15-3 的逆地理距离城市化集聚指数 U_b 也能得到验证。在表 15-3 的列(1)至列(3)报告了 0—150 km、150—300 km 和 300—500 km 这 3 种不同区间上的集聚水平影响,与表 15-2 相一致的是,DID 变量系数估计值同样不显著。但是,当地理区间拓展到 500—700 km 时,系数估计值为负并在 5% 水平上显著,一旦地理区间拓展到 700 km 以上时,可以发现 DID 变量系数估计值不仅为负,并在 1% 水平上显著。这说明,改革并不是基于城市群或城市带的中心—外围式的就业扩散,而是跨区域的、较长地理距离上的就业集聚水平下降。进而,表 15-4 报告了基于 4 种常住人口变动情况分类的样本,结果表明"由净流出变为净流入城市"(p_1)和"由净流入变为净流出城市"(p_3)样本中,都能发现改革产生了就业集聚水平的下降影响。最后,表 15-5 报告了基于(15.5)

式设计的局地化就业集聚指数 L 为被解释变量的回归结果。这里,为节省篇幅,这里仅报告了根据表 15-2 至表 15-4 中发现的具有显著影响的地理或者空间范围,结果仍然是用地管控的改革对就业集聚产生的负面影响。

表 15-2 "最邻近"城市化集聚指数的 DID 模型回归结果

被解释变量	U_n3	U_n5	U_n10	U_n20	U_n30
解释变量	(1)	(2)	(3)	(4)	(5)
const	−0.072	−0.093	−0.420***	−0.297***	−0.452***
	(0.280)	(0.217)	(0.144)	(0.096)	(0.093)
indega	−0.258***	−0.188***	−0.144***	−0.099***	−0.079***
	(0.089)	(0.066)	(0.041)	(0.026)	(0.021)
$\sum eal \times indega \times treated \times yr\_$安慰剂变量族	控制	控制	控制	控制	控制
$\sum eal \times indega \times treated \times Post2007$	控制	控制	控制	控制	控制
$\sum eal \times \sum indega$	控制	控制	控制	控制	控制
$\sum eal \times \sum indega \times treated \times yr\_$安慰剂变量族	控制	控制	控制	控制	控制
$\sum eal \times \sum indega \times treated \times Post2010$	0.0110	0.0010	−0.0014	−0.0007	−0.0010
	(0.009)	(0.007)	(0.006)	(0.004)	(0.003)
X	控制	控制	控制	控制	控制
年度固定效应	控制	控制	控制	控制	控制
城市固定效应	控制	控制	控制	控制	控制
观测值	4 667	4 667	4 667	4 667	4 667
F 值	54.46	53.26	51.33	54.20	50.80
RMSE	2.355	1.842	1.247	0.829	0.668

注:***、** 和 * 分别表示在 1%、5% 和 10% 的水平上显著,括号内控制了异方差的稳健标准差。

资料来源:经作者整理计算取得。

表 15-3 "逆地理距离"城市化集聚指数的 DID 模型回归结果

被解释变量	U_b1	U_b2	U_b3	U_b4	U_b5
解释变量	(1)	(2)	(3)	(4)	(5)
const	−0.541	−4.198***	−9.495***	−6.993***	−0.130***
	(1.148)	(0.764)	(1.471)	(1.026)	(0.018)
indega	−0.885***	−0.864***	−0.649***	−0.607***	−0.015***
	(0.335)	(0.169)	(0.190)	(0.203)	(0.003)
$\sum eal \times indega \times treated \times yr\_$安慰剂变量族	控制	控制	控制	控制	控制
$\sum eal \times indega \times treated \times Post2007$	控制	控制	控制	控制	控制
$\sum eal \times \sum indega$	控制	控制	控制	控制	控制
$\sum eal \times \sum indega \times treated \times yr\_$安慰剂变量族	控制	控制	控制	控制	控制

（续表）

被解释变量	U_b1	U_b2	U_b3	U_b4	U_b5
解释变量	(1)	(2)	(3)	(4)	(5)
$\sum eal \times \sum indega \times treated \times Post2010$	0.033	−0.002	−0.008	−0.098**	−0.002***
	(0.044)	(0.037)	(0.033)	(0.039)	(0.0006)
X	控制	控制	控制	控制	控制
年度固定效应	控制	控制	控制	控制	控制
城市固定效应	控制	控制	控制	控制	控制
观测值	4 667	4 667	4 667	4 667	4 667
F 值	52.57	53.05	54.48	51.42	54.42
RMSE	10.03	6.586	6.834	6.916	0.113

注：***、**和*分别表示在1%、5%和10%的水平上显著，括号内控制了异方差的稳健标准差。

资料来源：经作者整理计算取得。

表15-4 "常住人口流动"城市化集聚指数的DID模型回归结果

被解释变量	U_p1	U_p2	U_p3	U_p4
解释变量	(1)	(2)	(3)	(4)
const	−9.281***	−23.28***	−5.231***	−35.96***
	(2.753)	(4.209)	(1.796)	(5.03)
indega	−0.802**	−3.448***	−2.492***	−4.311***
	(0.399)	(0.781)	(0.943)	(1.003)
$\sum eal \times indega \times treated \times yr\_安慰剂变量族$	控制	控制	控制	控制
$\sum eal \times indega \times treated \times Post2007$	控制	控制	控制	控制
$\sum eal \times \sum indega$	控制	控制	控制	控制
$\sum eal \times \sum indega \times treated \times yr\_安慰剂变量族$	控制	控制	控制	控制
$\sum eal \times \sum indega \times treated \times Post2010$	−0.647***	0.062	−0.287***	−0.287
	(0.220)	(0.118)	(0.076)	(0.176)
X	控制	控制	控制	控制
年度固定效应	控制	控制	控制	控制
城市固定效应	控制	控制	控制	控制
观测值	4 667	4 667	4 667	4 667
F 值	32.52	44.28	54.35	60.11
RMSE	25.36	29.38	14.97	29.56

注：***、**和*分别表示在1%、5%和10%的水平上显著，括号内控制了异方差的稳健标准差。

资料来源：经作者整理计算取得。

表 15-5 局地化集聚指数的 DID 模型回归结果

被解释变量	L_all	L_b5	L_p3
解释变量	(1)	(2)	(3)
const	−1 119.1***	−0.069***	−3.128***
	(157.2)	(0.008)	(0.925)
indega	−126.3**	−0.007***	−1.033**
	(30.26)	(0.001)	(0.457)
$\sum eal \times indega \times treated \times yr\_$安慰剂变量族	控制	控制	控制
$\sum eal \times indega \times treated \times Post2007$	控制	控制	控制
$\sum eal \times \sum indega$	控制	控制	控制
$\sum eal \times \sum indega \times treated \times yr\_$安慰剂变量族	控制	控制	控制
$\sum eal \times \sum indega \times treated \times Post2010$	−17.49**	−0.002***	−0.174***
	(7.042)	(0.0004)	(0.047)
X	控制	控制	控制
年度固定效应	控制	控制	控制
城市固定效应	控制	控制	控制
观测值	4 667	4 667	4 667
F 值	97.96	101.78	100.3
RMSE	1145.3	0.065	8.864

注：***、**和*分别表示在1%、5%和10%的水平上显著,括号内控制了异方差的稳健标准差。

资料来源:经作者整理计算取得。

15.2.3 进一步探讨

针对上述结果,并结合13.4"土地财政背景下的财政竞争与资本流动实证研究"所提供的证据,进一步探究造成就业集聚水平下降的原因。表15-6提供了利用两阶段GMM/IV回归展开的直接检验结果。其中,被解释变量为各类型劳动力集聚指数,内生变量为各城市工业企业平均固定资产净值规模esize,工具变量为$\Sigma_p eal \times \Sigma_c indega$ 和$(\Sigma_p eal \times \Sigma_c indega) \times treated \times Post_{2010}$。识别不足检验和弱识别检验分别拒绝了工具变量与内生变量不相关,以及与内生变量仅为弱相关的原假设,这保证了工具变量与内生变量的相关性,同时 Hansen 检验则不能拒绝工具变量与随机误差项不相关且得以正确识别的有效性原假设。在第一阶段的回归结果中,反映财政策略交互影响的两个空间加权变量——$\Sigma_p eal \times \Sigma_c indega$ 和$(\Sigma_p eal \times \Sigma_c indega) \times treated \times Post_{2010}$ 的系数估计值均具有统计显著性地为正。

这说明,这种增强影响是在省内各城市的策略交互影响下形成的。由于土地财政收益变量构造中的分子项是工业企业平均税利表示的引资生税,分母是以土地出让的单位面积平均收入表示的以地生租水平,因此,省内其他各城市工业企业平均税利水平相对于以地生租平均收入越高,越能激励面临出让最低价格约束的城市转而去提高其工业企业平均固定资产净值水平。

表 15-6　内生机制的二阶段工具变量法回归结果

被解释变量	esize	ep	U_b5	U_p3	L_b5
解释变量	第一阶段	(1)	(2)	(3)	(4)
const	7.470***	11.10***	2.923***	173.3***	1.523***
	(0.115)	(1.787)	(0.707)	(54.24)	(0.385)
indega	0.085***	0.059**	0.019**	−0.226	0.011**
	(0.015)	(0.026)	(0.009)	(0.944)	(0.005)
$\sum eal \times indega \times treated \times yr\_安慰剂变量族$	控制	控制	控制	控制	控制
$\sum eal \times indega \times treated \times Post2007$	控制	控制	控制	控制	控制
$\sum eal \times \sum indega$	0.0002**	—	—	—	—
	(0.0001)				
$\sum eal \times \sum indega \times treated \times yr\_安慰剂变量族$	控制	控制	控制	控制	控制
$\sum eal \times \sum indega \times treated \times Post2010$	0.007***	—	—	—	—
	(0.0001)				
esize	—	−1.092***	−0.409***	−23.82***	−0.213***
		(0.239)	(0.094)	(7.256)	(0.051)
X	控制	控制	控制	控制	控制
年度固定效应	控制	控制	控制	控制	控制
城市固定效应	控制	控制	控制	控制	控制
识别不足检验	—	27.63***	27.56***	27.56***	27.56***
弱识别检验	—	24.21***	24.12***	24.12***	24.12***
过度识别检验(Hansen J)	—	2.9935	1.836	2.227	0.014
		(p=0.114)	(0.175)	(p=0.131)	(0.905)
观测值	4 635	4 603	4 635	4 635	4 635
F 值	77.77	84.71	14.10	25.01	19.23
RMSE	—	0.414	0.167	15.37	0.091

注:*** 、** 和 * 分别表示在 1%、5% 和 10% 的水平上显著,括号内控制了异方差的稳健标准差。

资料来源:经作者整理计算取得。

而表 15-6 中第二阶段一系列被解释变量的回归结果中,解释变量 esize 的系数估计值均为负并在1%水平上显著,说明上述激励进而又对本地的就业规模、集聚和城市化水平产生了进一步的负面影响。因此,土地出让约束制度在新型政治激励的推动下,产生了一种新的城市政府交互影响——为提高工业企业平均固定资产净值规模而产生的"自上而下式锦标竞争",特别是对无法继续低价出让工业用地的城市更是如此。这使得地方政府的土地财政收益机制迎来了转变。政治激励和土地出让约束制度使得工业企业税利由原有体制下地方政府实施策略财政竞争的"牺牲"对象和潜在手段,到2009年以后成为在省内城市间政治竞争格局和新型竞争目标下兴起的诱因和产物。而这种针对高固定资产净值工业企业这一稀缺资本的争夺,间接对城镇就业规模和城市劳动力集聚水平产生了负面影响。

15.3 本章小结

从央地纵向关系和地方政府财政竞争的复合视角来看,纵向垂直控制和横向上的锦标赛体制的结合已对地方政府土地财政行为产生影响,改变了地方政府面临的财政激励。大量研究发现在过去的一段时期内,地方政府争夺稀缺资本的土地引资竞争中使用土地出让金这一非税收入手段,低价甚至零地价吸引稀缺资本和工业项目,并积极动用财政支出政策,如补贴或者基础设施建设进行配套。2002—2009年建立起来的地方政府用地管控在一定程度上遏制了土地恶性引资竞争,其背后的原因不仅在于用地考核方面的任务规则变动所产生的政治激励——单位建设用地平均投资规模作为省级人民政府领导干部的考核依据,也在于引资质量的改善带来的工业经济税利增加产生的财政影响。这使得土地财政竞争发生了一定转型。而且,从中央政府构建这一套体制的初衷来看,改革也确实取得了集约用地方面的成效,直接表现为辖内工业企业平均的固定资产净值规模有显著的提高,而工业企业数量却相对下降。

在制度和政策方面,仍需进一步完善央地用地治理结构和相应体制机制,除了第14章关于资本流动和工业投资方面存在的不足,本章进一步的研究发现这一套用地管控产生的地方政府激励对劳动力集聚也产生了负面影响。因此,基于用地相关的多维治理目标,在计划与市场、效率与公平、经济发展与资源利用等多种任务协调中,发掘能够实现政治激励和经济利益相耦合的任务规则及其核心作用变量,实现央地之间的用地激励相容,最终提升央地之间围绕用地的治理能力及绩效。目前,从构建统一完善的劳动力流动市场,促进新型城市化发展这一角度来看,人口特别是常住人口的城市化水平和就业集聚状况能否成为这套用地管控体系中的新的任务规则,值得关注。

第16章 转移支付与地方财政行为

16.1 相关文献回顾

16.1.1 转移支付的经济影响

矫正地区间财政不平衡,保证各地区都能够具有均等化的财政能力这一目标已经在中国政府间转移支付中占据越来越重要的角色。从 1998 年开始,除去税收返还的转移支付规模的增长速度明显加快。2002 年所得税改革之后,均等化趋势进一步凸显。目前,转移支付对促进地区间财力均等化正发挥着日益明显的作用(付文林和沈坤荣,2012)。

那么,这种均等化分配的经济影响如何?现有研究主要从以下三方面展开:一是转移支付对地区征税努力的影响。现有研究多数认为转移支付削弱了地方政府征税努力(乔宝云等,2006;张恒龙和陈宪,2007;李永友和沈玉平,2009;胡祖铨等,2012),降低了财政汲取率(贾智莲和卢洪友,2009)。二是均等化转移支付对地方财政支出规模与结构的扭曲(付文林和沈坤荣,2012)。三是转移支付对于宏观经济的影响。转移支付促使落后地区放弃市场分割,主动实施策略性分工政策,进而提高了市场的规模效应,带来国内市场整合(范子英和张军,2010),并提升了产业集聚水平(踪家峰等,2012)。在经济增长方面,转移支付已经从前期的对缩小地区经济差距影响其微(马拴友和于红霞,2003)向促使区域经济增长收敛发生转变(刘生龙等,2009),但降低了长期经济增长潜力(郭庆旺等,2009;范子英和张军,2010b)。

16.1.2 转移支付的分配机制

关于转移支付的分配机制,现有研究发现不存在规范的、公式化的因素法均等化(伏润民等,2008;尹恒和朱虹,2009),并且转移支付分配中存在政治关联的影响(范子英和李欣,2014)。理论普遍认为我国财政收支具有浓厚的基数法预算制度特征。我国的转移支付分配是否也具有这一特征呢?一些研究从侧面提供了一些参考,例如,贾晓俊和岳希明(2012)发现均衡性转移支付水平与财政供养人口和是否属于少数民族地区显著正相关。显然,财政供养人口与当地财政支出规模具有密切联系。李永友和沈玉平(2009)也认为大规模和多样化的转移支付已经涵盖几乎所有支出项目,即便是具有财力均等化色彩的一般性转移支付也涉及中央近年来推行的各项工作。这不仅导致地方财政收支固化和僵化,也肢解了各级地方政府预算安排。同时,中央政府大规模的财政纾困或救助会产生预算软约束,诱使地方政府肆意违反财政纪律,这是理论研究中的普遍结论。中国当前的地方财政中,事权与支出责任不统一已是不争事实,事权重心过度下移,容易引发矛盾并导致政府效率低下,同时,转移支付分配总体缺乏规范性与透明度,转移支付种类过于庞杂和琐碎,这些都有可能使得促使地方政府采取策略行为和机会主义做法以争夺财政资源。

关于增量分配的理论认识较为丰富。为什么部门在编制当年预算时,往往建立在上一年的预算基础之上,并且特别表现为边际上的增加和减少?基于有限理性(bounded rationality)和自利(self-interested)假设,渐进预算理论(incremental budget)总结了以下三方面的论据:(1)利益多元化是预算分配的前提;(2)有限理性和信息约束条件下,全面而又完全理性的预算对于人类行为和政治而言纯属乌托邦;(3)预算具有渐进学习特征,即只存在渐进的学习而不存在大幅度的理念上的跳跃(Wildavsky,1964)。在渐进理论看来,预算的实质是政府与国会,以及政治家与官僚之间的博弈,使得预算决策者必须以一种简单、快速且又普遍能够接受的方式分配资源。作为组织内部稀缺资源配置的一种非市场机制,渐进式预算反映的是一种简单却有力的"公平"机制,即对所有预算请求和利益的一种适度满足(White,1990)。

现实中,制度强化导致的政府政策制定结果的稳定性会被突然发生的变化打破,由此导致渐进变化的均衡局面会由于政策领域的大变化而产生骤变,并引发大规模的预算调整。对于这种似乎违背了渐进预算特征的现象,True(2000)提出了由政策均衡决定的具有间断性平衡(punctuated equilibrium)特征的雪崩预算(avalanche budget)理论。其含义是,政府政策以及预算决策一方面会反映子系统层面的一系列决策制定过程,另一方面也会反映宏观政治方面的决策制定过程。当预算和政策决策属于政策子系统时,预算变化将是渐进的;当预算和政策决策由整个系统面对重大冲击做出时,将会出现大规模(或者是在资金方面或者是在程序规则方面)的变化。这说明,当渐进调适方式不再满足预算需求时,就需要形成一个新的政治和政策均衡,使得预算出现骤变,然后进入下一个渐进的间断平衡。

渐进预算理论隐含的普遍遵守适度分配和程序性"公平"规则的观点忽略了预算分配中的竞争和冲突。新近关于转移支付分配影响的理论中,机会主义(opportunistic)理论对此展开了充分讨论。基于初始决策和事后结果的双重视角,理论认为政府间转移支付分配的竞争和冲突产生了预算软约束问题。这种预算软约束问题按照一个序贯博弈(sequential game)的方式加以建构。地方政府率先行动，决定其税收或财政政策，然后中央政府按照地方政府实际状况决定其转移支付政策（Rodden and Eskeland，2003）。Caplan 等（2000）率先使用了"分权化领导"（dencentralization leadership）一词来描述这一序贯博弈格局，即地方政府作为"先行者"决定其财政收支，其中必然会对其他辖区政府和中央政府的行为反应进行预期，而中央政府作为理论上的"跟随者"，通过转移支付给予财政纾困或救助，实现财政均等或者是其他政策目标。

理论主要考虑的问题是地方政府具有何种机会主义表现。通常看法是相对于支出变化，税收策略调整相对较少。但是，在德国、瑞士等实施财政能力均等化的国家中，地方政府的税率会频繁发生调整。Koethenbuerger（2008，2011）、Crivelli 和 Staal（2013）通过预算软约束框架分析了潜在的影响机制。研究表明，地方政府的最优行为结果是既可以是过度支出，也可以是对财政支出实施动态承诺，使用本地财政收入来调整预算平衡，即降低筹资水平。上述行为构成了地方政府政策工具选择的子博弈完美均衡。这是因为地方政府面向中央政府争夺转移支付的过程中，如果其他地区使用低税或过度支出作为策略性工具，那么本地区提高税收或者减少支出的代价将会非常高昂。无论这一策略是否会真正得到中央政府的转移支付补助，针对其他地方政府的行为预期将会触发地区的财政收支策略行为。此时，预算软约束下的财政能力均等化要么产生了降低税收努力的"搭便车"行为，其激励地方政府"免费搭车"以分享其他地区的税收筹资努力，削弱了自有筹资水平；要么是地方政府将自己的支出成本转嫁给了其他地方政府，每一地方政府的财政负担依赖于全国范围的财政总量，造成了"公地悲剧"式的过度支出。因此，财政均等化也会产生负的地区间财政外部性影响。

总体来看，渐进预算理论高度重视既定政治体制下政策决策机制对于预算的影响。预算的渐进特征是由于政策均衡和利益格局的平衡所致；而预算分配规则和资金的突变也是由于现有政策均衡不可持续时政策决策机制变革和政策调整产生的后果。转移支付分配中的机会主义观点主要考察财政均等化可能具有的负面激励，并且在德国、意大利、西班牙等发达国家已经得到了实践印证。这种负面激励持续、稳定地存在地方政府针对转移支付的财政反应函数中。在理论前提下，机会主义理论认同渐进预算的有限理性假设，但反对渐进主义默认的行为主体能够自我约束、不会得寸进尺，并且能够遵循程序性公平规则的观点。相反，它认为机会主义的行为主体会欺骗其他参与者，违反协议，操纵博弈的规则，以逃脱规则的约束（Patashnik，1996）。二者在理论方法上也具有区分。渐进预算理论作为一种局部均衡分析，主要关注国会与政府、政治家与官僚之间的纵向财政联系，当然也可以引申为中央与地方之间的财政交互影响；而机会主义预算观点涵盖了财政外部性理论所强调的辖区政府或部门之间的（横向）策略交互影响，同时也考虑了中央和地方政府的纵向博弈行为。

16.1.3 转移支付分配机制与地方政府财政行为

除了增量分配,如果确实存在转移支付诱发的地方政府财政收支预算软约束问题,其将会产生更为复杂的资源配置效应,甚至是配置扭曲。首先,转移支付预算软约束与公共品供给中产生的外溢交织在一起,将会产生一些独特的资源配置影响机制。如果地方政府必须对收入进行承诺,但是可以将公共支出作为策略工具,那么财政能力均等化产生了降低税收努力的地区政府间"搭便车"行为,其激励地方政府"免费搭车"以分享其他地区的税收筹资努力。这一"搭便车"激励对于人口规模更小的地区而言会更为突出。相反,如果地方政府必须在支出方面进行预先承诺,但是可以将收入作为策略性工具时,那么每一地方政府的财政负担仅仅依赖于全国范围的财政约束,这使得地方政府可以将自己的支出成本转嫁给其他地方政府,从而产生"公地悲剧"。Akai 和 Sato(2008,2009)的研究表明,如果存在足够大的公共品外溢效应,预算软约束产生的过度支出反而补偿了具有正外部性公共品的供给不足,补偿了帕累托效率损失。

其次,除了公共品供给产生的外溢,转移支付产生的预算软约束效应与财政竞争之间的交互影响也可能具有重要意义,这一点尤其表现在转移支付对要素增强型公共投资竞争和资本性税收竞争的双重影响上。对地方政府而言,均等化转移支付实际上是补贴增税,惩罚减税。当通过均等化转移支付补偿的地区间财政能力差异的均等化率(有的文献中称之为"减税率")越大,这一效应越突出。基于这一视角,Boadway 和 Flatters(1982)率先提出,在地区根据均等化政策做出反应的策略性博弈格局中,中央政府可以通过均等化转移支付抑制税收竞争,实现地方政府层面上的有效税率水平。与 Boadway 观点形成鲜明对比的是 Weingast(2007),其认为均等化会产生负面激励,直接表现为均等化转移支付会对地方征税努力产生负面影响。如果地方政府可以从共享税基中获得更多的份额,将会更多提供市场改进型(market-enhancing)公共产品,促进投资和经济发展,最终增加本地税收收入。

Boadway 的观点并没有考虑到转移支付对公共投资激励的潜在影响;而 Weigast 所持的"负面财政激励"观点忽略了资本流动性。直观上看,公共投资吸引资本而税收驱逐其离开,地区提高自有税率水平会驱赶资本离开,进而降低本地区的产出,但是通过均等化从其他地区获得了额外的税收收入。要素增强型的公共投资和资本性税收之间的互动可以对于资本配置分别产生不一致的效应。Hindriks 等(2008)综合考虑了税收竞争和(要素增强型)公共投资竞争。由于公共投资提高了税收竞争的收益,造成地区间的税收竞争更加激烈,税收竞争会进一步影响地方政府的公共投资行为选择。此时,除了再分配效应,均等化还产生了两种效应相反的效率影响。正面效应是降低了财政支出竞争,从而产生将税收竞争外部效应内部化的子优低税率;负面效应则是由于均等化转移支付的实施使得地区的边际留成率降低,这减少了地区投资水平并降低了税收回报。这两种效应的最终结果并不明确,存在多种可能性。例如,理论上富裕地区也能在均等化再分配中获益。一方面,财政均等化避免了税收和公共投资方面的过度竞争,最终提高了富裕地区所拥有的资本份额;另一方面,当地区不对称性程度较低时,税收和资本配置在均等化方案实施前后的变化程度相对较小,均等化转移支付的体量也会相对较小。富裕地区拥有财政盈余以补偿贫穷地区的资本流出和收入损失,从而所有地区都获得了改善。

总体而言,现有理论已经意识到转移支付预算软约束问题并不是局限在中央政府和单个地方政府之间的局部均衡,而是一种涉及辖区之间策略交互影响的财政外部性,即纵向和横向的一般均衡框架。其中,预算软约束效应和现有研究发现的其他财政外部性,如财政竞争、支出外溢等交织在一起,对于资源配置将会产生诸多影响,如Sorribas-Navarro(2011)、Padovano(2014)等针对西班牙、意大利的研究都已针对这一问题展开了研究。

16.2 制度环境与现实背景

政治集权下的财政分权是当前中国的基本制度背景之一,这是现有文献的普遍共识[①],而政府政策和预算决策的高度集权又是政治集权的核心表现(马骏和侯一麟,2004)。一方面,地方政府缺乏独立的政策决策权和预算自主权。中国的央地关系中,强有力的中央政府一直在发挥主导作用(杨其静和聂辉华,2008)。地方政府的重大决策一般都要等到中央政府的重大决策确定之后才能做出。地方财政收支和预算编制、执行受到上级政策的深刻影响,这使得地方财政部门并不是一个真正意义上的预算机构,支出审查、风险控制和政策评估也无从谈起。另一方面,这种政策与预算决策的集权在某一层级政府内部又呈"碎片化"。马骏和侯一麟(2004)观察到分税制改革以来的集权体制下,省级政府的政策制定权被分割到十数个"政策领地",即分管领导体制。围绕着各个分管领导的则是各个"口",分管领导实际就是这些部门的代言人。在这样的决策机制下,名义上由财政部门主导的财政分配演变成为一种建立在各个"口"基础上的"预算产权"制度。这一产权与部门的行政等级和规格、政策领域的重要性程度,以及分管领导政治地位甚至个性(强势与否)高度相关,使得转移支付分配中的关系资本(卢洪友等,

---

① 详细的梳理和总结可参见王永钦等(2007)。

2011)和政治关联(范子英和李欣,2014)盛行。而来自中央政府的诸多政策,就成为保障各个"口"的预算产权的"尚方宝剑",形成分税制预算模式中的一个非正式制度。

这样的政策和预算决策体制必然会影响转移支付的分配,但最终形成的分配模式却并非泾渭分明,这是因为政策和预算决策的集权既会造成转移支付渐进式分配,同时也会滋生机会主义影响。政策和预算决策集权保证了中央政府财政利益的顺利调整。在支出责任下放、收入权力上收的格局中,转移支付作为贯彻中央政府政策意图和行政指令,或者是实施补偿的财政工具,承担着维系现有体制和格局的功能,并使得现有央地之间的财政关系保持稳定。同时,借助于"自上而下"的垂直通道和政策实施,地方政府内部的部门利益分配格局也随之出现固化。而在机会主义影响方面,政策和预算决策集权体制也造就了地方政府"反弹"和"倒逼"的诱因和可行空间。现行财政体制中财权与事权划分模式不对称、政府层级过多、财政支出标准决策权过度集中与规则紊乱(贾康和白景明,2002),这些都是地方政府实施转移支付机会主义做法的直接诱因。已有研究注意到现行财税体制下地方政府由于可支配财力不足,已经使得地方财政风险向中央政府转移。这种预算约束软化说明分税制虽然打破了利益大锅饭,却难以打破"风险大锅饭"(刘尚希,2003)。而机会主义做法的可行性则主要来自政策决策和执行的分离。不管是权力下放、委托、分散化管理等分权形式,中央政府(部门)最终都需要地方政府(部门)来落实政策。事实上,地方政府的选择性执行已经影响了中央政策的有效落实(王诚和李鑫,2014)。这些都说明了机会主义做法是现有集权体制下财税体制矛盾的直接体现。

具体到不同类型的转移支付的分配模式,我们仍然能够发现渐进预算和机会主义双重影响。现有的转移支付包括税收返还、专项转移支付和一般性转移支付。其中,税收返还转移支付是1994年分税制改革时处理央地财政关系中的一个妥协,体现了特定时期的政策均衡并作为一个分配基数一直延续至今。由于中央和地方政府之间具有完美信息对称,地方政府缺乏实施机会主义做法的策略空间(范子英和李欣,2014)。因此,具备"刚性"的税收返还构成转移支付渐进分配中的一个稳定要素。

但是,对于占据更重要位置的专项转移支付和部分带有特定用途与附加条件的一般性转移支付来说,其分配模式总体并不明确。这一类转移支付的分配中大多采用"切块"分配至各个"口",再由各个"口"的主管部委和厅局按照项目审批等方式下达。分配中普遍按照"突出重点,择优支持"原则,通过地方配套、"以奖代补"等竞争性方式进行分配,这种分配模式结合重点支出挂钩等机制,肢解了地方预算安排,使得地方财政支出固化和僵化。同时,也促使地方政府采取挪用、套取、偷换用途等种种手法用于地方政府更热衷的支出项目,引发专项转移支付"漏损"。因此,垂直管理体制和"碎片化的预算产权"相结合,不仅使得部门和地区的利益分配格局趋于固化,而且也激励了地方政府产生实施支出扩张。

而一般性转移支付中最具均等化色彩的均衡性转移支付也容易产生预算软约束影响。一方面,均衡性转移支付预算周期与预算软约束理论中所认为的序贯博弈格局是吻合的。我国的地方财政预算编制工作在上一年的7—8月启动,11月左右出台初案,第二年3—4月提交给地方同级人代会审议通过。从均衡性转移支付的预算执行来看,需要到当年6月才能按预算安排的均衡性转移支付向地方政府测算下达当年份额;当年9月下达所得税当年预计部分;预算年度终了时根据所得税实际完成情况清算当年转移支付。地方政府需要作为理论上的"先行者",决定其自身的预算收支水平,而中央政府事实上是处于一种"跟随者"状态。另一方面,均衡性转移支付的测算涉及一般公共服务、公共安全、教育、文化体育与传媒、住房、农业等十数个门类,每一类中均通过规定标准收入、标准支出、人口规模和调整系数等方式进行测算,使得转移支付规模与地方财政收支水平直接挂钩。因此,均衡性转移支付的预算周期和分配公式使得地方政府可以通过提高地方支出水平或降低自主筹资水平的方式进行操纵。除了预算约束软化影响,均衡性转移支付也会具有渐进式分配特征,这主要是由于计算公式总体并非科学客观的因素法,而是夹杂着很多兼顾现有地区利益的色彩。最近的一项研究表明,财政供养人口比总人口、人口密度和人口结构、耕地面积、失业率、城市化率、在校学生等更具解释能力(贾晓俊和岳希明,2012),这构成了均衡性转移支付仍然是在地区固有利益基础上进行渐进调适的间接证据。

综上所述,不管是从深层次的形成机制来看,还是具体到不同类型转移支付的运行,转移支付分配模式都可能会同时具有渐进预算和机会主义两种特征。为了检验这一假说,需要提出可供识别的检验变量。渐进预算理论强调现阶段形成的间断性政策均衡和稳定的利益格局。结合现状,这一思路下的关键检验变量是转移支付与地方财政收支,三者之间应该存在可识别的渐进式关系,而人均经济禀赋、人口规模、城市化、人均收入等理论上的财政均等化因素则不然。渐进预算理论不关注辖区之间的策略交互影响,这种局限于(中央与地方)纵向财政影响的思路默认既定政策均衡下相关利益主体普遍遵守适度分配和程序性"公平"规则;而机会主义理论则认为预算分配中存在竞争和冲突,本地针对其他省份使用策略性财政手段争夺转移支付的反应促使本地共同参与形成策略互补性质的竞争,并最终造成了转移支付预算软约束。在这种方法论思想下,关键的检验变量是其他地区的转移支付分配水平,其对本地财政收支行为将会产生显著影响。

16.3 转移支付与地方财政收支的实证研究

16.3.1 转移支付与地方政府财政收支的协整关系检验和误差修正模型

首先采用 Hadri 检验(2000)来验证序列平稳性。Hadri 检验可以检验异质性面板数据,序列既可以围绕一个确定性水平呈平稳性,也可以是面向所有省份相同的(即固定效应),或者是不同省份相异的确定性趋势,能够满足本文的异质性数据要求。检验对异方差可以保持稳健,并通过构造 Newey-West 估计量允许误差项存在序列相关性。平稳性原假设下,统计量值服从标准正态分布。

进而,在平稳健性检验的基础上,按照渐进预算的理论观点,建立以下自回归分布滞后形式的动态面板数据模型展开协整检验[①]:

$$y_{it} = \sum_{j=1}^{p} \lambda_{ij} y_{i,t-1} + \sum_{j=0}^{q} \delta'_{ij} X_{i,t-j} + \vartheta_i + \varepsilon_{it} \quad (16.1)$$

在不同回归方程中,y_{it} 为 tr_{it}、fis_{it} 或 $\exp_{it}$;$i=1,2,\cdots;N$ 表示省份;$t=1,2,\cdots;T$ 表示时期;X_{it} 和 δ_{ij} 分别是 $k \times 1$ 维解释变量向量和系数向量;λ_{ij} 作为自回归系数界定了不同截面的权重;ϑ_i 是不同省份不随时间变化的个体效应。将式(16.1)重新参数化得到以下误差修正模型:

$$\Delta y_{it} = \phi_i (y_{i,t-1} - \theta'_i X_{it}) + \sum_{j=1}^{p-1} \lambda^*_{ij} \Delta y_{i,t-j} + \sum_{j=0}^{q-1} \delta'^*_{ij} \Delta X_{i,t-j} + \vartheta_i + \varepsilon_{it} \quad (16.2)$$

式中,

$$\phi_i = -\left(1 - \sum_{j=1}^{p} \lambda_{ij}\right), \quad \theta_i = \sum_{j=0}^{q} \delta_{ij} \Big/ \left(1 - \sum_{k} \lambda_{ik}\right),$$

$$\lambda^*_{ij} = -\sum_{m=j+1}^{p} \lambda_{im}, \quad \delta^*_{ij} = -\sum_{m=j+1}^{p} \delta_{im},$$

其中,$j=1,2,\cdots,p-1$ 或 $q-1$。参数 ϕ_i 反映调整项的误差修正速率,预计显著为负,$\phi_i=0$ 意味着不存在协整关系。而参数 λ^*_{ij} 包含变量之间的长期均衡关系。在转移支付回归方程中,协整参数 ϕ_i 和长期均衡参数 λ^*_{ij} 共同反映了转移支付是否具有渐进预算的特征。Pesaran 等(1999)构造了这一模型的极大似然参数估计表达式为:

$$l_T(\theta', \varphi', \sigma') = -\frac{T}{2} \sum_{i=1}^{N} \ln(2\pi\sigma_i^2) - \frac{1}{2} \sum_{i=1}^{N} \frac{1}{\sigma_i^2} [\Delta y_i - \phi_i \xi_i(\theta)]' H_i [\Delta y_i - \phi_i \xi_i(\theta)]$$

[①] 早期的面板数据协整关系检验基本是针对长期均衡方程的残差展开检验,如 Kao 检验、Pedroni 检验、McCoskey 和 Kao 检验,这些检验程序较为复杂,且结果并不稳健,可参考 Baltagi 和 Pesaran(2007)的讨论。新近的协整关系检验更多采用是否存在误差修正模型方式展开,如 Westerlund(2007)、Gengenbach、Urbain 和 Westerlund(2009)等。

其中，$i=1,\cdots,N$；$\xi_i(\theta)=y_{i,t-1}-X_i\theta_i$；$H_i=I_T-W_i(W_i'W_i)W_i$，$I_T$ 是阶单位阵，$W_i=(\Delta y_{i,t-1},\cdots,\Delta y_{i,t-p+1},\Delta X_i,\cdots,\Delta X_{i,t-q+1})$。

对于这一异质性的动态面板估计，一种策略是使用固定效应方式，将所有省区的序列加以合并，仅仅保留不同省份之间的截距项存在差异。然而，假如斜率系数不同的话，固定效应模型将会导致不一致估计和偏误。作为另外一个极端，可以分别对每一省份进行回归，并计算系数估计值的算术平均值。这种方式被称为 MG 估计量(Pesaran and Smith,1995)，不同省份之间的截距项、斜率系数和方差－协方差均有所不同。而 Pesaran 等(1999)提出了结合合并和平均两种技术特征的 PMG 估计方法。如同 MG 估计量一样，PMG 允许截距、短期系数和误差方差随不同省份发生变化，但是不同省份之间的长期系数相同(这一点与固定效应估计量类似)。本文分别使用上述策略来检验转移支付与财政收支的协整关系。

16.3.2 变量与数据

模型的协整变量包括支出水平(exp)、自有财力(fis)和转移支付(tr)，其中公共支出水平定义为地方本级人均财政支出水平[①]，自有财力定义为地方不含转移支付的总的税收和非税收入之和的人均值，转移支付定义为从中央政府获得的所有转移支付收入减去上解支出后的人均值。其他潜在的协整变量包括人均 GDP(pgdp)、最终消费所占比率(conr,%)、资本形成率(invr,%)、地区进出口贸易额占地区生产总值比重表示的经济开放程度(open,%)、人口规模的自然对数值(pop)、以城市人口所占比重表示的城市化率(urbanr,%)、各地区城镇居民平均每人全年家庭可支配收入(di)、非税收入所占比重(nf,%)以及用地方公共支出水平占中央政府支出水平表示的财政分权度(de,%)。本文采用 2002—2012 年 31 个省份的面板数据。数据经《中国财政年鉴》《中国税务年鉴》和《中国统计年鉴》相关数据整理计算获得。

此外，在不同的回归方程中，使用了若干空间加权变量。本文构造了滞后一期的其他省份获得的实际转移支付的空间加权变量作为转移支付预算软约束的代理变量，具体包括三种空间权重设置：一是所有其他地区加权，记为 $\Sigma_w L1.tr$，即所有 $j\neq i$ 省份的转移支付都按照权重 $\omega_{ij}=1$ 加权；二是经济禀赋相近省份的加权，记为 $\Sigma W_{eco} L1.tr$，即人均 GDP 水平处于同一区间的地区取 $\omega_{ij}=1$，否则取 0[②]；三是地理相邻省份的加权，记为 $\Sigma W_{bin} L1.tr$，即 i 和 j 为相邻省份取 $\omega_{ij}=1$，否则

[①] 人均净转移支付、人均自有财力和人均公共支出三个变量及空间加权变量，以及人均可支配收入、人均 GDP 和人口规模均采用自然对数值。其他变量按照定义均采用的是百分比设置。

[②] 以 2012 年人均 GDP 水平为标准，划分了三个区间，其中第一档次为发达地区，包括北京、天津、内蒙古、辽宁、上海、江苏、浙江、福建、山东和广东；第二次为中等发达地区，包括河北、山西、吉林、黑龙江、湖北、重庆、山西、宁夏和新疆；剩余 12 个省份为第三档次。

为 0。三种设置都对权重矩阵采取行标准化处理。个别回归方程中还使用了支出水平和自有财力的空间加权项。

16.3.3 结果与分析

表 16-1 报告了主要变量的平稳性检验结果,可以看出,变量在一阶差分之后都不能拒绝面板数据 31 个序列均为平稳的原假设。(16.1)式中的变量均为一阶单整并具有协整关系,那么误差项对于所有省份均为 $I(0)$ 序列。同时,面板数据 Wooldridge 自相关检验的 F 值为 12.556 和 22.977,显著拒绝了不存在一阶自相关的原假设。在残差异方差方面,似然比检验的卡方值为 393.8,p 值为 0,也显著拒绝了同方差的原假设。

表 16-1 Hadri 面板平稳性检验

变量	exp	fis	tr	pgdp	inv	con	di	pop	urban	proxy
μ	1.398	1.323	−1.718	−0.447	0.204	1.07	−1.539	0.841	0.167	−1.564
p 值	0.081	0.093	0.957	0.674	0.419	0.142	0.938	0.200	0.433	0.941
τ	−0.252	−0.339	−2.138	−2.191	−1.560	−1.103	0.140	−1.285	−2.018	−1.600
p 值	0.599	0.632	0.983	0.985	0.940	0.864	0.444	0.900	0.978	0.945

注:这里报告的是异方差稳健结果,和分别是指一阶差分后系数的 z 统计量值。原假设是面板数据 31 个序列均为平稳。

资料来源:经作者整理计算取得。

表 16-2 报告了部分基于误差修正模型方式的协整关系检验。结果表明,转移支付、自有财力和公共支出三者之间存在稳健的协整关系。MG、PMG 和 DFE 三种估计中,变量 L1.tr 的系数估计值 ϕ 显著为负数,动态关系中的公共支出和自有财力都具备显著性。此外,在不同的回归方程中转移支付与公共支出、地方自有财力之间也都具有长期均衡关系。但是,当纳入前文考虑的其他潜在的协整变量,检验结果却不支持存在协整关系。例如,纳入人均 GDP、投资率或人均可支配收入时,系数 ϕ 的估计,以及误差修正模型和长期均衡关系的显著性水平都明显下降,表现为大部分的系数估计都不显著,渐进预算角度建立的协整关系分析说明,政府间转移支付体现的是一种按照基数以及与地方财政收支挂钩的简单的、稳定的线性关系做出的分配模式,渐进预算理论能够概括决策原则和预算进程。

表 16-2 转移支付与地方财政收支的误差修正模型

	D.tr					
	(1) MG	(2) PMG	(3) DFE	(4) PMG	(5) PMG	(6) PMG
L1.tr	−1.688***	−0.844***	−0.482***	1.404	−2.044*	−4.384
	(0.145)	(0.106)	(0.049)	(2.08)	(1.131)	(2.635)
exp	1.092***	1.222***	1.092***	2.207**	2.326**	0.955
	(0.066)	(0.02)	(0.066)	(0.963)	(1.009)	(0.802)
fis	−0.364*	−0.285***	−0.174***	−1.324	−1.114	−0.146
	(0.221)	(0.021)	(0.067)	(1.023)	(0.973)	(0.756)
pgdp				−0.196		
				(0.763)		
inv					0.032	
					(0.033)	
di						0.428
						(0.874)
D.exp	−0.533***	0.187	0.499***	8.634	−2.676*	−10.658
	(0.162)	(0.154)	(0.056)	(5.791)	(1.604)	(10.094)
D.fis	0.195	−0.319**	−0.815*	−1.371	2.794	6.778
	(0.289)	(0.144)	0.046	(3.414)	(1.550)	(7.009)
D.pgdp				2.180		
				(11.060)		
D.inv					0.006	
					(0.007)	
D.di						−3.324
						(3.702)
cons	0.377	−0.201***	−0.077	−33.080	0.108	82.220
	(0.657)	(0.049)	(0.068)	(39.980)	(2.420)	(83.750)

注:L1.tr 处报告的是协整系数和 L1.tr 系数估计值的乘积,下同;括号内的数值表示估计系数的稳健标准差;*、**、*** 代表 10%、5%、1%显著性水平。

资料来源:经作者整理计算取得。

进一步,表 16-3 报告了截面相关性检验,结果表明转移支付、公共支出和自有财力三个回归方程中均存在强烈的截面相关。表 16-3 模型(1)至模型(9)中,绝大多数人均财政支出、人均净转移支付和人均自有财力及其空间加权项都具有 1%

显著性水平。从理论上看,这种显著的截面相关性,一是反映了包括环境保护、农林水事务、公共安全、市政设施方面的支出外溢;二是来自分权体制下地方经济竞赛产生的省份之间策略交互影响,包括税收竞争、基础设施等要素增强型公共支出竞争、福利竞争、地方公共治理方面的锦标赛竞争效应,以及行政管理和福利方面的"攀比效应"(卢洪友和龚锋,2007)。这些策略交互影响使得各省份的财政收支表现出强烈的空间相依性。① 同时,表16-3模型(3)、模型(6)和模型(9)中的cdp显著为正,则说明了共同的财政和政策冲击也是导致各省份(截面)相关的原因。这种政策和财政冲击既包括纵向的中央政府的分权、调控和管制,也包括宏观经济周期性变化和年度特征,使得各省份财政行为反应具有相似特征和统计意义上的相关性。② 总体来看,空间相依性和共同动态进程作为交织在一起的横向和纵向影响,分别从两个方面反映了现有文献共识的分权体制下,中央政府的政治权威和行政指令对地方政府行为的深刻影响(Li and Zhou,2005;张军等,2007;王美今等,2010;陈硕和高琳,2012)。

表16-3 转移支付与地方财政收支的截面相关性检验

	tr			fis			exp		
	(1)	(2)	(3)	(4)	(5)	(6)	(7)	(8)	(9)
exp	0.907***	0.917***	1.210***	0.684***	0.814***	0.582***			
	(0.121)	(0.204)	(0.135)	(0.128)	(0.148)	(0.102)			
tr				−0.535***	−0.455***	−0.347***	0.652***	0.461***	0.702***
				(0.112)	(0.148)	(0.082)	(0.064)	(0.093)	(0.047)
fis	−0.547***	−0.519***	−0.300**				0.470***	0.422***	0.331***
	(0.134)	(0.167)	(0.140)				(0.078)	(0.085)	(0.049)
Σ_W exp	−0.772***	−0.796***		−0.710***	−0.715***		0.710***	0.644***	
	(0.113)	(0.148)		(0.149)	(0.166)		(0.079)	(0.097)	
Σ_W tr	0.861***	0.845***		0.578***	0.650***		−0.529***	−0.480***	
	(0.084)	(0.098)		(0.138)	(0.142)		(0.059)	(0.078)	
Σ_W fis	0.535***	0.431***		0.831***	1.054***		−0.302***	−0.629***	
	(0.215)	(0.170)		(0.127)	(0.165)		(0.096)	(0.116)	
trend		−0.025			−0.064*			0.110***	
		(0.027)			(0.038)			(0.020)	

---

① 例如,人均自有财力方程中的其他地区自有财力空间加权项可以说明税收竞争的策略互补性质,人均财政支出方程中其他地区财政支出空间加权项和本地转移支付变量则可以归纳为财政竞争效应和"粘蝇纸效应"。

② 大规模转移支付增加导致的各省份的人均净转移支付水平普遍增加,这种共同趋势也会导致各地的人均转移支付水平的空间加权项具有相关性。

(续表)

	tr			fis			exp		
	(1)	(2)	(3)	(4)	(5)	(6)	(7)	(8)	(9)
cdp			0.779***			0.758***			0.456***
			(0.102)			(0.097)			(0.073)
cons	−0.249	−1.537*	0.047	−0.419*	3.000**	4.312***	0.233*	4.045***	0.295***
	(0.215)	(0.918)	(0.216)	(0.252)	(1.283)	(0.520)	(0.132)	(0.670)	(0.101)

注:括号内的数值表示估计系数的稳健标准差;*、**、***代表10%、5%、1%显著性水平。
资料来源:经作者整理计算取得。

在证实协整关系中存在转移支付与地方财政收支的空间相依和共同动态进程的基础上,表16-4报告了预算软约束代理变量(proxy)的工具属性检验。可以发现表16-4两步GMM估计结果与表16-3的MG回归结果具有高度的一致性。表16-4的三个回归方程中,人均公共支出、人均净转移支付和人均自有财力及其空间加权项的系数性质、符号和显著性水平都较为相似,两种回归方法下得出的相近结论说明了省份之间空间相依性和共同动态进程的稳健性。不仅如此,工具变量识别不足检验卡方统计值量值和弱识别F统计量值证实,转移支付预算软约束代理变量不仅与内生变量相关,而且能在10%显著性水平上拒绝仅仅为弱相关的原假设。从理论上说,转移支付预算软约束作为省份策略交互影响产生的一种财政外部性,是与其他财政外部性共同蕴含在地方财政收支的空间相依和共同动态进程中,因此,工具变量的相关性具有相应的理论依据。同时,由于财政收支和转移支付内生变量以及转移支付预算软约束变量均为一阶单整序列,滞后一期的其他省份获得的实际转移支付的空间加权变量也获得了工具有效性,表16-4中Hansen检验结果这证明了这一点。三个回归方程中检验的p值为0.166左右,可以接受工具变量与误差项不相关,同时在模型中得以正确识别的原假设。总体而言,预算软约束代理变量既具有理论逻辑上的一致性,同时又能够作为工具变量,为转移支付预算软约束的无偏和一致估计提供相应支持。

表16-4 预算软约束代理变量:两步GMM估计

	tr		fis		exp	
exp	1.687***	(0.184)	1.554***	(0.121)		
tr			−0.917***	(0.134)	0.591***	(0.064)
fis	−1.084***	(0.145)			0.642***	(0.038)
$\Sigma_W \exp$	−4.541***	(1.733)	−4.190***	(1.415)	2.688***	(1.025)
$\Sigma_W \text{tr}$	4.083**	(1.660)	3.769***	(1.338)	−2.417***	(0.972)

（续表）

	tr		fis		exp	
Σ_w fis	0.873***	(0.285)	0.802***	(0.302)	−0.515***	(0.197)
cons	1.505	(0.965)	1.392*	(0.82)	−0.891	(0.565)
识别不足检验	10.480***		9.629***		9.873***	
弱识别检验	6.480*		6.097*		5.921*	
过度识别检验	0.166		0.166		0.165	
内生变量	exp fis		exp tr		tr fis	
代理(工具)变量	Σ_w L1.tr		Σ_w ecoL1.tr		Σ_w binL1.tr	

注：括号内的数值表示估计系数的稳健标准差；*、**、***代表10%、5%、1%显著性水平。
资料来源：经作者整理计算取得。

进而,表16-5报告了将转移支付预算软约束代理变量作为潜在的协整变量放入模型(5)的PMG和DFE估计结果,前两组方程的被解释变量分别为人均自有财力和人均财政支出,以考察转移支付预算软约束的具体影响。结果表明4个方程中的系数显著为负。这说明预算软约束与转移支付实际水平,以及财政收支之间具有协整关系。接下来分别对人均自有财力差分变量(D.fis)和人均财政支出差分变量(D.exp)的方程回归结果进行分析。

在人均自有财力差分变量回归方程中,PMG估计和DFE估计的协整系数分别为−0.456和−0.384,这说明,系数值小于1意味着人均自有财力的增长和滞后一期人均自有财力之间具有显著的收敛性质,而系数值为负意味着基数越大增长率相对越低。协整关系式中的当期财政支出和转移支付的系数估计值也都具备显著性。以PMG估计结果为例,人均财政支出和人均转移支付净值的系数值分别为−0.456×(−1.744)=0.795和−0.456×0.9=−0.41①,这说明,财政支出对于自有财力的增长施加了持续影响,而转移支付对于自有财力的增长具有稳定的替代关系。在短期扰动方面,人均财政支出和人均净转移支付的差分变量与人均自有财力差分变量也具有显著相关性。其中,财政支出差分变量的系数估计值显著为正,而转移支付差分变量的系数估计值为负,二者的短期扰动影响与协整关系中的长期均衡具有一致的方向。但是,转移支付预算软约束代理差分变量D.proxy的系数估计值为−0.537,表明其他所有省份滞后一年的加权净转移支付增长率提高1%,本地的自主筹资水平增长率将会下降−0.537%,转移支付预算软约束的影响构成了收入决策的一个短期内扰动,地方政府针对其他省份的转移支付历史分配情况实施本地的策略性财政行为,降低自有财力的增长率。同

---

① 括号中的正负号需要考虑模型(16.1)、模型(16.2)中协整关系式的设定。

时,协整关系式中的预算软约束代理变量与本地人均自有财力的增长之间也具有显著的正相关关系,PMG 估计的系数值为 $-0.456\times(-0.088)=0.04$,这说明,作为误差修正机制的组成,转移支付预算软约束对于其负面激励存在一定的自我矫正影响。

表 16-5 转移支付与地方财政收支的误差修正模型:考虑预算软约束代理(工具)变量

	D. fis		D. exp		D. tr	
	(1) PMG	(2) DFE	(1) PMG	(2) DFE	(1) PMG	(2) DFE
L1.被解释变量	-0.456***	-0.384***	-0.519***	-0.574***	-0.411***	-0.436***
	(0.081)	(0.057)	(0.082)	(0.054)	(0.052)	(0.047)
proxy	0.088**	0.618***	0.013	0.048	0.010	0.016
	(0.041)	(0.120)	(0.013)	(0.062)	(0.056)	(0.089)
exp	1.774***	0.727***			1.445***	1.120***
	(0.075)	(0.258)			(0.045)	(0.074)
tr	-0.900***	-0.313	0.507***	0.743***		
	(0.087)	(0.212)	(0.012)	(0.04)		
fis			0.568***	0.253***	-0.307***	-0.190**
			(0.012)	(0.062)	(0.023)	(0.094)
D. proxy	-0.537***	-0.501***	0.157***	0.269***	-0.119***	-0.325***
	(0.183)	(0.100)	(0.040)	(0.063)	(0.020)	(0.067)
D. exp	0.549***	0.272***			0.457***	0.537***
	(0.213)	(0.098)			(0.034)	(0.055)
D. tr	-0.272*	-0.340***	0.146**	0.455***		
	(0.148)	(0.089)	(0.060)	(0.047)		
D. fis			-0.003	0.067	-0.109***	-0.122***
			(0.078)	(0.067)	(0.037)	(0.047)
cons	-0.283***	0.229*	0.115***	0.194***	-0.057	-0.083
	(0.099)	(0.122)	(0.033)	(0.075)	(0.033)	(0.082)

注:括号内的数值表示估计系数的稳健标准差;*、**、*** 代表 10%、5%、1%显著性水平。
资料来源:经作者整理计算取得。

在人均财政支出差分变量回归方程中,PMG 估计和 DFE 估计的协整系数分别为 -0.519 和 -0.574,人均财政支出的增长和滞后一期人均财政支出之间同样具有收敛的负相关关系。同时,协整关系式中的人均自有财力和人均净转移支付的基数对于人均财政支出增长产生了显著影响,以 PMG 估计结果为例,人均自有财力和人均净转移支付的系数估计值分别为 $-0.519\times(-0.568)=0.294$ 和 $-0.519\times(-0.507)=0.263$。在短期波动方面,人均净转移支付差分变量的系数估计值也显著为正。不管是短期波动还是长期均衡,转移支付对于同期财政支出的促进作用是显而易见的,这验证了现有研究发现的转移支付"粘蝇纸效应"。而自有财力水平对于财政支出的增长不具有显著影响,这说明支出决策一定程度独立于自有财力水平之外,也从侧面说明存在预算约束的软化。转移支付预算软约束代理变量的差分项 D. proxy 的 PMG 和 DFE 估计系数值分别为 0.157 和 0.259,均具有 1% 显著性水平。这就说明,转移支付预算软约束代理的影响不仅体现在对于自主筹资的负面激励,同时,地方政府的另一个策略性财政行为是拔高财政支出的增长率,实施财政支出扩张,这同样构成了地方财政决策中的一个显著的短期扰动。而且,转移支付预算软约束代理变量在协整关系式中不具备显著性,在支出扩张方面,预算软约束效应本身并不具备显著的误差修正性质和自我矫正影响。

PMG 方法提供了各省转移支付渐进式分配和预算软约束影响的估计,表 16-6 报告了相应结果。① 在人均自有财力方程中,有 23 个省份的协整系数至少在 10% 水平上显著,有 17 个省份的转移支付预算软约束代理变量的差分项在 10% 水平上显著为负,这说明存在较大范围的转移支付对自主筹资水平的负面影响。而在人均财政支出方程中,有 22 个省份的协整系数至少在 10% 水平上显著,有 18 个省份的转移支付预算软约束代理变量的差分项至少在 10% 水平显著,从而表明了刺激财政支出扩张。从全部情况来看,有 25 个省份至少有一个回归方程中的转移支付预算软约束代理变量差分项的系数估计值具有 10% 的显著性水平,有 11 个省份同时存在降低筹资和扩张支出的影响。并且,预算软约束并非只发生在落后地区。从表 16-6 可以看出,预算软约束变量在诸如广东、浙江、福建等省份的回归方程中也具备显著性。上述结果说明,转移支付诱发的预算软约束问题并不是发生在个别省份的偶然性事件,而是大范围地存在于地方财政决策之中。

表 16-6　各省转移支付的预算软约束影响

省份 \ 变量	D. fis		D. exp	
	ϕ	D. proxy	ϕ	D. proxy
安徽	0.04**	−0.401**	0.022	0.300***
北京	−0.026	0.048	−0.011	−0.081
重庆	−0.447***	−0.792***	0.272	0.335*
福建	0.657	−0.538***	0.105	0.276**

---

① PMG 的分省估计中,协整系数、差分解释变量和常数项的系数估计值不同,协整关系式中解释变量的系数估计值与表 16-5 中 PMG 估计结果相同。

(续表)

变量 省份	D.fis ϕ	D.fis D.proxy	D.exp ϕ	D.exp D.proxy
甘肃	−0.319	0.461	−0.938***	0.920
广东	−0.146***	−0.478***	−0.170***	0.377***
广西	−0.237***	−0.400***	−0.751***	0.254***
贵州	−0.968***	0.190	−1.164***	0.436***
海南	−1.06***	−0.187	−0.952***	0.436***
河北	−0.706***	−0.604***	0.673	0.434***
黑龙江	−0.398**	−0.258	−0.943***	0.023
河南	0.249	−0.764***	−0.236	0.264*
湖北	−0.489**	−0.985***	−1.051***	−0.153
湖南	−0.504**	−0.355***	−0.577***	−0.042
江苏	−0.035	−0.262**	−0.316**	0.169**
江西	−0.566***	−0.172	−0.935***	0.081
吉林	−1.405***	−0.775***	−0.544***	0.229**
辽宁	−0.454**	−0.11	−0.04	0.224
内蒙古	−0.579***	−0.061	−0.431***	0.086
宁夏	−0.388***	−0.285	−0.388***	0.399***
青海	−0.548***	0.182	−1.322***	−0.271
山东	−1.326***	−0.203*	−0.535***	−0.199
上海	0.055	−0.187	−0.349	0.233*
山西	−0.492***	−0.186	−0.341***	0.136***
陕西	−0.936**	−0.318	−1.231***	−0.271***
四川	−0.995***	−5.761***	−0.21***	0.715***
天津	−0.328***	−0.532***	−0.669*	0.296
新疆	−0.601***	−0.846***	−0.705***	0.193
西藏	−0.891***	−0.823***	−0.904***	0.109
云南	−0.24	−0.244	−0.915***	0.036
浙江	−0.057	−0.382***	−0.004	0.235***

注：*、**、*** 代表10%、5%、1%显著性水平。
资料来源：经作者整理计算取得。

表16-5以D.tr为被解释变量的误差修正模型回归结果明确说明了渐进式分配和机会主义影响的共同表现。基于PMG和DFE的结果表明，加入了预算软约束代理变量之后的转移支付分配仍存在显著协整关系，并且符合"基数＋(边际性)增长"特征。此外，预算软约束代理变量的差分项D.proxy具有显著的短期扰

动影响,以 DFE 估计为例,其系数估计值为 $-0.436\times(-0.325)=0.142$,滞后一期其他省份获得人均净转移支付水平与本地当年获得的人均净转移支付水平有显著正相关性。联系表 16-5 中以人均自有财力和人均财政支出作为被解释变量的误差修正模型结果,这说明其他省份获得的转移支付历史水平显著刺激了本地当期削弱自主筹资和实施支出扩张的策略性财政行为,最终成功获得更多的转移支付。协整关系式中的预算软约束代理变量虽然与差分项 D. proxy 符号相反,但并不显著,这说明预算软约束影响不具备长期内的回归和自我矫正影响。总体来看,预算软约束影响作为一个增量要素显著影响着转移支付渐进式分配,使得目前的转移支付分配中同时具有渐进预算与机会主义特征,但综合各自的表现来看,占据核心位置的仍然是渐进式分配。

16.4 本章小结

围绕转移支付对地方政府财政行为的影响,本章综合检验了渐进预算理论和机会主义观点,主要结论如下:

(1) 我国目前的转移支付分配中具有显著的渐进特征。2002 年所得税改革至今,我国的政府间转移支付与地方财政收支之间表现出一种简单的、稳定的增量分配原则,转移支付与地方财政收支之间不仅构成协整关系,并且相互之间具有稳定的动态变化趋势。而体现因素法均等化分配思路的人均可支配收入、人均 GDP、城市化、人口规模等变量均不存在显著的协整关系。这说明,目前我国转移支付总体表现为基数加上与地方财政收支挂钩的边际性增长的渐进预算模式。

(2) 包含转移支付预算软约束代理(工具)变量的协整分析表明,政府间转移支付诱发了普遍的地方政府策略行为和机会主义做法,直接体现为对地方自主筹资产生负面激励和支出扩张效应。这一点即便是在控制了转移支付的"粘蝇纸效应"之后仍然是成立的。这说明地方政府针对转移支付的策略行为和机会主义做法已经深刻影响转移支付的分配,并且这是大多数省份都存在的客观事实。

(3) 转移支付对于地方自主筹资的负面激励存在一定的自我矫正和回归,而转移支付产生的支出扩张缺乏这样的回应性。这说明,相比较于筹资负面激励,转移支付预算软约束的支出扩张所受到的限制与约束更少。

(4) 加入了预算软约束代理变量之后的转移支付分配仍存在显著协整关系,并且符合"基数+(边际性)增长"特征。转移支付造成的约束软化作为一个显著短期内扰动构成了渐进式分配中的增量要素,使得转移支付分配同时具有渐进预算特征与机会主义影响,但综合各自的表现来看,占据核心位置的仍然是渐进式分配。

研究表明,尽管转移支付分配具有一定的均等化调节作用①,但是,与规范的因素法均等化思路仍然存在较大差距。在完善中国分权治理结构和地方财政体制的进程中,已经明确要求突破现阶段的政策均衡和间断性平衡。包括建立事权和支出责任相适应的制度,适度加强中央事权和支出责任,完善地方税体系,清理规范重点支出挂钩机制,建立现代预算管理制度。在转移支付方面要求清理、整合、规范专项转移支付项目,完善一般性转移支付增长机制。可以看出,现有改革已经明确了财政体制的顶层设计和改革联动思路,本文研究结论与上述思路是一致的。局限在转移支付制度本身的单兵突进式改革前景并不乐观,这是因为现有的基数加上与地方政府收支挂钩的渐进式分配具有强大的"惯性",其反映了现有地区和部门利益分配格局的固化。只有立足财政收入、财政支出和转移支付三方格局,从预算管理制度和机制角度系统推进才能真正实现转移支付改革的预期目标。对此,本文提出的一个补充是改革中需要针对现有的政策和预算决策机制进行调整。重点是减少对地方政府的干预,确保地方预算的独立性、完整性以及合理的政策决策权,同时,在某一层级政府内部,应当有适度的政策决策和预算管理集权以解决"碎片化"问题。作为制衡,应当通过推动"全口径、全科目"预决算公开、试行弹性预算、强化预算的地方审议和监督、建立地方中期预算框架等手段,朝更具深远意义的地方财政民主化目标实行渐进式改革。

此外,在优化转移支付结构,完善转移支付均等化功能的改革中,除了推进规范化的因素法均等化,也应该重视针对转移支付预算软约束问题的机制设计,将其作为一个重要的制度内容加以建设。例如,需要建立一个不会实施过度财政救助的可信承诺,或者是能够惩戒地方政府预算软约束行为的转移支付分配公式或矫正机制,增强转移支付分配的规范性和透明度,强化财政纪律。

主要参考文献

[1] 白彦锋、刘畅:《中央政府土地政策及其对地方政府土地出让行为的影响——对"土地财"现象成因的一个假说》,《财贸经济》,2013年第7期。

[2] 蔡昉、都阳和王美艳:《户籍制度与劳动力市场保护》,《经济研究》,2001年第12期。

[3] 曹广忠、袁飞和陶然:《土地财政、产业结构演变与税收超常规增长——中国"税收增长之谜"的一个分析视角》,《中国工业经济》,2007年第12期。

[4] 陈斌开、林毅夫:《重工业优先发展战略、城市化和城乡工资差距》,《南开经济研究》,2010年第1期。

---

① 表16-5中PMG和DFE估计结果均表明,人均自有财力增量与人均净转移支付增量之间呈负相关关系,即自有财力增长越快,转移支付增长越慢,体现了一定的均等化调节作用。

[5] 陈斌开、张鹏飞和杨汝岱:《政府教育投入、人力资本投资与中国城乡收入差距》,《管理世界》,2010年第1期。

[6] 陈斌开、杨汝岱:《土地供给、住房价格与中国城镇居民储蓄》,《经济研究》,2013年第1期。

[7] 陈硕、高琳:《央地关系:财政分权度量及作用机制再评估》,《管理世界》,2012年第6期。

[8] 陈志勇、陈思霞:《制度环境、地方政府投资冲动与财政预算软约束》,《经济研究》,2014年第3期。

[9] 范子英、张军:《财政分权、转移支付与国内市场整合》,《经济研究》,2010年第3期。

[10] 范子英、张军:《中国如何在平衡中牺牲了效率:转移支付的视角》,《世界经济》,2010年第11期。

[11] 范子英、李欣:《部长的政治关联效应与财政转移支付分配》,《经济研究》,2014年第6期。

[12] 伏润民、常斌和缪小林:《我国省对县(市)一般性转移支付的绩效评价——基于DEA二次相对效益模型的研究》,《经济研究》,2008年第11期。

[13] 付敏杰、张平和袁富华:《工业化和城市化进程中的财税体制演进:事实、逻辑和政策选择》,《经济研究》,2017年第12期。

[14] 付文林:《省际财政竞争现状、经济效应与规制设计》,《统计研究》,2005年第11期。

[15] 付文林:《人口流动的结构性障碍:基于公共支出竞争的经验分析》,《世界经济》,2007年第12期。

[16] 付文林、宋顺峰:《不完全竞争条件下的税收竞争与资本流动研究综述》,《经济学动态》,2010年第9期。

[17] 付文林、耿强:《税收竞争、经济集聚与地区投资行为》,《经济学》(季刊),2011年第4期。

[18] 付文林:《人口流动、增量预算与地方公共品的拥挤效应》,《中国经济问题》,2012年第1期。

[19] 付文林、沈坤荣:《均等化转移支付与地方财政支出结构》,《经济研究》,2012年第5期。

[20] 付文林、赵永辉:《财政转移支付与地方征税行为》,《财政研究》,2016年第6期。

[21] 龚锋、卢洪友:《公共支出结构、偏好匹配与财政分权》,《管理世界》,2009年第1期。

[22] 郭杰、李涛:《中国地方政府间税收竞争研究——基于中国省级面板数据的经验证据》,《管理世界》,2009年第11期。

[23] 郭庆旺、贾俊雪:《地方政府间策略互动行为、财政支出竞争与地区经济增长》,《管理世界》,2009年第10期。

[24] 郭庆旺、贾俊雪和高立:《中央财政转移支付与地区经济增长》,《世界经济》,2009年第12期。

[25] 胡祖铨、黄夏岚和刘怡:《中央对地方转移支付与地方征税努力——来自中国财政实践的证据》,《经济学》(季刊),2012年第2期。

[26] 黄少安、陈斌开和刘姿彤:《"租税替代"、财政收入与政府的房地产政策》,《经济研究》,2012年第8期。

[27] 贾俊雪、郭庆旺:《政府间财政收支责任安排的地区经济增长效应》,《经济研究》,2008年第6期。

[28] 贾俊雪、郭庆旺和高立：《中央财政转移支付、激励效应与地区间财政支出竞争》，《财贸经济》，2010年第11期。
[29] 贾晓俊、岳希明：《我国均衡性转移支付资金分配机制研究》，《经济研究》，2012年第1期。
[30] 雷潇雨、龚六堂：《基于土地出让的工业化与城镇化》，《管理世界》，2014年第9期。
[31] 李涛、周业安：《中国地方政府间支出竞争研究——基于中国省级面板数据的经验证据》，《管理世界》，2009年第2期。
[32] 李永友、沈坤荣：《辖区间竞争、策略性财政政策与FDI增长绩效的区域特征》，《经济研究》，2008年第5期。
[33] 李永友、沈玉平：《转移支付与地方财政收支决策——基于省级面板数据的实证研究》，《管理世界》，2009年第11期。
[34] 林毅夫、蔡昉和李周：《比较优势与发展战略——对"东亚奇迹"的再解释》，《中国社会科学》，1999年第5期。
[35] 刘尚希：《财政风险：一个分析框架》，《社会科学文摘》，2003年第1期。
[36] 卢洪友、龚锋：《政府竞争、"攀比效应"与预算支出受益外溢》，《管理世界》，2007年第8期。
[37] 卢洪友、卢盛峰和陈思霞：《关系资本、制度环境与财政转移支付有效性——来自中国地市一级的经验证据》，《管理世界》，2011年第7期。
[38] 卢洪友、袁光平和陈思霞等：《土地财政根源："竞争冲动"还是"无奈之举"？——来自中国地市的经验证据》，《经济社会体制比较》，2011年第1期。
[39] 吕冰洋：《政府间税收分权的配置选择和财政影响》，《经济研究》，2009年第6期。
[40] 马骏、侯一麟：《中国省级预算中的非正式制度：一个交易费用理论框架》，《经济研究》，2004年第10期。
[41] 马骏、侯一麟：《中国省级预算中的政策过程与预算过程：来自两省的调查》，《经济社会体制比较》，2005年第5期。
[42] 马拴友、于红霞：《转移支付与地区经济收敛》，《经济研究》，2003年第3期。
[43] 乔宝云、范剑勇和冯兴元：《中国的财政分权与小学义务教育》，《中国社会科学》，2005年第6期。
[44] 乔宝云、范剑勇和彭骥鸣：《政府间转移支付与地方财政努力》，《管理世界》，2006年第3期。
[45] 沈坤荣、付文林：《中国的财政分权制度与地区经济增长》，《管理世界》，2005年第1期。
[46] 沈坤荣、付文林：《税收竞争、地区博弈及其增长绩效》，《经济研究》，2006年第6期。
[47] 孙秀林、周飞舟：《土地财政与分税制：一个实证解释》，《中国社会科学》，2013年第4期。
[48] 陶然、袁飞和曹广忠：《区域竞争、土地出让与地方财政效应：基于1999—2003年中国地级城市面板数据的分析》，《世界经济》，2007年第10期。
[49] 陶然、陆曦和苏福兵等：《地区竞争格局演变下的中国转轨：财政激励和发展模式反思》，《经济研究》，2009年第7期。
[50] 陶然、苏福兵和陆曦等：《经济增长能够带来晋升吗？——对晋升锦标竞赛理论的逻辑挑战与省级实证重估》，《管理世界》，2010年第12期。

[51] 汪冲:《资本集聚、税收互动与纵向税收竞争》,《经济学》(季刊),2011年第1期。
[52] 汪冲:《政府间转移支付、预算软约束与地区外溢》,《财经研究》,2014年第8期。
[53] 汪冲:《渐进预算与机会主义——转移支付分配模式的实证研究》,《管理世界》,2015年第1期。
[54] 王诚、李鑫:《中国特色社会主义经济理论的产生和发展——市场取向改革以来学术界相关理论探索》,《经济研究》,2014年第6期。
[55] 王美今、林建浩和余壮雄:《中国地方政府财政竞争行为特性识别:"兄弟竞争"与"父子争议"是否并存?》,《管理世界》,2010年第3期。
[56] 王贤彬、徐现祥:《地方官员来源、去向、任期与经济增长——来自中国省长省委书记的证据》,《管理世界》,2008年第3期。
[57] 王贤彬、张莉和徐现祥:《地方政府土地出让、基础设施投资与地方经济增长》,《中国工业经济》,2014年第7期。
[58] 王永钦、张晏、章元等:《中国的大国发展道路——论分权式改革的得失》,《经济研究》,2007年第1期。
[59] 王媛、杨广亮:《为经济增长而干预:地方政府的土地出让策略分析》,《管理世界》,2016年第5期。
[60] 夏纪军:《人口流动性、公共收入与支出——户籍制度变迁动因分析》,《经济研究》,2004年第10期。
[61] 杨继东、杨其静:《保增长压力、刺激计划与工业用地出让》,《经济研究》,2016年第1期。
[62] 杨其静、聂辉华:《保护市场的联邦主义及其批判》,《经济研究》,2008年第3期。
[63] 杨其静、卓品和杨继东:《工业用地出让与引资质量底线竞争——基于2007—2011年中国地级市面板数据的经验研究》,《管理世界》,2014年第11期。
[64] 尹恒、朱虹:《中国县级地区财力缺口与转移支付的均等性》,《管理世界》,2009年第4期。
[65] 余靖雯、肖洁和龚六堂:《政治周期与地方政府土地出让行为》,《经济研究》,2015年第2期。
[66] 张军、高远和傅勇等:《中国为什么拥有了良好的基础设施?》,《经济研究》,2007年第3期。
[67] 张莉、王贤彬和徐现祥:《财政激励、晋升激励与地方官员的土地出让行为》,《中国工业经济》,2011年第4期。
[68] 张莉、高元骅和徐现祥:《政企合谋下的土地出让》,《管理世界》,2013年第12期。
[69] 张晏、龚六堂:《分税制改革、财政分权与中国经济增长》,《经济学》(季刊),2005年第4期。
[70] 赵扶扬、王忏和龚六堂:《土地财政与中国经济波动》,《经济研究》,2017年第12期。
[71] 赵文哲、杨继东:《地方政府财政缺口与土地出让方式——基于地方政府与国有企业互利行为的解释》,《管理世界》,2015年第4期。
[72] 郑思齐、师展和吴璟:《土地出让、城市建设与房地产价格——对中国特色城市建设投融资模式的探讨》,《学海》,2014年第5期。
[73] 郑思齐、孙伟增和吴璟等:《"以地生财,以财养地"——中国特色城市建设投融资模式研究》,《经济研究》,2014年第8期。

[74] 周飞舟:《大兴土木:土地财政与地方政府行为》,《经济社会体制比较》,2010 年第 3 期。
[75] 周黎安:《晋升博弈中政府官员的激励与合作——兼论我国地方保护主义和重复建设问题长期存在的原因》,《经济研究》,2004 年第 6 期。
[76] 周黎安:《中国地方官员的晋升锦标赛模式研究》,《经济研究》,2007 年第 7 期。
[77] 周黎安:《行政发包制》,《社会》,2014 年第 6 期。
[78] 踪家峰、胡艳和周亮:《转移支付能提升产业集聚水平吗?》,《数量经济技术经济研究》,2012 年第 7 期。
[79] 踪家峰、李蕾:《Tiebout 模型的研究:50 年来的进展》,《税务研究》,2007 年第 3 期。
[80] Akai N. and Sato M., 2008, "Too big or too small? A synthetic view of the commitment problem of interregional transfers", *Journal of Urban Economics*, 64 (3): pp. 551—559.
[81] Akai N. and Silva E., 2009, "Interregional redistribution as a cure to the soft budget syndrome in federations", *International Tax and Public Finance*, 16 (1): pp. 43—58.
[82] Andersson F. and Forslid R., 2010, "Tax competition and economic geography", *Journal of Public Economic Theory*, 5(2), pp. 279—303.
[83] Baldwin, R. E. and Krugman P., 2004, "Agglomeration, integration and tax harmonisation", *European Economic Review*, 48(1), pp. 1—23.
[84] Baldwin R. and Okubo T., 2009, "Tax reform, delocation, and heterogeneous firms", *Scandinavian Journal of Economics*, 111(4), pp. 741—764.
[85] Baltagi B. H. and Pesaran M. H., 2007, "Heterogeneity and cross section dependence in panel data models: theory and applications introduction", *Journal of Applied Econometrics*, 22(2), pp. 229—232.
[86] Besley T. J. and Smart M., 2002, *Does tax competition raise voter welfare?*, Cepr Discussion Papers, 2002.
[87] Boadway R. and Keen M., 1996, "Efficiency and the optimal direction of federal-state transfers", *International Tax and Public Finance*, 3(2), pp. 137—155.
[88] Bogue D. J., *Study of population: an inventory and appraisal*, Washington, DC: NAS Press, 2000.
[89] Brülhart M. and Jametti M., 2006, "Vertical versus horizontal tax externalities: An empirical test", *Journal of Public Economics*, 90(10—11), pp. 2027—2062.
[90] Caplan A. J., Cornes R. C., and Silva E. C. D., 2000, "Pure public goods and income redistribution in a federation with decentralized leadership and imperfect labor mobility", *Journal of Public Economics*, 77(2), pp. 265—284.
[91] Caplan A. J. and Silva E. C. D., 2011, "Impure public goods, matching grant rates and income redistribution in a federation with decentralized leadership and imperfect labor mobility", *International Tax and Public Finance*, 18 (3), pp. 322—336.
[92] Carney D., 1998, Sustainable Rural Livelihoods: What contribution can we make, Papers Presented at the Department for International Development's Natural Resources Advisers'

Conference, London: Department for International Development.

[93] Charlot S. and Paty S., 2010, "Do agglomeration forces strengthen tax interactions?", *Urban Studies*, 47(5), pp. 1099—1116.

[94] Dahlby B., 1996, "Fiscal externalities and the design of intergovernmental grants", *International Tax and Public Finance*, 3(3), pp. 397—412.

[95] Duranton G. and Puga D., 2006, "Micro-foundations of urban agglomeration economies", *Social Science Electronic Publishing*, 4(4), pp. 2063—2117.

[96] Esteller-Moré A. and Solé-Ollé A., 2002, "Tax setting in a federal system: The case of personal income taxation in Canada", *International Tax and Public Finance*, 9(3), pp. 235—257.

[97] Fenge R., von Ehrlich M., and Wrede M., 2009, "Public input competition and agglomeration", *Regional Science and Urban Economics*, 39(5), pp. 621—631.

[98] Gengenbach C., Urbain J. P. and Westerlund J., 2009, "Error correction testing in panels with global stochastic trends", Working Paper, Research Memoranda.

[99] Hadri K., 2000, "Testing for stationarity in heterogeneous panel data", *The Econometrics Journal*, 3, pp. 148—161.

[100] Haufler A. and Wooton I., 2010, "Competition for firms in an oligopolistic industry: The impact of economic integration", *Journal of International Economics*, 80(2), pp. 239—248.

[101] Hindriks J., Peralta S. and Weber S., 2008, "Competing in taxes and investment under fiscal equalization", *Journal of public economics*, 92(12), pp. 2392—2402.

[102] Hoyt W. H., 2001, "Tax policy coordination, vertical externalities, and optimal taxation in a system of hierarchical governments", *Journal of Urban Economics*, 50(3), pp. 491—516.

[103] Keen M. J. and Kotsogiannis C., 2002, "Does federalism lead to excessively high taxes?", *American Economic Review*, 92(1), pp. 363—370.

[104] Koethenbuerger M., 2008, "Federal tax-transfer policy and intergovernmental pre-commitment", *Regional Science and Urban Economics*, 38(1), pp. 16—31.

[105] Koethenbuerger M., 2011, "How do local governments decide on public policy in fiscal federalism? Tax vs. expenditure optimization", *Journal of Public Economics*, 95(11—12), pp. 1516—1522.

[106] Lewis W. A., 1954, "Economic Development with Unlimited Supplies of Labour", *Manchester School*, 22(2), pp. 139—191.

[107] Li H. and Zhou L. A., 2005, "Political turnover and economic performance: the incentive role of personnel control in China", *Journal of Public Economics*, 89(3), pp. 1743—1762.

[108] Liu Y., 2014, "Does competition for capital discipline governments? The role of fiscal

equalization", *International Tax & Public Finance*, 21(3), pp. 345—374.

[109] Mieszkowski P., 1972, "The property tax: an excise tax or a profits tax?", *Journal of Public Economics*, 1(1), pp. 73—96.

[110] Mieszkowski P. and Zodrow G. R., 1989, "Taxation and the Tiebout model: the differential effects of head taxes, taxes on land rents, and property taxes", *Journal of Economic Literature*, 27(3), pp. 1098—1146.

[111] Padovano F., 2014, "Distribution of transfers and soft budget spending behaviors: evidence from Italian regions", *Public Choice*, 161(1—2), pp. 11—29.

[112] Patashnik E. M., 1996, "The contractual nature of budgeting: A transaction cost perspective on the design of budgeting institutions", *Policy Sciences*, 29(3), pp. 189—212.

[113] Pesaran M. H. and Smith R. P., 1995, "Estimating long-run relationships from dynamic heterogeneous panels", *Journal of Econometrics*, 68(1), pp. 79—113.

[114] Pesaran, M. H., Shin Y. and Smith R. P., 1999, "Pooled mean group estimation of dynamic heterogeneous panels", *Journal of the American Statistical Association*, 94(446), pp. 621—634.

[115] Rodden J. A., and Eskeland G. S., 2003, *Fiscal decentralization and the challenge of hard budget constraints*. Cambridge: MIT Press.

[116] Sorribas-Navarro P., 2011, "Bailouts in a fiscal federal system: Evidence from Spain", *European Journal of Political Economy*, 27(1): pp. 154—170.

[117] True J. L., 2000, "Avalanches and incrementalism making policy and budgets in the United States", *The American Review of Public Administration*, 30(1), pp. 3—18.

[118] Weingast B., 2007, "Second generation fiscal federalism: implications for decentralized democratic governance and economic development", *Social Science Electronic Publishing*, 65(3): pp. 279—293.

[119] Westerlund J., 2007, "Testing for error correction in panel data", *Oxford Bulletin of Economics and Statistics*, 69(6), pp. 709—748.

[120] White J., 1994, "(Almost) nothing new under the sun: Why the work of budgeting remains incremental", *Public Budgeting and Finance*, 14(1), pp. 113—134.

[121] Wildavsky A., 1964, *The Politics of the Budgetary Process*. Boston: Little Brown.

[122] Wilson J. D., 1986, "A theory of interregional tax competition", *Journal of Urban Economics*, 19(3), pp. 296—315.

[123] Wrede M. 1999, "Tragedy of the fiscal common?: fiscal stock externalities in a leviathan model of federalism", *Public Choice*, 101(3), pp. 177—193.

[124] Yu Y., 2009, "China_Spatdwm: Stata module to provide spatial distance matrices for Chinese provinces and cities", Statistical Software Components S457059, Boston College Department of Economics. http://ideas.repec.org/c/boc/bocode/s457059.html

[125] Zhao Y., 2002, "Causes and consequences of return migration: recent evidence from China", *Journal of Comparative Economics*, 30(2): pp. 376—394.

[126] Zodrow G. R. and Mieszkowski P., 1986, "Pigou, Tiebout, property taxation, and the underprovision of local public goods", *Journal of Urban Economics*, 19(3), pp. 356—370.

[127] Zodrow G. R., 2001, "The property tax as a capital tax: A room with three views", *National Tax Journal*, 54(1), pp. 139—156.

第六篇
部分国家的政府间财政关系

本篇主要是总结美国、德国和日本三个发达国家的政府间财政关系的历史演进,归纳其政府财政关系完善的基本经验和发展模式,为中国的政府间财政关系改革提供经验。

第17章 美国的政府间财政关系

17.1 美国政府间财政关系的历史演进

美国政府间财政关系是建立在美国联邦宪法基础上的财政联邦制,是财政联邦主义的典型代表。根据1959年美国财政学家马斯格雷夫的定义,财政联邦制是指在不同层级的政府间分派财政职能、划分权力、使其自主负责的分权型财政模式。① 美国财政联邦制的演进与美国政治联邦制、美国重大历史经济问题密切联系,是美国联邦政府、州政府及地方政府权利博弈的结果,具有坚持"有限政府"理念、强调分权自主、主权在民等特点,依次经历了二元联邦主义(dual federalism)、合作联邦主义(cooperative federalism)和新联邦主义(new federalism)三个发展阶段。

17.1.1 二元联邦主义时期(1789—1929年)

1789年美国《联邦宪法》确立了美国联邦政府与州政府间财政关系的基本原则:三权分立、主权在民、联邦与州分权。宪法列举了联邦政府的权力,规定联邦政府可以征收捐税、关税、商品税等税收,主要负责国防、国债和社会福利等全国性事务与跨洲事务。联邦宪法除列举了联邦政府的权力以外,还规定"本宪法既未给予合众国,又未禁止各州行使的权力,皆有各州或人民保留之",给予了州政府宪法未规定的剩余权力,奠定了美国各级政府间财政关系的基本框架。这一时期,联邦政府与州政府的财权和事权根据各自的服务职能予以划分,虽未有明确的事权和权力划分,但两者权力基本对等和平衡,故被称为"二元联邦主义"时期。

联邦政府在事权方面,初期的职责主要集中于偿付战争债务、军人安置和抚恤及保障国防安全,1825年以后联邦政府随着债务压力的减轻开始参与铁路、运河等基础设施建设,直到1860年前后,联邦政府才逐步介入经济发展事务,于1862年成立农业署(1889年改为农业部)、于1902年成立商务与劳动部,颁布《宅地法》《反托拉斯法》等一系列法律。在收入权方面,由于宪法未规定联邦政府可以征收直接税,1796年联邦政府尝试征收财产税(土地房产税)遭到各州和地方的反对,最终于1802年废除。1861—1872年联邦政府由于南北战争临时开征了个

---

① 王德祥:《美国财政联邦主义的发展演变及启示》,《财政经济评论》,2014年第1期。

人所得税,战后停征,又于1895年恢复征收,同年被裁定违宪停征,最终1909年国会通过《宪法第16次修正案》(1913年生效),联邦政府才正式开征个人所得税和公司所得税,但所占比重不大。1862年联邦政府恢复征收消费税,并逐步代替关税成为联邦政府的主要税收收入。总之,这一时期联邦政府的主要收入来源是商品税(1861年以前是关税)、土地收入和国债,税收收入受到联邦宪法的限制,事权和支出集中于全国性和跨州事务。

州政府被联邦宪法赋予了高度的自主权,坚持各州支出自主、预算自求平衡,而地方政府依据宪法规定从属于州政府。建国初期,各州主要负责教育、管理等,地方政府承担了地方治安、地方公共卫生、基础设施建设等发展当地经济的事务。此时,州与地方政府的主要收入来源是财产税和消费税,运用宪法对抗联邦政府开征同类税收,同时地方政府因承担了更多的事权与州政府也存在税收竞争,但由于宪法规定处于弱势地位。1820年以后,州政府也逐步参与本州公路、铁路、学校等基础设施建设和当地银行金融业建设,主要依靠发行债务筹集收入,在1839年经济危机时由于预算自主原则,各州出现债务危机,联邦政府根据宪法分权自治原则不予救助,各州修订州法限制举债、以求预算平衡。进入20世纪后州政府的事权进一步扩大,职业教育、高速公路建设等也纳入州政府事权范围,但由于城市化进程的推进,地方政府发展当地经济的支出责任和支出规模迅速扩大,并超出其自身的收入水平,出现了地方债危机,各地方政府纷纷要求地方自治。本时期的州债危机和地方债危机对美国三级政府事权与支出体制的形成产生了重要影响。

二元联邦主义时期,联邦与州政府收入权与事权基本对等,联邦政府支出比重较小,地方政府支出比重最大,存在财政压力,由此奠定了美国分权自治的财政体制总体框架。至1932年,联邦政府支出占32%、州政府占16%、地方政府占51%。联邦政府税收占26%、州政府占22%、地方政府占53%。①

17.1.2 合作联邦主义时期(1930—1980年)

1929—1933年经济危机对美国经济产生了深远的影响,也改变了美国各级政府间的财政关系。"罗斯福新政"改变了自由主义的市场经济理念,各级政府全面干预经济,各级政府事权范围显著扩大,最终形成了联邦政府、州政府和地方政府三级财政分权结构,因三级政府的事权范围存在交叉与协作,故被称为合作联邦主义时期。

"罗斯福新政"中,联邦政府通过专门立法的方式突破联邦宪法的限制,大规模介入社会经济事务,职权范围迅速扩大。1933年,联邦政府出台了《联邦紧急救助法》《社会保障法》《国家经济复兴法》《农业调整法》等一系列专门法规,以社会

---

① 王德祥:《现代外国财政制度》,武汉大学出版社,2016。

福利保障的名义介入市场经济发展。第二次世界大战后,联邦政府以转移支付的方式参与到社会保障、福利救济、教育、医疗保健、最低生活保障、就业支出、区域开发和社区发展、交通基础设施建设等一系列州与地方政府事权范围中,进一步扩大其职权范围。这一时期,联邦政府的收入增长主要来自国债和社会保障税、所得税的增加。联邦政府摒弃了平衡预算的理念,推行赤字财政,运用发行国债、增加财政支出的方式拉动需求增长。1932—1942 年美国公众持有的联邦国债约占当年 GDP 的 40%,第二次世界大战期间约占 75%、最高达 100%,第二次世界大战结束后又逐步回落至 30%—40%的水平。[①] 1935 年的税收改革将个人所得税、公司所得税的最高边际税率由 59%、60%分别提高到 75%、70%,同年开征社会保障税(工薪税),第二次世界大战期间所得税与社会保障税又经多次调整,第二次世界大战后个人所得税、社会保障税分别成为美国第一、二大税种。联邦政府收入结构发生改变,对赤字和国债依赖性提高。

州政府和地方政府的支出责任同样因为社会保障、社会福利等方面的专门立法有所增加。1935 年《社会保障法》、1937 年《美国住房法》、1965 年"医疗补助计划"和 1972 年"补充收入保障计划"要求州政府与联邦政府合作建立失业保险、住房补贴、医疗卫生等方面的社会福利体系。这一时期,三级政府在社会福利方面的支出责任都有大幅增加,且职权范围相互交叉、重叠。州政府和地方政府支出的增加主要由税收结构的改变和联邦政府的转移支付来补偿。经济危机使财产税难以征收,州政府税收收入以财产税为主转为以销售税为主,而财产税仍是地方政府的主要税收收入来源,至今美国仍然保持这一税收收入分配结构。同时,《州和地方财政援助法》规定了联邦政府要对州政府和地方政府的一般转移支付计划,其中约 1/3 分配给州政府、约 2/3 分配给州政府以调解部分地区的财政困难(根据公式计算各地区财政平衡情况)。一系列的专门立法同样规定了对州和地方政府进行专项转移支付,这部分专项转移支付主要是分担州和地方政府因社会保障、社会福利等方面支出责任的增加产生的财政负担,并非帮助州和地方政府实现财政平衡,体现了政府间财政收入划分依据政府间职能划分的原则。

总的来说,合作联邦主义时期美国形成了三级财政体制框架,联邦政府、州政府和地方政府的收支比重发生了显著调整:1936 年地方财政收入比重被联邦政府反超,1970 年被州政府反超;至 1980 年,联邦政府支出占 54%、州政府占 18%、地方政府占 27%,联邦政府税收占 60%、州政府占 20%、地方政府占 19%,联邦政府转移支付占州和地方政府支出的 24.6%。联邦政府在政府间关系中逐渐占据主导地位,州政府保持了其独立自主性,地方政府对联邦政府和州政府的依赖性提高。

---

① 根据 U. S. Congressional Budget Office, "Historical Data on Federal Debt Held by the Public", 2010 附表计算。

17.1.3 新联邦主义时期(1981年至今)

20世纪70年代,美国联邦政府财政赤字和债务余额不断膨胀,经济发展出现了严重的"滞胀"问题。为解决这一问题,里根政府进行了一系列财税体制改革,提出建立"新财政联邦主义",调整三级政府间的财政关系、重新平衡各级政府的权力和职能。里根政府的"新财政联邦主义"旨在通过下放联邦政府的职权,压缩联邦政府财政支出、减少财政赤字,以求实现联邦政府的预算平衡。同时,里根政府还进行了税制改革,来降低企业税负、激发经济活力。"新财政联邦主义"重建了美国联邦政府、州政府和地方政府间的财政关系,三级政府间财政职权分配的发展趋势出现了逆转。

新联邦主义时期,联邦政府以调整专门转移支付的方式把大部分社会福利服务下放到了州政府,重建了国家社会福利体系。1981年联邦政府取消了12项联邦专项转移支付,并将剩余的专项转移支付项目合并为9项"分类支付",一般转移支付计划也于1986年终止。在新的社会福利体系中州政府承担了更大的社会责任,同时也拥有了更大的自主权,联邦政府与州政府职能交叉范围的职权——贫困家庭临时补助(1996年TANF计划)、低收入者医疗补助(2010年奥巴马《医保改革法案》)、儿童福利项目、美国公共卫生服务体系、教育、社区发展、交通等职权界限模糊领域得以重新界定。由于职权范围的交叉主要是联邦政府和州政府之间,地方政府一直是提供基本社会服务,比较清晰,所以变动不大。如图17-1所示,1980—2017年间联邦政府财政支出占三级政府财政支出的比重上升,州政府支出比重呈上升趋势,地方政府支出比重基本保持不变。

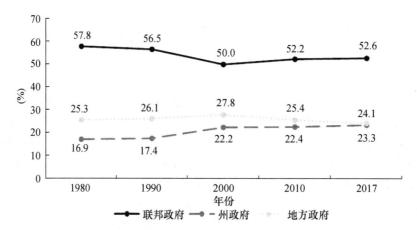

图 17-1 1980—2017年美国三级政府财政支出比重对比变动趋势

资料来源:根据US Spending网站数据计算,www.usgovernmentspending.com。

虽然联邦政府旨在完全划清三级政府的职权范围，但由于医疗卫生范围等社会福利支出的复杂性和庞大支出规模，单靠一级政府是难以提供的，仍需多级政府间的协作。所以，最终的划分方案是划分各级政府的政策制定和管理权，即划分管理责任，这是新财政联邦主义改革的特点。

这一时期的财税体制改革同样改变了美国的税收结构，1997年的《税收减免法案》及其以后的减负改革，降低了联邦政府所得税在其税收收入中的比重，也降低了联邦政府财政收入在三级政府收入中的比重。1980年联邦政府收入占三级政府收入的60%，所得税占其总收入的59.6%；2017年联邦政府收入占三级政府收入的54.2%，所得税占其总收入的56.6%。[①] 受联邦政府转移支付减少和经济衰退的影响，州政府税收收入格局也发生调整。1971年加利福尼亚州"索拉诺诉讼案"限制了州政府财产税的收入，使其转向销售税和所得税的"双主体"税收结构。各州同时运用州法限制地方政府提高销售税和所得税，故地方政府的主要税收来源仍然是财产税。

新联邦主义时期总体上并未改变美国三级政府间的相对财政关系，但三级政府的收入分配格局也更加合理，三级政府财政收支的匹配度有了显著改善：1980年，联邦政府财政支出占三级政府支出的57.8%、州政府占16.9%、地方政府占25.3%，联邦政府财政收入占58.38%、州政府占24%、地方政府占17.62%；2017年，联邦政府支出占三级政府支出的52.6%、州政府占23.7%、地方政府占23.7%，联邦政府财政收入占54.25%、州政府占25.33%、地方政府占20.59%。[②]

17.2 美国政府间财政关系的现状和特点

17.2.1 美国政府间关系基本框架

美国是立法权、行政权和司法权三权分立的联邦制国家，其政府体系由联邦、州和县(市)三级政府组成。联邦政府与州政府是一种合作关系，行政上州政府并不服从于联邦政府，仅在州政府的宪法和法律与联邦宪法和法律相抵触时，州政府需要遵从联邦政府。地方政府主要负责本地区的基本公共服务，无论是通用型政府(县郡、市、镇、村)还是提供专门服务型政府(如学区政府、特殊服务区政府)都是直接服务于本地区居民。州政府则负责联邦政府和地方政府职责以外的事务。从联邦财政体系的构成来看，涉及美国政府间财政关系主要的法律法规有美

---

① 根据 US Revenue 网站数据计算，www.usgovernmentrevenue.com。
② 根据 US Spending, US Revenue 网站数据计算，www.usgovernmentspending.com，www.usgovernmentrevenue.com。

国《宪法》、由国会通过颁布的法律、行政规章和法律规范等几个层次。美国州和地方也有自己的财政法规体系,州宪法与地方法规会根据实际情况对州和地方财政收支、权责划分以及评估问责制度做出详细规定。

三级政府的权责划分主要体现在政府财权和事权的划分与匹配上。美国各级政府之间的事权与财权的划分是以法律为依据的。《宪法》是美国法律制度的基础。《宪法》对各级政府的预算管理权限和职责做出了指导性的规定,并且明确阐释了各级政府的职责划分,规定了联邦、州和地方政府的事权。美国政府财权和事权划分与匹配的一般原则是联邦政府承担收入再分配和稳定国民经济的职能,州政府和地方政府更多地承担优化资源配置、提高资源使用效率的职责。与财政支出职责划分相匹配的是主要收入实行完善的分税制,美国的税收制度清晰地划分了联邦、各州以及地方政府的税收权限。

同时,美国三级政府均有独立发行债券的权力,发行规模受法律约束。联邦政府发行的国债由美国财政部公债局进行发行管理,国债流通则由美国证券监管委员会统一管理。州和地方政府债券的发行管理主要受法律和预算体系约束,不需要上级政府或美国证券监管委员会的批准,且保持财政收支平衡。

17.2.2　美国政府间收入划分

17.2.2.1　税权配置

美国政府间的税权配置由法律进行规定。《宪法》以最高法律形式赋予联邦政府、州政府以及地方政府征收管理自己辖区税收的权力,并且各级政府具有与其税收征管相关的立法及执法权。美国政府间税权配置具有以下特点。

1. 各级政府独立的税收立法权

从税收立法权的横向配置看,各级政府的税收立法权都归属立法机关。财政部门可以提出税收法律议案,但必须经立法机关审批后方能生效执行。从税收立法权限的纵向配置上看,各级政府遵循立法机关各司其职,互不干扰其他政府税收权限的原则。联邦政府的税收立法权仅限于保障联邦政府的开支,且由美国联邦宪法确定开征税种,对于税率等税制调整则需要参众两院的审议和总统的签署批准。州议会独立享有州税收立法权,州议会有开征新税种的权力。地方议会有权决定州议会税法在本地的适用标准,在法律框架内确定本地税种和地方税法。

尽管各级政府税收立法权限相对独立,但是州和地方政府的税收立法不得与联邦政府的税收法律冲突。州政府和地方政府可以在自己的权限范围内做出税收法律的修改与调整。州政府有权制定约束地方政府开征地方税的法律,地方政府的税收法律不得与州政府法律相抵触。

2. 各级政府独立的税收执法权

在《宪法》的指导下,各级政府建立自己的税收制度。在联邦政府层面,财政部负责颁布税收法律的解释性法规条款,美国国家税务局没有颁布税收法律解释性法规条文的权力,仅有执行相关的法律法规的职权。除了联邦政府国家税务局,联邦关务署也是美国联邦政府的税收执法机构。地方政府可以独立行使自己的税收执法权力。三级政府税收执法权互不干涉,不存在直接的上级机关以及下级机关的关系,仅存在税收管理业务上的联系。各州政府也设立自己的税收执法机构。对于一些政府间税收征管业务上的往来,或者一些税种可能存在的税源共享以及分不同税率计征等事宜,各级政府的税收执法机构将采取诸如税收抵免以及税收代扣的协调方式来解决,以提高工作效率。

3. 各级政府税务司法体系独立完善

美国拥有专门的税务司法体系。通过税务司法体系提起税务诉讼可有三种途径:一是通过税务法院,二是直接向地区法院提起诉讼,三是向索赔法院提起诉讼。

美国的税务法院是不受国家税务总局管制的独立法院。税务法院的总部位于华盛顿特区,由总统直接任命法官。如果经过税务法院的判决,纳税人仍有异议的还可以向美国联邦上诉法院提起诉讼,经过税务法院以及联邦上诉法院之后仍有异议的还可以上诉到最高法院。地区法院也承担了大部分实际案件的审理工作。从现有地区法院接收审理案件的统计数字来看,纳税人对于退税的税务诉讼是地区法院的主要审理工作。一般而言,纳税人退税的诉讼是可以直接交由地区法院的。对于地区法院不服的,纳税人也可以继续上诉。索赔法院是美国专门受理要求政府赔偿案件的法院,是美国司法体系的特色。纳税人对于政府部门的索赔可以通过美国的索赔法院进行,如果对该法院的判决结果存在异议,还可以向其他上级法院再提出诉讼。

17.2.2.2 税收收入

美国各级政府的收入来源主要是税收收入。从税收收入在政府间配置与协调的角度来看,主要是涉及税种的划分。美国的主体税种是所得税、营业税以及财产税,这三大主体税种在各级政府之间的划分方法是按照税源共享、税率分享的原则进行的。美国联邦政府、州政府、地方政府的税种划分如表17-1所示。

表17-1 美国各级政府之间的税种划分

政府层级	税种划分
联邦政府	个人所得税、公司所得税、社会保障工薪税、消费税、销售税、遗产和赠予税、关税等
州政府	销售税、个人所得税、公司所得税、消费税和各种使用费
地方政府	财产税、销售税、所得税和一些使用费

在美国各级政府的税收收入来源中,联邦政府的主要收入来源是个人所得税;州政府的主要收入来源是销售税,以销售税为主体税种;地方政府的主要税收收入来源为财产税。由于美国的销售税属于价外税,州政府又具有较大的独立性,所以将其作为州政府的主体税种有利于州政府发挥调节经济的作用。地方政府的财产税主要是各类财产中的不动产财产税。

美国这种对于主体税种加以区别化的税收权限的配置,有利于保证各级政府的财政收入,从而为各级政府实现其职能提供财力保障。

17.2.2.3 非税收入

美国各级政府对非税收入的依赖程度不同。联邦政府对非税收入的依赖程度较低,其次是州政府,而地方政府对非税收入的依赖程度较大,非税收入占比一度高达50%以上,而在联邦政府以及州政府层面,这一比例仅为5%和15%。

从美国各级政府非税收入的内涵上来看,联邦政府的非税收入主要是数量众多的使用费和项目费,二者的数量之和高达3 600项以上。地方政府非税收入的主要来源渠道为服务性收费。尽管地方政府财政收入中有相当一部分来自非税收入,但地方政府的非税收入管理非常规范。

各级政府的非税收入内容如表17-2所示。

表17-2 美国联邦、州、地方政府非税收入的主要内容

政府层级	主要内容
联邦政府	投资收益(美联储的储备收益和政府特别投资账户收益)、收费(使用费、规费、受益税、损害税等)
州政府	交通许可收费、高等教育收费、公立医院收费、利息收入、彩票收入
地方政府	市政服务收费

美国的非税收入通过法律进行管理。对非税收入进行约束的基本法律是美国的《宪法》。《宪法》规定,不经立法授权,不得收费。

最早对非税收入进行规范约束的法律是1952年的《国会独立办公室拨款法案》,该法案赋予联邦政府通过收费弥补一部分政府机构服务成本的权力。随着非税收入项目的不断增加和范围的不断扩展,非税收入对政府收入的贡献越来越大,1985年的《综合预算协调法案》适应非税收入发展的趋势,规定联邦政府收费不仅要弥补项目成本,还要考虑到联邦机构的运行费用。该法案初步提出非税收入也要纳入联邦政府的部门预算。另外,各级政府财政和国库部门的政策性文件也对非税收入的管理进行了规范。

联邦政府法律对于政府收费的信息公开、收费的用途、收费的标准等重要内容做出了规定,促进了美国政府非税收入的规范管理。

《行政管理程序法案》对政府收费的公开做出法律规定。这一法案规定,各级政府必须公示包括收费用途、法律依据、利益范围等等内容。

从政府收费的目的来看,联邦政府层面的法律规定,联邦政府的收费目的是维护政府一般服务项目的支出成本。对于一些直接受益人进行收费,是为了促进公平以及资源的使用效率。不仅联邦政府的收费要求如此,州政府以及地方政府的收费目的也与此类似。

从关于政府收费标准的法律规定看,基本收费标准是收费项目的成本。联邦法律对于政府收费的标准提出了基本的参照依据。基本标准能弥补联邦政府提供的服务或者产品的成本。除此之外还有一些以资源形式提供给社会公众的项目,收费标准以资源的成本为依据。当政府收费的项目是一些诸如出租或者出售产品的形式时,标准的制定就参照市场价格因素。在区分不同的收费标准的同时,也要建立一个标准调整的动态机制。

17.2.3 政府间支出划分

1. 美国各级政府支出概况

美国现有政府间事权的划分比较清晰,政府间的支出责任划分相对于世界上其他国家而言也比较规范。联邦政府主要负责关系涉及全体国民的健康安全与整体福利、全局性资源配置和社会公平分配等方面的财政支出和一些跨州事务的公共支出。地方政府主要提供面向本地区的基本公共服务,州政府则承担联邦政府和地方政府以外的区域性支出责任。对于教育、社会保障、高速公路等三级政府的交叉性事务,三级政府以分项目、分环节、分层次的形式根据各自的管理层级分别承担支出责任。

美国作为典型的分权型政府,联邦政府的公共支出与州及以下地方政府支出规模大致相当,联邦政府承担着相对较大的事权和支出责任。2017财年,美国政府三级财政总支出为7.6万亿美元,其中联邦政府财政支出4万亿美元,占总支出的52.6%。2017年,联邦政府的医疗保健、国防、社会保障与社会福利支出分别为1.1万亿美元、0.8万亿美元、1.4万亿美元,这三类支出占据联邦财政支出的82.5%;州政府的医疗保健、教育、社会保障与社会福利、公共安全支出分别为0.6万亿美元、0.3万亿美元、0.4万亿美元、0.1万亿美元,这四类支出占据州政府财政支出的77.8%;地方政府的支出中教育支出、社会保障与社会福利、公共安全以及其他地方事务的支出分别为0.7万亿美元、0.2万亿美元、0.2亿美元,这三类支出占据地方政府财政支出的61.1%。

2. 美国政府间事权与支出责任划分的原则

美国在联邦政府、州政府、地方政府之间的事权划分主要遵循三个原则:一是受益原则。受益范围属于全国范围、属于宏观经济社会发展的事项由联邦政府负责,受益范围局限于一定区域的事项由州政府或者地方政府负责。二是效率原则。将事项的管理权限赋予提供此事项最具效率的那级政府。三是事权与支出责任相匹配原则。政府事权的分配要和各级政府拥有的财政能力相适应。

特别地,美国地方政府可以分为通用型政府和专门服务型政府两类。通用型政府是提供较多领域公共服务的县郡、市、镇或村政府。特别服务区政府是提供个别、单一服务的政府。特别服务区政府是基于功能和特定公共服务的提供而设置,其管辖区域通常与其他形式的地方政府行政管辖区域交叉重叠。特别服务区的辖区与受益范围具有一致性,符合辖区设置的财政等价原则,可以使公共服务的受益和成本相匹配,使外部效应内部化,减少"搭便车"问题,并发挥特定公共服务提供的规模效应,但这同时使地方政府太多、太杂,也会增加公共服务提供成本。县郡政府和市级(或镇、学区政府、特别服务区)等各种类型的地方政府之间是平级关系。

3. 州政府的事权与支出责任

州政府的事权和支出责任主要有医疗卫生、高等教育、养老、公共福利事业、高速公路、公共安全、州公共行政事务等。(1)医疗卫生。医疗卫生支出是州政府的第一大支出,2017 财年该项支出占州政府总支出的 33.33%,约为 0.6 万亿美元,主要用于医疗服务(包括公共卫生服务和医院运营、建设及其他资本性支出)和对私人部门提供的公共医疗服务项目的支付。(2)教育。2017 财年教育支出占州政府总支出的 16.7%,约为 0.31 万亿美元,是州政府的第二大支出项目。州政府的教育支出主要花费在高等教育上;此外,也有州奖助学金、对特定教育培训的项目支出(如残障教育、成年教育、职业教育等)、在初等和中等教育上的少量支出。(3)养老。2017 财年养老支出占州政府总支出的 16.5%,约为 0.3 万亿美元,是州政府的第三大支出项目。州养老支出主要用于公共部门就业人员退休金支付,以及对符合州强制意外伤害保险计划的职工进行的支付。(4)福利事业。2017 财年福利支出占州政府总支出的 5.56%,约为 0.1 万亿美元,是州政府的第四大开支项目,该支出主要用于对失业人员的失业补偿、对居民家庭和儿童的收入性支持、住房和社区发展。(5)交通运输。州政府的交通运输支出主要花在高速公路的运营和建设、公交事业。2017 财年该项支出占州政府支出的 5.56%。(6)公共安全。州政府安全支出主要用于监狱、警察服务和其他一些公共秩序及安全事项,2017 财年该支出占州政府支出的 5.56%,约为 0.1 万亿美元。(7)一般公共管理服务。州的一般公共管理服务支出是州立法机关、行政机关和法院的支出,2017 财年该支出占州支出的 3.40%。(8)其他。州政府在自然资源事务、能源和燃料等方面也承担有部分事权与支出责任。

4. 美国地方政府的事权与支出责任

美国地方政府主要承担受益范围和需求具有地方性的公共服务，如基础教育、消防、治安、道路和公交、医疗、家庭和儿童服务、废物管理、娱乐和体育、供水等。(1) 教育。教育支出是地方政府的第一大支出，2017 财年教育支出占地方政府总支出的 38.89%，主要用于初等和中等教育、高等教育（如社区大学）、图书馆等，其中初等和中等教育支出占地方教育支出的 90% 以上。(2) 公共安全。地方政府安全事务主要包括警察、消防、犯罪矫治等，2017 财年该支出占地方政府总支出的 11.11%。(3) 医疗卫生。地方政府医疗卫生支出主要用于辖区公共卫生服务和医院运营、建设及其他资本性支出，以及少量对私人部门提供的公共医疗服务项目的支付，2017 财年此项支出占地方政府总支出的 11.11%。(4) 交通运输。地方政府交通事务主要有辖区内高速公路、公交、机场等的建设和运营，2017 财年该项支出占地方政府总支出的 5.48%。(5) 福利事业。2017 财年地方政府社会福利性支出占地方政府总支出的 5.56%，主要包括对居民家庭和儿童的收入性支持、住房和社区发展支出。(6) 地方一般公共管理服务，主要为地方行政和立法机关、法院的公共事务支出，2017 财年该项支出占地方政府总支出的 4.43%。(7) 养老。地方养老支出主要用于公共部门就业人员的退休补助，2017 财年该项支出占地方政府总支出的 5.56%。(8) 其他地方事务。地方政府在垃圾清理、排污及污水处理、自来水供给、娱乐和体育、能源供应、自然资源及其他地方事务中承担着大量事权和支出责任。

17.2.4 政府间转移支付

美国的转移支付制度以法律形式予以明确，以保证转移支付的确实性和公正性。《联邦政府对州和地方政府的财政资助法案》《国会预算法》《平衡预算法》等法案明确规定了转移支付在预算编制中的安排、支付用途、资金分配、资金使用等。

从美国现有转移支付制度看来主要分为有条件转移支付以及无条件转移支付两种。其中有条件转移支付占据转移支付的大部分份额，分为分类支付、专项转移支付两种。

美国无条件的转移支付资金的分配从地区财政支出和财政收入两个方面进行考察，主要分为以下四个步骤：一是考察财政收入能力。财政收入的考察是基于税种、税率、税基，以及政府的非税收入做出的基本判断，在此基础上测算出平均的财政收入能力，衡量地区的实际财政支付能力。二是财政支出需求。决定地方政府财政支出的因素包括人口数量、地区面积以及基础设施现状等。三是比对各地区财政收入能力及财政支出需求，以考察收支差距。四是其他因素的确定。除了财政收入以及支出需求两方面的考量，还要参照一些其他的地区因素来确定转移支付的资金分配。其他的因素主要包括自然文化等地域性差别。

近些年联邦政府无条件转移支付的比重在下降,目前美国90%以上的转移支付为有条件转移支付,其中分类转移支付的比重呈上升趋势。因为依照美国宪法的财政分权、自求平衡原则,转移支付更多的是政府职能的委托工具,而非州和地方政府财政收支的平衡工具。

美国的主要转移支付项目是医疗卫生、教育、福利事业和交通运输,这些转移支付项目主要以分类转移支付的形式进行。在分类转移支付中,州和地方政府具有较大的自主权。对联邦政府而言,分类转移支付也有利于其进行项目管理。

2017财年美国联邦政府转移支付总支出为6704亿美元,占联邦政府财政支出的16.8%,占州和地方政府财政支出的18.7%;其中,医疗卫生项目的转移支付额为4046亿美元,占转移支付总量的60.4%,是最大的转移支付开支;福利事业项目的转移支付额为1177亿美元,占转移支付总量的17.5%,是第二大的转移支付开支,主要包括居民家庭和儿童的收入性支持、失业保障以及住房和社区发展支出等;交通运输项目的转移支付额为647亿美元,占转移支付总量的9.6%,是第三大的转移支付开支;教育项目的转移支付额为573亿美元,占转移支付总量的8.5%,是第四大的转移支付开支。前四位的转移支付项目已经约占转移支付总额的96.1%。相较而言,公共安全、能源、农业、环境治理等项目的转移支付比重较低,其中最大的农业项目的转移支付额为106亿美元,占转移支付总量的1.6%,体现了美国转移支付的安排取决于各级政府职能的安排和分配。

17.2.5 财政管理

17.2.5.1 预算管理

美国预算管理实行的是三级预算体制,包括联邦预算、州预算和地方政府预算。各级预算之间相互独立,没有从属关系,预算间的主要联系是政府间的转移支付项目。美国的预算管理体现出分权制衡、法律规范的特点,联邦政府与州和地方政府在管理体制和机构上既有诸多共同点,也有一定的差异。

美国联邦政府一个完整的预算年度是当年的10月1日至下一年的9月30日,行政机构和立法机构各有一套预算管理体制。美国联邦政府预算管理的行政机构主要由三部分构成,即总统、"经济三角"(财政部、国民经济委员会、经济建议委员会)和预算管理办公室(OMB)。美国联邦政府预算管理的立法机构是由参众两院组成的国会,下辖参众两院拨款委员会、筹款委员会、预算委员会、国会预算办公室(CBO)和受托责任总监局(GAO)等机构。

总统首先制定预算总纲和预算规划,预算管理办公室根据总统的预算实施政策制定预算方案,安排各部门编制预算并最终审核形成联邦预算,交由总统提交国会审查。联邦预算经国会审批通过后,由总统签字同意形成联邦政府的可执行预算,并由预算管理办公室和各政府部门执行。这预算执行结束后,由独立于政府部门的审计机构对预算执行情况进行审计,从而完成一个完整的预算周期。整个预算周期中联邦政府各部门行为相互制约。(1)预算管理办公室。预算管理办公室首先在预算编制过程中审核、控制各部门预算,其次在预算执行过程中协同审计部门对预算资金的流转进行审查,并在年中审核预算的执行情况。(2)国会。由参众两院组成的国会拥有审批、修改预算方案的权力,同时还可以通过预算法和批准税收法案的形式来进行预算管理。(3)总统。美国总统对国会通过的预算具有最终决定权,可以否决、留置(撤销、延期)国会通过的法案。(4)联邦政府各机构均设有总检查官对预算进行内部审计,同时会聘请民间机构进行外部独立审计。

上述这一系列系统规范的预算管理机制是由美国完善的法律体系来实现的。这些法律包括《反超支法》《国会预算和控制截留法》(也称《预算法》)、《平衡预算和赤字控制法》《预算执行法》等。《预算法》第 301 节规定了调整现行法律的程序,为国会通过快速程序以综合议案的形式来改变预算收入和消减定向指出提供保障。《平衡预算和赤字控制法》是在美国联邦预算陷入巨大的赤字状态下制定的,该法律制定的主要目的就是利用预算限额的时间控制方法保持预算的平衡,并取得了良好的效果。《预算执行法》是对已有法律法规内容的延续与扩展。该法律从自主预算支出、定向性预算支出两个方面规范预算执行工作。《反赤字法案》禁止政府在获得拨款前且未经其他法律授权的情况下提前开支,即若新财年开始时预算案不能按时通过,联邦政府就不得不临时关门。

与美国联邦政府相同,美国州和地方政府的预算管理也体现了分权制衡的特点。市长由全民选举或最高权力机关委员会聘任产生,领导地方财政部门编制预算,有充分的预算制定自主权。同时,议会对其制衡监督,由选举产生的国库管理人员在预算执行过程中监督预算资金的流转。

此外,州和地方政府预算也有自身的特点。联邦政府可以实行赤字预算而州地方政府则必须保持预算平衡。虽然州和地方政府可以发行债务,但是美国宪法及各州法律对州和地方政府的举债行为有严格的约束。州政府通常设有预算稳定基金以平衡预算、降低债务风险,地方政府虽没有预算稳定基金,但当地方政府出现财政危机时州政府会对其进行接管,帮助地方政府渡过财政危机。

17.2.5.2 债务管理

美国联邦政府和地方政府均可自主发行政府债券。美国政府债务总体规模——包括联邦、州和地方政府总额,1987 年达到 3 万亿美元,1990 年的经济衰退期间突破 4 万亿美元,2000 年达到 10 万亿美元,2010 年达到 15 万亿美元,在 2014 年超过 20 万亿美元,截至 2017 财年年末,美国政府债务总额为 23.27 万亿美元,预计 2019 年将突破 25 万亿美元。

美国的债务管理是通过一系列的法律进行的。这些法律包括《联邦破产法》《证券法》、关于州及州以下地方政府债务资金使用的法律规定、《地方财政紧急状态法》以及地方债务管理信息报告的法律规定等。

《联邦破产法》是关于地方政府破产以及债务重组的重要法律。其出台目的是应对政府财政危机。早在 20 世纪 30 年代,美国国内经济出现大萧条,地方政府的财政状况不断恶化,一些地方政府几乎处于破产状态,无力偿还债务。《联邦破产法》的出台为地方政府在财政危机中的资产重组和债务处理提供了法律依据。按照该法律,地方政府在破产情况下,资产重组是必要的,而且资产重组需要建立在理清债权债务关系的基础上展开。为了公平地处理债权人和债务人的关系,资产重组需要经过多次谈判协商。

《证券法》是关于地方政府债务风险控制的法律。按照美国《证券法》规定,地方政府无须向美国的国家证券委员会申请,可通过承销商以及市政府的债券顾问等单位直接公开发行地方政府债券。然而地方政府直接发行债券的权利要通过法律加以约束和规范,严格控制地方政府债务风险。首先,法律限制了地方政府的债务风险转嫁,禁止地方政府将自有债务风险向上级政府转嫁。一旦出现债务风险,地方政府自行承担后果。其次,通过限定债务规模上限、设定债务比例、完善预警机制等措施防范地方政府的债务风险。限定债务规模上限主要是针对地方政府的一般责任债券。一些州政府的宪法设定了该类型债券的余额上限,比如纽约州以房地产税收收入为依据,根据一定的计算方法限定了一般性债务的余额规模。设置科学的债务指标,也是美国地方政府债务管理的经验之一。许多地方政府设置了诸如负担率、偿债率等指标。除此之外,还在以上债务指标的基础上建立债务风险预警机制。

美国对于债务资金用途也做了清晰的规定,特别是对州及州以下政府债务资金的用途。相关的法律禁止地方政府为了弥补财政赤字而进行举债。按照法律规定,州政府的债务主要用于如表 17-3 所示的五种用途。

表 17-3 美国州以及地方政府债务资金的主要用途

类型	主要内容
资本建设与采购	道路、学校、供排水项目建设以及设备采购等
支持私人活动	私人住房抵押、学生贷款,支持地方私人产业发展(一部分地方)
短期支出	短期周转支出、特种计划等短期支出
政府福利	养老金福利支出
其他	偿还以前年份债务等

美国的《地方财政紧急状态法》是关于预警机制的法律。该法详细规定了地方政府预警机制的相关内容。该法律从地方政府预算中的应付款占比、上一年度的总赤字与普通基金预算的比较、地方政府的现金以及有价证券的价值等指标来制定"预警名单"。

《政府会计、审计和财务报告》要求地方政府及时报告其债务信息。该准则由美国政府会计委员会制定,明确规定了地方政府报告债务信息的具体内容。地方政府报告的信息不仅包括具体的债务信息,还包括债券存续期间可能影响偿债能力的经济、财政等因素的重大变动信息。

综上所述,美国的债务管理与债务风险控制的显著特征是以完备的法律为依据。这种方式有利于提高各级政府债务资金的使用效率和控制地方政府的债务规模。

17.2.5.3　其他财政管理

美国涉及财政管理的其他法律有《首席财务官法》《政府绩效和成果法》《未安排资金委托事权法》等。

《首席财务官法》的内容被编入《美国法典》第31卷中。根据这部法律,预算管理办公室新设一名负责管理的副局长,同时设立联邦财务管理办公室,负责联邦政府一级的财务管理职责。该法还规定在23个联邦主要机构中设置首席财务官职位,加强财务人员配置,加强财务管理制度和财务管理计划,并制定会计和审计标准等内容。

《政府绩效和成果法》是直接推动美国预算改革的法律。该法规定,联邦机构应制定机构五年战略计划,设定机构运行的总体目标、制订当年绩效计划,并在年度末形成回顾性的绩效报告。管理与预算办公室需拟定包括所有联邦机构情况在内的联邦政府总体绩效报告。

1995年的《未安排资金委托事权法》进一步规范了联邦政府向州、地方政府和部族政府或私人部门委托不提供资金的事权。该法规定了七种免于事权审查的特殊项目,包括:(1)执行宪法规定权利的项目;(2)禁止种族歧视的项目;(3)符合与联邦政府提供的转移支付或其他资金和财产有关的会计或审计程序要求的项目;(4)应州、地方和部族政府要求提供的紧急救助项目;(5)国家安全必须或与国际协定一致的项目;(6)总统指定的紧急项目;(7)社会保险法第二篇规定的老年、遗嘱和残疾人保险项目(廖晓军,2016)。

第18章 德国的政府间财政关系

18.1 德国政府间财政关系的历史演进

德国是财政联邦制国家,但不同于美国的竞争型财政联邦主义,德国政府间实行的是合作型财政联邦制。德国的财政联邦制与其发展历史和特殊国情密切相关。由于历史原因,为防止集权复活和分权独立,德国最终建立了政府间相互协商、合作的财政关系。

1815年,普鲁士和奥地利崛起,根据维也纳国际会议建立了德意志邦联国家(34个邦,4个市)。1848年德国爆发革命,1870年建立了统一的德意志联邦国家。相应的,1870年俾斯麦把美国联邦制和德国邦联各邦自治的传统结合起来,建立了一元联邦制,划分税权的同时强调法律和政策的统一性。德国财政联邦制"适度集中、相对分散"的基本原则就可以追溯至此。1914年德国挑起第一次世界大战,1918年战败。1919年2月德意志建立魏玛共和国。德国合作型的财政联邦制就起源于魏玛共和国联邦与州的税收分享改革。1933年希特勒上台实行独裁统治,1939年发动第二次世界大战,1945年5月8日德国战败。战后,根据《雅尔塔协定》和《波茨坦协定》,德国由四国组成盟国管制委员会接管德国最高权力,并分裂为两个主权国家。1949年联邦德国(西德)通过《基本法》,相当于联邦德国宪法,确立了德国合作型财政联邦制的基础框架。

此后,在合作型财政联邦主义框架下,德国政府间财政关系的演进大体可以分为两个阶段:1949—1990年联邦德国政府间财政关系;1990年至今统一德国政府间财政关系。两个基本阶段期间又发生了几次对德国政府关系有深刻影响的财政体制改革,据此可以更细分为几个小的阶段。

18.1.1 联邦德国时期政府间财政关系的演进(1949—1990年)

第二次世界大战后,德国在美国为首的占领军主持下进行战后重建,截至1990年民主德国和联邦德国合并,期间有两次重要财政改革,即1956年的宪法改革和1969年"财政大改革"。联邦德国政府间财政关系演变可以分为三个阶段:

第一阶段是1949—1955年。1949年联邦德国通过《基本法》和《财政法》,确立了"适度集中、相对分散"的财政管理基本原则和德国联邦制政体和三级政府的财政管理架构。这一时期的政府间财政关系体现为以下三方面:

第一,三级政府间财政分配方式并非实行共享税制的合作型财政联邦制,而是按照税种划分各级政府税收收入。联邦政府的主要税收收入是增值税和关税,州政府的主要税收收入是所得税,地方政府虽然有自治权但没有自己固定的税收收入。联邦政府占有了绝大部分税收资源,1950年联邦政府税收收入占总税收收入的40.4%,随后逐年增长到1955年占总税收收入的45.3%。[①]

第二,起初并未建立财政平衡体系,直到1951年年初,各州才建立了州际财政平衡用以协调地区发展,同时对抗日益扩大的联邦政府权力。州际财政平衡以全国人均税收收入额为基准,高于基准水平的富裕州向低于基准水平的贫困州进行转移支付,建立了德国政府间横向转移支付体系的原型,也为民主德国和联邦德国合并后协调地区发展提供了制度保障。

第三,当时的最高司法机关——联邦宪法法院是调节政府间财政关系的主要机构。联邦宪法法院根据基本法裁决联邦政府与州政府、州政府之间的财政争端,解决最初简单的财政平衡体系带来的问题。但联邦宪法法院并非专业的财政管理机构,缺乏仲裁效率,越来越难以承担协调政府间财政关系的职能。

第二阶段是1956—1968年。随着德国经济的恢复和发展,根据税种划分税收收入的税制使德国政府间出现财力失衡。联邦政府也由于战后重建支出、日益增加的社会保障支出产生的财政压力,开始向州政府寻求分担财政支出。于是,1956年《宪法修正案》开始了财政改革,建立了共享型税制:《宪法修正案》规定原属于州政府专享的个人所得税、公司所得税改为联邦政府和州政府共享税,联邦政府分享总收入的1/3;同时规定增值税(即销售税)、保险税、货物税为联邦政府专享税,遗产税、财产税、机动车辆税、啤酒税为州政府专享税。最后,把营业税和房地产税划归地方政府。1956年财政改革使德国确立了合作型财政联邦制,赋予了地方政府确定的财政收入来源,构建了完整的三级政府财政管理体系。

第三阶段是1969—1990年。1956年财政改革构建了德国财政体制的雏形,但简单的共享税体系和财政平衡体系仍带来一些问题:联邦政府和州政府在简单共享税制中税收资源的分配上一直存在矛盾和分歧;由于缺乏纵向的转移支付体系,地方政府迫于财政压力向联邦政府寻求越级财政支出威胁到州政府的自主管辖权;财政平衡体系并未涉及地方政府,地方政府财力差距扩大。所以在1969年进行了"财政大改革":第一,共享税制调整。联邦政府的专享增值税变为联邦政府和州政府的共享税,地方政府的专享营业税变为三级政府的共享税,原联邦政府和州政府分享的个人和公司所得税变为三级政府共享税。此次共享税制的调整充分体现了德国合作型政府关系的体制特色,构建了政府间相互依赖、相互合

---

① Ronald L. Watts, "Paul Hobson:Fiscal Federalism in Germany",2000年12月。

作的财政关系。第二,政府间横向转移支付体系的完善。德国创造性地把增值税引入横向转移支付系统。州政府应得的增值税收入拿出25％用于州际的财政平衡,以缩小州际的财力差距。第三,构建政府间纵向转移支付体系。联邦政府将不再对地方政府进行直接的转移支付,而是将财政资金转入州政府财政账户,由州政府对地方政府安排转移支付资金,避免联邦政府运用直接转移支付架空州政府对当地的管理权,巩固了州政府的独立地位。第四,设立财政计划委员会协调政府间关系。联邦宪法法院一直以来充当协调政府间财政关系的机构,造成司法机构职能不清,对政府间关系的处理也缺乏效率。财政计划委员会由联邦财政部部长、州财政部部长、地方政府代表以及德意志联邦银行代表组成,主要职能是根据宏观经济发展安排各级政府的预算计划,协调三级政府间财政经济问题,更具专业性、客观性。

18.1.2 统一德国时期政府间财政关系的演进(1990年至今)

1990年,德国以民主德国合并为5个联邦州并入联邦德国的形式实现了统一。民主德国的并入对联邦德国的财政体制产生了冲击。州际的财力分配问题、地方政府的财政困难问题等都对德国的财政体制提出新的要求,加之欧盟一体化的外部压力,致使德国政府间财政关系有了新的变化,期间发生了两次重要改革——2006年的财政改革和2009年的财政改革。

2006年财政改革的重要成果是《基本法修正案》和《联邦制改革法》的通过与实施,这是德国继1969年"财政大改革"以来又一次意义重大的财政体制改革。通过这两部法律,德国政府间财政关系更趋于合理、规范。

首先,本次改革加强了联邦政府和州政府的立法权和决策权,削减了需联邦参议院批准的项目,弱化了州政府通过参议院对联邦政府的约束,增强了联邦政府立法决策的独立自主性。同时,在联邦政府获得更大自主权的领域,州政府自主权也得到加强,即联邦政府在规定范围内发布的行政命令对州政府不具法律的强制性,州政府可以根据本州情况适当调整实施,从而保证了州政府的充分自治权。其次,明确了各级政府的收入权和职责义务。对于教育、区域经济结构改善、农业结构改善等联邦与州政府职权范围交叉的部分,法律上对双方的责任和事权做了明确界定。改革还扩大了州和地方政府的税收自主权,实现了三级政府间税收立法权、征管权的分离,各级政府都实现了相对独立的"税收主权"。德国政府间纵向的事权和财权分配有了更清晰、合理的划分。最后,调整财政转移支付制度,减少联邦政府通过转移支付对州和地方政府的决策干预。总体而言,2006年财政改革在法律层面,加强了三级政府的独立自主性,强化了州和地方政府的财政自治能力。

2009年的财政改革是2006年财政改革的深化。2009年,德国联邦议院和联邦参议院通过"关于全面实施与推广第二步财政事项改革行动方案"的决议案,进一步深化 2006 年财政改革在三级政府间关系方面的调整。第一,对税源在三级政府间的分配进行合理化调整,增加各级政府财权与事权的匹配度。第二,改革财政平衡体制,减少贫困州对转移支付的依赖,激发其发展本地经济的积极性、主动性。第三,引导国内政府间关系适应欧盟一体化进程。欧盟这一超国家层面的机构,对德国国内财政政策有一定的要求。德国相对独立的财政关系特色需要各级政府更多的沟通、协商以适应欧盟的相关规定。第四,对 IT(公共信息技术)领域的政府间协作、各级政府绩效管理、政府间公共管理协作等政府间细节方面的联系做出了调整。

18.2　德国政府间财政关系的现状和特点

18.2.1　德国央地财政配置与事权关系的基本框架

德国政府的架构体系是五级行政管理体制、三级财政管理体制。德国设有联邦、州、专区、县、乡镇五级政府,其中联邦政府、州政府、地方政府具有财政管理权限。专区是州政府的直属机构,负责实际执行州政府的政策、进行区域管理和监督地方政府,不属于独立的财政管理层级;县是几个乡镇自发组成的联合体,乡镇可以自由选择加入和脱离县的管辖,主要负责提供区域性的公共服务、执行州政府委托的一些公共服务任务,同样没有财政管理权限。

德国政府间的财政关系体现出"适度集中、相对分散"的特点。德国有一个强有力的联邦政府的同时,州政府财政上具有财政的独立主权。德国《基本法》规定了联邦政府的事权范围,各州的法律不得与《基本法》规定相抵触。在德国《基本法》规定范围以外,各州拥有自主的财政管理权,同时在州内有独立的司法、行政、立法权,联邦政府的财政法令需要州政府根据本州情况来落实,专有立法权领域内的重大财政事务处理,联邦政府需要与州政府协商解决。三级政府的财政机构相对独立,没有等级上的隶属关系。

德国政府间的财政关系具有相互协调、相互合作的特点。由于德国州政府和地方政府具有较大的财政自主权,大量的财政决策是以三级政府合作的形式做出的,州政府代表组成联邦参议院直接参与财政立法。德国财政方面的法律规定了部分三级政府的共同任务,既有联邦政府委托州政府、州政府委托地方政府的财政项目,又有需要三级政府共同完成的财政项目,并对此在法律上详细规定各级政府应尽的支出责任和管辖权。财政收入分配上同样体现了政府间合作型的财政关系。

德国税制是共享税与专享税并存、以共享税制为主,运用共享税制调整财力在三级政府间的分配。

德国的财政平衡制度也追求协调合作,通过多层次的横向和纵向转移支付制度保障各州公共服务水平的基本一致,以各地区财力的基本均衡为目标,显著区别于美国的转移支付制度。

法制是德国政府间的财政管理显著特点。德国涉及政府间财政关系的重要法律包括《德意志联邦基本法》(以下简称《基本法》)、《国家与各联邦州之间的财政平衡法》(以下简称《财政平衡法》)、《经济稳定与增长促进法》《税收通则》和一系列具体税种法律。《基本法》在宪法层面奠定了德国整个财政体制的基础,对德国各级政府的税收收入和事权做了明确划分,构建了联邦、州和地方三级政府的财政分配基本框架。同时,《基本法》规定了"公民生存条件一致性"原则,为《财政平衡法》和财政平衡制度提供宪法层面的支持。《财政平衡法》进一步通过法律形式,不仅从政府间纵向关系上,而且从横向关系上设立了财政平衡制度,调节区域间财政资源的横向平衡。《经济稳定与增长促进法》则规定了联邦和各州政府在宏观调控方面应该发挥的作用。

18.2.2　德国政府间收入分享

18.2.2.1　收入权的配置

德国根据法律划分政府间的财政收入管辖权。《基本法》第 105 条对联邦和州的收入立法权进行了划分。第一款规定联邦对关税及财政专卖有专属立法权;第二款规定税收部分划归联邦时,联邦对该税种具有共同立法权,《基本法》第 106 条对联邦专享税、州专享税、地方专享税与联邦、州、地方共享税做了明确划分。第 106 条第四款中还特别规定,如果联邦与各州之间的收支关系发生重大变化,联邦与各州之间对增值税的划分比例可以重新调整;第五款中规定了地方获得所得税收入分成部分,其比例依据各州、各乡镇居民缴纳所得税的多少进行分配;在第六款中将土地税和营业税列为地方收入,地方有权决定具体税率。

德国联邦政府拥有联邦财政一般原则立法权和联邦专属财政立法权。联邦一般原则立法权确定了联邦政府在德国各级政府之间主导政府间财政关系的地位,即有关财政法律的基本原则只能通过联邦政府制定和修改。

各州在联邦立法权限以外的范围拥有财政税收立法权。《基本法》第 70 条规定,本法未赋予联邦立法的事项,各州有立法的权利。《基本法》第 105 条第二款规定对地方性的消费税和交易税,如果其不属于联邦法律规定的种类时,各州有税收立法权。《基本法》第 28 条规定地方在法定职权内依法享有自治权,对具有经济效力的税源拥有税率决定权。总体来看,德国的税收立法权主要由联邦行使,主要税种都由联邦立法,只有少数小税种由州立法。

各级政府在财政、税务管辖上拥有相对独立的权力。第一级财政管理机构是联邦财政部,主管联邦各州的财政和税收政策,是联邦财政的主要管理机构。第二级财政管理机构是各州的财政局及其下属的财政管理部门,是州财政税务的最高管理机构。第三级财政管理机构是地方的财政税务局,地方的财政税务局受州政府的财政局的管理,并将其与联邦政府、州政府的共享税按照法定的比例上缴到联邦、州和地方的财政金库。

在税收征管权方面,德国采用联合型税收征管模式。《基本法》第108条对税收的征管权和征管机关做了明确规定。第一款规定,关税、财政专卖、联邦法律规定的消费税及营业税,应由联邦财政机关征收管理,税收征管机构由联邦法律明确规定,机构首长的任命需要咨询各州政府;第二款规定,除了上述各税外其余税收由各州财政机关管理,设置中级税务征管机构,机构首长的任命应得到联邦政府同意;第三款规定联邦政府可以委托各州财政机构代为征收划归联邦的税收收入;第五款规定,联邦财政机构所采用的程序由联邦法律确定,各州及各地方的财政机构的程序需经参议院同意形成联邦法律;第六款规定,财政管辖区域由联邦法律统一规定。第七款规定,联邦政府颁布的一般性管理办法,各州及各地方的财政机构也具有管理义务。这是一种建立在分税制基础上的联邦与州政府联合进行的征管模式。在这种征管模式中,联邦与州合作、以州为主。

18.2.2.2 税收收入

德国《基本法》将各类税收分为联邦专享税、州专享税、地方专享税和联邦、州、地方共享税,相关的税种划分如表18-1所示。

表18-1 德国各级政府专享税税种的划分

	税种划分
联邦专享税	关税、保障税、遗产税、公路货运税、交易营业税、赠予税、汇兑税、石油税、烟草税、资本流转税、所得税和增值税的附加税
州专享税	汽车税、消防税、财产税、啤酒税、地产购置税、彩票税和赌场税
地方专享税	企业营业和资本税、土地税、地方性的消费和奢侈性开支的税收

联邦、州和地方共享税有个人所得税、公司所得税、工资税、资本利得税和增值税,在德国总税收收入中所占的比重较大,2017年该比重为74%。个人所得税和工资税在联邦、州和地方间的分配比例为42.5%、42.5%、15%;公司所得税、资本利得税在联邦和州间的分配比例是各50%;增值税在联邦、州和地方间的分配比例为49%、49%、2%,并作为调剂性的共享税,每四年通过联邦与各州之间的再协商确定分配比例。除了作为调剂性共享税的增值税,其他共享税的分配比例则由法律予以严格规定,不得轻易发生变动。根据2017年德国联邦统计局资料显示,德国三级政府专享税占全部税收收入的比重:联邦政府大约为14%,州政府大

约为3%。地方政府大约为9%,如图18-1所示。

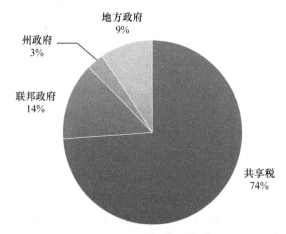

图18-1 2017年德国共享税和三级政府专享税结构图
资料来源:根据德国联邦统计局网站数据计算,www.destatis.de。

除增值税外,各税种均按照属地收入原则分配,而增值税承担了德国一部分横向财政平衡的职能,具体分配方式如下:第一步,将属于州政府的增值税的75%按照人口数分配,这部分分配主要考虑各州财政支出需求情况;第二步,将属于州政府的增值税剩余的25%部分分配给财力较弱的州,以该州人均税收收入与全国人均税收收入之差为标准进行分配,这部分分配主要考虑各州间的财政平衡,其目标是在增值税分配后,财力相对较弱的州财力水平能够达到全国平均水平的92%。

经过横向和纵向的共享税分配调整,2017年税收分配后德国三级政府税收收入情况如图18-2所示,联邦、州和地方政府税收收入比重划分约为43%、42%和15%。分配后联邦政府和州政府财力水平基本持平,这与州政府承担了较高比重的财政支出责任是相匹配的,同样体现了德国州政府层级较高的财政自治权。

18.2.3 政府间支出划分

18.2.3.1 事权划分与配置

德国现有关于政府间事权划分与配置的法律法规主要有《基本法》,该法是德国各级政府基本事权与财政支出责任的划分基础依据,各级政府依据事权及其职责承担财政支出。

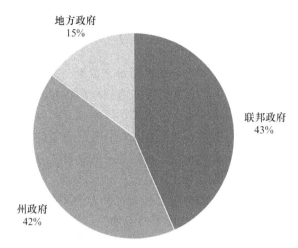

图 18-2 2017 年税收分配后德国三级政府税收收入结构图
资料来源:根据德国联邦统计局网站数据计算,www.destatis.de。

《基本法》首先规定了各级政府的专属事权。联邦政府有七项专属的事权,这些事权主要集中在有关于国家安全、国际关系的维护以及国际外交领域,涉及国家的海关事务以及基础设施建设(联邦层面的交通、邮电通信),联邦政府的行政管理事务,以及关于社会保障和社会福利的补助事务。同时,一些重大的科学研究计划也是由德国联邦政府来负责的。联邦政府的事权主要是全国性事务、跨州事务和教育、区域发展等与州政府共同承担的共同任务。

德国州政府的主要事权包括各州的环境保护工作,各州范围的行政管理工作,管理本州的财政事务、卫生以及保健、法律和司法工作、教育文化等领域。

德国地方政府的事权范围主要是一些地方性的事务,比如地方政府的行政管理事务,地方性的基础设施(德国地方政府的基础设施事权中涉及公路建设以及交通管理事务),地方政府也负责教育事务。地方政府的教育事务主要包括成人教育等。对于像博物馆以及为地方居民提供娱乐文化服务的剧院等设施的管理与维护同样属于地方政府的事权。

值得注意的是,除了《基本法》规定的专属事权和主要事权,各级政府间还存在委托事权及共同事权。《基本法》规定,为了达到国家的政策目的以及各级政府间的财政协调,联邦政府应当对州政府履行共同事权进行补贴。目前,联邦政府与州政府的共同事权的现象主要集中在指定地区发展与治理的政策、指定辖区内的农业发展政策、保护德国海岸线的工作、建设大学以及对州辖区的教育发展的规划等五大领域。这些领域关系重大,但仅仅依靠州政府的能力无法实现也缺乏公平,在联邦政府的共同承担下更有效率。

除了共同事权,联邦政府将一些事权委托给各州承担,例如交通管理等。对于这些委托事权,联邦提供相应的拨款。

18.2.3.2 支出责任划分

德国各级政府的支出责任划分与其事权划分基本一致。德国《基本法》第104条的规定,德国各级政府对于自己事权范围内产生的支出由各级政府自己承担,同时,各州处理联邦政府委托事务时,由联邦负担因此而产生的支出。

联邦政府的支出责任集中在有关国家安全、国际关系的维护以及国际外交,涉及国家的海关事务和基础设施建设,联邦政府的行政管理事务,以及社会保障和社会福利的补助事务等领域的财政支出。

德国州政府的主要支出责任则包括各州的环境保护工作、行政管理工作,卫生保健、教育文化以及法律和司法工作等领域的财政支出。

而德国地方政府的支出责任范围主要是一些地方性的事务。例如,地方政府的行政管理支出,地方性的基础设施(德国地方政府的基础设施事权中涉及公路建设以及交通管理事务)建设支出,地方政府的成人教育支出以及博物馆、剧院等为地方居民提供娱乐文化服务的设施的管理与维护支出。

2016年、2017年德国财政收支情况如表18-2所示。德国各级政府财政支出责任与其财政收入基本匹配,基本实现收支平衡,略有盈余;联邦政府和州政府承担了主要的财政支出责任,且联邦政府和州政府财政收支规模基本持平,充分体现了德国政府间合作型财政联邦制的特点。

表18-2　2016、2017年德国财政收支情况　　　　　　　　单位:百万欧元

	2016年			2017年		
	财政支出	财政收入	差额	财政支出	财政收入	差额
联邦政府	362 651	367 645	5 017	376 138	406 751	30 633
州政府	370 757	379 692	8 991	383 299	395 405	12 115
地方政府	241 687	247 064	5 377	247 723	258 423	10 700
总计	1 326 142	1 351 851	25 797	1 367 850	1 429 711	61 897

资料来源:根据德国联邦统计局网站数据计算,www.destatis.de。

18.2.4　政府间转移支付

德国转移支付体系具有体系完整、转移支付规模大、均等化程度高的特点,且税收分配在转移支付体系中占有极其重要的地位。德国宪法(《基本法》)和《德国财政平衡法》以法律规范的形式为转移支付体系提供保障。

18.2.4.1　纵向的转移支付

联邦对州的纵向转移支付主要有两个层次:

第一,《基本法》规定为了充实对于财政能力弱的地区的补充性拨款,联邦政府需要拿出其增值税的一部分收入给这些地区。而且,增值税总收入的 5.63% 和 2.2% 也会分配给地方政府用于养老保险支出和地方分配。税收分配的转移支付体系前文已有介绍,此处不再赘述。

第二,除了共享税调节作为主要的纵向财政平衡的方式,联邦政府以补充拨款的形式对州政府纵向转移支付。《财政平衡法》规定,联邦政府向效益不佳的联邦州提供拨款,补充其资金总需求。这部分拨款主要用于:(1) 直接清偿债务;(2) 增加联邦州经济、财力的投资或降低贷款额度的资金;(3) 作为联邦特别补充拨款。《财政平衡法》对于纵向财政补充分配的规定十分严格和具体,不仅规定了财政补充分配的实施年限、金额,而且还规定联邦有权对接受补充分配的州进行相关检查,并以此为依据确定下一步的调整。

另外,州政府还可以利用额外的途径从联邦政府获得一些收入,如税收返还、委托补贴等。联邦政府对不来梅、汉堡、萨克森和梅克伦堡四个财力薄弱的州实行税收返还制度,用以弥补四个州区域内保养和维护港口的特别支出。对于联邦和州的共同事权,以及联邦对州的委托事权,联邦也会提供相应的拨款和专项补贴。

18.2.4.2 横向的转移支付

《财政平衡法》《基本法》等法律还规定了增值税横向分配的税收转移支付手段和州际的横向转移支付。德国州际横向财政平衡主要包括以下三个具体步骤:

第一,测算各州的财力能力水平。财政能力的测算依据是各州的全口径的税收收入,包括州政府自有的税种收入,以及共享税种的收入。各项税收收入在财政能力测算中的权重不同,专享税收收入按照其收入的 100% 来计算财政能力,而州政府共享税中的个人所得税按照税收收入的 42.5%、企业所得税按照税收收入的 50% 来计算财政能力。另外,州内地方政府对于财政能力的贡献为其税收收入的 50%。最后,在计算财政能力指数时予以扣除某些州特殊负担的财政支出,例如,边境州的边境建设费用和港口城市的港口维护费用。综上,各州财政能力指数=州税收收入总额+州内地方税收收入总额×50%-特殊负担费用。

第二,测算各州的财政均衡标准。德国政府的财政均衡标准是全国平均水平的税收收入额乘以州居住人口数,反映的是州政府以及州内地方政府平均应有的财政收入。各州人口数量采用的是加权人口数量,即实际人口数乘以权数。权数有法律进行明确规定,主要依据人口规模和人口密度得出,对人口密集地区予以更高的权重。《财政平衡法》第九条规定,汉堡和不来梅两个州级市的居住人数(人口规模)以原居民的 135% 计算,其他州居住人口以 100% 计算。州内地方的人口权数标准按人口密度划分为六个层次。最低的人口权重为 1,相关的划分如表

18-3 所示。

表 18-3　德国州内地方的人口权数标准

人口数量	权重设置
＜5 000 人	1
5 000—15 000 人	1.1
15 001—80 000 人	1.15
80 001—400 000 人	1.2
400 001—500 000 人	1.25
＞500 000 人	1.3

第三，比较财政能力水平和财政均衡标准，确定各州在横向转移支付中的权利和义务。《财政平衡法》第十条规定，以各州财政能力指数与财政均衡标准之间的比值为依据，将所有州分为三类：有平衡权利的州、自求平衡的州和有平衡义务的州。三种类型的确定分别按照如下的依据。

有平衡权利的州，即有权利享受横向转移支付的州：这一类州的指数范围是100%以下的两类州。一是上述比值低于92%的严重需要财政平衡的州，这些州可以从横向转移支付平衡基金中得到补偿直至达到92%的水平。二是上述指数值在92%—100%的州，对于其转移支付金额是其与100%的差距的37.5%。

自求平衡的州，即自行实现财政平衡的州，这类州的上述指数为100%—102%，财政上自求平衡，既不需要获得横向转移支付，也不需要给予其他州横向转移支付支持。

有平衡义务的州，即指有义务对其他州给予横向转移支付的州，其出资分配划分三个层次，在均衡标准100%—101%的部分转移支付15%，在均衡标准101%—110%的部分转移支付66%，在均衡标准110%以上的部分转移支付80%。此外，《财政平衡法》第十条还有一些更详细的特殊规定。

为防止财力薄弱的州对联邦转移支付的依赖、保证有平衡义务州的积极性，2005年的财政改革引入了激励机制，财力薄弱州的补贴标准和财力富裕州的贡献标准都由超额累进改为线性增长，同时在计算各州财政能力时，对税收增加超过各州税收平均水平12%的部分予以扣除，不计入财政能力指数，鼓励财力薄弱州能动地发展本地经济，也保证了财力富裕州增产、增收的积极性，转移支付的激励机制更加合理。

18.2.4.3　州政府对地方政府的转移支付

州政府对地方政府的转移支付分为指定用途的拨款补助和一般性财政拨款。德国州政府对地方政府的指定用途的转移支付类似于我国的专项转移支付，按照要求,这些指定的用途为地方性事务的支出,诸如幼儿园、医疗设施以及文体设施等领域。①

一般性财政拨款则不限定地方政府的用途,可供地方政府自己支配,占据全部转移支付的 70%。这一类转移支付以三种形式来实现:一是以地方政府的税收收入能力以及地方政府支出的需求为依据的转移支付;二是行政开支补贴拨款,按照管辖人口数乘以人均定额计算;第三类仅是针对财政特别困难的地方政府的拨款。

18.2.5 财政管理

18.2.5.1 预算管理

联邦政府预算年度是当年 1 月 1 日至 12 月 30 日,基本程序是:首先,财政部向各部门发出预算编制计划,各部门完成预算初稿交联邦财政部、联邦经济部、联邦银行、联邦经济顾问委员会等联邦部门和各州财政部审核,形成联邦预算方案;其次,联邦财政部和各政府部长提出中期财政计划,与联邦预算方案一起交内阁、联邦议会审议;再次,预算方案依次交联邦众议员、参议院审议,若方案需调整,分别经众议员预算委员会、两院协调委员会协商修改;最后,参议院通过预算决议后经联邦总统、总理、财长联合签署生效。州和地方政府的预算管理和联邦政府基本一致,只是在预算审议过程中除本地议会审议外还会有公民的直接审议,地方议会设置专门委员会对预算的实施进行审核监督。

对于预算的执行和监督,各部门都设有专职的预算执行机构,由预算执行长和预算执行员组成,另设监督检查委员会专职审计进行内部的审计监管。

除各部门内预算监督,各级政府还设有审计部门和审计委员会对预算的执行、决算情况进行外部监督。联邦审计署、州和地方政府审计局属于独立机构,自行负责,负责预算草案、执行、决算等全过程的审计工作;审计委员会则接受议会领导,主要负责预算草案的审计。

整个预算监管过程以绩效管理为导向,给予预算资金运用充分自主权的同时保证资金的使用效率。德国各级政府预算管理相对独立,各级政府均有完整预算管理机构,整个预算过程多部门协作编制、执行和监督,体现了分权制衡的预算管理方式。

另外,《基本法》还规定了一些特殊情况下德国各级政府预算管理问题的处理:第 111 条规定了联邦政府在新财年开始而预算案尚未以法律形式确定时可以给予的必要开支范围。第 112 条规定了关于预算超支以及发生预算范围外的支

---

① 德国指定用途的转移支付具体的用途主要为学校、医院、养老金和社会救济、幼儿园、公共交通、道路、水资源及"三废"处理、文化娱乐及体育设施、停车场等领域。

出时须征得联邦财政部长批准,且这些支出必须是不可避免支出才能给予。第113条规定,对于增加支出、减少收入的法律,应得到联邦政府的同意。第115条对联邦政府的信用贷款做了相关规定。信用贷款的总额必须以预算方案中提交的投资支出数额为依据。如果信用贷款用于消除整体经济的不平衡,则可以适当放宽条件,并依法取得联邦法律授权。

18.2.5.2 债务管理

对于联邦政府债务管理,德国《基本法》第115条规定每年发行国债规模一般控制在预算支出的10%以内,在发行规模内以节省发行成本为标准财政部可自行决定发行的时间和种类。整个国债发行过程明确、公开,通常经过以下步骤:首先,财政部向议会汇报现有债务情况,并提出发行计划;其次,债务发行计划经议会批准后,由财政部的资本市场公共委员会根据国债发行决议具体决定发行的种类、时间;最后,财政部要在国债发行的前五天公布国债发行的具体情况,并每季度与联邦银行共同协调制订每季度的国债发行计划。

相较于联邦政府发行国债的举债方式,州和地方政府债务管理也相对独立,更多的是向金融部门举债。德国州立银行和各地方储蓄银行是州和地方政府弥补赤字的主要方式,州政府经权威信用评级机构评估后,向公共部门银行借款,形成州和地方政府债务,公共金融部门在追求盈利的同时也需承担社会公共管理的责任。德国现在也出现了公私合作来为公共项目筹款的运作方式,不过受到严格的限制。

截至2017年,德国总债务规模达1.97万亿欧元,而2017年德国GDP为2.3万亿欧元,德国债务占GDP的82.9%。其中,联邦政府债务为1.24万亿欧元,占债务总额的61.2%;州政府债务为5862亿欧元,占债务总额的29.8%;地方政府债务为1374亿欧元,占债务总额的6.9%。德国债务规模庞大,主要集中于联邦政府,这主要得益于德国严格的地方债风险管理体制:第一,地方政府举债规模由州政府确定,地方政府举债必须向联邦政府或其他主管机构提交报告,财政部根据情况可以否决地方政府举债计划,且州政府在地方政府面临财政困难时有义务帮助地方政府弥补财政缺口;第二,地方预算部门与市长在债务管理上相互制衡,并设审计办公室监督预算资金运行;第三,由于德国财政体制追求各州财力的基本平衡,所以州政府的债务风险一部分由联邦政府分担,另一部分由其他州隐形分担。第四,欧盟根据《马斯特里赫特条约》对德国各级政府的债务情况设置了一系列指标,并要求各级政府债务公开以避免债务风险。

第19章 日本的政府间财政关系

19.1 日本政府间财政关系的历史演进

日本是一个单一制国家,但同时实行地方自治制度,长期以来其政府间财政关系一直呈现出"形式上地方自治,实质上中央集权"的特征。20世纪90年代以及进入21世纪后,日本政府一方面迫于人口少子高龄化和财政危机等国内社会经济形势的压力,另一方面顺应"地方分权"的世界潮流,积极推动各项改革,探索、确立了以地方为主体的新型政府间财政关系。日本政府间财政关系的改革取得一定成效的同时也引发了地区间财源不平衡以及公共服务区域性差异等各种问题,故日本政府间财政关系的相关法律法令也在不断地修订中。本部分通过梳理日本政府间财政配置与事权关系的沿革,从中得出相应的启示。

迄今为止,日本政府间财政关系有三次重大变革,分别是明治维新改革、战后改革和"三位一体"分权改革。

19.1.1 明治维新改革

1878年日本颁布的《地方税规则》建立了初步统一的地方财政制度,是日本政府间财政关系的立法起源:第一,以法律的形式明确了地方公共团体(府县)具有征税权,保证了(府县)地方公共团体的财政基础。第二,通过确立地方税税目,保障和规范了地方税的税源。第三,规定了地方税支付的范围。例如,警察费、河港道路堤防桥梁建筑修缮费、府县会议诸费、流行病预防费、府县立学校费及小学校补助费等12项。第四,导入预算制并开始赋予府县会行使预算审议权,并将预算的编制和审议分开,强调了府县财政的公共性。《地方税规则》体现了地方政府在财政上的自治权,具有很大的进步意义。1880年之后,明治政府又进行了多项改革加强地方政府的财政自主性。例如,1884年"明治17年改正"明确了区町村一级地方政府的税权和相应事权。这些地方政府财政制度改革在明治政府立宪开设国会之后进一步得到了明确和规范。

日本政府间财政关系除了上述具有加强地方自治的特点,同时还体现中央集权的特点。当时的地方财政有两个重要特征:第一,地方税源过分依托中央税(国税)。如《地方税规则》规定,地租附加税、营业税及杂税和户数税为地方税,但地租附加税被限定为"地租五分之一以内",而其中作为稳定和税基最大的地租是国税。这反映了地方税对国税的从属关系。第二,中央事权过度下移地方,中央政府、府县郡政府以及区(市)町村政府之间依然隐含着从上到下的层级关系。这种"纵向统治关系"明显地体现在支出上。例如当时地方自治体事务经费支出中70%都为官员工薪,而这些官员均为中央委托事务的执行者,这说明地方自治团体实际上还是承担着大量中央政府下属机构的职能。也就是说,明治政府通过大规模合并自然村,建立新的行政町村,使得地方自治体在很大程度上成为中央政府的委托或者派出机构。

日本地方自治制度是中央集权与传统地方自治之间妥协的结果,所以日本政府间财政关系从其现代化国家建立的初期就带有明显的"中央集权"特征,并且这一特征形成于日本法律体制的建立过程之中。《府县会规则》和《区町村会法》奠定了日本地方自治形态的基础,而《郡区町村编制法》尤其是《地方税规则》则从根本上给其政府间财政关系注入了中央集权的本质特征。

19.1.2 战后改革时期

战后财政体制改革是第二次世界大战日本战败、美国代表战胜国占领日本后,对其进行经济、社会体制改革的一个方面,纲领性文件主要有1949年的《夏普劝告》和1950年的《神户劝告》。美国派遣夏普使团对日本财政体制进行"非军事化"和"民主化"改革,批判日本自明治维新以来确立的中央集权财政体制,重新划分日本中央和地方政府的事权范围。

根据"三权分立"和地方自治的精神,《夏普劝告》提出了日本政府间事权划分的原则:(1)行政责任明确原则。对于任意事务都尽可能明确其事权归属,明确各级政府的职权范围和支出责任,对于多级政府共同承担的事务则明确各级政府在该事务中应该承担的责任比例和责任主体。(2)地方政府优先和市町村优先原则。在公共事务划分的优先级中,基层政府要优先于更高级的政府,即市町村能够处理的公共事务就不划分给都道府县和中央政府,都道府县能处理的公共事务就不划分给中央政府。(3)效率原则。在地方政府和市町村优先的前提下,把公共事务交给执行效率最高的一级政府。《神户劝告》是根据《夏普劝告》提出的事权划分原则而提出的具体划分方案,列举了中央和地方政府各自负责的事务:中央政府主要负责全局性、长远性战略性事务和涉及整个国家利益的事务,如国防、司法、外交、社会安全、运输通信、医疗卫生、教育和科技发展等,共计29项;地方政府则负责除中央政府承担范围以外的所有事务,大致可以归为自有事务和委托事务两大类。

上述两个纲领性文件最终以立法的形式确立了下来,日本于1946—1950年颁布新《宪法》《地方自治法》《地方财政法》《地方税法》建立财政分权体制,明确了各级政府间的财政关系。此次改革体现了中央集权和地方自治相结合的政府间财政关系，具有决策权归中央政府、执行权下放的特点。就结果而言，战后改革并未实质上实现日本政府间的财政分权，但提出了政府间分权原则，建立了日本政府间财政分权体制的雏形。

20世纪90年代，日本经济出现大衰退，进入"失去的十年"，对于战后改革遗留下来的问题，日本被迫进一步推进分权体制改革。1995年国会通过《地方分权推进法》，成立地方分权推进委员会，制定分权改革五年计划。1999年通过《地方分权一揽子法》，修订了战后改革时期的《地方自治法》，重新界定了各级政府间的财政关系：(1)废止了机关委任事务制度，设立中央地方争讼处理委员会处理中央和地方政府争端。(2)扩大了地方政府的自主性和独立性，中央政府对地方政府的干预应保持在最低的法律限度，中央和地方政府间的关系由上下、主从关系变为对等、协作关系。(3)决定于2005年废止地方债审批制，改为协议制，扩大地方政府发行自主权。(4)促进市町村的合并，把地方政府的事务重新划分为法定委托事务和自治事务。20世纪90年代的分权体制改革是对战后改革的进一步深化，政府间财政关系体现的是一种中央和地方政府融合型的财政关系，即各级政府并非在各自层级内独立承担某一领域的事权责任，而是在同一领域中不同层级的政府分别承担不同的事权责任。此次改革仍未从根本上改变集权型的政府间财政关系，但也为接下来小泉内阁的"三位一体"全面分权改革提供了改革准备。

19.1.3 "三位一体"分权改革

为应对日本经济的持续衰退，小泉内阁于2003年推进"三位一体"分权改革。如前文所述，此前日本政府间的财政关系名义上是一种分权体制，实质上是一种具有中央集权特征的财政体制。2002年日本地方政府财政支出为97.1万亿日元，地方税收入仅有33.4万亿日元，地方政府税收收入占全国税收收入的三四成，却承担了六七成的财政支出。这导致了地方政府极度依赖中央政府的转移支付，2002年地方政府接受中央政府地方交付税、国库支出金等形式的转移支付共计32.6万亿日元，占地方政府财政总支出的33.5%，与地方政府税收收入的比重34%持平。其他不足部分，地方政府虽然可以发行地方债来弥补，但地方政府发行债务需要获得总务大臣或都道府县知事的许可，受地方政府财政计划约束，发债权实质上也是掌握在中央政府手中的。最后需要指出的是，地方税的税率是根据地方税法的标准税率制定的，原则上不强迫地方政府执行标准税率，但若地方政府不执行标准税率，国会就会以限制地方债发行规模等方式予以处罚，所以地方税也是受中央政府控制的。所以，2002年日本政府通过《2002年经济财政经营和结构改革的基本方针》就地方政府税源和转移支付体制进行改革，主要是国库支出金、地方税和地方交付税三个方面同时推进的改革，故称"三位一体"

改革。

"三位一体"分权改革主要是为了激发经济活力推进的结构性改革,主要目标是实现实际上的地方分权和政府间财政关系上的重建,具体体现为:(1)废除国库补助负担金、削减国库支出金规模。这一举措削弱了中央政府在转移支付方面对地方政府的控制力。(2)对地方政府进行税源转让。中央政府对地方政府的税源转让主要是为了弥补国库支出金减少造成的财力缺口。(3)削减地方交付税总额,简化交付税的计算公式。这一方面是考虑到分权改革对中央财务省造成了极大的财政压力,另一方面是提高地方政府财政收入中自主财源的比重,进一步提高地方政府的自主性。除上述三个主要方面的一体化推进,此次改革还涉及市町村合并和道州制改革等一系列协同改革措施,将三级政府的财政利益均牵涉其中。

《2002年经济财政经营和结构改革的基本方针》除要求推进"三位一体"财政改革,还提出于2006年将地方债审批制正式过渡到协商制。审批制下地方政府举债需要符合地方财政计划,而协商制下地方政府举债只需向总务大臣或都道府县知事提出申请,得到许可后可享受低息财政投融资金、计入地方交付税计算等中央政府的优惠政策,即使没有得到许可也可经地方议会批准后自行举债。地方政府在发行债务上也获得了更大的自主权。

"三位一体"分权改革实现了中央与地方政府职权范围的彻底划分,地方分权体制取得了实质性的进展。此次改革之所以取得突破性进展是各级政府协同合作的结果。一方面,中央政府顶住各方面的压力坚定推进改革进程,按时完成了改革的数字目标;另一方面,本次改革的一个亮点就是地方政府制定改革方案,由下而上地推进改革进程,提高了地方政府的参与度,充分调动了各级政府的积极性。当然,此次改革也是顺应了时代的要求。激发经济活力要求放活对地方政府的财政管理,要求给予地方政府更大的自主权。

"三位一体"分权改革虽然推进了日本政府间的财政分权,但距离彻底建成分权体制还有一定的距离。此次改革旨在削减国库支出金来减少中央政府对地方的控制,虽然完成了数字目标,但其完成形式并非是完全取消、废止部分支出项目,很大一部分只是削减了支出比例,这意味着中央政府对地方政府的控制仍然存在。而且,在改革过程中地方政府制定的改革方案的实现度也比较低。总的来看,此次改革并不彻底,中央政府对地方政府财政仍保留一定的控制力。

19.2 日本政府间财政关系的现状和特点

19.2.1 日本央地财政配置与事权关系的基本框架

1. 规定央地政府财政配置与事权关系的制度框架

从日本现代化国家建设过程来看,日本明治维新时期所建立的中央集权体制具有一定的历史必然性。第二次世界大战结束后,明治宪法体制下的财政制度被废止,1947年新宪法的实施,在美国的压力下,日本对第二次世界大战前的中央集权体制做了一定的修正,突出地方自治是民主政治基础的制度设计。但是,它在仿照西方民主主义制度建立地方自治制度的同时,又通过财政体制保留了中央集权的特色。从结果上看,20世纪60—80年代,日本经济高速发展似乎给"集权式"体制模式带上了"胜利者的光环",被称为经济发展的"东亚模式"。直到20世纪90年代末,尤其是进入21世纪,随着国内外社会经济形势的变化,这一体制的弊病越来越显现,并成为日本政治经济改革的核心问题。

国内部分研究者将日本政府间财政关系称为"中央调控的市场经济和地方自治制度",也有很多学者从税权划分的角度称之为"适度分权模式"。此外,在日本国内,宫本宪一、神野直彦、金泽史男、重森晓等制度学派的学者称之为"民主式的中央集权体制";而经济学派学者,如佐藤等则称之为"集权型分散体制"。虽然各个学者都有其自身独特的见解,相互之间说法存在一定的差异,但对于日本政府间财政关系的中央集权特征的认识上,大家还是取得一致共识的。日本"外壳自治,内芯集权"财政关系集中体现在日本《宪法》和《地方自治法》两部法律文献中。

2. 日本《宪法》是构成日本政府间财政关系的基石

日本《宪法》是构成日本政府间财政关系的基石,它既明确了地方政府(地方公共团体)具有"(财政)自治"的形态,同时也给中央集权留下了可操作的空间。

(1)《宪法》中关于地方政府财政自治权的法律规定。日本《宪法》第92条规定"地方公共团体之组织及经营事项,依地方自治本旨,以法律定之"。这条规定强调了地方政府财政分权的基本原则。此处,日本地方公共团体包括普通地方公共团体和特别公共团体两种,前者是指"都道府县、市町村",即日本两级地方政府;后者是指特别行政区等特殊行政体。进一步地,日本《宪法》第94条明确规定了地方政府享有财政自治权以实现地方自治。

(2) 日本《宪法》给中央集权体制留下的空间。首先,日本财政法规制定、修改的决定权在中央。日本《宪法》第41条规定,国会是唯一的立法机构,日本地方政府没有财政立法权,中央政府可以通过立法来影响地方政府的财政行为。其次,日本地方政府财政收入权受到限制。日本《宪法》第84条规定,新设税种或者变更现有租税必须依据法律或法律规定的条件,即"税收法律主义"。地方政府的财政收入受到中央政府法律形式的制约。最后,中央通过转移支付制度干预地方财政。日本《宪法》第25条规定,所有国民均享有健康的、文化的最低生活水平的权利,国家必须在提高和促进各个国民的社会福祉、社会保障以及公共卫生水平方面做出努力。地方政府在社会福祉、社会保障以及公共卫生水平的财政支出很大一部分依赖中央的转移支付。

3.《地方自治法》是形成日本政府间财政关系的基本框架

《地方自治法》是保障日本地方自治制度的根本大法,也是形成政府间财政关系基本框架、事权划分依据的最重要法律,其数次修订的过程反映了日本对中央集权体制的反思和修正。

(1)《地方自治法》与《宪法》同时实施,共同形成日本地方自治制度的法源基础。日本明治维新时期中央政府通过委托事权和控制财源来实现财权集中,因此1947年《地方自治法》意在将中央与地方的事权以法律的形式明确化,以确保财政分权体制的实现。其中,最具代表性的两项内容是:统合东京都制、道府县制、市制、町村制及其实行首长公选制,以及将都道府县职员的身份从官吏变为地方公务员。《地方自治法》的颁布,至少在形式上确立了日本地方公共团体的自主性和相对独立性,并且在随后多次修订过程中,在组织形态上、运营方式等方面不断得以强化。但是,就政府间财政关系方面的规定来看,仍然缺乏划分事权的标准。

(2)《地方自治法》构建了日本地方自治的制度形式,但政府间财政关系的中央集权体制却仍然被保留了下来。最能体现日本政府间财政关系这一特点的是机构委托事务体制。从政府间财政关系来看,机构委托事务强化中央集权体制的同时实质上造成政府间事权与支出权的分离,进而导致地方政府缺乏财政资金使用的自主性。委托机构事务的财政支出需要编入地方预算而经过地方议会通过,但决定权却掌握在中央相关机构中。而且,实际上法律对机构委任事务的界定并不明确,既有全国性事务也有地方性事务,也导致了事权界限不清的重复现象不胜枚举。

1991年,日本将中央机构委托事务进行梳理、统合,收回和废除一部分事务,将剩余事务分为两类事务:自治事务和法定受托事务。修订后的《地方自治法》对这两类不同性质事务的定义以及政府间责任履行方式进行了明确规定。新《地方自治法》实施后,随着都道府县向市町村的机构委托事务被取消,两者之间的关系也发生了本质性变化,最终真正实现了地方自治团体之间的平等关系。

综上所述,日本政府间财政关系框架具有集权和分权相结合的体制特点以及深刻的法治精神,并呈现出由中央集权向财政分权转变的演进趋势。

19.2.2 政府间收入分享

1. 日本地方税的立法权属于中央,课征权属于地方

日本《宪法》第 84 条和第 92、94 条有原则性的规定。前者为"新课租税或变更现行租税,须依法律或法律所定之条件",被称为"租税法律主义";后者为"遵循租税条例主义",即地方税的课税要件和课赋及征收的程序必须依条例规定,并且必须明确。根据这两条原则,一般认为日本地方公共团体没有立法权,而只有课征权。

《地方税法》第 2 条明确地方团体可以依据本法进行课征地方税;并在第 3 条中规定地方团体必须制定条例来明确地方税的税目、课税客体、课税标准、税率等课征事项。即日本地方政府没有税收立法权,法律规定了地方政府的税目、税率等。地方政府可在法定税目中自主选择征收,可以选择征收也可以选择不征收、可以选择按标准税率征收,特殊情况下也可以选择以法外税的方式开征法律未规定的税收。

2. 地方独立自主财源有限,地方税对中央税依存度高

2016 年,中央政府总财政收入为 97.45 兆日元,其中,税收收入为 56.62 兆日元,占总收入的 58.1%;地方政府总财政收入为 85.8 兆日元,其中,税收收入为 39.4 兆日元,占地方政府总收入的 45.9%,地方交付税和国库支出金等转移支付为 29.9 兆日元,占地方政府总收入的 34.8%,地方债发行为 8.9 兆日元,占地方政府总收入的 10.4%。[①] 可见,中央政府的转移支付和依赖中央政府管理的地方债在地方政府收入中占很大比重,地方政府财源的自主性有限。

2016 年日本总税收收入为 96.5 兆日元,其中国税为 56.62 兆日元,占总税收收入的 58.95%;都道府县税为 17.66 兆日元,占总税收收入的 18.39%;市町村税为 21.77 兆日元,占总税收收入的 22.67%。日本中央政府在税收收入占比重最高,市町村税次之,都道府县税比重最小。

日本地方税大部分为法定税,虽然除此之外也有按条例规定地方独自课税的法定外税,但是这部分的比例非常小。旧《地方税法》第 259、669 条曾规定,法定外税的新设或变更须事先得到自治大臣或独立都道府县知事的许可,现改为总务大臣或都道府县知事的协议制。下面我们可以通过分析主要几种法定税的税基以及税率来观察日本地方政府独立自主财源有限、地方税对中央税依存度高的特点。表 19-1 归纳了日本各税种在中央和地方之间的划分情况,从表中可以看出,税源丰富的税种,如所得税、法人税以及消费税都是中央税为主税,地方税为附加

---

① 《地方财务计划收入和支出清单》,日本总务省网站,http://www.soumu.go.jp/iken/11534.html;日本总务省统计局,《日本统计年鉴》,http://www.stat.go.jp/data/nenkan/index1.html。

税,其税基完全相同。税基稳定、税源丰富的税种基本上都属于中央税。这种体制不仅保证了中央税收收入优先,而且通过共享税基,加强了地方税收对中央税的依附性。

表19-1 日本中央税与地方税的税种划分

	（一）中央税	（二）地方税		（一）中央税	（二）地方税
所得课税	所得税 法人税 地方法人特别税 复兴特别所得税 地方法人税	住民税 事业税	消费课税	消费税 酒税 香烟税 香烟特别税 汽油税 地方汽油税 石油煤气税 汽车重量税 航空燃油税 石油煤炭税 电力开发促进税 关税 吨税 特别吨税	地方消费税 地方香烟税 轻汽油交易税 汽车购置税 高尔夫场使用税 温泉税 汽车税 小型汽车税 矿产税 狩猎税 矿区税
资产课税等	遗产税和赠予税 契约税 印花税	不动产取得税 固定资产税 事业所税 都市计划税 水利地益税 共同设施税 宅地开发税 特别土地持有税 法定外普通税 法定外目的税 国民健康保险税			

资料来源:http://www.mof.go.jp/tax_policy/summary/condition/001.htm,2017/3/10。

日本地方税缺乏自主性和独立性的另一个表现是《地方税法》对"标准税率"的规定。所谓"标准税率",是指"地方政府课税可以使用,或者由于特殊需要也可不使用的税率"。也就是说,它可以理解为日本政府对大部分地方税设置的指导性税率,尽管在《地方税法》中并没有表现出强制性,但这一"标准税率"在地方债、地方交付税等制度中起到很大作用,实际上让地方自治体不得不就范。

3. 政府税收征管

日本的税收征管是代征型管理模式。三级政府均有各自的税收征收机构,但是三级税收机构间可以相互代征。财务省国税厅、地区国税局及全国各税务所负责征收国税,都道府县财政局按税种设立征收部门负责征收都道府县税,市町村税务科负责征收市町村税。根据征管效率和纳税人缴税便利的原则,本级政府应收税收可由其他级次政府代收,如消费税由国税局统一征收、居住税由市町村税务科代收。

19.2.3 政府间支出划分

日本的央地政府支出划分和事权关系集中体现在《地方自治法》中。《地方自治法》规定了中央政府对地方公共团体事务进行介入时的基本原则,向地方政府分权,遵循基层地方政府能做的事优先让地方政府承担的原则,将大量事权转移至基层地方公共团体。当然,随着事权的下移,相应的财力尤其是财源也被重心下移。

《地方自治法》规定的国家与地方的分权概况:中央政府的事权范围包括在国际社会上有关国家存立的相关事务,制定需要在全国范围内统一的有关国计民生的规定,以及处理关于地方自治基本准则的相关事务、实施全国规模的或者必须以国家的角度实施的政策或事务;都道府县的事权范围包括管辖区域范围内的事务,涉及市町村的政策调整以及从规模或者性质来看不适合由市町村处理的事务;市町村作为基层的地方管理单位,一般来说,负责处理都道府县职责以外"在其地域范围内的事务及法律规定的其他事务"。另外,国家在制定和实施有关地方政府的制度时,应确保地方政府的自主性和自立性得到充分发挥。

日本各级政府根据事权范围划分承担各自财政支出责任。由图19-1可以看出三级政府财政支出责任的分配,中央政府财政支出约占48.18%,与都道府县及市町村总体支出规模大致持平。事实上,更早的年份日本中央政府财政支出更低,占三成左右,而绝大部分支出责任是由地方政府承担。

由图19-2至图19-4可以看出日本三级政府的财政支出结构:日本中央政府的主要支出是社会保障费、国债费、地方交付税、公共事业费、文教与科技发展费和国防等,前三大开支为社会保障费、国债费、地方交付税,分别占总开支的30.53%、22.46%、17.18%;地方政府(包括都道府县和市町村)的主要支出是总务费、民生费、卫生费、农林水费、商工费、土木费、消防费、警察费、教育费和公债费等,其中,都道府县的前三大支出是教育费、民生费和公债费,而市町村的前三大支出是民生费、总务费和土木费,可以看出都道府县和市町村的财政支出项目相似,但支出倾向是不同的,都道府县更侧重于区域性的财政支出如教育支出,而市町村更侧重于与居民生活相关的基本事务如民生和土木建设等。

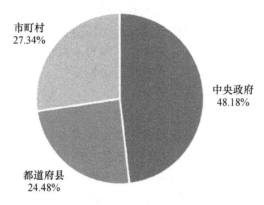

图 19-1　日本三级政府财政支出构成

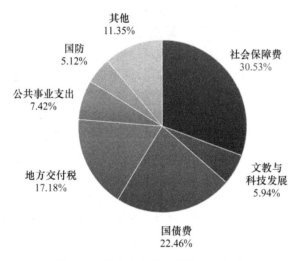

图 19-2　日本中央政府财政支出构成

19.2.4　政府间转移支付

形成日本中央集权的财政体制的核心制度是中央转移支付制度,其中地方交付税制度是最具日本特色的一般转移支付制度。前文通过日本地方税的特点分析了其中央集权体制的特征,实际上长期以来日本中央与地方的收入比都是7∶3,而支出比则是3∶7的局面,至今日本中央政府的支出与都道府县和市町村支出大致持平,也就是说,中央政府是通过控制财源、进行大量的转移支付来实现集权体制的(见图19-3和图19-4)。在转移支付制度中,主要有地方交付税制度(一般转移支付制度)、国库支付金制度(专项转移支付)和地方让与税等。

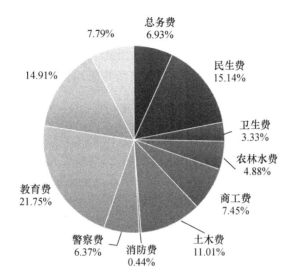

图 19-3　日本都道府县财政支出构成

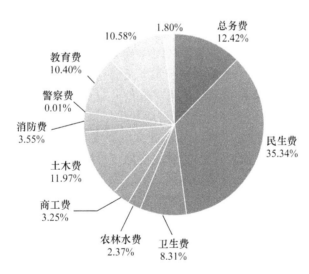

图 19-4　日本市町村财政支出构成

1. 国库支付金

国库支付金包括三方面的内容,即国库负担金、国库委托金和国库补助金,它们分别体现了中央政府所承担的共同责任、单独责任和政策激励的职能。

国库负担金是用于提供义务教育、社会救助等中央与地方承担共同责任的公共产品的专项资金,其中最为典型也是日本最早的国库负担金是义务教育国库负担金制度。国库负担金的财源用途完全被限定,公共服务的数量、种类、规格等完全被标准化,基本上没有选择余地和弹性,中央按法定标准进行支付经费,因而缺乏抑制成本的自律机制。当然,国库负担金是中央政府责任的体现和落实,其在实现全国公共服务和基础设施均等化方面所起的作用不可磨灭,但是从地方自治的角度来说,它实际上是限制了住民对公共产品的选择权利,也降低了财政资源的使用效率。

国库委托金是一项针对地方直接执行中央事务时进行的转移支付,是最能直接体现中央集权、被认为对地方自治侵害最大的财力转移,在明治维新以后至第二次世界大战结束为止这段很长的历史时期内,它曾经成为日本政府集中财力、实现富国强兵的重要手段。第二次世界大战后,在各种要求建立民主财政制度的压力下,国库委托金的范围基本上被压缩在全国性调查、国会议员选举等属于全国性事务但地方操作方便的项目上,金额也十分有限。

在各项国库支付金中,国库补助金是近年来最遭诟病的一项内容。由于它是对特定项目进行的奖励或者援助,因此可以通过补助金的项目预算实施政策影响地方政府决策,从而将地方自治体的相关项目纳入中央控制之下。此外,与项目稳定、长期目标明确的国库负担金相比,它具有阶段性、应急性的特点,因此,各个时期的国库补助金往往成为地方配合中央政策的手段而非地方提供公共产品和服务的财源,同时也成为中央各省厅之间以及地方与中央之间博弈的对象,甚至成为政治家竞选的"支票"。国库补助金制度是"三位一体"分权改革的重点,但实际上改革并不彻底,很多项目只是单纯从数量上缩小了资金的绝对规模,项目本身并未废止、修改。

总的来说,国库支付金不可避免地造成地方政府对中央政府在财政上的依赖,它在地方财源中所占比重越大,也就说明地方自治被虚化的程度越高,中央政府对地方政府财政自主性的扭曲也越高。

2. 地方交付税

地方交付税,从形式上看类似于我国的"税收返还",构成地方自治体的一般财源;实际上,它是由各种中央税抽成形成"财源"后,再按一定的规则返还给地方的"地方共同税",构成这一"共同税"的主要税种以及分配比例(被称为地方交付税率)的变动情况如表19-2所示。

地方交付税是依据《地方交付税法》进行征收和分配的,但需要说明的是,每年地方交付税的总额并不完全由各个中央税的比例额自动决定,还要根据每年全国地方财政总收支情况,并考虑具体经济政策等因素,最后由国会以通过预算案的方式决定。因此,按表19-2计算出的总额与实际地方交付税总额之间有一些出入。另外,地方交付税又分为普通交付税和特例交付金,由中央税构成的地方交付税财源中的94%作为普通交付税,6%则作为特别交付税的财源。一般地,前者常被称为"地方交付税",而后者常被称为"地方特例交付金"。"地方特例交付金"是针对特殊情况时的应急备用财源。

表 19-2 地方交付税税种构成及税率的变动趋势 单位:%

年度	所得税	法人税	酒税	消费税	香烟税
1954	19.87	19.87	20.00	—	—
1955		22.00		—	—
1956		25.00		—	—
1957		26.00		—	—
1958		27.50		—	—
1959—1961		28.50		—	—
1962—1964		28.90		—	—
1965		29.50		—	—
1966—1988		32.00		—	—
1989—1996		32.00		24.00	25.00
1997—1998		32.00		29.50	25.00
1999	32.00	32.50	32.00	29.50	25.00
2000—2006	32.00	35.80	32.00	29.50	25.00
2007—	32.00	34.00	32.00	29.50	25.00

资料来源:根据各年度《地方财政白皮书》整理获得。

从表 19-2 可以看出地方交付税税源结构有两个特征:第一,与经济情况关系极为密切的所得税、法人税在地方交付税财源中占比很高;第二,地方交付税与地方税主要税种的税基完全重叠,不可避免地会产生"共振"现象。由此说明不仅地方交付税容易受全国经济波动影响,而且还会加重地方财政财源的不稳定性,从而强化对中央财政的依附关系。

此外,在日本并不是所有的地方自治体都能获得地方交付税,只有在该自治体的基准财政需要额超过其基准财政收入额、发生财源不足的情况下,才能获得地方交付税转移支付;如果相反,基准财政收入额超过基准财政需要额,则被称为"地方交付税不交付团体"。形式上,地方交付税属于一般转移支付,只是中央针对地方财源不足的一般财力转移,不具有支配性。事实上,地方交付税在财力转移的同时,其分配方式充分体现了中央集权的财政体制特征。地方交付税的分配涉及基准财政需要额、基准财政收入额以及地方交付税总额的确定。

首先,基准财政需要额是提供符合国家标准的公共服务所需要的财力总额。在实践中,确定基准财政需要额需要确定各地提供标准公共服务的量,而中央政府将标准公共服务提供上的"质"和"量"都进行了统一规定。这一制度设计将公共服务内容简单划一,限制了公共服务被选择的自由,而且由于"标准财政需要额"的项目设定自上而下,故很容易成为中央政府进行政策诱导的重要手段。需要地方交付税进行财源补充的地方政府的财政自主权往往被中央各个时期的政策所绑架。

其次,基准财政收入额根据计算公式由两部分组成——"地方税×75%+地方让与税"。从公式可以看出,一方面除了地方让与税,本来应该属于地方自主财源的地方税,有75%的部分被限定于提供国家标准公共服务,即没有自主使用空间;另一方面更值得注意的是,地方税收入则又是根据基准税率进行计算的,因此中央政府的"基准税率"实际上在这里被嵌入"地方交付税"中,再次发挥了控制作用,进一步加深了中央对地方交付税的财源控制。

最后,地方交付税总额的确定。日本地方交付税总额的决定,形式上最后由国会通过决定,实际上却是中央财务省(管理国库)与总务省(管理地方政府)之间权力博弈的结果,而作为当事人的地方自治团体则成为被博弈的对象,其中机动性比较大的特例交付税更是成为多个中央省厅之间的博弈目标。

总之,依据《地方交付税法》建立的地方交付税制度是一项具有日本特色的中央转移支付制度,虽然它是一项平衡财力、保障地方财源的一般转移支付制度,但因其内在体制设计而成为实现中央集权体制的关键制度。

3. 其他转移支付

除了地方交付税和国库支出金两种主要的转移支付形式,日本转移支付体系还有地方让与税、固定资产税拨付和交通安全特殊补助等形式的转移支付作为补充,虽然比重较小,但也不可或缺。地方让与税制度始建于1954年,主要以平衡地方财力为目的,是指中央政府把特定的几种中央税按照一定的目的和标准将其一部分或全部转让给地方政府。与地方交付税转移形式不同的是,地方交付税转移与否取决于该地区是否出现财力不足的情况,转移支付对象的重点更明确,即财力不足地区;而地方让与税是根据一定的客观标准进行转移支付,如根据船舶吨位、汽车重量等,财政调整的目的性更明确,转移支付的对象也更具一般性。对于固定资产税拨付和交通安全特殊补助等则是为特定财政需要设置的转移支付形式。

19.2.5 财政管理

1. 预算管理

日本预算是混合型复式预算,预算管理以政府管理为主,且中央政府通过编制地方财政计划引导地方财政运转。日本中央政府预算包括一般会计预算、特别会计预算和政府关联机构预算三类,以及被称为"第二预算"的财政投融资计划;地方政府预算包括一般会计预算和特别会计预算。日本复式预算不按照经常项目和资本项目分类,而是分为普通预算和公营事业预算,而地方财政计划中的地方财政是指普通预算,对应于中央政府的一般会计预算,此预算决定转移支付资金的分配和中央对地方财政运营的影响。

日本预算编制周期较短,开始于当年6月,结束于次年3月,共计10个月。对于日本中央预算,首先,内阁制定预算方针,财务省制定预算计划和预算框架;其次,各部门根据要求编制详细预算并进行听证、审查和协商,形成预算草案提交内阁批准;最后,内阁将预算草案众院、参院审议,且众院对审议结果有优先权。参院和众院可以压缩预算的支出规模,但无权增加预算支出。日本地方政府预算的程序、周期与中央政府基本一致,只是首先地方政府各部门与都财务局协商编制预算(市町村级政府早于都道府级),其次财务局向中央总务省和财务省提交预算申请,都政府根据总务省、财务省反馈的相关信息编制预算草案,最后都政府向都议会提交预算草案进行审批。

日本预算执行管理中,中央财务省是最重要的机构。各部门、各机构需与财务省签订责任合同、向财务长官提交详细的支出计划。日本银行根据支付计划和财务省专职财政长官审批、签发的支票向各部门实际支付财政资金。预算执行后,财务省根据实际支出编制年度决算报告交由审计委员会审计,再将审计报告提交内阁完成决算。

最后,日本预算管理中财政投融资计划是其最具特色的财政体制。财政投融资计划是日本政府利用市场筹集资金投资公共服务的财政体制,需每年编制交国会审批,其规模和重要性甚至高于特别会计预算和政府关联机构预算。财政投融资的对象主要是一些基础行业和关系国计民生的基础设施建设等社会公益项目,其资金主要来自市场,同时还有部分来自财政资金、公共基金及地方政府的低息贷款等。需要注意的是,财政投融资的资金只能用于投资性支出,即项目本身应具有偿还能力,但同样不能投资于盈利性强的项目,即政府不得参与市场竞争,其项目选择应根据国家的经济政策选择社会效益大、存在一定经济效益的项目,投资领域受到了严格的监管。财政投融资计划接受严格计划管理,是中央和地方政府预算不可或缺的一部分,被要求信息公开,同时受财务省和项目主管部门的监督。

2. 债务管理

日本政府的债务规模居世界前列,为日本经济的持续增长埋下了隐患,但其以法律为基础的债务管理制度严格、健全,债务结构以中长期债券和国内持有为主,强调债务的偿还能力和可持续性。

日本国债由财务省理财局负责发行,证券交易监察委员会负责监督和管理。财务省理财局每年年末制订发行计划,根据经济形势和预算需求、以节约成本为原则确定发行次数和发行额。日本银行实际操作国债的发行,且除特殊情况或经国会批准,自身不可认购国债以避免通货膨胀。对于国债的风险控制充分体现了日本债务注重债务偿还的特点:第一,设立偿债基金制度。日本一般会计预算包括划拨给偿债基金的专项资金,且一般会计预算的结余同样有一部分划拨偿债基金,另外国有资产的出售收入、偿债基金的自身收入以及偿债国债的发行收入都用于偿债基金来保证国债的偿还。第二,制定偿还方法规范。日本财务省对每种国债在其发行前都制定了详细的偿还规范,包括资金来源、方法和程序等。第三,规划国债总体的偿还周期。日本国债的发行规模和发行种类选择都考虑到新发行国债和现有国债的偿还时间,计算平均偿还期确定同一时期偿还到期国债的债务规模,确保国债的有序偿还。

日本地方债的发行、流通及监管则受中央政府的影响比较大。2006年以前,日本地方债的发行是审批制,地方债务的发行需要上级政府的批准。总务省和财务省共同决定地方债发行计划。2006年以后,地方债发行改为协商制,地方政府发行债务只需地方议会批准即可,但若得到上级政府则会获得转移支付方面的政策优惠,未得到认可的债务由地方政府完全负责。地方债务管理由审批制转为协商制并不意味着中央政府完全放松对地方债务的监管。第一,只有财政稳健、偿债率低于16%的地方团体可以自主发行,且分为可单独发行的地方政府和可联合发行的地方政府。第二,日本国会通过地方财政健全化法律,规定了实际赤字率、综合性实际赤字率、实际公债率、未来负担比率作为政府财政的监管指标,其中前三个指标中有任意一个指标不符合标准,地方政府就需要财政重建。第三,限制财政薄弱地方政府发行债务,连续三年存在赤字的地方政府或亏损的公营企业以及偿债率超过18%的地方政府将被限制发行债务。第四,由国家会计检察院和地方监察委员会构成审计监督体系对地方政府财政运营进行监督,上述两个机构均不受政府干涉,独立行使审计权。

总的来说,日本政府债务法律健全、管理严格,虽债务规模不断扩大,但政府债务风险得到有效管控,目前偿债能力有充分保障、尚未出现债务危机。虽然日本政府债务管理体系切实有效、具有本国特色,但其政府债务规模不断扩大的趋势仍需加以关注,以避免债务危机的出现。

本 章 小 结

通过分析各国政府间的财政关系,对于当下我国的财政体制改革可以得到以下启示:

1. 顺应经济社会发展要求,适时推进财政体制改革

纵观各国政府间财政关系的重要调整,都是因为出现了重大经济历史事件、时代发展对国家财政体制提出了新的要求。1929—1933年经济危机和20世纪70年代的"滞胀"问题促使美国向合作联邦制和新联邦制转变,联邦德国的重建,民主德国和联邦德国的统一促使德国走向合作型联邦主义,同样日本第二次世界大战后改革和20世纪90年代"失去的十年"也推动日本由中央集权型财政关系向分权型转变。我国1994年分税制财政体制改革顺应改革开放和市场经济体制建设,极大地解放了社会生产力的发展,保证了中央充足的财力进行宏观调控,充分调动了各级政府的积极性,取得了巨大成功。但是,当时的改革是不彻底的,各级政府的事权与财权划分很多地方还不够明确、缺乏法律规范,地方政府缺乏主力税种,地区发展差距扩大。政府间财政关系不应是一成不变的,要顺应时代要求。如今经济新常态和供给侧改革要求建立现代财政制度,需要建立权责清晰、财力分配协调的新时代政府间财政关系。我国经济发展面临新的问题和挑战,这是深入推进我国财政改革的契机,应正视经济发展的新要求和我国的新国情,抓住机遇推进政府间财政关系的调整。需要说明的是,各国政府间财政关系证明,财政体制安排具有路径依赖的特点,只有符合本国国情的财政体制改革才是成功的改革,财政体制不存在一成不变、绝对正确的模板。

2. 加快财政立法,推进法制进程

根据各国的普遍经验,各级政府间的财政关系普遍是由法律来规范的。各国都进行了财政立宪,将政府间财政关系框架写入宪法,清楚地说明各政府的职权范围,坚持税收法定的原则,各级政府财政关系的处理都做到有法可依。完善的财政立法使政府间财政关系处理稳定高效,有利于各级政府充分发挥本职职能,有利于维护政府权威、提高政府财政管理的透明度,便于社会各界的监督,是现代财政管理的必然要求。就我国而言,财政立法是依法治国的有机组成部分,政府间财政关系作为现代财政制度建设的基础和关键环节也需要法律来规范。目前,我国财政立法不完善,法律层次不高,各级政府的事权及支出责任界定不明确,也没有把财政收支完全地纳入法律规范中。法律层面的规范仅《预算法》第15、16

条提及分税制和转移支付,只存在个别税种的立法,各级政府财政存量资金管理缺失,迫切需要把财政立法提上日程。应建立健全财政体系基本法以明确各级政府间的财政关系,使各级政府财政管理安排、政府间事权责任划分、政府间收支安排、政府间转移支付、政府间财政监督及政府间财政争议处理等方面有规范的法律依据,搭建好政府间财政关系的基本框架,进而在此基础上构造完整的法律体系来实现财政管理的法制化、现代化。

3. 明确划分中央与地方的事权及支出责任范围

从国际经验来看,各国的各级政府的职能和事权划分都比较清楚,有助于各级政府履行自身职责,高效提供公共服务,减少政府间的财政纠纷。我国政府间的事权和支出责任界定不清晰、不合理,财政支出责任不明确,把一些应由中央政府承担的责任交给地方政府承担,出现了"财权层层上收,事权层层下压"的现象,存在部分领域中央管得过多,本来地方政府管理更高效的事务中央政府承担过多。所以,一要根据中央和地方政府在提供公共服务方面的职责与能力合理界定各级政府的事权范围,使政府支出责任与事权相匹配。适当扩大中央政府的事权范围,加强中央政府在协调区域发展、保证基本公共服务均等化等方面的职责,减少事权下压的现象,将地域性、基层性事务安排给地方政府。二是精简财政管理层级,保障事权安排的合理层次。各国财政管理层次有扁平化的趋势,普遍是两层或三层财政管理层级,而我国是五层架构,各级政府在事权范围上存在重复和矛盾,不利于政府职能界定。三是减少和规范中央和地方政府共同事权。各级政府易相互推诿共同事权范围的应尽责任,引发政府间财政纠纷,所以对属于中央和地方共同事权范围的项目应尽量减少。对于教育、社会保障等不可避免的财政事权,应划分不同的归属层级,将管理责任和财政支出责任在各级政府间明确划分,明确各政府主体的权责范围。

4. 建设与各级政府职能范围相匹配的财力分配,建立科学、合理的转移支付体系,完善分税制财政体制

各国分税制财政体制下,各级政府都有各自稳定的税收收入来匹配,这一点值得我国借鉴。各级政府的财力安排要有其支出责任相匹配,保证各级政府有财力履行其应尽职责。目前我国地方政府缺乏主力税种,地方税收体系不完善,地方政府通过财政投融资的手段募集财政资金导致隐性政府债务规模扩大,下一步应着力构建地方税体系,建设地方税主力税种,给予地方政府一定的税收立法权,保证地方政府的财力均衡,增强地方政府的财政自治权。在建设地方税体系的同时,通过科学、合理的政府间财政转移支付体系将一部分财政资金向地方政府转

移。具有法律规范的转移支付体系方便对转移支付规模的预测、管理,更有利于实现地区财力均等化、有效实现中央的宏观政策目标。要够构建多层次的转移支付体系,提高一般性转移支付的比重,控制专项转移支付的规模,保障地方政府的财政自主权的同时减少专项转移支付对地方政府决策的扭曲,也可借鉴德国转移支付体制的经验,加强横向转移支付体系的建设。

5. 建立政府间争端解决机制,完善财政体制的自我调节

随着时代进步,各政府间财政关系会发生动态变化,原本清晰合理的财政关系会面临一些前所未有的问题,可能出现一些财政安排的纠纷。在财政体制建设中应建立财政体制的自我调节机制来适应财政关系的动态变化,保证财政对市场波动的"逆周期"调控能力,防止在面临新问题时各级政府相互推诿、导致政府失责。此外,从国际经验来看,各级政府间的财政关系管理应有专门的财政机构来管理,用以协调政府间财政关系、解决政府间财政争端,如德国的财政计划委员会、日本的中央地方争讼处理委员会等。我国可以由全国人大、国务院等机构合作建立财政管理委员会仲裁政府间财政纠纷,同时邀请相关专家学者参与其中、提供专业化意见,以保证我国政府间财政关系的动态稳定。

主要参考文献

[1] 王德祥:《现代外国财政制度》,武汉大学出版社,2016年。
[2] 张青、李农:《外国财政制度与管理》,高等教育出版社,2015年。
[3] 贾康、王桂娟:《财政制度国际比较》,立信会计出版社,2016年。
[4] 刘丽、张彬:《美国政府间事权、税权的划分及法律平衡机制》,《湘潭大学学报(哲学社会科学版)》,2012年。
[5] 王德祥:《美国财政联邦主义的发展演变及启示》,《财政经济评论》,2014年第1期。
[6] 许闲:《德国权力制衡模式下的政府间财政关系》,《经济社会体制比较》,2011年。
[7] 李建军:《美国地方政府的支出责任和地方税收:经验与启示》,《公共财政研究》,2016年第6期。
[8] 许云霄:《美国州、地方政府预算与政府债务管理》,《财政研究》,2015年第10期。
[9] 杨雅琴:《中国与美国及加拿大财政体制比较》,《上海经济研究》,2017年第2期。
[10] 蒋先玲、吕国强:《中美财政制度的比较与市政债券发行模式》,《分析财政研究》,2006年第12期。
[11] 卢阳:《地方视野下的税权配置问题研究》,东北财经大学博士研究生学位论文,2016年。
[12] 聂少林:《国外政府非税收入规范管理经验借鉴及启示》,《财政研究》,2010年第12期。

[13] 朱尔茜:《政府非税收入管理的国际比较与借鉴》,《求索》,2013年第4期。

[14] 德国技术合作公司(GTZ):《联邦德国基本法》,1949年颁布,2009年最后一次修改。

[15] 罗湘衡:《德国联邦制下府际财政关系研究》,南开大学博士研究生学位论文,2014年。

[16] 王玮:《共享税模式下的政府间财力配置——基于中、德的比较分析》,《财贸研究》,2015年第4期。

[17] 葛筑英:《联邦德国财政平衡制度及启示》,《财政研究》,2002年第10期。

[18] 谭融、罗湘衡:《论德国的政府间财政关系》,《南开学报(哲学社会科学版)》,2007年第5期。

[19] 杨述明:《论政府间财政关系》,武汉大学博士研究生学位论文,2005年。

[20] 周宇宏、孙士和:《日本财政体制对我国的借鉴意义》,《经济研究参考》,2003年第88期。

[21] 李三秀:《日本分权改革进程中政府间财政关系的调整》,《公共财政研究》,2017年第5期。

第七篇
政府间财政关系
法治化建设[*]

---

[*] 本篇负责人为单飞跃,教授,上海财经大学法学院。

第 20 章　政府间财政关系的法律调整现状[*]

政府间财政关系是指中央与地方政府、地方各级政府之间的财权、财力、事权的配置关系。从政府的层级结构关系及经济管理体制来看,政府间财政关系可以分为纵向(中央与地方、地方上下级之间)、横向(政府各部门之间、同级政府及政府部门之间)、斜向(不同级别的政府之间)等不同维度(徐阳光,2016)。公共财政语境中的各级政府是公共物品的供给者,与市场经济中多元的服务与产品供给者存在交叉、竞争、合作的关系。各级政府在履行提供基本公共服务的职能时,在既定的国家财政管理体制框架内,受限于本级财政收入水平、职权范围、支出责任的监督评价。理顺政府间财政关系需要实现政府间财政事权、收入能力(财权与财力)、支出责任三者的合理配置。本部分旨在明晰现存财政制度中法律调整的现状与问题,寻求突破制度障碍的路径。

20.1　政府间财政管理体制的法律调整

财政管理体制或财政体制是国家划分中央政府与地方政府的纵向关系,以及各级政府之间的横向关系,国家同国有企业、行政、事业单位之间在财政管理方面的职责、权力和利益分配的根本制度。[①] 财政体制的核心内容是在国家相关法律法规的约束和规范下,通过财政的分级管理,各级财政的收支划分以及财力的纵向和横向协调,来处理中央政府与地方政府、地方上下级政府之间的财政分配关系的一种制度安排,其实质是正确处理各级政府间的财政关系。[②] 当前我国运行的政府间财政管理体制是 1994 年分税制改革形成的。尽管经过了多次的微调,但本质特征和基本框架依然没有偏离分税制改革时的初衷和目的。[③]

分税分级财政体制是指在合理划分各级政府职责权限范围的基础上,以分税方法来划分各级政府的财政收入,各级预算相对独立,负有明确的平衡责任,各级次间和地区间的差别通过转移支付制度进行调节。我国分税制的主要内涵包括中

---

[*]　本章执笔人为王雪蕊、单飞跃,上海财经大学法学院。
[①]　孙文基:《财政学》,中国财政经济出版社,2004。
[②]　李齐云:《建立健全与事权相匹配的财税体制研究》,中国财政经济出版社,2013。
[③]　倪红日、张亮:《基本公共服务均等化与财政管理体制改革研究》,《管理世界》,2012 年第 9 期。

央与地方的事权和支出责任划分、中央与地方的收入划分、政府间财政转移支付。

20.1.1　我国分税制财政管理体制的法定框架

明晰我国现行财政管理体制的法律制度框架是了解我国财政法治化程度的必要条件，是落实现代国家治理语境中财政法定主义的必然要求。财政法定主义是财政民主的具体体现，它以财政民主作为基础，同时也是财政民主非常重要的实现途径。所谓的"法"，从形式意义上看应该仅仅指由人民代表所组成的最高权力机关所制定的法律；所谓财政"法定"，并不是说对一切财政行为都必须制定专门的法律，而是说财政行为必须满足合法性要件，必须得到法律的明确许可或立法机关的专门授权。只有在法律允许的范围内，政府才享有财政方面的自由裁量权。从效力层级来看，目前我国财政管理体制的法定框架由宪法、宪法相关法、法律、行政规定组成。

（1）宪法及宪法相关法明确我国政府间财政关系基本架构。其一，《中华人民共和国宪法》（以下简称《宪法》）规定了政府财政关系建构及运行的基本原则。《宪法》第3条规定单一制政体前提下，中央与地方国家机构的设置需以遵循中央统一领导下，充分发挥地方的主动性、积极性为原则，是指导我国分税制建立与完善的宪法性规范。此外，《宪法》第14条规定的"国家厉行节约，反对浪费"、第27条规定的"一切国家机关实行精简原则"作为国家治理的基本规范，对于财政管理体制改革具有重要指引、评价、规范作用。其二，宪法分别规定中央及地方各级国家机关的基本财政管理职责，《中华人民共和国地方各级人民代表大会和地方各级人民政府组织法》对地方权力机关、行政机关的职权进行了细化，基本确立了纵向的政府间财政事权关系。其三，在分税制基础上，《宪法》明确了两类特殊区域的财政管理模式，即民族区域自治地方的财政自主权与港澳特别行政区的财政高度自治权。其四，2015年修改的《中华人民共和国立法法》（以下简称《立法法》）第8条规定"下列事项只能制定法律：（九）基本经济制度以及财政、海关、金融和外贸的基本制度"，在此意义上明确了财政法定主义。

（2）在全国人大立法层面，《中华人民共和国预算法》（以下简称《预算法》）从一般法的角度规定了中央与地方的分税制、以推进地区间基本公共服务均等化为主要目标的财政转移支付制度。其中第15条规定"国家实行中央和地方分税制"，第16条第一款规定"国家实行财政转移支付制度。财政转移支付应当规范、公平、公开，以推进地区间基本公共服务均等化为主要目标"，从形式上概括性地确认了分税制及转移支付制度的合法性；"一级政府一级预算"的规定从实质上将分税制与纵向五级政府预算结构衔接。此外，部门法中关于财权、财力、事权的相关财政条款细化国家、各级政府在提供特定公共物品时的职责、财政收入来源，以及支出责任控制，并通过相关行政法规进行操作层面的细化。分税制本质上处理的是政府间财权与财力的集散关系。财力指各级政府在一定时期内拥有的以货币表示的财政资源,包括税收收入、转移支付收入、非税收入、举债收入等。财权指各级政府所拥有的财政资源获取权、支配权,主要包括以税收收入为主体形式的财政收入征收权、举债权等。事权是指国家或政府承担的公共物品供给职责,包括教育、医疗卫生、社会保障等。在宪法的原则性框架内,我国分税分级型财税管理体制的基本框架以一般法与特别法相结合的方式固定,如表20-1所示。

表20-1 我国分税制财政管体制的法律框架结构

位阶		名称
宪法		《宪法》第3条、第14条、第27条
法律	一般法中的财政条款	《立法法》第8条,《中华人民共和国民族区域自治法》,《中华人民共和国香港特别行政区基本法》第106、107、108条,《中华人民共和国澳门特别行政区基本法》第104、105、106条,《预算法》第6、7、14、15、16、29、39条,《中华人民共和国地方各级人民代表大会和地方各级人民政府组织法》第59、61条
法律	特别法中的财政条款	**财权**:如《中华人民共和国教育法》第57条,《中华人民共和国职业教育法》第30条①规定省级政府地方教育费附加征收权; **财力**:如《中华人民共和国国防法》第35、36②规定国家对国防事业的财力保障义务,《中华人民共和国电影产业促进法》第37条③国家结合财力等情况统筹安排财政资金支持 **事权**:如《中华人民共和国教育法》第14条规定教育事权划分④
行政法规		如《中华人民共和国预算法实施条例》第6、7条⑤,《民族乡行政工作条例》第8条⑥

---

① 《中华人民共和国教育法》第57条:省、自治区、直辖市人民政府根据国务院统一规定,可以决定开征用于教育的地方附加费,专款专用。《中华人民共和国职业教育法》第30条:省、自治区、直辖市人民政府按照教育法的有关规定决定开征的用于教育的地方附加费,可以专项或者安排一定比例用于职业教育。

② 《中华人民共和国国防法》第35条:国家保障国防事业的必要经费。国防经费的增长应当与国防需求和国民经济发展水平相适应。第36条:国家对国防经费实行财政拨款制度。

③ 《中华人民共和国电影产业促进法》第37条:国家引导相关文化产业专项资金、基金加大对电影产业的投入力度,根据不同阶段和时期电影产业的发展情况,结合财力状况和经济社会发展需要,综合考虑、统筹安排财政资金对电影产业的支持,并加强对相关资金、基金使用情况的审计。

④ 《中华人民共和国教育法》第14条:国务院和地方各级人民政府根据分级管理、分工负责的原则,领导和管理教育工作。中等及中等以下教育在国务院领导下,由地方人民政府管理。高等教育由国务院和省、自治区、直辖市人民政府管理。

⑤ 《中华人民共和国教育法》第6条:预算法第8条所称"中央和地方分税制",是指在划分中央与地方事权的基础上,确定中央与地方财政支出范围,并按税种划分中央与地方预算收入的财政管理体制。分税制财政管理体制的具体内容和实施办法,按照国务院的有关规定执行。第7条:县级以上地方各级政府应当根据中央和地方分税制的原则和上级政府的有关规定,确定本级政府对下级政府的财政管理体制。

⑥ 《民族乡行政工作条例》第8条:民族乡财政由各省、自治区、直辖市人民政府按照优待民族乡的原则确定。民族乡的上一级人民政府在编制财政预算时,应当给民族乡安排一定的机动财力,乡财政收入的超收部分和财政支出的节余部分,应当全部留给民族乡周转使用。

20.1.2 财政管理体制运行中的规范性文件支撑

我国分税制基本框架的建立、运行与完善主要以国务院及财政部门颁布的大量规范性文件为支撑。现行财政法制框架是在20世纪90年代分税制模式与实践上建立起来的,主要用于巩固分税制成果,确保中央的基本财政集权。1994年实施的分税制改革初衷,把现行地方财政包干制改为在合理划分中央与地方事权的基础上的分税制,《国务院关于实行分税制财政管理体制的决定》将"财权与事权相结合"作为分税制构建基本原则。2006年第十六届中央委员会第六次会议通过的《中共中央关于构建社会主义和谐社会若干重大问题的决定》、2007年十七大报告提出"健全中央和地方财力与事权相匹配的体制",2013年十八届三中全会《中共中央关于全面深化改革若干重大问题的决定》指出要"建立事权和支出责任相适应的制度"。分税制改革以来,关于央地财政关系的中央文献经历了从"事权与财权相结合原则"到"财权与事权相匹配原则"再到"财力与事权相匹配原则"的不同表述。[①] 可见财权、财力、事权相匹配的原则是理顺政府间财政关系的必要要素,三者具有内在联系,政策中的不同表述与我国分税制发展的不同阶段相适应。有学者将之概括为,事权与财权、财力相匹配的原则应是处理政府间财政关系时更合理的选择。[②]

1994年分税制改革总体上只奠定了中央与省级政府的分税关系,包括两者之间的收入支出划分、转移支付及配套措施,但省级以下分税制并没有完全建立。分税制改革至今,我国一直在通过国务院或财政部层面的改革措施,探索省级以下财政管理体制的建设与完善。1996年财政部颁布《关于完善省以下分税制财政管理体制意见的通知》,规定各地区要参照中央对省级分税制模式,结合本地区的实际情况,将分税制体制落实到市、县级,有条件的地区可落实到乡级,以保证分税制财政体制框架的完整性。同时要求各地区应比照中央对省的做法,逐步取消下级财政原体制上解的递增。2001年国务院颁布《关于印发所得税收入分享改革方案的通知》,要求各省、自治区、直辖市和计划单列市人民政府要结合所得税收入分享改革,完善所属市、县的财政管理体制。2002年国务院转批《财政部关于完善省以下财政管理体制有关问题意见的通知》,明确完善省级以下财政管理体制的目标和原则,要求合理划分省级以下各级政府的事权范围、财政支出责任、财政收入,规范转移支付关系,根据乡经济状况合理确定乡财政管理体制。2009年财政部颁布《关于推进省直接管理县财政改革的意见》,要求按照分税制财政体制的要求,在政府间收支划分、转移支付、资金往来、预决算、年终结算等方面,建立省财政与市、县财政的直接联系,进一步理顺省以下政府间事权划分及财政分配关

---

① 徐阳光:《政府间财政关系法治化研究》,法律出版社,2016。
② 杨志勇:《分税制改革中的中央和地方事权划分研究》,《经济社会体制比较》,2015年第2期。

系，增强基层政府提供公共服务的能力，如表 20-2 所示。

表 20-2 我国财政管理体制法律文本及规范性文件列要

位阶	分税制财政管理体制	政府间财政转移支付制度
法律	《预算法》第 15 条〔原则性规定〕	《预算法》第 6 条〔中央一般公共预算中的转移支付〕、第 7 条〔地方一般公共预算中的转移支付〕、第 14 条〔预算公开程序中转移支付的说明义务〕、第 16 条〔综合性规定、纵向转移支付关系〕、第 29 条〔法律授权〕、第 39 条〔斜向、横向转移支付关系〕
行政法规	《预算法实施条例》第 6、7 条	——
国务院规范性文件①	《国务院关于实行财政分税制有关问题的通知》《国务院关于实行分税制财政管理体制的决定》《国务院关于分税制财政管理体制税收返还改为与本地区增值税和消费税增长率挂钩的通知》《国务院关于印发所得税收入分享改革方案的通知》《国务院批转财政部关于完善省以下财政管理体制有关问题意见的通知》《国务院关于推进中央与地方财政事权和支出责任划分改革的指导意见》《国务院办公厅关于印发基本公共服务领域中央与地方共同财政事权和支出责任划分改革方案的通知》	《国务院关于改革和完善中央对地方转移支付制度的意见》《国务院关于实施支持农业转移人口市民化若干财政政策的通知》《国务院办公厅关于支持贫困县开展统筹整合使用财政涉农资金试点的意见》
部门规范性文件	《财政部关于完善省以下分税制财政管理体制意见的通知》《财政部、中国人民银行、国家税务总局实行"分税制"财政体制后有关预算管理问题的暂行规定》《财政部关于推进省直接管理县财政改革的意见》	《中央对地方专项转移支付管理办法》《中央对地方专项转移支付绩效目标管理暂行办法》《财政部关于印发〈中央财政农村综合改革转移支付资金管理办法〉的通知》《财政部关于印发〈中央对地方重点生态功能区转移支付办法〉的通知》《财政部关于印发〈中央对地方资源枯竭城市转移支付办法〉的通知》《财政部关于印发〈边境地区转移支付资金管理办法〉的通知》《财政部关于印发〈革命老区转移支付资金管理办法〉的通知》《财政部关于印发〈2008 年中央对地方一般性转移支付办法〉的通知》

① 《行政法规制定程序条例》第 5 条规定：行政法规的名称一般称"条例"，也可以称"规定""办法"等。国务院根据全国人民代表大会及其常务委员会的授权决定制定的行政法规，称"暂行条例"或者"暂行规定"。国务院各部门和地方人民政府制定的规章不得称"条例"。

20.2 政府间财政收入的法律调整

财政收入是指政府通过多种形式获取提供公共服务的资金总称,包括税收、非税收入、债务收入、转移支付收入等。财权与财力是评价政府财政收入汲取能力的关键要素。公共财政语境中政府财政收入更加强调财政资金来源、分配、用途的合法性与合理性,在清晰界定各级政府公共服务职责的前提下,财政收入划分取决于提供公共物品成本并受限于财政支出的绩效评价,在此基础上实现财政收入、事权与支出责任相匹配。

20.2.1 税收收入的法律调整

税收是我国政府收入的主要组成部分。2015—2017 年,国家税收收入分别共计 124 922.20 亿元、130 360.73 亿元、144 360.00 亿元,分别占当年全国一般公共预算收入的 82.07%、81.70%、83.65%。[1] 税收税种分配、税收收入划分、税制结构调整、税收征收管理体制改革等因素的变化对各级政府的财力、财权、政府间财政关系产生多方面影响。

1. 税收法定进程提速

《立法法》第 8 条规定"税种的设立、税率的确定和税收征收管理等税收基本制度"只能制定法律,基本确立了我国的税收法定原则。税收法定具有形式与实质两方面的意义。在形式意义上,税收法定强调征税依据的法律化。截至 2018 年 6 月底,我国现有 18 个税种,其中 6 个税种由法律规定,12 个税种由全国人大授权国务院制定行政法规加以规定。全国人大常委会 2018 年立法工作计划将耕地占用税法、车辆购置税法、资源税法列为初次审议法律案。[2] 从形式意义上讲,如果将税收法定简化理解为政府通过立法或者政府文件法规加强财政的纪律性,从而遏制政府对财政的扩张冲动,避免其扭曲现实经济造成宏观经济不稳定,那么"税收纪律"语境中的税收法定可以对政府税收的随意性施加强有力的限制,税收更能反映人民合意,减少社会冲突,满足公共服务需求。[3] 从实质意义上来说,税收法定对于地方税收立法权、央地关系中税权的划分、保持宏观税负稳定、完善分税制财政体制具有重要影响。分税制的本来含义是"分事、分税、分管",但实践中存在重归"分钱"的迹象,不利于地方税收体系的建立与完善。因此有学者提

---

[1] 中华人民共和国财政部与国家统计局。

[2] 全国人大常委会 2018 年立法工作计划,http://www.npc.gov.cn/npc/xinwen/2018-04/27/content_2053820.htm?from=timeline&isappinstalled=0,2018 年 6 月 22 日。

[3] 段炳德:《现代财政制度的基本要素与构建逻辑——基于政治代理模型和中国省级数据的分析》,《管理世界》,2016 年第 8 期。

出,只有对《立法法》中的税收法定条款做适度的修正并使税收法定回归其本来意义,才能在规范层面上为地方税收立法权开辟生存空间,是破解地方财政困难、合理建构央地财政关系的现实考量①,如表 20-3 所示。

表 20-3 我国税种的设定依据及收入划分情况(截至 2018 年 6 月)

税种	文件名称	位阶	收入划分	修正(订)情况
企业所得税	《中华人民共和国企业所得税法》	法律	除部分铁路、金融、邮政、油电企业的企业所得税属于中央固定收入,其余中央与地方按 6:4 比例共享	2017 年 2 月 24 日修正,同日起施行
个人所得税	《中华人民共和国个人所得税法》	法律	中央与地方按 6:4 比例共享	2011 年 6 月 30 日修正,同日起施行
车船税	《中华人民共和国车船税法》	法律	地方收入	2012 年 1 月 1 日起施行
环境保护税	《中华人民共和国环境保护税法》	法律	地方收入	2018 年 1 月 1 日起施行
船舶吨税	《中华人民共和国船舶吨税法》	法律	地方收入	2018 年 7 月 1 日起施行
烟叶税法	《中华人民共和国烟叶税法》	法律	地方收入	2018 年 7 月 1 日起施行
增值税	《中华人民共和国增值税暂行条例》	行政法规	营改增过渡期内中央与地方分别按 50% 共享	2017 年 11 月 19 日修订,同日起施行
消费税	《中华人民共和国消费税暂行条例》	行政法规	中央收入	2008 年 11 月 10 日修订,2009 年 1 月 1 日起施行
关税	《中华人民共和国进出口关税条例》	行政法规	中央收入	2017 年 3 月 1 日修订,同日起施行
城市维护建设税	《中华人民共和国城市维护建设税暂行条例》	行政法规	铁道部门、各银行总行、各保险总公司集中交纳的城市维护建设税属于中央政府收入,其余部分归地方政府	2011 年 1 月 8 日修订,同日起施行
车辆购置税	《中华人民共和国车辆购置税暂行条例》	行政法规	地方收入	2001 年 1 月 1 日起施行
印花税	《中华人民共和国印花税暂行条例》	行政法规	除证券交易印花税以外的其他印花税为地方政府收入	2011 年 1 月 8 日修订,同日起施行
资源税	《中华人民共和国资源税暂行条例》	行政法规	陆地资源税属于地方收入,海洋石油资源税属于中央收入	2011 年 9 月 30 日修订,同日起施行

① 苗连营:《税收法定视域中的地方税收立法权》,《中国法学》,2016 年第 4 期。

（续表）

税种	文件名称	位阶	收入划分	修正(订)情况
契税	《中华人民共和国契税暂行条例》	行政法规	地方收入	1997年10月1日起施行
土地增值税	《中华人民共和国土地增值税暂行条例》	行政法规	地方收入	2011年1月8日修订，同日起施行
房产税	《中华人民共和国房产税暂行条例》	行政法规	地方收入	2011年1月8日修订，同日起施行
城镇土地使用税	《中华人民共和国城镇土地使用税暂行条例》	行政法规	地方收入	2013年12月7日修订，同日起施行
耕地占用税	《中华人民共和国耕地占用税暂行条例》	行政法规	地方收入	2008年1月1日起施行

2. 税制结构调整影响地方税体系建设

1994年分税制改革明确了中央与地方税种的组成范围，分设国地税两套税务征管机构，地方税管理体系框架基本形成。中央税税种主要包括关税，海关代征消费税和增值税，消费税，中央企业所得税，地方银行和外资银行及非银行金融企业所得税，铁道部门、各银行总行、各保险总公司等集中交纳的收入（包括营业税、所得税、利润和城市维护建设税），中央企业上缴利润等。地方税主要税种包括营业税（不含铁道部门、各银行总行、各保险总公司集中交纳的营业税）、地方企业所得税（不含上述地方银行和外资银行及非银行金融企业所得税）、地方企业上缴利润、个人所得税、城镇土地使用税、固定资产投资方向调节税、城市维护建设税（不含铁道部门、各银行总行、各保险总公司集中交纳的部分）、房产税、车船使用税、印花税、屠宰费、农牧业税、农业特产税、耕地占用税、契税、遗产或赠予税、土地增值税、国有土地有偿使用收入等。

实际执行过程中，共享收入划分陆续为国务院出台的一些行政法规调整，调整对象主要集中在中央与地方出口退税负担比例、证券交易税与所得税收入的划分比例。比如对于中央与地方出口退税负担比例，由1994年分税制改革确定的全部中央负担改变为自2004年其中央与地方按75%、25%比例共同负担，2005年负担比例调整为92.5%、7.5%，2015年规定出口退税（包括出口货物退增值税和营业税改征增值税出口退税）全部由中央财政负担，地方2014年原负担的出口退税基数，定额上解中央。所得税方面，个人所得税由完全的地方税收入调整为中央与地方共享税；企业所得税不再按照企业隶属关系划分为中央与地方收入，按照与个人所得税相同比例划分。对于证券交易印花税收入的央地划分比例，经历了"五五分""八二分""九七比三分"，现调整为中央全部收入。

另外，实体税制结构变化也对中央与地方税收划分产生直接影响。首先，属于地方税的农业税、屠宰税、固定资产投资方向税已停征，遗产税未开征。其次，根据《国务院关于做好全面推开营改增试点工作的通知》自 2016 年 5 月 1 日起全面实施营改增的规定,营业税不再属于地方税种范围。2016 年国务院发布《关于印发全面推开营改增试点后调整中央与地方增值税收入划分过渡方案的通知》,营改增后中央与地方增值税划分收入暂行过渡期政策,所有行业企业缴纳的增值税均纳入中央和地方共享范围;中央分享 50%,地方按税收缴纳地分享 50%。此外,自 2011 年在上海、重庆两地启动试点开征房产税后,房地产税立法备受社会关注。2009 年国务院废止 1951 年 8 月 8 日政务院公布的《城市房地产税暂行条例》,此后居民与非居民纳税人均依照《中华人民共和国房产税暂行条例》缴纳房产税。2014 年国务院出台的《不动产登记暂行条例》对出台房产税有间接效应。2015 年 8 月,第十二届全国人大常委会立法工作规划明确将房地产税法包括在内。房地产税立法不仅涉及与我国现存法律制度的协调问题,如《宪法》中的土地制度、《物权法》规定的住宅建设使用权、《担保法》与《城市房地产管理法》相关条款,而且事关地方税体系建设及分税制财政体制的完善,具有社会、财政、体制、税制、地方政府职能转变、民生、法治方面的意义[1],如表 20-4 所示。

表 20-4　1994 年至今我国中央与地方税收收入划分规范性文件调整列要

调整依据	中央税	地方税	共享税
《国务院关于实行分税制财政管理体制的决定》	关税,海关代征消费税和增值税,消费税,中央企业所得税,地方银行和外资银行及非银行金融企业所得税,铁道部门、各银行总行、各保险总公司等集中交纳的收入(包括营业税、所得税、利润和城市维护建设税),中央企业上缴利润等。外贸企业出口退税,除 1993 年地方已经负担的 20% 部分列入地方上交中央基数外,以后发生的出口退税全部由中央财政负担	营业税(不含铁道部门、各银行总行、各保险总公司集中交纳的营业税)、地方企业所得税(不含上述地方银行和外资银行及非银行金融企业所得税)、地方企业上缴利润、个人所得税、城镇土地使用税、固定资产投资方向调节税、城市维护建设税(不含铁道部门、各银行总行、各保险总公司集中交纳的部分)、房产税、车船使用税、印花税、屠宰费、农牧业税、农业特产税、耕地占用税、契税、遗产或赠予税、土地增值税、国有土地有偿使用收入等	增值税、资源税、证券交易税。增值税中央分享 75%,地方分享 25%。资源税按不同的资源品种划分,大部分资源税作为地方收入,海洋石油资源税作为中央收入。证券交易税,中央与地方各分享 50%

[1] 胡怡建、朱大玮:《从国家治理视角看我国房地产税改革》,《税务研究》,2015 年第 12 期。

(续表)

调整依据	中央税	地方税	共享税
《国务院关于调整证券交易印花税中央与地方分享比例的通知》			为进一步规范证券交易市场,妥善处理中央与地方的分配关系,增强中央宏观调控能力,国务院决定,自1997年1月1日起,将证券交易印花税分享比例由现行的中央与地方各50%,调整为中央80%,地方20%
《国务院关于明确中央与地方所得税收入分享比例的通知》			为促进区域经济协调发展和深化改革,国务院决定,从2004年起,中央与地方所得税收入分享比例继续按中央分享60%,地方分享40%执行
《国务院关于改革现行出口退税机制的决定》	建立中央和地方共同负担出口退税的新机制。从2004年起,以2003年出口退税实退指标为基数,对超基数部分的应退税额,由中央和地方按75:25的比例共同负担		
《国务院关于完善中央与地方出口退税负担机制的通知》	在坚持中央与地方共同负担出口退税的前提下完善现有机制,并自2005年1月1日起执行,调整中央与地方出口退税分担比例。国务院批准核定的各地出口退税基数不变,超基数部分中央与地方按照92.5:7.5的比例共同负担		
《国务院关于调整证券交易印花税中央与地方分享比例的通知》			为妥善处理中央与地方的财政分配关系,国务院决定,从2016年1月1日起,将证券交易印花税由现行按中央97%、地方3%比例分享全部调整为中央收入

(续表)

调整依据	中央税	地方税	共享税
《国务院关于完善出口退税负担机制有关问题的通知》	出口退税（包括出口货物退增值税和营业税改征增值税出口退税）全部由中央财政负担，地方2014年原负担的出口退税基数，定额上解中央		
《国务院关于印发全面推开营改增试点后调整中央与地方增值税收入划分过渡方案的通知》			自2016年5月1日起执行，过渡期暂定2—3年，期间以2014年为基数核定中央返还和地方上缴基数；所有行业企业缴纳的增值税均纳入中央和地方共享范围；中央分享增值税的50%；地方按税收缴纳地分享增值税的50%；中央上划收入通过税收返还方式给地方，确保地方既有财力不变；中央集中的收入增量通过均衡性转移支付分配给地方，主要用于加大对中西部地区的支持力度

3. 税收征收管理体制变动引起法律修改

1994年分税制改革完成了我国地方征收机构的组建。根据《国务院关于实行分税制财政管理体制的决定》的规定，分税制改革与税收管理体制改革同步进行，分设国税、地税两套税务机构进行征管，国税负责中央税和共享税的征收，地税负责地方税的征收。分税制后，我国逐渐建立了覆盖全国范围的省级到地、市级、县级、基层税务所的国地税分立的征收机构。1997年《国务院关于地方税务机构管理体制问题的通知》为规范和完善地方税务机构管理体制，要求实施省（自治区、直辖市）级以下地方税务局实行上级税务机关和同级政府双重领导、以上级税务机关垂直领导为主的管理体制。直至2001年《税收征收管理法》的修订，才将"各地国家税务局和地方税务局应当按照国务院规定的税收征收管理范围分别进行征收管理"正式写入法律①,从法律层面确认省以下国地分立的税收征管体制,分别负责对中央税、地方税以及中央与地方共享税的征收管理。

建立在分税制基础上的税收管理体制较好地适应了经济体制由计划经济向市场经济转型,经济增长方式由粗放型向集约型转变的要求,极大提升了税收收入占 GDP 与中央财政收入占总收入两个比重,但在税权高度集中在中央、央地共享收入比重过大的现实情况下,不同地区、不同层级政府、不同税务机构之间存在税收管辖权矛盾,税收征管成本上升。② 省级以下国地税合并已经引起我国诸多部门规章及税收规范性文件的修改,如国家税务总局发布的《关于修改部分税务部门规章的决定》。《国务院 2017 立法工作计划》将修订《税收征收管理法》列为"全面深化改革急需的项目",并于 2018 年提请全国人大常委会审议《税收征收管理法》修订草案。根据全国人大常委会 2018 年立法工作计划,《税收征收管理法》(修改)已列为初次审议的法律案,审议工作安排为 2018 年 10 月。③

20.2.2 非税收入的法制化规范

政府间财政关系着重处理的是各级政府的收入、支出与事权的匹配度问题,以实现三者间的长期动态均衡。财权以税权为主,在税权与财权不匹配时,增加非税收入成为用来弥补地方政府财力缺口的办法之一。④ 非税收入作为与税收收入对应的概念,由我国的"预算外资金"管理改革演变而来,这种转变标志着我国政府收入由按照资金性质分类管理转变为按照收入形式进行分类管理,体现了规范政府收入机制和健全公共财政体系的内在要求。⑤ 事实上,无论是"预算外资金"还是"非税收入",本质上都是政府间财政关系管理问题,而非只是财政收入形式的问题。在事权、财权、财力相匹配的原则指导下,从制度层面考量,目前我国非税收入管理问题主要表现为规范化基础上的法制化问题。

2003 年 5 月财政部、国家发改委、监察部、审计署联合发布《关于加强中央部门和单位行政事业性收费等收入"收支两条线"管理的通知》,第一次以列举的方

---

① 《中华人民共和国税收征收管理法》第 5 条第 1 款规定,国务院税务主管部门主管全国税收征收管理工作。各地国家税务局和地方税务局应当按照国务院规定的税收征收管理范围分别进行征收管理。此后《税收征收管理法》(2013 年、2015 年修正)均承袭本条规定,未做改变。

② 《我国税收管理体制的改革研究》课题组:《我国税收管理体制的改革研究——兼论我国税收成本的体制性因素及其优化》,《财政研究》,2009 年第 11 期。

③ http://www.npc.gov.cn/npc/xinwen/2018-04/27/content_2053820.htm?from=timeline&isappinstalled=0,2018 年 8 月 7 日。

④ 吕冰洋:《现代政府间财政关系的构建》,《中国人民大学学报》,2014 年第 5 期。

⑤ 齐守印、王朝才:《非税收入规范化管理研究》,经济科学出版社,2009。

式界定政府"非税收入"的范围①，2004年《财政部关于加强政府非税收入管理的通知》首次从正面对政府非税收入概念进行定义②，明确政府非税收入的范围包括行政事业性收费、政府性基金、国有资源有偿使用收入、国有资产有偿使用收入、国有资本经营收益、彩票公益金、罚没收入、以政府名义接受的捐赠收入、主管部门集中收入以及政府财政资金产生的利息收入等。社会保障基金、住房公积金不纳入政府非税收入管理范围。此外，《财政部关于加强政府非税收入管理的通知》概括性规定了非税收入分类管理、政府分成管理、收缴管理、票据管理、预算管理、监督检查等事项，标志着我国非税收入已走上规范化管理的新起点。③

2016年财政部颁布的《关于印发〈政府非税收入管理办法〉的通知》对非税收入的设立、征收、票据、资金和监督管理等活动做出明确规定，是实现非税收入从规范化管理向法制化治理迈进的重要一步。《关于印发〈政府非税收入管理办法〉的通知》第9条规定各类非税收入的设立与征收，应当依据法律、法规的规定或者按相应管理权限予以批准，第10条第二款规定取消法律、法规规定的非税收入项目，应当按照法定程序办理；第11条第三款规定法律、法规对非税收入执收单位已有规定的，从其规定。前述条款体现了非税收入管理的法定主义原则。建立健全政府非税收入管理的法律体系，是强化非税收入管理的基本前提。④ 但事实上，我国非税收入法制建设并不健全，削弱了《关于印发〈政府非税收入管理办法〉的通知》第九条准用性条款的可操作性。其一，《预算法》只对政府性基金、国有资本经营收益进行预算收支管理层面的原则性规定，并不涉及具体的操作规则。其二，各类非税收入的法制化程度参差不齐。比如中央银行收入主要按照《中华人民共和国人民银行法》执行；行政事业性收费的设立一般以法律或行政法规为依据，通过部门规章对资金进行细化管理；政府性基金的综合性规定主要是财政部颁布部门规章，其他相关规定散落在国务院的各项行政法规之中，呈现碎片化管理的规范样态；彩票公益金的设定、调整及征管依据为国务院颁布的《彩票管理条例》，缺乏人大立法监督。其三，我国公有产权及收益制度能否与非税收入管理制

---

① 中央部门和单位按照国家有关规定收取或取得的行政事业性收费、政府性基金、罚款和罚没收入、彩票公益金和发行费、国有资产经营收益、以政府名义接受的捐赠收入、主管部门集中收入等属于政府非税收入。

② 政府非税收入是指除税收以外，由各级政府、国家机关、事业单位、代行政府职能的社会团体及其他组织依法利用政府权力、政府信誉、国家资源、国有资产或提供特定公共服务、准公共服务取得并用于满足社会公共需要或准公共需要的财政资金，是政府财政收入的重要组成部分，是政府参与国民收入分配和再分配的一种形式。

③ 齐守印、王朝才：《非税收入规范化管理研究》，经济科学出版社，2009。

④ 刘尚希：《论非税收入的几个基本理论问题》，《湖南财政经济学院学报》，2013年第3期。

度顺利衔接仍然有待商榷。总体上非税收入征管依据多为行政机关单向度的管理规范,缺乏权力机关授权或委托立法。非税收入征管不仅需要提高法制化水平规范政府收费行为,更需要从财政管理体制上厘清政府间收入、事权与支出责任的划分,通过疏堵结合的方式进行非税收入治理,如表20-5所示。

表20-5 我国非税收入设立及征收管理依据列要(截至2018年6月)

类型	法律	行政法规	部门规章
非税收入综合管理类文件①	《预算法》第27条②	《财政违法行为处罚处分条例》	《财政部关于印发〈政府非税收入管理办法〉的通知》《财政部关于加强政府非税收入管理的通知》
行政事业性收费	如《中华人民共和国残疾人保障法》第5条③,《中华人民共和国人口与计划生育法》第41条④	《违反行政事业性收费和罚没收入收支两条线管理规定行政处分暂行规定》《社会抚养费征收管理办法》《残疾人就业条例》	《财政部、国家发改委关于不动产登记收费有关政策问题的通知》《残疾人就业保障金征收使用管理办法》
政府性基金	如《中华人民共和国公共文化服务保障法》⑤	如《融资担保公司监督管理条例》⑥	财政部关于印发《政府性基金管理暂行办法》的通知、《财政部关于印发〈政府性基金管理暂行办法〉的通知》《财政部、中国人民银行关于将部分政府性基金纳入预算管理的通知》
国有资源有偿使用收入、特许经营收入	《中华人民共和国企业国有资产法》	按照国务院和省级人民政府及其财政部门的规定设立和征收	

---

① 包括通过北大法宝数据库搜索的标题中含有"非税收入"的财政管理类文件。
② 《中华人民共和国预算法》第27条:一般公共预算收入包括各项税收收入、行政事业性收费收入、国有资源(资产)有偿使用收入、转移性收入和其他收入。
③ 《中华人民共和国残疾人保障法》第5条:县级以上人民政府应当将残疾人事业纳入国民经济和社会发展规划,加强领导,综合协调,并将残疾人事业经费列入财政预算,建立稳定的经费保障机制。
④ 《中华人民共和国人口与计划生育法》第41条:不符合本法第18条规定生育子女的公民,应当依法缴纳社会抚养费。未在规定的期限内足额缴纳应当缴纳的社会抚养费的,自欠缴之日起,按照国家有关规定加收滞纳金;仍不缴纳的,由做出征收决定的计划生育行政部门依法向人民法院申请强制执行。
⑤ 参见《中华人民共和国公共文化服务保障法》第31条第3款:公共文化设施开放或者提供培训服务等收取费用的,应当报经县级以上人民政府有关部门批准;收取的费用,应当用于公共文化设施的维护、管理和事业发展,不得挪作他用。
⑥ 《融资担保公司监督管理条例》第46条:政府性基金或者政府部门为促进就业创业等直接设立运营机构开展融资担保业务,按照国家有关规定执行。

(续表)

类型	法律	行政法规	部门规章
国有资产经营收益	《中华人民共和国企业国有资产法》	《企业国有资产监督管理暂行条例》	《行政单位国有资产管理暂行办法》《事业单位国有资产管理暂行办法》
彩票公益金	——	按照国务院和财政部的规定设立和征收	
中央银行收入	《中华人民共和国中国人民银行法》	——	
罚没收入		按照法律、法规和规章的规定征收	
主管部门集中收入、以政府名义接受的捐赠收入、政府收入的利息收入及其他非税收入	——	按照同级人民政府及其财政部门的管理规定征收或者收取	

20.2.3 地方政府性债务收入的预算法律约束

地方政府性债务也是伴随政府间事权与财权分配不匹配产生的问题之一。在改革开放普遍放权的基础上,分税制进一步调动了各级地方政府培育对本地有利的新财源、发掘本地经济新增长点的积极性,刺激各地政府发起一轮又一轮的投资热潮。随着地方政府对经济建设与社会管理事务的介入程度越来越深,支出责任也与日俱增。另外,政府只是名义上的债务人与偿债者,是实际债权人与实际借款人(纳税人)的中介,其凭借政府信用担保的便利性,可以将债务转移给后代政府,实现欠债与偿债脱节。[①] 特别是在宏观经济下行时,各级政府负有保持宏观经济稳定增长的责任,政府举债容易制造短期经济繁荣、公共服务供给丰足、政绩突出等假象,导致地方财政的收支缺口更加突出,刺激全国地方政府性债务增长。

1994年颁布的《预算法》第28条第二款规定"除法律和国务院另有规定外,地方政府不得发行地方政府债券"。2014年修正的新《预算法》第35条赋予了地方省级政府一定的举债权。其一,新《预算法》在总体坚持"预算平衡"的原则下,第35条第一款为地方政府的赤字管理留下"法内空间",即本法第66条规定的省级政府一般公共预算年度执行中出现短收,通过调入预算稳定调节基金、减少支出等方式仍不能实现收支平衡的,可以报本级人民代表大会或者其常务委员会批准,增列赤字,报国务院财政部门备案,并应当在下一年度预算中予以弥补。其二,第35条第二、三款确立了我国现行地方政府唯一合法的举债机制,包括举债

---

① 罗林:《政府债务机制研究》,中国金融出版社,2014。

范围、举债性质、举债方式、举债规模、举债审批程序、偿债保障、资金用途,第五款规定了举债风险管理、举债监督主体。第四款承袭《中华人民共和国担保法》第8条的规定,除经国务院批准为使用外国政府或者国际经济组织贷款进行转贷外,国家机关不得为保证人,不得为任何他人债务进行担保。此后,2014年10月2日国务院出台《关于加强地方政府性债务管理的意见》全面规范地方政府性债务管理,标志处在经济转型关键期的中国基本建成完整的地方债务风险管控制度框架。① 在我国地方政府债务风险形势严峻的情况下,国务院及财政部、发改委等政府债务管理部门陆续发布一系列规范性文件加强地方政府债务管理,包括实行规模控制和分类管理、严格限定政府举债程序和资金用途、建立债务风险预警及化解机制、进行考核问责等具体管控措施,以增强新《预算法》对地方政府债务发行与管理的制度约束,如表20-6和表20-7所示。

表20-6　新旧《预算法》关于地方政府性债务的规定对比

项目	1994年《预算法》第28条	2014新《预算法》第35条
第一款	地方各级预算按照量入为出、收支平衡的原则编制,不列赤字	地方各级预算按照量入为出、收支平衡的原则编制,除本法另有规定外,不列赤字
第二款	除法律和国务院另有规定外,地方政府不得发行地方政府债券	经国务院批准的省、自治区、直辖市的预算中必需的建设投资的部分资金,可以在国务院确定的限额内,通过发行地方政府债券举借债务的方式筹措。举借债务的规模,由国务院报全国人民代表大会或者全国人民代表大会常务委员会批准。省、自治区、直辖市依照国务院下达的限额举借的债务,列入本级预算调整方案,报本级人民代表大会常务委员会批准。举借的债务应当有偿还计划和稳定的偿还资金来源,只能用于公益性资本支出,不得用于经常性支出
第三款	——	除前款规定外,地方政府及其所属部门不得以任何方式举借债务
第四款	——	除法律另有规定外,地方政府及其所属部门不得为任何单位和个人的债务以任何方式提供担保
第五款	——	国务院建立地方政府债务风险评估和预警机制、应急处置机制以及责任追究制度。国务院财政部门对地方政府债务实施监督

---

① 马海涛:《现代财政制度建设之路——"十三五"时期我国财政改革与发展规划》,中国财政经济出版社,2015。

表 20-7　我国地方政府性债务调整依据列要

位阶	调整依据
法律	《中华人民共和国预算法》第 35 条、《中华人民共和国担保法》第 8 条
行政法规	《企业债券管理条例》
国务院规范性文件	《关于加强地方政府性债务管理的意见》《国务院关于深化预算管理制度改革的决定》、国务院办公厅《关于印发地方政府性债务风险应急处置预案的通知》
部门规范性文件	财政部《关于印发地方政府存量债务纳入预算管理清理甄别办法的通知》、财政部《关于对地方政府债务实行限额管理的实施意见》、财政部关于印发《地方政府一般债务预算管理办法》的通知、财政部关于印发《地方政府专项债务预算管理办法》的通知、六部委《关于进一步规范地方政府举债融资行为的通知》、财政部《关于规范金融企业对地方政府和国有企业投融资行为有关问题的通知》、财政部《试点发行地方政府棚户区改造专项债券管理办法》、国家发改委办公厅和财政部办公厅《关于进一步增强企业债券服务实体经济能力严格防范地方债务风险的通知》、国家发改委和财政部《关于完善市场约束机制严格防范外债风险和地方债务风险的通知》

20.3　政府间财政事权的法律调整

　　事权是指政府所承担的社会经济事务责任,有学者将其称为市场经济条件下政府公共品的供给职责。[1] 国外的公共经济学专著中,并无"事权"一词,有的只是"政府支出"(government expenditure)(Rosen,2006)。[2] 目前,国内主流观点将事权理解为国家提供公共服务的责任。[3] 在计划经济语境下,政府除了承担前者职责,事权还包括对企业生产、销售和投资计划以及职工工资和流动管理权;在市场化改革后,后者被极大削弱,目前的事权主要是指公共服务的职能划分,越来越接近支出责任的划分,因此"责"字十分重要。[4] 事权划分不可避免地与财权、财力有着密切关系,它不仅是中央和地方政府职能的划分问题,而成为规范政府间财政关系的一个中心问题。[5]

---

[1] 李齐云、马万里:《中国式财政分权体制下政府间财力与事权匹配研究》,《理论学刊》,2012 年第 11 期。
[2] 马万里:《中心治理下的政府间事权划分新论——兼论财力与事权相匹配的第二条(事权)路径》,《经济社会体制比较》,2013 年第 6 期。
[3] 刘剑文、侯卓:《事权划分法治化的中国路径》,《中国社会科学》,2017 年第 2 期。
[4] 楼继伟:《中国政府间财政关系再思考》,中国财政经济出版社,2013 年。
[5] 杨志勇:《分税制改革中的中央和地方事权划分研究》,《经济社会体制比较》,2015 年第 2 期。

我国政府事权划分的法律框架包括宪法、法律、行政法规，以及国务院和有关部门的规范性文件。形式意义上，事权划分依据的考察既包括各层级成文法规则的考察，也包括一般法与特别法角度的考察。实质意义上，事权概念不仅是形式意义上政府职权的细化和具体化，而且具有与各层级政府的财权、财力、支出责任保持预算平衡的动态意义。更深层次意义上，政府事权与市场经济改革中政府与市场关系改革具有密切关系。只有在确立事权划分依据以及保障事权的相应财权基础上，深入考察中央政府与地方政府事权的各自内涵及特点，中央政府与地方政府各自的事权划分才有可能进行。① 本文主要从纵向和横向角度分析我国政府间事权划分的法律调整现状。

20.3.1 纵向维度的政府间事权配置

纵向维度的政府间事权配置是指中央与地方及地方各级政府之间的事权划分，是理顺政府间财政关系的起点和重点。目前的法律调整框架主要包括宪法及宪法相关法规范、特别领域法律的事权条款、行政法规与行政规范性文件。

（1）宪法及宪法相关法对政府间事权划分的行政职权约束。从其他国家经验来看，调整中央与地方事权划分的基础应当是宪法。从形式意义和实质意义上看，政府间事权划分均不能突破宪法关于单一制政体、公民基本权利、国家义务、国家机构职权的根本性规定。我国《宪法》第三条第三款规定了央地事权划分的基本原则，即在中央统一领导下，发挥地方的自主性和积极性，这成为学者普遍认同的在我国单一制政体前提下协调中央与地方政府财政关系基本原则。② 此外，我国《地方各级人民代表大会和地方各级人民政府组织法》规定了中央及地方政府的职权范围，这是政府间事权划分不可突破的政府基本法定职权。前述两项一般法意义上的规范组合对纵向政府间财政关系的配置起到直接影响。总体看来，政府承担职能基本上是上下对口，各级政府共同承担管理经济、教育、科学、文化、卫生、体育事业、城乡建设事业和财政、民政、公安、民族事务、司法行政、计划生育等行政工作，具有明显的行政性分权特点。

（2）特别法对于政府间事权进行具体配置。特别领域立法通过一般法律授权条款和个别预算条款对政府间事权进行具体配置。其一，通过法律授权条款对共同事权划分的具体化、明确化。比如《教育法》第十四条将不同类型的教育事权在

---

① 白晓峰：《预算法视角下的中央与地方关系——以事权与支出责任分配为中心》，《法商研究》，2015年第1期。
② 楼继伟：《中国政府间财政关系再思考》，中国财政经济出版社，2013。

中央、省级、地方各级人民政府之间界分。①《中华人民共和国药品管理法》第五条将药品监督管理职权在中央和省级政府间进行分配。②《中华人民共和国食品安全法》第五条、第六条分别明确了国务院、县级以上地方人民政府食品安全监管职责。特别法中的授权性规则通常是缺少制裁要素的不完全规范,受我国的行政分权影响,下级与上级政府事权划分的主要区别在于"本行政区域内"的职权范围限缩。其二,通过部分特别法中的预算条款将某项政府职能列为共同事权。比如《中华人民共和国国防动员法》第六条规定,国防动员经费按照事权划分原则分别列入中央与地方财政预算。③《中华人民共和国人民防空法》第四条规定,各级政府的人民防空经费应当分别列入中央与地方各级预算。④ 特别法中具体的授权性规则和预算约束的义务性规则将政府间事权关系进一步具体化。

(3) 以规范性文件为支撑的事权划分。目前中央与地方事权划分较明晰的具体内容主要规定在 1994 年实施的《国务院关于实行分税制财政管理体制的决定》之中。中央财政主要承担国家安全、外交和中央国家机关运转所需经费,调整国民经济结构、协调地区发展、实施宏观调控所必需的支出以及由中央直接管理的事业发展支出;地方财政主要承担本地区政权机关运转所需支出以及本地区经济、事业发展所需支出。此外,国家机构各部门颁布的"三定方案"对于政府事权的划分与调整具有重要影响。现实中诸如"三定方案"等政策文件在许多场合中为各级政府提供了较为清晰的事权指引。⑤ 在宪法及法律规定的原则性、指引性事权法律框架内,分税制及机构改革等相关行政规范性文件对事权划分具有实质性作用(见表 20-8)。

---

① 《中华人民共和国教育法》第四条:国务院和地方各级人民政府根据分级管理、分工负责的原则,领导和管理教育工作。中等及中等以下教育在国务院领导下,由地方人民政府管理。高等教育由国务院和省、自治区、直辖市人民政府管理。
② 《中华人民共和国药品管理法》第五条:国务院药品监督管理部门主管全国药品监督管理工作。国务院有关部门在各自的职责范围内负责与药品有关的监督管理工作。省、自治区、直辖市人民政府药品监督管理部门负责本行政区域内的药品监督管理工作。省、自治区、直辖市人民政府有关部门在各自的职责范围内负责与药品有关的监督管理工作。国务院药品监督管理部门应当配合国务院经济综合主管部门,执行国家制定的药品行业发展规划和产业政策。
③ 《国防动员法》第六条:国家保障国防动员所需经费。国防动员经费按照事权划分的原则,分别列入中央和地方财政预算。
④ 《中华人民共和国人民防空法》第四条:人民防空经费由国家和社会共同负担。中央负担的人民防空经费,列入中央预算;县级以上地方各级人民政府负担的人民防空经费,列入地方各级预算。有关单位应当按照国家规定负担人民防空费用。
⑤ 刘剑文、侯卓:《事权划分法治化的中国路径》,《中国社会科学》,2017 年第 2 期。

表 20-8　纵向维度政府间事权划分法律规范列要

法律简称	规范目的/效果	重要条款/内容
《宪法》	确立央地事权划分的基本原则	第三条第三款(中央统一领导与地方主动性和积极性)
	确定中央与地方各级行政机关的职权范围；国务院的行政领导地位	第八十九条(国务院职权)、第一百零七条(地方政府职权)、第一百一十九条(民族自治地方自治机关职权)
《中华人民共和国地方政府组织法》	细化地方政府的公共服务职权	第五十九条(县级以上地方人民政府职权)、第六十一条(乡镇人民政府职权)
《中华人民共和国教育法》	政府间教育事权划分	第十四条
《中华人民共和国义务教育法》	义务教育经费国务院和地方各级人民政府共同负担	第四十四条
《中华人民共和国职业教育法》	主要是县级以上各级人民政府职责	第十一、三十六、三十七、三十八条
《中华人民共和国人民防空法》	人民防空经费列入中央及地方各级预算	第四条
《中华人民共和国国防动员法》	国防动员经费列入中央与地方财政预算	第六条
《中华人民共和国食品安全法》	国务院、县级以上政府的食品监管职责	第五、六条
《中华人民共和国药品安全法》	国务院、省级的药品监管职责	第五条

20.3.2　横向维度的政府间事权配置

横向维度的政府间事权配置强调妥善处理公共物品供给市场中政府、市场、社会三者之间的关系。合理界定政府与市场关系，是完善政府事权配置与划分的前提。在现代社会经济发展过程中，政府与市场各有其适用的领域，两者都存在"失灵"的风险。公共物品的供给也存在多种形式，可以依照公共品的纯度分为政府服务、政府间协议、政府出售、合同外包、政府补助和赠券、特许经营、自由市场与志愿服务等多种不同的公共品供给机制。[①] 公共物品的供给市场中存在多元的社会主体，如私人企业、非营利组织等。社会性资金的引入有利于降低政府公共开支，提高供给效率，减少政府干预市场和寻租的可能性。关于政府、市场、社会之间关系的价值判断的必然以不同形式、不同程度地体现在制度与规则之中(见表 20-9)。

---

① 〔美〕E. S. 萨瓦斯：《民营化与公私部门的伙伴关系》，中国人民大学出版社，2002.

表 20-9　横向维度政府间事权配置法律规范示例

简称	重要条款/内容	规范目的/效果
《宪法》(2018 年修订)	第十四条(给付行政职权)、第十五条(社会主义市场经济)、第十九条(教育)、第二十条(科学研究)、第二十一条(医疗卫生)、第二十二条(公共文化)、第二十九条(国防)、第四十二、四十三条(劳动者权益保障职权)、第四十五条(社会保障职权)等	影响公共物品供给的经济制度及基本权利条款
《中华人民共和国义务教育法》(2015 年修正)	第二条、第七条、第四十八条	义务教育是**国家必须予以保障**的公益性事业,实行国务院领导,省、级政府统筹规划实施,**县级人民政府为主管理的体制**;国家鼓励社会主体向义务教育**捐赠**
《中华人民共和国高等教育法》(2015 年修正)	第六条、第十三条、第六十条	国家采取**多种形式**积极发展高等教育事业,实行国务院统一领导管理,**省级政府统筹协调管理**本行政区域内的高等教育院校;国家鼓励企业事业组织、社会团体及其他社会组织和个人向高等教育**投入**
《中华人民共和国职业教育法》(1996 年制定)	第六条、第十一条、第二十一条	**各级人民政府、行业组织和企业、事业组织**依法承担相应职业教育义务,国务院教育行政部门负责统筹规划、综合协调、宏观管理,**县级以上地方各级人民政府**加强对本行政区域内职业教育工作的领导、统筹协调和督导评估;国家鼓励事业组织、社会团体、其他社会组织及公民个人依法**举办**职业学校和培训机构

1. 宪法经济制度及基本权利规定督促政府职能转变

政府、市场及社会的关系涉及国家经济体制、社会经济建设发展、民生保障等重要事项,事关每个公民"群己利益"划分问题,需要宪法规范予以调整。我国《宪法》中的经济制度及公民基本权利条款直接或间接地影响政府职能定位及其事权划分。其一,《宪法》第十五条明确我国实行社会主义市场经济。在市场经济环境中,需要将经济人与政府都置身于法治框架下,受到法律约束,政府与经济是一种"保持距离型"关系。① 特别是在社会资本积累规模已持续扩张的条件下,我国各

---

① 楼继伟:《中国政府间财政关系再思考》,中国财政经济出版社,2013。

级地方政府应当把职能收缩到提供地方公共产品上来,退出一般竞争性领域。[1]其二,宪法中关于公民基本权利与国家义务、国家制度性条款影响政府公共物品供给的限度与方式,间接影响政府事权的配置。比如对于教育类公共物品的供给,《宪法》第十九条第三款规定国家鼓励社会多元主体依法举办各种教育事业,包括集体经济组织、国家企业事业组织、其他社会力量;对于公民"获得物质帮助权"的保障,宪法第四十五条第二、三款规定保障的主体是"国家和社会"[2];对于宪法相关条款中"与经济发展水平相适应"概念的理解,也会影响政府对自身职能的定位及具体行政行为表现。

宪法秩序为横向维度的政府事权分工提供基本价值指引。从这个意义上,事权的性质不能简单地理解为按照形式标准规定的政府职能的细化,而是指不同层级政府在社会经济发展中具有不同的公共职能属性。公共职能属性与政府公共产品供给的本质相关,即服务于公民的基本权利,满足社会共同需要。事权划分,形式上是为了公权力的高效运作,但究其本旨是基于更好地保障公民权利的需要,从积极和消极两个向度框定各级政府事权的范围。[3]在政府间事权分工与配置问题上,我国《宪法》中基本权利的客观价值秩序依然起到重要的指引、规范作用。政府职能应当由主要进行经济建设转变为提供公共服务,不得通过财权恣意干预市场主体,不可为获取财力而短期牟利。

2. 法律规定不同种类公共物品供给中的政府事权划分

按照经济学标准,政府间职能的划分一般遵循外部性、信息复杂性和激励相容三原则。外部性是指经济主体的经济活动对他人和社会造成了影响,但该主体却不为此承担责任。信息处理的复杂性实质在信息处理上,不同级别的政府具有不同的比较优势。激励相容是指如果在某种体制下,多数参与人即使按照自己的利益运作,也能实现整体利益最大化。[4]根据三原则的经济标准审视法律制度中政府事权划分,分别体现为不同区域、不同层级、不同种类公共物品供给中政府事权分配。在我国行政管理条条管辖框架内,法律对横向间不同区域政府的事权划分的规定并不多见。在不同种类公共物品供给市场中,政府事权划分具有差异性,主要表现为共同事权分担、政府与社会分工程度的不同。

---

[1] 贾康:《中国财政改革:政府层级、事权、支出与税收安排思路》,载沙安文、乔宝云主编《政府间财政关系:国际经验评述》,人民出版社,2006。

[2] 《宪法》第四十五条第二、三款:国家和社会保障残废军人的生活,抚恤烈士家属,优待军人家属。国家和社会帮助安排盲、聋、哑和其他有残疾的公民的劳动、生活和教育。

[3] 刘剑文、侯卓:《事权划分法治化的中国路径》,《中国社会科学》,2017年第2期。

[4] 楼继伟:《中国政府间财政关系再思考》,中国财政经济出版社,2013。

以教育事业为例，在共同事权分担方面，国务院及国务院有关部门普遍承担全国范围的统一领导、管理、协调职责。义务教育的管理及实施主要集中在县级人民政府，高等教育管理主要集中在省级人民政府，职业教育的领导、统筹协调和督导评估等管理职责集中在县级以上人民政府。在政府与社会分工方面，义务教育是国家必须予以保障的公益性事业，在国家保障的基础上，国家鼓励其他社会主体的捐赠；高等教育发展采取多种形式、多融资机制保障，国家鼓励企业事业组织、社会组织及个人对高等教育进行投入；职业教育涵盖多元供给主体，各级人民政府、行业组织、企事业组织应依法承担职业教育义务，国家鼓励多元社会主体依法举办职业教育机构及培训。

20.4 政府间支出责任的法律调整

支出责任是指各级政府履行财政事权的支出义务和资金保障，我国一般公共预算支出包括一般公共服务支出，外交、公共安全、国防支出，农业、环境保护支出，教育、科技、文化、卫生、体育支出，社会保障及就业支出和其他支出。支出责任是事权框架下更趋近于"问责制"与"绩效考评"的概念表述，公共财政的本质要求是在"分钱"和"花钱"的表象背后，实现对公共服务责任的合理、有效制度规制，以寻求公共利益最大化。[①] 进一步深化财政体制改革，处理好中央与地方财政关系问题，需要统筹推进财政事权、支出责任、收入划分和转移支付这四个核心环节的有序改革。其中，财政事权划分是这项改革的起点，支出责任划分是这项改革的基础。[②] 通过对我国法律中的支出责任条款的梳理和解构，明确我国目前政府支出责任法制的现状与不足。

20.4.1 政府财政与市场主体支出责任划分

我国现行诸多法律文本中的财政条款对政府间财政支出责任做出规定。长期以来，"小社会，大政府"的实践模式使得政府常常跨越社会公共事务领域，介入经济和社会领域之中，不仅从中获得大量的预算外收入，也承担了许多本应由社会承担的支出责任。[③] 与横向维度政府事权划分相适应的是，公共物品供给中政府财政支出责任与市场主体支出责任的划分也应当明确界定。比如《中华人民共和国职业教育法》第二十八、二十九条规定企业承担职业教育经费的义务；《中华

[①] 贾康：《合理界定事权是财税改革的首要环节》，《南方日报》，2013年12月10日。
[②] 刘尚希：《央地财政关系改革的理论解析》，《债券》，2018年第4期。
[③] 白晓峰：《预算法视角下的中央与地方关系——以事权与支出责任分配为中心》，《法商研究》，2015年第1期。

人民共和国促进科技成果转化法》第三十九条规定科技成果转化基金多元化的资金来源。政府财政与市场主体支出责任的法定划分与两者事权划分相匹配,有利于明确公共物品市场中政府与多元社会参与主体的支出责任,约束政府财政行为,提高财政资金使用效率。

20.4.2 政府间财政支出责任划分

法定支出责任条款是授予政府支出权力、履行财政事权、评价支出绩效的法律依据。

其一,从支出主体来看,大部分公共事权的支出责任由中央与地方县级以上政府共同承担,比如教育经费、农业投入、体育事业经费、公共文化服务所需资金、精神卫生工作经费、国防教育经费、国防动员经费。此外多数条款没有进一步明确中央与地方、地方政府之间的支出比例。

其二,中央与地方各级政府、部门、单位的支出责任受到预算法定约束。通过将支出内容纳入本级预算管理,可使政府事权落实与支出责任控制之间形成有效匹配。《预算法》第四条从正面规定,预算由预算收入和预算支出组成。政府的全部收入和支出都应当纳入预算。同时第十三条从反面规定,经人民代表大会批准的预算,非经法定程序,不得调整。各级政府各部门、各单位的支出必须以经批准的预算为依据,未列入预算的不得支出。预算法从正反两方面强调各级政府的支出应当严格纳入各级政府预算之外,各级政府承担的支出责任的项目、内容、数额、强制性支出增长标准等都受到预算全过程的控制,包括编制、审查、批准、监督、执行和调整。有学者认为《预算法》对财税体制改革具有基础性的作用,它不仅可以确保收支划分制度不致流于形式,也可以防止政府在预算编制中打破量入为出与以支定收的有效张力而奔向失控的"量出为入"[①],如表 20-10 和表 20-11 所示。

表 20-10　公共支出责任法律文本规范示例

公共支出领域	法律
教育	《中华人民共和国教育法》第五十六、五十七、六十四、六十五、六十六条
科学技术	《中华人民共和国促进科技成果转化法》第二十二、三十三、三十九条
文化体育与传媒	《中华人民共和国体育法》第四十条 《中华人民共和国公共文化服务保障法》第四十五、四十六、五十五、五十六、五十七条

---

① 徐阳光:《论建立事权与支出责任相适应的法律制度——理论基础与立法路径》,《清华法学》,2014年第5期。

(续表)

公共支出领域	法律
社会保障和就业	《社会保险法》第五、六十五条 《中华人民共和国就业促进法》第十五、三十五、三十六条
食药卫生与计划生育	《中华人民共和国人口与计划生育法》第二十八条 《中华人民共和国精神卫生法》第六十二、六十三、六十八、七十一条 《中华人民共和国食品安全法》第八条
农林水	《中华人民共和国农业法》第三十八、三十九条 《中华人民共和国森林法》第九条 《中华人民共和国水污染防治法》第四十九条
城乡社区建设	《中华人民共和国城乡规划法》第六条
交通运输	《中华人民共和国公路法》第五、二十一、二十九、三十七条 《中华人民共和国铁路法》第三十五、三十六条
国防事务	《中华人民共和国国防法》第三十七、四十三、六十一条 《中华人民共和国国防动员法》第六条

表 20-11　法律文本中支出责任条款规范方式列要

项目	规范方式
支出主体	国家、国务院和/或地方各级人民政府、县级以上人民政府、各级人民政府
支出内容	教育经费、教育专项资金、体育事业经费、体育基本建设资金、公共文化服务所需资金、精神卫生工作经费
支出标准	部分领域存在强制性增长的预算标准,如教育财政拨款、农业总投入
支出用途	部分领域限定用途,如教育经费、科技成果转化财政经费、污水处理费
支出责任体现方式	预算约束:纳/列入本级预算 主动式支出:提供帮助、支持、协助;给予补贴、奖励、扶持、必要经费支持、资金支持;安排就业专项资金 被动式支出:实行优先、优惠政策
支出责任的分担机制	不同政府间:例如,(1)国防动员经费按照事权划分的原则,分别列入中央和地方财政预算;(2)各级人民政府的教育经费支出,按照事权和财权相统一的原则,在财政预算中单独列项;(3)县级以上人民政府在社会保险基金出现支付不足时,给予补贴;(4)国家保障城市社区、农村基层精神卫生工作所需经费 不同地区间:如对革命老区、民族地区、边疆地区、贫困地区的援助、扶助、转移支付
支出责任的监督评价	行政监督:加强监督管理、保证资金安全,提高资金的使用效率 审计监督:加强对农业的财政和信贷等资金的审计监督 社会监督:各级人民政府及有关部门应当及时公开公共文化服务信息,主动接受社会监督 人大监督:纳/列入本级预算

20.5 现行政府间财政关系法律调整中存在的问题

通过从政府财政收入、事权、支出责任划分维度对政府间财政关系法制进行梳理和剖析，本文认为我国目前的政府间财政关系主要存在以下法律问题。

20.5.1 财政管理缺少必要的制度基础，缺乏法律保障和约束力

目前我国的财政管理体制仅仅在宪法和法律层面做出纲领性、原则性规定，实践中财政管理体制的运行主要依托国务院及财政部门颁布的规范性文件。同时，省级以下政府间财政关系仍然处于改革、调整和试错的过程中，政府间收入、事权、支出责任划分不清，财政关系缺乏稳定性、明确性。总体上，目前的财政管理体制依赖行政性制度安排，中央与地方政府之间支出责任、收入划分、财政平衡机制等多是通过行政手段完成的，除通过预算途径约束之外，各级权力机关缺少对政府部门财政行为的外部监督和约束，财政体制的法治化程度不高。在财政行为法治化无法实现的情况下，财政体制的频繁调整就无法避免。[①] 虽然政策文件的实施具有灵活性、实验性的优势，对于1994年财政管理体制改革后中央与地方财政发展具有积极作用。但财政体制改革是"牵一发而动全身"的系统工程，影响范围广泛且关系到纳税人、公民的切身利益，长远来看，基于宪法秩序建构的财税管理体制、政府间财政关系法制化才是实现国家长治久安的良策。

20.5.2 政府间收入划分不合理，省级以下政府收入缺乏稳定保障

1994年分税制改革只对中央与地方两级的税收收入划分做出框架性规定，并未建立起覆盖全国范围内各级政府的财政分权体系。实践中，我国政治体制中固有的行政分权与不成熟的财政分权之间存在张力，具体表现为中央与地方共享收入比例经常变动、省级以下地方政府收费乱象、"土地财政"等问题。在深化财政体制改革过程中，需要税收制度及征管体制改革、非税收入规范化管理、地方政府债务的预算硬约束治理。现行财政收入制度的不合理体现在以下几个方面。

其一，税收收入立法权高度集中在中央，地方缺乏符合地方实际偏好的、可获得稳定、可持续收入的渠道，央地税源结构失衡，财政收入分配比例缺乏稳定性。在调动地方政府经济建设积极性的政策影响下，产生地方政府非税收入、政府性债务激增的财政隐患。其二，政府间税种划分不尽合理，地方税体系未能完全建立，共享税分成未能有效保证地方政府获得稳定财政收入来源。其三，非税收入尚未真正纳入政府间财政关系调整范围，法定化程度不高。法律没有明确规定非

---

① 李齐云、马万里：《中国式财政分权体制下政府间财力与事权匹配研究》，《理论学刊》，2012年第11期。

税收入的分成比例,中央与地方非税收入的划分依据不明确。其四,我国房地产税立法尚在讨论之中,面临较多技术问题及社会阻力,地方税收体系建设任重道远。其五,省级地方政府垄断债券发行权,省级以下地方政府面临承担基础设施建设职责、促进当地经济增长、保障民生等多项事权支出,仍然存在较大的资金缺口和融资需求。

20.5.3 各级政府间事权同质化程度高,划分缺乏确定性和科学性

从纵向维度的政府事权划分来看,中央与地方各级政府之间的职权范围大致相同,只是在管理区域上具有差异。由于各级政府事权同质化程度高,"上下对口",地方政府往往承担更多的执行和支出责任,与其本级财政收入水平和能力不匹配。政府间事权划分的法律规定不够明确,公共服务事权多由各级政府共担,实践中中央和地方之间以及政府各部门之间的事权划分表现为由中央主导的公共事务分配的非法定性。政府事权分担缺乏稳定性和确定性,存在任何一方都可以突破中央与地方事权划分规则的做法。比如《中华人民共和国国防法》第二十七条规定"地方各级人民政府、国务院有关部门和有关军事机关,按照国家规定的职权范围,分工负责边防、海防和空防的管理和防卫工作,共同维护国家的安全和利益",由于地方可以在某些中央事权如口岸建设、部队营房建设、国防教育中先支出,后可能从中央进一步支出中受益,其更愿意分担本应归属于中央的事权。

在横向维度政府事权分工中,政府职责存在"缺位"和"越位",政府事权划分并未切实体现公共财政语境中政府职责的公共服务性质。其一,部分法律文本中缺少对政府提供公共服务职能的定位,关于基本公共服务事项的规定具有明显的国家指令色彩,缺少社会参与、社会监督机制的设计。其二,国有产权收益分配制度欠缺规范,在一定程度上架空了分税制事权划分。分税制改革只关注税收作为收入流量的分配,忽视地方政府拥有的存量资产变现问题,如经营国有企业、供给国有土地。现实中,地方政府依托分税制财政体制之外的额外资源,在很大程度上支撑了地方政府职能的实现,支撑了地方事权的落实。[1] 因此,在中国复杂的政府关系现实情况中,如何规范并妥善安排政府作为公有产权代理人的职权,是落实政府财政事权、财权、财力相匹配的重要问题。

20.5.4 政府间支出责任划分失衡,未建立具有可操作性的分担机制

分税制建立至今,造成了"强中央、弱地方"的财政局面。其一,地方政府承担更多的执行事权,由此承担更多的支出责任,中央与地方政府之间事权、财权、支出责任不匹配。分税制改革使收入上移、支出责任下移,直接加重了地方政府尤

---

[1] 杨志勇:《分税制改革中的中央和地方事权划分研究》,《经济社会体制比较》,2015年第2期。

其是基层政府的财政支出压力。① 由中央政府承担支出责分配给地方,如社会保险、劳动力跨域流动,跨地区污染治理等公共支出领域,丧失了风险共担和均等化的优势;由地方管理的事项中央通过给予补助、转移支付等方式承担更多支出责任,加剧了转移支付体系的复杂性和欠规范性。

其二,公共预算尚未形成对政府财政支出行为的实质约束。虽然部门法中的预算条款已要求地方政府将公共服务职责经费收支列入规划与预算,且对地方政府性债务进行限额与债务率的双限管理,但短期内依然无法遏制地方政府的房地产投资冲动。现行财政体制、政府官员短期行为以及官员政绩考核体系不合理是其背后最重要的原因。② 此外,部分行政法规在细化操作规则时,存在异化法律规范的情况,实质上加重了县级政府的支出责任。根据《中华人民共和国义务教育法》第十二条的规定,义务教育经费由中央和地方各级政府共同承担,中央政府对经济困难地区进行补助。然而,《中华人民共和国义务教育法实施细则》在设置费用、基建投入上,基本遵循的又是"谁设置、谁负责""设置者负责筹资"的原则。由于国务院不设置实施义务教育的学校,实施义务教育的学校主要由县级政府负责统筹规划建设,因此义务教育经费从"由国务院和地方各级人民政府负责筹措"实质上变为由地方各级政府负责筹措,特别是主要由县级和乡级政府负责筹措。由于乡镇财政不足,很多农村实施义务教育学校的建设经费曾一度主要依靠村民集资和征收教育费附加筹集。③

其三,受政府间事权的同质化影响,我国纵向间政府的支出责任通常表现为中央与地方各级政府共同负担,但缺乏明确的支出责任分担机制。中央与地方财政对社会保障、公共卫生、义务教育等相当多事项的职责和支出责任形式共同承担的办法,不少事项以中央按一定比例负担的方式对地方给予补助,一些事项各级财政承担若有若无的责任。④ 法律文本中仅仅对支出责任的分担方式做出模糊规定,如"中央与地方共同负担""国家保障地方工作经费""国家加大对中西部地区、贫困地区、革命老区的经费支出",缺乏对支出划分的主体、标准、用途的细化规定,导致共同事权支出责任分担机制不明确、不透明,欠缺执行与监督的可操作性。

---

① 闫坤、于树一:《论我国政府间财政支出责任的"错配"和"纠错"》,《财政研究》,2013年第8期。
② 黄少安、陈斌开、刘姿彤:《"租税替代"、财政收入与政府的房地产政策》,《经济研究》,2012年第8期。
③ 徐阳光:《论建立事权与支出责任相适应的法律制度——理论基础与立法路径》,《清华法学》,2014年第5期。
④ 楼继伟:《中国政府间财政关系再思考》,中国财政经济出版社,2013。

第 21 章 政府间财政关系的法治化进路*

21.1 政府间财政关系调整的法律原则

政府间财政关系调整的法律原则,是指调整政府间财政关系的基本宗旨和根本精神,规范并约束着政府间财政关系的调整方向、调整方式和具体措施的基础性法律规范。

基于政府间财政关系调整是以中国特色社会主义市场经济体制为前提,以构建能够适应国家治理能力和治理体系现代化的现代财政制度为目标,我们将调整政府间财政关系的法律原则区分为基本原则和具体运行原则。基本原则反映和主导政府间财政关系调整的总体方向和基本路径,决定和制约着具体适用原则,而具体适用原则是对基本原则的细化和承接,指导政府间财政关系调整的法律规范,并决定着具体操作规程和调整方式等内容。

基本原则包括财政法定原则、财政民主原则、财政公平原则。财政法定原则是指导政府间财政关系调整的根本原则,政府间财政关系的调整都要遵从和服务于财政法定原则,在法治框架内调整。财政民主原则是人民主权原理在政府间财政关系调整中的具体落实,反映和决定了来自市场主体的公民、社会组织以及政府部门资金在资源配置中的地位,财政效率在尊重市场化、地方主动性与积极性的条件下得以实现。财政公平原则是调整政府间财政关系的保障性准则,为政府间财政关系调整提供伦理性依据,也反映和决定着财政民主原则的价值追求,为财政法定原则提供民意保障和民主基础。

21.1.1 财政法定原则

财政法定原则的要求是财政基本事项由法律加以规定,最初表现为税收法定,并在夜警国家到社会国家的演进中扩展到预算法定,最终发展为财政法定。[①] 财政法定原则反映到政府间财政关系调整中主要是对政府财政收入和财政支出以及财政事权与支出责任等问题的约束。

---

* 本章执笔人为岳红举,上海财经大学法学院博士研究生;单飞跃,上海财经大学法学院教授。
① 刘剑文:《论财政法定原则——一种权力法治化的现代探索》,《法学家》,2014 年第 4 期。

1. 财政收入法定

政府财政收入通常可以划分为税收、非税收入和政府债务性收入。政府间财政收入的划分应秉承财政法定原则,包括税收法定、非税收入法定和政府债务法定。

一是税收法定。税收法定原则的基本要义是纳税人同意,核心精神是纳税人权利保障,通过用民主力量和法律形式约束征税权,旨在实现私人财产权与国家财政权、个人利益与公共利益的协调共赢。[①]《中华人民共和国立法法》第 8 条已经明确"税种的设立、税率的确定和税收征收管理等税收基本制度只能制定法律"。初步确立了我国税收立法的基本原则——税收法定原则。这即是破解地方财政困难、合理建构央地财政关系的现实要求。[②] 当前我国征收的 18 种税,还只有 6 种属于全国人大及其常委会立法事项,大量的税种还依赖于国务院的行政法规。《中共中央关于全面深化改革若干重大问题的决定》明确要求落实税收法定原则,2015 年全国人大《贯彻落实税收法定原则的实施意见》提出在 2020 年之前"将配合税制改革进程,适时将相关税收条例上升为法律,并相应废止有关税收条例"。税收法定原则不但要求从形式上遵从民主原理对税收征收的规制,更要求从实质上处理好税收集权与分权的关系,确保十八届三中全会《决定》提出的"两个积极性"的落实。

二是非税收入法定。相对于税收交由全国人大及其常委会决定,体现现代法治对公民私有财产的合法侵犯而言,非税收入的法治化路径则显得尤为坎坷。由于地方税体系迟迟难以建立,"财权上收、事权下移"的财政管理体制决定了下级政府尤其是基层政府面临较大的财政压力,体制外的非税收入成为下级政府的必然选择,也导致当今省级以下地方政府的非税收入尾大不掉的困境。虽然财税实践中逐步将排污费、资源补偿费等非税项目通过税收立法形成税收,但当前财政实践中仍过于关注于狭义的税种,而忽略了将部分具有税收性质的非税收入纳入税收法定的规制,导致税收的立法设立制度和非税收入的行政审批制度并行的双轨制。首先,对非税收入的征收应适用立法设立制,确保中央对财政收入的立法控制。如按照财政部《政府非税收入管理办法》的规定,非税收入项目的设立和征收只需要满足国务院、财政部的规定,部分项目只需要省级政府的财政部门批准即可。这就导致在地方政府的财政收入难以满足财政支出的刚性需求之下,以"费的名义"行"税的职能"的变相征税成为税费不分的根源。尤其当前基层政府

[①] 刘剑文、耿颖:《税收法定原则的核心价值与定位探究》,《郑州大学学报(哲学社会科学版)》,2016 年第 1 期。

[②] 苗连营:《税收法定视域中的地方税收立法权》,《中国法学》,2016 年第 4 期。

片面地依赖于土地出让收入,部分地方政府甚至土地出让金的收入占到地方财政收入的 90%,难以满足财税法治的基本要求。其次,对非税收入具体事项的立法授权,确保地方政府的财政自主权。在立法层面明确非税收入征收的法律宗旨、征收目的、征收对象、征收率等基本制度,确保立法优先原则,必要时通过法律授权行政法规或者地方性法规设立一定的自主征收权限,并明确授权的目的和期限,定期开展授权效力审查,确保地方财政之主权服从和服务于中央财政集权。再次,针对当前的非税收入项目设立依据逐步审查,对属于税收基本职能的非税收入逐步实施税收立法。如资源税的扩围将矿产资源补偿费、水资源费等进行税收立法。另外,针对政府性基金预算中主要用于提供基本公共服务以及主要用于人员和机构运转等方面的项目,国务院和财政部通过以《国务院关于印发推进财政资金统筹使用方案的通知》为主的一系列文件逐步转入一般公共预算统筹支出,确保财政资金的支出效率和民主决定,本质上就是将非税收入纳入法治化管理的重要措施。[①] 最后,理顺当前的国有资源管理体制,在财政分权体制下体现地方政府对国有资源的地方受益原则。在国家统一行使全民所有自然资源所有权的同时,逐步将资源费改为税收,全面计价征收,确保税收与资源价格挂钩,地方税收收入可以随着经济的增长而增长。同时,赋予省级人大相应的税率决定权,增大地方政府的资源收益分享比例,提高资源管理能力和环境保护水平。[②]

三是债务法定。由于基础设施投资规模大、周期长,通过税收为这些支出融资会产生代际不公以及缺乏效率,而地方政府的债务融资提供了一个联结代际的链条,形成了公平代际负担与政府债务资金之间的理论支持(Oates,1972)。新《预算法》初步明确了省级政府发行地方政府债券的主体资格,国务院和财政部的一系列规范性文件也对地方政府债务的形式、支出、限额分配、风险防范等问题加以细化,使地方政府债务逐步迈上法治化道路。但省级以下地方政府债务还需要交由省级政府统一发行、统一还款,在当前省级政府具有确定省级以下财政管理体制的基础上,省级政府仍承担着最后的兜底责任,难以对市县政府实行预算硬约束。地方政府债务既承载了财政收入的分权逻辑,也承载了财政支出的分权逻辑[③],理应从财政收入与支出分权的法治化进行规范。首先,依法确立地方政府债券发行属于地方债务的唯一形式,排除违法违规举借债务和担保等形式。新《预算法》明确要求国务院逐步建立债务风险预警和责任追究制度,但实施之后还未具有相应的配套法规,应以《中华人民共和国预算法实施条例》为突破口,明确界

---

① 岳红举、单飞跃:《政府性基金与一般公共预算统筹衔接的法治化路径》,《财政研究》,2018 年第 1 期。
② 张海星:《深化资源税改革:重建立税依据与平衡利益关系》,《税务研究》,2013 年第 8 期。
③ 邓晓兰等:《论财政分权体制中的地方政府公债融资权》,《财贸经济》,2005 年第 5 期。

定违法举债担保的法律责任。其次,明确各级政府尤其是省级政府在地方政府债务管理中的权利与义务,通过制定《地方政府债务法》细化债券发行、债务置换、限额分配、风险防范、责任承担等内容。最后,逐步规范地方政府债务管理体制,构建事权与支出责任相匹配的债务管理体制,逐步放开省级以下地方政府的发债权限,或者赋予省级政府决定市县政府的发债资格,并授权各级人大及其常委会审查和批准相应地方政府的债券发行,使债务管理成为地方政府、人大、公民和社会共同决定的事项,从而也为中央政府的不救助原则提供制度实践层面的民主支撑。

2. 财政支出法定

新《预算法》第一次通过法律形式明确"国家实行中央和地方分税制",从而确立了我国财政管理体制的基本法治化框架,也明确了"一级政府一级财政一级预算"原则。分税制财政体制的法治要求反映在政府间财政关系中,主要是对中央和地方五级预算管理体制以及以一般公共预算为主导的四本预算管理制度的约束,包括预算法定原则、政府预算体系法定原则、政府间财政支出法定原则。

一是预算法定原则。预算是一个契约,规定了国家财力的来源、结构和方向,以及纳税人的税负和政府收支安排。[①] 理论上对预算的性质如何一直存有争议,采用立法程序审批预算的国家和地区是通过直接将预算等同于法律的形式而实现其执行力,其他不采用立法程序审批预算的国家或地区则一般在宪法或预算法中将预算作为一个法律文件赋予其执行力。我国虽然未对预算的法律效力进行说明,预算的审批程序也不同于一般意义上的立法程序,但预算法定原则的要求并非只注重形式,而应从法律规范事实的实质内容上理解。如新《预算法》第十三条规定:"经人民代表大会批准的预算,非经法定程序,不得调整。各级政府各部门、各单位的支出必须以经批准的预算为依据,未列入预算的不得支出。"于此,我们可以将其视为预算对经过人大及其常委会审批的财政收支具有法律上的拘束力,如果违背人大及其常委会的意志,势必受到预算责任的约束,进而,预算并非一个由权力机关批准的法律文件,而应当成为人大控制政府、政府控制部门、部门控制预算单位的法律体系。一方面,预算支出非经法定程序,不得支出或者调整。由于一级政府具有一级预算主体资格,在预算法定原则的拘束下,上级政府也不能任意干扰下级政府的支出方向和结构,本级预算支出仍应该按照本级人大所批准的支出方向和结构执行,从而将财政支出经由预算的效力约束纳入民意的控制。另一方面,预算法定原则的效力虽然侧重于预算支出,但也对预算收入具有

---

① 〔美〕菲利普·J.库珀等,王巧玲,李文钊译:《21世纪的公共行政:挑战与改革》,中国人民大学出版社,2006年。

一定的拘束力。如新《预算法》明确了预算由预算收入和预算支出组成,有支必有收,多收才能多支,短收只能少支。传统意义上的预算过于追求收支平衡原则,往往导致违背经济发展规律的困境。虽然《国务院关于深化预算管理制度改革的决定》要求,"收入预算从约束性转向预期性,根据经济形势和政策调整等因素科学预测"。中共中央办公厅印发《关于人大预算审查监督重点向支出预算和政策拓展的指导意见》要求,改变过去主要审核赤字规模和预算收支平衡状况,政府预算审核管理和人大预算审查监督的重点主要是支出预算和政策落实,但新《预算法》第十二条仍要求,各级预算应当遵循统筹兼顾、勤俭节约、量力而行、讲求绩效和收支平衡的原则,各级政府应当建立跨年度预算平衡机制。可以看出,年度收支平衡虽然不是重点,但依然是"规范政府收支"必须整体考虑的重要因素,而就跨年度预算平衡机制而言,其落脚点依然是"平衡"。①

二是政府预算体系法定原则。在预算形式上,复式预算已经成多当下诸多国家的普遍形式。从预算的性质上看,复式预算的意义就在于分类控制政府财政活动,要对不同性质的政府收支活动实行分类以采取不同的控制方式。② 新《预算法》第五条明确提出,预算包括一般公共预算、政府性基金预算、国有资本经营预算、社会保险基金预算。虽然政府性基金预算、国有资本经营预算、社会保险基金预算应当与一般公共预算相衔接,但统筹衔接的前提是各本预算保持完整、独立。《国务院关于深化预算管理制度改革的决定》就要求建立定位清晰、分工明确的政府预算体系,财政部也逐步将应由一般公共预算统筹安排的支出项目从政府性基金预算和国有资本预算中转列到一般公共预算,并加大对社会保险基金预算的托底支持,有利于各级政府支出遵循相应人大的控制。同时,一般公共预算承担着整个政府预算体系的平衡和托底责任,是政府预算体系的基础,由其作为各预算衔接的桥梁最为合适。③ 在基本公共服务理应交由一般公共预算统筹支出的前提下,其承担了预算统筹衔接的桥梁作用,应予以法律确认并在预算体系内逐步加强。值得注意的是,当前在预算统筹衔接中也出现了一些变相肢解政府预算体系的做法。如在各本预算定位不甚清楚的情况下,一味地将政府性基金转入一般公共预算可能脱离《预算法》的规制。④ 此外,当前针对地方政府债务管理,我国还没有设立单独的预算控制形式,仅仅是将债务区分为一般债务和专项债务,分别交由一般公共预算和政府性基金预算分别审议,在当前预算编制和决算实施收付实

---

① 邓力平:《新预算法:基于中国特色社会主义财政的理解》,《财政研究》,2015年第10期。
② 焦建国:《确立、强化复式预算的基础地位与功能统一国家财政》,《财政研究》,2003年第5期。
③ 孙继华:《关于建立健全我国政府预算体系的研究》,《财会研究》,2011年第16期。
④ 岳红举、单飞跃:《政府性基金与一般公共预算统筹衔接的法治化路径》,《财政研究》,2018年第1期。

现制的条件下,往往导致地方政府资产和负债的隐性危机,不能提现财政民主原理对预算的控制。我国应逐步摸索在四本预算体系之外,通过地方政府债务法,确定地方政府债务预算的法律地位,体现民众及其民意代表机构对财政支出的约束。

3. 财政事权与支出责任法定

在中央与地方分税制财政管理体制的语境下,地方政府事实上已经成为具有独立利益的经济实体,但不规范的财政管理体制决定了"财权层层上收、事权逐级下移",央地财政关系逐渐演变为地方政府与中央政府的政治博弈,也导致地方政府的预算软约束。在财力与财权保障不匹配的情况下,地方政府尤其是下级政府支出责任无限大,极易诱导体制之外的非规范性财政收入和支出,脱离人大和民众的监督;基于预算平衡的约束,一级政府尤其是上级政府可能试图以其他各级政府为代价去平衡预算,从而导致后者的支出范围和责任承担的无限扩大。我国目前的财政事权与支出责任划分中,事权主要是指公共服务的职能划分,越来越接近支出责任的划分。[①] 事实上我国的财政分权也一直遵从财政联邦主义的基本思路,实践中形成了较为明显的财政联邦主义的央地关系格局,乃至出现所谓的"行为联邦制"[②],但未从法律尤其是宪法高度加以确认,也造成财政事权与财力、财权不相适应,财力、财权与支出责任不相匹配。我国《宪法》已经明确了中央统一领导和"发挥地方主动性、积极性",具体到政府间财政关系划分,我们应参照世界大多数国家,秉承《宪法》的基本要求,尊重中国的财税实践,在财政事权与支出责任方面明确立法。党的十八届三中全会也明确要求,改革要于法有据,法治先行,具体到各级政府的财政支出上,应当遵循财政事权与财力、财权相适应原则,财力、财权与支出责任相匹配原则。一方面,在明确各级政府事权的基础上,通过财政收支划分法保障财力、财权与事权相适应;另一方面,在明确财力、财权用以保障事权的基础上,构建政府支出责任法,确保支出责任与财力、财权相匹配。

21.1.2 财政民主原则

现代财政具有三大基本职能:资源配置、收入分配和经济稳定。马斯格雷夫认为资源配置职能是在总资源中划分私人和社会资源,并提供市场无法配置的公共产品及其结构;分配职能在于调整收入与财富使之符合公平状态;稳定职能即以财政政策为手段提高就业率、稳定物价、经济增长和国际收支平衡。[③] 三大职能的发挥都离不开市场的配合。具体到政府间财政关系中,现代财政职能的发挥就

---

① 楼继伟:《中国政府间财政关系再思考》,中国财政经济出版社,2013。
② 郑永年:《中国的"行为联邦制":中央—地方关系的变革与动力》,东方出版社,2013。
③ 〔美〕理查德·A. 马斯格雷夫、佩吉·B. 马斯格雷夫著,邓子基、邓力平译:《财政理论与实践》,中国财政经济出版社,2003。

体现为两个方面,一方面是以市场主体——人大代表及其组织作为民众意志的代表对政府介入市场的限制和约束,另一方面是以执行财政职能的主体——中央政府和地方政府对市场失灵的规制。通常可以归纳为两个辅助性:当市场提供公共服务存在市场失灵的前提下,政府才具有介入市场的空间;当低级政府提供公共服务存在外部性失灵的前提下,更高一级的政府才具有介入的空间。政府间财政关系调整的前提是对政府与市场边界的厘清,使市场的归市场、政府的归政府,也只有在尊重市场对资源配置起决定作用的条件下,才能确保政府间财政关系调整遵从于现代财政的基本职能。所以,财政民主原则反映在政府间财政关系调整中主要包括政府介入市场的辅助性和上一级政府介入下一级政府事权的辅助性。

1. 政府财政介入市场的辅助性

市场与政府边界的厘清是财政职能的出发点和落脚点。无论是中华人民共和国成立之初的财政分权还是1994年的分税制财税体制改革,出发点均是对中国传统政府介入市场过甚的放松管制以及对市场经营领域的放松管制,其本质上仍是建立起市场对国家公共服务的决定作用。换言之,财政收入来源于市场,又服务于市场,财政职能必须立足于市场才能增强政府的公共服务能力。① 虽然1994年分税制的直接目的在于提高"两个比例",但其更深远的目的还在于厘清中央和地方政府对财政收入的汲取和公共服务的供给,本质上仍是对市场与政府边界的厘定。这一点完全可以从当时改革的背景得出结论。因为,自从1992年我们提出建设具有中国特色市场经济体制的目标之后,财政体制变革便具有了具体的指导方向,那就是努力使市场在资源配置中起主导作用。

以往的财税体制改革,多是作为经济体制改革的组成部分、在经济体制改革的棋局上加以部署的;多是在将财政视为一个经济范畴、将财税体制视作一种经济制度安排的基础上加以谋划的;多着眼于财税体制的属性特征,追求的是财税体制与社会主义市场经济体制的"性质匹配"。② 但在党的十八届三中全会之后,党对现代财政制度的定位赋予了更高的要求,那就是"财政是国家治理的基础和重要支柱"。所以,政府间财政关系的调整就需要契合国家治理现代化的要求,重新定位现代财政职能,并以此为基础,逐步改变不符合国家治理现代化要求的财税体制。

社会主义市场经济的基本要求是经济的市场化,必然引发财政收入来源的多

---

① 例如1992年我们提出建设具有中国特色市场经济体制改革方向,这种目标决定了财政体制变革方向,确保市场在资源配置中起主导作用,2013年我们将现代财政界定为国家治理的基础和重要保障的基础上,提出使市场在资源配置中起决定作用。可见,财政管理体制改革的核心也在于厘清中央和地方政府对财政收入的汲取和各自公共服务的供给职能,本质上都是对市场和政府边界的厘定。

② 高培勇:《中国财税改革40年:基本轨迹、基本经验和基本规律》,《经济研究》,2018年第3期。

元性,进而推定并决定财政支出的公共化,也即取之于民、用之于民。一方面,财政民主原则要求现代财政的现代化。经济的市场化引发财政的公共化,财政的公共化必然要求现代财政成为公共财政。① 作为现代国家治理体系和治理现代化的重要内容,现代财政的公共化需要匹配"经济市场化",匹配"国家治理现代化",本质上是财政民主原则对财政的现代化和国家治理的现代化的基本要求。财政民主原则要求财政分权的市场化。

另一方面,财政民主原则要求财政收支的绩效化。现代财政的市场化必然要求财政收入取之于民、财政支出用之于民。同时,财政支出逐步退出应由市场配置资源的一般生产性和一般竞争性领域,而是转移到提供公共产品与服务、满足社会公共需要方面。财政收入的绩效评价就在于以最小的征收成本实现征收效益的最大化,以至于在财税理论上,稽征经济原则一直是税法的基本原则。2015年国务院颁布了《深化国税、地税征管体制改革方案》,要求逐步深化国税和地税征管体制改革,2018年国务院印发了《国税地税征管体制改革方案》进一步要求改变之前国地分设的机构设置,统一合并为国家税务局。财政支出的绩效评价是以财政支出效果为最终目标,考核政府职的实现程度,即考核政府提供公共产品和公共服务的数量与质量。绩效预算强调以绩效为前提来配置预算资金,将绩效考核结果作为各预算部门增加或者削减预算的重要依据,建立起正确的激励与约束机制。绩效预算不仅重视对产出的评价与考核,更重视财政支出之前的预测与安排,充分发挥绩效预算的内控功能。将财政支出管理的关口前移,将预算绩效评价结果作为预算责任认定、资金调整的依据。新《预算法》不但要求预算编制、执行和决算中实行绩效评价,而且还在第五十七条要求各级政府各部门、各单位针对预算支出开展绩效评价。2018年党的十九大报告更进一步要求实施全面绩效预算改革。

现代财政本身就反映了政府与市场的行为边界,构建公共财政,意味着政府与市场的重新定位。② 在改革初期,政府能够且真正放出的"权",主要是财政上的管理权,政府能够且真正让出的"利",主要是财政在国民收入分配格局中所占的份额,我国财政管理体制实现了从集权到分权、从行政性分权向经济性分权的跨越。③ 当前地方政府"公司化"就是一个较为突出的问题,事权划分需要明确界定政府职能,面对职能正在转变的各级政府,事权的划分就越发困难。政府间财政关系的分权化首先在于简政放权,严格界定政府的活动边界,解决政府缺位与越

---

① 高培勇:《中国财税改革40年:基本轨迹、基本经验和基本规律》,《经济研究》,2018年第3期。
② 张万强:《中国财政体制改革的演进逻辑及公共财政框架的构建》,《经济问题研究》,2009年第3期。
③ 刘卓珺、于长革:《中国财政分权演进轨迹及其创新路径》,《改革》,2010年第6期。

位并存的问题,要让投资型政府向公共服务型政府转变。政府职能转变是实现这种转变,将大大降低事权划分的难度,促进事权划分的合理化与规范化。基于财政民主原则对政府介入市场的辅助性要求,现代财政制度的改革就需要与政府职能转变密切配合,政府职能范围大小在很大程度上决定了财政收支范围的大小,政府职能部门之间的权责清晰也决定着现代财政体制改革的效果。

2. 上一级政府介入下一级政府事权的辅助性

基于现代财政源于市场供给公共物品失灵的假设,不同政府层级具有供给公共物品的不同规模效应,并按照其外溢性划分不同层级,也即公共物品受益范围的大小决定了政府层级的高低。只有当低一层级的单位不能发挥其作用时,更高一层级的政府才能介入。① 如德国的《基本法》就主要通过"剩余权归属原则"来划分联邦专属财政立法权力和各州的补递性立法权,联邦专属财政立法权予以法律明确列示,而各州议会仅具有补充立法效力。② 受益范围局限在基层政府辖区的公共产品由基层政府提供当然是合理的,但对于受益范围超出基层政府辖区甚至覆盖全国的公共产品,由高层次的地方政府甚至由中央政府提供以取得规模收益并相应在其管辖范围内分摊成本,也是对效率和公平原则的实现。

一是公共物品受益原则。将政府职能定位于公共品供给,是我国市场化改革以及政府间事权划分中的一个重大问题,这一点体现在我国从中华人民共和国成立后至今的财政体制变迁历程中。我国从中华人民共和国成立之后短暂的统收统支到1959年开始实行收支下放、计划包干、地区调剂、总额分成、一年一变的财政体制,又在1978—1982年实行利润留成,直到1983年开始实行利改税,主要都在于改变以国有企业的所有权为标准的财政收支分配模式。最后,1994年形成中央与地方之间的分税制财政管理体制,也形成了依据不同级别政府在公共物品供给中的相对优势划分财政事权的基本框架。所以,中央和地方各级政府间事权和支出责任的划分是财权划分的逻辑起点,事权与财权、财力的匹配方式,关键在于是否有利于公共服务的有效提供。财政事权与支出责任划分的"地方化"能够充分反映和回应地方居民对公共服务和公共产品的偏好,在当地民众的监督之下,"公共财政"的公共性也能得到更有效的保证。③ 同时,根据财政分权理论,只要在每一个辖区内提供产品的产出水平的成本相同,那么与中央政府统一提供相比,地方政府在其相应辖区内提供帕累托标准的产出总是更加有效或者至少同样有

---

① Robert K. Vischer:"Subsidiarity as a Principle of Governance:Beyond Devolution", *Indiana Law Review*,2001(35).
② 许闲:《德国权力制衡模式下的政府间财政关系》,《经济社会体制比较》,2011年第5期。
③ See Shah A, Qureshi Z, Bagchi A, et al., "Intergovernmental fiscal relations in Indonesia: issues and reform options", Cema WorkingPapers, 1994.

效,而基于公共物品受益范围的差异,地方税如果以受益税为主体税种,即辖区居民享受到的公共服务能够反映到税收上,这样也会激励地方政府提供好的公共服务。

二是中央集权与地方分权的适度原则。中央对地方的分权在满足地方资源和生产要素的自由流动以及居民可以"用脚投票"的前提下,会引发地方政府间的良性竞争等溢出效应,从而有效地推进经济增长和社会治理效力。[1] 依据财政分权理论,相对于中央政府,地方政府更接近居民,在了解本地居民的消费偏好方面更具信息优势。这也是我国财政分权注重地方政府利益的客观结果;通过"相互攀比""互相较劲"的政治晋升的"晋升锦标赛"激励模式[2],鼓励地方的创新竞争,是推动三十多年的经济改革创造"中国奇迹"的秘密所在[3]。可以说,中央集权与财政分权已是世界各国的普遍趋势,只是程度不同而已。[4] 但公共物品的公益性和地方政府的独立主体地位的利益追求,逐渐使财政分权异化为地方政府实现自身利益诉求的工具,重建设、轻服务,基本公共物品供给不足等不良经济、社会效益日益凸显[5],根据奥尔森的利益集团理论,地方政府和中央政府之间的利益诉求差异或导致公共物品供给的"囚徒困境",当地方政府利益与中央和整个国家的利益共融时,中央政府的政策在地方政府层面上易于贯彻和执行;而当地方政府利益与中央和全国利益相矛盾时,地方政府首先考虑的是自身利益而非国家利益。[6] 所以,从公共物品的供给职能考虑,央地之间财政集权与分权只能是适度的集权与分权,既要改变传统的统收统支,又要防止地方政府的过分独立。制度框架的设定,不能以财源来限制公共物品的供给责任,而应该通过公共物品的供给职能来决定财源,也决定了只有在地方政府供给公共物品的支出责任不能通过相应财源满足的情况下,上一级政府才具有补充财源的资格。进而,反映到当前的政府间财政关系建构中,首先是依据公共物品的外溢性,赋予不同级别的地方政府不同的支出责任,然后通过事权相应的财源(财权或者财力)予以保障,实现地方政

---

[1] See Charles M. Tiebout, "A Pure Theory of Local Expenditures", *Journal of Political Economy*, 1956(64—5), pp.416—424; Wallace E. Oates, *Fiscal Federalism*, New York: Harcourt Brace Jovanovich, 1972.

[2] 周黎安:《中国地方官员的晋升锦标赛模式研究》,《经济研究》,2007年第7期。

[3] 吴振球、王建军:《地方政府竞争与经济增长方式转变:1998—2010——于中国省级面板数据的经验研究》,《经济学家》,2013年第1期;赵会玉:《地方政府竞争与经济增长:基于市级面板数据的实证检验》,《制度经济学研究》,2010年第1期;刘汉屏、刘锡田:《地方政府竞争:分权、公共物品与制度创新》,《改革》,2003年第6期。

[4] 徐阳光:《财政转移支付制度的法学解析》,北京大学出版社,2009。

[5] 徐永红:《政府间财政关系改革的多维思考》,《中央财经大学学报》,2013年第12期。

[6] 〔美〕曼瑟尔·奥尔森:《集体行动的逻辑》,陈郁译,格致出版社、上海三联书店、上海人民出版社,1995。

府财政收入与支出责任的匹配,这也是国家财政关系构建中联邦制国家普遍遵守的基本原则。①

21.1.3 财政公平原则

政府间财政关系调整既要遵守市场在资源配置中的决定性作用,尊重市场主体和各级政府在现代财政制度中的主体地位,又要注重财政关系的结果和实现结果的程序合法、理性,既要体现纵向公平和横向公平原则,又要体现实体公平原则和程序公平原则。

1. 纵向公平与横向公平

在纵向上公平,主要包括国家和市场主体在供给公共物品时的互补关系,以及中央和地方政府在公共物品供给方面的互补关系,这是党的十八届三中全会要求的"两个积极性"在财政体制上的落实,也是公共物品供给效率在不同主体之间的必然要求。在横向上公平,主要包括不同区域之间基本公共服务的均等化,这也是对《宪法》和《中华人民共和国民族区域自治法》等所要求的社会平等原则的落实。此外,政府间财政关系的调整还要注重调整内容公平的同时,关注调整过程的公平,使各个相关主体能够有效参与到调整程序之中,既确保调整结果的科学性,又确保调整的民主性,前者为后者提供目标与动力,后者也为前者提供方法与路径。所以,财政公平原则反映在政府间财政关系调整中,包括实体公平和程序公平。

一是政府与市场的公平竞争。我国《宪法》第十五条明确规定,我国实行社会主义市场经济,在市场经济环境中,需要将经济人与政府都置身于法治框架下,受到法律约束,政府与市场是一种"保持距离型"关系。② 党的历次党代会一直也在强化对市场配置资源作用的认知,从市场在资源配置中起主导作用到2013年党的十八届三中全会提出决定作用,可以看出,市场与政府的关系历来是法律法规和党的政策关注的焦点。由于市场与政府的边界直接决定了公共物品的供给责任,决定了各级政府的基本职能,也间接影响着政府间财政关系的划分边界。公共物品政府供给责任服从和服务于公民的基本权利,满足社会共同需要,供给公共物品的事权不能简单地理解为按照形式标准规定的政府职能而是指不同层级政府在社会经济发展中具有不同的公共职能属性。事权划分在形式上是为了公权力的高效运作,但究其本旨是基于更好地保障公民权利的需要,从积极和消极两个向度框定各级政府事权的范围。③ 政府职能应当由当前主要进行经济建设转

---

① Boadway R., "Grants in a Federal Economy: A Conceptual Perspective", In Boadway R. and Shah A. (eds), *Intergovernmental Fiscal Transfers: Principles and Practice*, Herndon: World Bank, 2007.
② 楼继伟:《中国政府间财政关系再思考》,中国财政经济出版社,2013。
③ 刘剑文、侯卓:《事权划分法治化的中国路径》,《中国社会科学》,2017年第2期。

变为提供公共物品，财政收支也不得恣意干预市场在资源配置中的决定作用，进而形成市场决定作用，发挥政府的有效作用。

二是"两个积极性"的充分发挥。我国《宪法》第三条规定了中央与地方财政管理体制改革的基本原则，即在中央统一领导下，发挥地方的自主性和积极性。从语义上理解，地方的自主性、积极性的前提是中央的统一领导，中央统一领导之下还要发挥地方自主性、积极性。这也表明，处理"统一"与"自主"的关系是财政改革关系的重要原则，但这还不能简单理解为"两个积极性"。最早关注中央和地方两个角度发挥各自积极性的观点可以追溯到毛泽东同志的《论十大关系》，他提出要处理好中央与地方关系问题，"有中央和地方两个积极性，比只有一个积极性好得多"[1]。但具体到规范性文件，则是2013年党的十八届三中全会做出的《中共中央关于全面深化改革若干重大问题的决定》，会议提出，"建立现代财政制度，发挥中央和地方两个积极性"。这也成为我国财政管理体制改革的政策指导，成为学者普遍认同的在我国单一制政体前提下协调中央与地方政府财政关系的基本原则。[2] 这就需要在调整政府间财政关系时，从纵向维度上，改变当前央地职责同质化、"上下对口"的缺陷，从横向维度上，改变政府职责的"缺位"和"越位"，专门出台《政府间财政关系法》，将各级政府的事权、财权与转移支付划分和配置规定清晰界定，落实政府财政事权、财权、财力相匹配，做到有法可依。2016年《国务院关于推进中央与地方财政事权和支出责任划分改革的指导意见》提出要研究起草《政府间财政关系法》。

三是省级以下地方政府之间的财政公平。1994年开始实施分税制改革时，中央只限于关注"两个比例"的提高，而只限于划分了中央和省级政府之间的收入范围，将省以下体制改革交由省级政府仿照分税制体制自主安排，省级政府在省以下财政管理体制的设计中具有绝对的权力。在财政实践中，省级政府确定地级政府的事权和财权划分，地级政府再确定所属县级政府的事权和财权划分，我国的支出分权过度基层化，下级地方政府承担了过多的地方支出责任，这明显带有层层集中财力、逐级下放支出责任的倾向。[3] 虽然就实际效果而言，1993年国务院颁布的《关于实行分税制财政管理体制的决定》堪称我国的"财政宪法"，但在法律位阶上，它却仅属于行政法规。而省级以下财政管理体制改革的路径选择，我们依然按照财政部《关于完善省以下财政管理体制有关问题的意见》实施，体制运行的主要问题均停留在行政性规范文件的层面。财政收入、财力与财政事权之间具

---

[1] 《毛泽东文集》第7卷，人民出版社，1999。
[2] 楼继伟：《中国政府间财政关系再思考》，中国财政经济出版社，2013。
[3] 邓子基、唐文倩：《从中华人民共和国成立60年财政体制变迁看分税制财政管理体制的完善》，《东南学术》，2011年第5期。

有对应性,如果层层增加下一级地方政府的支出责任而不增加其支出事权,或者逐级降低下一级地方政府的财权与财力而不降低其支出责任,势必导致下一级地方政府在体制外的财政行为,"土地财政"、地方政府债务违法违规行为将屡禁不止。针对省级以下地方政府财政管理模式,按照中央和省级政府在省级以下财政管理体制划分的作用,省级以下财政管理体制有两种模式:自治模式和命令模式。① 世界上大多数国家多采取自治模式而非命令模式,中央政府将制定省级以下地方政府间财政关系的权力交给省级政府。我国当前省级以下的财政管理体制也主要采用自治模式,但省级政府既作为省级以下财政管理体制的决定者,又参与下级政府对财政收支划分的竞争者,往往导致运动员与裁判员双重身份的尴尬境地。由于立法是将公开的意见和意志通过"合理商谈"而使之建制化的过程②,在深化财政体制改革过程中,需要调动地方各级政府经济建设积极性,构建地方税体系,科学划分相应财力、财权和支出责任,通过地方性法规、规章增强省级以下地方政府财政管理体制的稳定性和确定性。

2. 实体公平与程序公平

政府间财政关系的法治化是确保财政关系公平调整的保障机制,可以有效避免"事权下移、财权上收"的权力分配格局。按照公共选择学派的观点,各级政府都会在理性经济人的假设前提下,追求自身利益的最大化,可推论每一级政府都在追求自身预算规模最大化。虽然我国的财政管理体制改革一直遵循"摸着石头过河"的政治策略,但更高层级政府往往会利用自己手中所掌握的体制确定权,挤压下一级政府的财权,扩大下级政府的事权,从而在政府间形成一种下级跑上级、地方跑中央的不公平的资源分配格局。法治化的进程中急需界定各级政府在财政关系调整中的法律权力,包括实体权利和程序权利。实体权利是指各级政府依法享有的具有直接的实际意义的权力,它可以直接表现为一定的财政收支划分、转移支付等利益,而程序权利派生于实体权利,虽以权利的形式而存在但又不直接涉及实体的利益和需要,是实体权利得以实现的某种手段、方法或途径。③

在我国目前各级政府间财政关系调整中,普遍存在"讨价还价"方式,财政关系调整的结果是中央政府和各级地方政府间博弈的结果,尤其在省级以下地方政府财政体制安排主要依赖于省级政府的情况下,地方各级政府的财力与财权安

---

① Jonathan Rodden, "Soft Budget Constrains and German Federalism", in Jonathan Rodden, Gunnar S. Eskeland, and Jennie Litvack(eds), *Fiscal Decentralization and the Challenge of Hard Budget Constraints*, TheMIT Press, 2003, pp.166.
② 〔德〕哈贝马斯著,童世骏译:《在事实与规范之间——关于法律和民主法治国的商谈理论》(修订译本),生活·读书·新知三联书店,2011。
③ 孙笑侠:《程序的法理》,商务印书馆,2005。

排,很大程度上取决于地方政府的"讨价还价"能力。应当在保障基本公共服务均等化的前提下,以程序公平保障实体公平,并以实体公平吸引民主参与,在促进区域间和城乡间发展成果的公平分享的同时,促进财政分权的法治化。

一是自上而下和自下而上的结合。传统的财政体制安排多采用自上而下的授权模式,既不能在中央与地方以及地方各级政府间形成稳定的权力划分格局,同时也扭曲了政府与民众的关系。当上级政府面临财政压力时,可能通过减少对地区政府的转移支付来缓解压力,或者通过转移原属本级的财政支出职责给地区政府来转嫁危机,这种行为尤其在上级政府具有分配权限和程序缺乏透明性时更容易发生。"自上而下"的监督就必然是"一对多"的监督,在信息不对称因素的制约下,中央政府就难以对地方政府、高层次的地方政府就难以对低层次地方政府进行有效监督,应采用自上而下的授权与自下而上的参与权的结合。因为,就民众与政府的关系分析,应该是先有民众权力,再有政府权力;就政府间权力划分关系来说,应该是先有基层政府的权力再有上级政府的权力,先有地方政府的权力再有中央政府的权力。[①] 高层次的政府之所以存在,应是基层政府授权的结果,并最终是民众授权的结果,于是一切权力属于人民的宪法原则就得以具体体现。财政体制安排应坚持民主分权前提下的财权集中与集中领导下的民主分权,即自下而上的财税实践应当与自上而下的授权相结合。

二是基本公共服务与特定公共服务的结合。对于公共物品的提供,德国宪法强调全国生活水平的一致性,而非规定生活水平的最低标准。[②] 直接由财政能力较强的州对财政能力较弱的州进行转移支付,所以这应该为财政平衡而非财政转移支付。[③] 我国当前由于区域经济发展不平衡、城乡发展不平衡,导致基本公共服务供给不平衡、不充分。宪法中虽然规定了公民基本权利与国家义务、国家制度性条款,但原则性较强而适用性不足,法律法规和规范性文件中也多是模糊规定,没有对支出责任划分的标准、比例进行统一规定,导致共同事权支出责任分担机制不明确、不透明,欠缺可操作性。另外财政法律中对于横向维度的考虑非常欠缺,虽然如汶川地震后实施的对口支援灾区的安排,国务院颁布了《汶川地震灾后恢复重建条例》,又制定了《汶川地震灾后恢复重建对口支援方案》,被称为"中华人民共和国成立以来最大的横向转移支付服务"[④],但我们仍把它当作"政治任务"来完成[⑤]。

[①] 李森:《应该分权还是授权?——对我国财政管理体制的反思》,《经济体制改革》,2008年第2期。
[②] [美]特里萨·特尔·米纳什编:《政府间财政关系理论与实践》,政府间财政关系课题组译校,中国财政经济出版社,2003。
[③] 王雍君:《发达国家财政管理制度》,时事出版社,2001。
[④] 李旭章:《抗震救灾需要加快服务型政府建设》,《创新》,2008年第4期。
[⑤] 徐阳光:《横向财政转移支付立法与政府间财政关系的构建》,《安徽大学学报(哲学社会科学版)》,2011年第5期。

党的十九大报告提出,当前我国的社会主要矛盾已经转化为人民日益增长的美好生活需要和不平衡、不充分的发展之间的矛盾。为了落实党的十九大报告,应从基本公共服务角度界定各级政府的财政事权和支出责任,并结合特定公共服务,体现区域性和差异性。一方面,需要对制定基本公共服务保障国家基础标准,合理划分不同政府之间在基本公共服务领域共同财政事权方面的范围,规范中央与地方支出责任分担方式。另一方面,需要以法律法规或者地方性法规的形式将基本公共服务供给的政府职责予以明确,便于各级政府在基本公共服务的基础上提供特定公共服务,满足人民日益增长的美好生活需要。针对基本公共服务在政府间的合理划分,国务院办公厅在《国务院关于推进中央与地方财政事权和支出责任划分改革的指导意见》的基础上,颁布了《关于印发基本公共服务领域中央与地方共同财政事权和支出责任划分改革方案的通知》,大致划分了基本公共服务领域共同财政事权范围。值得注意的是,《国务院关于推进中央与地方财政事权和支出责任划分改革的指导意见》还要求"将中央与地方财政事权和支出责任划分基本规范以法律和行政法规的形式规定""将地方各级政府间的财政事权和支出责任划分相关制度以地方性法规、政府规章的形式规定",有助于为财政事权与支出责任的改革提供规范化路径。

21.2 政府间财政关系调整的法律体系

政府间财政关系调整的法律体系是具有不同效力层级的法律规范所组成的规范效力体系,重点在于揭示各个部门、各种法律制度之间合乎规律的内在联系。[①] 在理论上,政府间财政关系的基本要素主要包括财政事权、财权、支出责任与转移支付,但却离不开财政管理体制的前提条件。所以,我们认为该法律体系应当包括以《宪法》为最高位阶、以《预算法》为基本法律、以其他财政相关法律法规为基本内容的法律体系。具体内容可以分为以下四个方面:

21.2.1 财政体制法律体系

财政体制法律体系主要涉及分税制财政管理体制的建立和确认,并在央地财政分权的基础上,明确各级政府的财政收支范围和转移支付。

1. 分税制财政体制法

分税制财政体制法主要包括以《宪法》为指导,以新《预算法》为主导,以国务院和财政部的规范性文件为主干的法律体系。我国《宪法》已经提出在中央统一领导下,发挥地方主动性、积极性,但过于原则性,难以直接适用。新《预算法》第

---

① 李龙、范进学:《论中国特色社会主义法律体系的科学构建》,《法制与社会发展》,2003年第5期。

一次以法律的形式规定了中央和地方实行分税制,已经为分税制财政管理体制提供了基本框架。国务院《关于实行分税制财政管理体制的决定》和《批转财政部关于完善省以下财政管理体制有关问题意见的通知》也初步形成了中央与地方和省级以下地方政府的财政管理体制改革路径。

2. 财政收支划分法

财政收支划分法主要包括财政收入划分和支出划分两部分,原则上由财政收入法律体系和支出法律体系组成,但作为财政管理体制的重要组成部分,政府间财政收支划分不仅涉及政府间的财力与财权,还关系到支出责任,还应当交由专门法律规定。

3. 财政转移支付法

财政转移支付法主要包括一般转移支付和专项转移支付法。一般转移支付应以基本公共服务均等化为标准,通过制定基本公共服务保障的国家标准,确保公民公平分享改革成果。专项转移支付应推广并完善"因素法"的计算方法,避免对市场和下级政府财政自主权的干扰,逐步将专项转移支付的范围缩小到基础教育、社会保障、环境保护、社会治安、基本交通等项目。①

21.2.2 财政收入法律体系

1. 税法

税法主要包括以目前的 18 种税收为主导的税收体系,逐步将当前按照国务院暂行条例征收的税种提升为人大立法,同时,将具有税收法定性、确定性和固定性的非税收入转为税收立法,实行清费立税并明确征收要素。

2. 非税收入法

非税收入法主要是针对具有使用者付费性质的政府性基金、国有资产资源、行政事业性收费等性质的非税收入进行立法规制,通过明确征收主体、征收对象、征收标准、期限等核心要素进行明确规定。通过清费立税、逐步降低征收标准等措施完善征收试题和程序内容,纳入一般公共预算和政府性基金预算,分类管理。

3. 政府债务法

政府债务法主要包括国债法和地方政府债务法。通过明确债务发行条件、发行方式、发行主体、风险防范和违法责任等内容,将政府债务纳入法治化管理。

21.2.3 财政事权法律体系

我国政府事权划分的法律框架包括宪法、法律、行政法规,以及国务院和有关部门的规范性文件,主要包括纵向的财政事权和横向的财政事权划分体系,分别

---

① 邓子基、唐文倩:《我国财税改革与"顶层设计"——省以下分税制财政管理体制的深化改革》,《财政研究》,2012 年第 2 期。

反映各级政府组织及其部门以及政府在介入市场失灵时的财政事权。

1. 组织法与部门法

我国《地方各级人民代表大会和地方各级人民政府组织法》规定了中央及地方政府的职权范围,基本划分了各级政府共同承担管理经济、教育、科学、文化、卫生、体育事业、城乡建设事业和财政、民政、公安、民族事务、司法行政、计划生育等行政工作,但上下对口、共同承担事项较多的问题急需改变。应基于公共物品的受益范围合理划分各级政府及其部门的相应职责,只有在确立事权划分依据以及事权得以保障的相应财权的基础上,深入考察中央政府与地方政府事权的各自内涵及特点,才能进而划分中央政府与地方政府各自的事权。[1]

2. 基本事权与特定事权法

宪法和相关法律中关于公民基本权利与国家义务直接决定了政府公共物品供给的基本职责,也是各级政府的基本事权。事权划分,形式上是为了公权力的高效运作,但究其本旨是基于更好地保障公民权利的需要,从积极和消极两个向度框定各级政府事权的范围。[2] 应遵循外部性、信息复杂性和激励相容三原则,厘清政府基本事权和特定事权,基本事权实行法律法规直接去规定,特定事权可以参照法律法规,以市场与政府共同参与的形式进行公共提供。鼓励社会多元主体依法特种事权供给,包括集体经济组织、国家企业事业组织、其他社会力量,各级政府根据具体状况适当提供财政补助或者政策指引。

21.2.4 支出责任法律体系

政府间财政支出法律体系主要是以《预算法》为主导的、规范财政支出行为和责任承担的法律规范的总称。其中,《预算法》肩负财政支出基本法地位,并根据不同法律效力前提下形成相互衔接的体系结构。[3]

我们在此将《预算法》分列为财政支出责任法律体系的一部分,只是从其法律效力的侧重于财政支出的控制和监督而言,在本质上,预算法贯穿收入、支出和管理全过程,是串联财政活动的根本性"母法"。[4] 预算是确保人民控制和监督政府财政支出权力的重要手段,形成了以《预算法》为主导、国务院行政法规和财政部等行政规章为主体的一系列规范财政支出行为的法律体系。虽然目前《预算法》承担了财政基本法的责任,但针对政府间的财政支出责任,还需要公共投资法、国库法、会计法、审计法等相关法律规范公共财政资金的支出行为(见图21-1)。

---

[1] 白晓峰:《预算法视角下的中央与地方关系——以事权与支出责任分配为中心》,《法商研究》,2015年第1期。
[2] 刘剑文、侯卓:《事权划分法治化的中国路径》,《中国社会科学》,2017年第2期。
[3] 刘小川:《构建〈预算法〉修订基本框架指导思想探析》,《上海财经大学学报》,2010年第1期。
[4] 何代欣:《大国财政转型轨迹及其总体框架》,《改革》,2016年第8期。

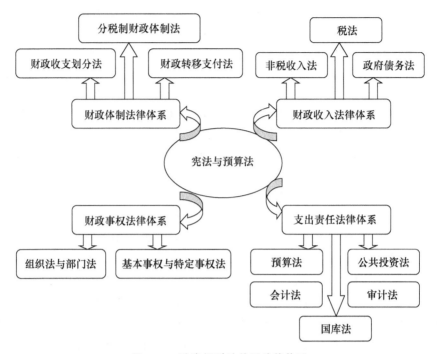

图 21-1 政府间财政关系法律体系

21.3 政府间财政关系调整的法治保障

21.3.1 财政收入关系调整的法治保障:财税实践的变革

现有研究成果及实践更多关注税收法定中对"法"的定义,但往往忽略对"税"的定义,仅仅将税收法定原则聚焦于狭义的税,忽略了对广义的税的约束,尤其是对具有税收属性而未能以税的名义征收的财政资金。可以说,这仅仅是从理论上与实践上关注了财政收入的法治化,而忽略了从中国财税实践的土壤中汲取营养,往往导致理论与实践的脱离。一方面表现为对非税收入的依赖,甚至部分省级以下地方政府的主体收入根本不是税收,如土地财政;另一方面表现为对政府债务性收入的依赖,导致地方债隐患,危及财政的可持续性。所以,从财政收入法治化角度而言,在推进税收立法的同时,应推进非税收入的立法控制,将所有财政收入纳入民主法治的规制。针对当前地方政府过分依赖于土地财政的现状,政府间财政关系调整应立足于保障地方政府的财力与财权的"前门",还要从法律法规层面防止体制外的非法征收或者举借债务的"后门"。

一是应关注非税收入的财力、财权与支出责任划分。目前包括政府性基金在内的专项收入一直适用行政审批制,财政部甚至是省级政府都具有相应的审批设立权限,表面上我国的税收立法已经进入法治化轨道,但非税收入立法却迟迟难以推进,客观上导致各级政府尤其是地方政府在合法的税收收入不能满足事权支撑后,过分依赖于非税收入并展开对中央和省级政府审批权限的游说,也导致市场主体负担加重。应在关注非税收入立法控制的同时,合理划分非税收入在各级政府之间的分配,形成财力、财权与支出责任相匹配的基本框架。

二是应关注政府债务收入的财力、财权与支出责任划分。新《预算法》赋予了省级政府通过发行政府债券的形式举借地方政府债务,但省级以下地方政府必须通过省级政府统一举借、统一还本付息。在省级以下地方政府财政管理体制还不完善、难以应对预算软约束的条件下,片面地控制债务形式,并不能阻碍地方政府依然依赖于融资平台等举债担保等违法违规行为。地方政府尤其是继续债务资金支持财政事权的基层政府没有举借债务的决定权,而只能依赖于省级政府的审批,这恰好可以绕过地方民主机制,从而割裂了当地居民对地方公共服务与债务成本的统筹评价,刺激了地方政府的投资冲动和恶性竞争。[1] 所以,从财政民主原则出发,地方政府债务应秉承"一级政府、一级预算",逐步赋予各级政府相应的举债权,交由各级人大审批,形成权责利相统一的债务管理框架。

21.3.2 财政事权调整的法治保障:财力与财权的匹配

现有研究成果及实践关注财政收入与支出的匹配性,主张依据公共物品受益原则划分税种与财权,往往与我国对税收法定原则的立法冲突,既不利于政府间财政事权的划分,也不利于财权与事权的匹配。此外,现有研究成果及实践尽管也关注纵向和横向层面的政府间财政关系,但过于侧重分税制,从央地纵向关系分析,横向财政关系并不适用于分税制,单纯的分税制反而可能会扩大地区发展的不平衡。应在理论上明确基本公共服务的均等化和特定公共服务的非均衡性,通过人大决定或者法律明确对口支援的效力与责任。

就央地财政事权的划分而言,现有研究成果认为省级以下地方政府财政事权划分可以参照央地调整模式,但忽略了省级政府在财政事权划分中的重要地位,具体表现在对省级以下财政体制改革、事权与支出责任划分以及地方债的管理上,省级政府具有垄断地位。

首先,财政事权的保障既依赖于财权又依赖于财力。财权是从权力的主体性和权力的专享性而言,要求从法律层面界定权力主体和权力效力,这也是传统理论研究中的重点方向。但十六届三中全会之后,我国逐步放弃了财权与事权相匹配的提法,逐步提出财力与事权相匹配。可以看出,在当前《立法法》已经将税收

---

[1] 冉富强:《我国地方政府性债务困境解决的法治机制》,《当代法学》,2014年第3期。

立法权界定为法律保留事项的前提下,地方政府的财政事权保障已经为财力所替代,财权也只不过是自上而下的授权。但这并意味着地方财权的无关紧要,地方政府的财政事权还需要财权与财力的共同保障。具体而言,应当依据公共物品在各级政府的受益范围界定各级政府的财权与财力,从税收、非税收入、债务管理权限等方面保障其财政事权。

其次,横向转移支付既是中央事权也是地方事权。横向政府间财政关系的基本定位是竞争大于合作,对口支援、协同发展等横向财政转移支付在本质上还是纵向转移支付的变种,只不过以"政治任务"形式体现出来,恰恰是最具中国财政特色的制度实践,应坚持并纳入国家治理能力和治理体系的法治化轨道。横向转移支付既源于《宪法》对公共服务均等化的法律原则性规定,又与《中华人民共和国民族区域自治法》对少数民族地区的倾斜支持有关,更源于中国区域经济社会发展不平衡的现实。但在横向转移支付的帮扶责任上,现行法律却并未规定明确的转移支付义务,实践与导致法律制度缺失的背离,而仅仅形成应中共中央文件、急性行政法规和部门规章为主的法律规范体系。所以本质上仍是中央与地方的关系。应当通过界定基本公共服务国家标准的基础上,通过政府转移支付将横向转移支付纳入各级政府的法定职责。可以参照德国强调全国生活水平的一致性,直接由财政能力较强的州对财政能力较弱的州进行转移支付。[1]

最后,省级以下财政事权与支出责任划分应坚持顶层设计与自下而上的结合。在当前省级以下地方财政管理体制改革中,省级政府既是财政管理体制改革的决定者,又是改革的参与者,面临运动员和裁判者双重身份的尴尬境地,加之,地方各级政府的收支划分取决于省级政府,在地方政府缺乏自下而上的参与权时,传统的"跑部钱进"极易变种为"跑省钱进"。作为在实现实体权利或为保障实体权利不受侵犯时所享有的权利[2],程序权利是法律程序中存在的重要权利,是下一级政府抵挡上级政府不当介入下级事权与支出责任划分的重要屏障,也是政府间事权调整所遵循"辅助性原则"的基本要求。

21.3.3 支出责任调整的法治保障:民主与绩效预算的变革

现有研究成果与实践关注一般公共预算的支出责任,但往往忽略了其他三本预算的支出责任,忽略了《预算法实施条例》出台的必要性和紧迫性,往往导致财税实践中的软约束。同时预算支出绩效控制仍有待加强。此外,现有研究主张司法介入财政纠纷的构想,可能不适用于中国国情,可以考虑从行政裁决的专业性与人大裁决的民主性相结合,逐渐过渡到人大裁决(专门委员会的职责)。

---

[1] 王雍君:《发达国家财政管理制度》,时事出版社,2001。
[2] 徐亚文:《程序正义论》,山东人民出版社,2004。

首先，四本预算的法律控制。当前对一般公共预算收支逐步规范，已经形成体系化，也得到了民众的认可，但其他三本预算还难以满足财税法治的基本要求。具体而言，政府性基金预算与一般公共预算还存在较多的重叠，资金征收还主要依赖于行政法规和财政部的行政规章，甚至部分资金项目的征收依据只是财政部的通知而已。国有资本经营预算的范围狭窄，大量的国有资本未能有效纳入人大的控制。社会保险基金预算也难以应对人民群众对美好生活的向往，出现偿付危机。所以，应尽快研究出台《预算法实施条例》，明确四本预算的功能定位，细化预算体系之间的统筹衔接，强化预算法的实施效果。

其次，支出责任的绩效预算约束。新《预算法》已经明确了预算编制、执行、决算等环节的绩效评价体系，党的十九大报告也提出实施全面绩效预算改革，逐步将绩效预算扩展至所有财政支出。当前应当按照四本预算的不同功能定位，分门别类地制定不同的绩效预算评价标准，从预算运行的全程设置绩效标准，强化绩效评价体系运用，做到预算"编制有目标、执行有监控、完成有评价、结果有反馈、反馈有应用"。

最后，支出责任的纠纷裁决机制应遵循行政机关、司法机关与权力机关财政监督职能相结合的原则。纵观十八届三中全会以来中央颁布的关于政府间财政关系的规范性文件，可以看出，地方政府独立的人格权愈发凸显，但其程序参与权力的缺乏往往影响其实体权利的保障，进而影响财政公平原则在支出责任上的划分。如2016年国务院《国务院关于推进中央与地方财政事权和支出责任划分改革的指导意见》提出，"中央与地方财政事权划分争议由中央裁定，已明确属于省以下的财政事权划分争议由省级政府裁定"，体现了"谁划分、谁裁决"的基本原则。该《意见》要求"将中央与地方财政事权和支出责任划分基本规范以法律和行政法规的形式规定""将地方各级政府间的财政事权和支出责任划分相关制度以地方性法规、政府规章的形式规定"。在争议裁决方式上，该《意见》从根本上窒息了通过司法解决央地权限争议的可能性，不仅弱化了央地关系制度调整与司法改革的内在关联，也会导致中央和省级政府在裁决具体争议时陷入"自己做自己法官"的悖论。参与权的行使必须具有对裁判结果产生影响的可能性，合法的参与行为必须实现相应的法律效果，否则，参与权就失去自身存在的合理性而变成毫无意义的标签。短期内财政事权与支出责任划分仍然处于摸索阶段，争议裁决的行政优先可能还存在效率的考虑，但长期来看，势必要求单向度的行政性裁决过渡到行政、司法和人大三者相结合的财政监督机制，以落实财政公平、财政民主原则的实质价值。